中国古代名著全本译注丛书

左传译注

下

李梦生　译注

春秋左传卷十四　襄公一

襄 公 元 年

[经]

元年春[1]，王正月，公即位[2]。

仲孙蔑会晋栾黡、宋华元、卫宁殖、曹人、莒人、邾人、滕人、薛人围宋彭城。

夏，晋韩厥帅师伐郑。

仲孙蔑会齐崔杼、曹人、邾人、杞人次于鄫[3]。

秋，楚公子壬夫帅师侵宋。

九月辛酉，天王崩[4]。

邾子来朝[5]。

冬，卫侯使公孙剽来聘[6]。

晋侯使荀罃来聘[7]。

【注释】

　　[1] 元年：公元前572年。　[2] 杜注云襄公这年四岁。　[3] 鄫：郑地，在今河南睢县东南。　[4] 天王：周简王。　[5] 邾子：邾宣公。　[6] 卫侯：卫献公。公孙剽：子叔黑背子，穆公孙。　[7] 晋侯：晋悼公。

[传]

元年春己亥，围宋彭城。非宋地，追书也[1]。于是为宋讨鱼石，故称宋，且不登叛人也[2]，谓之宋志。彭城降晋，晋人以宋五大夫在彭城者归[3]，置诸瓠丘[4]。齐人不会彭城，晋人以为讨。二月，齐大子光为质于晋。

【注释】

〔1〕非宋地，追书：此时彭城为楚所占，让鱼石等居住，故云非宋地。但鱼石是宋臣，所以说《春秋》此条为追书。　〔2〕不登：不录。　〔3〕五大夫：即鱼石、向为人等五人。　〔4〕瓠丘：即壶丘，在今山西垣曲县东南。

夏五月，晋韩厥、荀偃帅诸侯之师伐郑，入其郛[1]，败其徒兵于洧上[2]。于是东诸侯之师次于鄫，以待晋师。晋师自郑以鄫之师侵楚焦、夷及陈[3]，晋侯、卫侯次于戚[4]，以为之援。

【注释】

〔1〕郛：外城。　〔2〕徒兵：步兵。洧上：洧水边。洧水出河南登封，东流经新郑、长葛、洧川、扶沟等县入贾鲁河。此洧上指郑都城西南洧水流经处。　〔3〕焦、夷：本皆陈地，见僖公二十三年注。　〔4〕戚：卫邑，在今河南濮阳县北。

秋，楚子辛救郑，侵宋吕、留[1]。郑子然侵宋[2]，取犬丘[3]。

九月，邾子来朝，礼也。

冬，卫子叔、晋知武子来聘[4]，礼也。凡诸侯即位，小国朝之，大国聘焉，以继好结信，谋事补阙[5]，礼之大者也。

【注释】

〔1〕吕：在今江苏徐州市东南。留：在今江苏沛县东南。〔2〕子然：穆公子。〔3〕犬丘：在今河南永城县西北。〔4〕子叔：即公孙剽。知武子：即荀䓨。〔5〕阙：过失。

【译文】

[经]

元年春，周历正月，襄公即位。

仲孙蔑会同晋栾黡、宋华元、卫宁殖、曹国人、邾国人、滕国人、薛国人包围宋彭城。

夏，晋韩厥率领军队攻打郑国。

仲孙蔑会同齐崔杼、曹国人、邾国人、杞国人驻扎在鄫地。

秋，楚公子壬夫率领军队侵袭宋国。

九月辛酉，周简王去世。

邾宣公来我国朝见。

冬，卫献公派遣公孙剽来我国聘问。

晋悼公派遣荀䓨来我国聘问。

[传]

元年春己亥，包围宋彭城。彭城不是宋地，《春秋》是追记。这时是为宋国讨伐鱼石，所以称宋，同时不记录叛乱者姓名，这是服从宋国人的意愿。彭城投降晋国，晋国人把在彭城的宋国五位大夫带回国，安顿在瓠丘。齐国人没有参加彭城会战，晋国人以此问罪。二月，齐太子光到晋国做人质。

夏五月，晋韩厥、荀偃率领诸侯的军队攻打郑国，进入郑都外城，在洧水边打败了郑国的步兵。这时候东方诸侯的军队驻扎在鄟地，等待晋军。晋军从郑国带领驻扎在鄟地的军队侵袭楚国的焦地、夷地及陈国。晋悼公、卫献公驻扎在戚地，作为后援。

秋，楚子辛救援郑国，侵袭宋吕、留二地。郑子然侵袭宋国，占领犬丘。

九月，邾宣公来我国朝见，这是合乎礼的。

冬，卫子叔、晋知武子来我国聘问，这是合乎礼的。凡是诸侯即位，比它小的国家国君前去朝见，比它大的国家派人聘问，以继续友好关系，相互取得信任，商议大事，弥补过失，这是礼仪中的大事。

襄 公 二 年

[经]

二年春[1]，王正月，葬简王。

郑师伐宋。

夏五月庚寅，夫人姜氏薨[2]。

六月庚辰，郑伯睔卒。

晋师、宋师、卫宁殖侵郑。

秋七月，仲孙蔑会晋荀罃、宋华元、卫孙林父、曹人、邾人于戚。

己丑，葬我小君齐姜。

叔孙豹如宋[3]。

冬，仲孙蔑会晋荀罃、齐崔杼、宋华元、卫孙林父、曹人、邾人、滕人、薛人、小邾人于戚，遂城虎牢[4]。

楚杀其大夫公子申。

【注释】

〔1〕二年：公元前571年。〔2〕姜氏：成公夫人，谥齐，故下称齐姜。〔3〕叔孙豹：见成公十六年注。〔4〕虎牢：见庄公二十一年注。

[传]

二年春，郑师侵宋，楚令也。

齐侯伐莱，莱人使正舆子赂夙沙卫以索马牛[1]，皆百匹，齐师乃还。君子是以知齐灵公之为"灵"也[2]。

【注释】

〔1〕正舆子：莱大夫。夙沙卫：齐灵公宠臣，曾任少傅。索：选择。〔2〕灵：为无道者所谥。《庄子·则阳》："其所以为灵公者何耶？"注："灵，即是无道之谥也。"

夏，齐姜薨。初，穆姜使择美槚[1]，以自为榇与颂琴[2]，季文子取以葬。君子曰："非礼也。礼无所逆，妇，养姑者也，亏姑以成妇，逆莫大焉。《诗》曰：'其惟哲人，告之话言，顺德之行[3]。'季孙于是为不哲矣。且姜氏，君之妣也。《诗》曰：'为酒为醴，烝畀祖妣，以洽百礼，降福孔偕[4]。'"

【注释】

〔1〕槚：一名楸，木纹细密，可制器具及棺木。〔2〕榇：内棺。颂琴：一种古琴。〔3〕所引诗见《诗·大雅·抑》。哲，智。话言，善言。〔4〕所引诗见《诗·周颂·丰年》。烝，进。畀，与。祖妣，祖父、母。孔，甚。偕，遍。

齐侯使诸姜、宗妇来送葬[1]。召莱子，莱子不会，故晏弱城东阳以偪之[2]。

【注释】

〔1〕诸姜：嫁给大夫的齐女。宗妇：同姓大夫的妻子。 〔2〕晏弱：晏桓子，见宣公十四年注。东阳：当在今山东临朐县东，近莱国。

郑成公疾，子驷请息肩于晋[1]。公曰："楚君以郑故，亲集矢于其目，非异人任[2]，寡人也。若背之，是弃力与言[3]，其谁昵我？免寡人，唯二三子！"

秋七月庚辰，郑伯睔卒。于是子罕当国[4]，子驷为政[5]，子国为司马。晋师侵郑，诸大夫欲从晋，子驷曰："官命未改[6]。"

【注释】

〔1〕息肩于晋：顺服晋国以求休息。时楚国对郑国役使过重，故以息肩为喻。 〔2〕非异人任：不是为了别人而承担结果。 〔3〕力：功。言：盟誓。 〔4〕当国：摄国事。 〔5〕为政：为卿秉政。 〔6〕官命：指郑成公之命，亦即君命。

会于戚，谋郑故也。孟献子曰："请城虎牢以偪郑。"知武子曰："善。鄫之会，吾子闻崔子之言[1]，今不来矣。滕、薛、小邾之不至，皆齐故也。寡君之忧不唯郑。罃将复于寡君，而请于齐[2]。得请而告，吾子之功也。若不得请，事将在齐[3]。吾子之请，诸侯之福也，岂唯寡君赖之。"

【注释】

〔1〕崔子：崔杼。 〔2〕请于齐：请齐国来会。 〔3〕事：指军事。

穆叔聘于宋[1]，通嗣君也[2]。

冬，复会于戚，齐崔武子及滕、薛、小邾之大夫皆会[3]，知武子之言故也。遂城虎牢，郑人乃成。

楚公子申为右司马，多受小国之赂，以偪子重、子辛，楚人杀之。故书曰："楚杀其大夫公子申[4]。"

【注释】

〔1〕穆叔：即叔孙豹。〔2〕嗣君：指鲁襄公。〔3〕崔武子：即崔杼。〔4〕杜注云："言所以致国讨之文。"

【译文】

[经]

二年春，周历正月，安葬周简王。

郑军攻打宋国。

夏五月庚寅，夫人姜氏去世。

六月庚辰，郑成公睔去世。

晋军、宋军、卫宁殖侵袭郑国。

秋七月，仲孙蔑与晋荀䓨、宋华元、卫孙林父、曹国人、邾国人在戚地相会。

己丑，安葬我国夫人齐姜。

叔孙豹去宋国。

冬，仲孙蔑与晋荀䓨、齐崔杼、宋华元、卫孙林父、曹国人、邾国人、滕国人、薛国人、小邾国人在戚地相会，于是就修筑虎牢的城墙。

楚国杀死他们的大夫公子申。

[传]

二年春，郑军侵袭宋国，是执行楚国的命令。

齐灵公攻打莱国，莱国人派正舆子贿赂夙沙卫精选的马和牛各一百匹，齐军于是撤回。君子由此而知道齐灵公之所以谥"灵"的缘故。

夏，齐姜去世。起初，穆姜派人选择质地上乘的槚木，为自己做了内棺和颂琴，季文子把它拿来安葬齐姜。君子说："这是不合乎礼的。礼不能有所反常，媳妇，是奉养婆婆的人。损害婆婆来成就媳妇，没有比这更反常的了。《诗》说：'只有明智的人，才能把好话来奉告，马上实行当作宝。'季孙氏在这件事上是不明智的。再说姜氏，是国君的母亲。《诗》说：'酿成美酒与甜醪，献给祖父与祖母；配上所有的礼节，恩泽普降多祥福。'"

齐灵公派遣嫁给大夫的宗女与同姓大夫的妻子来我国送葬。召见莱子，莱子不来，所以晏弱修筑东阳的城墙威胁他。

郑成公生病，子驷请求服从晋国以放下楚国加在郑国身上的负担。成公说："楚君为了郑国的原因，他的眼睛被箭射瞎，这不是为了别人而承受此结果，正是为了寡人啊。如果背叛楚国，是丢弃了楚国的功劳与盟誓，还有谁会亲近我们？让我免去犯错，拜托各位大夫了！"

秋七月庚辰，郑成公睔去世。这时子罕摄国事，子驷为执政，子国为司马。晋军侵袭郑国，大夫们想要顺从晋国，子驷说："君命没有改变。"

诸侯在戚地相会，是为了商议对付郑国。孟献子说："请修筑虎牢的城墙来威逼郑国。"知武子说："好主意。鄡地会议，您是听到崔杼怎么说的，现在他没有来。滕、薛、小邾的不到会，都是由于齐国的缘故。寡君的忧患不单单是郑国。我将回报寡君，而请求齐国来会。请求得到允许而通告各位修筑虎牢的城墙，这是您的功劳。如果请求没得到允许，要对付的将是齐国。您的请求，是诸侯的福气，岂止寡君得益。"

穆叔去宋国聘问，通报襄公即位。

冬，再次在戚地会见，齐崔杼与滕、薛、小邾的大夫都到会，这是由于知武子前一番话的缘故。于是就修筑虎牢城墙，郑国人这才与晋讲和。

楚公子申为右司马，大量收受小国的礼物，以威逼子重、子辛，楚国人把他杀了。所以《春秋》记载说："楚杀其大夫公子申。"

襄 公 三 年

[经]

三年春[1],楚公子婴齐帅师伐吴。

公如晋。

夏四月壬戌,公及诸侯盟于长樗[2]。

公至自晋。

六月,公会单子、晋侯、宋公、卫侯、郑伯、莒子、邾子、齐世子光[3]。己未,同盟于鸡泽[4]。

陈侯使袁侨如会[5]。

戊寅,叔孙豹及诸侯之大夫及陈袁侨盟。

秋,公至自会。

冬,晋荀䓨帅师伐许。

【注释】

〔1〕三年:公元前570年。〔2〕长樗:当在晋国都郊外。〔3〕单子:周卿单顷公。晋侯:晋悼公。宋公:宋平公。卫侯:卫献公。郑伯:郑僖公。莒子:莒犁比公。邾子:邾宣公。〔4〕鸡泽:在今河北邯郸市东。〔5〕陈侯:陈成公。

[传]

三年春，楚子重伐吴，为简之师[1]，克鸠兹[2]，至于衡山[3]。使邓廖帅组甲三百、被练三千以侵吴[4]。吴人要而击之[5]，获邓廖。其能免者，组甲八十、被练三百而已。子重归，既饮至[6]，三日，吴人伐楚，取驾[7]。驾，良邑也。邓廖，亦楚之良也。君子谓："子重于是役也，所获不如所亡。"楚人以是咎子重。子重病之，遂遇心疾而卒[8]。

【注释】

〔1〕简之师：经过挑选的军队。〔2〕鸠兹：吴邑，在今安徽芜湖市东南。〔3〕衡山：即横山，在当涂县东北。〔4〕组甲：以丝带连结皮革或铁片而成的铠甲。被练：以煮熟生丝穿甲片成甲衣。〔5〕要：拦阻。〔6〕饮至：见隐公五年注。〔7〕驾：在今安徽无为县境。〔8〕心疾：精神错乱。

公如晋，始朝也。

夏，盟于长樗。孟献子相，公稽首。知武子曰："天子在，而君辱稽首，寡君惧矣[1]。"孟献子曰："以敝邑介在东表，密迩仇雠[2]，寡君将君是望，敢不稽首？"

【注释】

〔1〕诸侯相见不当行稽首大礼，所以荀䓨如此说。〔2〕仇雠：指齐、楚、吴。

晋为郑服故，且欲修吴好，将合诸侯。使士匄告于齐曰："寡君使匄，以岁之不易[1]，不虞之不戒[2]，寡君愿与一二兄弟相见，以谋不协[3]，请君临之，使匄乞盟。"齐侯欲勿许，而难为不协，乃盟于耏外[4]。

【注释】
〔1〕岁之不易：谓近年来诸侯之间多纠纷。易，平，治。〔2〕不虞：意外事。〔3〕不协：不和睦。暗指齐国。〔4〕耏外：耏水边。在齐都临淄城外。耏水，即时水。

祁奚请老，晋侯问嗣焉。称解狐[1]，其仇也，将立之而卒。又问焉，对曰："午也可[2]。"于是羊舌职死矣，晋侯曰："孰可以代之？"对曰："赤也可[3]。"于是使祁午为中军尉，羊舌赤佐之。君子谓："祁奚于是能举善矣。称其仇，不为谄。立其子，不为比[4]。举其偏[5]，不为党[6]。《商书》曰：'无偏无党，王道荡荡[7]，'其祁奚之谓矣！解狐得举，祁午得位，伯华得官，建一官而三物成[8]，能举善也夫！唯善，故能举其类。《诗》云：'惟其有之，是以似之[9]。'祁奚有焉。"

【注释】
〔1〕称：称道，推荐。解狐：解扬族人，食邑于解，故以之为氏。〔2〕午：祁午，祁奚之子。〔3〕赤：羊舌赤，羊舌职之子，字伯华。〔4〕比：勾结偏私。〔5〕偏：副职。〔6〕党：结党。〔7〕所引《商书》见《尚书·洪范》。〔8〕一官：一个部门的官员，指中军尉。三物：三件事，指得举、得位、得官。〔9〕所引诗见《诗·小雅·裳裳者华》。

六月，公会单顷公及诸侯。己未，同盟于鸡泽。

晋侯使荀会逆吴子于淮上[1]，吴子不至。

楚子辛为令尹，侵欲于小国[2]。陈成公使袁侨如会求成，晋侯使和组父告于诸侯。秋，叔孙豹及诸侯之大夫及陈袁侨盟，陈请服也。

【注释】
〔1〕吴子：吴王寿梦。　〔2〕侵欲于小国：欲望无尽，求索不断，使小国受到侵害。

晋侯之弟扬干乱行于曲梁[1]，魏绛戮其仆[2]。晋侯怒，谓羊舌赤曰："合诸侯以为荣也，扬干为戮，何辱如之？必杀魏绛，无失也！"对曰："绛无贰志，事君不辟难，有罪不逃刑，其将来辞[3]，何辱命焉？"言终，魏绛至，授仆人书[4]，将伏剑[5]。士鲂、张老止之。公读其书曰："日君乏使，使臣斯司马[6]。臣闻师众以顺为武，军事有死无犯为敬。君合诸侯，臣敢不敬？君师不武，执事不敬，罪莫大焉。臣惧其死，以及扬干，无所逃罪。不能致训[7]，至于用钺[8]，臣之罪重，敢有不从，以怒君心？请归死于司寇。"公跣而出，曰："寡人之言，亲爱也。吾子之讨，军礼也。寡人有弟，弗能教训，使干大命[9]，寡人之过也。子无重寡人之过，敢以为请。"

晋侯以魏绛为能以刑佐民矣[10]，反役，与之礼食[11]，使佐新军。张老为中军司马，士富为候奄。

【注释】

〔1〕乱行：扰乱军队行列。曲梁：在鸡泽附近。〔2〕仆：驾车人。〔3〕辞：表白，解释。〔4〕仆人：接受官员奏章的官。〔5〕伏剑：抽剑自杀。〔6〕斯：同"司"，担任。〔7〕致训：给予教育训导。〔8〕钺：兵器。古行刑用斧、钺。〔9〕干：犯。〔10〕佐：治理。〔11〕礼食：公食大夫之礼。设于庙。

楚司马公子何忌侵陈，陈叛故也。

许灵公事楚，不会于鸡泽。冬，晋知武子帅师伐许。

【译文】

[经]

三年春，楚公子婴齐率领军队攻打吴国。

襄公去晋国。

夏四月壬戌，襄公与诸侯在长樗结盟。

襄公从晋国回国。

六月，襄公与单顷公、晋悼公、宋平公、卫献公、郑僖公、莒犁比公、邾宣公、齐太子光相会。己未，一起在鸡泽结盟。

陈成公派遣袁侨参加盟会。

戊寅，叔孙豹和诸侯的大夫与陈袁侨结盟。

秋，襄公从盟会回国。

冬，晋荀䓨率领军队攻打许国。

[传]

三年春，楚子重攻打吴国，率领精选过的军队，攻下鸠兹，打到衡山。派邓廖率领穿组甲的兵士三百人，穿被练的兵士三千人去侵袭吴国。吴国人拦腰攻击楚军，擒获邓廖，逃回来的只有穿组甲的兵士八十人、穿被练的兵士三百人。子重回国，在太庙献俘庆祝后，过了三天，吴国人攻打楚国，占领驾邑。驾邑是楚国上等城邑，邓廖是楚国优秀将领。君子说："子重在这次战役中，得不偿失。"楚人因此怪罪子重。子重为此烦恼，不久就患精神病去世。

襄公去晋国，这是首次朝见晋君。

夏，在长樗结盟。孟献子为相礼，襄公叩头。知武子说："还有天子在上，而有辱贵君叩头，寡君感到害怕。"孟献子说："由于敝邑处在东海边，紧靠仇敌，寡君将要寄希望于贵君，岂敢不叩头！"

晋国因为郑国顺服的缘故，同时想和吴国修好，准备会合诸侯。派遣士匄向齐国报告说："寡君派遣我士匄前来，因为近年来诸侯间纷争不断，对意外事又没有戒备，寡君愿意和几个兄弟国家的国君相见，商议对付不和睦的国家，请君王光临，派我先来请求结盟。"齐灵公想不答应，又难于被认为不和睦，于是与士匄在耏水边结盟。

祁奚请求退休，晋悼公询问他谁可以接替他的职位。祁奚推荐解狐，解狐是他的仇人，准备任命解狐而解狐去世。晋悼公又询问人选，祁奚回答说："祁午可以。"这时候羊舌职去世，晋悼公说："谁可以接替羊舌职？"祁奚回答说："羊舌赤可以。"就这样，晋悼公任命祁午为中军尉，羊舌赤辅佐他。君子说："祁奚在这件事上称得上能够举荐贤人了。推荐他的仇人，不是谄媚。举立他的儿子，不是偏私勾结。荐举他的副职，不是结党。《商书》说：'不偏私，不结党，先王正道坦荡荡。'说的就是祁奚这样的人啊！解狐得到荐举，祁午得到任命，羊舌赤得到官职，设立一个部门的官员而成就三件事，这是由于能够荐举贤人的缘故啊！因为他贤明，所以能够荐举类似他的人。《诗》说：'因为他具有美好的德行，所以他举荐的人也同他一样。'祁奚就是如此。"

六月，襄公会见单顷公与诸侯。己未，一起在鸡泽结盟。

晋悼公派荀会在淮河边迎接吴王寿梦，吴王没来。

楚子辛任令尹，不断向小国索取礼物侵害他们。陈成公因此派袁侨到鸡泽之会去请求和好。晋悼公派和组父把这事通告给诸侯。秋，叔孙豹和诸侯的大夫与陈袁侨结盟，这是由于陈国顺服的缘故。

晋悼公的弟弟扬干在曲梁扰乱了军队的行列,魏绛处死了他的御者。晋悼公发怒,对羊舌赤说:"会合诸侯是得到荣耀的事,扬干因此受到侮辱,还有什么比这更使人耻辱的呢?一定要杀了魏绛,不要耽误!"羊舌赤回答说:"魏绛没有异志,事奉君王不避危难,有了罪不逃避刑罚,恐怕自己会来解释,何劳您下此命令呢?"话刚说完,魏绛来了,交给仆人一封书信,准备抽剑自杀。士鲂、张老劝阻了他。晋悼公看他的书信这样写道:"往日君王缺少使唤的人,任命臣担任司马。臣听说军队中的人以服从军纪号令为武,在军中任职宁死不犯军纪号令为敬。君王会合诸侯,臣子怎敢不敬?君王的军队不武,管事的不敬,没有比这更大的罪了。臣害怕自己犯死罪,所以处理了扬干,这罪过难以逃避。我不能教育训导好军中人等,以至于要动大刑用斧钺,臣的罪很重大,岂敢不服从刑罚,而使君王发怒?请求回去死在司寇那儿。"晋悼公读后赤着脚跑出来,说:"寡人对羊舌赤的话,是出于对兄弟的亲爱。你杀死扬干的御者,是执行军法。寡人有弟,没能教训好,让他犯了军令,这是寡人的过错。你不要加重寡人的过错,谨以此为请。"

晋悼公因此认为魏绛能够用刑法治理人民,从盟会回国,在太庙设宴招待魏绛,让他担任新军辅佐。任命张老为中军司马,士富为候奄。

楚司马公子何忌侵袭陈国,是因为陈国背叛楚国的缘故。

许灵公事奉楚国,不参加鸡泽会盟。冬,晋知武子率领军队攻打许国。

襄 公 四 年

[经]

四年春[1],王三月己酉,陈侯午卒。

夏,叔孙豹如晋。

秋七月戊子,夫人姒氏薨[2]。

葬陈成公。

八月辛亥,葬我小君定姒。

冬,公如晋。

陈人围顿[3]。

【注释】

〔1〕四年:公元前569年。 〔2〕姒氏:成公妾,襄公母。杞女,一说莒女。 〔3〕顿:近陈的小国,姬姓,地在今河南项城县。

[传]

四年春,楚师为陈叛故,犹在繁阳[1]。韩献子患之,言于朝曰:"文王帅殷之叛国以事纣,唯知时也。今我易之[2],难哉!"三月,陈成公卒。楚人将伐陈,闻丧乃止。陈人不听命[3]。臧武仲闻之,曰:"陈不服于楚，必亡。大国行礼焉而不服，在大犹有咎[4]，而况小乎？"夏，楚彭名侵陈，陈无礼故也。

【注释】

〔1〕繁阳：在今河南新蔡县北。〔2〕易之：谓晋力未能服楚，接受楚叛国陈非其时。〔3〕不听命：不听楚命。〔4〕咎：灾，殃。

穆叔如晋，报知武子之聘也，晋侯享之。金奏《肆夏》之三[1]，不拜。工歌《文王》之三[2]，又不拜。歌《鹿鸣》之三[3]，三拜[4]。韩献子使行人子员问之，曰："子以君命，辱于敝邑。先君之礼，藉之以乐[5]，以辱吾子。吾子舍其大[6]，而重拜其细[7]，敢问何礼也？"对曰："三《夏》，天子所以享元侯也[8]，使臣弗敢与闻。《文王》，两君相见之乐也，使臣不敢及。《鹿鸣》，君所以嘉寡君也，敢不拜嘉？《四牡》，君所以劳使臣也，敢不重拜？《皇皇者华》，君教使臣曰：'必谘于周[9]。'臣闻之：'访问于善为咨，咨亲为询[10]，咨礼为度，咨事为诹[11]，咨难为谋。'臣获五善，敢不重拜？"

【注释】

〔1〕金奏：用钟、镈奏，用鼓为节。肆夏：古代燕享音乐。《鲁语》言《肆夏》之三为《肆夏》、《樊遏》、《渠》。〔2〕工：乐工，乐人。文王：《诗·大雅》篇名。《文王》之三谓"文王之什"前三篇，即《文王》、《大明》、《緜》。〔3〕鹿鸣：《诗·小雅》篇名。《鹿鸣》之三，谓"鹿鸣之什"前三篇，即《鹿鸣》、《四牡》、《皇皇者华》。〔4〕三拜：每歌一曲，下拜一次。〔5〕藉：荐，献。〔6〕大：指《肆夏》等乐。〔7〕重：多次。〔8〕元侯：牧伯，即诸侯之长。〔9〕必谘于

周:《皇皇者华》有"周爰咨诹"、"周爰咨度"、"周爰咨询"等句。谓咨询于忠信的人。 〔10〕亲:亲戚。 〔11〕事:政事。

秋,定姒薨。不殡于庙,无榇,不虞[1]。匠庆谓季文子曰[2]:"子为正卿,而小君之丧不成,不终君也[3]。君长,谁受其咎?"

初,季孙为己树六槚于蒲圃东门之外[4]。匠庆请木,季孙曰:"略[5]。"匠庆用蒲圃之槚,季孙不御[6]。君子曰:"《志》所谓'多行无礼,必自及也[7]',其是之谓乎!"

【注释】
〔1〕虞:虞祭。死者葬后,生者还殡宫祭祀后安灵、反哭,称虞祭。时襄公幼小,季孙行父执政,不以夫人之礼待定姒,故如此。 〔2〕匠庆:鲁国著名工匠。 〔3〕不终君:使国君不终丧事。 〔4〕蒲圃:场圃名。 〔5〕略:简略。指随意使用,不必精选。 〔6〕御:止。 〔7〕志:古书。按季孙行父于定姒之丧无礼,匠庆砍了他的寿木也是无礼,所以引这句话以证实。

冬,公如晋听政[1],晋侯享公。公请属鄫[2],晋侯不许。孟献子曰:"以寡君之密迩于仇雠,而愿固事君[3],无失官命[4]。鄫无赋于司马[5],为执事朝夕之命敝邑,敝邑褊小,阙而为罪,寡君是以愿借助焉。"晋侯许之。

【注释】
〔1〕听政:指听取晋国的部署打算。 〔2〕属鄫:以鄫为属国。此时襄公尚幼,凡襄公之言论,皆辅相言之。 〔3〕固:一心一意。

〔4〕官命：晋君之命。 〔5〕司马：指晋司马，兼管诸侯之赋。

楚人使顿间陈而侵伐之，故陈人围顿。

无终子嘉父使孟乐如晋[1]，因魏庄子纳虎豹之皮[2]，以请和诸戎。晋侯曰："戎狄无亲而贪，不如伐之。"魏绛曰："诸侯新服，陈新来和，将观于我，我德则睦，否则携贰[3]。劳师于戎，而楚伐陈，必弗能救，是弃陈也，诸华必叛[4]。戎，禽兽也，获戎失华，无乃不可乎？《夏训》有之曰：'有穷后羿……[5]'"公曰："后羿何如？"对曰："昔有夏之方衰也，后羿自鉏迁于穷石[6]，因夏民以代夏政[7]。恃其射也，不修民事，而淫于原兽[8]。弃武罗、伯因、熊髡、龙圉[9]，而用寒浞[10]。寒浞，伯明氏之谗子弟也[11]。伯明后寒弃之[12]，夷羿收之[13]，信而使之，以为己相。浞行媚于内而施赂于外，愚弄其民而虞羿于田[14]，树之诈慝以取其国家，外内咸服。羿犹不悛，将归自田，家众杀而亨之[15]，以食其子。其子不忍食诸，死于穷门[16]。靡奔有鬲氏[17]。浞因羿室[18]，生浇及豷，恃其谗慝诈伪而不德于民。使浇用师，灭斟灌及斟寻氏[19]。处浇于过[20]，处豷于戈[21]。靡自有鬲氏，收二国之烬[22]，以灭浞而立少康。少康灭浇于过，后杼灭豷于戈[23]。有穷由是遂亡，失人故也。昔周辛甲之为大史也[24]，命百官，官箴王阙[25]。于《虞人之箴》曰[26]：'芒芒禹迹[27]，画为九州，经启九道[28]。民有寝庙，兽有茂草，各有攸处[29]，德用不扰[30]。在帝夷羿，冒于原兽[31]，忘其国恤，而思其麀牡[32]。武不可重[33]，用不恢于夏家[34]。兽臣司原[35]，敢告仆夫[36]。'《虞箴》如是，可不惩乎[37]？"于是晋侯好田，故魏绛及之。

【注释】
〔1〕无终：山戎国名，地流徙无定，此时住山西境内。〔2〕魏庄子：即魏绛。〔3〕携贰：背离。〔4〕诸华：对诸戎而言，指中原诸侯。〔5〕有穷：部落名，居今河南洛阳。后羿：有穷之君。〔6〕鉏：今河南滑县。穷石：即穷谷，在洛阳市南。〔7〕"因夏民"句：时禹孙大康淫放失国，夏人立其弟仲康。仲康弱，卒后子相立，后羿代相，号有穷。〔8〕原兽：即田兽，指打猎。〔9〕武罗、伯因、熊髡、龙圉：皆羿之贤臣。〔10〕寒：部落名，居山东潍县。寒浞以部落为氏。〔11〕伯明：寒部君王。〔12〕伯明后寒：即"寒后伯明"，寒君伯明。〔13〕夷羿：夷为羿之氏，或谓种族。〔14〕虞：同"娱"。〔15〕亨：即"烹"，煮。〔16〕穷门：穷国国门。〔17〕靡：夏臣。有鬲氏：部落名，居今山东德州市。〔18〕室：妻妾。〔19〕斟灌：部落名，地在今山东范县。斟寻氏：部落名，居今河南偃师县。〔20〕过：部落名，居今山东掖县。〔21〕戈：部落名，地在今河南境内。〔22〕烬：遗民。〔23〕后杼：少康子。〔24〕辛甲：本为纣臣，后事周为公卿，封长子。〔25〕箴：诫谏。阙：过失。〔26〕虞人：掌田猎之官。〔27〕芒芒：远貌。〔28〕经启：经略开通。九道：众多道路。〔29〕攸：所。〔30〕德用不扰：德指人与兽的本质。用，因。句谓人与兽需求不同因此而互不干扰。〔31〕冒：贪。〔32〕麀：牝鹿。牡：公兽。此以麀牡泛指禽兽。〔33〕重：累次。〔34〕用：因此。恢：廓，大。〔35〕兽臣：即虞人。〔36〕仆夫：即"左右"之意，不敢直言君王，故云"仆夫"。〔37〕惩：教训。

公曰："然则莫如和戎乎？"对曰："和戎有五利焉：戎狄荐居[1]，贵货易土，土可贾焉，一也。边鄙不耸[2]，民狎其野[3]，穑人成功，二也。戎狄事晋，四邻振动，诸侯威怀，三也。以德绥戎，师徒不勤，甲兵不顿[4]，四也。鉴于后羿，而用德度[5]，远至迩安，五也。君其图之！"公说，使魏绛盟诸戎，修民事，田以时。

【注释】
〔1〕荐：草。荐居，逐水草而居。〔2〕耸：惧。指无警。〔3〕狎：习。此指安心。〔4〕顿：坏。〔5〕德度：道德法度。

冬十月，邾人、莒人伐鄫。臧纥救鄫[1]，侵邾，败于狐骀[2]。国人逆丧者皆髽[3]，鲁于是乎始髽。国人诵之曰："臧之狐裘，败我于狐骀。我君小子，朱儒是使[4]。朱儒！朱儒！使我败于邾。"

【注释】
〔1〕臧纥：即臧孙纥，字武仲。〔2〕狐骀：在今山东滕县东南。〔3〕髽(zhuā)：妇人的丧髻，以麻发合结。〔4〕朱儒：即侏儒，矮小。臧孙纥当矮小。

【译文】
[经]
四年春，周历三月己酉，陈成公午去世。
夏，叔孙豹去晋国。
秋七月戊子，夫人定姒去世。
安葬陈成公。
八月辛亥，安葬我国夫人定姒。
冬，襄公去晋国。
陈国人包围顿国。

[传] 四年春，楚军因为陈国背叛的缘故，仍然停留在繁阳。韩献子为此感到担忧，在朝廷上说："周文王率领叛离殷商的国家事奉纣王，是因为他知道时机未到。如今我们与周文王相反，想成功是多么困难啊！"三月，陈成公去世。楚国人准备攻打陈国，听到陈国有丧事，就停止了行动。陈国人不听从楚国的命令。臧武仲听说后，说："陈国不肯服从楚国，一定会必亡。大国按礼行事而不去顺服，对大国来说尚且带来灾殃，何况陈是小国呢？"夏，楚彭名侵袭陈国，这是因为陈国无礼的缘故。

穆叔去晋国，是为了回报知武子的聘问，晋悼公设享礼招待他。钟镈奏《肆夏》前三曲，穆叔没答拜。乐工歌《大雅·文王之什》的前三篇，穆叔又没答拜。歌《小雅·鹿鸣之什》的前三篇，穆叔三次答拜。韩献子派行人子员去问穆叔，说："您奉君王的命令，光临敝邑。敝邑依先君制订的礼，献上音乐，来招待您。您舍弃重大的音乐不理，而再三答拜细小的乐歌，谨此请问这是什么礼仪？"穆叔回答说："《肆夏》三曲，是天子用来燕享诸侯领袖的，使臣不敢听赏。《文王》，是两国国君相见时所歌，使臣不敢参预。《鹿鸣》，是国君用来称赞嘉奖寡君，我岂敢不拜谢这嘉奖？《四牡》，是君王用来慰劳使臣的，我岂敢不再次下拜？《皇皇者华》，是君王教导使臣说：'一定要向忠信的人谘询。'臣听说：'向善人访求询问称作谘。谘询亲戚的事称作询，谘询礼仪称作度，谘询政事称作诹，谘询困难称作谋。'臣得到这五善，岂敢不再次拜谢？"

秋，定姒去世。不把棺木停放在祖庙里，没备内棺，没举行虞祭。匠庆对季文子说："你是正卿，而夫人的丧事不完备，是使国君对丧事不终。国君长大后，谁将受到罪责？"

起初，季文子在蒲圃的东门外为自己种了六棵槚树。匠庆请示用什么做定姒的棺木，季文子说："何必如此费心。"匠庆使用了蒲圃的槚树，季文子不加阻止。君子说："志书所说的'多做无礼的事，一定会轮到自己身上'，恐怕就是说这样的事吧！"

冬，襄公去晋国听取晋国的部署打算，晋悼公设享礼款待他。襄公请求把鄫国作为鲁国的属国，晋悼公不同意。孟献子说："寡君紧靠着仇敌之国,却愿一心一意事奉君王,完全执行君王的命令。鄫国不向贵国司马交纳贡赋,而君王的左右不断地向敝邑索求,敝邑褊窄狭小,不能满足便是罪过,寡君因此想得到鄫国以为帮助。"晋悼公同意了。

楚国人让顿国乘陈国不防备之机侵袭陈国,所以陈国人包围顿国。

无终国国君嘉父派遣孟乐去晋国,通过魏绛献上虎豹的皮,要求晋国与各戎国和好。晋悼公说:"戎狄不认亲情而贪心,不如攻打他们。"魏绛说:"诸侯新近顺服,陈国新近来讲和,都将看我们怎么做,我们有德行就亲近我们,我们没有德行就背叛我们。劳动军队攻打戎人,楚国如果攻打陈国,我们必然无法救援,这是丢弃陈国,中原诸侯一定会背叛我们。戎人,是禽兽,得到戎人而失去中原诸侯,恐怕是不行的吧?《夏训》有这样的话:'有穷后羿……'",晋悼公说:"后羿怎么样?"魏绛回答说:"往时有夏正处在衰落的时候,后羿从钽地迁徙到穷石,依靠夏朝人民取代了夏朝政权。他凭仗着自己精于射箭,不致力于治理人民,而沉湎于打猎。后羿废弃了武罗、伯因、熊髡、龙圉,而信用寒浞。寒浞是伯明氏的奸邪子弟,寒君伯明氏废弃了他,后羿收留他,信任他并使用他,让他作为自己的辅相。寒浞在官内对女人们献媚而在官外广施恩惠,愚弄他的人民而使后羿醉心于打猎,扶植了奸邪人物,以此取得了后羿的国和家,官内官外都顺从归附。后羿仍然不思悔改,打算从打猎的地方回来时,他的家人们把他杀了煮熟,送给他儿子吃。后羿的儿子不忍心吃,又被杀死在穷国的城门口。靡逃亡到有鬲氏部落。寒浞接收了有羿的妻妾,和她们生下了浇与豷,凭仗着他的奸邪诈伪而不施德于民。他派浇带领军队,灭亡了斟灌及斟寻氏。让浇居住在过地,让豷居住在戈地。靡从有鬲氏收留斟灌、斟寻二国遗民,用以灭亡了寒浞而立少康为君。少康在过地灭亡了浇,后杼在戈地灭亡了豷。有穷氏因此而灭亡,这是由于失去贤人的缘故。往昔周辛甲任太史时,命令百官,每个人都谏诫天子的过失。在《虞人之箴》中说:'广阔辽远的大禹走过的国土,区分为九州,开辟经略了众多的道路。人民有住的屋子有宗庙,野兽有茂盛丰密的绿草;他们各自有居住的地方，各取所需互不干扰。有个皇帝叫做后羿，一心沉湎于打猎；忘记了国家的忧患，心中想的只是飞禽走兽。用武的事不能够过于频繁，这样做导致了夏朝的灭亡。我虞人主管的是打猎，谨以此规劝天子的左右。'《虞箴》是这样说的，可以不引以为训吗？"这时候晋悼公爱好打猎，所以魏绛借题发挥说了这些话。

晋悼公说："然而没有比与戎人讲和更好的办法了吗？"魏绛回答说："与戎人讲和有五项利益：戎狄逐水草而居，看重财宝轻视土地，可以向他们买土地，这是一。边境没有警报，人民安心在那儿居住，农夫可获收成，这是二。戎狄事奉晋国，四边邻国为之震动，诸侯们因我们的威严而归服，这是三。用德行安抚戎人，不劳师动众，不损坏兵器衣甲，这是四。有鉴于后羿失国的教训，而使用德行法度，远方国家来朝、近处国家安心，这是五。君王请好好想一想！"晋悼公觉得他说的对，派魏绛与各戎国订立盟约，又致力于治理民事，打猎合乎时令。

冬十月，邾国人、莒国人攻打鄫国。臧孙纥救援鄫国，侵袭邾国，在狐骀被打败。鲁国去迎接死亡将士棺木的人都用墨，鲁国从此开始就有了用墨的习俗。国人编了首歌说："臧孙纥，穿狐裘，败在狐骀真可羞。我们国君小孩子，派个侏儒缺远谋。侏儒啊侏儒，败给邾国成祸首。"

襄公五年

[经]

五年春[1],公至自晋。

夏,郑伯使公子发来聘[2]。

叔孙豹、鄫世子巫如晋。

仲孙蔑、卫孙林父会吴于善道[3]。

秋,大雩。

楚杀其大夫公子壬夫[4]。

公会晋侯、宋公、陈侯、卫侯、郑伯、曹伯、莒子、邾子、滕子、薛伯、齐世子光、吴人、鄫人于戚[5]。

公至自会。

冬,戍陈。

楚公子贞帅师伐陈[6]。

公会晋侯、宋公、卫侯、郑伯、曹伯、齐世子光救陈。

十有二月,公至自救陈。

辛未,季孙行父卒。

【注释】

〔1〕五年：公元前568年。 〔2〕郑伯：郑僖公。公子发：郑大夫，子产之父，字子国。 〔3〕善道：在今江苏盱眙县北。 〔4〕公子壬夫：即令尹子辛。杜注："书名，罪其贪。" 〔5〕晋侯：晋悼公。宋公：宋平公。陈侯：陈哀公。卫侯：卫献公。曹伯：曹成公。莒子：莒犁比公。邾子：邾宣公。滕子：滕悼公。薛伯：不详。 〔6〕公子贞：庄王子子囊，后以囊为氏。

[传]

五年春，公至自晋。

王使王叔陈生愬戎于晋〔1〕，晋人执之。士鲂如京师，言王叔之贰于戎也。

【注释】

〔1〕王叔陈生：周卿士。愬戎：控告戎人侵陵周室。

夏，郑子国来聘〔1〕，通嗣君也。

穆叔觌鄫大子于晋〔2〕，以成属鄫。书曰："叔孙豹、鄫大子巫如晋。"言比诸鲁大夫也〔3〕。

【注释】

〔1〕子国：公子发，见成公五年注。 〔2〕觌：相见。 〔3〕此释经不加"及"字。鲁大夫两人行均不加"及"字，故云将鄫太子比于鲁大夫。

吴子使寿越如晋〔1〕，辞不会于鸡泽之故，且请听诸侯之好〔2〕。晋人将为之合诸侯，使鲁、卫先会吴，且告会期。故孟献子、孙文子会吴于善道。

【注释】

〔1〕吴子：吴王寿梦。寿越：吴大夫。 〔2〕听：听从。

秋，大雩，旱也。

楚人讨陈叛故，曰："由令尹子辛实侵欲焉。"乃杀之。书曰："楚杀其大夫公子壬夫。"贪也。君子谓："楚共王于是不刑。《诗》曰：'周道挺挺，我心扃扃，讲事不令，集人来定[1]。'已则无信，而杀人以逞，不亦难乎？《夏书》曰：'成允成功[2]。'"

【注释】

〔1〕所引诗为逸诗，不见今《诗经》。周道，大路。扃扃，明察。令，善。 〔2〕所引文今入《大禹谟》。允，信。

九月丙午，盟于戚，会吴，且命戍陈也。穆叔以属鄫为不利，使鄫大夫听命于会[1]。

楚子囊为令尹。范宣子曰："我丧陈矣！楚人讨贰而立子囊，必改行而疾讨陈。陈近于楚，民朝夕急，能无往乎[2]？有陈，非吾事也，无之而后可。"冬，诸侯戍陈。子囊伐陈。十一月甲午，会于城棣以救之[3]。

【注释】

〔1〕听命于会：以独立国家身份与会听取盟主命令。 〔2〕往：往归于楚。 〔3〕城棣：在今河南原阳县北。

季文子卒。大夫入敛，公在位[1]。宰庀家器为葬备[2]。无衣帛之妾，无食粟之马，无藏金玉，无重器备[3]。君子是以知季文子之忠于公室也。相三君矣,而无私积,可不谓忠乎?

【注释】
〔1〕公在位:依礼,大夫大敛,国君亲自看视,于东序设君位。〔2〕宰:家宰。家臣之首。庀:具。 〔3〕器备:一切用具。

【译文】

[经]
五年春,襄公从晋国回国。
夏,郑僖公派公子发来我国聘问。
叔孙豹、鄫太子巫去晋国。
仲孙蔑、卫孙林父在善道与吴国人相会。
秋,举行求雨的祭祀。
楚国杀死他们的大夫公子壬夫。
襄公在戚地与晋悼公、宋平公、陈哀公、卫献公、郑僖公、曹成公、莒犁比公、邾宣公、滕悼公、薛伯、齐太子光、吴国人、鄫国人相会。
襄公从盟会回国。
冬,戍守陈国。
楚公子贞率领军队攻打陈国。
襄公会合晋悼公、宋平公、卫献公、郑僖公、曹成公、齐太子光救援陈国。
十二月,襄公从救陈战役回国。
辛未,季孙行父去世。

[传]
五年春,襄公从晋国回国。
周灵王派王叔陈生到晋国控诉戎人,晋国人把他拘禁起来。士鲂去京师,报告王叔与戎人勾结的情况。

夏，郑子国来我国聘问，是为了通报僖公即位。

穆叔与鄫太子于晋国相见，以完成将鄫作为鲁属国的手续。《春秋》记载说："叔孙豹、鄫太子巫去晋国。"二人间不加及字，是把鄫太子等同于鲁大夫。

吴王寿梦派寿越去晋国，解释没参加鸡泽会见的缘故，同时请求听从命令与诸侯交好。晋国人准备为此会合诸侯，派鲁、卫二国先和吴国相会，并通告会见日期。所以孟献子、孙文子与吴人在善道相会。

秋，举行求雨的祭祀，是因为发生旱灾。

楚国人追究陈国背叛的缘故，认为："是因为令尹子辛不断索取以满足私欲。"于是杀死了令尹子辛。《春秋》记载说："楚国杀死他们的大夫公子壬夫。"直斥其名，是由于他贪枉的缘故。君子说："楚共王在处理这件事时刑罚不当。《诗》说：'大道宽广笔直，我的心明白坦荡；遇到事情谋划不善，聚集贤人来一起商量。'自己不讲信用，却杀人以满足自己，不也是很困难的吗？《夏书》说：'完成信用然后才能完成功业。'"

九月丙午，诸侯在戚地结盟，是为了和吴国相会，同时命令诸侯戍守陈国。穆叔因为把鄫国作为属国对鲁不利，让鄫大夫以独立国家身份与会听取盟主命令。

楚子囊任令尹。范宣子说："我们要失去陈国了！楚国人讨伐不忠心的人而立囊，必定会改变以往作法而迅速攻打陈国。陈国靠近楚国，人民不分日夜恐惧危急，能够不归服楚国吗？保有陈国，不是我们能办到的事；放弃陈国反而好些。"冬，诸侯军队戍守陈国。子囊攻打陈国。十一月甲午，诸侯在城棣相会以救援陈国。

季文子去世。根据大夫大敛的礼仪，鲁襄公亲自看视到位。家宰收集家中器具作为葬具。家中没有穿丝绸的小妾，没有以粮食喂饲的马，没有收藏铜器玉器，没有重复的用具。君子因此而知道季文子对公室的忠心。他辅佐了三代君王，却没有私人积蓄，难道不能说是忠心吗？

襄 公 六 年

[经]

六年春[1],王三月壬午,杞伯姑容卒。

夏,宋华弱来奔。

秋,葬杞桓公。

滕子来朝[2]。

莒人灭鄫。

冬,叔孙豹如邾。

季孙宿如晋[3]。

十有二月,齐侯灭莱[4]。

【注释】

〔1〕六年:公元前567年。 〔2〕滕子:滕悼公。 〔3〕季孙宿:季孙行父之子。 〔4〕齐侯:齐灵公。

[传]

六年春,杞桓公卒,始赴以名,同盟故也。

宋华弱与乐辔少相狎[1],长相优[2],又相谤也。子荡怒[3],以弓梏华弱于朝。平公见之,曰:"司武而桔于朝[4]，难以胜矣！"遂逐之。夏，宋华弱来奔。司城子罕曰[5]："同罪异罚，非刑也。专戮于朝[6]，罪孰大焉！"亦逐子荡。子荡射子罕之门，曰："几日而不我从？"子罕善之如初[7]。

【注释】
〔1〕狎：习，过分亲密，互相狎玩。〔2〕优：调戏。〔3〕子荡：即乐辔。〔4〕司武：即司马，时华弱官司马。〔5〕子罕：戴公六世孙。〔6〕戮：辱。〔7〕善之如初：和当初一样安定，不计较遭辱。

秋，滕成公来朝，始朝公也。
莒人灭鄫，鄫恃赂也[1]。
冬，穆叔如邾，聘，且修平。
晋人以鄫故来讨，曰："何故亡鄫？"季武子如晋见，且听命[2]。

【注释】
〔1〕赂：赂者为谁，无明言。时鄫已不是鲁属国，故鲁不救。但晋国不承认，所以下文派人指责鲁国。〔2〕听命：听从处分。

十一月，齐侯灭莱，莱恃谋也[1]。于郑子国之来聘也，四月，晏弱城东阳，而遂围莱。甲寅，堙之环城[2]，傅于堞[3]。及杞桓公卒之月，乙未，王湫帅师及正舆子、棠人军齐师[4]，齐师大败之。丁未，入莱。莱共公浮柔奔棠。正舆子、王湫奔莒，莒人杀之。
四月，陈无宇献莱宗器于襄宫[5]。晏弱围棠，十一月丙辰，而灭之。迁莱于郳[6]。高厚、崔杼定其田[7]。

【注释】

〔1〕恃谋：仗着计谋，指送夙沙卫牛马，事见襄公二年。〔2〕堙：堆土为山。〔3〕堞：女墙。〔4〕王湫：齐国佐之党，逃亡在莱。正舆子：莱大夫，见襄公二年。棠：当在今山东平度县附近。〔5〕陈无宇：敬仲玄孙。襄宫：齐襄公庙。〔6〕郳：齐地，今不详。〔7〕高厚：高固子，齐卿。定其田：划定其土地疆界以分配给齐君臣。

【译文】

[经]

六年春，周历三月壬午，杞桓公姑容去世。
夏，宋华弱逃来我国。
秋，安葬杞桓公。
滕悼公来我国朝见。
莒国人灭亡鄫国。
冬，叔孙豹去邾国。
季孙宿去晋国。
十二月，齐灵公灭亡莱国。

[传]

六年春，杞桓公去世，开始在讣告上写他的名字，是因为是同盟国的缘故。

宋华弱与乐辔小时候彼此亲密，长大了又彼此戏弄，又彼此诽谤。乐辔发怒，在朝堂上用弓套着华弱的脖子。平公见了，说："官居司马却被人在朝堂上用弓套着脖子，难以在战斗中取胜了！"于是就把华弱赶出国去。夏，宋华弱逃来我国。司城子罕说："犯了同样的罪处罚却不一样，这是不合刑法的。在朝堂上专横侮辱人，还有比这更大的罪吗？"平公也赶走乐辔。乐辔用箭射子罕的门，说："没几天你也要落得和我同样下场了。"子罕安然不以为意，和没发生这事一样。

秋，滕成公来我国朝见，这是他首次朝见襄公。

莒国人灭亡鄫国，这是由于鄫国仗着送过礼物而不加防备的缘故。

冬，穆叔去邾国，聘问，同时与邾国讲和。

晋国人因为鄫被灭的缘故来责问我国，说："为什么让鄫国灭亡？"季武子去晋国觐见，同时听从处分。

十一月，齐灵公灭亡了莱国，这是因为莱国凭仗计谋而不设防备。在郑子国前来聘问的那一年，四月，晏弱修筑东阳城墙，接着就包围了莱国。甲寅，环绕莱国都城堆土为山，紧挨着女墙。到了杞桓公去世那一月，乙未，王湫率领军队与正舆子、棠邑军队迎战齐军，被齐军打得大败。丁未，齐军攻入莱国。莱共公浮柔逃到棠邑。正舆子、王湫逃到莒国，莒国人把他们杀了。

四月，陈无宇把莱国宗庙里的宝器献入襄公庙。晏弱包围棠地，十一月丙辰，灭亡了棠。把莱国人民迁到郳地。派高厚、崔杼去勘察划定莱国田地，以便分配。

襄 公 七 年

[经]

七年春[1],郯子来朝。

夏四月,三卜郊,不从,乃免牲。

小邾子来朝[2]。

城费[3]。

秋,季孙宿如卫。

八月,螽。

冬十月,卫侯使孙林父来聘[4]。

壬戌,及孙林父盟。

楚公子贞帅师围陈。

十有二月,公会晋侯、宋公、陈侯、卫侯、曹伯、莒子、邾子于鄬[5]。

郑伯髡顽如会[6],未见诸侯。丙戌,卒于鄵[7]。

陈侯逃归。

【注释】

〔1〕七年:公元前566年。 〔2〕小邾子:小邾穆公。 〔3〕费:在今山东费县西南,鲁僖公赐季友为封邑。 〔4〕卫侯:卫献公。〔5〕晋侯:晋悼公。宋公:宋平公。陈侯:陈哀公。曹伯:曹成公。莒

子：莒犁比公。邾子：邾宣公。郲（wéi）：郑地，当在今河南鲁山县。〔6〕郑伯：郑僖公。　〔7〕鄵（cāo）：郑地。

[传]

七年春，郯子来朝，始朝公也。

夏四月，三卜郊，不从，乃免牲。孟献子曰："吾乃今而后知有卜筮。夫郊，祀后稷以祈农事也[1]。是故启蛰而郊[2]，郊而后耕。今既耕而卜郊，宜其不从也。"

【注释】
　〔1〕后稷：周之始祖。　〔2〕启蛰：蛰虫启动。

南遗为费宰[1]。叔仲昭伯为隧正[2]，欲善季氏而求媚于南遗，谓遗："请城费，吾多与而役。"故季氏城费。

小邾穆公来朝，亦始朝公也。

秋，季武子如卫，报子叔之聘[3]，且辞缓报，非贰也。

【注释】
　〔1〕宰：地方长官。　〔2〕叔仲昭伯：惠伯之孙，名带。隧正：掌徒役之官。　〔3〕子叔之聘：在襄公元年。

冬十月，晋韩献子告老。公族穆子有废疾[1]，将立之。辞曰："《诗》曰：'岂不夙夜，谓行多露[2]。'又曰：'弗躬弗亲，庶民弗信[3]。'无忌不才，让，其可乎？请立起也[4]。与田苏游[5]，而曰好仁。《诗》曰：'靖共尔位，好是正直。神之听之，介尔景福[6]。'恤民为德，正直为正，正曲为直，参和为仁[7]。如是，则神听之，介福降之[8]。立之，不亦可乎？"庚戌，使宣子朝，遂老。晋侯谓韩无忌仁，使掌公族大夫[9]。

【注释】

〔1〕穆子：韩厥长子，名无忌，为公族大夫。废疾：残疾。〔2〕所引诗见《诗·召南·行露》，原为爱情诗，此借句面意。〔3〕所引诗见《诗·小雅·节南山》，也借句面言自己残疾不便。〔4〕起：无忌弟，谥宣子。〔5〕田苏：晋贤人。〔6〕所引诗见《诗·小雅·小明》。靖共尔位，谓谨慎忠诚地执行职责。介，助。景，大。〔7〕参和：将德、正、直三者和为一体。〔8〕介福：大福。〔9〕掌公族大夫：为公族大夫之长。

卫孙文子来聘，且拜武子之言，而寻孙桓子之盟[1]。公登亦登。叔孙穆子相，趋进曰："诸侯之会，寡君未尝后卫君[2]。今吾子不后寡君，寡君未知所过。吾子其少安[3]！"孙子无辞，亦无悛容。穆叔曰："孙子必亡。为臣而君，过而不悛，亡之本也。《诗》曰：'退食自公，委蛇委蛇[4]。'谓从者也[5]。衡而委蛇必折[6]。"

【注释】

〔1〕孙桓子：孙良夫，孙文子林父之父，其聘鲁且盟在成公三年。〔2〕未尝后卫君：谓与卫君地位相等。〔3〕少安：稍停。〔4〕所引诗见《诗·召南·羔羊》。委蛇，从容自得貌。〔5〕从：顺从。

〔6〕衡：强横、专横。

楚子囊围陈，会于郯以救之。

郑僖公之为大子也，于成之十六年，与子罕适晋，不礼焉〔1〕。又与子丰适楚〔2〕，亦不礼焉。及其元年，朝于晋，子丰欲愬诸晋而废之，子罕止之。及将会于郯，子驷相，又不礼焉。侍者谏，不听，又谏，杀之。及郻，子驷使贼夜弑僖公，而以疟疾赴于诸侯。简公生五年〔3〕，奉而立之。

【注释】
〔1〕不礼：对子罕不加礼遇。 〔2〕子丰：与子罕同为穆公子。 〔3〕简公：僖公子，名嘉。

陈人患楚。庆虎、庆寅谓楚人曰〔1〕："吾使公子黄往而执之〔2〕。"楚人从之。二庆使告陈侯于会，曰："楚人执公子黄矣！君若不来，群臣不忍社稷宗庙，惧有二图〔3〕。"陈侯逃归。

【注释】
〔1〕庆虎、庆寅：陈执政大夫。 〔2〕公子黄：陈哀公弟。 〔3〕二图：另立国君。

【译文】

[经]

七年春，郑子来我国朝见。
夏四月，三次为郊祭占卜都不吉利，于是不用牺牲。

小邾穆公来我国朝见。
修筑费邑城墙。
秋，季孙宿去卫国。
八月，发生蝗灾。
冬十月，卫献公派孙林父来我国聘问。
壬戌，与孙林父结盟。
楚公子贞率领军队包围陈国。
十二月，襄公与晋悼公、宋平公、陈哀公、卫献公、曹成公、莒犁比公、邾宣公在鄬地相会。
郑僖公髡顽赴会，没有和诸侯相见。丙戌，在鄵地去世。
陈哀公逃回国。

[传]

七年春，郑子来我国朝见，这是他首次朝见襄公。

夏四月，三次为郊祭占卜都不吉利，于是不用牺牲。孟献子说："我从今以后才知道卜筮的灵验。郊祭，是祭祀后稷祈求农业丰收。因此蛰虫启动便进行郊祭，郊祭以后开始耕种。如今已经耕种然后为郊祭占卜，怪不得神明不显示吉利。"

南遗担任费邑的长官。叔仲昭伯官隧正，他想讨好季氏因而谄媚南遗，对南遗说："你去请求修筑费邑的城墙，我多派给你劳役。"所以季氏修筑费邑的城墙。

小邾穆公来我国朝见，这也是他首次朝见襄公。

秋，季武子去卫国，回报子叔的聘问，并解释所以晚来回报不是对卫国有离异之心。

冬十月，晋韩献子告老退休。公族大夫穆子有残疾，韩献子准备让他继位为卿。穆子辞谢说："《诗》说：'难道不是天没亮就想来？只是害怕路上露水潮湿。'又说：'办事不能亲主裁，百姓对你不信赖。'我无忌没有才能，让给别人，恐怕也是可以的吧？请任命起吧。他和田苏交游，田苏称赞他好仁。《诗》说：'谨慎忠诚地做好本职事，亲近正人与贤人。神明听到这一切，赐你大福奔前程。'体恤人民是德，校正直是正，纠正曲是直，合三者为一是仁。这样办，神明就会听见，降给他大福。任命起，不也是可以的吗?"庚戌,让韩起朝见,韩献子便退休。晋悼公认为穆子有仁德,让他担任公族大夫之长。

卫孙文子来我国聘问,同时答谢季武子的解释,并重温孙桓子与我国结盟的友好关系。襄公登上台阶,孙林父齐肩跟上。叔孙穆子任相礼,快步上前说:"诸侯间相会,寡君的地位不比卫君低。现在您不走在寡君后面,寡君不知道犯了什么过错受轻视。您还是稍停一下!"孙文子不加解释,也没有愧悔的神色。穆叔说:"孙文子必然会被赶走。作为一个臣子却自认为和国君相等,有了过错而不思悔改,这是被赶走的根本原因。《诗》说:'吃饱喝足下朝来,悠哉从容多逍遥。'讲的是对君王顺从小心的人。强横而又从容自得必然受到挫折。"

楚子囊包围陈国,诸侯在郯地会见准备救援陈国。

郑僖公做太子的时候,在鲁成公十六年,和子罕一起去晋国,对子罕无礼。又和子丰一起去楚国,对子丰也无礼。到他即位的元年去晋国朝见,子丰想向晋君控告他并把他废除,子罕劝阻了子丰。到了这次准备去郯地与诸侯相会,子驷任相礼,郑僖公又对他无礼。侍者劝谏,僖公不听,侍者再次劝谏,僖公把他杀了。到达鄵地,子驷派人在夜间杀死僖公,而向诸侯讣告说他是生疟疾而死。简公当时五岁,被奉立为国君。

陈国人对楚国围攻感到忧虑。庆虎、庆寅对楚国人说:"我们派公子黄到你们那儿去,你们把他拘禁起来。"楚国人照着做了。庆虎、庆寅派人到会报告陈哀公说:"楚国人把公子黄抓起来了!君王如果不回来,群臣不忍心国家灭亡,恐怕会有别的打算。"陈哀公逃回陈国。

襄 公 八 年

[经]

八年春^[1],王正月,公如晋。

夏,葬郑僖公。

郑人侵蔡,获蔡公子燮^[2]。

季孙宿会晋侯、郑伯、齐人、宋人、卫人、邾人于邢丘^[3]。

公至自晋。

莒人伐我东鄙。

秋九月,大雩。

冬,楚公子贞帅师伐郑。

晋侯使士匄来聘。

【注释】

〔1〕八年:公元前565年。 〔2〕公子燮:蔡庄侯子,官司马。〔3〕晋侯:晋悼公。郑伯:郑简公。邢丘:在今河南温县东。

[传]

八年春,公如晋朝,且听朝聘之数^[1]。

郑群公子以僖公之死也，谋子驷。子驷先之。夏四月庚辰，辟杀子狐、子熙、子侯、子丁[2]。孙击、孙恶出奔卫。

【注释】

〔1〕朝聘之数：指朝聘所贡礼物数目。　〔2〕辟：罪。此指借口有他罪而杀之。

庚寅，郑子国、子耳侵蔡[1]，获蔡司马公子燮。郑人皆喜，唯子产不顺[2]，曰："小国无文德，而有武功，祸莫大焉。楚人来讨，能勿从乎？从之，晋师必至。晋、楚伐郑[3]，自今郑国，不四五年弗得宁矣。"子国怒之曰："尔何知？国有大命[4]，而有正卿[5]。童子言焉，将为戮矣。"

【注释】

〔1〕子耳：子良之子。　〔2〕子产：公孙侨，子国之子。不顺：意见不同，不附和。　〔3〕晋、楚伐郑：郑不能抵挡晋、楚，来伐则顺从。从楚则晋来伐，从晋则楚来伐，故云"晋、楚伐郑"。　〔4〕大命：行军作战之事。　〔5〕正卿：指子驷，时专郑政。

五月甲辰，会于邢丘，以命朝聘之数，使诸侯之大夫听命。季孙宿、齐高厚、宋向戌、卫宁殖、邾大夫会之。郑伯献捷于会[1]，故亲听命。大夫不书，尊晋侯也。

【注释】

〔1〕献捷：献胜蔡所俘。

莒人伐我东鄙，以疆鄫田[1]。

秋九月，大雩，旱也。

冬，楚子囊伐郑，讨其侵蔡也。

【注释】

〔1〕疆鄫田：划定鄫国田地疆界。莒灭鄫后，鲁侵其西界，所以莒伐鲁，以正其封疆。

子驷、子国、子耳欲从楚，子孔、子蟜、子展欲待晋[1]。子驷曰："《周诗》有之曰：'俟河之清，人寿几何？兆云询多，职竞作罗[2]。'谋之多族，民之多违，事滋无成[3]。民急矣，姑从楚以纾吾民。晋师至，吾又从之。敬共币帛[4]，以待来者，小国之道也。牺牲玉帛，待于二竟[5]，以待彊者而庇民焉。寇不为害，民不罢病[6]，不亦可乎？"子展曰："小所以事大，信也。小国无信，兵乱日至，亡无日矣。五会之信[7]，今将背之，虽楚救我，将安用之？亲我无成[8]，鄙我是欲[9]，不可从也。不如待晋。晋君方明，四军无阙[10]，八卿和睦[11]，必不弃郑。楚师辽远，粮食将尽，必将速归，何患焉？舍之闻之[12]：'杖莫如信[13]。'完守以老楚，杖信以待晋，不亦可乎？"子驷曰："《诗》云：'谋夫孔多，是用不集。发言盈庭，谁敢执其咎？如匪行迈谋，是用不得于道[14]。'请从楚，騑也受其咎[15]。"乃及楚平。

【注释】

〔1〕子孔：穆公子。子蟜：子游子，即公孙虿，谥桓子。子展：子罕子，即公孙舍之，谥桓子。〔2〕所引诗为逸诗。兆，占卜。询，信。职，主要。竞，争。〔3〕滋：益，更加。〔4〕共：同"供"。〔5〕竟：同"境"。〔6〕罢：同"疲"。〔7〕五会：指从襄公三年会于鸡泽以来共会盟五次。〔8〕成：终。〔9〕鄙：以边鄙县邑待之。〔10〕无阙：谓乘卒甲兵完备。〔11〕八卿：即晋四军的主帅与辅佐。〔12〕舍之：子展名。〔13〕杖：倚仗。〔14〕所引诗见《诗·小雅·小旻》。孔，甚。集，成就。匪，彼。行迈，行。此指行人。〔15〕骈：子驷名。

使王子伯骈告于晋，曰："君命敝邑：'修而车赋[1]，儆而师徒[2]，以讨乱略[3]。'蔡人不从，敝邑之人，不敢宁处，悉索敝赋，以讨于蔡，获司马燮，献于邢丘。今楚来讨曰：'女何故称兵于蔡？'焚我郊保[4]，冯陵我城郭[5]。敝邑之众，夫妇男女，不遑启处[6]，以相救也。翦焉倾覆[7]，无所控告。民死亡者，非其父兄，即其子弟，夫人愁痛[8]，不知所庇。民知穷困，而受盟于楚，孤也与其二三臣不能禁止。不敢不告。"知武子使行人子员对之曰："君有楚命，亦不使一个行李告于寡君[9]，而即安于楚。君之所欲也，谁敢违君？寡君将帅诸侯以见于城下，唯君图之！"

【注释】

〔1〕车赋：即车乘，战车。〔2〕儆：戒备。〔3〕乱略：即乱。〔4〕郊保：郊外城堡。〔5〕冯陵：侵犯。〔6〕遑：闲暇。启处：小跪曰启。启处，指休息。〔7〕翦：尽。〔8〕夫人：即人人，众人。〔9〕行李：使者。

晋范宣子来聘，且拜公之辱[1]，告将用师于郑。公享之，宣子赋《摽有梅》[2]。季武子曰："谁敢哉！今譬于草木，寡君在君，君之臭味也[3]。欢以承命[4]，何时之有？"武子赋《角弓》[5]。宾将出，武子赋《彤弓》[6]。宣子曰："城濮之役[7]，我先君文公献功于衡雍，受彤弓于襄王，以为子孙藏。匄也，先君守官之嗣也[8]，敢不承命？"君子以为知礼。

【注释】

〔1〕拜公之辱：指鲁襄公朝晋。〔2〕摽有梅：《诗·召南》篇名，写男女及时婚嫁。范宣子赋此，意请鲁及时出兵。〔3〕臭味：气味。〔4〕欢：高兴。〔5〕角弓：《诗·小雅》篇名，取意兄弟之国互相亲近，中有"兄弟昏姻，无胥远矣"句。〔6〕彤弓：《诗·小雅》篇名，是天子赐诸侯的诗。武子赋此，意在晋悼公继承霸业。〔7〕城濮之役：在鲁僖公二十八年。〔8〕先君守官之嗣：士匄先世为郤缺，文公时为卿。

【译文】

[经]

八年春，周历正月，襄公去晋国。

夏，安葬郑僖公。

郑国人侵袭蔡国，擒获蔡公子燮。

季孙宿与晋悼公、郑简公、齐国人、宋国人、卫国人、邾国人在邢丘相会。

襄公从晋国回来。

莒国人攻打我国东部边境。

秋九月，举行求雨的祭祀。

冬，楚公子贞率领军队攻打郑国。

晋悼公派士匄来我国聘问。

[传]

八年春，襄公去晋国朝见，同时听取晋国要求贡纳财物的数目。

郑国的公子们由于僖公被杀，策划除掉子驷。子驷抢先发动。夏四月庚辰，捏造了个罪名杀死了子狐、子熙、子侯、子丁。孙击、孙恶逃亡到卫国。

庚寅，郑国子耳侵袭蔡国，擒获蔡司马公子燮。郑国人都为此高兴，唯独子产不以为然，说："小国没有文治德行，却立有武功，没有比这更大的祸了。楚国人来讨伐，我们能够不顺从他们吗？顺从了楚国，晋国的军队必定来攻。晋、楚交替攻打郑国，从今后郑国至少在四五年内不得安宁了。"子国对他发怒说："你知道些什么？国家有出兵打仗的大事，有正卿作主，小孩子谈论它，将招杀身之祸。"

五月甲辰，在邢丘相会，晋国颁布朝聘所献财礼的数目，让诸侯的大夫们到会听取命令。季孙宿、齐高厚、宋向戌、卫宁殖、邾大夫参加了会议。郑简公到会奉献俘虏，所以亲自听取命令。《春秋》没有记载各国大夫的名字，是尊崇晋悼公。

莒国人攻打我国东部边境，以划定原鄫国的土地疆界。

秋九月，举行求雨的祭祀，这是由于干旱。

冬，楚子囊攻打郑国，讨伐它侵袭蔡国。

子驷、子国、子耳打算顺从楚国，子孔、子蟜、子展要等待晋军救援。子驷说："《周诗》有这样的话：'等待黄河澄清，人的寿命又有几何？占卜实在次数太多，都是抢着为自己结网织罗。'商量的人太多，人民多数不能跟从，事情更加没有成功的希望。人民危急了，姑且顺从楚国让我们的人民松口气。晋军到来，我们又顺从晋军。恭敬地供给财物，以等待大国到来，这是小国的常规。用牺牲和玉帛，等在两边的边境上，以等待强者而以此庇护我们的人民。敌寇不造成祸害，人民不疲乏劳困，不也是可以的吗？"子展说："小国用来事奉大国的是信用。小国没有信用，战争与祸乱会时时到来，灭亡的日子就近了。五次盟会的信誓，如今准备背叛，即使楚军救援我们，又有什么用？楚国亲近我们而得不到好结果，那就会想把我们作为他们的边鄙县邑，这是不能顺从的。不如等待晋军救援。晋国国君正直贤明，四军军备齐全，八卿和睦相处，一定不会抛弃郑国。楚军从辽远地方到来，粮食将要吃完，一定会很快回国，怕它什么？我听说：'最能倚仗的东西是信用。'修缮巩固守备以使楚军日久疲惫，倚仗信用以等待晋军，不也是可以的吗？"子驷说："《诗》说：'出主意的人儿一大堆，难以统一不算数。庭上你一言来我一语，没有一个敢把责任负。好像那行路人问行路人，很难找到正确路。'请顺从楚国，我来承担责任。"于是和楚国讲和。

派遣王子伯骈向晋国报告，说："君王命令敝邑：'修整好你们的战车，戒备好你们的军队，去讨伐动乱的国家。'蔡国人不顺从，敝邑的人不敢安居，全数调集军队，去讨伐蔡国，擒获司马燮，献到邢丘会上。如今楚国前来讨伐，说：'你们何故对蔡国用兵？'焚毁我国郊外城堡，侵犯我们的城郭。敝邑的人民，夫妻男女，顾不得稍事休息，互相援救。全面遭到颠覆灭亡的威胁，没有地方去控诉求助。人民死去和逃亡的，不是父兄，就是子弟，人人愁苦悲痛，不知道去什么地方寻求保护。人民知道已到危急时刻，于是就接受了楚国的盟约，孤和几位臣子无法禁止。不敢不报告。"知武子派行人子员回答说："君王受到楚国的威胁，也不派个人来告诉寡君，却立刻顺服了楚国。这是君王自己的愿望，谁敢反对您？寡君准备率领诸侯和你们在城下相见，请君王认真考虑！"

晋范宣子来我国聘问，同时拜谢襄公朝晋，报告准备对郑国用兵。襄公设享礼招待他，范宣子赋《摽有梅》。季武子说："谁敢不及时呢！现在就用草木作比喻，寡君对贵君来说，贵君是草木，寡君是草木散发的香气。高高兴兴地接受命令，怎么会拖延时间呢？"季武子赋《角弓》作答。范宣子将退出，季武子赋《彤弓》。范宣子说："城濮战役，我国先君文公在衡雍奉献战俘，从周襄王那儿接受了彤弓，作为子孙的宝藏。我士匄是先君大臣的后代，岂敢不接受您的命令？"君子认为范宣子知礼。

襄 公 九 年

[经]

九年春[1]，宋灾[2]。

夏，季孙宿如晋。

五月辛酉，夫人姜氏薨[3]。

秋八月癸未，葬我小君穆姜。

冬，公会晋侯、宋公、卫侯、曹伯、莒子、邾子、滕子、薛伯、杞伯、小邾子、齐世子光伐郑[4]。

十有二月己亥，同盟于戏[5]。

楚子伐郑[6]。

【注释】

[1]九年：公元前564年。 [2]灾：天火。 [3]姜氏：成公母。 [4]晋侯：晋悼公。宋公：宋平公。卫侯：卫献公。曹伯：曹成公。莒子：莒犁比公。邾子：邾宣公。滕子：滕成公。薛伯：不详。杞伯：杞孝公。小邾子：小邾穆公。 [5]戏：在今河南登封县。 [6]楚子：楚共王。

[传]

九年春，宋灾。乐喜为司城以为政[1]，使伯氏司里[2]。火所未至，彻小屋[3]，涂大屋[4]；陈畚挶[5]，具绠缶[6]，备水器[7]；量轻重[8]，蓄水潦[9]，积土涂[10]；巡丈城[11]，缮守备，表火道[12]。使华臣具正徒[13]，令隧正纳郊保[14]，奔火所。使华阅讨右官[15]，官庀其司[16]。向戌讨左，亦如之。使乐遄庀刑器[17]，亦如之。使皇郧命校正出马[18]，工正出车，备甲兵，庀武守。使西钼吾庀府守[19]，令司宫、巷伯儆宫[20]。二师令四乡正敬享[21]，祝宗用马于四墉[22]，祀盘庚于西门之外[23]。

【注释】
〔1〕乐喜：即子罕。〔2〕司里：管辖城内街巷。〔3〕彻：撤。撤除小屋，留出空地，便于隔火。〔4〕涂：以泥涂，使不易燃。〔5〕畚挶(jū)：均为盛土器具。〔6〕绠：汲水绳索。缶：瓦罐，汲水用具。〔7〕水器：盛水的器具。〔8〕量轻重：依人力量大小分配轻重工作。〔9〕水潦：水塘。〔10〕涂：即土。〔11〕丈城：不详，或指内城。〔12〕表：标明。火道：火所行之道。表火道即标明万一着火疏散的路径。〔13〕华臣：华元之子，官司徒。正徒，核定徒役人员。〔14〕隧正：掌徒役之官。纳郊保：谓调集郊外城堡的徒卒入都供役。〔15〕华阅：华元之子，官右师。讨：治。右官：右师所管属官。〔16〕庀：管理。〔17〕乐遄：官司寇。〔18〕皇郧：字椒，官司马。校正：司马属官，管理马匹。〔19〕西钼吾：官太宰。府守：管府库藏物之官。〔20〕司宫：宫内宦官之长。巷伯：管宫中巷、宫门户的宦官。〔21〕二师：左师、右师。乡正：宋都有四乡，每乡设乡正。〔22〕祝宗：祝史之长。墉：城。〔23〕盘庚：殷商十世君，迁都于今河南安阳，为宋之远祖。

晋侯问于士弱曰[1]："吾闻之，宋灾，于是乎知有天道。何故？"对曰："古之火正[2]，或食于心[3]，或食于咮[4]，以出内火[5]。是故咮为鹑火[6]，心为大火[7]。陶唐氏之火正阏伯居商丘[8]，祀大火，而火纪时焉[9]。相土因之[10]，故商主大火[11]。商人阅其祸败之衅[12]，必始于火，是以日知其有天道也[13]。"公曰："可必乎？"对曰："在道。国乱无象，不可知也。"

【注释】

〔1〕士弱：士渥浊之子，谥庄子。〔2〕火正：官名，行火政，为五行官之一。《汉书·五行志》："古之火正，谓火官也，掌祭火星，行火政。"〔3〕食：配食。心：二十八宿之一。〔4〕咮：二十八宿之一，即柳宿。古祭火星时，或以心宿或以柳宿配享陪祭。〔5〕以：因为。出内：出入。此句谓火星出入于二宿。〔6〕鹑火：柳宿别名。〔7〕大火：心宿别名。〔8〕阏伯：传为高辛氏之后。〔9〕火纪时：以火星出没来确定时节。〔10〕相土：殷商先祖。〔11〕主：祭杞主星。〔12〕阅：察。衅：预兆。〔13〕日：此或当作"曰"，与晋侯之问相呼应，否则晋侯问今，士弱答以古，不合文意。

夏，季武子如晋[1]，报宣子之聘也[2]。

穆姜薨于东宫[3]。始往而筮之，遇《艮》之八[4]。史曰："是谓《艮》之《随》。随其出也[5]。君必速出。"姜曰："亡。是于《周易》曰：'《随》，元亨利贞，无咎。'元，体之长也[6]。亨，嘉之会也[7]。利，义之和也。贞，事之干也[8]。体仁足以长人，嘉德足以合礼[9]，利物足以和义，贞固足以干事，然，故不可诬也[10]，是以虽《随》无咎。今我妇人而与于乱。固在下位而有不仁[11]，不可谓元。不靖国家[12]，不可谓亨。作而害身，不可谓利。弃位而姣[13]，不可谓贞。有四德者，《随》而无咎。我皆无之，岂《随》也哉？我则取恶，能无咎乎？必死于此，弗得出矣。"

【注释】
〔1〕季武子：季孙宿。 〔2〕宣子之聘：指上年士匄来鲁国进行聘问。 〔3〕穆姜：襄公祖母，因欲去成公，私通叔孙侨如，被迫迁于东宫。 〔4〕艮之八：按《周易》言卦，均言"九"、"六"，变一爻而成他卦，曰某卦之某（卦名）。此筮变《随》卦则唯第二爻不变，馀爻均变，因此杜注言此为《连山易》或《归藏易》。但下文释卦，仍用《周易》。 〔5〕出：谓"随"乃随人而行，有出走之象。 〔6〕体之长：元即首，头，故云体之长。 〔7〕嘉之会：亨即享，享礼，故云嘉礼中主宾相会。 〔8〕事之干：贞为信，《易·乾·文言》："贞固足以干事。"故云为事物的本体、主干。 〔9〕合：洽，和合、调协。 〔10〕诬：妄，欺。 〔11〕不仁：指逼成公事。见成公十六年传。 〔12〕靖：安，静。 〔13〕姣：美好。此指修饰。穆姜夫死，当守太后之位，不加修饰，今私通叔孙侨如，修饰美色，故云弃位而姣。

秦景公使士雃乞师于楚[1]，将以伐晋，楚子许之。子囊曰："不可。当今吾不能与晋争。晋君类能而使之[2]，举不失选[3]，官不易方[4]。其卿让于善，其大夫不失守，其士竞于教[5]，其庶人力于农穑。商工皂隶，不知迁业[6]。韩厥老矣，知䓨禀焉以为政[7]。范匄少于中行偃而上之[8]，使佐中军。韩起少于栾黡，而栾黡、士鲂上之，使佐上军。魏绛多功，以赵武为贤而为之佐。君明臣忠，上让下竞。当是时也，晋不可敌，事之而后可。君其图之！"王曰："吾既许之矣。虽不及晋[9]，必将出师。"秋，楚子师于武城以为秦援[10]。秦人侵晋，晋饥，弗能报也。

【注释】

〔1〕士雃(qiān)：秦大夫。　〔2〕类能：将能人分成不同类型。〔3〕失选：不恰当。　〔4〕方：政策，政令。　〔5〕竞：争，努力。〔6〕迁业：改行。　〔7〕禀：敬。　〔8〕此句王引之谓"而"下当脱"中行偃"三字，句格始与下同。盖句谓范匄比中行偃年少，但中行偃让范匄职高于己任中军辅佐，己任上军主将。　〔9〕不及：不如。〔10〕武城：楚地，在今河南南阳市北。

冬十月，诸侯伐郑。庚午，季武子、齐崔杼、宋皇郧从荀䓨、士匄门于鄟门[1]。卫北宫括、曹人、邾人从荀偃、韩起门于师之梁[2]。滕人、薛人从栾黡、士鲂门于北门[3]。杞人、郳人从赵武、魏绛斩行栗[4]。甲戌，师于氾[5]，令于诸侯曰："修器备[6]，盛馔粮[7]，归老幼，居疾于虎牢[8]，肆眚[9]，围郑。"郑人恐，乃行成[10]。中行献子曰[11]："遂围之，以待楚人之救也而与之战。不然，无成[12]。"知武子曰："许之盟而还师，以敝楚人[13]。吾三分四军，与诸侯之锐以逆来者[14]，于我未病，楚不能矣[15]。犹愈于战。暴骨以逞[16]，不可以争[17]。大劳未艾[18]，君子劳心，小人劳力，先王之制也。"诸侯皆不欲战，乃许郑成。

【注释】

〔1〕鄟(zhuān)门：郑城门名，为都城东门。此言鲁、齐、宋三国军队跟从晋中军。　〔2〕师之梁：郑都城西门。此言卫、曹、邾三国军队跟从晋上军。　〔3〕滕、薛二国军队跟从晋下军。　〔4〕郳：即小邾国。行栗：道路两旁的栗树。此言杞、小邾二国跟从晋新军。　〔5〕氾：即东氾水，在河南中牟县南。　〔6〕器备：攻守器具。　〔7〕馔粮：干粮。　〔8〕疾：患病者。　〔9〕肆眚：宽赦有罪的人。　〔10〕行成：求和。　〔11〕中行献子：即荀偃。　〔12〕成：指郑国真心讲和。

〔13〕敝：使之疲敝。　〔14〕锐：精锐。逆：迎击。来者：楚军。　〔15〕楚不能：楚军得不到休整，不能持久应付。　〔16〕暴骨：暴露尸骨。指战争。　〔17〕不可以争：不能用这样的办法与楚争胜。意谓用智不用力。　〔18〕艾：止息。

十一月己亥，同盟于戏，郑服也。将盟，郑六卿公子騑、公子发、公子嘉、公孙辄、公孙虿、公孙舍之及其大夫、门子皆从郑伯[1]。晋士庄子为载书，曰："自今日既盟之后，郑国而不唯晋命是听[2]，而或有异志者，有如此盟。"公子騑趋进曰："天祸郑国，使介居二大国之间。大国不加德音而乱以要之[3]，使其鬼神不获歆其禋祀[4]，其民人不获享其土利，夫妇辛苦垫隘[5]，无所厎告[6]。自今日既盟之后，郑国而不唯有礼与强可以庇民者是从，而敢有异志者，亦如之。"荀偃曰："改载书。"公孙舍之曰："昭大神要言焉[7]。若可改也，大国亦可叛也。"知武子谓献子曰："我实不德，而要人以盟[8]，岂礼也哉！非礼，何以主盟？姑盟而退，修德息师而来，终必获郑，何必今日？我之不德，民将弃我，岂唯郑？若能休和[9]，远人将至，何恃于郑？"乃盟而还。

【注释】
　　〔1〕门子：卿的嫡子。　〔2〕而：如果。　〔3〕乱：兵乱。要：约言，此指载书。　〔4〕歆：神食气。此即指享用。禋祀：洁祀。　〔5〕垫隘：委顿、困苦而羸弱。　〔6〕厎（zhǐ）：致。　〔7〕昭：诏，照示。　〔8〕要：要挟。　〔9〕休和：安逸和平。《文选》张诜注云："休和，谓祸乱已平，兵戈不用，故致之使休息和平也。"

晋人不得志于郑，以诸侯复伐之。十二月癸亥，门其三门。闰月戊寅，济于阴阪[1]，侵郑。次于阴口而还[2]。子孔曰[3]："晋师可击也，师老而劳，且有归志，必大克之。"子展曰[4]："不可。"

【注释】
〔1〕阴阪：洧水渡口，在今河南新郑县西。〔2〕阴口：当在阴阪对岸。〔3〕子孔：公子嘉。〔4〕子展：公孙舍之。

公送晋侯。晋侯以公宴于河上，问公年，季武子对曰："会于沙随之岁[1]，寡君以生。"晋侯曰："十二年矣！是谓一终，一星终也[2]。国君十五而生子。冠而生子，礼也，君可以冠矣！大夫盍为冠具？"武子对曰："君冠，必以祼享之礼行之[3]，以金石之乐节之[4]，以先君之祧处之[5]。今寡君在行，未可具也。请及兄弟之国而假备焉。"晋侯曰："诺。"公还，及卫，冠于成公之庙[6]，假钟磬焉，礼也。

【注释】
〔1〕会于沙随之岁：在成公十六年。〔2〕一终、一星终：古人划周天为十二次，以木星为岁星，木星一年行一次，十二年满一周天，称一星终。〔3〕祼：即灌，用香料加入酒内煮，然后倒于地，使受祭者及宾客闻香气。享：即飨。〔4〕节：表示节度。〔5〕祧（tiāo）：祖庙。〔6〕成公：卫成公。

楚子伐郑，子驷将及楚平。子孔、子蟜曰："与大国盟，口血未干而背之[1]，可乎？"子驷、子展曰：

"吾盟固云:'唯强是从。'今楚师至,晋不我救,则楚强矣。盟誓之言,岂敢背之?且要盟无质[2],神弗临也[3],所临唯信。信者,言之瑞也,善之主也,是故临之。明神不蠲要盟[4],背之可也。"乃及楚平。公子罢戎入盟[5],同盟于中分[6]。

楚庄夫人卒[7],王未能定郑而归。

【注释】

〔1〕口血未干:同盟必唼血,口血未干指言之未久。〔2〕质:诚。〔3〕临:莅临。〔4〕蠲(juān):洁。〔5〕公子罢戎:楚大夫。〔6〕中分:郑都城中里名。〔7〕楚庄夫人:楚共王之母。

晋侯归,谋所以息民。魏绛请施舍,输积聚以贷[1]。自公以下,苟有积者,尽出之。国无滞积,亦无困人[2]。公无禁利[3],亦无贪民。祈以币更[4],宾以特牲[5],器用不作,车服从给[6]。行之期年[7],国乃有节[8]。三驾而楚不能与争[9]。

【注释】

〔1〕输积聚:转运、调拨财货。〔2〕困人:困难无助者。〔3〕公无禁利:国君没有专享的利益。指园宅山林之利与民共享。〔4〕祈:祈祷。以币更:谓用绢帛代替牺牲。〔5〕特牲:于牛、羊、豕中仅取其一作为牺牲。〔6〕从给:够用就行。〔7〕期年:即朞年,一年。〔8〕节:法度。〔9〕三驾:三次出动兵车。指襄公十年出兵牛首,十一年出兵于向,同年观兵郑东门。

【译文】

[经]

九年春,宋国发生火灾。

夏,季孙宿去晋国。

五月辛酉,夫人穆姜去世。

秋八月癸未,安葬我国夫人穆姜。

冬,襄公会同晋悼公、宋平公、卫献公、曹成公、莒犁比公、邾宣公、滕成公、薛伯、杞孝公、小邾穆公、齐太子光攻打郑国。

十二月已亥,诸侯一起在戏地结盟。

楚共王攻打郑国。

[传]

九年春,宋国发生火灾。乐喜以司城任执政,派遣伯氏管辖城中街巷。火没烧到的地方,拆除小屋,用泥涂大屋子;准备好运土的畚揭,配足汲水的绳索瓦罐,备齐盛水的用具;估计各项工作的轻重安排人力,把水塘蓄满水,堆积灭土的泥土;巡视城郭,修缮守卫工具,标明疏散的通道。派遣华臣核定徒役人员,命令隧正调集郊外城堡的兵士入城供役,奔赴着火现场。派遣华阅主管右师属官,令他们各管其职。派遣向戌主管左师属官,也各尽其守。派遣乐遄管好刑具,所属官也各守其职。派遣皇郧命令校正疏散马匹,工正疏散战车,准备好衣甲兵器,守卫好武器库。派遣西钼吾主管好府库藏物,命令司宫、巷伯加强宫内警戒。二师命令四乡的乡正祭祀神明,祝宗在四城用马祭祀神明,在西门外祭祀盘庚。

晋悼公向士弱询问说:"我听说,宋国发生了火灾,从此他们看到了天道。这是什么缘故?"士弱回答说:"古代的火正,祭火星时或者用心宿配祭,或者用柳宿配祭,这是由于火星运行出入在二宿之间。所以柳宿又称鹑火,心宿又称大火。陶唐氏的火正阏伯居住在商丘,祭祀大火,且用火星来确定时节。相土继承了他的做法,所以商朝祭祀的主星是大火。商朝人考察他们祸败的预兆,一定从火开始,所以说从火灾看到了天道。"晋悼公说:"这种预兆十分准确吗?"士弱回答说:"不,还得看有道还是无道。国家动乱而上天不降临相应的预兆，这就无法推知了。"

夏，季孙宿去晋国，是为了答谢士匄对我国的聘问。

穆姜在东宫去世。开始住进去时占筮定吉凶，得到《艮》卦☷除第二爻外皆变。太史说："这称为《艮》卦变为《随》卦☷。随，是出走的意思。您一定能很快出去。"穆姜说："没有的事。这卦在《周易》中说：'随，元亨利贞，没有灾祸。'元，是身体的尊长。亨，是美好的会合。利，是事义的和谐。贞，是办事的根本。用仁心作为本体就可以当人们的尊长，寻求美好的会见就能协调礼仪，有利于万物就符合道义，本体坚固就能够办好事务，根据这道理，所以说是不能欺骗的，因而虽然得到了《随》卦而没有灾祸。现在我作为个女人却参与作乱。处在低下的地位却又没有仁德，不能说是元。使国家不安定，不能说是亨。做了坏事而危害到自身，不能说是利。不安于位却修饰美容，不能说是贞。有上述四项德行的人，得到《随》卦而没有灾祸。我却四项德行全都没有，难道能合于《随》卦的卦义吗？我自取邪恶，难道能没有灾祸吗？一定死在这里，不能够出去了。"

秦景公派士雃向楚国请求出兵，准备攻打晋国，楚共王答应了。子囊说："不行。现在这时候我们不能与晋国争战。晋君将能人分为不同类型而使用他们，举荐人才没有不恰当的，任命官员没有例外违法。他的卿把职位让给善人，他的大夫不失职守，他的士努力教育百姓，他的百姓致力于农桑。商人、工人、皂隶安心本分不想改变职业。韩厥退休，知罃受到敬重担任执政。士匄比荀偃年轻，但荀偃让士匄排位在自己前面，让他辅佐中军。韩起比栾黡年轻，但栾黡、士鲂让他排位在前，让他辅佐上军。魏绛的功劳很多，他认为赵武贤能而自己甘愿做他的辅佐。君王贤明，臣子忠诚，在上的谦让，在下的努力。在现在这时候，晋国不能对抗，只能事奉他们，以后再打主意。君王请好好考虑一下！"楚共王说："我已经答应秦国了。虽然比不上晋国，但一定要出兵。"秋，楚共王驻军于武城作为秦军的后援。秦国人侵袭晋国，正遇上晋国闹饥荒，没有能回击。

冬十月，诸侯攻打郑国。庚午，部署季武子、齐崔杼、宋皇郧跟随知罃、士匄攻打鄟门，卫北宫括、曹军、邾军跟随荀偃、韩起攻打师之梁门,滕军、薛军跟随栾黡、士鲂攻打北门,杞军、小邾军跟随赵武、魏绛砍伐道路两旁的栗树。甲戌,军队齐集在东汜水边,晋悼公号令诸侯说:"修整战斗用具,备好干粮,遣返老幼,把生病的人留在虎牢,赦免有罪的人,包围郑国。"郑国人害怕,于是求和。荀偃说:"去完成对郑国的包围,以等待楚国援兵到来而与他们交战。不这样的话,不可能使郑国真正顺服。"知䓕说:"答应他们结盟而撤兵,让楚国人攻打郑国,使楚军疲劳。我们把四军分成三个部分,与诸侯的精锐部队相配,轮番迎击楚军,这对我们来说并不疲乏,楚军却要被拖垮了。这样做,比与楚国决战要好。暴露尸骨以求一时满足,不能用这样的办法和楚军争胜。还有大事没有完成,君子劳心,小人劳力,这是先王的训令。"诸侯都不想打,于是同意郑国讲和。

十一月己亥,诸侯一起在戏地结盟,这是由于郑国顺服。将要盟誓,郑国的六卿公子騑、公子发、公子嘉、公孙辄、公孙虿、公孙舍之以及他们的大夫、卿的嫡子都跟随郑简公。晋士弱制作盟书,说:"从今天已经盟誓之后,郑国如果不完全服从晋国的命令,或者有别的打算,就同这份盟书中所说的一样。"公子騑急步走前来说:"上天降祸给郑国,让我国夹在二个大国的中间。大国不对我们友好而以战乱逼迫我们结盟,让我们的鬼神享受不到祭祀,让我们的人民享受不到土地生产的成果,使男人女人辛苦羸弱,没有地方可以控诉。从今天已经盟誓之后,郑国如果不完全服从对我们有礼及强大可以庇护我们的人民的国家,而胆敢有别的打算,也同这份盟书中所说的一样。"荀偃说:"修改这盟书。"公孙舍之说:"已经把盟誓明白报告给神明了。如果可以修改,大国也就可以背叛了。"知䓕对荀偃说:"我们实在没有德行,反而以盟约来要挟别人,这难道是合乎礼的吗!没有礼,用什么来主持盟会?姑且结盟而退,修明德行整顿军队后再来,最终必定会得到郑国,何必一定要在今天?如果我们没有德行,人民将抛弃我们,岂止是郑国?如果能够安逸和平,远方的人将会归附,要凭借郑国干什么?"于是结盟后回国。

晋国人没有使郑国真正屈服,所以率领诸侯再次攻打郑国。十二月癸亥,攻打郑国的三面城门。闰十二月戊寅,在阴阪渡过洧水，侵袭郑国，到达阴口后回兵。子孔说："晋军可以攻击，他们军队长久在外而疲劳，同时想着回去，一定能把他们打得大败。"公孙舍之说："不行。"

襄公送晋悼公，晋悼公为襄公在黄河边设宴，问及襄公年龄，季武子回答说："在沙随相会的那一年，寡君出生。"晋悼公说："十二年了！这称为一终，就是岁星行满了一周天。国君十五岁而生孩子。行了冠礼后生孩子，这是合乎礼的，您可以行冠礼了！大夫何不准备好行冠礼的用具？"季武子回答说："国君举行冠礼，一定要伴随举行祼享礼，要用金石奏的音乐来表示礼节，要在先君的宗庙中才能举行。如今寡君正在路上，不能具备这些条件。请到达兄弟之国然后借用。"晋悼公说："行。"襄公回国，到达卫国，在卫成公庙里举行冠礼，借用了钟磬，这是合乎礼的。

楚共王攻打郑国，子驷准备与楚国讲和。子孔、子蟜说："与大国结盟，口血未干就背弃它，可以吗？"子驷、公孙舍之说："我们的盟誓本来就说：'只要是强大的就跟从。'如今楚军到来，晋国不救援我们，那么就是楚国强大了。盟誓的话，怎么敢背弃？再说在受到要挟下举行的盟誓没有诚信，神明不会到场聆听，神明只降临有诚信的盟会。信用，是言语的符节，是善良的主体，所以神明降临。明神认为受要挟下举行的盟会不干净，背弃它是可以的。"于是与楚国讲和。楚公子罢戎进入郑都结盟，一起在中分举行盟誓。

楚庄夫人去世，楚共王没能安定郑国就回国了。

晋悼公回到国内，谋求让人民休养生息的办法。魏绛请求施予恩惠，把积聚的财物调拨出来借贷给百姓。从国君以下，只要积聚有财物的，全部拿出来。国内没有用不着的不流通的财物，也没有困乏的百姓。国君没有专享的利益，也没有贪婪的百姓。祈祷时用绢帛代替牺牲，招待宾客只用一种牲口，不再制作新的用具，车辆服装只求够用。这样实行了一年，国家于是有了法度。晋国三次出兵而楚国无法与晋抗争。

春秋左传卷十五　襄公二

襄公十年

[经]

十年春[1]，公会晋侯、宋公、卫侯、曹伯、莒子、邾子、滕子、薛伯、杞伯、小邾子、齐世子光会吴于柤[2]。

夏五月甲午，遂灭偪阳[3]。

公自至会。

楚公子贞、郑公孙辄帅师伐宋。

晋师伐秦。

秋，莒人伐我东鄙。

公会晋侯、宋公、卫侯、曹伯、莒子、邾子、齐世子光、滕子、薛伯、杞柏、小邾子伐郑。

冬，盗杀郑公子騑、公子发、公孙辄。

戍郑虎牢。

楚公子贞帅师救郑。

公至自伐郑。

【注释】

〔1〕十年：公元前563年。　〔2〕晋侯：晋悼公。宋公：宋平公。卫

侯：卫献公。曹伯：曹成公。莒子：莒犁比公。邾子：邾宣公。滕子：滕成公。杞伯：杞孝公。小邾子：小邾穆公。柤(zhā)：楚地，在今江苏邳县北。　〔3〕偪阳：妘姓小国，地在今江苏邳县西北。

[传]

十年春，会于柤，会吴子寿梦也。三月癸丑，齐高厚相大子光以先会诸侯于钟离[1]，不敬。士庄子曰："高子相大子以会诸侯，将社稷是卫，而皆不敬，弃社稷也，其将不免乎[2]！"夏四月戊午，会于柤。

【注释】
　〔1〕钟离：在今安徽凤阳县东。　〔2〕不免：不免于祸。为二人后皆被杀伏笔。

晋荀偃、士匄请伐偪阳，而封宋向戌焉。荀罃曰："城小而固，胜之不武，弗胜为笑。"固请。丙寅，围之，弗克。孟氏之臣秦堇父辇重如役[1]。偪阳人启门，诸侯之士门焉[2]。县门发[3]，郰人纥抉之以出门者[4]。狄虒弥建大车之轮而蒙之以甲以为橹[5]，左执之，右拔戟[6]，以成一队。孟献子曰："《诗》所谓'有力如虎'者也[7]。"主人县布，堇父登之，及堞而绝之[8]。队则又县之，苏而复上者三。主人辞焉[9]，乃退，带其断以徇于军三日[10]。

【注释】
　〔1〕辇重：人力拉着装辎重的车。役：指交战之地。　〔2〕门：此指攻进门去。　〔3〕县门：城上的闸门。　〔4〕郰(zhōu)：鲁邑，在今山

东曲阜东南。郰人，即郰邑大夫。纥：叔梁纥，孔子之父。抉：高举。〔5〕狄虒（sī）弥：鲁勇士。大车：平地行驶的载重车，轮大于常车。橹：大盾。〔6〕拔戟：执戟。〔7〕所引诗见《诗·邶风·简兮》。〔8〕堞：城垛。〔9〕辞：辞谢。偪阳人服其勇，故辞谢，表示不用再试。〔10〕断：断布。

诸侯之师久于偪阳，荀偃、士匄请于荀罃曰："水潦将降，惧不能归，请班师！"知伯怒，投之以机[1]，出于其间，曰："女成二事而后告余[2]。余恐乱命[3]，以不女违。女既勤君而兴诸侯，牵帅老夫以至于此，既无武守[4]，而又欲易余罪，曰：'是实班师，不然克矣。'余赢老也，可重任乎[5]？七日不克，必尔乎取之！"

【注释】

〔1〕机：即"几"。〔2〕二事：指伐偪阳，封向戌。〔3〕乱命：军中将帅各执己见则乱军令，故云乱命。〔4〕武守：坚守武功。此指二人没能成就武功。〔5〕重任：再次承担罪责。荀罃曾在邲之战被俘，此次任主帅又不胜，所以说"重任"。

五月庚寅，荀偃、士匄帅卒攻偪阳，亲受矢石。甲午，灭之。书曰"遂灭偪阳"，言自会也。以与向戌，向戌辞曰："君若犹辱镇抚宋国，而以偪阳光启寡君[1]，群臣安矣，其何贶如之？若专赐臣，是臣兴诸侯以自封也，其何罪大焉？敢以死请。"乃予宋公。

【注释】

〔1〕光启：扩大疆土。

宋公享晋侯于楚丘[1],请以《桑林》[2]。荀䓨辞。荀偃、士匄曰:"诸侯,宋、鲁于是观礼[3]。鲁有禘乐,宾祭用之。宋以《桑林》享君,不亦可乎?"舞,师题以旌夏[4],晋侯惧而退入于房[5]。去旌,卒享而还。及著雍[6],疾。卜,桑林见[7]。荀偃、士匄欲奔请祷焉。荀䓨不可,曰:"我辞礼矣,彼则以之。犹有鬼神,于彼加之。"晋侯有间[8],以偪阳子归,献于武宫,谓之夷俘。偪阳,妘姓也。使周内史选其族嗣,纳诸霍人[9],礼也[10]。

【注释】

〔1〕楚丘:在宋都今河南商丘市。 〔2〕桑林:汤求雨于桑林,宋因有"桑林"之乐。此为天子之乐,故荀䓨辞。 〔3〕于是观礼:在那儿可以观看礼仪。因宋用殷商天子礼,鲁用周天子禘礼。 〔4〕师题以旌夏:乐师举着旌夏引乐人进来。题,额,此指走在前面。旌夏,以雉羽饰于竿首的旌旗。 〔5〕晋侯惧:杜注说旌夏不常见,一下子见了令人害怕。 〔6〕著雍:晋地,具体所在不详。 〔7〕桑林见:从卜兆中显示桑林之神。 〔8〕有间:病愈。 〔9〕霍人:晋邑,在今山西繁峙县东。 〔10〕礼也:灭人之国而不灭其姓,故合于礼。

师归,孟献子以秦堇父为右。生秦丕兹[1],事仲尼。

六月,楚子囊、郑子耳伐宋,师于訾毋[2]。庚午,围宋,门于桐门[3]。

晋荀䓨伐秦,报其侵也。

【注释】

〔1〕秦丕兹:或以为即孔子弟子秦商。 〔2〕訾毋:宋地,当在今河

南鹿邑县南。〔3〕桐门：宋北门。

卫侯救宋，师于襄牛[1]。郑子展曰："必伐卫，不然，是不与楚也。得罪于晋，又得罪于楚，国将若之何？"子驷曰："国病矣[2]！"子展曰："得罪于二大国，必亡。病不犹愈于亡乎？"诸大夫皆以为然。故郑皇耳帅师侵卫[3]，楚令也。孙文子卜追之[4]，献兆于定姜[5]。姜氏问繇。曰："兆如山陵，有夫出征，而丧其雄。"姜氏曰："征者丧雄，御寇之利也。大夫图之！"卫人追之，孙蒯获郑皇耳于犬丘[6]。

【注释】
〔1〕襄牛：卫地，在今河南濮阳县东。〔2〕病：困，疲。〔3〕皇耳：郑大夫，皇戌子。〔4〕孙文子：即孙林父，卫执政。〔5〕定姜：卫定公夫人，献公母。〔6〕孙蒯：林父子。犬丘：在今河南永城县西北。

秋七月，楚子囊、郑子耳伐我西鄙。还，围萧[1]，八月丙寅，克之。九月，子耳侵宋北鄙。孟献子曰："郑其有灾乎！师竞已甚[2]。周犹不堪竞，况郑乎？有灾，其执政之三士乎[3]！"

【注释】
〔1〕萧：宋邑，在今安徽萧县北。〔2〕竞：相争。已：太。〔3〕执政之三士：指子驷、子国、子耳。时郑简公年幼，所以归罪执政。

莒人间诸侯之有事也，故伐我东鄙。

诸侯伐郑。齐崔杼使大子光先至于师，故长于滕[1]。己酉，师于牛首[2]。

【注释】
〔1〕长于滕：班次排在滕国前。 〔2〕牛首：郑地，在今河南通许县。

初，子驷与尉止有争，将御诸侯之师而黜其车[1]。尉止获，又与之争，子驷抑尉止曰："尔车，非礼也。"遂弗使献。初，子驷为田洫[2]，司氏、堵氏、侯氏、子师氏皆丧田焉。故五族聚群不逞之人[3]，因公子之徒以作乱[4]。于是子驷当国，子国为司马，子耳为司空，子孔为司徒。冬十月戊辰，尉止、司臣、侯晋、堵女父、子师仆帅贼以入，晨攻执政于西宫之朝，杀子驷、子国、子耳，劫郑伯以如北宫。子孔知之，故不死。书曰"盗"，言无大夫焉[5]。

【注释】
〔1〕黜：减少，废除。 〔2〕田洫：田间沟洫。此当指整顿田界、核实田亩。 〔3〕不逞之人：不满之人。 〔4〕公子之徒：指襄公八年子驷所杀群公子的族党。 〔5〕无大夫：杜注："尉止等五人皆士也。大夫谓卿。"

子西闻盗[1]，不儆而出，尸而追盗，盗入于北宫，乃归授甲。臣妾多逃[2]，器用多丧。子产闻盗，为门者，庀群司[3]，闭府库，慎闭藏，完守备，成列而后出[4]，兵车十七乘，尸而攻盗于北宫，子蟜帅国人助之,杀尉止、子师仆,盗众尽死。侯晋奔晋,堵女父、司臣、尉翩、司齐奔宋。

【注释】
〔1〕子西:公孙夏,子驷子。 〔2〕臣妾:家中男女奴仆。 〔3〕庀群司:杜注:"具众官。" 〔4〕成列:以其族之兵列队。

子孔当国,为载书,以位序,听政辟[1]。大夫、诸司、门子弗顺,将诛之。子产止之,请为之焚书。子孔不可,曰:"为书以定国,众怒而焚之,是众为政也,国不亦难乎?"子产曰:"众怒难犯,专欲难成,合二难以安国,危之道也。不如焚书以安众,子得所欲,众亦得安,不亦可乎?专欲无成,犯众兴祸,子必从之。"乃焚书于仓门之外[2],众而后定。

【注释】
〔1〕以位序,听政辟:各守其职,以受执政的命令。这是子孔想独专郑国之政。 〔2〕仓门:郑东南门。

诸侯之师城虎牢而戍之。晋师城梧及制[1],士鲂、魏绛戍之。书曰"戍郑虎牢",非郑地也[2],言将归焉。

【注释】
〔1〕梧:当在虎牢附近,即今河南汜水西。制:即虎牢。此言另为小城。 〔2〕非郑地:虎牢原为郑地,此时已为诸侯占领。

郑及晋平。楚子囊救郑。十一月,诸侯之师还郑而南[1],至于阳陵[2],楚师不退。知武子欲退,曰:"今我逃楚,楚必骄,骄则可与战矣。"栾黡曰:"逃楚,晋之耻也。合诸侯以益耻,不如死!我将独进。"师遂进。己亥,与楚师夹颍而军。子蟜曰:"诸侯既有成行[3],必不战矣。从之将退,不从亦退。退,楚必围我。犹将退也,不如从楚,亦以退之。"宵涉颍,与楚人盟。栾黡欲伐郑师,荀罃不可,曰:"我实不能御楚,又不能庇郑,郑何罪?不如致怨焉而还[4]。今伐其师,楚必救之,战而不克,为诸侯笑。克不可命[5],不如还也!"丁未,诸侯之师还,侵郑北鄙而归。楚人亦还。

【注释】

〔1〕还:同"环",围绕。 〔2〕阳陵:郑地,在今河南许昌市北。〔3〕成行:已完成退兵的准备。 〔4〕致怨:谓使郑怨楚。郑服于楚,楚必诛求无厌,使郑怨望。 〔5〕命:信,有信心。

王叔陈生与伯舆争政[1]。王右伯舆,王叔陈生怒而出奔。及河,王复之,杀史狡以说焉[2]。不入,遂处之[3]。晋侯使士匄平王室,王叔与伯舆讼焉。王叔之宰与伯舆之大夫瑕禽坐狱于王庭[4],士匄听之。王叔之宰曰:"筚门闺窦之人而皆陵其上[5],其难为上矣!"瑕禽曰:"昔平王东迁,吾七姓从王,牲用备具,王赖之,而赐之骍旄之盟[6],曰:'世世无失职。'若筚门闺窦,其能来东厎乎[7]?且王何赖焉?今自王叔之相也,政以贿成，而刑放于宠[8]，官之师旅，不胜其富，吾能无筚门闺窦乎？唯大国图之！下而无直，则何谓正矣？"范宣子曰："天子所右，寡君亦右之。所左，亦左之。"使王叔氏与伯舆合要[9]，王叔氏不能举其契[10]。王叔奔晋。不书，不告也。单靖公为卿士，以相王室。

【注释】

〔1〕王叔陈生、伯舆：二人皆周卿士。争政：争夺政权。〔2〕史狯：当为王叔陈生的仇人。〔3〕处：居。〔4〕坐狱：两面对讼。即后来所说"对簿公堂"。礼，命夫命妇不亲自到场受审，以其手下人代替。〔5〕筚门：柴门。闺窦：小户。言微贱之家。〔6〕骍旄：赤牛。以赤牛为牺牲歃盟，言十分重视。〔7〕来东厎：言东来而安。〔8〕放：寄。全句谓任用宠臣专刑，不据法。〔9〕合要：对证。〔10〕契：证据。

【译文】

[经]

十年春，襄公会同晋悼公、宋平公、卫献公、曹成公、莒犁比公、邾宣公、滕成公、薛伯、杞孝公、小邾穆公、齐太子光在相地与吴国人相会。

夏五月甲午，于是灭亡偪阳。

襄公从会见地回国。

楚公子贞、郑公孙辄率领军队攻打宋国。

晋军攻打秦国。

秋，莒国人攻打我国东部边境。

襄公会同晋悼公、宋平公、卫献公、曹成公、莒犁比公、邾宣公、齐太子光、滕成公、薛伯、杞孝公、小邾穆公攻打郑国。

冬，盗贼杀死郑公子騑、公子发、公孙辄。

戍守郑虎牢。

楚公子贞率领军队救援郑国。

襄公从攻打郑国战役回国。

[传]

十年春，诸侯在柤地相会，这是为了会见吴王寿梦。三月癸丑，齐高厚作为太子光的相礼与诸侯先在钟离相会，不恭敬。士弱说："高子作为太子的相礼会见诸侯，是为了保卫他们的国家，但都不恭敬，这是丢弃国家了，恐怕将不免于祸难吧！"夏四月戊午，在柤地相会。

晋荀偃、士匄请求攻打偪阳，把它作为宋向戌的封地。荀罃说："城小而坚固，攻下来算不上勇武，攻不下遭人耻笑。"二人坚决请求。丙寅，包围了偪阳，攻不下来。孟氏的家臣秦堇父用人力拉着辎重车到达偪阳。偪阳人打开城门，诸侯的将士冲进门去。内城放下闸门，耶邑大夫叔梁纥双手托着闸门让攻进城的将士撤出。狄虒弥把大车的轮子拆下来蒙上皮甲作成大盾牌，左手拿盾牌，右手持戟，单领一队人马。孟献子说："这就是《诗》所说的'有力如虎'的人啊。"偪阳人把布从城上悬下来挑逗攻城的人，秦堇父拉着布登城，爬到靠近城垛，城上的人把布割断。秦堇父跌下城来，守城人又把布挂下来，秦堇父醒过来又爬上去，这样三次，守城人对此钦服，不再挂布。秦堇父退了下去，把断布带着在军中夸示游行了三天。

诸侯的军队在偪阳逗留很久了，荀偃、士匄向荀罃请求说："雨季快到了，恐怕到时候难以回返，请下令退兵吧！"荀罃发怒，抓起小几案掷了过去，从两人中间穿过，说："你们把两件事办成了再来跟我说话。我恐怕乱了军令，所以答应了你们的请求。你们已经劳动了国君、动用了诸侯，牵连我老头子到了这样地步，既没有建立武功，而又想增加我的罪，说：'这实在是他下令退兵，不这样的话，城就攻下来了。'我又老又弱，还能再次承担罪责吗？七天之内攻不下城，一定要割下你们的脑袋！"

五月庚寅，荀偃、士匄率领士兵进攻偪阳，亲自冒着箭石的袭击。甲午，灭亡了偪阳。《春秋》记载说"遂灭偪阳"，是说这事是接着盟会发生的。晋国把偪阳作为向戌的封地，向戌辞谢说："如果承蒙君王镇抚宋国，而以偪阳为寡君拓展疆土，臣子们就安心了，有什么比得上这样的赐予呢？如果专门赐给臣子我，就成了臣子劳动诸侯军队而为自己求得封地了，有什么罪比这更大的呢？谨此以死相请。"于是把偪阳交给宋平公。

宋平公在楚丘设享礼招待晋悼公，请求用《桑林》乐舞。荀罃辞谢。荀偃、士匄说："诸侯中，鲁、宋那儿可以观看礼仪。鲁国有禘乐，宴请重要宾客及重大祭祀时用它。宋国用《桑林》乐舞接待国君，不也是可以的吗？"乐舞开始，乐师举着旌夏带领乐队进来，晋悼公害怕而退入厢房。撤除了旌夏，晋悼公参加享礼到结束，这才回国。到达著雍，晋悼公生病。占卜，从卜兆中见出是桑林之神作怪。荀偃、士匄想奔赴宋国去请求祈祷。荀罃不同意，说："我们已经辞谢这一礼仪了，他们一定要这么做。假如有鬼神的话，应当把灾祸加在他们头上。"晋悼公病愈，带着偪阳国君回国，奉献于武宫，称他为夷人俘虏。偪阳，是妘姓国。晋悼公让周内史选择妘姓族嗣，把他们安顿在霍人，这是合乎礼的。

军队回到国内，孟献子以秦堇父为车右。秦堇父生秦丕兹，拜孔子为老师。

六月，楚子囊、郑子耳攻打宋国，军队驻扎在訾毋。庚午，包围了宋国，进攻桐门。

晋荀罃攻打秦国，报复秦国入侵晋国。

卫献公援救宋国，军队驻扎在襄牛。郑子展说："一定要攻打卫国，不这样的话，就是不听从楚国。得罪了晋国，又得罪楚国，国家将会怎么样？"子驷说："国家已经很困乏了！"子展说："得罪了两个大国，一定会灭亡。困乏难道不比灭亡要好吗？"大夫们都以为子展说的不错。所以郑皇耳率领军队侵袭卫国，这是出于楚国的命令。孙文子占卜定是否要追击郑军，把卜兆献给定姜看。定姜问繇词怎么样。孙文子说："征兆如同山陵，有人出外征战，丧失他们的英雄。"定姜说："出征的人丧失英雄，对抵御敌人的人有利。大夫请考虑一下！"卫国人追击郑军，孙蒯在犬丘擒获了郑皇耳。

秋七月，楚子囊、郑子耳攻打我国西部边境。回兵时，包围萧邑。八月丙寅，攻下萧邑。九月，子耳侵袭宋北部边境。孟献子说："郑国恐怕要有灾祸了吧！军队征战太频繁了。周天子尚且经不起多次用兵，何况郑国呢！有灾祸，恐怕降临在三位执政的身上吧！"

莒国人乘诸侯与楚争战的机会，所以攻打我国东部边境。

诸侯攻打郑国。齐崔杼让太子光先到晋军中，所以排次在滕君之前。己酉，军队驻扎在牛首。

起初，子驷与尉止有争执，在将要抵御诸侯军队时减少尉止的战车。尉止擒获敌人，子驷又和他争执，子驷抑制尉止说："你的战车太多，是不合乎礼的。"于是不让他献俘。起初，子驷整顿田地疆界，司氏、堵氏、侯氏、子师氏都损失了田地。因此五族纠集一伙对子驷不满的人，凭藉群公子的族党以发动叛乱。这时候子驷为执政大夫，子国任司马，子耳任司空，子孔任司徒。冬十月戊辰，尉止、司臣、侯晋、堵女父、子师仆率领暴徒们入宫，早晨在西宫的朝廷上进攻执政，杀了子驷、子国、子耳，劫持郑简公到北宫。子孔事先听到风声，所以没死。《春秋》记载说"盗"，这是说作乱的人中间没有大夫。

子西听说发生叛乱，不加戒备便出门，收敛了尸体后就去追赶暴徒们，暴徒进入北宫，他于是回府发放皮甲。家中男女奴仆逃亡的很多，器物用具丢失不少。子产听说发生叛乱，安排好守门人，设置各负责官员，关闭府库，谨慎收藏，完善守备，把士兵排列成队伍后出门，具有战车十七辆，收敛了尸体后去北宫攻击暴徒们，子蟜率领国人帮助他，杀死尉止、子师仆，暴徒们全都被杀死。侯晋逃亡到晋国，堵女父、司臣、尉翩、司齐逃亡到宋国。

子孔掌握政权，制作盟书，规定官员各守其职，服从执政的命令。大夫、各部门官员、卿的嫡子不肯听从，子孔准备把不顺从的人全杀了。子产劝阻他，请他把盟书烧了。子孔不同意，说："制作盟书是为了安定国家，因为众人发怒就烧了它，这就成了众人执政了，国家不也很难治理了吗？"子产说："众人的怒气难以触犯，专权的欲望难以实现，把两件难事合在一起来安定国家，这是危险的方法。不如烧了盟书以安定众人，你得到了你所想要的，众人也得到安定，不也是可以的吗？专权的欲望不能达到，冒犯众人会引起祸患，你一定要听从他们。"于是在仓门外焚毁盟书，众人这才安定下来。

诸侯的军队修筑虎牢城墙并戍守虎牢。晋军修筑梧地及制地城墙，派士鲂、魏绛戍守。《春秋》记载说"戍郑虎牢"，虎牢这时不是郑国的领土，说"郑"，是表示将要归还郑国了。

郑国与晋国讲和。楚子囊救援郑国。十一月，诸侯的军队绕过郑都向南开进，到达阳陵。楚军不退。荀䓨准备退兵，说："现在我们避让楚军，楚军一定会骄傲，骄傲了就可以和他们交战了。"栾黡说："避让楚国，是晋国的耻辱。会合诸侯却增加耻辱，还不如一死！我要单独进军。"军队于是前进。己亥，与楚军夹着颍水扎营。郑子蟜说："诸侯都已经作好了撤回的准备，一定不会和楚国交战。顺从他们他们将退兵，不顺从他们他们也将退兵。诸侯退走，楚军必然包围我国。同样是要退兵，不如顺从楚国，也让楚国退兵。"夜间渡过颍水，与楚国人结盟。栾黡想攻打郑军，荀䓨不同意，说："是我们不能够抵御楚国，又不能够庇护郑国，郑国有什么罪？不如把这份怨恨让给楚国而回兵。现在攻打郑国的军队，楚国必定会救援他们，交战如果不能取胜，就会被诸侯嘲笑。取得胜利没有绝对把握，不如回去吧！"丁未，诸侯的军队回兵，侵袭了郑国北部边境后回国。楚国人也退回。

王叔陈生与伯舆争夺政权。周灵王站在伯舆一边，王叔陈生发怒而逃离。到达黄河边，周灵王请他回国，并杀死史狡以让他高兴。王叔陈生不肯回都，就住在黄河边。晋悼公派士匄调解王室纠纷，王叔与伯舆提出诉讼。王叔的家宰与伯舆的大夫瑕禽在周王的朝廷上争讼，士匄听取他们的申诉。王叔的家宰说："蓬门小户的卑贱人家却都要凌驾于他上面的人，上面的人就很难安定了。"瑕禽说："往昔平王东迁，我们七姓大夫跟随平王，牺牲全都具备，平王依赖他们，赐给他们以骍牛为牲品的重盟，说：'世世代代不要失去职守。'如果是蓬门小户人家，他们能来到东方安居下来吗？而且天子依赖他们什么？现在自从王叔辅相天子后，政事依靠贿赂来完成，而任用宠臣专施刑罚。各有关官员，富得走油，我们能不落到蓬门小户的地步吗？请大国好好考虑一下！在下面的人有理不能得到申诉，那什么叫做公正呢？"士匄说："天子所支持的，寡君也支持。天子所反对的，寡君也反对。"让王叔与伯舆相互对证,王叔拿不出令人信服的证据。王叔逃奔晋国。《春秋》不记载,是由于没向我国报告。单靖公任卿士,以辅佐王室。

襄公十一年

[经]

十有一年春[1]，王正月，作三军[2]。

夏四月，四卜郊不从，乃不郊。

郑公孙舍之帅师侵宋。

公会晋侯、宋公、卫侯、曹伯、齐世子光、莒子、邾子、滕子、薛伯、杞伯、小邾子伐郑[3]。

秋七月己未，同盟于亳城北[4]。

公至自伐郑。

楚子、郑伯伐宋[5]。

公会晋侯、宋公、卫侯、曹伯、齐世子光、莒子、邾子、滕子、薛伯、杞伯、小邾子伐郑。

会于萧鱼[6]。

公至自会。

楚人执郑行人良霄[7]。

【注释】

〔1〕十有一年：公元前562年。〔2〕作三军：杜注："增立中军，万二千五百人为军。"〔3〕晋侯：晋悼公。宋公：宋平公。卫侯：卫献公。曹伯：曹成公。莒子：莒犂比公。邾子：邾宣公。滕子：滕成公。杞

柏：杞孝公。小邾子：小邾穆公。　〔4〕亳城：郑地，在今河南荥阳。〔5〕楚子：楚共王。郑伯：郑简公。　〔6〕萧鱼：郑地，在今河南原武县东。　〔7〕良霄：公孙辄子，字伯有。

[传]

十一年春，季武子将作三军，告叔孙穆子曰："请为三军，各征其军[1]。"穆子曰："政将及子，子必不能[2]。"武子固请之，穆子曰："然则盟诸？"乃盟诸僖闳[3]，诅诸五父之衢[4]。正月，作三军，三分公室而各有其一[5]。三子各毁其乘[6]。季氏使其乘之人，以其役邑入者[7]，无征；不入者，倍征。孟氏使半为臣，若子若弟[8]。叔孙氏使尽为臣，不然，不舍[9]。

【注释】

〔1〕各征其军：在此是各组其军的意思。　〔2〕不能：无法使三家团结。因季武子年少，恐其欲一人专权，难以胜任。　〔3〕僖闳：僖公庙的正门。　〔4〕五父之衢：在曲阜东南。　〔5〕公室：指原有军队。鲁军原归公室指挥。　〔6〕乘：此指私人军队。　〔7〕役邑：提供兵役的乡邑。　〔8〕若：或。　〔9〕不舍：不编入。

郑人患晋、楚之故，诸大夫曰："不从晋，国几亡。楚弱于晋，晋不吾疾也[1]。晋疾，楚将辟之。何为而使晋师致死于我[2]，楚弗敢敌，而后可固与也。"子展曰："与宋为恶，诸侯必至，吾从之盟。楚师至，吾又从之，则晋怒甚矣。晋能骤来，楚将不能，吾乃固与晋。"大夫说之，使疆埸之司恶于宋[3]。宋向戌侵郑，大获。子展曰："师而伐宋可矣[4]。若我伐宋，诸侯之伐我必疾，吾乃听命焉，且告于楚。楚师至，吾又与之盟，而重赂晋师，乃免矣。"夏，郑子展侵宋。

【注释】

〔1〕疾：同"急"。 〔2〕致死：致死力。 〔3〕疆埸之司：边境负责官员。 〔4〕师：指出兵。

四月，诸侯伐郑。己亥，齐大子光、宋向戌先至于郑，门于东门。其莫[1]，晋荀罃至于西郊，东侵旧许[2]。卫孙林父侵其北鄙。六月，诸侯会于北林[3]，师于向[4]，右还，次于琐[5]，围郑。观兵于南门，西济于济隧[6]。郑人惧，乃行成。

【注释】

〔1〕莫：同"暮"。 〔2〕旧许：原许国之地，许南迁后为郑所得。 〔3〕北林：在今河南新郑县北。 〔4〕向：在今河南尉氏县西南。 〔5〕琐：在今新郑县北。 〔6〕济隧：水名，今已堙，或谓原在今原阳县西。但原阳与郑都甚远，且在新郑之北，与"西济"不合。

秋七月，同盟于亳。范宣子曰："不慎[1]，必失诸侯。诸侯道敝而无成[2]，能无贰乎？"乃盟，载书曰："凡我同盟，毋蕴年[3]，毋壅利[4]，毋保奸[5]，毋留慝[6]，救灾患，恤祸乱，同好恶，奖王室[7]。或间兹命[8]，司慎司盟[9]，名山名川，群神群祀，先王先公[10]，七姓十二国之祖[11]，明神殛之，俾失其民，队命亡氏[12]，蹅其国家[13]。"

【注释】

〔1〕不慎：指盟书不慎重。 〔2〕道敝：疲于道路。 〔3〕年：谷熟。蕴年，谓积粮不救人之灾。 〔4〕壅利：专山川之利。 〔5〕保奸：藏奸人。 〔6〕留慝：收留邪恶的人。 〔7〕奖：助。 〔8〕间：犯。 〔9〕司慎司盟：二天神，一察不敬者，一监盟。 〔10〕先王：诸侯之太祖。先公：诸侯始封者。 〔11〕七姓十二国：指姬姓的晋、鲁、卫、曹、滕，曹姓的邾、小邾，子姓的宋，姜姓的齐，己姓的莒，姒姓的杞，任姓的薛。 〔12〕队命：同坠命，死去。 〔13〕踣：毙。

楚子囊乞旅于秦[1]，秦右大夫詹帅师从楚子，将以伐郑[2]。郑伯逆之[3]。丙子，伐宋。

九月，诸侯悉师以复伐郑。郑人使良霄、大宰石㚟如楚[4]，告将服于晋，曰："孤以社稷之故，不能怀君。君若能以玉帛绥晋[5]，不然则武震以摄威之[6]，孤之愿也。"楚人执之，书曰"行人"，言使人也。诸侯之师观兵于郑东门，郑人使王子伯骈行成。甲戌，晋赵武入盟郑伯。冬十月丁亥，郑子展出盟晋侯。十二月戊寅，会于萧鱼。庚辰，赦郑囚，皆礼而归之。纳斥候[7]，禁侵掠。晋侯使叔肸告于诸侯[8]。公使臧孙纥对曰："凡我同盟，小国有罪，大国致讨，苟有以藉手[9]，鲜不赦宥，寡君闻命矣。"郑人赂晋侯以师悝、师觸、师蠲[10]，广车、軘车淳十五乘[11]，甲兵备。凡兵车百乘，歌钟二肆[12]，及其镈磬，女乐二八[13]。

【注释】

〔1〕乞旅：即乞师。 〔2〕将：率领。 〔3〕逆：迎接。表示对楚顺服。 〔4〕石㚟（chuò）：时官太宰，为卿之一，但为散卿，故位良霄后。 〔5〕绥：安，和好。 〔6〕摄：同"慑"。 〔7〕纳：收回。斥候：

侦察兵与巡逻兵。〔8〕叔肸(xī)：即羊舌肸，字叔向。〔9〕藉手：少有所得。〔10〕师悝(kuī)、师触、师蠲：三人皆郑乐师。〔11〕广车：横陈之车，攻敌用。軘车：屯守之车。淳：以广车、軘车搭配为一淳。〔12〕歌钟：编钟。二肆：两架。〔13〕女乐：能够歌舞的美女。二八：两行，每行八人。古乐舞以八人为一行，称佾，二八即二佾。

晋侯以乐之半赐魏绛，曰："子教寡人和诸戎狄，以正诸华。八年之中，九合诸侯，如乐之和，无所不谐。请与子乐之。"辞曰："夫和戎狄，国之福也。八年之中，九合诸侯，诸侯无慝，君之灵也[1]，二三子之劳也，臣何力之有焉？抑臣愿君安其乐而思其终也！《诗》曰：'乐只君子，殿天子之邦。乐只君子，福禄攸同，便蕃左右，亦是帅从[2]。'夫乐以安德，义以处之，礼以行之，信以守之，仁以厉之[3]，而后可以殿邦国，同福禄，来远人，所谓乐也。《书》曰[4]：'居安思危。'思则有备，有备无患。敢以此规[5]。"公曰："子之教，敢不承命。抑微子，寡人无以待戎，不能济河。夫赏，国之典也，藏在盟府[6]，不可废也，子其受之！"魏绛于是乎始有金石之乐，礼也。

【注释】
〔1〕灵：威灵。〔2〕所引诗见《诗·小雅·采菽》，文字略有不同。乐只(zhǐ)，快乐。殿，镇抚。便蕃，得到治理。〔3〕厉：同"励"，勉励。〔4〕所引文不见今《尚书》。《逸周书》有之，作"于安思危"。〔5〕规：规劝。〔6〕盟府：掌管功勋赏赐的官府。

秦庶长鲍、庶长武帅师伐晋以救郑[1]。鲍先入晋地，士鲂御之，少秦师而弗设备。壬午，武济自辅氏[2]，与鲍交伐晋师。己丑，秦、晋战于栎[3]，晋师败绩，易秦故也[4]。

【注释】
〔1〕庶长：爵名。 〔2〕辅氏：在今陕西大荔县东。 〔3〕栎：其地不详。 〔4〕易：轻视。

【译文】

[经]
十一年春，周历三月，建立三军。
夏四月，四次为郊祭占卜都不吉利，于是不举行郊祭。
郑公孙舍之率领军队侵袭宋国。
襄公会同晋悼公、宋平公、卫献公、曹成公、齐太子光、莒犁比公、邾宣公、滕成公、薛伯、杞孝公、小邾穆公攻打郑国。
秋七月己未，一起在亳城北面结盟。
襄公从攻打郑国战役回国。
楚共王、郑简公攻打宋国。
襄公会同晋悼公、宋平公、卫献公、曹成公、齐太子光、莒犁比公、邾宣公、滕成公、薛伯、杞孝公、小邾穆公攻打郑国。
在萧鱼相会。
襄公从会见地回国。
楚国人拘禁郑行人良霄。

[传]
十一年春，季武子打算组建三军，告诉叔孙穆子说："请组编为三个军，各家负责征发组建自己的军队。"穆子说："国政将要轮到你执掌，你一定难以管好。"季武子坚决请求，穆子说："那么为此设盟誓如何？"于是在僖公庙门口盟誓，在五父之衢诅咒。正月，组建三军，把原由公室指挥的军队一分为三，三家各领一

军。三家各把自己私族军队解散并入。季氏让他私族军队中留下来的人，凡是原由提供兵役的乡邑征发的人员免除征税，不留下来的，加倍征税。孟氏让他私族军队中那些少壮的人半数编入军队，仍为奴隶兵。叔孙氏把他私族军队中的人全部作为奴隶兵，不愿意的，就不编入军队。

郑国人对晋、楚不断来攻感到忧患，大夫们说："不顺从晋国，国家几乎灭亡。楚国比晋国实力弱小，但晋国又不急于要我国顺服。如果晋国态度积极，楚国便会避让他们。想个什么办法使晋国致死力攻打我国，楚国就不敢抵敌，然后与晋国的关系就可以巩固了。"子展说："向宋国骚扰，诸侯的军队一定会来攻打我们，我们就和诸侯结盟。楚军来攻打我们，我们又顺服楚国，那么晋国一定会十分愤怒。晋国能够不断前来，楚国却办不到，我们与晋国的关系就能巩固了。"大夫们觉得这策略不错，便让边境负责官员骚扰宋国。宋向戌侵袭郑国，俘获丰厚。子展说："可以出兵攻打宋国了。如果我们出兵攻打宋国，诸侯必定死命攻打我们，我们就听从他们的命令，同时报告楚国。楚国军队来到，我们又与楚国结盟，而加倍贿赂晋军，就可以免于祸患了。"夏，郑子展侵袭宋国。

四月，诸侯攻打郑国。己亥，齐太子光、宋向戌先到达郑国，攻打郑东门。这天晚上，晋荀䓨到达西郊，向东侵袭原许国土地。卫孙林父侵袭郑北部边境。六月，诸侯在北林相会，军队驻扎在向地，又向右绕转，驻扎在琐地，包围郑都。在南门外炫耀武力，往西渡过济隧。郑国人害怕，于是要求讲和。

秋七月，一起在亳地结盟。范宣子说："如果不慎重，必定会丧失诸侯的拥护。诸侯疲于道路而没能得到成功，能不背叛吗？"于是就盟誓。盟书说："凡是我们同盟国家，不要囤积粮食不相互支援，不要垄断利益不让人分享，不要庇护奸人，不要收留邪恶的人，互相间救济灾荒，平定祸乱，统一好恶，辅助王室。有人违反这些命令，司慎、司盟、名山、名川，群神、群祀，先王、先公、七姓十二国的祖宗，明察的神灵诛杀他，让他失去他的人民，死君灭族，亡国亡家。"

楚子囊请求秦国出兵。秦右大夫詹率领军队跟从楚共王，由楚共王率领攻打郑国。郑简公前往迎接楚共王,丙子,一起攻打宋国。

九月,诸侯全都出兵再次攻打郑国。郑国人派遣良霄、太宰石㚟去楚国,报告郑国准备顺服晋国,说:"孤因为国家的缘故,不能对君王忠心。君王如果能够用玉帛与晋国和好,那最好,不能的话,就用武力对他们进行威慑,这都是孤的愿望。"楚国人拘禁了他们。《春秋》记载说他们是行人,是说作为使者不应被拘禁。诸侯的军队在郑国东门外炫耀武力,郑国人派王子伯骈前往求和。甲戌,晋赵武入郑都与郑简公订立盟约。冬十月丁亥,郑子展出城与晋悼公订立盟约。十二月戊寅,在萧鱼相会。庚辰,赦免郑国的俘虏,均给以礼遇放他们回国。收回斥候,禁止抢劫掠夺。晋悼公派叔肸把这命令通告诸侯。襄公派臧孙纥回答说:"凡是我们同盟的国家,小国有了罪过,大国出兵讨伐,只要稍有所得,很少不赦免宽大的,寡君听到命令了。"郑国人献给晋悼公师悝、师触、师蠲,成对的广车、軘车各十五辆,配备上衣甲、兵器。共计送兵车一百辆,歌钟两架配上相应的镈和磬,女乐二行十六人。

晋悼公把乐器与乐队的一半赐给魏绛,说:"你教寡人与各部戎狄和好以整顿中原诸国,八年中九次会合诸侯,犹如音乐一般和谐,没有一处不协调的。请让我与你共同享用它们。"魏绛辞谢说:"与戎狄和好,是国家的福分。八年之中九次会合诸侯,诸侯没有不顺服的,这是君王的威灵所致,也是因为各位大夫的辛劳,臣出过什么力呢?然而臣希望君王安享这快乐而能想到它的终结。《诗》说:'快乐吧君子,镇抚天子的家邦。快乐吧君子,福禄和人们共享。治理好邻近的小国,顺从君命国安康。'音乐是用来巩固德行的,用道义来对待它,用礼仪来推行它,用信用来保守它,用仁爱来勉励它,然后才能做到镇抚邦国,福禄同享,招来远方的人,这就是所谓的快乐。《书》说:'在安定的环境中要想到危险。'想到了就有所防备,有了防备就不会发生祸患。谨以此向君王规劝。"晋悼公说:"您的教诲,我岂敢不遵照执行?但是要没有您,寡人不能正确对待戎人,不能渡过黄河去领袖中原。赏赐,是国家的典章,藏在盟府中,是不能够废除的。您还是接受吧!"

魏绛从这时开始有了金石的音乐，这是合乎礼的。

秦庶长鲍、庶长武率领军队攻打晋国以救援郑国。鲍先进入晋国领地，士鲂抵御他，见秦军人少而不设防备。壬午，武从辅氏渡过黄河，与鲍夹攻晋军。己丑，秦、晋在栎地交战，晋军大败，是由于轻视秦军的缘故。

襄公十二年

[经]

十有二年春[1],王二月,莒人伐我东鄙,围台[2]。

季孙宿帅师救台,遂入郓[3]。

夏,晋侯使士鲂来聘。

秋九月,吴子乘卒[4]。

冬,楚公子贞帅师侵宋。

公如晋。

【注释】

〔1〕十有二年:公元前561年。 〔2〕台:在今山东费县东南。〔3〕郓:莒邑,在今山东沂水县北。 〔4〕吴子乘:吴王寿梦。

[传]

十二年春,莒人伐我东鄙,围台。季武子救台,遂入郓,取其钟以为公盘[1]。

夏,晋士鲂来聘,且拜师[2]。

【注释】

〔1〕盘:食器,又为浴器。 〔2〕拜师:拜谢鲁国前年出兵助晋

伐郑。

秋，吴子寿梦卒。临于周庙[1]，礼也。凡诸侯之丧，异姓临于外[2]，同姓于宗庙，同宗于祖庙[3]，同族于祢庙[4]。是故鲁为诸姬，临于周庙。为邢、凡、蒋、茅、胙、祭[5]，临于周公之庙。

【注释】

〔1〕临：哭丧，吊唁。周庙：周文王庙。〔2〕外：城外。〔3〕祖庙：始封君之庙。〔4〕祢庙：父庙。〔5〕邢、凡、蒋、茅、胙、祭：六国都为周公之子所封，与鲁同祖周公。

冬，楚子囊、秦庶长无地伐宋，师于杨梁[1]，以报晋之取郑也。

灵王求后于齐。齐侯问对于晏桓子，桓子对曰："先王之礼辞有之，天子求后于诸侯，诸侯对曰：'夫妇所生若而人[2]。妾妇之子若而人。'无女而有姊妹及姑姊妹，则曰：'先守某公之遗女若而人[3]。'"齐侯许昏，王使阴里结之[4]。

【注释】

〔1〕杨梁：在今河南商丘市东南。〔2〕夫妇所生：己与嫡配所生。〔3〕先守：同先君。〔4〕阴里：周大夫。结：口头约定。

公如晋，朝，且拜士鲂之辱，礼也。

秦嬴归于楚[1]。楚司马子庚聘于秦[2]，为夫人宁[3]，礼也。

【注释】

〔1〕秦嬴：秦景公妹，楚共王夫人，嫁楚已久。此时返秦省母，又回楚国。〔2〕子庚：庄王子，名午。〔3〕宁：归宁，回娘家。

【译文】

[经]

十二年春，周历二月，莒国人攻打我国东部边境，包围台地。季孙宿率领军队救援台地，于是就攻入郓地。

夏，晋悼公派士鲂来我国聘问。

秋九月，吴王乘去世。

冬，楚公子贞率领军队侵袭宋国。

襄公去晋国。

[传]

十二年春，莒国人攻打我国东部边境，包围台地。季武子救援台地，于是就攻入郓地，取了他们的钟改铸为公室的盘。

夏，晋士鲂来我国聘问，同时拜谢我国出兵攻打郑国。

秋，吴王寿梦去世。在周文王庙中哭吊，这是合乎礼的。凡是诸侯的丧事，异姓的在城外哭吊，同姓的在宗庙哭吊，同宗的在祖庙哭吊，同族的在祢庙哭吊。因此，鲁国为了姬姓诸国，在周文王庙哭吊。为邢、凡、蒋、茅、胙、祭国，在周公庙哭吊。

冬，楚子囊、秦庶长无地攻打宋国，军队驻扎在杨梁，是为了报复晋国从楚国手中夺走了郑国。

周灵王向齐国求婚。齐灵公向晏桓子询问如何答复。晏桓子回答说："先王的礼仪辞令中有这样的话，天子向诸侯求婚，诸侯回答说：'有夫人所生的女儿若干人。妾妇所生的女儿若干人。'没有女儿但有姐妹和姑妈的，就回答：'先君某公的遗女若干人。'"齐灵公同意了婚事，周灵王派阴里到齐国口头上作了约定。

襄公去晋国，朝见，同时拜谢士鲂的聘问，这是合乎礼的。

秦嬴嫁到楚国。楚司马子庚去秦国聘问，是为了夫人回娘家的事，这是合乎礼的。

襄公十三年

[经]

十有三年春[1]，公至自晋。

夏，取邿[2]。

秋九月庚辰，楚子审卒[3]。

冬，城防[4]。

【注释】

〔1〕十有三年：公元前560年。〔2〕邿(shī)：小国，地在今山东济宁市南。〔3〕楚子：楚共王。〔4〕防：指东防，见隐公九年注。

[传]

十三年春，公至自晋，孟献子书劳于庙[1]，礼也。

夏，邿乱，分为三。师救邿，遂取之。凡书"取"，言易也。用大师焉曰"灭"，弗地曰"入"[2]。

【注释】

〔1〕书劳：即策勋，把功劳记载下来。〔2〕弗地：不占有它的土地。

荀罃、士鲂卒。晋侯蒐于绵上以治兵[1]，使士匄将中军，辞曰："伯游长[2]。昔臣习于知伯[3]，是以佐之，非能贤也。请从伯游。"荀偃将中军，士匄佐之。使韩起将上军，辞以赵武。又使栾黡，辞曰："臣不如韩起。韩起愿上赵武，君其听之！"使赵武将上军，韩起佐之。栾黡将下军，魏绛佐之。新军无帅，晋侯难其人，使其什吏[4]，率其卒乘官属，以从于下军，礼也。晋国之民，是以大和，诸侯遂睦。

【注释】
　　[1]绵上：在今山西翼城县西。治兵：检阅军队。　[2]伯游：荀偃。　[3]习：了解、熟悉。知伯：即荀罃。　[4]什吏：即十吏，指军尉、司马、司空、舆尉、候奄及其副职。

君子曰："让，礼之主也。范宣子让[1]，其下皆让。栾黡为汰[2]，弗敢违也。晋国以平[3]，数世赖之[4]，刑善也夫[5]！一人刑善，百姓休和[6]，可不务乎？《书》曰：'一人有庆，兆民赖之，其宁惟永[7]。'其是之谓乎？周之兴也，其《诗》曰：'仪刑文王，万邦作孚[8]。'言刑善也。及其衰也，其《诗》曰：'大夫不均，我从事独贤[9]。'言不让也。世之治也，君子尚能而让其下，小人农力以事其上，是以上下有礼，而谗慝黜远，由不争也，谓之懿德。及其乱也，君子称其功以加小人，小人伐其技以冯君子[10]，是以上下无礼，乱虐并生，由争善也，谓之昏德。国家之敝，恒必由之。"

【注释】

〔1〕范宣子:即士匄。 〔2〕汏:"汰"的俗字,骄侈。 〔3〕平:和平,团结。 〔4〕赖:利。 〔5〕刑:法。 〔6〕百姓:百官族姓。休和:安逸和平。 〔7〕所引句见《尚书·吕刑》。 〔8〕所引诗见《诗·大雅·文王》。仪刑,效法。孚,信。 〔9〕所引诗见《诗·小雅·北山》。 〔10〕伐:称。冯:凌越。

楚子疾,告大夫曰[1]:"不穀不德,少主社稷,生十年而丧先君,未及习师保之教训[2],而应受多福。是以不德,而亡师于鄢[3],以辱社稷,为大夫忧,其弘多矣[4]。若以大夫之灵,获保首领以殁于地,唯是春秋窀穸之事[5],所以从先君于祢庙者[6],请为'灵'若'厉'[7]。大夫择焉!"莫对。及五命乃许。秋,楚共王卒。子囊谋谥。大夫曰:"君有命矣。"子囊曰:"君命以共,若之何毁之?赫赫楚国,而君临之,抚有蛮夷,奄征南海[8],以属诸夏,而知其过,可不谓共乎?请谥之'共'。"大夫从之。

【注释】

〔1〕大夫:指卿。 〔2〕师保:指太子太师、少师,太子太保、少保,太子太傅、少傅,均为教育太子的官。 〔3〕亡师于鄢:在成公十六年。 〔4〕弘多:即多。 〔5〕春秋:指祭祀。窀穸(zhūn xī):墓穴。 〔6〕祢庙:父庙。生称父,死称考,入庙称祢。 〔7〕灵、厉:指谥号。灵、厉在当时是恶谥。 〔8〕奄:大。

吴侵楚,养由基奔命[1],子庚以师继之[2]。养叔曰:"吴乘我丧,谓我不能师也,必易我而不戒。子为三覆以待我,我请诱之。"子庚从之。战于庸浦[3],大败吴师,获公子堂。君子以吴为不吊[4]。《诗》曰:"不吊昊天,乱靡有定[5]。"

【注释】
〔1〕奔命:谓急行军中为前锋。 〔2〕子庚:公子午,时为司马。 〔3〕庸浦:楚地。在今安徽无为县南。 〔4〕不吊:不善。 〔5〕所引诗见《诗·小雅·节南山》。

冬,城防,书事,时也。于是将早城,臧武仲请俟毕农事,礼也。

郑良霄、大宰石㚟犹在楚。石㚟言于子囊曰:"先王卜征五年,而岁习其祥[1],祥习则行,不习则增修德而改卜。今楚实不竞[2],行人何罪[3]?止郑一卿,以除其偪[4],使睦而疾楚,以固于晋,焉用之?使归而废其使,怨其君以疾其大夫,而相牵引也,不犹愈乎?"楚人归之。

【注释】
〔1〕习:重复。 〔2〕不竞:不能自强。 〔3〕行人:使者。指良霄与自己。 〔4〕偪:威逼。良霄为人刚愎,所以威逼郑君臣。

【译文】
[经]
十三年春,襄公从晋国回国。
夏,占取邿国。
秋九月庚辰,楚共王审去世。
冬,修筑防地的城墙。

[传]

十三年春,襄公从晋国回国,孟献子把他的功劳记载于太庙,这是合乎礼的。

夏,邿国发生动乱,国家分裂为三。鲁国军队救援邿国,乘机就占领了它。凡是《春秋》记载说"取"的,是表示得来很容易。凡是动用大部队的称为"灭",攻陷了但不占有它的土地的称为"入"。

荀罃、士鲂去世。晋悼公在绵上打猎并且检阅军队,任命士匄率领中军,士匄辞让说:"伯游年长。过去因为臣与知伯相互熟悉,所以辅佐他,并不是由于我贤能。请任命伯游。"于是荀偃率领中军,士匄辅佐他。任命韩起率领上军,韩起辞让给赵武。又任命栾黡,栾黡辞让说:"臣比不上韩起。韩起愿意让赵武排位在他之上,君王还是听从他!"于是任命赵武率领上军,韩起辅佐他。栾黡率领下军,魏绛辅佐他。新军没有主将,晋悼公没有合适的人选,就让新军的十员主要官员率领步兵车兵和所属官员附属于下军,这是合乎礼的。晋国人民因此十分和协团结,诸侯间也因此和睦相处。

君子说:"谦让,是礼的主体。范宣子谦让,他的下属全都谦让。连栾黡这么个骄傲的人,也不敢违背。晋国因此和平团结,好几世蒙受利益,这是由于向好的学习的缘故啊!一个人向好的学习,百官各族因此而安逸和平,这样的事能不努力去做吗?《书》说:'一个人有善行,亿万人得利,国家就长治久安。'说的就是这种情况吧?周朝兴旺的时候,它的《诗》说:'以文王作为榜样,万国诸侯都敬仰。'这是说向好人学习。到了它衰落的时候,它的《诗》说:'大夫做事不公平,派我的工作最辛勤。'这是说不肯谦让。逢到治世,君子崇尚贤能而对下谦让,小人努力干活以事奉他的上级,因此上下有礼,奸邪被废黜抛弃,这是因为不争竞的缘故,称为美德。逢到乱世,君子夸耀自己的功劳以凌驾在小人之上,小人夸耀自己的技艺以欺凌君子,所以上下无礼,动乱残虐一起发生,这是由于争着以为自己了不起的缘故,称为昏德。国家的衰败,总是从这里开始。"

楚共王生病,告诉大夫说:"鄙人没有德行,年幼时便承担国君大任，生下来十年就丧失了先君，没能来得及好好学习师保们的教育训导，而承受了过多的福分。因而缺乏德行，在鄢地打了败仗，使国家蒙受耻辱，使大夫忧虑，这罪够大的了。如果能托庇大夫的威灵，能够善终入土，在这些春秋祭祀安葬的事上，得以在祢庙中追随先君，请谥为'灵'或'厉'。请大夫在两者中选择吧！"没有人吭声。一直到命令了五次，这才同意。秋，楚共王去世。子囊与大夫们商议谥号。大夫说："君王已经有命令了。"子囊说："君王命令谥为'共'，为什么要违背命令？盛大显赫的楚国，君王在上统治，安抚领袖蛮夷，大举征伐南海，让它们从属于中原，而君王又自知其过，能说不是'共'吗？请谥他为'共'。"大夫们听从了他的意见。

吴国侵袭楚国，养由基急忙奔赴前方，子庚带着军队跟上。养由基说："吴国乘我国有丧事而攻打我们，是认为我们不能整顿军队迎战，一定会轻视我们而不加警惕戒备。你安排好三支伏兵接应我，我前去诱敌。"子庚听从了他的建议。与吴国在庸浦交战，大败吴军，擒获公子党。君子认为吴国不善。《诗》说："上天没眼睛，乱子不曾停。"

冬，修筑防地城墙，《春秋》记载这事，是因为合乎时令。这时想早些时候筑城，臧武仲请求等农活忙完了再说，这是合乎礼的。

郑良霄、太宰石㚟这时仍被扣留在楚国。石㚟对子囊说："先王为了征伐连续占卜五年，而每年都重复得到吉祥。吉祥沿袭就出兵，如果有一年不吉祥就更加修明德行而重新占卜。如今楚国实在是不能自强，行人有什么罪呢？拘留郑国一卿，却除掉了对郑君臣的威逼，让他们相互和睦而怨恨楚国，巩固他们顺服晋国的决心，这样做有什么意义？不如让他回国使他完不成使命，从而怨恨他的君王及痛恨大夫们，使君臣之间互相牵引纠轧，不比现在这样做好一些吗？"楚国人因此就放良霄回国。

襄公十四年

[经]

十有四年春[1],王正月,季孙宿、叔老会晋士匄、齐人、宋人、卫人、郑公孙虿、曹人、莒人、邾人、滕人、薛人、杞人、小邾人会吴于向[2]。

二月乙未朔,日有食之。

夏四月,叔孙豹会晋荀偃、齐人、宋人、卫北宫括、郑公孙虿、曹人、莒人、邾人、滕人、薛人、杞人、小邾人伐秦。

己未,卫侯出奔齐[3]。

莒人侵我东鄙。

秋,楚公子贞帅师伐吴。

冬,季孙宿会晋士匄、宋华阅、卫孙林父、郑公孙虿、莒人、邾人于戚[4]。

【注释】
〔1〕十有四年:公元前559年。〔2〕叔老:即子叔齐子,声伯之子。向:郑地,在今河南尉氏县西南。或云吴地,在今安徽怀远县西。〔3〕卫侯:卫献公。〔4〕戚:孙林父采邑,在今河南濮阳县。

[传]

十四年春，吴告败于晋。会于向，为吴谋楚故也。范宣子数吴之不德也[1]，以退吴人。执莒公子务娄，以其通楚使也。

【注释】

〔1〕数：责问。

将执戎子驹支[1]。范宣子亲数诸朝[2]，曰："来！姜戎氏，昔秦人迫逐乃祖吾离于瓜州[3]，乃祖吾离被苫盖[4]，蒙荆棘[5]，以来归我先君。我先君惠公有不腆之田，与女剖分而食之。今诸侯之事我寡君不如昔者，盖言语漏泄，则职女之由[6]。诘朝之事，尔无与焉！与将执女！"对曰："昔秦人负恃其众，贪于土地，逐我诸戎。惠公蠲其大德，谓我诸戎是四岳之裔胄也[7]，毋是翦弃。赐我南鄙之田，狐狸所居，豺狼所嗥。我诸戎除翦其荆棘，驱其狐狸豺狼，以为先君不侵不叛之臣，至于今不贰。昔文公与秦伐郑，秦人窃与郑盟而舍戍焉[8]，于是乎有殽之师。晋御其上，戎亢其下[9]，秦师不复，我诸戎实然。譬如捕鹿，晋人角之，诸戎掎之[10]，与晋踣之，戎何以不免？自是以来，晋之百役，与我诸戎相继于时，以从执政，犹殽志也，岂敢离逷[11]？今官之师旅[12]，无乃实有所阙，以携诸侯，而罪我诸戎！我诸戎饮食衣服，不与华同，贽币不通[13]，言语不达，何恶之能为？不与于会，亦无瞢焉[14]！"赋

《青蝇》而退[15]。宣子辞焉,使即事于会,成恺悌也。于是,子叔齐子为季武子介以会,自是晋人轻鲁币[16],而益敬其使。

【注释】

〔1〕戎子:戎人首领。 〔2〕朝:此指诸侯使臣一起议事临时设立的朝廷。 〔3〕瓜州:今甘肃敦煌。 〔4〕苫盖:用草编成的覆盖物。〔5〕荆棘:指荆棘编成的帽子。 〔6〕职:主要。 〔7〕四岳:舜时四方部落首领。 〔8〕舍戍:留下戍守的人。僖公三十年,秦、晋伐郑,秦与郑和,留下杞子等戍守。 〔9〕亢:同"抗",攻击。 〔10〕掎(jǐ):拉住。 〔11〕离逷(tì):疏远,违背。 〔12〕官:指晋执政。师旅:指一般官员。 〔13〕贽币:礼物。贽币不通,即使者不相往来。〔14〕瞢(méng):惭愧。 〔15〕青蝇:《诗·小雅》篇名,中有"恺悌君子,无信谗言"等句。驹支引以责备晋国听信谗言。恺悌,和蔼可亲。 〔16〕币:币帛,礼物。

吴子诸樊既除丧[1],将立季札[2]。季札辞曰:"曹宣公之卒也,诸侯与曹人不义曹君,将立子臧。子臧去之,遂弗为也,以成曹君[3]。君子曰:'能守节。'君,义嗣也[4],谁敢奸君[5]?有国,非吾节也。札虽不才,愿附于子臧,以无失节。"固立之。弃其室而耕。乃舍之。

【注释】

〔1〕诸樊:吴王寿梦之长子。 〔2〕季札:诸樊弟。寿梦四子,季札最为贤明,寿梦及诸兄皆欲立之,季札不同意。 〔3〕曹宣公卒后,曹人欲立子臧事,见成公十三年及十五、十六年。 〔4〕义嗣:诸樊为適长子,故云义嗣。 〔5〕奸:犯。

夏，诸侯之大夫从晋侯伐秦[1]，以报栎之役也。晋侯待于竟，使六卿帅诸侯之师以进。及泾[2]，不济。叔向见叔孙穆子[3]，穆子赋《匏有苦叶》[4]。叔向退而具舟。鲁人、莒人先济。郑子蟜见卫北宫懿子曰[5]："与人而不固，取恶莫甚焉！若社稷何？"懿子说。二子见诸侯之师而劝之济，济泾而次。秦人毒泾上流，师人多死。郑司马子蟜帅郑师以进，师皆从之，至于棫林[6]，不获成焉[7]。荀偃令曰："鸡鸣而驾，塞井夷灶，唯余马首是瞻！"栾黡曰："晋国之命，未是有也。余马首欲东[8]。"乃归。下军从之。左史谓魏庄子曰[9]："不待中行伯乎[10]？"庄子曰："夫子命从帅[11]。栾伯，吾帅也，吾将从之。从帅，所以待夫子也。"伯游曰[12]："吾令实过，悔之何及，多遗秦禽。"乃命大还[13]。晋人谓之迁延之役[14]。

【注释】
〔1〕晋侯：晋悼公。 〔2〕泾：泾水，在今陕西省关中地区。此指泾阳附近的泾水。 〔3〕叔孙穆子：即鲁叔孙豹。 〔4〕匏有苦叶：《诗·邶风》篇名。穆子赋之，取匏可在渡水时作凭依物之意，表示将渡河。 〔5〕北宫懿子：即北宫括。 〔6〕棫林：秦地，在今陕西泾阳县。 〔7〕不获成：指秦不肯屈服。 〔8〕欲东：晋国在东，欲东即回国。 〔9〕左史：官名，犹后代记室。魏庄子：魏绛。 〔10〕中行伯：荀偃。 〔11〕夫子：指荀偃。 〔12〕伯游：即荀偃。 〔13〕大还：全军撤退。 〔14〕迁延：拖拉而无成。

栾鍼曰："此役也，报栎之败也。役又无功，晋之耻也。吾有二位于戎路[1]，敢不耻乎？"与士鞅驰秦师[2],死焉。士鞅反,栾黡谓士匄曰:"余弟不欲往,而子召之[3]。余弟死,而子来,是而子杀余之弟也。弗逐,余亦将杀之。"士鞅奔秦。

于是,齐崔杼、宋华阅、仲江会伐秦[4],不书[5],惰也。向之会亦如之。卫北宫括不书于向,书于伐秦,摄也[6]。

【注释】
〔1〕二位:指栾黡、栾鍼兄弟。戎路:将帅所乘的兵车。〔2〕士鞅:士匄之子。〔3〕而:同"尔"。〔4〕仲江:公孙师之子。〔5〕不书:崔杼、华阅等都是卿,依例当书。〔6〕摄:整顿、佐助。这里与"惰"对比,是勤勉之意。

秦伯问于士鞅曰[1]:"晋大夫其谁先亡?"对曰:"其栾氏乎!"秦伯曰:"以其汰乎?"对曰:"然。栾黡汰虐已甚[2],犹可以免。其在盈乎[3]!"秦伯曰:"何故?"对曰:"武子之德在民[4],如周人之思召公焉,爱其甘棠[5],况其子乎?栾黡死,盈之善未能及人,武子所施没矣,而黡之怨实章[6],将于是乎在。"秦伯以为知言,为之请于晋而复之。

【注释】
〔1〕秦伯:秦景公。〔2〕已甚:太甚。〔3〕盈:栾盈。栾黡之子。〔4〕武子:栾黡之父栾书。〔5〕爱其甘棠:召公奭曾舍于甘棠之下,周人感念召公德政,对树加以保护,并作《甘棠》诗。〔6〕章:彰明。

卫献公戒孙文子、宁惠子食[1]，皆服而朝。日旰不召[2]，而射鸿于囿。二子从之，不释皮冠而与之言[3]。二子怒。孙文子如戚[4]，孙蒯入使[5]。公饮之酒，使大师歌《巧言》之卒章[6]。大师辞，师曹请为之[7]。初，公有嬖妾，使师曹诲之琴，师曹鞭之。公怒，鞭师曹三百。故师曹欲歌之，以怒孙子以报公。公使歌之，遂诵之。

【注释】
〔1〕戒：约。孙文子：孙林父。宁惠子：宁殖。 〔2〕日旰：太阳下山。 〔3〕皮冠：打猎时所戴的帽子，用皮制。依礼，臣朝服见君，君不得戴皮冠。 〔4〕戚：孙文子采邑，在今河南濮阳县北。 〔5〕孙蒯：孙文子之子。入使：入朝请命。 〔6〕巧言：《诗·小雅》篇名。其末章为"彼何人斯，居河之麋。无拳无勇，职为乱阶"。卫献公隐示孙文子要作乱。 〔7〕师曹：太师（即乐官之长）所属乐人。

蒯惧，告文子。文子曰："君忌我矣，弗先，必死。"并帑于戚而入[1]，见蘧伯玉曰[2]："君之暴虐，子所知也。大惧社稷之倾覆，将若之何？"对曰："君制其国，臣敢奸之？虽奸之，庸知愈乎？"遂行，从近关出[3]。公使子蟜、子伯、子皮与孙子盟于丘宫[4]，孙子皆杀之。

【注释】
〔1〕帑：所有家人。 〔2〕蘧伯玉：名瑗，谥成子。 〔3〕近关：指距离最近的国界所设的关。 〔4〕子蟜、子伯、子皮：皆卫公子。丘宫：当在卫都。

四月己未，子展奔齐[1]。公如鄄[2]，使子行请于孙子[3]，孙子又杀之。公出奔齐，孙氏追之，败公徒于阿泽[4]，鄄人执之。初，尹公佗学射于庾公差，庾公差学射于公孙丁。二子追公，公孙丁御公。子鱼曰："射为背师，不射为戮，射为礼乎？"射两钩而还[5]。尹公佗曰："子为师，我则远矣。"乃反之[6]。公孙丁授公辔而射之，贯臂。

【注释】
〔1〕子展：卫献公弟。〔2〕鄄(juān)：在今山东鄄城县北。〔3〕子行：卫公子。〔4〕阿泽：在今山东阳谷县东北。〔5〕钩(qú)：车辕前驾马之具，即軏。〔6〕反之：回车再追。

子鲜从公[1]。及竟，公使祝宗告亡[2]，且告无罪。定姜曰[3]："无神何告？若有，不可诬也。有罪，若何告无？舍大臣而与小臣谋，一罪也。先君有冢卿以为师保[4]，而蔑之，二罪也。余以巾栉事先君，而暴妾使余[5]，三罪也。告亡而已，无告无罪。"

【注释】
〔1〕子鲜：献公同母弟。〔2〕祝宗：主祭祀的官。〔3〕定姜：卫定公夫人。〔4〕冢卿：指孙林父与宁殖。〔5〕暴妾使余：对我残暴如婢妾。

公使厚成叔吊于卫[1]，曰："寡君使瘠，闻君不抚社稷，而越在他竟，若之何不吊？以同盟之故，使瘠敢私于执事曰：'有君不吊[2]，有臣不敏[3]，君不赦宥，臣亦不帅职[4],增淫发泄[5],其若之何?'"卫人使大叔仪对曰[6]:"群臣不佞,得罪于寡君。寡君不以即刑而悼弃之[7],以为君忧。君不忘先君之好,辱吊群臣,又重恤之。敢拜君命之辱,重拜大贶。"厚孙归,复命,语臧武仲曰:"卫君其必归乎!有大叔仪以守,有母弟鱄以出[8],或抚其内,或营其外,能无归乎?"

【注释】
〔1〕厚成叔:孝公子惠伯革的后人,名瘠。〔2〕吊:淑,善。〔3〕敏:达。〔4〕帅职:尽职。〔5〕增淫:积渐。〔6〕太叔仪:卫大夫,谥文子。〔7〕悼:远。〔8〕鱄:即子鲜。

齐人以郲寄卫侯[1]。及其复也[2],以郲粮归[3]。右宰榖从而逃归[4],卫人将杀之。辞曰:"余不说初矣[5],余狐裘而羔袖[6]。"乃赦之。卫人立公孙剽[7],孙林父、宁殖相之,以听命于诸侯[8]。

【注释】
〔1〕郲:即莱国。〔2〕复:复位。此言日后事。〔3〕以郲粮归:杜注:"言其贪。"〔4〕右宰榖:卫大夫。〔5〕说:同悦。〔6〕狐裘而羔袖:言一身是善,只有很小部分是恶。〔7〕公孙剽:穆公孙。〔8〕听命于诸侯:指参加盟会。

卫侯在郲。臧纥如齐[1],唁卫侯。卫侯与之言,虐。退而告其人曰:"卫侯其不得入矣!其言粪土也,亡而不变,何以复国?"子展、子鲜闻之,见臧纥,与之言,道[2]。臧孙说,谓其人曰:"卫君必入。夫二子者,或挽之,或推之,欲无入,得乎?"

【注释】
〔1〕臧纥:即臧武仲。 〔2〕道:理顺辞达。

师归自伐秦,晋侯舍新军,礼也。成国不过半天子之军[1],周为六军,诸侯之大者,三军可也。于是知朔生盈而死,盈生六年而武子卒,虒裘亦幼[2],皆未可立也。新军无帅,故舍之。

【注释】
〔1〕成国:大国。 〔2〕虒裘:士鲂子。

师旷侍于晋侯[1]。晋侯曰:"卫人出其君,不亦甚乎?"对曰:"或者其君实甚。良君将赏善而刑淫,养民如子,盖之如天,容之如地。民奉其君,爱之如父母,仰之如日月,敬之如神明,畏之如雷霆,其可出乎?夫君,神之主而民之望也。若困民之主[2],匮神乏祀,百姓绝望,社稷无主,将安用之?弗去何为?天生民而立之君,使司牧之,勿使失性。有君而为之贰[3],使师保之,勿使过度。是故天子有公,诸侯有卿,卿置侧室,大夫有贰宗,士有朋友[4],庶人、工、商、皂、隶、牧、圉皆有亲昵,以相辅佐也。善则赏之[5],过则匡之,患则救之,失则革之[6]。自王以下,各有父兄子弟,以补察其政[7]。史为书,瞽为诗[8],工诵箴谏[9],大夫规诲,士传言,庶人谤,商旅于市,百工献艺[10]。

故《夏书》曰：'遒人以木铎徇于路，官师相规，工执艺事以谏[11]。'正月孟春，于是乎有之，谏失常也。天之爱民甚矣，岂其使一人肆于民上[12]，以从其淫，而弃天地之性？必不然矣。"

【注释】
〔1〕师旷：杜注："晋乐大师子野。" 〔2〕困民之主：《新序》、《说苑》引均作"困民之性"。"主"在此当作"性"解，谓使人民生活匮乏。 〔3〕贰：指卿佐。 〔4〕朋友：指同宗一类亲人。 〔5〕赏：宣扬，表彰。 〔6〕革：更改。 〔7〕补察其政：杜注："补其愆过，察其得失。" 〔8〕瞽：乐师。 〔9〕工：乐工。 〔10〕献艺：以艺为谏。 〔11〕上引文见《尚书·胤征》。遒人，巡行之官。木铎，金口木舌之铃。官师，官长。 〔12〕肆：放纵。

秋，楚子为庸浦之役故[1]，子囊师于棠以伐吴[2]，吴不出而还。子囊殿，以吴为不能而弗儆。吴人自皋舟之隘要而击之[3]，楚人不能相救。吴人败之，获楚公子宜穀。

【注释】
〔1〕楚子：楚康王。 〔2〕棠：在今江苏六合区。 〔3〕皋舟：吴险隘，所在不详。

王使刘定公赐齐侯命[1]，曰："昔伯舅大公，右我先王[2]，股肱周室，师保万民，世胙大师[3]，以表东海[4]。王室之不坏，繄伯舅是赖。今余命女环[5]！兹率舅氏之典[6]，纂乃祖考[7]，无忝乃旧[8]。敬之哉，无废朕命！"

【注释】

〔1〕刘定公:刘夏,周大夫。 〔2〕右:同"佐",辅佐。〔3〕胙:酬报。大师:即太公。吕尚为文王师。 〔4〕表:显。〔5〕环:齐灵公名。 〔6〕兹:孜孜不倦。率:循。典:常,经。〔7〕纂:继承。 〔8〕旧:即祖考。

晋侯问卫故于中行献子[1],对曰:"不如因而定之。卫有君矣,伐之,未可以得志而勤诸侯。史佚有言曰:'因重而抚之。'仲虺有言曰[2]:'亡者侮之,乱者取之,推亡固存,国之道也。'君其定卫以待时乎!"冬,会于戚,谋定卫也。

【注释】

〔1〕故:事。中行献子:荀偃。 〔2〕仲虺:汤左相。

范宣子假羽毛于齐而弗归[1],齐人始贰。

楚子囊还自伐吴,卒。将死,遗言谓子庚[2]:"必城郢。"君子谓:"子囊忠。君薨不忘增其名,将死不忘卫社稷,可不谓忠乎?忠,民之望也。《诗》曰:'行归于周,万民所望[3]。'忠也。"

【注释】

〔1〕羽毛:为当时制造旗子及装饰仪仗的材料,即鸟羽及旄牛尾。〔2〕子庚:即公子牛,继子囊为令尹。 〔3〕所引诗见《诗·小雅·都人士》。周,忠信。

【译文】

[经]

十四年春,周历正月,季孙宿、叔老会同晋士匄、齐国人、宋国人、卫国人、郑公孙虿、曹国人、莒国人、邾国人、滕国人、薛国人、杞国人、小邾国人与吴国在向地相会。

二月乙未朔,发生日食。

夏四月,叔孙豹会同晋荀偃、齐国人、宋国人、卫北宫括、郑公孙虿、曹国人、莒国人、邾国人、滕国人、薛国人、杞国人、小邾国人攻打秦国。

己未,卫献公逃亡到齐国。

莒国人侵袭我国东部边境。

秋,楚公子贞率领军队攻打吴国。

冬,季孙宿与晋士匄、宋华阅、卫孙林父、郑公孙虿、莒国人、邾国人在戚地相会。

[传]

十四年春,吴国向晋国报告被楚国打败的经过。诸侯在向地会议,是为了替吴国策划如何对付楚国。范宣子指责吴国乘人之丧用兵的不道德,以此拒绝了吴国人出兵。把莒公子务娄拘捕起来,因为莒国与楚国有使者互相往来。

晋国准备拘捕戎人首领驹支。范宣子亲自在朝堂上列举他的罪状,说:"过来,姓姜的戎人!往昔秦国人把你的祖先吾离从瓜州赶走,你的祖先吾离披着茅草衣,戴着荆条帽,前来投靠我国先君。我国先君惠公当时只有很少的土地,却与你们平分,使你们吃上饭。如今诸侯事奉我们寡君不如以前,这是因为说话漏泄了机密,这主要是你们所造成的。明天的会议,你不要参加了!你若是参加,就把你抓起来!"驹支回答说:"往昔秦国人凭仗着他们人多,贪婪地掠夺土地,把我们各部戎人赶走。惠公表现了他高尚的品德,认为我们各部戎人是四岳的后代,不应该就这样被灭绝。赐给我们南部边境地区的土地,那是个狐狸居住、豺狼嗥叫的地方。我们各部戎人铲除了那儿的荆棘,赶走了狐狸豺狼,从此成了你们先君不内侵也不外叛的臣子,一直到今天还是没有二心。往昔文公与秦国攻打郑国，秦国人私下与郑国人订立盟约，留下军队帮他们戍守，因此而发生殽地的战役。晋国在上边抵御秦兵，戎人在下面攻击他们，秦军全军覆没，实在是我们戎人们出了大力。譬如捕捉一只鹿，晋国人抓住它的角，戎人们拉住它的腿，和晋国人一起把它拖倒。戎人为什么不能免于罪责呢？从那时以来，晋国多次征战，我们各部戎人都是紧接着跟上，以追随你们的执政，如同殽地战役一样，怎么敢违背？如今你们的将帅官员们，恐怕实在有些地方做得不够，使诸侯叛离，你们却要责备我们各部戎人！我们各部戎人吃的穿的都与华夏不同，使者不相往来，言语不相通，能做什么坏事？不出席会议，也不会感到惭愧！"赋了《青蝇》诗后退了下去。范宣子连忙道歉，请驹支参与会议事务，成全了自己和蔼可亲的君子美德。这时候，子叔齐子作为季武子的副手参加会议，从此晋国人减轻了鲁国的贡礼，而更加敬重它的使者。

　　吴王诸樊这时已经服丧期满，打算立季札为国君。季札推辞说："曹宣公死的时候，诸侯及曹国人不支持曹成公，打算立子臧为国君。子臧离开了曹国，因此原计划没有实施，以成全了曹成公。君子说子臧'能够保持节操'。您是合法的继承人，有谁胆敢冒犯你？做国君，不合乎我的节操。我虽然没有才能，但愿意追随子臧，以不失节操。"诸樊坚持要立他为君，他离开了家室而去种田，诸樊才不勉强他。

　　夏，诸侯的大夫们跟随晋悼公攻打秦国，以报复栎地战役。晋悼公等候在边境，派六卿率领诸侯的军队前进。到达泾水，军队不肯渡河。叔向与叔孙穆子相见，穆子赋《匏有苦叶》。叔向退出后准备渡船。鲁国人、莒国人先渡过泾水。郑子蟜去见卫北宫懿子说："亲附别人而三心二意，没有比这更令人厌恶的了！怎么向国家交代？"懿子认为他说得很对。二人去见诸侯的军队而劝说他们渡河，军队就全都渡过泾水扎营。秦国人在泾水上游投放毒药，诸侯军中死的人很多。郑司马子蟜率领军队前进，诸侯的军队都随着他开拔，到达棫林，秦国人不肯屈服求和。荀偃下令说："鸡鸣套车，填塞水井，铲平土灶，看着我马头方向前进！"栾黡说："晋国发布的命令，从来没有这样的。我的马头要向东。"于是回国。下军跟随着他。左史对魏庄子说："不等中行伯吗？"魏庄子说："他命令我们跟从主帅。栾伯是我的主帅，我准备跟从他。跟从主帅，也就是尊重中行伯。"荀偃说："我发布这样的命令确实是不对的，后悔也来不及了，多留下人马只会增加被秦国俘虏的人数。"于是命令诸侯军队全数撤回。晋国人称这次行动为"迁延之役"。

栾鍼说："这次战役是为了报复在栎地的战败，发动了战役却没有建树，是晋国的耻辱。我们家有两个人充任将帅，岂敢不以为耻吗？"与士鞅一起冲进秦军，结果战死。士鞅脱身回国。栾黡对士匄说："我弟弟不想去，是你儿子叫他去的。我弟弟死了，你儿子生还，这是你儿子杀死了我弟弟。你不把他赶走，我也打算杀死他。"士鞅逃往秦国。

这时候，齐崔杼、宋华阅、仲江会兵攻打秦国，《春秋》没记载他们的名字，是因为他们表现差劲。向地会议的记载也是这个原因。卫北宫括在向地会议时没记载，在攻打秦国时记载了，是因为这次他表现良好。

秦景公询问士鞅说："晋国的大夫哪个先灭亡？"士鞅回答说："恐怕是栾氏吧！"秦景公说："是因为他骄傲吗？"士鞅回答说："是的。栾黡骄傲暴虐太厉害了，然而他自己还能免于祸难。祸难恐怕要落在栾盈身上吧！"秦景公问："是什么原因呢？"士鞅回答说："栾武子对人民有恩德，就如同周人思念召公，爱及他的甘棠，何况是他的儿子呢？栾黡死后，栾盈对别人没有恩惠，栾武子所施的恩惠已被人们淡忘，而栾黡所产生的怨恨便爆发出来，所以在那时候灭亡。"秦景公认为他的见解透彻，为他向晋国求情，让他回国复位。

卫献公约请孙文子、宁惠子一起用餐，二人穿着朝服等在朝廷上。卫献公到了太阳落山了还不请他们，却在园林中射雁。二人到园林中去，卫献公不脱下皮帽子就和他们说话。二人心中愤怒。孙文子去了戚邑，孙蒯入朝请命。卫献公招待孙蒯喝酒，命令太师歌《巧言》的最后一章。太师推辞，师曹请求由他来唱。起初，卫献公有个宠妾，献公派师曹教她弹琴，师曹鞭打她。献公发怒，鞭打了师曹三百下。所以师曹想唱这诗，用来激怒孙蒯，作为对献公的报复。献公命令他歌唱,他就高声朗诵。

孙蒯听了后心中害怕,报告了孙文子。孙文子说:"君王忌恨我了,不先动手一定会被杀死。"把所有家人送往戚邑后进入国都,碰见了蘧伯玉,说:"君王的暴虐是你所知道的,我很害怕社稷倾覆,你看该怎么办?"蘧伯玉说:"君王治理他的国家,下臣怎敢冒犯他?即使冒犯他,怎知新君一定比旧君好呢?"于是就离开国都,从最近的边关出境。卫献公派子蟜、子伯、子皮与孙文子在丘宫订立盟约,孙文子把他们全都杀了。

四月己未,子展逃往齐国。卫献公往鄄地,派子行去向孙文子求和,孙文子又把他杀了。卫献公逃往齐国,孙文子追赶他,在阿泽打败了献公的禁卫军,鄄地人把败兵抓了起来。起初,尹公佗向庚公差学射箭,庚公差又是公孙丁的学生。庚公差与尹公佗追赶献公,公孙丁为献公驾车。庚公差说:"射是背叛老师,不射将被杀戮,射还是合乎礼的吧?"于是发箭射中两边的车軥而回。尹公佗说:"他是你的老师,和我的关系就远了。"于是回车再追。公孙丁把缰绳交给献公后向尹公佗射击,一箭贯穿了他的手臂。

子鲜跟随着卫献公。到达边境,献公让祝宗向神明报告逃亡,同时告称自己无罪。定姜说:"如果没有神明,报告什么?如果有神明,就不可欺骗。你有罪,为什么报告说没有?不理会大臣而和小臣商议,这是第一条罪过。先君有正卿给你做师保,你却蔑视他们,这是第二条罪过。我是先君的妻子,你却对我残暴如同婢妾,这是第三条罪过。报告逃亡就行了,不要报告没有罪过。"

襄公派遣厚成叔到卫国去慰问,说:"寡君派瘠来,听说君王不管理国家而流亡到别国境内,怎么能不来慰问?因为是同盟的缘故,派瘠私下对执事说:'国君不善良,大臣不敏达,国君不肯赦免宽恕臣下,臣下又不肯尽职对上,积聚日久而发泄出来,将怎么办?'"卫国人派太叔仪回答说:"下臣们没有才能,得罪了寡君。寡君不把下臣绳之以法而远远地抛弃了下臣们,因此给贵国君王带来忧虑。贵君不忘记先君的友好关系,屈尊您来慰问下臣们,又加以哀怜。谨此拜谢君王的命令,再拜谢对下臣们的哀怜。"厚成叔回国复命,对臧武仲说:"卫君恐怕一定会回国的吧！有太叔仪守国，有同母弟子鲜一起逃亡。有人治理国内，有人经营国外，能够不回国吗？"

齐国人安排卫献公住在郲地。到后来他复位的时候，竟带着郲地的粮食回去。右宰穀跟随献公出行后又逃了回来，卫国人准备杀了他。他辩解说："我开始的时候并不是心甘情愿走的，我身上只有小小的缺点。"卫国人就赦免了他。卫国人立公孙剽为国君，孙林父、宁殖辅佐他，以听取诸侯的命令。

卫献公住在郲地。臧纥去齐国，慰问卫献公。卫献公和他交谈，态度恶劣。臧纥退出来后对他的属下说："卫侯恐怕不能回国了！他的话是粪土，逃亡在外仍不悔改，怎么能回国复位呢？"子展、子鲜听说后，进见臧纥，与他交谈，理顺辞达。臧纥很高兴，对他的属下说："卫君一定能回国。这两个人，一个拉他，一个推他，要想不回国，行吗？"

军队从攻打秦国战役回来后，晋悼公解散新军，这是合乎礼的。大国的军队不超过天子的一半，周为六军，诸侯中的大国，三军就可以了。当时知朔生了盈后死去，盈出生六年武子死了，彘裘也还年幼，都不能继承父职。新军没有主帅，所以把它解散了。

师旷随侍在晋悼公身边。晋悼公说："卫国人赶走他们的国君，不是太过分了吗？"师旷回答说："也许他们的国君实在做得过分。好的国君会奖励善良而处罚邪恶，抚育人民如对待子女，覆盖他们就像天一样，容纳他们就像地一样。人民侍奉他们的国君，爱戴他就像爱戴父母，尊仰他如同尊仰日月，敬重他如同敬重神明，畏惧他如同畏惧雷霆，难道能赶走他吗？国君，是神明祭祀的主持者，是人民的希望。如果使人民生活困乏，神明缺乏祭祀，百姓绝望，国家没人主持，那要他干什么？不赶走他还有什么办法？上天生了人民而为他们设立国君，让他统治人民，不让人民生活困乏。有了国君又为他配备辅佐，让他们教育保护国君，不让国君做事逾越常规。因此天子有诸侯，诸侯有卿，卿设置侧室，大夫有贰宗，士有朋友，庶人、工、商、皂、隶、牧、圉都有亲近的人，用来互相辅佐。好的就表彰，过失就纠正，患难就援救，错误就改正。从天子以下，各自有父兄子弟，来补救审察他行事的得失。太史作记载,乐师作歌诗,乐工诵读箴谏,大夫规劝开导,士传达意见,庶人指责,商人在市场上议论,工匠们通过自己的技艺表达看法。所以《夏书》说:'遒人摇着木铎在道路上巡行,官员们规劝,工匠通过自己的技艺表示劝谏。'每当正月孟春,就有遒人巡行,让人发表对反常事物的劝谏。上天爱护人民可说是十分周到了,难道会让一个人凌驾在人民之上胡作非为,以放纵他的邪恶而抛弃天地的本性?一定不会这样。"

秋,楚康王因为庸浦战役的缘故,派子囊从棠地出兵攻打吴国,吴国不出兵迎战,楚军撤回。子囊断后,认为吴国无所作为而不加防备。吴国人从皋舟的险隘出兵拦腰袭击楚军,楚军首尾不能相救。吴国人打败楚军,擒获了楚公子宜穀。

周灵王派刘定公赐给齐灵公宠命,说:"往昔伯舅太公,辅佐我先王,成为周室的股肱,万民的师保,世代酬报太师,让他在东海显扬光大。王室没有颓败,依靠的便是伯舅。现在我命令你环,孜孜不倦地遵循舅氏的常规,继承你的祖先,不要玷辱他们。要恭敬啊,不要废弃我的命令!"

晋悼公向荀偃询问对卫国的策略,荀偃回答说:"不如根据现在的情况安定它。卫国已经有新国君了,攻打它,不见得能够成功而劳动诸侯。史佚有句话说:'根据他安定的现状而安抚他。'仲虺有句话说:'已经灭亡的可以欺侮,正在动乱的可以攻取,推翻灭亡的巩固存在的,这是治国的常规。'君王还是安定卫国以等待时机吧!"冬,在戚地相会,商议安定卫国。

范宣子向齐国借乌羽及旄牛尾不还,齐国人开始对晋国不满。

楚子囊从攻打吴国回来,去世。临死前,遗言对子庚说:"一定要修筑郢地的城墙。"君子说:"子囊忠诚。君王去世不忘记增加他的名声,自己将死不忘记保卫祖国,难道能不认为他忠诚吗?忠诚,是人民所希望的。《诗》说:'德行归于忠信,万民心中仰望。'就是说忠诚的意义。"

襄公十五年

[经]

十有五年春[1],宋公使向戌来聘[2]。

二月己亥,及向戌盟于刘[3]。

刘夏逆王后于齐[4]。

夏,齐侯伐我北鄙[5],围成[6]。

公救成,至遇[7]。

季孙宿、叔孙豹帅师城成郛。

秋八月丁巳,日有食之。

邾人伐我南鄙。

冬十有一月癸亥,晋侯周卒。

【注释】

〔1〕十有五年:公元前558年。〔2〕宋公:宋平公。〔3〕刘:在曲阜郊外。〔4〕刘夏:周臣。〔5〕齐侯:齐灵公。〔6〕成:在今山东宁阳县东北。〔7〕遇:鲁地。具体所在不详。

[传]

十五年春,宋向戌来聘,且寻盟。见孟献子,尤其室[1],曰:"子有令闻,而美其室,非所望也!"对曰:

"我在晋，吾兄为之，毁之重劳，且不敢间[2]。"

官师从单靖公逆王后于齐[3]。卿不行，非礼也。

【注释】
〔1〕尤：责备。 〔2〕间：非。以兄之所为为非。 〔3〕官师：指刘夏。

楚公子午为令尹，公子罢戎为右尹，蒍子冯为大司马[1]，公子橐师为右司马，公子成为左司马，屈到为莫敖[2]，公子追舒为箴尹[3]，屈荡为连尹，养由基为宫厩尹，以靖国人。君子谓："楚于是乎能官人。官人，国之急也。能官人，则民无觊心。《诗》云：'嗟我怀人，置彼周行[4]。'能官人也。王及公、侯、伯、子、男、甸、采、卫大夫[5]，各居其列，所谓周行也。"

【注释】
〔1〕蒍子冯：孙叔敖兄蒍艾猎之子。 〔2〕屈到：字子夕，屈荡子。〔3〕公子追舒：庄王子，字子南。 〔4〕所引诗见《诗·周南·卷耳》，这里是从字面上来解释，非用《诗》原意。周行，大道。这里解作官的行列。 〔5〕甸、采、卫：五服之名。天子所居千里曰圻，其外曰侯服，依次为甸服、男服、采服、卫服，五百里一服。

郑尉氏、司氏之乱，其馀盗在宋[1]。郑人以子西、伯有、子产之故[2]，纳赂于宋，以马四十乘与师茷、师慧[3]。三月，公孙黑为质焉[4]。司城子罕以堵女父、尉翮、司齐与之，良司臣而逸之，托诸季武子，武子置诸卞[5]。郑人醢之三人也[6]。

【注释】

〔1〕作乱事见襄公十年。 〔2〕子西之父子驷、伯有之父子耳、子产之父子国皆被尉氏、司氏等杀害。 〔3〕乘：驷马为一乘。师茷、师慧：皆乐师。 〔4〕公孙黑：子驷子，字子皙。 〔5〕卞：在今山东泗水县东。 〔6〕醢(hǎi)：使成肉酱。

师慧过宋朝，将私焉[1]。其相曰："朝也。"慧曰："无人焉。"相曰："朝也，何故无人？"慧曰："必无人焉。若犹有人，岂其以千乘之相易淫乐之矇[2]？必无人焉故也。"子罕闻之，固请而归之。

【注释】

〔1〕私：小便。 〔2〕千乘之相：杜注谓子产等人。淫乐：郑声淫，故称奏郑声的乐师为"淫乐之矇"。矇，盲人，春秋时乐师例以盲人充任。全句谓宋国应重视子产等人，不该纳贿交换他们的仇人。

夏，齐侯围成，贰于晋故也。于是乎城成郛。

秋，邾人伐我南鄙[1]。使告于晋，晋将为会以讨邾、莒。晋侯有疾，乃止。冬，晋悼公卒，遂不克会。郑公孙夏如晋奔丧[2]，子蟜送葬[3]。

【注释】

〔1〕杜注："亦贰于晋故。" 〔2〕公孙夏：即子西，郑卿。 〔3〕子蟜：即公孙虿，郑卿。

宋人或得玉，献诸子罕。子罕弗受。献玉者曰："以示玉人，玉人以为宝也，故敢献之。"子罕曰："我以不贪为宝，尔以玉为宝，若以与我，皆丧宝也。不若人有其宝。"稽首而告曰:"小人怀璧,不可以越乡[1]。纳此以请死也。"子罕置诸其里,使玉人为之攻之,富而后使复其所[2]。

十二月,郑人夺堵狗之妻[3],而归诸范氏。

【注释】

〔1〕越乡:走出自己乡里。 〔2〕富:指帮他卖掉玉,富起来。〔3〕堵狗:堵女父之族,妻范氏。

【译文】

[经]

十五年春,宋平公派遣向戌来我国聘问。

二月己亥,与向戌在刘地结盟。

刘夏去齐国迎接王后。

夏,齐灵公攻打我国北部边境,包围成邑。

襄公救援成邑,到达遇地。

季孙宿、叔孙豹率领军队修筑成邑的外城墙。

秋八月丁巳,发生日食。

邾国人攻打我国南部边境。

冬十一月癸亥,晋悼公周去世。

[传]

十五年春,宋向戌来我国聘问,同时重温旧盟。进见孟献子,对孟献子的家不满,说:"你有美好的名声,却把家装潢得这么漂亮,这不是人们所希望的。"孟献子回答说:"我在晋国的时候,我哥哥装潢的,毁了它又要费人力,再说我也不敢改变哥哥的决定。"

官师刘夏跟随单靖公到齐国迎接王后。卿没有去,这是不合乎礼的。

楚公子午任令尹,公子罢戎任右尹,蒍子冯任大司马,公子橐师任右司马,公子成任左司马,屈到任莫敖,公子追舒任箴尹,屈荡任连尹，养由基任宫厩尹，以安定国人。君子说："楚国在这一安排上称得上能合理任命官员。任命官员，是国家紧要之事。能合理任命官员，那么人民就不会产生非分侥幸心理。《诗》说：'感叹我所想念的贤人，都被安排在周朝官员的行列里。'就是说能合理任命官员。天子及公、侯、伯、子、男与甸、采、卫的各级大夫，各人都在他们应该占有的位子上，这就是所谓周朝官员的行列。"

郑尉氏、司氏的叛乱，残馀的不法分子逃在宋国。郑国人由于子西、伯有、子产的缘故，送礼物给宋国，送给宋国马一百六十匹及乐师师茷、师慧。三月，公孙黑去宋国作为人质，宋司城子罕把堵女父、尉翩、司齐交给郑国，认为司臣品行不错而放了他，把他托付给鲁季武子，季武子把他安顿在卞地。郑国人把堵女父等三人剁成肉酱。

师慧经过宋朝廷，打算小便。他的助手说："这里是朝廷。"师慧说："没有人啊。"助手说："朝廷怎么会没有人？"师慧说："一定没有人。如果还有人，难道会轻视拥有千乘之国的国相而要把我这奏淫乐的瞎子来交换尉氏等人？一定是没有人的缘故。"子罕听说后，坚决向宋平公请求遣回了师慧。

夏，齐灵公包围成邑，是因为齐国叛离晋国的缘故。在这样的情况下修筑成邑外城城墙。

秋，邾国人攻打我国南部边境。我国派人向晋国报告，晋国准备举行会议来讨伐邾国、莒国。晋悼公生病，事情搁了下来。冬，晋悼公去世，因此没有举行会议。

郑公孙夏去晋国奔丧，子蟜参加送葬。

宋国有个人得到块宝玉，把它献给子罕。子罕不接受。献玉的人说："我把这玉给玉工看，玉工认为是块宝玉，所以胆敢献给您。"子罕说："我以不贪婪为宝，你以玉为宝，如果把玉给了我，我们俩都丧失了宝物，不如各人保有各人的宝物。"献玉的人叩头禀告说："小人怀藏玉璧，不能够走出自己的乡里。请让我献纳这块宝玉以保全性命。"子罕把他安顿在自己的乡里，让玉人为他雕琢宝玉，卖了富有了后让他回到他的家乡去。

十二月，郑国人夺走了堵狗的妻子，让她回娘家范氏去。

春秋左传卷十六　襄公三

襄公十六年

[经]

十有六年春[1]，王正月，葬晋悼公。

三月，公会晋侯、宋公、卫侯、郑伯、曹伯、莒子、邾子、薛伯、杞伯、小邾子于溴梁[2]。

戊寅，大夫盟。

晋人执莒子、邾子以归。

齐侯伐我北鄙[3]。

夏，公至自会。

五月甲子，地震。

叔老会郑伯、晋荀偃、卫宁殖、宋人伐许[4]。

秋，齐侯伐我北鄙，围成。

大雩。

冬，叔孙豹如晋。

【注释】

〔1〕十有六年：公元前557年。〔2〕晋侯：晋平公，名彪。宋公：宋平公。卫侯：卫殇公。郑伯：郑简公。曹伯：曹成公。莒子：莒犁比公。邾子：邾宣公。杞伯：杞孝公。小邾子：小邾穆公。溴(jú)梁：溴水堤梁。溴水流经今河南西北部。〔3〕齐侯：齐灵公。〔4〕叔老：即子

叔齐子。

[传]

十六年春,葬晋悼公。平公即位,羊舌肸为傅[1],张君臣为中军司马[2],祁奚、韩襄、栾盈、士鞅为公族大夫[3],虞丘书为乘马御。改服修官,燕于曲沃[4]。警守而下[5],会于溴梁。命归侵田。以我故,执邾宣公、莒犁比公,且曰:"通齐、楚之使。"

【注释】

〔1〕羊舌肸:叔向。傅:太傅。 〔2〕张君臣:张老子。 〔3〕韩襄:韩无忌之子。 〔4〕烝:祭名,见桓公五年注。 〔5〕警守:布置守备。

晋侯与诸侯宴于温[1],使诸大夫舞,曰:"歌诗必类!"齐高厚之诗不类。荀偃怒,且曰:"诸侯有异志矣!"使诸大夫盟高厚,高厚逃归。于是,叔孙豹、晋荀偃、宋向戌、卫宁殖、郑公孙虿、小邾之大夫盟曰:"同讨不庭[2]。"

【注释】

〔1〕温:今河南温县。 〔2〕不庭:指不忠于盟主晋国。

许男请迁于晋[1],诸侯遂迁许。许大夫不可,晋人归诸侯。郑子蟜闻将伐许,遂相郑伯以从诸侯之师。穆叔从公,齐子帅师会晋荀偃。书曰:"会郑伯。"为夷故也[2]。

【注释】
〔1〕许男：许灵公。许国原在河南许昌市，鲁成公时迁入楚国叶地，此时求迁，欲离楚托庇于晋。〔2〕夷：平。郑伯为君，故虽出兵以晋为主帅，仍居位于上，方为合序。

夏六月，次于棫林[1]。庚寅，伐许，次于函氏[2]。晋荀偃、栾黡帅师伐楚，以报宋杨梁之役[3]。楚公子格帅师及晋师战于湛阪[4]，楚师败绩。晋师遂侵方城之外[5]，复伐许而还。

【注释】
〔1〕棫林：许地，在今河南叶县东北。〔2〕函氏：在叶县北。〔3〕杨梁之役：在襄公十二年。〔4〕湛阪：在湛水边，即今河南平顶山市北。〔5〕方城：见僖公四年注。

秋，齐侯围成，孟孺子速徼之[1]。齐侯曰："是好勇，去之以为之名。"速遂塞海陉而还[2]。

【注释】
〔1〕孟孺子速：献子之子，谥庄子。徼：同"要"，拦腰截击。〔2〕海陉：鲁要道，在今山东宁阳县北。

冬，穆叔如晋聘，且言齐故。晋人曰："以寡君之未禘祀[1]，与民之未息[2]。不然，不敢忘。"穆叔曰："以齐人之朝夕释憾于敝邑之地，是以大请！敝邑之急，朝不及夕，引领西望曰：'庶几乎！'比执事之间，恐无及也！"见中行献子，赋《圻父》[3]。献子曰："偃知罪矣！敢不从执事以同恤社稷，而使鲁及此。"见范宣子，赋《鸿雁》之卒章[4]。宣子曰："匄在此，敢使鲁无鸠乎[5]？"

【注释】

〔1〕禘祀：即致悼公神主入太庙的吉禘。〔2〕杜注："新伐许及楚。"〔3〕圻父：即《诗·小雅·祈父》。内容是责备圻父为王爪牙而不忠于职守，使百姓困苦。〔4〕鸿雁：《诗·小雅》篇名，其卒章说："鸿雁于飞，哀鸣嗷嗷。唯此哲人，谓我劬劳。"穆叔引此，以鸿雁比鲁。〔5〕鸠：安。

【译文】

[经]

十六年春，周历正月，安葬晋悼公。

三月，襄公与晋平公、宋平公、卫殇公、郑简公、曹成公、莒犁比公、邾宣公、薛伯、杞孝公、小邾穆公在溴梁相会。

戊寅，诸侯的大夫们结盟。

晋国人逮捕了莒犁比公、邾宣公，把他们带回国。

齐灵公攻打我国北部边境。

夏，襄公从盟会回国。

五月甲子，发生地震。

叔老会同郑简公、晋荀偃、卫宁殖、宋国人攻打许国。

秋，齐灵公攻打我国北部边境，包围成邑。

举行求雨的祭祀。

冬，叔孙豹去晋国。

[传]

十六年春，安葬晋悼公。平公即位，任命羊舌肸为太傅，张君臣为中军司马，祁奚、韩襄、栾盈、士鞅为公族大夫，虞丘书为乘马御。换上吉服，选拔贤能，在曲沃举行烝祭。在国都布置守备后顺黄河而下，与诸侯在溟梁相会。命令诸侯归还侵略别人的土地。由于我国的缘故，逮捕邾宣公、莒犁比公，并责备他们与齐国、楚国相往来。

晋平公与诸侯在温地宴饮，令大夫们舞蹈，说："所唱的诗一定要和舞相配！"齐高厚所唱的诗不相配。荀偃发怒，并且说："诸侯有叛离的意思了！"令大夫们与高厚设立盟誓，高厚逃回齐国。于是叔孙豹、晋荀偃、宋向戌、卫宁殖、郑公孙虿、小邾的大夫盟誓说："共同讨伐不顺从的国家。"

许灵公向晋平公请求把国家迁移到晋地，诸侯就帮助许国迁移。许国的大夫不同意迁移，晋国人便让诸侯回国，准备进攻许国。郑子蟜听说将要攻打许国，就辅佐郑简公以跟从诸侯的军队。叔孙豹跟随襄公回国，子叔齐子领兵会合晋荀偃。《春秋》记载说："会合郑伯。"把郑伯放荀偃前，因为这样才合乎排位的顺序。

夏六月，军队驻扎在棫林。庚寅，攻打许国，驻扎在函氏。晋荀偃、栾黶率领军队攻打楚国，以报复在宋杨梁的战役。楚公子格率领军队与晋军在湛阪交战，楚军大败。晋军便侵袭方城之外的楚地，再次攻打许国后撤兵。

秋，齐灵公包围成邑，孟孺子速拦截齐军。齐灵公说："这个人喜欢逞勇，我们避开他以成就他的名声。"速于是就截断了海陉后回兵。

冬，叔孙豹去晋国聘问，同时报告齐国侵略的事。晋国人说："由于寡君还没有举行禘祀，以及百姓尚没有休息，所以不能救援。如果不是这样，那是不敢忘记盟誓的。"穆叔说："由于齐国人随时在对我国发泄愤恨，所以才来郑重求援。敝邑的危急，朝不保夕，大伙儿伸长了脖子朝西望，说：'晋军差不多该到了吧！'如要等到执事有空，恐怕来不及了！"他去进见荀偃，赋《圻父》。荀偃说："我知道罪过了！岂敢不追随执事一起为国家担忧，而让鲁国到了这样的地步。"他去进见士匄，赋《鸿雁》的最后一章。士匄说："我在这里，岂敢让鲁国得不到安宁？"

襄公十七年

[经]

十有七年春[1],王二月庚午,邾子轻卒。

宋人伐陈。

夏,卫石买帅师伐曹[2]。

秋,齐侯伐我北鄙[3]。围桃[4]。高厚帅师伐我北鄙,围防[5]。

九月,大雩。

宋华臣出奔陈[6]。

冬,邾人伐我南鄙。

【注释】

〔1〕十有七年:公元前556年。 〔2〕石买:石稷子。 〔3〕齐侯:齐灵公。 〔4〕桃:在今山东汶上县。 〔5〕防:今山东费县东北。此时为臧纥采邑。 〔6〕华臣:华阅弟。

[传]

十七年春,宋庄朝伐陈,获司徒卬[1],卑宋也。

卫孙蒯田于曹隧[2],饮马于重丘[3],毁其瓶。重丘人闭门而诟之[4],曰:"亲逐而君,尔父为厉[5]。是之不忧，而何以田为？"夏，卫石买、孙蒯伐曹，取重丘。曹人愬于晋。

【注释】
〔1〕司徒卬：陈大夫。〔2〕曹隧：曹地。具体所在不详。〔3〕重丘：在今山东茌平县西南。〔4〕诉：同"诉"。〔5〕厉：恶。

齐人以其未得志于我故，秋，齐侯伐我北鄙，围桃。高厚围臧纥于防。师自阳关逆臧孙[1]，至于旅松[2]。郰叔纥、臧畴、臧贾帅甲三百[3]，宵犯齐师，送之而复。齐师去之。

【注释】
〔1〕臧孙：即臧纥。阳关：在今山东泰安市。〔2〕旅松：距防不远，在今山东泗水县。〔3〕郰叔纥：孔子之父。臧畴、臧贾：臧纥之兄弟。

齐人获臧坚[1]。齐侯使夙沙卫唁之，且曰："无死！"坚稽首曰："拜命之辱！抑君赐不终[2]，姑又使其刑臣礼于士[3]。"以杙抉其伤而死[4]。

【注释】
〔1〕臧坚：臧纥的族人。〔2〕不终：即无死。〔3〕刑臣：指夙沙卫，为宦官。〔4〕杙(yì)：一头尖的小木桩。

冬，邾人伐我南鄙，为齐故也。
宋华阅卒。华臣弱皋比之室[1]，使贼杀其宰华吴。

贼六人以铍杀诸卢门合左师之后[2]。左师惧曰:"老夫无罪。"贼曰:"皋比私有讨于吴。"遂幽其妻[3],曰:"畀余而大璧。"宋公闻之[4],曰:"臣也不唯其宗室是暴,大乱宋国之政,必逐之!"左师曰:"臣也,亦卿也。大臣不顺,国之耻也。不如盖之[5]。"乃舍之。左师为己短策,苟过华臣之门,必骋。十一月甲午,国人逐瘈狗[6],瘈狗入于华臣氏,国人从之。华臣惧[7],遂奔陈。

【注释】
〔1〕弱:以为弱而侵害。皋比:华阅之子。〔2〕铍(pí):剑属,形如刀而两边有刃。卢门:宋城门。合左师:向戌,官左师,合为采邑。〔3〕其妻:指华吴之妻。〔4〕宋公:宋平公。〔5〕盖:掩盖。〔6〕瘈狗:疯狗。〔7〕华臣惧:杜注:"华臣心不自安,见逐狗而惊走。"

宋皇国父为大宰,为平公筑台,妨于农收。子罕请俟农功之毕,公弗许。筑者讴曰:"泽门之晳[1],实兴我役。邑中之黔[2],实慰我心。"子罕闻之,亲执扑[3],以行筑者,而挞其不勉者[4],曰:"吾侪小人,皆有阖庐以辟燥湿寒暑[5]。今君为一台而不速成,何以为役?"讴者乃止。或问其故,子罕曰:"宋国区区,而有诅有祝,祸之本也。"

【注释】
〔1〕泽门之晳:指皇国父,居泽门,面白晳。泽门,宋东城南门。〔2〕邑中之黔:指子罕,居城内,面黑。〔3〕扑:竹鞭。〔4〕挞:鞭

打。〔5〕阖庐：屋宇。

齐晏桓子卒。晏婴粗缞斩[1]，苴绖、带、杖[2]，菅屦[3]，食鬻，居倚庐[4]，寝苫[5]，枕草。其老曰[6]："非大夫之礼也。"曰："唯卿为大夫。"

【注释】

〔1〕晏婴：晏弱（桓子）子。粗缞斩：粗麻布丧服。缞，被在胸前的麻布条，广四寸，长六寸。斩，左右及下边不缝。〔2〕苴绖：头上戴的麻带。杖：苴杖，即竹杖。〔3〕菅屦：草鞋。〔4〕倚庐：临时搭的草棚，倚木为庐，夹草为墙，向北开门。〔5〕苫：草垫子。〔6〕老：家臣。

【译文】

[经]

十七年春，周历二月庚午，邾宣公轻去世。

宋国人攻打陈国。

夏，卫石买率领军队攻打曹国。

秋，齐灵公攻打我国北部边境，包围桃地。高厚率领军队攻打我国北部边境，包围防地。

九月，举行求雨的祭祀。

宋华臣出逃到陈国。

冬，邾国人攻打我国南部边境。

[传]

十七年春，宋庄朝攻打陈国，擒获司徒卬，陈国由于轻敌而失败。

卫孙蒯越境到曹国的曹隧去打猎，在重丘饮马，打坏了汲水的瓶子。重丘人关起门来辱骂他，说："你亲自赶走了你的国君，你的父亲做了坏事。你不为这些忧愁，还打什么猎？"夏，卫石买、孙蒯攻打曹国，占领了重丘。曹国人向晋国控诉。

齐国人由于没能在侵略我国中得到满足的缘故，秋，齐灵公攻打我国北部边境，包围桃地。高厚把臧纥包围在防地。我军从阳关出发迎接臧纥，到达劲松。郰叔纥、臧畴、臧贾率领甲士三百人，夜间冲进齐营，把臧纥送到旅松后回防。齐军离开鲁国。

齐国人擒获臧坚。齐灵公派夙沙卫去慰问他，并叫他不要死。臧坚叩头说："谨此拜谢君王的好意！然而君王赐我不死，却又有意派个受过刑的人来对我这个士人表示慰问。"用一头尖的小木桩把伤口弄大而死。

冬，邾国人攻打我国南部边境，是出于齐国授意。

宋华阅去世。华臣因为皋比家弱小而欺负他，派杀手去杀他的家宰华吴。杀手六人用钺把华吴杀死在卢门向戌的后面。向戌害怕，说："老夫没有罪。"杀手说："是皋比私下讨伐华吴。"于是把华吴的妻子关起来，说："把你的大玉璧给我就放了你。"宋平公听说了，说："华臣不仅对他的宗室如此残暴，而且使宋国的国政大乱，一定要赶走他！"向戌说："华臣也是卿，大臣间不和睦，是国家的耻辱。不如掩盖起来。"宋平公便不再追究。向戌为自己做了根短马鞭，只要经过华臣门口，一定鞭马快跑。十一月甲午，国人追赶疯狗，疯狗逃进了华臣家，国人跟着追进去。华臣害怕，就逃往陈国。

宋皇国父任太宰，为宋平公建造一座台，妨碍农业收割。子罕请求等农事完毕后再造，宋平公不同意。修造的工人们唱道："住在泽门的白面人，叫我筑台心真狠。住在城里的黑面人，为我求情恩永存。"子罕听到了，亲自拿着鞭子，在筑台的民工中巡视，鞭打那些不肯出力的人，说："我辈小人都有屋子躲避干湿寒暑。如今国君要造座台你们都不肯快些造好，怎么能做事情呢？"唱歌的人就不再唱了。有人问子罕为什么要这样干，子罕说："小小一个宋国，却既有诅咒又有歌颂，这是祸乱的根本。"

齐晏桓子去世。晏婴穿粗麻丧服，头戴麻带，腰系麻带，持竹杖，脚穿草鞋，喝粥，住在草棚里，睡草垫，枕用草做的枕头。他的家臣说："这不符合大夫的丧礼。"晏婴说："只有卿才是大夫，我不是。"

襄公十八年

[经]

十有八年春[1],白狄来。

夏,晋人执卫行人石买[2]。

秋,齐师伐我北鄙。

冬十月,公会晋侯、宋公、卫侯、郑伯、曹伯、莒子、邾子、滕子、薛伯、杞伯、小邾子[3],同围齐。

曹伯负刍卒于师。

楚公子午帅师伐郑。

【注释】

〔1〕十有八年:公元前555年。 〔2〕杜注云,石买伐曹有罪,但他这次是作为使者去晋国,依礼不能抓使者,所以《春秋》书"行人"以责备晋国。 〔3〕晋侯:晋平公。宋公:宋平公。卫侯:卫殇公。郑伯:郑简公。曹伯:曹成公。莒子:莒犁比公。邾子:邾悼公。杞伯:杞孝公。小邾:小邾穆公。

[传]

十八年春,白狄始来。

夏,晋人执卫行人石买于长子[1],执孙蒯于纯留[2]，为曹故也。

【注释】
　　[1]长子：在今山西长子县。　[2]纯留：在今山西屯留县南。

　　秋，齐侯伐我北鄙。中行献子将伐齐，梦与厉公讼[1]，弗胜；公以戈击之，首队于前，跪而戴之，奉之以走，见梗阳之巫皋[2]。他日，见诸道，与之言，同。巫曰："今兹主必死[3]，若有事于东方，则可以逞。"献子许诺。

【注释】
　　[1]厉公：晋厉公。荀偃杀晋厉公，故有此梦。　[2]梗阳：在今山西清徐县。　[3]今兹：今年。

　　晋侯伐齐，将济河。献子以朱丝系玉二瑴，而祷曰："齐环怙恃其险[1]，负其众庶[2]，弃好背盟，陵虐神主[3]。曾臣彪将率诸侯以讨焉[4]，其官臣偃实先后之[5]。苟捷有功，无作神羞[6]，官臣偃无敢复济。唯尔有神裁之！"沉玉而济。

【注释】
　　[1]环：齐灵公名。　[2]负：倚仗。　[3]神主：人民。　[4]曾臣：陪臣。彪：晋平公名。　[5]官臣：受天子命能自置官吏以治家邑的臣子。　[6]羞：耻。

　　冬十月，会于鲁济，寻溴梁之言[1]，同伐齐。齐侯御诸平阴[2]，堑防门而守之[3]，广里。夙沙卫曰："不能战，莫如守险。"弗听。诸侯之士门焉，齐人多死。范宣子告析文子曰[4]："吾知子，敢匿情乎？鲁人、莒人皆请以车千乘自其乡人[5]，既许之矣。若入，君必失国。子盍图之？"子家以告公，公恐。晏婴闻之曰："君固无勇，而又闻是，弗能久矣。"齐侯登巫山以望晋师[6]。晋人使司马斥山泽之险[7]，虽所不至，必旆而疏陈之。使乘车者左实右伪，以旆先，舆曳柴而从之。齐侯见之，畏其众也，乃脱归。

【注释】

〔1〕溴梁之言：指溴梁会盟时的盟誓"同讨不庭"。〔2〕平阴：在今山东平阴县东北。〔3〕堑：挖壕沟。防门：在平阴东北。〔4〕析文子：齐大夫子家。〔5〕乡：同"向"。鲁在齐西南，莒在齐东南，从其向入，即从二国经过合击齐国。〔6〕巫山：在今山东肥城市西北。〔7〕斥：开拓，排除。

丙寅晦，齐师夜遁。师旷告晋侯曰："鸟乌之声乐[1]，齐师其遁。"邢伯告中行伯曰[2]："有班马之声[3]，齐师其遁。"叔向告晋侯曰："城上有乌，齐师其遁。"十一月丁卯朔，入平阴，遂从齐师。

【注释】

〔1〕鸟乌：即乌鸦。〔2〕邢伯：晋大夫邢侯。〔3〕班马：马匹盘桓。

夙沙卫连大车以塞隧而殿[1]。殖绰、郭最曰："子殿国师，齐之辱也。子姑先乎！"乃代之殿。卫杀马于隘以塞道。晋州绰及之，射殖绰，中肩，两矢夹脰，曰："止，将为三军获。不止，将取其衷[2]。"顾曰："为私誓[3]。"州绰曰："有如日！"乃弛弓而自后缚之。其右具丙亦舍兵而缚郭最。皆衿甲面缚[4]，坐于中军之鼓下。

【注释】
〔1〕隘：山中小路。〔2〕衷：中心。〔3〕私誓：个人间的誓言。〔4〕衿甲：披着甲。

晋人欲逐归者，鲁、卫请攻险。己卯，荀偃、士匄以中军克京兹[1]。乙酉，魏绛、栾盈以下军克邿[2]。赵武、韩起以上军围卢[3]，弗克。十二月戊戌，及秦周[4]，伐雍门之萩[5]。范鞅门于雍门，其御追喜以戈杀犬于门中。孟庄子斩其橁以为公琴[6]。己亥，焚雍门及西郭、南郭。刘难、士弱率诸侯之师焚申池之竹木[7]。壬寅，焚东郭、北郭。范鞅门于扬门[8]。州绰门于东闾[9]，左骖迫，还于门中，以枚数阖[10]。

【注释】
〔1〕京兹：在今山东平阴县东。〔2〕邿：在平阴县西。〔3〕卢：在今山东长清区西南。〔4〕秦周：在齐都临淄附近。〔5〕雍门：齐都城西门。萩：即楸，落叶乔木。〔6〕橁：木名，可制琴、车辕。〔7〕刘难、士弱：均为晋大夫。申池：在齐都南门申门外。〔8〕扬门：齐都西北门。〔9〕东闾：齐都东门。〔10〕以枚数阖：数城门上的枚数。枚，门上铁钉。

齐侯驾，将走邮棠[1]。大子与郭荣扣马[2]，曰："师速而疾，略也[3]。将退矣，君何惧焉！且社稷之主，不可以轻，轻则失众。君必待之。"将犯之[4]，大子抽剑断鞅，乃止。甲辰，东侵及潍[5]，南及沂[6]。

【注释】
〔1〕邮棠：或即棠，即在今山东平度市东南。〔2〕大子：太子光。郭荣：齐大夫。扣：拉，牵。〔3〕略：夺取物质。〔4〕犯：突，冲。〔5〕潍：潍水，源出山东莒县，经诸城，北流至昌邑入海。〔6〕沂：沂水，源出山东蒙阴县，南流至江苏邳州市入废黄河。

郑子孔欲去诸大夫，将叛晋而起楚师以去之。使告子庚[1]，子庚弗许。楚子闻之[2]，使杨豚尹宜告子庚曰[3]："国人谓不穀主社稷，而不出师，死不从礼。不穀即位，于今五年，师徒不出，人其以不穀为自逸，而忘先君之业矣。大夫图之，其若之何？"子庚叹曰："君王其谓午怀安乎！吾以利社稷也。"见使者，稽首而对曰："诸侯方睦于晋，臣请尝之[4]。若可，君而继之。不可，收师而退，可以无害，君亦无辱。"子庚帅师治兵于汾[5]。于是子蟜、伯有、子张从郑伯伐齐[6]，子孔、子展、子西守。二子知子孔之谋，完守入保。子孔不敢会楚师。

【注释】
〔1〕子庚：楚令尹子午。〔2〕楚子：楚康王。〔3〕杨豚尹宜：杨宜，官豚尹。〔4〕尝：试探。〔5〕汾：在今河南许昌县南。〔6〕子张：公孙黑肱。

楚师伐郑，次于鱼陵[1]。右师城上棘[2]，遂涉颍，次于旃然[3]。蒍子冯、公子格率锐师侵费滑、胥靡、献于、雍梁[4]，右回梅山[5]，侵郑东北，至于虫牢而反[6]。子庚门于纯门，信于城下而还[7]，涉于鱼齿之下[8]，甚雨及之，楚师多冻，役徒几尽[9]。

【注释】
〔1〕鱼陵：今所在不详。 〔2〕上棘：在今河南禹县南。 〔3〕旃然：即索水，在今河南荥阳市南。 〔4〕费滑：即今河南偃师县之缑氏镇。胥靡：在今偃师县东。献于：当亦在偃师县。雍梁：在河南禹县东北。 〔5〕梅山：在今河南郑州市西南。 〔6〕虫牢：在河南封丘县北。 〔7〕信：信宿，住了二夜。 〔8〕鱼齿：鱼齿山，在今河南平顶山市西北。山下为滍水。 〔9〕役徒：军中服杂役的人。

晋人闻有楚师，师旷曰："不害。吾骤歌北风[1]，又歌南风。南风不竞[2]，多死声。楚必无功。"董叔曰："天道多在西北[3]，南师不时，必无功。"叔向曰："在其君之德也。"

【注释】
〔1〕骤：屡，多次。风：指曲调。 〔2〕竞：强大。 〔3〕天道多在西北：天道指木星所行之道。这年木星行娵訾，在十二支中为亥，方向为西北。

【译文】
[经]
十八年春，白狄来我国。
夏，晋国人拘留卫国行人石买。

秋，齐军攻打我国北部边境。

冬十月，襄公会合晋平公、宋平公、卫殇公、郑简公、曹成公、莒犂比公、邾悼公、滕子、薛伯、杞孝公、小邾穆公，一起包围齐国。

曹成公负刍在军中去世。

楚公子午率领军队攻打郑国。

[传]

十八年春，白狄首次来我国。

夏，晋国人在长子拘捕了卫国的行人石买，在纯留拘捕了孙蒯，是为了曹国被侵的缘故。

秋，齐灵公攻打我国北部边境。荀偃打算进攻齐国，做梦与厉公争讼，他败了，厉公用戈击他，他的头掉下来落在前面，他跪下来把头安好，捧着头走路，碰见了梗阳的巫皋。过了几天，荀偃果真在路上碰见了巫皋，谈起梦中的事，巫皋竟然也做了相同的梦。巫皋说："今年你一定会死，如果在东方有战事，则可以取胜。"荀偃答应是。

晋平公攻打齐国，将要渡过黄河。荀偃用红色丝线系着二对玉，祷告说："齐国的环凭靠着地势险要，倚仗着人数众多，背弃友好与盟誓，欺凌虐待人民。陪臣彪将要率领诸侯去讨伐，他的官臣偃在前后效力。如果得胜有功，不使神明蒙受羞耻，否则官臣偃不敢再渡河回来。惟请你神明裁夺！"把玉沉入河中后渡过黄河。

冬十月，在鲁国的济水边会合，重温溴梁会盟的誓言，一起攻打齐国。齐灵公在平阴抵御诸侯，在防门挖壕沟固守，沟宽达一里。夙沙卫说："不能与诸侯交战，不如据守险要。"齐灵公不听。诸侯的将士们攻打城门，齐国人战死的很多。士匄告诉析文子说："我和你是好朋友，不敢隐匿情况。鲁国人、莒国人都请求带一千辆战车从他们国家那里进攻齐国，我们已经答应了。如果攻进来，贵国国君必定会失去国家。你何不打算一下？"析文子把这话告诉齐灵公，灵公恐惧。晏婴听说后说："君王本来就没有勇气，又听到这消息，坚持不了多久了。"齐灵公登上巫山以眺望晋军。晋国人派司马排除山林河泽的险阻，即使是军队不去的地方，也一定插上旌旗稀疏地布成军阵的样子。让战车上的甲士车左用真人车右用假人，打着大旗为前导，后面的车拖上干柴跟着。齐灵公见了，害怕晋军人数众多，就脱离前线逃回都中。

丙寅晦，齐军夜间逃走。师旷告诉晋平公说："乌鸦的叫声很快乐，齐军大概已经逃走了。"邢伯告诉荀偃说："有马盘桓的声音，齐军大概已经逃走了。"叔向告诉晋平公说："城上有乌鸦，齐军大概已经逃走了。"十一月丁卯朔，晋军进入平阴，接着就追赶齐军。

夙沙卫把大车连接起来堵塞住山间的小路，自己作为殿后。殖绰、郭最说："你作为国家军队的殿后，是齐国的耻辱。你姑且先走吧！"于是代替夙沙卫为殿后。夙沙卫把马杀死堵塞了险要之处后退走。晋州绰追上了殖绰、郭最，用箭射殖绰，射中双肩，两支箭夹着他的脖子，说："停下来，你还能成为我军的俘虏。不停的话，我这箭将射中你的后心。"殖绰回头说："你发个誓。"州绰说："有太阳在上为证。"州绰于是松下弓弦把殖绰反绑了。他的车右具丙也放下武器捆绑郭最。两人都穿着铠甲反绑着，坐在中军的鼓下。

晋国人打算追杀齐逃兵，鲁国、卫国请求进攻险隘。己卯，荀偃、士匄带领中军攻下京兹。乙酉，魏绛、栾盈带领下军攻下邿邑。赵武、韩起带领上军包围卢邑，没能攻下。十二月戊戌，军队到达秦周，砍伐雍门的楸树。范鞅攻打雍门，他的御者追喜在门里用戈杀死一条狗。孟庄子砍下橁树为襄公制琴。己亥，焚烧雍门和西面、南面的外城。刘难、士弱率领诸侯的军队焚烧申池的竹子树木。壬寅，焚烧东面、北面的外城。范鞅攻打扬门。州绰攻打东闾门，左边的马由于路窄被挤住无法前进，他回到门里盘旋，数城门上的铁钉以表示闲暇。

齐灵公驾车，准备逃往邮棠。太子与郭荣扯着马，说："他们的军队行动迅速勇猛，这是在抢夺财物。马上要退走了，君王怕什么呢？再说国家的主宰不能轻举妄动，轻举妄动就会失去大众拥护。君王一定要等着！"齐灵公打算冲过去，太子拔出剑来砍断马鞅，齐灵公才留了下来。甲辰，诸侯的军队向东进攻到潍水，向南进攻到沂水。

郑子孔打算把大夫们罢免,准备叛离晋国而利用楚国军队来达到除掉他们的目的。他派人报告子庚,子庚不同意。楚康王听说了,派豚尹杨宣告诉子庚说:"国人在说鄙人主持国家却不出兵打仗,死了后就不能用与先君相同的礼祭祀安葬。鄙人即位,到现在已经五年了,军队没有出动过,人们恐怕要认为鄙人只知自己安逸,而忘记了先君的大业了。大夫考虑一下,应该怎么办?"子庚叹息说:"君王大概是认为我贪图安逸吧!我这样做是为了对国家有利啊。"会见使者,叩头后回答说:"诸侯目前正与晋国和睦,臣下请求去试探一下。如果可行,君王跟着去做。不行的话,收兵退回,可以没有损害,君王也不会蒙受耻辱。"子庚率领军队在汾地演习。这时候子蟜、伯有、子张跟随郑简公攻打齐国,子孔、子展、子西留守。子展、子西二人知道子孔的计划,巩固守备后入城坚守。子孔不敢与楚军相会。

楚军攻打郑国,驻扎在鱼陵。右方面军修筑上棘的城墙,接着就渡过了颍水,驻扎在旃然。芳子冯、公子格率领精锐部队侵袭费滑、胥靡、献于、雍梁,往右绕出梅山,侵袭郑国东北部,到达虫牢后回兵。子庚攻打纯门,攻了二天后回去,在鱼齿山下渡河,碰上大雨,楚军冻坏的很多,军中服杂役的人几乎死尽。

晋国人听说楚军攻打郑国事,师旷说:"没事。我多次歌唱北曲,又歌唱南曲,南曲声音不强,象征死亡的声音很多。楚国一定不能成功。"董叔说:"今年天道多在于西北,南方军队不合天时,一定不会成功。"叔向说:"胜败在于他们的国君是否有德行。"

襄公十九年

[经]

十有九年春[1]，王正月，诸侯盟于祝柯[2]。

晋人执邾子[3]。

公至自伐齐。

取邾田，自漷水[4]。

季孙宿如晋。

葬曹成公。

夏，卫孙林父帅师伐齐。

秋七月辛卯，齐侯环卒。

晋士匄帅师侵齐至榖[5]，闻齐侯卒，乃还。

八月丙辰，仲孙蔑卒。

齐杀其大夫高厚。

郑杀其大夫公子嘉[6]。

冬，葬齐灵公。

城西郛。

叔孙豹会晋士匄于柯[7]。

城武城[8]。

【注释】

〔1〕十有九年:公元前554年。 〔2〕诸侯:指上年围齐的诸侯。祝柯:在今山东长清区东北。 〔3〕邾子:邾悼公。 〔4〕潩(guō)水:当时流出今山东峄城,经鲁国,至鱼台县入泗水。 〔5〕穀:在今山东东阿县。 〔6〕公子嘉:即子孔。 〔7〕柯:在今河南内黄县东北。〔8〕武城:在今山东嘉祥县。

[传]

十九年春,诸侯还自沂上,盟于督扬[1],曰:"大毋侵小。"执邾悼公,以其伐我故。遂次于泗上,疆我田。取邾田,自潩水归之于我。晋侯先归。公享晋六卿于蒲圃,赐之三命之服。军尉、司马、司空、舆尉、候奄,皆受一命之服[2]。贿荀偃束锦[3],加璧,乘马,先吴寿梦之鼎[4]。

【注释】

〔1〕督扬:即祝阿。 〔2〕参见成公二年注。 〔3〕束:一束为十端,二端为一匹。 〔4〕先吴寿梦之鼎:先于吴寿梦的鼎。送礼先以轻物,后以重物。

荀偃瘅疽[1],生疡于头[2]。济河,及著雍[3],病,目出。大夫先归者皆反。士匄请见,弗内。请后,曰:"郑甥可[4]。"二月甲寅,卒,而视,不可含[5]。宣子盥而抚之,曰:"事吴,敢不如事主!"犹视。栾怀子曰[6]:"其为未卒事于齐故也乎?"乃复抚之曰:"主苟终,所不嗣事于齐者,有如河!"乃瞑,受含。宣子出,曰:"吾浅之为丈夫也[7]。"

【注释】

〔1〕瘅疽(dān jū)：恶疮。　〔2〕痬：痈疮。　〔3〕著雍：见襄公十年注。　〔4〕郑甥：郑国女子所生之子。指荀吴。　〔5〕含：以珠玉等放入死者口中。　〔6〕栾怀子：栾盈。　〔7〕浅之：指自己以私事度荀偃。

晋栾鲂帅师从卫孙文子伐齐。季武子如晋拜师，晋侯享之。范宣子为政，赋《黍苗》[1]。季武子兴，再拜稽首曰："小国之仰大国也，如百谷之仰膏雨焉！若常膏之，其天下辑睦，岂唯敝邑？"赋《六月》[2]。

【注释】

〔1〕黍苗：《诗·小雅》篇名，首为"芃芃黍苗，阴雨膏之"。膏，泽，滋润。　〔2〕六月：《诗·小雅》篇名，为尹吉甫佐周宣王征伐之诗。季武子在此以尹吉甫比晋侯。

季武子以所得于齐之兵，作林钟而铭鲁功焉[1]。臧武仲谓季孙曰："非礼也。夫铭，天子令德[2]，诸侯言时计功[3]，大夫称伐[4]。今称伐则下等也，计功则借人也，言时则妨民多矣，何以为铭？且夫大伐小，取其所得以作彝器[5]，铭其功烈以示子孙[6]，昭明德而惩无礼也。今将借人之力以救其死[7]，若之何铭之？小国幸于大国，而昭所获焉以怒之，亡之道也。"

【注释】

〔1〕林钟：钟名。　〔2〕令德：记载德行。　〔3〕言时计功：举得时，动有功，则铭。　〔4〕称伐：记载征伐。　〔5〕彝器：宗庙中常用的器具。　〔6〕功烈：即功。　〔7〕将：殆。

齐侯娶于鲁，曰颜懿姬[1]，无子。其侄鬷声姬，生光，以为大子。诸子仲子、戎子[2]，戎子嬖。仲子生牙，属诸戎子。戎子请以为大子，许之。仲子曰："不可。废常，不祥，间诸侯[3]，难。光之立也，列于诸侯矣。今无故而废之，是专黜诸侯[4]，而以难犯不祥也。君必悔之。"公曰："在我而已。"遂东大子光[5]，使高厚傅牙以为大子，夙沙卫为少傅。

【注释】
〔1〕颜懿姬：据杜注，与侄女鬷（zōng）声姬均为姬姓，懿与声为谥号，懿姬母姓颜，声姬母姓鬷。声姬为媵。 〔2〕诸子：亦宫中姬妾。〔3〕间：触犯。 〔4〕专黜：专擅而轻视。 〔5〕东：徙于东方。

齐侯疾，崔杼微逆光[1]。疾病，而立之。光杀戎子，尸诸朝，非礼也。妇人无刑。虽有刑，不在朝市。夏五月壬辰晦，齐灵公卒。庄公即位，执公子牙于句渎之丘[2]。以夙沙卫易己[3]，卫奔高唐以叛[4]。

【注释】
〔1〕微：秘密。 〔2〕句渎之丘：齐地，不详所在。 〔3〕以夙沙卫易己：杜注云公子光认为是夙沙卫向灵公建议废除自己。 〔4〕高唐：在今山东高唐县东。

晋士匄侵齐及穀，闻丧而还，礼也。
于四月丁未，郑公孙蠆卒，赴于晋大夫。范宣子言于晋侯，以其善于伐秦也。六月，晋侯请于王[1]，王追赐之大路[2]，使以行[3]，礼也。

【注释】
〔1〕王：周灵王。　〔2〕大路：卿以上所乘车。　〔3〕行：从柩车以行。

秋八月，齐崔杼杀高厚于洒蓝而兼其室[1]。书曰："齐杀其大夫。"从君于昏也。

【注释】
〔1〕洒蓝：或谓在齐都临淄城外。

郑子孔之为政也专[1]，国人患之，乃讨西宫之难与纯门之师[2]。子孔当罪[3]，以其甲及子革、子良氏之甲守。甲辰，子展、子西率国人伐之，杀子孔而分其室。书曰："郑杀其大夫。"专也。子然、子孔，宋子之子也[4]。士子孔，圭妫之子也。圭妫之班，亚宋子而相亲也，二子孔亦相亲也。僖之四年[5]，子然卒。简之元年[6]，士子孔卒。司徒孔实相子革、子良之室[7]，三室如一[8]，故及于难。子革、子良出奔楚，子革为右尹。郑人使子展当国，子西听政[9]，立子产为卿。

【注释】
〔1〕专：专权，专横。　〔2〕西宫之难：事在襄公十年。纯门之师：事在去年。　〔3〕当罪：有罪该受处罚。　〔4〕宋子：与下圭妫均郑穆公妾。　〔5〕僖之四年：相当鲁襄公六年。　〔6〕简之元年：相当鲁襄公八年。　〔7〕司徒孔：即子孔，子驷当国时为司徒。　〔8〕三室如一：子革、子良均为子孔之姬，一为子然之子，一为士子孔之子，皆听从子孔。〔9〕听政：处理政务。

齐庆封围高唐，弗克。冬十一月，齐侯围之，见卫在城上，号之，乃下。问守备焉，以无备告。揖之，乃登。闻师将傅[1]，食高唐人。殖绰、工偻会夜缒纳师[2]，醢卫于军。

【注释】

〔1〕傅：爬墙登城。 〔2〕缒：放下绳子拉人上城。

城西郛，惧齐也。

齐及晋平，盟于大隧[1]。故穆叔会范宣子于柯。穆叔见叔向，赋《载驰》之四章[2]。叔向曰："肸敢不承命。"穆叔归曰："齐犹未也，不可以不惧。"乃城武城。

【注释】

〔1〕大隧：在今山东高唐县。 〔2〕载驰：《诗·鄘风》篇名，杜注云其四章云"控于大邦，谁因谁极"。控，引，言欲大国援引。

卫石共子卒[1]，悼子不哀[2]。孔成子曰[3]："是谓蹶其本[4]，必不有其宗。"

【注释】

〔1〕石共子：石买。 〔2〕悼子：石买子石恶。 〔3〕孔成子：卫卿孔烝鉏。 〔4〕蹶(jué)：颠仆，引申为败坏、损失。

【译文】

[经]

十九年春，周历正月，诸侯在祝柯结盟。

晋国人拘捕邾悼公。

襄公从攻打齐国战役回国。

取得邾国的土地,从漷水开始都归我国。

季孙宿去晋国。

安葬曹成公。

夏,卫孙林父率领军队攻打齐国。

秋七月辛卯,齐灵公环去世。

晋士匄率领军队侵袭齐国,到达穀地,听到齐灵公去世,就撤回。

八月丙辰,仲孙蔑去世。

齐国杀死他们的大夫高厚。

郑国杀死他们的大夫公子嘉。

冬,安葬齐灵公。

修筑都城西外城的城墙。

叔孙豹在柯地与晋士匄相会。

修筑武城的城墙。

[传]

十九年春,诸侯从沂水边返回,在督扬结盟,盟誓说:"大国不要侵犯小国。"把邾悼公逮起来,这是因为邾国攻打我国的缘故。诸侯的军队接着驻扎在泗水边,划定我国与邾国的疆界。取得邾国的土地,从漷水开始都归我国。晋平公先回国。襄公设享礼在蒲圃招待晋国的六卿,赐给他们三命的车服。军尉、司马、司空、舆尉、候奄,都接受了一命的车服。送给荀偃五匹锦,加上玉璧,四匹马,最后送上吴寿梦的鼎。

荀偃生了恶疮,头上长了个痈。渡过黄河,到达著雍,病危,眼睛突了出来。大夫先回国的都赶回来。士匄请求见他,他不让见。派人问他谁做继承人,回答说:"可立郑国女子生的荀吴。"二月甲寅,荀偃去世,眼睛睁着,嘴巴紧闭无法放入珠玉。士匄盥洗后抚摸着尸体说:"事奉荀吴,岂敢不像事奉您一样!"眼睛仍然睁着。栾盈说:"恐怕是为了攻打齐国的事还没完成的缘故吧?"士匄于是再次抚摸着尸体说:"您如果死后,我们不继续攻打齐国的话,有河神为证!"这才闭上了眼睛,松开嘴巴让人放进了珠玉。士匄出来后,说:"我太小看这位大丈夫了啊。"

晋栾黡率领军队跟随卫孙文子攻打齐国。季武子去晋国拜谢晋国出兵,晋平公设享礼款待他。士匄任执政,赋《黍苗》。季武子从座上站起来,再次下拜叩头说:"小国仰望大国,就同百谷仰望滋润的雨水。如果能经常滋润,将会使天下和睦安定,岂独敝邑?"赋《六月》。

季武子把从齐国缴获的兵器制作了林钟,刻上了记述鲁国功劳的铭文。臧武仲对季孙说:"这是不合乎礼的。铭文,是天子用来记载德行,诸侯用来记载合于时令的举措和建立的功劳,大夫用来记载征伐。如今记载征伐,那已经次了一等了。如说是记载功劳,我们是凭借别人的力量取胜的;如说是记载举动合于时令,我们这一战对人民的妨碍太多了,用什么来记入铭文?再说大国攻打小国,把他们缴获的兵器制成彝器,铭刻上功劳用来告诉子孙后代,这是为了显扬美好的德行而惩戒无礼。如今似是借别人的力量来挽救自己的死亡,怎么能铭刻这些内容呢?小国侥幸胜了大国,却宣扬自己所得来激怒对方,这是亡国之道啊。"

齐灵公娶鲁国女子为妻,名颜懿姬,没有生儿子。颜懿姬陪嫁来的侄女鬷声姬生光,齐灵公把他立为太子。姬妾中有仲子、戎子,戎子受到宠爱。仲子生牙,把牙托付给戎子抚育。戎子请求齐灵公立牙为太子,齐灵公答应了。仲子说:"不行。废除常规不吉祥,触犯诸侯难以成事。光立为太子,多次参与诸侯盟会的行列。如今没有理由就把他废除了,这是专横而轻视诸侯,是用难以成功的事来触犯不吉祥。君王一定会后悔这样做。"齐灵公说:"这事由我作主。"于是便把光迁居到东部去,令高厚做牙的太傅,立牙做太子,任命夙沙卫为牙的少傅。

齐灵公生病,崔杼秘密把公子光接回来。灵公病危,崔杼立光为太子。光杀死戎子,把尸体陈列在朝堂上,这是不合乎礼的。妇女没有专门的刑罚。即使受刑,也不能陈尸朝堂或市场上。夏五月壬辰晦,齐灵公去世。庄公即位,在句渎之丘逮捕了公子牙。

他以为自己被废除是出自凤沙卫的主意，凤沙卫便逃到高唐，叛变齐国。

晋士匄侵袭齐国，到达穀地，听说齐国有丧事便撤兵，这是合乎礼的。

在四月丁未，郑公孙虿去世，向晋国的大夫们发出讣告。士匄告诉了晋平公，因为公孙虿在攻打秦国战役中表现突出。六月，晋平公向周灵王请求对公孙虿赏赐，灵王追赐给他大路，让它跟随柩车出葬，这是合乎礼的。

秋八月，齐崔杼在洒蓝杀死了高厚，兼并了他的家财采邑。《春秋》记载说："齐国杀死了他们的大夫。"不说崔杼，是因为高厚服从了齐灵公昏聩的命令，罪有应得。

郑子孔执政独断专行，国人对他不满，于是追究西宫那次祸难与楚国攻打纯门战役的罪责。子孔有罪当处罚，他带领了自己的甲士与子革、子良家的甲士保卫自己。甲辰，子展、子西率领国人攻打他，杀死了子孔，瓜分了他的家财采邑。《春秋》记载说："郑国杀死他们的大夫。"是责备子孔专横。子然、子孔，是宋子的儿子。士子孔，是圭妫的儿子。圭妫的位置仅次于宋子，两人互相亲近，两个子孔也互相亲近。郑僖公四年，子然去世。郑简公元年，士子孔去世。子孔辅助子革、子良两家，三家人像一家一样，所以子革、子良也受到牵连遭受祸难。子革、子良出逃到楚国，子革任楚右尹。郑国人让子展主持国政，让子西负责处理政务，立子产为卿。

齐庆封包围了高唐，没能攻下。冬十一月，齐庄公包围了高唐，见凤沙卫在城上，就高声叫他，凤沙卫就下城来见齐庄公。齐庄公问他守备情况，凤沙卫回答说没有守备。齐庄公向他作揖，凤沙卫还礼后又上了城。凤沙卫听说齐军将逼近登城，请高唐人饱食一顿，准备防守。殖绰、工偻会在夜间放下绳索拉齐军入城，把凤沙卫在军中剁成肉酱。

修筑都城西外城的城墙，是由于害怕齐国报复。

齐国与晋国讲和，在大隧结盟。因此穆叔与士匄在柯地相会。穆叔进见叔向，赋《载驰》的第四章。叔向说："我羊舌肸岂敢不接受命令。"穆叔回国后说："齐国还不会就此罢休，不可以不小心防备。"于是修筑武城的城墙。

卫石买去世,石恶不悲哀。孔成子说:"这叫做丧失了他的根本,必然不能保全他的宗族。"

襄公二十年

[经]

二十年春[1],王正月辛亥,仲孙速会莒人,盟于向[2]。

夏六月庚申,公会晋侯、齐侯、宋公、卫侯、郑伯、曹伯、莒子、邾子、滕子、薛伯、杞伯、小邾子[3],盟于澶渊[4]。

秋,公至自会。

仲孙速帅师伐邾。

蔡杀其大夫公子燮[5]。

蔡公子履出奔楚[6]。

陈侯之弟黄出奔楚[7]。

叔老如齐。

冬十月丙辰朔,日有食之。

季孙宿如宋。

【注释】

〔1〕二十年:公元前553年。 〔2〕向:在今山东莒县南。 〔3〕晋侯:晋平公。齐侯:齐庄公。宋公:宋平公。卫侯:卫殇公。郑伯:郑简公。曹伯:曹武公。莒子:莒犁比公。邾子:邾悼公。滕子:滕成公。杞

伯：杞孝公。小邾子：小邾穆公。〔4〕澶渊：在今河南濮阳县北。〔5〕公子燮：蔡庄侯子。〔6〕公子履：公子燮同母弟。〔7〕陈侯：陈哀公。杜注云："称弟，明无罪也。"

[传]

二十年春，及莒平。孟庄子会莒人，盟于向，督扬之盟故也〔1〕。

夏，盟于澶渊，齐成故也。

邾人骤至〔2〕，以诸侯之事，弗能报也。秋，孟庄子伐邾以报之。

蔡公子燮欲以蔡之晋，蔡人杀之。公子履，其母弟也，故出奔楚。

【注释】

〔1〕督扬之盟：在去年。〔2〕骤：多次。

陈庆虎、庆寅畏公子黄之偪〔1〕，愬诸楚曰："与蔡司马同谋〔2〕。"楚人以为讨，公子黄出奔楚〔3〕。初，蔡文侯欲事晋，曰："先君与于践土之盟〔4〕，晋不可弃，且兄弟也。"畏楚，不能行而卒。楚人使蔡无常，公子燮求从先君以利蔡，不能而死。书曰"蔡杀其大夫公子燮"，言不与民同欲也。"陈侯之弟黄出奔楚"，言非其罪也。公子黄将出奔，呼于国曰："庆氏无道，求专陈国，暴蔑其君〔5〕，而去其亲，五年不灭，是无天也。"

【注释】

〔1〕庆虎、庆寅：陈卿。　〔2〕蔡司马：即公子燮。　〔3〕公子黄出奔楚：杜注云："奔楚自理。"　〔4〕先君：指蔡庄侯甲午。践土之盟：在僖公二十八年。　〔5〕暴蔑：怠慢轻视。

齐子初聘于齐[1]，礼也。

冬，季武子如宋，报向戌之聘也。褚师段逆之以受享[2]，赋《常棣》之七章以卒[3]。宋人重贿之。归，复命，公享之，赋《鱼丽》之卒章[4]。公赋《南山有台》[5]。武子去所[6]，曰："臣不堪也。"

【注释】

〔1〕齐子：即叔老。初聘：齐庄公今年即位，故云。　〔2〕褚师段：宋大夫，字子石。　〔3〕常棣：《诗·小雅》篇名。七章以卒：七章与末章。七章为"妻子好合，如鼓瑟琴。兄弟既翕，和乐且湛"。末章为"宜尔家室，乐尔妻帑。是究是图，亶其然乎"。季武子歌之，表示鲁与宋为婚姻之国，要和睦相处。　〔4〕鱼丽：《诗·小雅》篇名。卒章为"物其有矣，维其时矣"。指公派遣使者得时。　〔5〕南山有台：《诗·小雅》篇名。杜注说襄公赋之，取其中"乐只君子，邦家之基"等语表彰季武子。　〔6〕去所：避席，离开座位，表示谦恭。

卫宁惠子疾，召悼子曰[1]："吾得罪于君[2]，悔而无及也。名藏在诸侯之策，曰：'孙林父、宁殖出其君。'君入则掩之。若能掩之，则吾子也。若不能，犹有鬼神[3]，吾有馁而已，不来食矣。"悼子许诺，惠子遂卒。

【注释】

〔1〕召：同"诏"，告。悼子：宁殖子宁喜。　〔2〕君：指卫献公。

〔3〕犹：如果。

【译文】
[经]
二十年春，周历正月辛亥，仲孙速会见莒国人，在向地结盟。

夏六月庚申，襄公与晋平公、齐庄公、宋平公、卫殇公、郑简公、曹武公、莒犁比公、邾悼公、滕成公、薛伯、杞孝公、小邾穆公相会，在澶渊结盟。

秋，襄公从盟会回国。

仲孙速率领军队攻打邾国。

蔡国杀死他们的大夫公子燮。

蔡公子履出逃到楚国。

陈哀公的弟弟黄出逃到楚国。

叔老去齐国。

冬十月丙辰朔，发生日食。

季孙宿去宋国。

[传]
二十年春，与莒国和好。仲孙速与莒人相会，在向地结盟，这是由于先有督扬的盟会的缘故。

夏，诸侯在澶渊结盟，是由于与齐国讲和。

邾国人多次攻打我国，我国因为连年参与诸侯间的盟会征伐，没能报复。秋，仲孙速攻打邾国作为报复。

蔡公子燮想让蔡国服从晋国，蔡国人把他杀了。公子履是公子燮的同母弟，所以出逃到楚国。

陈国庆虎、庆寅害怕公子黄的威逼，向楚国报告说："公子黄与蔡司马一起策划顺从晋国。"楚国人为此讨伐，公子黄出逃到楚国去辩解。起初，蔡文侯想要顺服晋国，说："先君参加了践土的盟会，晋国不可以丢弃，而且还是兄弟国家。"但是他害怕楚国，没能实施愿望就去世了。楚国人役使蔡国没有常规法度，公子燮请求继承先君遗志以有利于蔡国，没办成而死。《春秋》记载说

"蔡国杀死他们的大夫公子燮",是说公子燮未与人民的欲望相同。"陈哀公的弟弟黄出逃到楚国",是说不是他的罪过。公子黄准备出逃,在国都中高声叫喊说:"庆氏无道,谋求在陈国专政,怠慢轻视他们的国君,除掉国君的亲人,五年之内不灭亡,就是没有天理了。"

叔老初次去齐国聘问,这是合乎礼的。

冬,季孙宿去宋国,这是回报向戌的聘问。褚师段迎接他,让他接受宋国君的享礼,季孙宿赋《常棣》的第七章与末章。宋国人送给他一笔重礼。季孙宿回国复命,襄公设享礼慰劳他,他赋《鱼丽》的末章。襄公赋《南山有台》,季孙宿离开座席,说:"下臣不敢当。"

卫宁惠子生病,告诫悼子说:"我得罪了国君,后悔已经来不及了。我的名字记载在诸侯的简策上,说:'孙林父、宁殖赶走他们的国君。'只有国君回国,才能掩饰我的罪名。如果能掩饰我的罪名,你就是我的好儿子。如不能,假使有鬼神的话,我宁可挨饿,也不来享受你的祭祀。"悼子答应了,惠子就死了。

襄公二十一年

[经]

二十有一年春[1]，王正月，公如晋。

邾庶其以漆、闾丘来奔[2]。

夏，公至自晋。

秋，晋栾盈出奔楚。

九月庚戌朔，日有食之。

冬十月庚辰朔，日有食之。

曹伯来朝[3]。

公会晋侯、齐侯、宋公、卫侯、郑伯、曹伯、莒子、邾子于商任[4]。

【注释】
[1]二十有一年：公元前552年。 [2]庶其：邾大夫。漆、闾丘：均在今山东邹县东北。 [3]曹伯：曹武公。 [4]晋侯：晋平公。齐侯：齐庄公。宋公：宋平公。卫侯：卫殇公。郑伯：郑简公。莒子：莒犁比公。邾子：邾悼公。商任：不详所在。或谓在今河北任县，或谓在河南安阳市。

[传]

二十一年春，公如晋，拜师及取邾田也。

邾庶其以漆、闾丘来奔。季武子以公姑姊妻之[1]，皆有赐于其从者。

【注释】
〔1〕姑姊：姑妈。杜注谓姑与姊，"寡者二人"。

于是鲁多盗。季孙谓臧武仲曰："子盍诘盗[1]？"武仲曰："不可诘也，纥又不能。"季孙曰："我有四封[2]，而诘其盗，何故不可？子为司寇，将盗是务去，若之何不能？"武仲曰："子召外盗而大礼焉，何以止吾盗？子为正卿而来外盗，使纥去之，将何以能？庶其窃邑于邾以来，子以姬氏妻之，而与之邑，其从者皆有赐焉。若大盗，礼焉以君之姑姊与其大邑[3]，其次皂牧舆马，其小者衣裳剑带，是赏盗也。赏而去之，其或难焉。纥也闻之，在上位者，洒濯其心，壹以待人，轨度其信[4]，可明征也，而后可以治人。夫上之所为，民之归也。上所不为而民或为之，是以加刑罚焉，而莫敢不惩。若上之所为而民亦为之，乃其所也，又可禁乎？《夏书》曰：'念兹在兹，释兹在兹，名言兹在兹，允出兹在兹，惟帝念功[5]。'将谓由己壹也。信由己壹，而后功可念也。"

【注释】
〔1〕诘：捕治，禁止。〔2〕四封：四边边境。〔3〕其大邑：指公姑姊之大邑。〔4〕轨度：纳于规范。信：诚。〔5〕以上所引为逸书，伪古文入《大禹谟》篇。允，诚信。念，记录。

庶其非卿也，以地来，虽贱必书，重地也。

齐侯使庆佐为大夫，复讨公子牙之党，执公子买于句渎之丘[1]。公子鉏来奔。叔孙还奔燕。

【注释】
〔1〕公子买：与公子鉏、叔孙还均齐公族。

夏，楚子庚卒，楚子使薳子冯为令尹[1]。访于申叔豫[2]，叔豫曰："国多宠而王弱，国不可为也。"遂以疾辞。方暑，阙地，下冰而床焉。重茧衣裘[3]，鲜食而寝[4]。楚子使医视之，复曰："瘠则甚矣！而血气未动。"乃使子南为令尹[5]。

【注释】
〔1〕楚子：楚康王。 〔2〕申叔豫：申叔时之孙。 〔3〕重茧：两层绵袍。 〔4〕鲜食：少吃东西。 〔5〕子南：公子追舒。

栾桓子娶于范宣子[1]，生怀子[2]。范鞅以其亡也[3]，怨栾氏，故与栾盈为公族大夫而不相能。桓子卒，栾祁与其老州宾通[4]，几亡室矣[5]。怀子患之。祁惧其讨也，愬诸宣子曰："盈将为乱，以范氏为死桓主而专政矣，曰：'吾父逐鞅也，不怒而以宠报之，又与吾同官而专之，吾父死而益富。死吾父而专于国，有死而已！吾蔑从之矣。'其谋如是，惧害于主，吾不敢不言。"范鞅为之征。怀子好施，士多归之。宣子畏其多士也，信之。怀子为下卿，宣子使城著而遂逐之[6]。

【注释】

〔1〕栾桓子：栾黡。范宣子：士匄。此指士匄之女。 〔2〕怀子：栾盈。 〔3〕亡：指被栾黡逼走事，见襄公十四年。 〔4〕栾祁：栾盈之母。老：室老，即家宰。 〔5〕亡室：指家财均被州宾占有。 〔6〕著：不详。或谓即著雍。

秋，栾盈出奔楚。宣子杀箕遗、黄渊、嘉父、司空靖、邴豫、董叔、邴师、申书、羊舌虎、叔罴[1]，囚伯华、叔向、籍偃。人谓叔向曰："子离于罪[2]，其为不知乎[3]？"叔向曰："与其死亡若何？《诗》曰：'优哉游哉，聊以卒岁[4]。'知也。"乐王鲋见叔向曰[5]："吾为子请！"叔向弗应。出，不拜。其人皆咎叔向。叔向曰："必祁大夫。"室老闻之，曰："乐王鲋言于君无不行，求赦吾子，吾子不许。祁大夫所不能也，而曰'必由之'何也？"叔向曰："乐王鲋，从君者也，何能行？祁大夫外举不弃仇，内举不失亲，其独遗我乎？《诗》曰：'有觉德行，四国顺之[6]。'夫子，觉者也。"

【注释】

〔1〕杜注云："十子皆晋大夫，栾盈之党也。羊舌虎，叔向弟。"〔2〕离：同罹。 〔3〕知：同"智"。 〔4〕所引诗为佚诗，今《小雅·采菽》有上句。叔向因受弟牵连而入狱，故以诗表示自己不介入党争，优游卒岁为智。 〔5〕乐王鲋：晋大夫乐桓子。 〔6〕所引诗见《诗·大雅·抑》。觉，直。

晋侯问叔向之罪于乐王鲋，对曰："不弃其亲，其有焉。"于是祁奚老矣，闻之，乘驲而见宣子，曰："《诗》曰：'惠我无疆，子孙保之[1]。'《书》曰：'圣有谟勋,明征定保[2]。'夫谋而鲜过,惠训不倦者,叔向有焉,社稷之固也,犹将十世宥之,以劝能者。今壹不免其身,以弃社稷,不亦惑乎?鲧殛而禹兴。伊尹放大甲而相之[3],卒无怨色。管、蔡为戮,周公右王[4]。若之何其以虎也弃社稷?子为善,谁敢不勉?多杀何为?"宣子说,与之乘,以言诸公而免之。不见叔向而归。叔向亦不告免焉而朝。

【注释】

〔1〕所引诗见《诗·周颂·烈文》。〔2〕所引句见古文《尚书·胤征》。谟,谋略。征,证明。〔3〕大甲:汤之孙,即位后荒淫,伊尹把他放逐到桐宫,使改过后复位,已为相,大甲终无怨色。〔4〕右:同"佐",辅佐。管叔、蔡叔与周公为兄弟,二人被杀,周公佐成王。

初,叔向之母妒叔虎之母美而不使[1]。其子皆谏其母。其母曰:"深山大泽,实生龙蛇。彼美,余惧其生龙蛇以祸女。女,敝族也[2]。国多大宠[3],不仁人间之[4],不亦难乎?余何爱焉!"使往视寝,生叔虎。美而有勇力,栾怀子嬖之,故羊舌氏之族及于难。

【注释】

〔1〕不使:不让她侍寝。〔2〕敝:衰败。〔3〕大宠:杜注谓指"六卿专权"。〔4〕间:离间。

栾盈过于周,周西鄙掠之[1]。辞于行人[2],曰:"天子陪臣盈,得罪于王之守臣[3],将逃罪。罪重于郊甸[4],无所伏窜,敢布其死[5]。昔陪臣书能输力于王室，王施惠焉。其子鬻，不能保任其父之劳。大君若不弃书之力，亡臣犹有所逃。若弃书之力，而思鬻之罪，臣，戮余也，将归死于尉氏[6]，不敢还矣。敢布四体[7]，唯大君命焉！"王曰："尤而效之，其又甚焉！"使司徒禁掠栾氏者，归所取焉。使候出诸轘辕[8]。

【注释】
〔1〕掠：劫掠财物。〔2〕行人：官名，掌出使或接待宾客。〔3〕守臣：诸侯。〔4〕罪重：再次得罪。〔5〕布其死：冒死陈言。〔6〕尉氏：军尉，掌刑戮。〔7〕布四体：杜注谓"言无所隐"。〔8〕候：候人，管迎送宾客事。轘辕：山名，在河南登封市西北。

冬，曹武公来朝，始见也。

会于商任，锢栾氏也[1]。齐侯、卫侯不敬。叔向曰："二君者必不免。会朝，礼之经也。礼，政之舆也[2]。政，身之守也。怠礼失政，失政不立，是以乱也。"

【注释】
〔1〕锢：禁锢，令诸侯不得接受栾氏党羽。〔2〕政之舆：政载于礼而行，故云。

知起、中行喜、州绰、邢蒯出奔齐，皆栾氏之党也。乐王鲋谓范宣子曰："盍反州绰、邢蒯，勇士也。"宣子曰："彼栾氏之勇也，余何获焉[1]？"王鲋曰："子为彼栾氏，乃亦子之勇也[2]。"

【注释】

〔1〕获：得。 〔2〕杜注云："言子待之如栾氏，亦为子用也。"

齐庄公朝，指殖绰、郭最曰："是寡人之雄也[1]。"州绰曰："君以为雄，谁敢不雄？然臣不敏，平阴之役[2]，先二子鸣。"庄公为勇爵，殖绰、郭最欲与焉。州绰曰："东闾之役[3]，臣左骖迫，还于门中，识其枚数。其可以与于此乎？"公曰："子为晋君也。"对曰："臣为隶新。然二子者，譬于禽兽，臣食其肉而寝处其皮矣。"

【注释】

〔1〕雄：雄鸡。春秋时喜斗鸡，故以雄鸡代表勇敢。 〔2〕平阴之役：见襄公十八年。在平阴，州绰擒获殖绰、郭最。 〔3〕东闾之役：见襄公十八年。

【译文】

［经］

二十一年春，周历正月，襄公去晋国。

邾庶其带着漆与闾丘二地逃来我国。

夏，襄公从晋国回国。

秋，晋栾盈出逃到楚国。

九月庚戌朔，发生日食。

冬十月庚辰朔，发生日食。

曹武公来我国朝见。

襄公与晋平公、齐庄公、宋平公、卫殇公、郑简公、曹武公、莒犁比公、邾悼公在商任相会。

[传]

二十一年春，襄公去晋国，拜谢晋国出兵及取得邾国土地。

邾庶其带着漆与闾丘二地逃来我国。季武子把襄公的姑妈嫁给他，他的随从都加赏赐。

这时候鲁国盗贼很多。季孙对臧武仲说："你为什么不捕治盗贼？"臧武仲说："盗贼不可以捕治，我也没有能力捕治。"季孙说："我国有四面边境限制，用以捕治盗贼，有什么原因不可？你官司寇，捕治盗贼是你的职责，为什么做不到呢？"武仲说："你召引来国外的盗贼而大大给予礼遇，怎么能禁止国内的盗贼？你作为正卿而引来外国的盗贼，却让我来除掉，我又如何能办到？庶其在邾国偷盗了城邑来我国，你把姬氏给他做妻子，给他城邑居住，他的随从都有赏赐。对大盗，你给他以国君的姑妈及她的大城邑作为优礼，次一等的给以奴隶车马，低下的给以衣裳剑带，这是奖赏盗贼。奖赏他们又要除掉他们，这恐怕有困难。我听说，在上位的人，要洗涤自己的心，志诚对待别人，有一定的规范法度来表示诚信，有显明的行为作证，然后可以治理人民。在上面的人的所作所为，是人民的榜样。上面的人不这样做而人民有人做了，因此而对他们加以刑罚，他们就不敢不警戒。如果上面的人这样做而人民也这样做，这是必然现象，又怎么能禁止呢？《夏书》说：'想要干的就是这个，想丢弃的就是这个，所要命令的就是这个，诚信所在的就是这个，只有天帝记录下这功劳。'大概说的是由自己来体现统一的标准。诚信出之于自己所做与要求别人所做一致，然后可以记录功劳。"

庶其不是卿，他带着土地来，虽然地位低下，《春秋》也记载，这是为了重视土地。

齐灵公任命庆佐为大夫，再次讨伐公子牙的党羽，在句渎之丘抓了公子买。公子鉏逃来我国，叔孙还逃往燕国。

夏，楚子庚去世。楚康王任命蒍子冯为令尹。蒍子冯向申叔豫请教，叔豫说："国家宠臣众多而君王年轻，国家没办法治好。"蒍子冯因此推说有病，辞去令尹。正当暑天，他挖地，放进冰后把床架在上面。穿着两层绵袍，裹着皮衣，少吃多睡。楚康王派医生去探视，回来报告说："瘦是瘦得厉害，但气血不亏。"

楚康王于是任命子南为令尹。

　　栾桓子娶范宣子女儿为妻，生下栾盈。范鞅因为被迫逃亡事，怨恨栾氏，所以与栾盈同为公族大夫而不能友好相处。桓子去世，栾祁与她的家宰州宾私通，州宾几乎把栾家家财全都吞没。栾盈为此而感到不满。栾祁怕栾盈对她讨伐，向范宣子诉说道："栾盈将要发动叛乱，认为范氏弄死了桓子而独把朝政，说：'我的父亲赶走范鞅，他回国我父亲不表示愤怒反而以宠信来报答他，他又和我同任公族大夫而独断专行，我的父亲死后范氏更加富有。弄死我父亲而在国内专政，我宁可去死，也不愿服从他！'他的计谋就是这样，恐怕会伤害你，我所以不敢不说。"范鞅为她做证。栾盈喜欢施舍，很多士归附他。宣子害怕归附他的士人数众多，相信了栾祁的话。栾盈任下卿，宣子派他去修筑著地的城墙，就此赶走了他。

　　秋，栾盈出逃到楚国。范宣子杀死箕遗、黄渊、嘉父、司空靖、邴豫、董叔、邴师、申书、羊舌虎、叔罴，囚禁了伯华、叔向、籍偃。有人对叔向说："您遭受这样的罪，恐怕是不明智吧！"叔向说："比起死了的和逃亡的怎么样？《诗》说：'自在逍遥真清闲，就此度过一年年。'这就是明智啊。"乐王鲋见到叔向说："我为您去求情。"叔向没有应声。乐王鲋走时，叔向也不拜谢。叔向的从人都责备叔向，叔向说："一定要祁大夫才能救我。"他的家宰听说后，对他说："乐王鲋在国君面前说的话没有不被采纳的，他要去请求赦免您，您却不答应。祁大夫做不到这些，您却说一定要由他去办，这是为什么？"叔向说："乐王鲋是一切顺从君王的人，他怎么能行？祁大夫举拔宗族外的人不丢弃仇人，举拔自己人时不失去亲人，他难道会单单遗弃我吗？《诗》说：'有正直的德行，四方的国家都归顺。'祁大夫这个人，就是一个正直的人。"

　　晋平公向乐王鲋问叔向的罪过，乐王鲋回答说："他这人不会背弃自己的亲人，他可能参与了策划叛乱。"这时候祁奚已经告老在家，听说后，乘驿站的传车入都来见范宣子，说："《诗》说：'赐给我们的恩惠没有边际，子子孙孙永远保持。'《书》说：'圣贤有谋略训诲，应该对他的保护有明确的表示。'说到谋划而少有过错，教诲别人不知疲倦的，叔向具备了，他是国家的栋梁基础，即使他的十代子孙有过错都该赦免，用来激励有能力的人。如今偶尔获次罪却连本身都不能赦免，抛弃国家的栋梁，这不使人感到困惑吗？鲧被杀而他儿子禹被重用。伊尹曾放逐大甲而大甲用他为相，对他始终没有怨恨的表示。管叔、蔡叔被杀，他们的兄长周公却辅佐成王。为什么要因为一个羊舌虎，而杀死一个国家栋梁？您如果多做善事，谁敢不努力？何必要多杀人呢？"范宣子听了觉得不错，就和他一起乘车入朝，向晋平公劝说而赦免了叔向。祁奚没有去见叔向便回家去了。叔向也没有去拜谢祁奚，径去朝见晋平公。

起初，叔向的母亲嫉妒叔虎的母亲美丽而不让她侍寝。她的儿子们都劝谏她，她说："深山大泽，是产生龙蛇一类妖异的地方。这个女人太漂亮，我怕她生下龙蛇给你们带来祸害。你们是衰败的家族。国家中受到宠爱的大官很多，坏人又从中挑拨，要想太平无事不也是很难的事吗？我自己有什么可爱惜的！"便让叔虎的母亲去侍寝，生下叔虎。叔虎长得美丽而有勇力，栾盈宠爱他，所以羊舌氏的家族遭受祸难。

栾盈经过周地，周西部边境的人抢掠他的财物。栾盈向周行人申诉说："天子的陪臣盈，得罪了天子的守臣，准备逃避惩罚。又在天子的郊外得罪，没地方躲避逃窜，大胆冒死上言。往昔陪臣栾书能够为王室尽力，天子施与恩惠。他的儿子黡，不能保持他父亲的勋劳。大王如果不抛弃书的功劳，亡臣还有地方可以逃避。如果抛弃书的功劳，而计较黡的罪过，臣本来就是漏网的该杀之人，就将要回国到尉氏那儿求死，不敢再回来了。谨此直布心思，唯大王的命令是听！"周灵王说："别人有过错而去学习效仿，过错就更大了！"命令司徒制止那些抢掠栾氏的人，把抢来的东西还给栾氏。派遣候人把栾盈送出辕辕山。

冬，曹武公来我国朝见，这是初次朝见。

诸侯在商任相会，是为了禁锢栾氏。齐庄公、卫殇公不恭敬。叔向说："这二国国君一定难以免除祸难。会见和朝见，这是礼仪中的规范。礼仪，是政事的载体。政事，是身体的寄托。怠慢礼仪便会使政事错失，政事错失就难以立身，因此就会发生动乱。"

知起、中行喜、州绰、邢蒯出逃到齐国，四人都是栾氏的党羽。乐王鲋对范宣子说："何不让州绰、邢蒯回国，他们是勇士。"范宣子说："他们是栾氏的勇士，我能得到什么？"乐王鲋说："您像栾氏一样对待他们，他们也就会成为您的勇士。"

齐庄公听朝，指着殖绰、郭最说："这两人是寡人的雄鸡。"州绰说："君王认为他们是雄鸡，谁敢不这么认为？不过下臣不才，在平阴战役，我比二人鸣叫得早。"庄公设立勇爵，殖绰、郭最想得到这爵位。州绰说："东闾战役，下臣左边的马由于路窄进不去，回到门里，遍数了城门上铁钉的数字。是不是因此能获得这一爵位？"庄公说："你是为了晋君而这样做的。"州绰回答说："下臣充当君王的仆人时间不长。但是这两个人，用禽兽来打比方的话，下臣已经吃了他们的肉而睡在他们的皮上了。"

襄公二十二年

[经]

二十有二年春[1]，王正月，公至自会。

夏四月。

秋七月辛酉，叔老卒。

冬，公会晋侯、齐侯、宋公、卫侯、郑伯、曹伯、莒子、邾子、薛伯、杞伯、小邾子于沙随[2]。

公至自会。

楚杀其大夫公子追舒[3]。

【注释】

〔1〕二十有二年：公元前551年。〔2〕晋侯：晋平公。齐侯：齐庄公。宋公：宋平公。卫侯：卫殇公。郑伯：郑简公。曹伯：曹成公。莒子：莒犂比公。邾子：邾悼公。杞伯：杞孝公。小邾子：小邾穆公。沙随：在今河南宁陵县西北。〔3〕公子追舒：即令尹子南。

[传]

二十二年春，臧武仲如晋，雨，过御叔[1]。御叔在其邑，将饮酒，曰："焉用圣人[2]！我将饮酒而已雨行，何以圣为？"穆叔闻之曰："不可使也，而傲使人，国之蠹也。"令倍其赋。

【注释】
〔1〕御叔：御邑大夫。御邑在今山东郓城县东。　〔2〕圣人：聪明通达的人。臧武仲多智，故人称为圣人。

夏，晋人征朝于郑[1]。郑人使少正公孙侨对曰[2]："在晋先君悼公九年，我寡君于是即位。即位八月，而我先大夫子驷从寡君以朝于执事。执事不礼于寡君，寡君惧。因是行也，我二年六月朝于楚，晋是以有戏之役[3]。楚人犹竞[4]，而申礼于敝邑。敝邑欲从执事而惧为大尤[5]，曰晋其谓我不共有礼，是以不敢携贰于楚。我四年三月，先大夫子蟜又从寡君以观衅于楚[6]，晋于是乎有萧鱼之役[7]。谓我敝邑，迩在晋国，譬诸草木，吾臭味也，而何敢差池？楚亦不竞，寡君尽其土实[8]，重之以宗器[9]，以受齐盟[10]。遂帅群臣随于执事以会岁终[11]。贰于楚者，子侯、石盂[12]，归而讨之。湨梁之明年，子蟜老矣，公孙夏从寡君以朝于君，见于尝酎[13]，与执燔焉[14]。间二年，闻君将靖东夏，四月又朝，以听事期。不朝之间，无岁不聘，无役不从。以大国政令之无常，国家罢病，不虞荐至[15]，无日不惕，岂敢忘职？大国若安定之，其朝夕在庭，何辱命焉？若不恤其患，而以为口实[16]，其无乃不堪任命，而翦为仇雠[17]，敝邑是惧，其敢忘君命？委诸执事，执事实重图之[18]。"

【注释】
　　〔1〕征朝：令朝见。　〔2〕少正：亚卿。公孙侨：即子产。　〔3〕戏之役：同盟于戏。见襄公九年。　〔4〕竞：强。　〔5〕大尤：大罪。〔6〕观衅：考察是否有衅隙。此是朝楚的饰词。　〔7〕萧鱼之役：见襄公十一年。　〔8〕土实：土地所生。　〔9〕宗器：礼乐之器。　〔10〕齐盟：即"斋盟"，斋戒然后盟誓。　〔11〕会岁终：在岁终朝见。这是当时诸侯尊事霸主的礼。　〔12〕子侨、石盂：皆郑大夫。　〔13〕尝酎：夏正七月时举行的祭礼为尝，酎为醇酒。　〔14〕燔：同"膰"，祭肉。与执燔，指助祭。　〔15〕不虞：忧患。　〔16〕口实：借口。　〔17〕蕆：弃除。〔18〕重图：深思。

　　秋，栾盈自楚适齐。晏平仲言于齐侯曰[1]："商任之会，受命于晋。今纳栾氏，将安用之？小所以事大，信也。失信不立，君其图之。"弗听。退告陈文子曰[2]："君人执信，臣人执共，忠信笃敬，上下同之，天之道也。君自弃也，弗能久矣！"

【注释】
　　〔1〕晏平仲：即晏婴。　〔2〕陈文子：名须无。陈完之曾孙。

　　九月，郑公孙黑肱有疾[1]，归邑于公，召室老、宗人立段[2]，而使黜官、薄祭[3]。祭以特羊[4]，殷以少牢[5]。足以共祀，尽归其余邑，曰："吾闻之，生于乱世，贵而能贫，民无求焉，可以后亡。敬共事君，与二三子。生在敬戒，不在富也。"己巳，伯张卒。君子曰："善戒。《诗》曰：'慎尔侯度，用戒不虞[6]。'郑子张其有焉。"

【注释】

〔1〕公孙黑肱：字子张。〔2〕段：黑肱子，字子石，谥献子。〔3〕黜官：减少家臣。〔4〕特羊：一只羊。〔5〕殷：殷祭，即祫禘，除服时的祭祀。大夫殷祭例应用太牢（牛、羊、豕），今减少为用少牢（羊、豕）。〔6〕所引诗见《诗·大雅·抑》。侯度，公侯的法度。

冬，会于沙随，复锢栾氏也。栾盈犹在齐，晏子曰："祸将作矣！齐将伐晋，不可以不惧。"

楚观起有宠于令尹子南，未益禄[1]，而有马数十乘。楚人患之，王将讨焉。子南之子弃疾为王御士，王每见之，必泣。弃疾曰："君三泣臣矣，敢问谁之罪也？"王曰："令尹之不能，尔所知也。国将讨焉，尔其居乎[2]？"对曰："父戮子居，君焉用之？泄命重刑，臣亦不为。"王遂杀子南于朝，轘观起于四竟[3]。子南之臣谓弃疾："请徙子尸于朝。"曰："君臣有礼，唯二三子。"三日，弃疾请尸，王许之。既葬，其徒曰："行乎！"曰："吾与杀吾父，行将焉入？"曰："然则臣王乎？"曰："弃父事仇，吾弗忍也。"遂缢而死。

【注释】

〔1〕未益禄：没增加俸禄。凡建大功，士大夫益爵，庶人益禄。观起为庶人。庶人依礼只能木车单马，如今观起有马数十乘，所以楚人患之。〔2〕居：留下不逃走。〔3〕轘：车裂。

复使蒍子冯为令尹，公子齮为司马，屈建为莫敖[1]。有宠于蒍子者八人，皆无禄而多马。他日朝，与申叔豫言，弗应而退。从之，入于人中。又从之，遂归。退朝，见之，曰："子三困我于朝，吾惧，不敢不见。吾过，子姑告我，何疾我也[2]？"对曰："吾不免是惧，何敢告子？"曰："何故？"对曰："昔观起有宠于子南，子南得罪，观起车裂，何故不惧？"自御而归，不能当道[3]。至，谓八人者曰："吾见申叔，夫子所谓生死而肉骨也。知我者，如夫子则可。不然，请止[4]。"辞八人者，而后王安之。

【注释】
〔1〕屈建：屈到之子，字子木。 〔2〕疾：厌恶，嫌弃。 〔3〕当道：走在道路正中。此写蔿子冯心中害怕，无心驾车。 〔4〕请止：表示绝交之词。

十二月，郑游眅将归晋[1]，未出竟，遭逆妻者，夺之，以馆于邑。丁巳，其夫攻子明，杀之，以其妻行。子展废良而立大叔[2]，曰："国卿，君之贰也，民之主也，不可以苟。请舍子明之类。"求亡妻者，使复其所。使游氏勿怨，曰："无昭恶也。"

【注释】
〔1〕游眅(fǎn)：公孙虿之子，字子明。 〔2〕良：游眅之子。大叔：即游吉，游眅之弟。

【译文】

[经]
二十二年春，周历正月，襄公从盟会回国。
夏四月。

秋七月辛酉，叔老去世。

冬，襄公与晋平公、齐庄公、宋平公、卫殇公、郑简公、曹成公、莒犁比公、邾悼公、薛伯、杞孝公、小邾穆公在沙随相会。

襄公从会议回国。

楚国杀死他们的大夫公子追舒。

[传]

二十二年春，臧武仲去晋国，下雨天，他顺道去看望御叔。御叔在他的封邑里，正准备饮酒，说："要这个所谓的圣人来干吗？我准备饮酒，而他却冒着雨赶路，要聪明有什么用？"穆叔听说后，说："这个人自己不配出使，反而傲视出使的人，真是国家的蛀虫。"下令把他的赋税增加一倍。

夏，晋国人令郑国去晋朝见。郑国人派少正公孙侨回答使者说："在晋国的先君悼公九年时，我寡君在那时即位。即位八个月，而我国先大夫子驷跟随寡君来向执事朝见。执事对我国寡君不加礼遇，寡君心中害怕。因为这一次，我君二年六月去朝见楚国，晋国因此而发动了戏地的战役。这时楚国还很强大，但对敝邑表明了礼仪。敝邑想要跟从执事却害怕犯下大错，认为晋国将会说我们对有礼的国家不恭敬，因此不敢背叛楚国。我君四年三月，先大夫子蟜又跟随寡君到楚国去观察他们是否有衅隙，晋国于是发动了萧鱼这一战役。我们认为敝邑靠近晋国，以草木作比，晋是草木，我们是香气而已，怎么敢三心二意？楚国这时也渐衰弱，寡君因此拿出所有土地上的出产，加上宗庙中的礼器，来接受盟约。接着就带领群臣跟随执事参加年终的朝会。对楚国亲附的是子侯、石盂，回去后我们就讨伐了他俩。溴梁会盟的第二年，子蟜已经告老退休，公孙夏跟从寡君来朝见君王，在举行尝祭时拜见了君王，参与了祭祀。隔了两年，听说君王准备平定东方诸侯，四月，又到贵国朝见，以听取会盟的日期。没有朝见的那些时候，我们没有一年没派使者聘问，没有一次盟会征伐我们不参加的。由于大国的政令没有常规，国家疲劳困乏，忧患屡次发生，所以没有一天不警惕，怎么敢忘记我们的职责？大国如果安定敝邑，我们不断会来朝见，何劳贵国命令呢？如果不体恤我们的忧患，却以不朝见作为借口，那就恐怕我们无法承受大国的命令，而被丢弃作为仇敌了，敝邑对此十分害怕，岂敢忘记君王的命令？把这一切都原原本本交代给执事，请执事对此认真考虑一下。"

秋，栾盈从楚国来到齐国。晏平仲对齐庄公说："商任会见，我国接受了晋国的命令。如今接纳了栾氏，准备怎么任用他？小国所以用来事奉大国的，是信用。失去信用，国家就无处立身，君王请考虑一下。"齐庄公不听。晏平仲退下来后告诉陈文子说："做人君主的要保持信用，做人臣子的要保持恭敬，忠诚、信用、笃实、敬重，上下共同保持它，这是天道。君王自己抛弃自己，不能长久在位了！"

九月，郑公孙黑肱得病，把封邑还给国君，召集了家宰、宗人立段为继承人，让他减少家臣、降低祭祀标准。平常祭祀用一只羊，殷祭用羊和猪。留下足以供给祭祀的土地，把多余的城邑全部归还给国君，说："我听说，生活在乱世，地位尊贵而能够清贫，对人民没有什么要求，就能够比别人后灭亡。恭敬地事奉国君与各位大夫。生存在于能警戒，不在于富有。"己巳，公孙黑肱去世。君子说："公孙黑肱善于警戒。《诗》说：'谨慎地奉行公侯的法度，用以警戒意外的祸患。'公孙黑肱差不多做到了。"

冬，诸侯在沙随相会，晋国再次宣令禁锢栾氏。这时栾盈还在齐国，晏子说："祸乱将要兴起了！齐国将要攻打晋国，不可以不戒惧。"

楚国的观起得到令尹子南的宠爱，没有增加俸禄却有可驾数十辆车的马。楚国人对此不满，楚康王打算讨伐他们。子南的儿子弃疾做楚康王的侍御，康王每次见到他，总要流泪。弃疾说："君王对我已经多次流泪了，谨大胆问一下谁有罪过？"康王说："令尹的不善，你是知道的。国家将要讨伐他，你是否仍然留下不走？"弃疾回答说："父亲遭戮儿子留下不走，君王怎么还能任用？泄露君王的命令从而加重刑罚，臣也不能这样做。"康王就在朝廷上杀死了子南，把观起车裂了，把他的尸体在国内四方巡回示众。子南的家臣对弃疾说："请让我们把主人的尸体从朝廷上搬走。"弃疾说："君臣间有规定的礼仪，看诸位大夫怎么处理吧。"三天后，弃疾请求收尸，楚康王答应了。安葬后，弃疾的随从说：

"出走吗？"弃疾说："我参与了杀死我父亲的事，出走又有什么地方可让我去？"随从说："那么还是做君王的臣下吗？"弃疾说："抛弃父亲事奉仇人，我不能忍受。"于是就上吊而死。

楚康王再次任命蒍子冯为令尹，公子齮为司马，屈建为莫敖。受到蒍子冯宠爱的有八个人，都没有禄位而多马。过了几天蒍子冯上朝，和申叔豫说话，申叔豫不答应而退走。蒍子冯追上去，申叔豫钻进了人堆里。蒍子冯又追上去，申叔豫就回家去了。退朝后，蒍子冯去见申叔豫，说："你在朝廷上三次令我难堪，我心中恐惧，不敢不来见你。我有过错，你不妨告诉我，为什么要厌恶我呢？"申叔豫回答说："我害怕的是自己难以免除祸患，怎么敢告诉你呢？"蒍子冯说："什么原因？"申叔豫说："过去观起受到子南的宠爱，子南有了罪过，观起遭受车裂，我怎能不害怕？"蒍子冯自己驾车回去，车子老是走不到路当中。回到家，蒍子冯对八个人说："我去见申叔，这个人就是人们说的能令死者复生使白骨长肉的人啊。能够了解我的，像这个人那样方行。做不到的，就此分手。"辞退了八个人，然后楚康王才对他放心。

十二月，郑游眅准备回晋国去，还没出国境，碰上迎亲的人，游眅夺走了新娘，就在那个城市住下。丁巳，新娘的丈夫进攻游眅，杀死了他，带着妻子走了。子展废黜了良而立大叔，说："国卿是君王的副手，人民的主宰，不能苟且随意。请舍弃游眅一类恶人。"派人寻访被抢走新娘的人，让他回到自己的乡里。让游氏不要怨恨报复，说："不要显扬游眅的邪恶。"

春秋左传卷十七　襄公四

襄公二十三年

[经]

二十有三年春[1]，王二月癸酉朔，日有食之。

二月己巳，杞伯匄卒。

夏，邾畀我来奔[2]。

葬杞孝公。

陈杀其大夫庆虎及庆寅。陈侯之弟黄自楚归于陈[3]。

晋栾盈复入于晋，入于曲沃。

秋，齐侯伐卫[4]，遂伐晋。

八月，叔孙豹帅师救晋，次于雍榆[5]。

己卯，仲孙速卒。

冬十月乙亥，臧孙纥出奔邾。

晋人杀栾盈。

齐侯袭莒。

【注释】
〔1〕二十有三年：公元前550年。　〔2〕畀我：庶其的同党。〔3〕陈侯：陈哀公。　〔4〕齐侯：齐庄公。　〔5〕雍榆：在今河南浚县

西南。

[传]

二十三年春,杞孝公卒,晋悼夫人丧之[1]。平公不彻乐,非礼也。礼,为邻国阙[2]。

【注释】

〔1〕晋悼夫人:杞孝公妹。 〔2〕阙:即彻乐。依礼,邻国有丧,诸侯不举乐。

陈侯如楚[1]。公子黄愬二庆于楚,楚人召之。使庆乐往,杀之。庆氏以陈叛。夏,屈建从陈侯围陈。陈人城,板队而杀人[2]。役人相命,各杀其长,遂杀庆虎、庆寅。楚人纳公子黄。君子谓:"庆氏不义,不可肆也[3]。故《书》曰:'惟命不于常[4]。'"

【注释】

〔1〕如楚:去楚国朝见。 〔2〕板:指筑城用的夹板。队:同"坠"。 〔3〕肆:赦免。 〔4〕引句见《书·康诰》。

晋将嫁女于吴,齐侯使析归父媵之,以藩载栾盈及其士[1],纳诸曲沃。栾盈夜见胥午而告之[2],对曰:"不可。天之所废,谁能兴之?子必不免。吾非爱死也,知不集也[3]。"盈曰:"虽然,因子而死,吾无悔矣。我实不天,子无咎焉。"许诺。伏之,而觞曲沃人,乐作,午言曰:"今也得栾孺子[4],何如?"对曰:"得主而为之死，犹不死也。"皆叹，有泣者。爵行，又言。皆曰："得主，何贰之有？"盈出，遍拜之。

【注释】
〔1〕藩：有车厢的车。 〔2〕胥午：守曲沃的大夫。 〔3〕集：成事。 〔4〕栾孺子：栾盈。此就栾黡而言，曲沃为栾氏封邑。

四月，栾盈帅曲沃之甲，因魏献子[1]，以昼入绛。初，栾盈佐魏庄子于下军[2]，献子私焉，故因之。赵氏以原、屏之难怨栾氏，韩、赵方睦。中行氏以伐秦之役怨栾氏[3]，而固与范氏和亲[4]。知悼子少[5]，而听于中行氏。程郑嬖于公。唯魏氏及七舆大夫与之[6]。

【注释】
〔1〕魏献子：魏舒。 〔2〕魏庄子：魏绛，魏舒之父。 〔3〕中行氏：荀氏之一支。伐秦之役：见襄公十四年。时荀偃为主帅，栾黡不听军令，使出师无功。 〔4〕与范氏和亲：范宣子士匄佐荀偃于中军。〔5〕知悼子：知䓨之子知盈。 〔6〕七舆大夫：见僖公十年注。

乐王鲋侍坐于范宣子。或告曰："栾氏至矣！"宣子惧。桓子曰[1]："奉君以走固宫[2]，必无害也。且栾氏多怨，子为政，栾氏自外，子在位，其利多矣。既有利权，又执民柄[3]，将何惧焉？栾氏所得，其唯魏氏乎，而可强取也。夫克乱在权，子无懈矣。"公有姻丧，王鲋使宣子墨缞冒绖[4]，二妇人辇以如公，奉公以如固宫。

【注释】
　　〔1〕桓子：即乐王鲋。　　〔2〕固宫：晋侯的别宫，设有台观守备。〔3〕民柄：赏罚的权力。　　〔4〕缞：丧服。冒：冒巾。绖：麻带。

　　范鞅逆魏舒[1]，则成列既乘，将逆栾氏矣。趋进，曰："栾氏帅贼以入，鞅之父与二三子在君所矣，使鞅逆吾子。鞅请骖乘持带[2]。"遂超乘[3]，右抚剑，左援带，命驱之出。仆请，鞅曰："之公。"宣子逆诸阶，执其手，赂之以曲沃。

【注释】
　　〔1〕范鞅：士鞅，范宣子士匄子。　　〔2〕骖乘持带：骖乘，乘车时居于车右，即陪乘。带，车上挽带。杜注谓骖乘必持带，防备掉下车子。〔3〕超乘：跳上车。

　　初，斐豹隶也，著于丹书[1]。栾氏之力臣曰督戎[2]，国人惧之。斐豹谓宣子曰："苟焚丹书，我杀督戎。"宣子喜，曰："而杀之，所不请于君焚丹书者，有如日！"乃出豹而闭之。督戎从之，逾隐而待之[3]，督戎逾入，豹自后击而杀之。范氏之徒在台后，栾氏乘公门[4]。宣子谓鞅曰："矢及君屋，死之！"鞅用剑以帅卒，栾氏退。摄车从之[5]，遇栾乐[6]，曰："乐免之[7]，死将讼女于天。"乐射之，不中。又注，则乘槐本而覆[8]。或以戟钩之，断肘而死。栾鲂伤。栾盈奔曲沃，晋人围之。

【注释】

〔1〕丹书：以红字写在简牍上。凡有罪没为奴，以丹书其罪。〔2〕力臣：力士。 〔3〕隐：矮墙。 〔4〕乘：登。 〔5〕摄车：跳上车。〔6〕栾乐：栾盈族人。 〔7〕免之：免战。之字无义。 〔8〕槐本：槐树根。

秋，齐侯伐卫。先驱[1]，穀荣御王孙挥，召扬为右。申驱[2]，成秩御莒恒，申鲜虞之傅挚为右。曹开御戎，晏父戎为右。贰广[3]，上之登御邢公，卢蒲癸为右。启[4]，牢成御襄罢师，狼蘧疏为右。胠[5]，商子车御侯朝，桓跳为右。大殿[6]，商子游御夏之御寇，崔如为右，烛庸之越驷乘[7]。

【注释】

〔1〕先驱：前锋。 〔2〕申驱：次前锋。 〔3〕贰广：公副车。〔4〕启：左翼。 〔5〕胠：右翼。 〔6〕大殿：后军。 〔7〕驷乘：四人乘一辆车，站在后面的为驷乘。

自卫将遂伐晋。晏平仲曰："君恃勇力以伐盟主，若不济，国之福也。不德而有功，忧必及君。"崔杼谏曰："不可。臣闻之，小国间大国之败而毁焉[1]，必受其咎。君其图之！"弗听。陈文子见崔武子[2]，曰："将如君何？"武子曰："吾言于君，君弗听也。以为盟主，而利其难。群臣若急，君于何有？子姑止之[3]。"文子退，告其人曰："崔子将死乎！谓君甚，而又过之，不得其死。过君以义，犹自抑也，况以恶乎？"

【注释】

〔1〕败:坏,指栾盈之乱。毁:攻打,诉诸武力。 〔2〕陈文子:陈须无。崔武子:崔杼。 〔3〕姑止之:且罢休。

齐侯遂伐晋,取朝歌[1],为二队,入孟门[2],登大行[3],张武军于荧庭[4]。戍郫邵[5],封少水[6],以报平阴之役,乃还。赵胜帅东阳之师以追之[7],获晏氂[8]。八月,叔孙豹帅师救晋,次于雍榆,礼也。

【注释】

〔1〕朝歌:在今河南淇县。 〔2〕孟门:在今河南辉县西。 〔3〕大行:太行山。指今河南沁阳市的太行山。 〔4〕武军:见宣公十二年注。荧庭:即陉庭,在今山西翼城县东南,距晋都不远。 〔5〕郫邵:在今河南济源市西。 〔6〕封:封尸。少水:即今沁水,流山西沁源、沁水、阳城诸县。 〔7〕赵胜:赵旃之子,谥顷子,封邯郸,故又称邯郸胜。东阳:晋属太行山以东地区,即今河北邢台、邯郸一带。 〔8〕晏氂:一作晏莱,晏婴之子。

季武子无適子,公弥长[1],而爱悼子,欲立之。访于申丰[2],曰:"弥与纥,吾皆爱之,欲择才焉而立之[3]。"申丰趋退,归,尽室将行。他日,又访焉,对曰:"其然,将具敝车而行。"乃止。访于臧纥,臧纥曰:"饮我酒,吾为子立之。"季氏饮大夫酒,臧纥为客[4]。既献[5],臧孙命北面重席[6],新樽絜之。召悼子,降,逆之。大夫皆起。及旅[7],而召公鉏,使与之齿[8]。季孙失色。

【注释】

〔1〕公弥：即下文的公鉏。 〔2〕申丰：季氏的家臣。 〔3〕择才：古立继承人，有嫡立嫡，无嫡立长。此曰择才，是为立悼子（即纥）找借口。 〔4〕为客：为上宾。 〔5〕献：向宾客敬酒。 〔6〕重席：铺两层席子，表示敬重。 〔7〕旅：即旅酬。主人安顿宾客，互相敬酒，排定座次。 〔8〕使与之齿：与之叙齿，即依长幼排列。这样做则以公鉏为庶子，不与大夫之列。

季氏以公鉏为马正[1]，愠而不出。闵子马见之[2]，曰："子无然！祸福无门，唯人所召。为人子者，患不孝，不患无所。敬共父命[3]，何常之有？若能孝敬，富倍季氏可也[4]。奸回不轨[5]，祸倍下民可也。"公鉏然之。敬共朝夕，恪居官次。季孙喜，使饮己酒，而以具往，尽舍旃[6]。故公鉏氏富，又出为公左宰。

【注释】

〔1〕马正：即大夫家族中的司马，主土地之军赋。 〔2〕闵子马：亦称闵马父，鲁臣。 〔3〕敬共：恭敬。 〔4〕季氏：指悼子。因悼子将继承季武子。 〔5〕奸回：奸邪。 〔6〕旃："之焉"的合字。

孟孙恶臧孙，季孙爱之。孟氏之御驺丰点好羯也[1]，曰："从余言，必为孟孙。"再三云，羯从之。孟庄子疾，丰点谓公鉏："苟立羯，请仇臧氏。"公鉏谓季孙曰："孺子秩[2]，固其所也。若羯立，则季氏信有力于臧氏矣。"弗应。己卯，孟孙卒，公鉏奉羯立于户侧[3]。季孙至，入，哭，而出，曰："秩焉在？"公鉏曰："羯在此矣！"季孙曰："孺子长。"公鉏曰："何长之有？唯其才也。且夫子之命也。"遂立羯。秩奔邾。

【注释】

〔1〕御驺：养马兼驾车的官。羯：孟孙（即仲孙速，谥庄子）的庶子，孺子秩之弟，亦称孝伯。　〔2〕孺子秩：称为孺子，则已定为继承人，所以说"固其所"。　〔3〕立于户侧：依礼，死者尸在室，其后人则于户侧南面而立以待宾客来吊唁。

　　臧孙入，哭甚哀，多涕。出，其御曰："孟孙之恶子也，而哀如是。季孙若死，其若之何？"臧孙曰："季孙之爱我，疾疢也[1]。孟孙之恶我，药石也[2]。美疢不如恶石。夫石犹生我，疢之美，其毒滋多。孟孙死，吾亡无日矣。"

【注释】

〔1〕疾疢（chèn）：病害。　〔2〕药石：草木可治病者为药，石指砭石。

　　孟氏闭门，告于季孙曰："臧氏将为乱，不使我葬。"季孙不信。臧孙闻之，戒[1]。冬十月，孟氏将辟[2]，藉除于臧氏[3]。臧孙使正夫助之[4]，除于东门，甲从己而视之。孟氏又告季孙。季孙怒[5]，命攻臧氏。乙亥，臧纥斩鹿门之关以出[6]，奔邾。

【注释】

〔1〕戒：戒备。　〔2〕辟：挖坑道。此指挖掘墓道。　〔3〕藉：借。除：役夫。　〔4〕正夫：鲁三乡中正卒，即常任的徒役，属司徒管辖。〔5〕季孙怒：季武子以为臧孙纥真的作乱不让孟氏安葬，故怒。〔6〕鹿门：鲁都南城东门。

初，臧宣叔娶于铸[1]，生贾及为而死。继室以其侄，穆姜之姨子也[2]。生纥，长于公宫。姜氏爱之，故立之。臧贾、臧为出在铸。臧武仲自邾使告臧贾[3]，且致大蔡焉[4]，曰："纥不佞，失守宗祧，敢告不吊[5]。纥之罪，不及不祀，子以大蔡纳请，其可。"贾曰："是家之祸也，非子之过也。贾闻命矣。"再拜受龟。使为以纳请，遂自为也。臧孙如防[6]，使来告曰："纥非能害也，知不足也。非敢私请。苟守先祀，无废二勋[7]，敢不辟邑[8]。"乃立臧为。

【注释】
〔1〕铸：国名，在今山东肥城市南。 〔2〕穆姜：宣公夫人。〔3〕臧武仲：即臧孙纥。 〔4〕大蔡：大龟。 〔5〕不吊：不淑。〔6〕防：臧孙的封邑。 〔7〕二勋：指其先人文仲、宣叔。 〔8〕辟邑：离开封邑。

臧纥致防而奔齐。其人曰："其盟我乎？"臧孙曰："无辞[1]。"将盟臧氏，季孙召外史掌恶臣[2]，而问盟首焉[3]，对曰："盟东门氏也[4]，曰：'毋或如东门遂，不听公命，杀适立庶。'盟叔孙氏也[5]，曰：'毋或如叔孙侨如，欲废国常，荡覆公室。'"季孙曰："臧孙之罪，皆不及此。"孟椒曰[6]："盍以其犯门斩关？"季孙用之。乃盟臧氏曰："无或如臧孙纥，干国之纪[7]，犯门斩关。"臧孙闻之，曰："国有人焉！谁居？其孟椒乎！"

【注释】

〔1〕无辞：指盟辞难以措辞。凡被逐者，必为其盟，数说其罪，现臧孙纥出奔无罪可言，故云"无辞"。 〔2〕外史：官名。恶臣：谓逃亡在外的臣。 〔3〕盟首：载书的首章，即述其罪的部分。 〔4〕东门氏：指东门遂，杀嫡子立宣公。见文公十八年。 〔5〕叔孙氏：叔孙侨如，其罪见成公十六年。 〔6〕孟椒：孟献子之孙子服惠伯。 〔7〕干：犯。

晋人克栾盈于曲沃，尽杀栾氏之族党。栾鲂出奔宋。书曰："晋人杀栾盈。"不言大夫，言自外也。

齐侯还自晋，不入。遂袭莒，门于且于[1]，伤股而退。明日，将复战，期于寿舒[2]。杞殖、华还载甲[3]，夜入且于之隧[4]，宿于莒郊。明日，先遇莒子于蒲侯氏[5]。莒子重赂之，使无死，曰："请有盟。"华周对曰："贪货弃命，亦君所恶也。昏而受命[6]，日未中而弃之，何以事君？"莒子亲鼓之，从而伐之，获杞梁[7]。莒人行成。齐侯归，遇杞梁之妻于郊，使吊之。辞曰："殖之有罪，何辱命焉？若免于罪，犹有先人之敝庐在，下妾不得与郊吊[8]。"齐侯吊诸其室。

【注释】

〔1〕且于：当在今山东莒县境内。 〔2〕期：约定。此指约定军队聚集。寿舒：莒邑，当亦在莒县。 〔3〕杞殖、华还：齐大夫。 〔4〕隧：隘道。 〔5〕莒子：莒犁比公。蒲侯氏：近莒之邑。 〔6〕昏：指昨晚。 〔7〕获：有俘获与获尸二解，此处是杀死杞殖而获其尸。杞梁：即杞殖。 〔8〕依礼，地位低贱者受郊吊，杞殖为大夫，故辞郊吊。

齐侯将为臧纥田[1]。臧孙闻之，见齐侯。与之言伐晋。对曰："多则多矣[2]！抑君似鼠。夫鼠，昼伏夜动，不穴于寝庙，畏人故也。今君闻晋之乱而后作焉，宁将事之，非鼠如何？"乃弗与田。仲尼曰："知之难也。有臧武仲之知，而不容于鲁国，抑有由也，作不顺而施不恕也。《夏书》曰：'念兹在兹。'顺事、恕施也。"

【注释】
〔1〕为臧纥田：与臧纥田邑。　〔2〕多：指战功多。

【译文】
[经]
二十三年春，周历二月癸酉朔，发生日食。
二月己巳，杞孝公匄去世。
夏，邾畀我逃来我国。
安葬杞孝公。
陈国杀死他们的大夫庆虎及庆寅。陈哀公的弟弟黄从楚国回到陈国。
晋栾盈重新回到晋国，进入曲沃。
秋，齐庄公攻打卫国，接着就攻打晋国。
八月，叔孙豹率领军队救援晋国，驻扎在雍榆。
己卯，仲孙速去世。
冬十月乙亥，臧孙纥出逃到邾国。
晋国人杀死栾盈。
齐庄公袭击莒国。

[传]
二十三年春，杞孝公去世，晋悼公夫人为他服丧。晋平公不撤除音乐，这是不合乎礼的。依礼，邻国有丧事应当撤除音乐。
陈哀公去楚国朝见。公子黄在楚国对庆虎、庆寅提出诉讼，楚国人召见二庆去楚国对质。二庆派庆乐前往，楚国人把他杀了。庆氏带领陈国背叛楚国。夏，屈建跟从陈哀公包围了陈国。陈国人筑城，夹板坠落，庆氏杀死那个民工。民工们互相转告，各自杀死了他们的工头，乘势杀了庆虎、庆寅。楚国人送公子黄回国。君子说："庆氏不合乎道义，不能赦免。所以《书》说：'天命不会常在。'"

晋国将要把女儿嫁到吴国去，齐庄公派析归父送陪嫁女子到晋国去，用带车箱的车子装上栾盈和他的门下士，安置在曲沃。栾盈晚上去见胥午，告诉他自己准备发动政变。胥午回答说："不行。上天所废弃的人，谁能使他兴起？你一定难免一死。我并不是怕死，是明知事情绝对不会成功。"栾盈说："尽管如此，依靠你而死去，我不会后悔。我确实得不到上天保佑，失败了你没有过错。"胥午答应了。他把栾盈藏起来后就宴请曲沃人，音乐开始演奏，胥午说："现在如果栾孺子在这儿，诸位怎么办？"大伙儿回答说："有主人在而为他而死，虽死犹生。"全都叹息，有人还哭了起来。酒过几巡，胥午又说这话，大伙儿都说："主人在，我们一定一心一意跟着他干。"栾盈出来，对大家一一拜谢。

四月，栾盈率领曲沃的甲士，依靠魏舒帮助，在白天进入绛都。起初，栾盈在下军中辅佐魏庄子，与魏舒私交密切，所以依靠他。赵氏因为赵原、赵屏被杀的事怨恨栾氏，这时候韩、赵两家关系正和睦。中行氏因为攻打秦国战役的事怨恨栾氏，而他家本来就和范氏友好亲密。知悼子年幼，知氏听从中行氏。程郑受到晋平公的宠爱。因此支持栾氏的只有魏氏及七舆大夫。

乐王鲋侍坐在范宣子身边。有人来报告说："栾氏来了！"范宣子惊慌失措。乐王鲋说："奉事国君逃到固宫去，一定没有危险。再说与栾氏有怨的人很多，您为执政，栾氏从外边来，您处在掌权的地位，有利的条件很多。既有利有权，又掌握着赏罚百姓的权力，有什么可害怕的？栾氏所支持的，不过仅是魏氏而已，而且可以通过武力争取他。平定叛乱凭仗的是权力，您不要懈怠。"这时晋平公有姻亲去世，乐王鲋让宣子穿上黑色的丧服，戴上麻巾，系上麻带，由两个妇人拉车去晋平公那儿，奉侍平公去固宫。

范鞅去迎接魏舒，到了魏家，魏舒的军队已排好队伍，车上已站好甲士,准备去迎接栾氏了。范鞅快步上前,说:"栾氏率领叛乱分子进了城,鞅的父亲与大夫们都在国君那儿,派鞅来迎接你。让我作为你的陪乘,拉着挽带。"说着便跳上了车,右手摸着剑,左手拉着挽带,下令驱车离开队列。驾车的人请示到哪里去,范鞅说:"去君王那儿。"到了固宫,范宣子在阶前迎接魏舒,拉着他的手,答应把曲沃作为他的封邑。

起初,斐豹被罚为奴隶,罪行记载在丹书上。栾氏有个力士叫督戎,国人对他很害怕。斐豹对范宣子说:"如果烧掉记载我罪的丹书,我去杀死督戎。"范宣子听了很高兴,说:"你杀了他,如果我不请求国君焚毁那丹书的话,有太阳作证!"于是放斐豹出宫然后关上宫门。督戎追赶他,他跳过一堵矮墙等着督戎。督戎跳过墙,斐豹从他身后猛击他,把他杀死。范氏的手下在台的后面,栾氏登上宫门。范宣子对范鞅说:"堵住他们,如果箭射到君王的屋子,你就去死!"范鞅挥剑率领步兵迎战,栾氏败退。范鞅跳上战车追赶,碰上栾乐,范鞅说:"乐,别抵抗了,再打,你死了我也要向上天控告你。"栾乐用箭射他,没射中。又搭上箭瞄准,车轮碰上槐树根翻了车。有人用戟钩他,把他手臂拉断而死。栾鲂受伤。栾盈逃往曲沃,晋军包围了曲沃。

秋,齐庄公攻打卫国。先锋部队,毂荣为王孙挥驾驭战车,召扬为车右。第二队,成秩为莒恒驾驭战车,申鲜虞之子傅挚为车右。曹开为庄公驾驭战车,晏父戎为车右。庄公的副车,上之登为邢公驾驭战车,卢蒲癸为车右。左翼部队,牢成为襄罢师驾驭战车,狼蘧疏为车右。右翼部队,商子车为侯朝驾驭战车,桓跳为车右。后军,商子游为夏之御寇驾驭战车,崔如为车右,烛庸之越为驷乘。

齐庄公从卫国将要进攻晋国。晏平仲说:"君王凭仗勇力去攻打盟主,如果不成功,是国家的福气。没有德行而建立武功,忧患必定会落到君王身上。"崔杼劝阻说:"不能去攻打晋国。下臣听说,小国乘大国有危难的机会攻打大国,一定会受到灾祸。君王还是考虑一下。"齐庄公不肯听从。陈文子去见崔杼,说:"打算把君王怎么样?"崔杼说:"我劝阻君王,君王不肯听。奉晋国为盟主,却乘人家有危难时图谋他。群臣们如果国家有危急,还顾君王干什么？您姑且别管这事。"文子退出后，告诉他的随从说："崔子恐怕要死了吧！认为君王做过了头，自己却超过了国君，会得不到善终的。推行道义如果超过了国君，尚且要自我约束，更何况是做坏事呢？"

齐庄公于是攻打晋国，占领朝歌，兵分两路，一路攻入孟门，一路登上太行山。在荧庭建筑武军，派人戍守郫邵，在少水将晋人尸体埋入土中堆土为大坟丘，以此报复了平阴战役的失败，然后回国。赵胜率领东阳的军队追击齐军，擒获晏氂。八月，叔孙豹率领军队援救晋国，驻扎在雍榆，这是合乎礼的。

季武子没有嫡子，庶子中以公钼年长，但他喜欢悼子，想立他为继承人。季武子征求申丰的意见，说："公钼和悼子我都喜欢，我想要选两人中有才能的人立为继承人。"申丰听了赶快退出，回家，打算带着全家出走。过了几天，又问他，申丰回答说："这样的话，我打算驾车离开。"季武子才没有立悼子。季武子又去征求臧孙纥的意见。臧孙纥说："设酒宴招待我，我为你立他。"季武子请大夫们饮酒，臧孙纥是上宾。向宾客敬酒后，臧孙纥命令朝北铺上两层席子，放上新的酒尊并洗涤干净。召见悼子，走下台阶迎接他。大夫们也都站起来迎接。等到互相敬酒排定座次时，才召见公钼，让他和普通来宾依年龄大小排列座位。季武子出于意外，脸都变了颜色。

季武子让公钼任马正，公钼心中恼怒不肯做。闵子马见到公钼，说："您别这样！祸与福没有门，都是人自己召引的。作为儿子的，担心的是没尽孝道，不担心没有地位。恭敬地执行父亲的命令，难道事情会固定不变吗？如果能孝顺恭敬，富有比季氏增加一倍也能达到。奸邪而不守规矩，祸患比百姓增加一倍也是可能的。"公钼听从了他的话。他早晚恭敬地问安，谨慎地履行职责。季武子很高兴，让他招待自己饮酒，而带着宴会的器具前往，饮完后就把器具全都留下。因此公钼氏富有，又出任鲁公的左宰。

孟庄子厌恶臧孙纥，季武子却喜欢他。孟氏的御驺丰点喜欢羯，对羯说："听我的话，一定会成为孟氏的继承人。"他再三说这话，羯就听从了他。孟庄子生病，丰点对公钼说："如果立羯为继承人，就让他仇恨臧孙氏。"公钼对季武子说："孺子秩本来应当做继承人，但如果立羯，那么季氏就确实比臧氏势力大了。"季武子不理他。己卯，孟庄子去世，公鉏奉羯立在门边接待宾客。季武子来吊唁，进门，哭，出门，说："秩在哪儿？"公鉏说："羯在这里了。"季武子说："孺子秩年长。"公鉏说："管他年长不年长？就因为羯有才能，再说是他父亲的命令。"于是立羯为继承人。秩逃亡到邾国。

臧孙纥入门吊唁，哭得很悲哀，流了很多眼泪。出门后，他的御者说："孟庄子厌恶您，而您悲哀成这样子。季武子如果去世，您将会怎样？"臧孙纥说："季武子喜欢我，是让我滋生疾病。孟庄子厌恶我，是治理我疾病的药石。没有痛苦的疾病比不上苦味的药石。药石虽苦却能使我生存，没有痛苦的疾病毒害更多。孟庄子死去，我离灭亡的日子不远了。"

孟氏把大门关上，告诉季武子说："臧氏打算作乱，不让我们安葬。"季武子不相信。臧孙纥听说了，暗中戒备。冬十月，孟氏将要开挖墓道，向臧氏家借工人。臧孙纥派徒役前去帮忙。工人在东门开挖墓道，臧孙纥带着甲士去视察。孟氏又对季武子说臧氏阻止他安葬，季武子发怒，下令攻打臧氏。乙亥，臧孙纥砍断鹿门的门闩逃出城，前往邾国。

起初，臧宣叔娶铸国女子为妻，她生了贾和为后死了。臧宣叔以妻子的侄女为继室，她是穆姜的外甥女，生下了纥，从小在鲁公宫中长大。穆姜喜欢纥，所以立他为臧氏继承人，臧贾、臧为离开鲁国住在铸国。臧孙纥从邾国派人去把自己的事告诉臧贾，并且送去只大乌龟，说："纥不才，没能守住宗庙，谨向您报告我的无能。但纥的罪过不至于使臧氏灭绝，您用这大乌龟作礼物去请求立为我们家族的继承人，也许能成功。"臧贾说："这是我们家族的灾祸，不是您的过错，我听到命令了。"再次下拜，接受了乌龟。他派臧为去代他请求，臧为却请求立了他自己。臧孙纥去防邑，派人来报告说："纥不是能够伤害别人的人，只是智慧不足。我不敢为私人请求。如果能保守先人的祭祀，不废弃祖父辈的勋劳，我岂敢不让出封邑？"于是鲁国就立了臧为。

臧叔纥交出了防地后前往齐国。他的随从说："将为我们设立盟誓吗？"臧叔纥说："难以措辞。"准备为臧氏设立盟誓，季武子召见外史中掌管逃亡臣子之事的人,问他盟辞的写法。外史回答说:"为东门氏设盟,说:'不要有人像东门遂那样,不听国君的命令,杀死嫡子拥立庶子。'为叔孙氏设盟,说:'不要有人像叔孙侨如那样,想要废弃国家的纲常,使公室颠覆。'"季武子说:"臧孙纥的罪过都不及此。"孟椒说:"何不归罪于他破坏门禁砍断门闩?"季武子采用了,于是为臧氏设盟说:"不要有人像臧孙纥那样,违犯国家法纪,破坏门禁砍断门闩。"臧孙纥听说了,说:"国家有人才在啊!是谁呢?恐怕是孟椒吧!"

晋人在曲沃战胜栾盈,把栾氏的族党全都杀死。栾鲂出逃到宋国。《春秋》记载:"晋国人杀死栾盈。"不说他是大夫,是说他从国外进入国内发动叛乱。

齐庄公从晋国回来,不入国境,接着就袭击莒国,攻打且于的城门,大腿受伤而退走。第二天,准备再去攻打,约定军队在寿舒集合。杞殖、华还用战车装载甲士,在夜间通过且于的隘道,露宿在莒国郊外。第二天,先在蒲侯氏与莒犁比公相遇。莒犁比公送给他俩一笔厚礼,希望他们不要战斗,以免于一死,说:"请和你们结盟。"华周回答说:"贪图财货而抛弃国君的命令,这也是君王你所厌恶的。夜里接受命令,不到中午就丢弃,怎么来事奉君王?"莒犁比公亲自击鼓,追击齐军,杀死杞殖。莒国人与齐国讲和。齐庄公回国,在郊外碰上了杞殖的妻子,齐庄公派人向她吊唁。杞殖的妻子拒绝接受说:"如果杞殖有罪,岂敢劳动国君派人吊唁?如果能够免罪,那还有先人的破屋子在那儿,下妾不能接受在郊外的吊唁。"齐庄公就去她家吊唁。

齐庄公准备给臧孙纥田邑。臧孙纥听说后,去求见齐庄公。齐庄公和他谈论攻打晋国的事。臧孙纥回答说:"您的功劳确实是很多。不过君王就好像是老鼠一样。老鼠,在白天隐伏夜晚活动,不在寝庙中打洞,这是因为它害怕人的缘故。如今君王听到晋国发生动乱然后起兵,安定时便事奉它,不是老鼠是什么呢?"齐庄公不高兴,就不给臧叔纥田邑。孔子说:"要做个有智慧的人确实是难啊!像臧武仲这样有智慧,却不能被鲁国所容纳,是有原因的,因为他所作所为与道理不合且没有宽恕之心。《夏书》说:'要想这个就干这个。'这就是说做事要顺乎理而合于恕道。"

襄公二十四年

［经］

二十有四年春[1]，叔孙豹如晋。

仲孙羯帅师侵齐[2]。

夏，楚子伐吴[3]。

秋七月甲子朔，日有食之，既。

齐崔杼帅师伐莒。

大水。

八月癸巳朔，日有食之。

公会晋侯、宋公、卫侯、郑伯、曹伯、莒子、邾子、滕子、薛伯、杞伯、小邾子于夷仪[4]。

冬，楚子、蔡侯、陈侯、许男伐郑[5]。

公至自会。

陈鍼宜咎出奔楚[6]。

叔孙豹如京师。

大饥。

【注释】

〔1〕二十有四年：公元前549年。　〔2〕仲孙羯：即孟孝伯。

〔3〕楚子：楚康王。 〔4〕晋侯：晋平公。宋公：宋平公。卫侯：卫殇公。郑伯：郑简公。曹伯：曹武公。莒子：莒犁比公。邾子：邾悼公。滕子：滕成公。杞伯：杞文公。小邾子：小邾穆公。夷仪：在今河北邢台县西。 〔5〕蔡侯：蔡景侯。陈侯：陈哀公。许男：许灵公。 〔6〕陈鍼宜咎：陈大夫，陈鍼子八世孙。

[传]

二十四年春，穆叔如晋。范宣子逆之，问焉，曰："古人有言曰：'死而不朽'，何谓也？"穆叔未对。宣子曰："昔匄之祖[1]，自虞以上，为陶唐氏，在夏为御龙氏[2]，在商为豕韦氏，在周为唐杜氏[3]，晋主夏盟为范氏[4]，其是之谓乎？"穆叔曰："以豹所闻，此之谓世禄，非不朽也。鲁有先大夫曰臧文仲，既没，其言立[5]。其是之谓乎？豹闻之，大上有立德，其次有立功，其次有立言，虽久不废，此之谓不朽。若夫保姓受氏，以守宗祊[6]，世不绝祀，无国无之。禄之大者，不可谓不朽。"

【注释】

〔1〕匄：士匄，即范宣子。 〔2〕御龙氏：陶唐氏之后刘累，赐氏御龙。 〔3〕唐杜氏：杜注误为二国名，实一国，其地在今陕西西安市南。 〔4〕夏：指中原诸侯。 〔5〕立：不废绝。 〔6〕宗祊：宗庙。

范宣子为政，诸侯之币重[1]，郑人病之。二月，郑伯如晋。子产寓书于子西以告宣子[2]，曰："子为晋国，四邻诸侯，不闻令德，而闻重币，侨也惑之。侨闻君子长国家者，非无贿之患，而无令名之难。夫诸侯之贿聚于公室，则诸侯贰。若吾子赖之[3]，则晋国贰。诸侯贰，则晋国坏。晋国贰，则子之家坏。何没没也[4]！将焉用贿？夫令名，德之舆也。德，国家之基也。有基无坏，无亦是务乎！有德则乐，乐则能久。《诗》云：'乐只君子，邦家之基[5]。'有令德也夫！'上帝临女，无贰尔心[6]。'有令名也夫！恕思以明德，则令名载而行之，是以远至迩安。毋宁使人谓子：'子实生我'，而谓'子浚我以生乎[7]'？象有齿以焚其身，贿也。"宣子说，乃轻币。是行也，郑伯朝晋，为重币故，且请伐陈也。郑伯稽首，宣子辞。子西相，曰："以陈国之介恃大国而陵虐于敝邑[8]，寡君是以请罪焉，敢不稽首。"

【注释】
〔1〕币：指诸侯向晋国贡献的礼物。〔2〕寓书：托，请捎带书信。子西：公孙夏，公子骈之子。〔3〕赖：利。指占为己有。〔4〕没没：即"昧昧"，昏聩，糊涂。〔5〕所引诗见《诗·小雅·南山有台》。〔6〕所引诗见《诗·大雅·大明》。〔7〕浚：搜刮。〔8〕介恃：仗恃。

孟孝伯侵齐，晋故也。

夏，楚子为舟师以伐吴[1]，不为军政[2]，无功而还。

齐侯既伐晋而惧，将欲见楚子。楚子使薳启彊如齐聘，且请期。齐社[3]，蒐军实[4]，使客观之。陈文子曰："齐将有寇。吾闻之，兵不戢[5]，必取其族[6]。"

【注释】

〔1〕舟师：水军。 〔2〕军政：在军中颁发命令，规定赏罚。〔3〕社：在军中祭社神。 〔4〕军实：车徒及军器。 〔5〕戢：收藏。〔6〕取其族：使自己的族类受害。

秋，齐侯闻将有晋师，使陈无宇从蔿启彊如楚，辞[1]，且乞师。崔杼帅师送之，遂伐莒，侵介根[2]。

会于夷仪，将以伐齐，水，不克。

冬，楚子伐郑以救齐，门于东门，次于棘泽[3]。诸侯还救郑。

【注释】

〔1〕辞：指不再安排会见。 〔2〕介根：在今山东高密市东南。〔3〕棘泽：在今河南新郑市东南。

晋侯使张骼、辅跞致楚师，求御于郑[1]。郑人卜宛射犬吉[2]。子大叔戒之曰："大国之人，不可与也[3]。"对曰："无有众寡，其上一也[4]。"大叔曰："不然，部娄无松柏[5]。"二子在幄，坐射犬于外，既食而后食之。使御广车而行[6]，己皆乘乘车[7]。将及楚师，而后从之乘，皆踞转而鼓琴[8]。近，不告而驰之。皆取胄于囊而胄，入垒，皆下，搏人以投，收禽挟囚。弗待而出。皆超乘，抽弓而射。既免，复踞转而鼓琴，曰："公孙[9]！同乘，兄弟也，胡再不谋？"对曰："曩者志入而已，今则怯也。"皆笑，曰："公孙之亟也[10]。"

【注释】

〔1〕求御于郑：向郑国要求派遣驾车的人。因在郑国作战，郑国人熟悉地形、道路。　〔2〕宛射犬：郑大夫，食邑于宛，名射犬。〔3〕与：敌，抗礼。　〔4〕上：指在车左车右之上。　〔5〕部娄：小土山。　〔6〕广车：攻敌之车。　〔7〕乘车：平时所乘的战车。　〔8〕轸：车轸，即车后横木。　〔9〕公孙：宛射犬当为郑伯之孙。　〔10〕亟：急。

楚子自棘泽还，使薳启彊帅师送陈无宇。

吴人为楚舟师之役故，召舒鸠人[1]，舒鸠人叛楚。楚子师于荒浦[2]，使沈尹寿与师祁犁让之[3]。舒鸠子敬逆二子，而告无之，且请受盟。二子复命，王欲伐之。薳子曰："不可。彼告不叛，且请受盟，而又伐之，伐无罪也。姑归息民，以待其卒。卒而不贰，吾又何求？若犹叛我，无辞有庸[4]。"乃还。

【注释】

〔1〕舒鸠：楚属国，地在今安徽舒城县。　〔2〕荒浦：舒鸠国地。〔3〕沈尹寿、师祁犁：均为楚大夫。　〔4〕庸：功。

陈人复讨庆氏之党，鍼宜咎出奔楚。

齐人城郏[1]。穆叔如周聘，且贺城。王嘉其有礼也，赐之大路[2]。

【注释】

〔1〕郏：即郏鄏，周城。　〔2〕大路：天子所赐车的总名。

晋侯嬖程郑，使佐下军。郑行人公孙挥如晋聘[1]。

程郑问焉,曰:"敢问降阶何由[2]?"子羽不能对。归以语然明[3],然明曰:"是将死矣。不然将亡。贵而知惧,惧而思降,乃得其阶,下人而已,又何问焉?且夫既登而求降阶者,知人也,不在程郑。其有亡衅乎[4]?不然,其有惑疾,将死而忧也。"

【注释】
〔1〕公孙挥:郑大夫,字子羽。 〔2〕降阶:即降级。 〔3〕然明:即鬷蔑。 〔4〕亡衅:逃亡的迹象。

【译文】
[经]
二十四年春,叔孙豹去晋国。
仲孙羯率领军队侵袭齐国。
夏,楚康王攻打吴国。
秋七月甲子朔,发生日食,日全食。
齐崔杼率领军队攻打莒国。
发大水。
八月癸巳朔,发生日食。
襄公与晋平公、宋平公、卫殇公、郑简公、曹武公、莒犁比公、邾悼公、滕成公、薛伯、杞文公、小邾穆公在夷仪相会。
冬,楚康王、蔡景侯、陈哀公、许灵公攻打郑国。
襄公从会议回国。
陈鍼宜咎出逃到楚国。
叔孙豹去京师。
发生大饥荒。

[传]
二十四年春,穆叔去晋国。范宣子到郊外来迎接他,问他说:

"古人有句话说'死而不朽',这是说的什么?"穆叔没有回答。宣子说:"往昔匄的祖先,从虞舜以上,为陶唐氏,在夏朝是御龙氏,在商朝是豕韦氏,在周朝是唐杜氏,晋国主持中原诸侯盟会是我范氏,恐怕这就是'死而不朽'吧?"穆叔说:"根据豹所听到的,你所说的情况称为世禄,不是不朽。鲁国有先大夫臧文仲,死了后,他的言论世代流传,这种情况大概就是所谓不朽了吧?豹听说,最上等的是树立德行,次一等的是建立功业,再次一等的是树立言论,虽然死去很久但业绩长存,这种叫做不朽。至于保存姓、接受氏,用来守护宗庙,世代保持祭祀,没有一国没有这种情况。这是禄位中大的,不能够称做不朽。"

范宣子执掌晋国朝政,对诸侯加重征收贡品,郑国人不堪负担。二月,郑简公去晋国,子产写了一封信托随简公同行的子西交给范宣子。信中说:"您作为晋国的执政官,四邻各国没听见有人传颂您的美德,只听说您加重征收贡品,我对此难以理解。我听说君子掌管国家政事,不担心财物不足,只担心没有美好的声誉。如果诸侯的财宝都被收聚进晋国的国库,诸侯就会对晋国产生离异之心。如果这些财宝您私自占有了,晋国人民就会对您产生离异之心。诸侯有离异之心,晋国就不能保全。晋国人民有离异之心,您的家便不能保全。您为什么如此执迷不悟?要这些财宝干什么?好的声誉,是传播美德的工具。美德是国家的基础。有了好的基础,国家就不会衰亡,您为什么不尽力去谋求这一切呢?执政有美德,人民就快乐,人民快乐,国家就能长治久安。《诗》说:'得到君子真快乐,你是国家的根基。'这是称赞君子有美德。又说:'上帝监视着你,你不要有离异之心。'这是称赞君子有良好的声誉。以宽厚的心情来推行美德,良好的声誉便会随着美德四处传播,这样便远方会来归附,近处安居乐业。您愿意让人们说我们得以生存是出自您的恩赐,还是说您榨干了我们养肥了自己呢?大象因为有象牙而导致杀身,就是因为象牙是珍贵的财宝啊!"宣子觉得子产的话有道理,便下令减少各国进贡的数目。郑简公这次去晋国朝见,是为了贡品数目太多的缘故,同时请求攻打陈国。郑简公叩头,范宣子辞谢不敢接受大礼。子西任相礼,说:"因为陈国仗恃大国的宠爱而欺负侵略敝邑,寡君因此而请罪,岂敢不叩头。"

孟孝伯侵袭齐国,是为了晋国的缘故。

夏,楚康王率领水军攻打吴国,因为没有在军中颁发赏罚命令,没有取得成功而回兵。

齐庄公攻打了晋国后又为此害怕,打算与楚康王会见。楚康王派遣薳启彊去齐国聘问,同时商定会见日期。齐国人在军中祭祀社神,大规模检阅军队装备,让薳启彊参观。陈文子说:"齐国将受到侵犯。我听说,不收敛武器,一定会使自己的族类受到伤害。"

秋,齐庄公听说晋国军队将来攻打齐国,派陈无宇跟从薳启彊去楚国,取消会见,并乞求楚国出兵支援。崔杼率领军队护送,顺便攻打莒国,侵袭介根。

诸侯在夷仪相会,准备攻打齐国,正碰上发大水,没能付诸行动。

冬,楚康王攻打郑国以救援齐国,攻打郑都东门,驻扎在棘泽。诸侯还兵救援郑国。

晋平公派遣张骼、辅跞去向楚军挑战,二人向郑国请求派遣驾车的人。郑国人为此占卜,宛射犬吉利。子大叔告诫他说:"对大国的人你不能与他们抗礼。"宛射犬说:"对驾车的驭者来说,不管兵多兵少,在车上的地位总是比别人要高。"大叔说:"不对,小土丘上是长不出松柏来的。"张骼、辅跞在帐篷中休息,让宛射犬坐在帐篷外,自己吃好饭才让宛射犬吃。让宛射犬驾驭广车前进,自己都乘战车跟着。快要到达楚营,二人才乘宛射犬驾的车,全都蹲在车后横木上弹琴。车子逼近楚营,宛射犬不打招呼,急冲而进。张骼、辅跞这才从袋子中取出头盔戴好,进入楚军营垒,二人都跳下车,把楚兵抓起来扔出去,把俘虏捆好或挟在腋下。宛射犬这时又不打招呼趋车出楚营,二人都跳上车,抽出弓来射追兵。脱险后,二人又蹲在车后横木上弹琴,说:"公孙!同坐一辆战车,就是兄弟,你怎么连续两次自作主张而不商量一下?"宛射犬说:"那前一次是我一心想着冲进去,后一次是因为我害怕所以快点退出来。"二人听了都笑了起来,说:"公孙真是急性子,马上就报复我们。"

楚康王从棘泽回国,派蒍启彊率领军队护送陈无宇回国。

吴国人因为楚国水军侵犯吴国的缘故,说动舒鸠国人,舒鸠国人便背叛了楚国。楚康王陈兵荒浦,派沈尹寿和师祁犁去责备舒鸠国人。舒鸠国国君恭恭敬敬地迎接二人,告诉他们没有背叛楚国这回事,并且请求接受盟约。二人回去向楚康王汇报,楚康王想攻打舒鸠国。蒍启彊说:"不行。他们告诉我们说他们没叛变,并且请求接受盟约,而我们又攻打他们,这是攻打没有罪过的国家。姑且回国让人民休息,来等待结果。结果是他们没有背叛,我们又要求什么呢?如果他们仍然背叛我们,他们就无话可说,我们也就能建立功劳了。"楚军于是回国。

陈国人再次讨伐庆氏的同党,鍼宜咎出逃到楚国。

齐国人修筑周朝郏地的城墙。穆叔去周朝聘问,同时祝贺城墙竣工。周灵王表彰他有礼,赐给他大路。

晋平公宠爱程郑,命他辅佐下军。郑国的行人公孙挥去晋国聘问。程郑向他请教,说:"请问有什么途径能让我降级?"公孙挥回答不出,回国后告诉了然明。然明说:"这个人将要死了,不然的话,就将要逃亡。地位尊贵而知道戒惧,戒惧了而想要降级,由此得到适合自己的地位,这只须甘居人下而已,又问什么呢?再说既然已经登上高位而企求降级的人,是有智慧的人,程郑不属于这类人。大概已经有了要逃亡的预兆了吧?不是的话,恐怕他有疑心病,将要死去而为自己担忧。"

襄公二十五年

[经]

二十有五年春^[1]，齐崔杼帅师伐我北鄙。

夏五月乙亥，齐崔杼弑其君光。

公会晋侯、宋公、卫侯、郑伯、曹伯、莒子、邾子、滕子、薛伯、杞伯、小邾子于夷仪^[2]。

六月壬子，郑公孙舍之帅师入陈。

秋八月己巳，诸侯同盟于重丘^[3]。

公至自会。

卫侯入于夷仪^[4]。

楚屈建帅师灭舒鸠。

冬，郑公孙夏帅师伐陈。

十有二月，吴子遏伐楚^[5]，门于巢^[6]，卒。

【注释】

[1] 二十有五年：公元前548年。 [2] 晋侯：晋平公。宋公：宋平公。卫侯：卫殇公。郑伯：郑简公。曹伯：曹武公。莒子：莒犁比公。邾子：邾悼公。滕子：滕成公。杞伯：杞文公。小邾子：小邾穆公。 [3] 重丘：齐地。或谓在今山东聊城市东南，或谓在今德州市东北。 [4] 卫侯：卫献公。 [5] 吴子遏：吴王诸樊。 [6] 巢：在今安徽巢县

东北。

[传]

二十五年春,齐崔杼帅师伐我北鄙,以报孝伯之师也。公患之,使告于晋。孟公绰曰[1]:"崔子将有大志,不在病我,必速归,何患焉!其来也不寇[2],使民不严,异于他日。"齐师徒归[3]。

【注释】

〔1〕孟公绰:鲁大夫。 〔2〕不寇:不劫掠杀害。 〔3〕徒:空。

齐棠公之妻[1],东郭偃之姊也。东郭偃臣崔武子。棠公死,偃御武子以吊焉。见棠姜而美之,使偃取之。偃曰:"男女辨姓[2],今君出自丁[3],臣出自桓[4],不可。"武子筮之,遇《困》☷之《大过》☰[5]。史皆曰:"吉。"示陈文子,文子曰:"夫从风[6],风陨妻[7],不可娶也。且其繇曰:'困于石,据于蒺藜,入于其宫,不见其妻,凶。'困于石,往不济也。据于蒺藜,所恃伤也。入于其宫,不见其妻,凶,无所归也。"崔子曰:"嫠也何害?先夫当之矣。"遂取之。庄公通焉,骤如崔氏[8]。以崔子之冠赐人,侍者曰:"不可。"公曰:"不为崔子,其无冠乎?"崔子因是,又以其间伐晋也,曰:"晋必将报。"欲弑公以说于晋,而不获间。公鞭侍人贾举而又近之[9],乃为崔子间公。

【注释】

〔1〕棠公：棠邑大夫。棠，或云在今山东平度市东南。〔2〕辨：区别。〔3〕丁：齐丁公，太公子。〔4〕桓：齐桓公。东郭偃与崔杼均为齐宗室之后，同姓姜。〔5〕困之大过：《困》坎下兑上，其第三爻之六三变为九三，坎变为巽，即成《大过》。兑为少女，坎为中男，两者相配，故云皆吉。〔6〕夫从风：坎为中男，故曰夫。变为巽，巽为风，故曰从风。〔7〕风陨妻：兑在上，故象征坠落。〔8〕骤：屡。〔9〕贾举：庄公近臣有二贾举，一为侍人，一后死难。

夏五月，莒为且于之役故，莒子朝于齐。甲戌，飨诸北郭。崔子称疾不视事。乙亥，公问崔子，遂从姜氏。姜入于室，与崔子自侧户出。公拊楹而歌[1]。侍人贾举止众从者，而入闭门。甲兴。公登台而请，弗许。请盟，弗许。请自刃于庙，弗许。皆曰："君之臣杼疾病[2]，不能听命。近于公宫，陪臣干掫有淫者[3]，不知二命。"公逾墙，又射之，中股，反队[4]。遂弑之。贾举、州绰、邴师、公孙敖、封具、铎父、襄伊、偻堙皆死[5]。祝佗父祭于高唐[6]，至，复命，不说弁而死于崔氏[7]。申蒯侍渔者[8]，退，谓其宰曰："尔以帑免[9]，我将死。"其宰曰："免，是反子之义也。"与之皆死。崔氏杀鬷蔑于平阴[10]。

【注释】

〔1〕拊楹：敲打着柱子。〔2〕疾病：病重。〔3〕陪臣：臣子的臣子。干掫(zōu)：保卫巡夜。〔4〕反队：翻身跌入墙内。〔5〕杜注谓以上八人皆庄公宠爱的勇士。〔6〕高唐：在今山东高唐县附近。齐国有别庙在高唐。〔7〕说：同"脱"。弁：祭祀时所戴帽子。〔8〕侍渔者：掌管渔业的官。〔9〕帑：妻与子。〔10〕鬷蔑：庄公母党。平阴：在临淄附近，在今山东平阴县。

晏子立于崔氏之门外，其人曰："死乎？"曰："独吾君也乎哉，吾死也？"曰："行乎？"曰："吾罪也乎哉，吾亡也[1]？"曰："归乎？"曰："君死，安归？君民者，岂以陵民？社稷是主。臣君者，岂为其口实[2]？社稷是养。故君为社稷死，则死之；为社稷亡，则亡之。若为己死而为己亡，非其私昵[3]，谁敢任之？且人有君而弑之[4]，吾焉得死之，而焉得亡之？将庸何归？"门启而入，枕尸股而哭，兴[5]，三踊而出[6]。人谓崔子："必杀之！"崔子曰："民之望也！舍之，得民。"卢蒲癸奔晋[7]，王何奔莒。

【注释】

〔1〕亡：与上"行"同意，指逃往国外。〔2〕口实：指俸禄。〔3〕私昵：为个人所宠爱的人。〔4〕有君：立了君。庄公为崔杼所立。〔5〕兴：起来。〔6〕三踊：跳跃了三次，表示哀痛。〔7〕卢蒲癸：杜注谓与王何均为庄公党。

叔孙宣伯之在齐也[1]，叔孙还纳其女于灵公[2]。嬖，生景公。丁丑，崔杼立而相之。庆封为左相。盟国人于大宫[3]，曰："所不与崔、庆者……[4]"晏子仰天叹曰："婴所不唯忠于君利社稷者是与，有如上帝！"乃歃。辛巳，公与大夫及莒子盟。大史书曰："崔杼弑其君。"崔子杀之。其弟嗣书而死者，二人。其弟又书，乃舍之。南史氏闻大史尽死，执简以往。闻既书矣，乃还。

【注释】

〔1〕叔孙宣伯：即叔孙侨如，鲁大夫，成公十六年逃到齐国。〔2〕叔孙还：齐公子。〔3〕大宫：太公庙。〔4〕不与：不亲附。这句誓词未终，被晏子打断。

闾丘婴以帷缚其妻而载之[1]，与申鲜虞乘而出。鲜虞推而下之，曰："君昏不能匡，危不能救，死不能死，而知匿其昵，其谁纳之？"行及弇中[2]，将舍。婴曰："崔、庆其追我！"鲜虞曰："一与一[3]，谁能惧我？"遂舍，枕辔而寝，食马而食，驾而行。出弇中，谓婴曰："速驱之！崔、庆之众，不可当也[4]。"遂来奔。

【注释】

〔1〕闾丘婴：与申鲜虞均为庄公近臣。缚：包裹、遮掩。〔2〕弇中：在临淄西南，为两山间通道，长三百里。〔3〕一与一：一对一。因山道狭窄，只容一车，只能一对一交战。〔4〕杜注："道广，众得用，故不可当。"

崔氏侧庄公于北郭[1]。丁亥，葬诸士孙之里[2]，四翣[3]，不跸[4]，下车七乘[5]，不以兵甲。

【注释】

〔1〕侧：直接下葬，不殡于太庙。〔2〕士孙：人名。诸侯五月后葬，且当葬族墓，现速葬不入族墓，以示惩罚。〔3〕翣：长柄羽扇，是随葬车的仪仗。诸侯当用六翣。〔4〕跸：戒严清道。〔5〕下车：送葬之车。诸侯应用九辆，列甲兵。

晋侯济自泮，会于夷仪，伐齐，以报朝歌之役。齐人以庄公说[1],使隰鉏请成[2]。庆封如师,男女以班[3]。赂晋侯以宗器、乐器。自六正、五吏、三十帅、三军之大夫、百官之正长、师旅及处守者[4],皆有赂。晋侯许之。使叔向告于诸侯。公使子服惠伯对曰:"君舍有罪,以靖小国,君之惠也。寡君闻命矣!"

【注释】
〔1〕说:解释。 〔2〕隰鉏:齐大夫,隰朋之后。 〔3〕班:分开排列。 〔4〕六正:六卿。五吏:军尉、司马、司空、舆尉、候奄。三十帅:每军五师,每师正副帅各一人,三军共三十帅。三军之大夫:军中其他长官。百官之正长:朝廷各部门长官。师旅:各部属官。

晋侯使魏舒、宛没逆卫侯[1],将使卫与之夷仪。崔子止其帑,以求五鹿[2]。

初,陈侯会楚子伐郑[3],当陈隧者[4],井堙木刊。郑人怨之。六月,郑子展、子产帅车七百乘伐陈,宵突陈城[5],遂入之。陈侯扶其大子偃师奔墓,遇司马桓子,曰:"载余!"曰:"将巡城。"遇贾获[6],载其母妻,下之,而授公车。公曰:"舍而母!"辞曰:"不祥。"与其妻扶其母以奔墓,亦免。子展命师无入公宫,与子产亲御诸门。陈侯使司马桓子赂以宗器。陈侯免[7],拥社[8]。使其众,男女别而累,以待于朝。子展执絷而见,再拜稽首,承饮而进献[9]。子美入[10],数俘而出。祝祓社[11],司徒致民,司马致节,司空致地,乃还。

【注释】

〔1〕卫侯：指卫献公，于襄公十四年奔齐。〔2〕五鹿：卫地，在今河南濮阳县南。〔3〕陈侯：陈哀公。楚子：楚康王。〔4〕隧：道路。〔5〕宵突：夜间强攻。〔6〕贾获：陈大夫。〔7〕免：丧服。〔8〕拥社：抱着社神的牌位。〔9〕承饮：奉觞，捧着酒杯。〔10〕子美：杜注谓即子产。〔11〕袚社：祭社神，袚除不祥。

秋七月己巳，同盟于重丘，齐成故也。

赵文子为政[1]，令薄诸侯之币而重其礼。穆叔见之。谓穆叔曰："自今以往，兵其少弭矣[2]！齐崔、庆新得政，将求善于诸侯。武也知楚令尹[3]。若敬行其礼，道之以文辞，以靖诸侯，兵可以弭。"

【注释】

〔1〕赵文子：赵武。时士匄已死，赵武代之。〔2〕弭：止。〔3〕楚令尹：屈建，字子木。

楚薳子冯卒，屈建为令尹，屈荡为莫敖。舒鸠人卒叛楚。令尹子木伐之，及离城[1]。吴人救之，子木遽以右师先[2]，子彊、息桓、子捷、子骈、子盂帅左师以退。吴人居其间七日。子彊曰："久将垫隘[3]，隘乃禽也[4]，不如速战。请以其私卒诱之，简师陈以待我。我克则进，奔则亦视之，乃可以免。不然，必为吴禽。"从之。五人以其私卒先击吴师。吴师奔，登山以望，见楚师不继，复逐之。傅诸其军[5]，简师会之，吴师大败。遂围舒鸠，舒鸠溃。八月，楚灭舒鸠。

【注释】

〔1〕离城：在今安徽舒城县西。　〔2〕遽：急。　〔3〕垫隘：羸弱。〔4〕禽：同"擒"。　〔5〕傅：迫近。

卫献公入于夷仪。

郑子产献捷于晋，戎服将事[1]。晋人问陈之罪，对曰："昔虞阏父为周陶正[2]，以服事我先王[3]。我先王赖其利器用也[4]，与其神明之后也[5]，庸以元女大姬配胡公[6]，而封诸陈，以备三恪[7]。则我周之自出，至于今是赖[8]。桓公之乱[9]，蔡人欲立其出。我先君庄公奉五父而立之[10]，蔡人杀之。我又与蔡人奉戴厉公，至于庄、宣，皆我之自立。夏氏之乱[11]，成公播荡[12]，又我之自入，君所知也。今陈忘周之大德，蔑我大惠[13]，弃我姻亲，介恃楚众[14]，以冯陵我敝邑，不可亿逞[15]。我是以有往年之告。未获成命，则有我东门之役。当陈隧者，井堙木刊。敝邑大惧不竞[16]，而耻大姬[17]。天诱其衷，启敝邑心。陈知其罪，授手于我[18]。用敢献功！"晋人曰："何故侵小？"对曰："先王之命，唯罪所在，各致其辟[19]。且昔天子之地一圻[20]，列国一同[21]，自是以衰[22]。今大国多数圻矣，若无侵小，何以至焉？"晋人曰："何故戎服？"对曰："我先君武、庄，为平、桓卿士。城濮之役，文公布命，曰：'各复旧职[23]！'命我文公戎服辅王，以授楚捷，不敢废王命故也。"士庄伯不能诘[24]，复于赵文子。文子曰："其辞顺，犯顺不祥。"乃受之。

【注释】

　　〔1〕将事：处理政事。〔2〕陶正：主管陶器的官。〔3〕先王：指周武王。〔4〕赖：善，嘉奖。〔5〕神明：指舜。阏父为舜后。〔6〕庸：同"乃"，连词。胡公：阏父之子。〔7〕三恪：三敬。指封黄帝、帝尧、帝舜之后。见《礼记·乐记》。或谓指封虞、夏、商之后为三恪。〔8〕赖：赖周德庇护。〔9〕桓公之乱：指陈桓公卒，陈乱，蔡人立桓公子厉公。事在鲁桓公五年。〔10〕五父：五父佗，桓公弟，杀太子免而代之，郑庄公为定其位。〔11〕夏氏之乱：夏徵舒之乱，在宣公十年。〔12〕播荡：流离失所。〔13〕蔑：弃，灭。〔14〕介恃：凭仗。〔15〕亿逞：满足。〔16〕不竞：不强。〔17〕耻大姬：使太姬蒙受耻辱。〔18〕授手：即授首。〔19〕辟：刑。〔20〕一圻：方千里。〔21〕一同：方百里。〔22〕衰：差降。〔23〕旧职：指仍为王卿。〔24〕士庄伯：士弱。

　　冬十月，子展相郑伯如晋，拜陈之功[1]。子西复伐陈，陈及郑平。仲尼曰："《志》有之[2]：'言以足志，文以足言。'不言，谁知其志？言之无文，行而不远。晋为伯，郑入陈，非文辞不为功。慎辞哉！"

【注释】

　　〔1〕拜陈之功：拜谢晋国接受郑国献胜陈之功。〔2〕志：古书。

　　楚蒍掩为司马[1]，子木使庀赋[2]，数甲兵。甲午，蒍掩书土田：度山林[3]，鸠薮泽[4]，辨京陵[5]，表淳卤[6]，数疆潦[7]，规偃猪[8]，町原防[9]，牧隰皋[10]，井衍沃，量入修赋[11]。赋车籍马，赋车兵、徒兵甲楯之数。既成，以授子木，礼也。

【注释】

〔1〕蒍掩：蒍子冯之子。 〔2〕庀赋：征发赋税。 〔3〕度：度量。〔4〕鸠：聚集。薮：浅水地。泽：深水。 〔5〕辨：辨别。京：高地。陵：山陵。 〔6〕表：标识。淳卤：盐碱地。 〔7〕疆潦：易受水淹的地。〔8〕规：规划。偃猪：蓄水之地。 〔9〕町：划分田块。原防：杂边地。〔10〕隰皋：湿地，沼泽。 〔11〕赋：与籍均为税。

十二月，吴子诸樊伐楚，以报舟师之役。门于巢。巢牛臣曰："吴王勇而轻，若启之，将亲门。我获射之，必殪。是君也死，疆其少安。"从之。吴子门焉，牛臣隐于短墙以射之，卒。

楚子以灭舒鸠赏子木。辞曰："先大夫蒍子之功也[1]。"以与蒍掩。

【注释】

〔1〕蒍子：蒍子冯。

晋程郑卒。子产始知然明[1]，问为政焉。对曰："视民如子。见不仁者诛之，如鹰鹯之逐鸟雀也。"子产喜，以语子大叔[2]，且曰："他日吾见蔑之面而已，今吾见其心矣。"子大叔问政于子产。子产曰："政如农功，日夜思之，思其始而成其终。朝夕而行之，行无越思，如农之有畔[3]。其过鲜矣。"

【注释】

〔1〕去年然明预言程郑将死。 〔2〕子大叔：即游吉。 〔3〕畔：田埂。

卫献公自夷仪使与宁喜言[1]，宁喜许之。大叔文子闻之[2]，曰："乌乎！《诗》所谓'我躬不说，皇恤我后'者[3]，宁子可谓不恤其后矣。将可乎哉？殆必不可。君子之行，思其终也，思其复也[4]。《书》曰：'慎始而敬终，终以不困[5]，'《诗》曰：'夙夜匪解，以事一人[6]。'今宁子视君不如弈棋，其何以免乎？弈者举棋不定，不胜其耦[7]，而况置君而弗定乎？必不免矣。九世之卿族，一举而灭之，可哀也哉！"

【注释】
〔1〕与宁喜言：与宁喜商议要回都复位。〔2〕大叔文子：太叔仪。〔3〕所引诗见《诗·邶风·谷风》，又见《小雅·小弁》。说，今作"阅"，容。皇，暇。〔4〕复：下一次。〔5〕所引《书》见今《逸周书·常训篇》。〔6〕所引诗见《诗·大雅·烝民》。〔7〕耦：对手。

会于夷仪之岁[1]，齐人城郏。其五月，秦、晋为成。晋韩起如秦莅盟，秦伯车如晋莅盟[2]，成而不结[3]。

【注释】
〔1〕会于夷仪之岁：指襄公二十四年之会。按：本段原置下卷首二十六年之经前，为清眉目，依清武英殿本移于本年末。〔2〕伯车：秦伯弟，名鍼。〔3〕结：固。

【译文】
[经]
二十五年春，齐崔杼率领军队攻打我国北部边境。
夏五月乙亥，齐崔杼杀死他的国君光。

襄公与晋平公、宋平公、卫殇公、郑简公、曹武公、莒犁比公、邾悼公、滕成公、薛伯、杞文公、小邾穆公在夷仪相会。

六月壬子，郑公孙舍之率领军队攻入陈国。

秋八月己巳，诸侯一起在重丘结盟。

襄公从盟会回国。

卫献公进入夷仪。

楚屈建率领军队灭亡了舒鸠。

冬，郑公孙夏率领军队攻打陈国。

十二月，吴王诸樊攻打楚国，进攻巢邑城门，战死。

[传]

二十五年春，齐崔杼率领军队攻打我国北部边境，用以报复孟孝伯对他们的进攻。襄公为此担忧，派人去报告晋国。孟公绰说："崔杼将有大举措，目的不在于损害我国，必然很快回国，担忧些什么呢？他来到我国不行杀掠，驱使人民也不严厉，这都和往常不一样。"齐军空来了一场而回兵。

齐棠公的妻子，是东郭偃的姐姐。东郭偃是崔杼的家臣。棠公去世，东郭偃驾车送崔杼去吊唁。崔杼见到棠姜，为她的美貌所倾倒，让东郭偃把棠姜嫁给自己。东郭偃说："男女结婚先要辨明姓氏，现在您是丁公的后代，我是桓公的后代，同姓不能婚姻。"崔杼让人卜筮，得到《困》卦☱☵变成《大过》卦☱☴。史官都说吉利。崔杼把卦象给陈文子看，陈文子说："丈夫跟从着风，风把妻子吹落，不能娶她。再说这卦的繇词说：'被石头所困，在蒺藜中据守，进入了那个屋子，不见他的妻子，凶。'被石头所困，意味着去做了不会成功。在蒺藜中据守，意味着所依靠的对象会使你受伤。进入了那个屋子，不见他的妻子，凶，意味着要无家可归。"崔杼说："她是个寡妇，有什么妨碍？即使有，她的前夫已经承担了这凶兆的结果了。"于是娶棠姜为妻。齐庄公与棠姜通奸，频频出入崔家。庄公把崔杼的帽子赐给别人，侍者说："不能这样。"庄公说："不用崔氏的帽子，难道就没有别人的帽子可用吗？"崔杼由此怀恨庄公，又因为庄公钻晋国内乱的空子攻打晋国，崔杼认为晋国必定会来报复，想要杀死庄公来取悦晋国，但一时没有机会。庄公鞭打侍人贾举而又加以亲近，贾举于是为崔杼窥察机会。

夏五月，莒国由于去年齐国攻打且于的缘故，莒君犂比公到齐国朝见齐庄公。甲戌，齐庄公在北城设飨礼招待莒犂比公。崔杼推脱有病，不理政事。乙亥，齐庄公去探望崔杼，乘机又与姜氏调笑。姜氏进入内房，和崔杼一起从侧门走了出去。齐庄公敲着柱子唱歌，侍人贾举挡住庄公的随从不让进，自己进去，关上了门。埋伏的甲士拥了出来，要杀庄公。庄公登上高台请求饶命，甲士不答应。庄公请求结盟，还是不答应。庄公请求自己去太庙自杀，仍然不答应。甲士们都说："君王的下臣杼病得厉害，不能来听从君王的命令。这里离公宫很近，陪臣们只知保卫巡夜捉拿淫乱的人，不知道有其他命令。"庄公爬墙逃走，有人射了他一箭，射中大腿，他向后跌在墙内。众人于是把庄公杀了。贾举、州绰、邴师、公孙敖、封具、铎父、襄伊、偻堙全被杀死。祝佗父在高唐祭祀，回到都城，复命，没有脱掉弁帽就在崔氏家中被杀死。申蒯是掌管渔业的官，他退了出来，对自己的家宰说："你带着我的妻儿逃命去，我准备赴死。"他的家宰说："如果我逃命，这就违背了你所持的道义了。"与申蒯一起自杀。崔氏在平阴杀死了鬷蔑。

晏子站在崔杼家门外，他的随从问他："你准备去死吗？"晏子说："他只是我一个人的国君吗，我该为他死？"随从说："那么逃亡吗？"晏子说："他死是我的罪过吗，我要逃亡？"随从说："那么回去吗？"晏子说："国君已经死了，我回到哪里去？做人民君主的人，难道是用来陵驾在人民之上的吗？是让他来主持国政的。做君主的臣子的人，难道是为了自己的俸禄？是让他来治理国家的。所以国君为了国家而死，臣子就应该为他而死；国君是为了国家而逃亡，臣子就跟随他逃亡。如果国君是为自己个人而死，为自己个人而逃亡，不是他私人宠爱的人，谁胆敢承担这责任？而且别人立了国君又杀害了他，我岂能为他而死，又岂能为他而逃亡？但是我又能回到哪里去呢？"崔家把门打开，晏子进去，头枕在尸体的大腿上号哭，然后站起来，跳跃了三次后出去。有人对崔杼说："一定要杀了他！"崔杼说："他是人民爱戴的人，放过他，可以得到民心。"卢蒲癸逃往晋国，王何逃往莒国。

叔孙宣伯在齐国的时候，叔孙还把宣伯的女儿嫁给齐灵公，受到宠爱，生下景公。丁丑，崔杼立景公为国君而自己任首相，以庆封为左相，与国人在太公的庙中结盟，发誓说："如果不亲附崔氏、庆氏的……"晏子仰天叹息说："我晏婴如果不亲附对国君忠诚、对国家有利的人，有上帝作证！"于是歃血。辛巳，齐景公及大夫与莒犁比公结盟。太史记载说："崔杼杀害他的国君。"崔杼把他杀了。太史的弟弟接着这样写，先后又杀了两人。太史第三个弟弟仍然这样写，崔杼放过了他。南史氏听说太史全死了，拿着竹简前往，听说已经如实记载了，才回去。

间丘婴用帐幕裹藏妻子，装上车，与申鲜虞坐一辆车逃走。申鲜虞把间丘婴的妻子推下车去，说："国君昏聩不能匡正，危难不能救援，死去不能殉难，只知道藏匿自己的心爱的人，将有谁会接纳我们？"走到弇中隘道，准备停下歇息。间丘婴说："崔氏、庆氏恐怕在追赶我们！"申鲜虞说："一对一，谁能让我害怕？"于是就停下歇息，枕着马缰睡，喂饱了马然后自己用餐，套上马走路。走出弇中，申鲜虞对间丘婴说："现在要赶快走了！崔氏、庆氏人多，无法抵挡他们。"于是逃来我国。

崔杼直接把齐庄公葬埋在城北。丁亥，葬在士孙之里，用四柄长柄羽扇，不戒严清道，送葬的车只用七辆，不列甲兵。

晋平公渡过泮水，与诸侯在夷仪相会，攻打齐国，以报复朝歌战役。齐国人把罪责推在庄公身上，派隰鉏请求讲和。庆封到诸侯军中，男女分列捆绑。送给晋平公宗庙的祭器和乐器。晋国从六卿、五吏、三十帅、三军的大夫、百官的负责人、属官以及留守国内的人，都送上礼物。晋平公同意与齐国讲和，派叔向去通告诸侯。襄公派子服惠伯回答说："君王赦免有罪的人，用来安定小国，这是君王的恩惠。寡君听到命令了。"

晋平公派遣魏舒、宛没到齐国去接回卫献公，准备让卫国把夷仪给献公居住。崔杼扣留了卫献公的家属，要求得到五鹿。

起初，陈哀公会同楚康王攻打郑国。凡是陈国经过的道路，把井全给填没，将树木全都砍倒。郑国人对此怨恨。六月，郑子展、子产率领战车七百辆攻打陈国，夜间强攻陈都城，打进城中。

陈哀公扶着他的太子偃逃往墓地，碰到司马桓子，陈哀公叫道："让我上车！"桓子说："我要去巡察城墙。"又碰到贾获，车上装着他的母亲和妻子。贾获让他的母亲与妻子下车，把车子交给陈哀公。陈哀公说："别让你的母亲下车！"贾获推辞说："妇女同载不吉利。"与他的妻子扶着他母亲一起逃往墓地，也免于难。子展命令军队不要进入公宫，与子产亲自守卫在宫殿门口。陈哀公派司马桓子献给郑人宗庙的祭器。陈哀公穿着丧服，抱着社神的木主，让他手下众人分男女排列捆绑，在朝廷上等待处分。子展拿着绳子入朝与陈哀公相见，再次下拜叩头，捧着酒杯向陈哀公敬酒。子产入朝，清点了俘虏的人数后退出。郑国的祝史向社神祝告祓除不祥，司徒归还人民，司马归还符节，司空归还土地，于是就回国。

秋七月己巳，诸侯一起在重丘结盟，是由于与齐国和好的缘故。

赵文子执政，下令减轻诸侯的贡品而注重礼节。穆叔进见赵文子。赵文子对穆叔说："从今以后，战争大概可以稍微平息了！齐国崔氏、庆氏新近掌握国政，将会力求与诸侯改善关系。赵武我与楚令尹交好。如果恭敬地推行礼仪，用辞令作为引导，来安定诸侯，战争可以停止。"

楚蒍子冯去世，屈建任令尹，屈荡任莫敖。舒鸠人终于背叛了楚国，令尹屈建率军攻打它，到达离城。吴国人救援舒鸠，屈建急忙让右军先前进，子彊、息桓、子捷、子骈、子孟率领左军撤退。吴国人驻兵在楚左、右师之间，待了七天。子彊说："时间拖久了兵士将会疲惫衰弱，疲惫衰弱了就会被俘，不如速战。我请求带着我家族的军队去诱敌，你们挑选精兵列阵等着我。我如果打胜就前进，我败逃就看情况采取行动，这样才能免于失败。不然的话，定会被吴军俘虏。"屈建听从了他的建议。子彊等五人率领各自家族的军队先去攻击吴军。吴军败逃，登上山瞭望，见楚军没有后援，就转身追逐楚军。快接近楚军时，楚精兵和子彊等人的部队会合抗击，吴军大败。楚军乘势包围了舒鸠，舒鸠溃散。八月，楚军灭亡了舒鸠。

卫献公进入夷仪。

郑子产向晋国奉献从陈国缴获的物品，他穿着军服处理事务。晋国人质问陈国的罪状，子产回答说："往昔虞阏父任周陶正，为我们先王效劳。我们先王奖励他能制作器具、有利于日用，并且是虞舜的后代，于是把长女太姬许配给他儿子胡公，把他封在陈地，使他成为'三恪'之一。所以陈国是我们周朝的后代，一直到今天还赖周德庇护。桓公死后陈国动乱，蔡国人想立蔡女所生之子。我们先君庄公拥护五父而立他为君，蔡国人把他杀了。我国又与蔡国人拥戴厉公。一直到庄公、宣公，都是我们所立的。夏氏作乱，成公流离失所，又是我们帮助他回国，这是您所知道的。现在陈国忘记了周朝的大德，丢弃了我们的大恩，抛弃我们这姻亲，凭仗着楚国人多，以欺凌我敝邑，欲望没有止境。我国因此有去年请求攻打陈国的报告。报告未得批准，就又有了陈国进攻我国东门的战役。凡是陈国人经过的道路，井全被填塞，树木全被砍倒。敝邑十分害怕国家弱小，使太姬蒙受耻辱。幸亏上天厌恶他们，启动了敝邑攻打他们的想法。陈国认识到自己的罪过，任凭我们予以惩罚。因此我们大胆奉献上我们的俘获！"晋国人说："你们为什么进攻小国？"子产回答说："先王的命令，只要犯有罪过，就要各自给予处罚。再说过去天子的土地方圆千里，列国的土地方圆百里，依次递降。如今大国的土地多达数千里了，如果不是进攻小国，从哪里来这么多土地？"晋国人说："你为什么穿着军服处理事务？"子产回答说："我们先君武公、庄公，任周平王、桓王的卿士。城濮战役，贵国文公发布命令，说：'你们各自恢复原来的职务！'命令我国文公穿着军服辅佐周王，以接受楚国俘虏，我这样做正是不敢废除周王命令的缘故。"士庄伯无法反驳，向赵文子汇报。赵文子说："他言之有理，反对有理的人不吉利。"于是接受了郑国奉献的战利品。

冬十月，子展作为郑简公的相礼随郑简公去晋国，拜谢晋国接受郑国所献陈国的俘获品。子西再次攻打陈国，陈国与郑国讲和。孔子说："《志》上有这样的话：'言语用来完成愿望，文采用来完成言语。'不说话，谁知道他的愿望？说话没有文采，就流布不到远方。晋国作为诸侯的盟主，郑国攻入陈国，不是子产善于辞令这件事便不能成功。对言辞一定要慎重地使用啊！"

楚芳掩任司马，屈建让他征收赋税，清点盔甲兵器。甲午，芳掩记载土壤和田地的情况：度量山林的出产，聚集水泽的物品，区别高地山陵的情况，标识盐碱地的范围，计算易受水淹的低地面积，规划蓄水池的建立，划分杂边地，在沼泽地放牧，对平坦肥沃的土地实行井田制，根据收入计划制定赋税多少。向人民规定征收车辆马匹数，让人民按情况交纳车兵、步兵所用的兵器、盔甲和盾牌。完成后，把它交给屈建，这是合乎礼的。

十二月，吴王诸樊攻打楚国，以报复楚水军攻吴那次战争。吴兵攻打巢邑城门。巢牛臣说："吴王勇敢而轻率，如果打开城门，他会亲自冲进城来。我乘机射他，一定能把他射死。这个国君死了，我们的边疆就能略微安定一阵子了。"楚军主帅听从了他的意见。吴王冲进城门，牛臣躲在矮墙后射他，把他射死。

楚康王由于灭亡舒鸠而赏赐屈建。屈建辞谢说："这是先大夫芳子冯的功劳。"把赏赐让给了芳掩。

晋程郑去世。子产因此开始了解然明，向他询问治国的方针。然明回答说："把人民看作自己的儿子。见到不仁的人，就像老鹰追逐鸟雀一样毫不留情。"子产听了很高兴，把这事告诉子大叔，并且说："以往我只是了解然明的外表，如今我了解了他的内心。"子大叔向子产询问治国的道理。子产说："治理国家就像农民种田，日日夜夜想着它，想着怎么开始又想到怎么结果。早晨晚上都照所想的去做，所做的不超越所想到，就好比农田里有田埂一样。这样，过失就会很少了。"

卫献公从夷仪派人与宁喜商议复位的事，宁喜答应了他。太叔文子听说，说："啊呀！《诗》所说的'我自身尚且不为人容，怎能顾到我的后代'，这宁喜真称得上是不顾自己的后代了。这怎么可以呢？恐怕一定是不行的。君子行事，要考虑到结果，要想到下次可以援例。《书》说：'在开始时要慎重，在结束时要敬重，这样的结果才不会陷入困境。'《诗》说：'白天晚上不懈怠，全心全意事奉他。'如今宁喜对待国君慎重的程度还不如下棋，他怎么能免于祸难呢？下棋时举棋不定，就无法战胜他的对手，何况在安置国君这事上犹疑不决呢？他一定免不了遭到祸难了。九代相传的卿族，为此一下子被灭亡，真是可悲啊！"

在夷仪相会的那一年,齐国人为周郏城修筑城墙。这年五月,秦、晋和好。晋韩起去秦国参加盟会,秦伯车到晋国参加盟会,和好但关系不巩固。

春秋左传卷十八　襄公五

襄公二十六年

[经]

二十有六年春[1],王二月辛卯,卫宁喜弑其君剽[2]。

卫孙林父入于戚以叛。

甲午,卫侯衎复归于卫[3]。

夏,晋侯使荀吴来聘[4]。

公会晋人、郑良霄、宋人、曹人于澶渊[5]。

秋,宋公杀其世子痤[6]。

晋人执卫宁喜。

八月壬午,许男宁卒于楚。

冬,楚子、蔡侯、陈侯伐郑[7]。

葬许灵公。

【注释】

〔1〕二十有六年:公元前547年。〔2〕剽:卫殇公。〔3〕卫侯衎:卫献公。〔4〕晋侯:晋平公。荀吴:荀偃子。〔5〕澶渊:见襄公二十年注。〔6〕宋公:宋平公。〔7〕楚子:楚康王。蔡侯:蔡景侯。陈侯:陈哀公。

[传]

二十六年春，秦伯之弟鍼如晋修成[1]，叔向命召行人子员。行人子朱曰："朱也当御[2]。"三云，叔向不应。子朱怒，曰："班爵同[3]，何以黜朱于朝？"抚剑从之[4]。叔向曰："秦、晋不和久矣！今日之事，幸而集[5]，晋国赖之。不集，三军暴骨。子员道二国之言无私，子常易之[6]。奸以事君者，吾所能御也。"拂衣从之[7]。人救之[8]。平公曰："晋其庶乎[9]！吾臣之所争者大。"师旷曰："公室惧卑，臣不心竞而力争，不务德而争善，私欲已侈，能无卑乎？"

【注释】

〔1〕秦伯：秦景公。〔2〕当御：当值，当班。〔3〕班爵：职务地位。〔4〕抚：持。〔5〕集：成功。〔6〕易：相反。〔7〕拂衣：振衣，撩起衣服。〔8〕救：止。〔9〕庶：杜注："庶几于治。"

卫献公使子鲜为复[1]，辞。敬姒强命之[2]。对曰："君无信，臣惧不免。"敬姒曰："虽然，以吾故也。"许诺。初，献公使与宁喜言，宁喜曰："必子鲜在，不然必败。"故公使子鲜。子鲜不获命于敬姒[3]，以公命与宁喜言曰："苟反，政由宁氏，祭则寡人。"宁喜告蘧伯玉，伯玉曰："瑗不得闻君之出[4]，敢闻其入？"遂行，从近关出。告右宰穀，右宰穀曰："不可。获罪于两君，天下谁畜之[5]？"悼子曰[6]："吾受命于先人，不可以贰。"穀曰："我请使焉而观之。"遂见公于夷仪[7]。反曰："君淹恤在外十二年矣[8]，而无忧色，亦无宽言,犹夫人也。若不已,死无日矣。"悼子曰:"子鲜在。"右宰穀曰:"子鲜在,何益?多而能亡,于我何为?"悼子曰:"虽然,不可以已。"孙文子在戚[9],孙嘉聘于齐,孙襄居守。

【注释】
〔1〕子鲜:献公同母弟鱄。 〔2〕敬姒:献公母。 〔3〕不获命:谓未得明确指示。 〔4〕瑗:蘧伯玉名。不得闻君之出:指襄公十四年孙氏欲逐献公,蘧伯玉出走,从近关出事。 〔5〕畜:犹容。 〔6〕悼子:即宁喜。受命于先人事见襄公二十年。 〔7〕夷仪:本卫地,后入于晋,参襄公二十四年传。 〔8〕淹恤:避难。 〔9〕戚:孙氏采邑,故孙林父在戚。

二月庚寅,宁喜、右宰穀伐孙氏,不克。伯国伤[1]。宁子出舍于郊。伯国死,孙氏夜哭。国人召宁子,宁子复攻孙氏,克之。辛卯,杀子叔及大子角[2]。书曰:"宁喜弑其君剽。"言罪之在宁氏也。孙林父以戚如晋。书曰:"入于戚以叛。"罪孙氏也。臣之禄,君实有之。义则进,否则奉身而退,专禄以周旋,戮也[3]。甲午,卫侯入。书曰:"复归。"国纳之也。大夫逆于竟者,执其手而与之言。道逆者,自车揖之。逆于门者,颔之而已。

【注释】
〔1〕伯国:孙襄。 〔2〕子叔:即卫殇公剽。 〔3〕戮:谓罪可杀戮。

公至，使让大叔文子曰[1]："寡人淹恤在外，二三子皆使寡人朝夕闻卫国之言，吾子独不在寡人[2]。古人有言曰'非所怨勿怨'。寡人怨矣。"对曰："臣知罪矣！臣不佞，不能负羁绁，以从扞牧圉[3]，臣之罪一也。有出者，有居者，臣不能贰，通外内之言以事君，臣之罪二也。有二罪，敢忘其死？"乃行，从近关出。公使止之。

【注释】
〔1〕大叔文子：即大叔仪。〔2〕在：问候。〔3〕负羁绁以从扞牧圉：背着马缰绳、拉着马笼头跟随着保卫牛马。意即随献公出逃。参僖公二十八年注，这是当时常用语。

卫人侵戚东鄙，孙氏愬于晋，晋戍茅氏[1]。殖绰伐茅氏，杀晋戍三百人。孙蒯追之，弗敢击。文子曰："厉之不如[2]！"遂从卫师，败之圉[3]。雍鉏获殖绰。复愬于晋。

【注释】
〔1〕茅氏：杜注谓为戚邑的东部境。〔2〕厉：厉鬼。〔3〕圉：在今河南濮阳县东。

郑伯赏入陈之功。三月甲寅朔，享子展，赐之先路、三命之服[1]，先八邑[2]。赐子产次路、再命之服，先六邑。子产辞邑，曰："自上以下，降杀以两，礼也。臣之位在四，且子展之功也。臣不敢及赏礼，请辞邑。"

公固予之,乃受三邑。公孙挥曰:"子产其将知政矣!让不失礼。"

【注释】

〔1〕先路:路即辂,天子及诸侯所乘车,天子及诸侯亦以之赐卿大夫,据《尚书·顾命》及《礼记·郊特牲》,分大路、先路、次路三等。三命之服:参僖公三十三年注。 〔2〕先:古送礼,以轻礼为先,然后为重礼。此以路、服为邑之先。

晋人为孙氏故,召诸侯,将以讨卫也。夏,中行穆子来聘[1],召公也。

楚子、秦人侵吴,及雩娄[2],闻吴有备而还。遂侵郑,五月,至于城麇[3]。郑皇颉戍之,出,与楚师战,败。穿封戌囚皇颉,公子围与之争之,正于伯州犁。伯州犁曰:"请问于囚。"乃立囚。伯州犁曰:"所争,君子也,其何不知?"上其手[4],曰:"夫子为王子围,寡君之贵介弟也。"下其手,曰:"此子为穿封戌,方城外之县尹也。谁获子?"囚曰:"颉遇王子,弱焉[5]。"戌怒,抽戈逐王子围,弗及。楚人以皇颉归。

【注释】

〔1〕中行穆子:即荀吴。 〔2〕雩娄:在今河南商城县东。 〔3〕城麇:郑地,今不详何所。 〔4〕上其手:高举手。 〔5〕弱:抵挡不住。意为被擒。

印堇父与皇颉戍城麇[1],楚人囚之,以献于秦。郑人取货于印氏以请之,子大叔为令正[2],以为请。子产曰："不获。受楚之功而取货于郑，不可谓国。秦不其然。若曰：'拜君之勤郑国，微君之惠，楚师其犹在敝邑之城下。'其可。"弗从，遂行。秦人不予。更币[3]，从子产而后获之。

【注释】
〔1〕印堇父：郑大夫。　〔2〕令正：杜注谓主稿文件的官。　〔3〕更币：再派使者执礼物。

六月，公会晋赵武、宋向戌、郑良霄、曹人于澶渊以讨卫，疆戚田。取卫西鄙懿氏六十以与孙氏[1]。赵武不书，尊公也[2]。向戌不书，后也。郑先宋，不失所也[3]。于是卫侯会之。晋人执宁喜、北宫遗[4]，使女齐以先归[5]。卫侯如晋，晋人执而囚之于士弱氏[6]。

【注释】
〔1〕懿氏：在今濮阳县西北。六十：服虔注说是六十邑。古凡村庄均有土城堡，均称为邑，故邑之范围有时极小，《论语·公冶长》云"十室之邑"，可见其规模，未必都是大城邑。　〔2〕尊公：尊重国君。赵武为晋卿，依例当书，不书名，表示君臣不平等。　〔3〕不失所：郑注谓"如期至"。　〔4〕北宫遗：北宫括之子，谥成子。　〔5〕女齐：女叔齐，晋臣。　〔6〕士弱：晋主刑狱的大夫。

秋七月，齐侯、郑伯为卫侯故[1]，如晋，晋侯兼享之。晋侯赋《嘉乐》[2]。国景子相齐侯[3]，赋《蓼萧》[4]。子展相郑伯，赋《缁衣》[5]。叔向命晋侯拜二君曰："寡君敢拜齐君之安我先君之宗祧也，敢拜郑君之不贰也[6]。"

【注释】
〔1〕齐侯：齐景公。 〔2〕嘉乐：《诗·大雅》篇名。杜注谓取其"嘉乐君子，显显令德，宜民宜人，受禄于天"，表示对齐、郑二君的欢迎。 〔3〕国景子：国弱。 〔4〕蓼萧：《诗·小雅》篇名。取其中"既见君子，孔燕岂弟，宜兄宜弟"意，谓晋、郑兄弟，为卫说情。 〔5〕缁衣：《诗·郑风》篇名，取其中"适子之馆兮，还，予授子之粲兮"，谓请晋国允许二国之请。 〔6〕按：齐、郑二国为卫求情，叔向故意从另一角度理解，把齐所赋诗中有"既见君子，燕笑语兮，是以有誉处兮"理解成祝晋得宗庙之安；把郑所赋诗理解为进献衣服，忠心不二。

国子使晏平仲私于叔向，曰："晋君宣其明德于诸侯，恤其患而补其阙[1]，正其违而治其烦[2]，所以为盟主也。今为臣执君，若之何？"叔向告赵文子[3]，文子以告晋侯。晋侯言卫侯之罪，使叔向告二君。国子赋"辔之柔矣"[4]，子展赋"将仲子兮"[5]，晋侯乃许归卫侯。叔向曰："郑七穆[6]，罕氏其后亡者也。子展俭而壹。"

【注释】
〔1〕恤：忧心。 〔2〕烦：乱。 〔3〕赵文子：赵武。 〔4〕辔之柔矣：杜注谓逸诗，义取宽政以待诸侯，犹如柔辔之御刚马。 〔5〕将仲子兮：出《诗·郑风·将仲子》，取其中"人之多言，亦可畏兮"句。 〔6〕七穆：郑穆公的七个后代。时公孙舍之（子展）为罕氏，公孙夏（子西）为驷氏，公孙侨（子产）为国氏，良霄（伯有）为良氏，游吉（子太叔）为游氏，公孙段（子石）为丰氏，印段（伯石）为印氏。

初，宋芮司徒生女子[1]，赤而毛，弃诸堤下。共姬之妾取以入[2]，名之曰弃。长而美。平公入夕[3]，共姬与之食。公见弃也，而视之，尤[4]。姬纳诸御，嬖，生佐，恶而婉。大子痤美而很[5]，合左师畏而恶之[6]。寺人惠墙伊戾为大子内师而无宠[7]。

【注释】
〔1〕芮司徒：宋大夫。〔2〕共姬：宋伯姬，共公夫人。〔3〕入夕：傍晚入内问安。〔4〕尤：绝美。〔5〕很：狠，狠毒。〔6〕合左师：向戌。〔7〕内师：太子内宫宦官之长。

秋，楚客聘于晋，过宋。大子知之[1]，请野享之。公使往，伊戾请从之。公曰："夫不恶女乎？"对曰："小人之事君子也，恶之不敢远，好之不敢近。敬以待命，敢有贰心乎？纵有共其外[2]，莫共其内。臣请往也。"遣之。至，则歁[3]，用牲，加书，征之[4]，而骋告公曰："大子将为乱，既与楚客盟矣。"公曰："为我子，又何求？"对曰："欲速。"公使视之，则信有焉。问诸夫人与左师，则皆曰："固闻之。"公囚大子。大子曰："唯佐也能免我。"召而使请，曰："日中不来，吾知死矣。"左师闻之，聒而与之语[5]。过期，乃缢而死。佐为大子。公徐闻其无罪也，乃亨伊戾[6]。

【注释】
〔1〕知：相识。〔2〕共：同"供"，侍奉。〔3〕歁：同"坎"，挖坑。〔4〕征：验。〔5〕聒：絮语不止。〔6〕亨：同"烹"。

左师见夫人之步马者[1],问之,对曰:"君夫人氏也[2]。"左师曰:"谁为君夫人?余胡弗知?"圉人归,以告夫人。夫人使馈之锦与马,先之以玉,曰:"君之妾弃使某献。"左师改命曰[3]:"君夫人。"而后再拜稽首受之。

【注释】
〔1〕步马:遛马。 〔2〕君夫人:《论语·卫灵公》:"邦君之妻,……邦人称之曰君夫人。" 〔3〕改命:纠正使者传达的命词。

郑伯归自晋,使子西如晋聘,辞曰:"寡君来烦执事,惧不免于戾[1],使夏谢不敏[2]。"君子曰:"善事大国。"

【注释】
〔1〕戾:罪戾。杜注谓"言自惧失敬于大国而得罪"。 〔2〕夏:子西名。

初,楚伍参与蔡太师子朝友[1],其子伍举与声子相善也[2]。伍举娶于王子牟[3],王子牟为申公而亡,楚人曰:"伍举实送之[4]。"伍举奔郑,将遂奔晋。声子将如晋,遇之于郑郊,班荆相与食[5],而言复故。声子曰:"子行也!吾必复子。"及宋向戌将平晋、楚,声子通使于晋。还如楚,令尹子木与之语,问晋故焉[6]。且曰:"晋大夫与楚孰贤?"对曰:"晋卿不如楚,其大夫则贤,皆卿材也。如杞、梓、皮革,自楚往也。虽楚有材,晋实用之。"子木曰:"夫独无族姻乎[7]?"对曰:"虽有,而用楚材实多。归生闻之:'善为国者,赏不僭而刑不滥[8]。'赏僭,则惧及淫人[9];刑滥,则惧及善人。若不幸而过,宁僭无滥。与其失善,宁其利淫。无善人,则国从之[10]。《诗》曰:'人之云亡,邦国殄瘁[11]。'无善人之谓也。故《夏书》曰[12]:'与其杀不辜,宁失不经[13]。'惧失善也。《商颂》有之曰:'不僭不滥,不敢怠皇。命于下国,封建厥福[14]。'此汤所以获天福也。古之治民者,劝赏而畏刑[15],恤民不倦。赏以春夏,刑以秋冬。是以将赏,为之加膳,加膳则饫赐[16],此以知其劝赏也。将刑,为之不举[17],不举则彻乐,此以知其畏刑也。夙兴夜寐,朝夕临政,此以知其恤民也。三者,礼之大节也。有礼无败。今楚多淫刑,其大夫逃死于四方,而为之谋主,以害楚国,不要救疗,所谓不能也[18]。"

【注释】
〔1〕子朝:文公子。 〔2〕声子:子朝之子,即公孙归生。 〔3〕王子牟:曾为申公。 〔4〕送:护送。 〔5〕班荆:扯草铺地而坐。 〔6〕故:事。 〔7〕夫:彼,指晋。族姻:同宗亲戚。 〔8〕僭:僭越,泛滥。 〔9〕淫:邪。 〔10〕从之:跟随受害。 〔11〕所引诗见《诗·大雅·瞻卬》。殄,尽。瘁,病。 〔12〕夏书:杜注:"逸书。" 〔13〕不经:不守正法的人。 〔14〕所引诗见《诗·商颂·殷武》。皇,暇。封,大。 〔15〕劝:乐。 〔16〕饫:饱。饫赐,以剩余的赏赐。 〔17〕不举:减膳。 〔18〕不能:不能用其材。

"子仪之乱[1],析公奔晋。晋人置诸戎车之殿[2],

以为谋主。绕角之役[3]，晋将遁矣，析公曰：'楚师轻窕，易震荡也。若多鼓钧声，以夜军之，楚师必遁。'晋人从之，楚师宵溃。晋遂侵蔡，袭沈，获其君；败申、息之师于桑隧，获申丽而还。郑于是不敢南面。楚失华夏，则析公之为也。

【注释】

〔1〕子仪之乱：在文公十四年。〔2〕戎车之殿：国君的兵车后。〔3〕绕角之役：见成公六年。

"雍子之父兄谮雍子，君与大夫不善是也[1]，雍子奔晋。晋人与之鄐[2]，以为谋主。彭城之役[3]，晋、楚遇于靡角之谷。晋将遁矣，雍子发命于军曰：'归老幼，反孤疾，二人役，归一人，简兵蒐乘，秣马蓐食，师陈焚次[4]，明日将战。'行归者而逸楚囚，楚师宵溃。晋降彭城而归诸宋，以鱼石归[5]。楚失东夷，子辛死之，则雍子之为也。

【注释】

〔1〕不善是：不裁定是非曲直。〔2〕鄐（chù）：在今河南温县附近。〔3〕彭城之役：见成公十八年。〔4〕焚次：烧毁营帐。〔5〕以鱼石归：见襄公元年。

"子反与子灵争夏姬[1]，而雍害其事[2]，子灵奔晋。晋人与之邢，以为谋主，扞御北狄，通吴于晋，教吴叛楚，教之乘车、射御、驱侵，使其子狐庸为吴行人焉。吴于是伐巢，取驾[3]；克棘，入州来[4]。楚罢于奔命[5]，至今为患，则子灵之为也。

【注释】
〔1〕子灵：即巫臣，屈氏。争夏姬：事见成公二年。〔2〕雍害：阻碍，破坏。〔3〕伐巢取驾：见成公十七年。〔4〕克棘、入州来：参成公七年传。棘，在今河南永城市南。〔5〕罢：同"疲"。

"若敖之乱[1]，伯贲之子贲皇奔晋[2]。晋人与之苗，以为谋主。鄢陵之役[3]，楚晨压晋军而陈，晋将遁矣。苗贲皇曰：'楚师之良，在其中军王族而已。若塞井夷灶，成陈以当之，栾、范易行以诱之[4]，中行、二郤必克二穆[5]，吾乃四萃于其王族，必大败之。'晋人从之，楚师大败，王夷师熸[6]，子反死之。郑叛吴兴，楚失诸侯，则苗贲皇之为也。"

【注释】
〔1〕若敖之乱：见宣公四年。〔2〕伯贲：宣公四年作"伯棼"。〔3〕鄢陵之役：见成公十六年。〔4〕栾、范易行：谓当时中军主将栾书、士燮率私族兵出列诱敌。易行，改变行列，中军本夹国君而行。〔5〕中行、二郤：荀偃、郤锜、郤至。二穆：楚穆王之后子重、子辛，二人分别将左、右军。〔6〕夷：伤。共王伤目。熸：火灭，此指军威士气不震。

子木曰："是皆然矣。"声子曰："今又有甚于此。椒举娶于申公子牟[1]，子牟得戾而亡，君大夫谓椒举：'女实遣之！'惧而奔郑，引领南望曰：'庶几赦余！'亦弗图也[2]。今在晋矣，晋人将与之县，以比叔向。彼若谋害楚国,岂不为患?"子木惧,言诸王,益其禄爵而复之。声子使椒鸣逆之[3]。

【注释】
〔1〕椒举:即伍举。 〔2〕弗图:言楚不以为意。 〔3〕椒鸣:伍举之子,伍奢之弟。

许灵公如楚,请伐郑,曰:"师不兴,孤不归矣!"八月,卒于楚。楚子曰:"不伐郑,何以求诸侯?"冬十月,楚子伐郑。郑人将御之。子产曰:"晋、楚将平,诸侯将和,楚王是故昧于一来[1]。不如使逞而归,乃易成也。夫小人之性,衅于勇[2],啬于祸[3],以足其性而求名焉者,非国家之利也,若何从之?"子展说,不御寇。十二月乙酉,入南里[4],堕其城。涉于乐氏[5],门于师之梁[6]。县门发,获九人焉。涉于汜而归[7],而后葬许灵公。

【注释】
〔1〕昧:冒昧。 〔2〕衅于勇:凭血气之勇。 〔3〕啬于祸:贪于祸,即唯恐不乱。 〔4〕南里:在今河南新郑市南。 〔5〕乐氏:亦在新郑,为洧水渡口。 〔6〕师之梁:郑城门。 〔7〕汜:南汜,在今河南襄城县南。

卫人归卫姬于晋,乃释卫侯。君子是以知平公之失政也。

晋韩宣子聘于周[1]。王使请事[2],对曰:"晋士起将归时事于宰旅[3],无他事矣。"王闻之曰:"韩氏其昌阜于晋乎！辞不失旧。"

【注释】
〔1〕韩宣子：韩起。　〔2〕王：周灵王。请事：即问事，请使者说明来意。　〔3〕士：天子之士分三等，上士三命，地位同诸侯的卿。韩起为晋卿，故自称为士。时事：四时贡品。宰旅：冢宰的下士。犹称左右、职事。

齐人城郏之岁[1]，其夏，齐乌馀以廪丘奔晋[2]，袭卫羊角[3]，取之。遂袭我高鱼[4]，有大雨，自其窦入[5]，介于其库[6]，以登其城，克而取之。又取邑于宋。于是范宣子卒，诸侯弗能治也。及赵文子为政，乃卒治之。文子言于晋侯曰："晋为盟主，诸侯或相侵也，则讨而使归其地。今乌馀之邑，皆讨类也，而贪之，是无以为盟主也。请归之！"公曰："诺。孰可使也？"对曰："胥梁带能无用师[7]。"晋侯使往。

【注释】
〔1〕城郏之岁：在襄公二十四年。　〔2〕乌馀：齐大夫。廪丘：在今山东范县。　〔3〕羊角：在今山东郓城县与范县交界处。　〔4〕高鱼：在今郓城县北。　〔5〕窦：城墙的出水洞。　〔6〕介：取甲。　〔7〕胥梁带：晋大夫，胥甲父之孙。

【译文】

[经]

二十六年春，周历二月辛卯，卫宁喜杀死他的国君剽。
卫孙林父进入戚地发动叛乱。
甲午，卫献公衎重新回到卫国为国君。

夏，晋平公派荀吴来我国聘问。
襄公与晋国人、郑良霄、宋国人、曹国人在澶渊相会。
秋，宋平公杀死他的太子痤。
晋国人拘禁卫宁喜。
八月壬午，许灵公宁在楚国去世。
冬，楚康王、蔡景侯、陈哀公攻打郑国。
安葬许灵公。

[传]

二十六年春，秦景公的弟弟鍼到晋国议和，叔向命令召唤行人子员接待他。行人子朱说："应该是我当班。"说了三次，叔向不理他。子朱发怒，说："我职务地位都与子员相同，干吗在朝廷上黜退我？"拿起剑跟了上去。叔向说："秦国与晋国不和已经很长时间了！今天的事情，有幸能成功，我们晋国赖以安定；不成功的话，军队就会在战场上暴尸露骨。子员通达两国之间的话不存私心，你却经常违背原意。侍奉君王邪恶不法的人，我是有办法解决的。"撩起衣服迎了上去。众人劝开了。晋平公说："晋国差不多要大治了吧！我的臣子所争执的是大事。"师旷说："公室害怕的是地位卑下。臣子们不以心智竞争而付诸武力，不致力于培养道德而争执是非，私欲已经膨胀，公室的地位能够不卑下吗？"

卫献公派子鲜操办复位的事，子鲜拒绝了。敬姒一定要他去。子鲜回答说："国君没有信用，下臣害怕难以免除祸难。"敬姒说："尽管如此，看在我的面上你去办吧。"子鲜答应了。起初，献公的使者与宁喜商量这事，宁喜说："一定要子鲜办，不然的话一定会失败。"所以献公派遣子鲜。子鲜没从敬姒那儿得到具体指示，所以向宁喜传达献公的命令说："如果回国，国政由宁氏主持，祭祀则由寡人主持。"宁喜把这事告诉蘧伯玉，伯玉说："我没有听说国君出逃的事，又岂敢听到他的进入？"于是就出走，从最近的边关出境。宁喜把这事告诉右宰穀，右宰穀说："不能这样做。得罪了两个国君，天下还有谁会收容你？"宁喜说："我接受了先人的命令，不能够违背。"右宰穀说："我请求出使去观察一下。"于是去夷仪进见献公。回来后说："君王在外避难已经十二年了，却没有忧虑的神色，也没有宽容的言语，他还是那副老样子。如不停止原计划，我们离死的日子不远了。"宁喜说："有子鲜在。"右宰榖说："有子鲜在，又有什么用处？他至多不过能够逃亡而已，对我们又能做什么？"宁喜说："尽管如此，不能停下来。"这时孙林父住在戚邑，孙嘉去齐国聘问，孙襄留守都城。

　　二月庚寅，宁喜、右宰榖攻打孙氏，没能攻下。孙襄受伤。宁喜出城，住在郊外。孙襄死去，孙家的人在晚上号哭。国人召唤宁喜，宁喜再次攻打孙氏，攻了下来。辛卯，杀死卫殇公以及太子角。《春秋》记载说："宁喜杀死他的国君剽。"是说罪过在于宁氏。孙林父带着戚邑投奔晋国。《春秋》记载说："进入戚地发起叛乱。"是归罪于孙氏。臣子的俸禄是君王所有，合于道义就进身出仕，不然的话就保全自己退出禄位，把俸禄看作私有并以此与人周旋，是应该受到诛戮的。甲午，卫献公回国，《春秋》记载说："复归。"是因为国人承认了他的复位。在边境迎接的大夫，献公就拉着他的手和他谈话。在大路上迎接的人，献公就站在车上向他行礼。在门口迎接他的，献公只是点头示意而已。

　　献公到达都城，派人责备太叔文子说："寡人避难在外，各位大夫都让寡人及时听到卫国的消息，只有你从不问候寡人。古人有句话说'不该怨恨的不要怨恨'，寡人对你怨恨了。"太叔文子回答说："臣子知罪了！臣不才，不能够跟随君王出逃在外，这是臣子的第一条罪过。国家有出逃在外的国君，有在国内的国君，臣子不能够脚踩两只船，传递内外的消息来事奉君王，这是臣子的第二条罪过。有这样两项罪过，岂敢忘记一死？"于是就出走，从最近的关口出境。献公派人留住了他。

　　卫国人侵袭戚邑东部边境，孙林父向晋国控诉，晋国派人戍守茅氏。殖绰攻打茅氏，杀死了晋国守军三百人。孙蒯追击殖绰，却不敢攻击他。孙林父说："你真是连厉鬼都不如！"孙蒯于是追上卫军，在圉地打败了他们。雍鉏俘获了殖绰。孙氏再次向晋国控诉。

　　郑简公赏赐攻入陈国的功劳。三月甲寅朔，设享礼宴请子展，赐给他先路、三命的车服，然后赐给他八座城邑。赐给子产次路、再命的车服,然后赐给他六座城邑。子产推辞接受城邑,说:"从上到下,依法以二数递减,这是礼的规定。下臣排位第四,再说这是子展的功劳,下臣不敢接受赏赐与礼仪,请求辞去城邑。"郑简公坚持让他收下,于是接受了三座城邑。公孙挥说:"子产恐怕要担任执政了!他谦让而不失礼。"

晋国人为了孙氏的缘故,召集诸侯,打算攻打卫国。夏,荀吴来我国聘问,是为了召请襄公赴会。

楚康王、秦国人侵袭吴国,到达雩娄,听说吴国已经有了准备,便回兵。顺道侵袭郑国,五月,到达城麇。郑皇颉戍守城麇,出城,与楚兵交战,战败。穿封戌逮住了皇颉,公子围与他争功,请伯州犁裁定。伯州犁说:"请问一下俘虏。"于是押来俘虏站在阶下。伯州犁说:"所争夺的对象是你,你是个君子,还有什么不明白的?"高举起手指着公子围说:"这个人是王子围,是寡君的尊贵的弟弟。"手向下指着穿封戌,说:"这个人是穿封戌,是方城外的县尹。是谁把你俘虏的?"皇颉说:"我碰到王子,战他不过被擒。"穿封戌大怒,抽出戈来追赶公子围,没能赶上。楚国人带着皇颉回国。

印堇父与皇颉一起戍守城麇,楚国人把他囚禁了,献给秦国。郑国人问印氏索取了财货打算去秦国请求赎回印堇父,子太叔担任令正,照这意思为他们拟定了文书。子产说:"这样写肯定换不回印堇父。秦国接受了楚国的俘虏却收郑国的财物,不能说合乎国体,秦国一定不会这样做。如果说:'拜谢君王帮助郑国,如果不是君王施恩,楚国的军队恐怕仍然在敝邑的城下。'这样说也许可以成功。"子太叔不听从,到了秦国,秦国人不同意释放。再派使者带着一般的礼物去秦国,按照子产的话说,然后得到了印堇父。

六月,襄公与晋赵武、宋向戌、郑良霄、曹国人在澶渊相会,以讨伐卫国,划定戚邑的疆界。划取卫国西部边境懿氏的六十个城邑给孙氏。《春秋》不记载赵武的名字,是为了尊重襄公。不记载向戌的名字,是因为他迟到了。把郑国排在宋国前面,是因为郑国准时到达。这时候卫献公也到会,晋国人拘禁了宁喜、北宫遗,派女齐把他们先带回晋国。卫献公去晋国,晋国人拘捕他并把他关押在士弱的家里。

秋七月,齐景公、郑简公为了卫献公的事,去晋国,晋平公设享礼一起招待他们。晋平公赋《嘉乐》。国景子任齐景公相礼,赋《蓼萧》。子展任郑简公相礼,赋《缁衣》。叔向命晋平公拜谢二国国君说:"寡君谨此拜谢齐国国君安定我国先君的宗庙,谨此拜谢郑国国君对我国忠心耿耿。"

国景子让晏平仲私下去对叔向说:"晋君在诸侯中宣扬他的美好的德行,同情他们的患难而补救他们的缺失,纠正他们的错误而治理他们的动乱,因此才能做盟主。如今他为了臣子而逮捕诸侯,这是为什么?"叔向把这话告诉了赵文子,赵文子又报告了晋平公。晋平公数说卫献公的罪状,让叔向告诉齐、郑二国国君。国景子赋"辔之柔矣"这首诗,子展赋"将仲子兮"这首诗,晋平公于是答应释放卫献公。叔向说:"郑穆公的七支后代,罕氏大概是最后灭亡的。子展俭朴而专一。"

起初,宋芮司徒生了个女儿,皮肤鲜红,全身长满毛,芮司徒把她抛弃在大堤下。共姬的侍妾把她捡回来,取名为弃,长大后容貌十分艳丽。宋平公有次傍晚入后宫给共姬请安,共姬留他吃饭。平公见弃的面貌后惊为天人,共姬就把弃给平公作侍妾。弃很得平公宠爱,生了佐,长相丑恶而性格温和。太子痤相貌英俊但性格残忍,左师向戌对他又怕又恨。宦官惠墙伊戾是太子的内师,但不得宠。

秋,楚国的使者去郑国聘问,途经宋国。太子痤与楚使是老相识,便请示宋平公要在野外设享礼招待楚使。平公同意派他前往,伊戾请求跟太子一起去。宋平公说:"太子不是不喜欢你吗?"伊戾说:"小人侍奉君子的规矩是,他讨厌你,你不应该离得太远;他喜欢你,你不应该过分亲近。恭敬地等候指令,怎么敢有丝毫怨恨离异之心呢?太子出外,外面即使有人侍候,身边的人总不可少,所以臣子请求前往。"宋平公同意了。伊戾到了郊外,挖了个坑,杀了只牲口作牺牲,又放了份盟书在牲口上,又检查一遍,然后飞马入宫,报告平公说:"太子将造反,已经与楚国的使者结盟了。"平公说:"他是我的继承人,还求什么呢?"伊戾说:"他不过想早点登基罢了。"平公派人去查看,果如伊戾所说。平公问夫人弃及向戌是否知道太子有反意，二人都回答确实听说过。平公于是把太子囚禁起来。太子对人说："只有佐能够帮助我免于祸难。"叫人去请佐来，并说："如果他中午不来，我就只好自求一死了。"向戌听说了，就去和佐闲聊，有意拖延时间。中午过了，太子就上吊自杀了。平公立佐为太子。平公渐渐觉察到太子无罪，便把伊戾煮死。

向戌见到夫人弃的养马人在遛马，便问他是谁的马，那人回答说："是君夫人的马。"向戌有意问："谁是君夫人？我怎么不知道？"养马人回宫后，把向戌的话告诉了夫人。夫人便派人先给向戌送去玉，又送去锦缎与马匹，令使者说："国君的侍妾弃派我把这些东西送给您。"向戌命来人改口称弃为"君夫人"，然后再次下拜叩头，接受了礼物。

郑简公从晋国回到国内，派子西去晋国聘问，致辞说："寡君来麻烦执事，害怕失敬而难以免除罪戾，特派夏来表示歉意。"君子说："郑国善于和大国打交道。"

起初，楚伍参与蔡太师子朝是好友，他的儿子伍举与声子关系融洽。伍举娶王子牟的女儿为妻，王子牟任申公时获罪逃亡，楚国人说："是伍举护送他逃走的。"伍举便逃往郑国，准备再逃往晋国。声子在赴晋途中，与伍举在郑国郊外相遇，扯下草铺在地上一起吃东西，谈到回楚国去的事。声子说："你走吧，我一定想法让你回国。"到了宋向戌准备调解晋、楚两国关系，声子出使到晋国。回国后去楚国，楚令尹子木与他交谈，询问晋国的情况，并问："晋大夫与楚大夫哪个贤明？"声子回答说："晋国的卿比不上楚国，它的大夫却贤明，都是任卿的人才。譬如杞木、梓木、皮革，是从楚国运去的，虽然楚国有良材，晋国却使用了它们。"子木说："他们难道没有同宗和亲戚吗？"声子说："虽然有，但是用楚国的人才确实很多。归生我听说：'善于治理国家的人，赏赐不过分而刑罚不滥用。'赏赐过分了，就恐怕奖励了坏人；刑罚过滥了，就恐怕牵连好人。如果不幸而发生差错，宁可多赏而不滥罚。与其对好人处理不当，宁可让坏人沾光。没有好人，那么国家也就跟着受害。《诗》说：'良臣贤士都跑光，国家就要受灾殃。'说的就是国家没有好人。所以《夏书》说：'与其杀害没有罪的人，还不如放过了有罪的人。'这是害怕失去好人。《商颂》有这样的话说：'不敢过分不敢滥，不敢偷闲与怠慢。天子命令你下国，大力兴建他福禄。'这就是汤所以获得上天赐福的原因。古代治理人民的人，乐于赏赐而警畏使用刑罚，为人民操心不知疲倦。在春夏进行赏赐，在秋冬施行刑罚。因此将要颁赏，为此而加膳，加膳以后就可以把剩余的食品赏赐别人，通过这让人们知道他乐于赏赐。将要施刑，为此而减膳，减膳就要撤去音乐，通过这让人们知道他畏惧用刑。早起晚睡，早晨和晚上都亲自临朝办理国事，通过这让人们知道他为人民操心。这三件事，是礼仪的大关键。实施礼仪就不会失败。如今楚国滥用刑罚的很多，它的大夫们逃命到四方国家，而做他们的谋士替主人出谋划策，以危害楚国，至于无法挽回救治，这就是楚国不能用自己的人才的原因。

"子仪发动叛乱，析公逃到晋国。晋国人把他安排在国君戎车的后面，让他做谋士出谋划策。绕角战役，晋军将要逃走了，析公说：'楚军轻佻，容易被震撼。如果增加鼓乐声，在晚上全军出击，楚军必然逃跑。'晋国人听从了他的建议，结果楚军夜间溃败。晋国接着就侵袭蔡国，袭击沈国，擒获了沈国的国君；在桑隧打败了申邑、息邑的军队，擒获了申丽而回国。郑国在那时再不敢服从他南面的楚国。楚国丧失中原诸侯，这是析公起的作用。

"雍子的父亲和哥哥诬陷雍子，国君与大夫不为他们裁定是非曲直，雍子逃往晋国。晋国人给雍子鄐地，让他作谋士出谋划策。彭城战役，晋、楚两军在靡角之谷相遇。晋军将要逃走了，雍子在军中发布命令说：'遣回老兵和年幼的，送走独子和病人，有两个人一起服役的回去一个，精选徒兵，检阅车兵，喂饱马匹，让兵士吃饱，排列阵势，烧毁军营，明天将决战。'让该回去的人上路，放跑楚军俘虏，楚军害怕，在夜间溃散。晋军降服彭城而把彭城还给宋国，押着鱼石回国。楚国丧失了东夷，子辛为此而死，这是雍子所起的作用。

"子反与子灵争抢夏姬，子反又破坏子灵的婚事，子灵逃到了晋国。晋国人给子灵邢地为封邑，用他做谋士出谋划策。子灵献计抵御北狄，与吴国通好，教吴国背叛楚国，教他们乘车、射箭、驾车作战，派他的儿子狐庸任吴行人。吴国在那时攻打巢地，占领驾地，攻克棘地，进入州来。楚国疲于奔命，一直到今天吴国还是祸患，这是子灵所起的作用。

"若敖氏叛乱，伯贲的儿子贲皇逃到晋国。晋国人给他苗地为封邑，用他做谋士出谋划策。鄢陵战役，楚军清晨迫近晋军摆开阵势，晋国人将要逃走了。苗贲皇说：'楚军的精良，在于他们的中军和楚王的禁卫军而已。如果填塞营中水井，铲平灶头，排列成阵以抵挡他们，栾书、士燮改变行列去挑战诱敌，中行、二郤一定能战胜楚左右军的子重、子辛，我们再把四军集中起来对付楚中军禁卫军，一定能把他们打得大败。'晋国人听从了他的计谋，楚军大败，楚王受伤，军队士气低落，子反为此而死。郑国叛变，吴国兴起，楚国失去诸侯，这是苗贲皇所起的作用。"

子木说："你说的情况确实如此。"声子说："现在还有比这更厉害的。伍举娶了申公子牟的女儿为妻，子牟得罪逃亡，国君和大夫都说伍举：'是你把他送走的！'伍举害怕，因而逃到郑国，他伸长了脖子朝南望，说：'也许可以赦免我！'可楚国不以为意。如今伍举已经在晋国了，晋国人准备给他县邑为封地，让他的地位与叔向并列。他如果出谋危害楚国，难道不是祸患？"子木害怕，对楚王说了，增加了伍举的禄爵而让他回国官复原位。声子让椒鸣去晋国接他。

许灵公去楚国，请求楚国攻打郑国，说："军队不出发，孤就不回去了！"八月，许灵公在楚国去世。楚康王说："不攻打郑国，如何能求得诸侯的拥护？"冬十月，楚康王攻打郑国。郑国人准备抵御。子产说："晋国与楚国即将讲和，诸侯即将和好，楚王因此冒昧来攻打我们。不如让他快意而返回，和议就容易成功了。小人的本性是喜欢表现血气之勇，贪图从祸乱中捞到好处，用以满足自己的本性并以此求名，这对国家没有好处，怎么能听从他们。"子展认为不错，就不抵御楚军。十二月乙酉，楚军进入南里，拆毁城墙。从乐氏渡过洧水，攻打师之梁门。悬门放下，楚军俘获了九个人。又渡过汜水回国，然后安葬许灵公。

卫国人把卫姬嫁到晋国，晋国这才释放了卫献公。君子从这件事上知道晋平公缺乏治国的水平。

晋韩宣子去周朝聘问。周灵王派人问他的来意，韩宣子回答说："晋国的士韩起前来向宰旅贡献贡品，没有其他的事。"周灵王听说后说："韩氏恐怕在晋国要昌盛发达了吧！他的辞令保存着以往的传统。"

齐国人修筑郏邑城墙的那一年，夏天，齐乌馀带着廪丘叛变逃到晋国，袭击卫国的羊角，占领了它。接着又袭击我国的高鱼，碰上下大雨，乌馀的军队从出水洞里钻进城，打开城里的武器库装备自己，登上城墙，攻下了高鱼并占领了它。又攻取了宋国的城邑。当时范宣子去世，诸侯不能惩治乌馀。等到赵文子任执政，这才惩罚了乌馀。赵文子对晋平公说："晋国作为盟主，诸侯有人互相侵犯，就讨伐他，让他归还侵略的土地。如今乌馀的城邑，都在讨伐的一类，而我们却贪图它，这就不像个盟主了。请把它归还给诸侯。"晋平公说："行。谁可以担当这一任务？"赵文子回答说："胥梁带能不动用军队就圆满完成这事。"晋平公便派胥梁带前往。

襄公二十七年

[经]
二十有七年春[1],齐侯使庆封来聘[2]。
夏,叔孙豹会晋赵武、楚屈建、蔡公孙归生、卫石恶、陈孔奂、郑良霄、许人、曹人于宋[3]。
卫杀其大夫宁喜。
卫侯之弟鱄出奔晋[4]。
秋七月辛巳,豹及诸侯之大夫盟于宋。
冬十有二月乙卯朔,日有食之。

【注释】
〔1〕二十有七年:公元前546年。 〔2〕齐侯:齐景公。 〔3〕杜注谓与会者有十四国,齐、秦不交相见,邾、滕为私属,故不与盟。宋为主人,当与盟。 〔4〕卫侯:卫献公。

[传]
二十七年春,胥梁带使诸丧邑者,具车徒以受地,必周[1]。使乌馀具车徒以受封。乌馀以其众出,使诸侯伪效乌馀之封者[2],而遂执之,尽获之[3]。皆取其邑而归诸侯,诸侯是以睦于晋。

【注释】

〔1〕周：保密。 〔2〕效：致。 〔3〕尽获之：杜注谓："皆获其徒众。"

齐庆封来聘，其车美。孟孙谓叔孙曰："庆季之车[1]，不亦美乎？"叔孙曰："豹闻之：'服美不称[2]，必以恶终。'美车何为？"叔孙与庆封食，不敬。为赋《相鼠》[3]，亦不知也。

【注释】

〔1〕庆季：庆封排行最幼，故称。 〔2〕服：服用之物，如衣饰、车马等。 〔3〕相鼠：《诗·鄘风》篇名。叔孙取其中"人而无仪，不死何为"、"人而无止，不死何俟"等句讽刺庆封。

卫宁喜专，公患之。公孙免馀请杀之[1]。公曰："微宁子不及此，吾与之言矣。事未可知，只成恶名，止也。"对曰："臣杀之，君勿与知。"乃与公孙无地、公孙臣谋，使攻宁氏。弗克，皆死。公曰："臣也无罪，父子死余矣[2]。"夏，免馀复攻宁氏，杀宁喜及右宰穀，尸诸朝。石恶将会宋之盟，受命而出。衣其尸，枕之股而哭之。欲敛以亡[3]，惧不免，且曰："受命矣。"乃行。

【注释】

〔1〕公孙免馀：卫大夫。 〔2〕父子：公孙臣之父在卫献公出奔时被孙氏杀死。 〔3〕敛：敛尸入棺。

子鲜曰:"逐我者出[1],纳我者死,赏罚无章,何以沮劝[2]?君失其信,而国无刑,不亦难乎!且鱄实使之。"遂出奔晋。公使止之,不可。及河,又使止之。止使者而盟于河,托于木门[3],不乡卫国而坐。木门大夫劝之仕,不可,曰:"仕而废其事,罪也。从之,昭吾所以出也[4]。将谁愬乎?吾不可以立于人之朝矣。"终身不仕。公丧之如税服终身[5]。

【注释】
〔1〕逐我者:指孙林父。 〔2〕沮:止。劝:劝勉。 〔3〕托:托身,寄寓。木门:不详。或谓在河北河间市西北。 〔4〕昭吾所出:谓使卫献公使自己出逃的罪彰明于世。 〔5〕税服:缌服,丧服的一种,服期为五月。子鲜死,献公旋亦亡,故云服终身。

公与免馀邑六十,辞曰:"唯卿备百邑,臣六十矣,下有上禄[1],乱也。臣弗敢闻。且宁子唯多邑,故死。臣惧死之速及也。"公固与之,受其半。以为少师。公使为卿,辞曰:"大叔仪不贰,能赞大事[2],君其命之!"乃使文子为卿[3]。

【注释】
〔1〕下:公孙免馀为大夫。 〔2〕赞:佐,助。 〔3〕文子:即太叔仪。

宋向戌善于赵文子,又善于令尹子木,欲弭诸侯之兵以为名。如晋,告赵孟。赵孟谋于诸大夫,韩宣子曰:"兵,民之残也[1],财用之蠹[2],小国之大灾也。

将或弭之，虽曰不可，必将许之。弗许，楚将许之，以召诸侯，则我失为盟主矣。"晋人许之。如楚，楚亦许之。如齐，齐人难之。陈文子曰："晋、楚许之，我焉得已。且人曰弭兵，而我弗许，则固携吾民矣[3]，将焉用之？"齐人许之。告于秦，秦亦许之。皆告于小国，为会于宋。

【注释】
〔1〕民之残：残害人民。〔2〕蠹：木中虫。此指耗费。〔3〕携：叛离。

五月甲辰，晋赵武至于宋。丙午，郑良霄至。六月丁未朔，宋人享赵文子，叔向为介[1]。司马置折俎[2]，礼也。仲尼使举是礼也[3]，以为多文辞[4]。戊申，叔孙豹、齐庆封、陈须无、卫石恶至。甲寅，晋荀盈从赵武至。丙辰，邾悼公至。壬戌，楚公子黑肱先至，成言于晋[5]。丁卯，宋向戌如陈，从子木成言于楚。戊辰，滕成公至。子木谓向戌："请晋、楚之从交相见也。"庚午，向戌复于赵孟。赵孟曰："晋、楚、齐、秦，匹也。晋之不能于齐，犹楚之不能于秦也。楚君若能使秦君辱于敝邑，寡君敢不固请于齐？"壬申，左师复言于子木。子木使驲谒诸王。王曰："释齐、秦，他国请相见也。"秋七月戊寅，左师至。是夜也，赵孟及子晳盟[6]，以齐言[7]。庚辰，子木至自陈。陈孔奂、蔡公孙归生至。曹、许之大夫皆至。以藩为军[8]，晋、楚各处其偏。伯凤谓赵孟曰[9]:"楚氛甚恶,惧难。"赵孟曰:"吾左还,入于宋,若我何?"

【注释】
〔1〕介:宾之副。 〔2〕折俎:将牲体斩成一节一段,置于俎中。是宴会所献食品。 〔3〕举:记录。 〔4〕多文辞:宾主间文辞过分。〔5〕成言:约定。 〔6〕子晳:公子黑肱。 〔7〕齐言:统一口径。〔8〕藩:藩篱,篱笆。 〔9〕伯凤:晋大夫,杜预谓即荀盈。

辛巳,将盟于宋西门之外,楚人衷甲[1]。伯州犁曰:"合诸侯之师,以为不信,无乃不可乎?夫诸侯望信于楚,是以来服。若不信,是弃其所以服诸侯也。"固请释甲。子木曰:"晋、楚无信久矣,事利而已。苟得志焉,焉用有信?"大宰退[2],告人曰:"令尹将死矣,不及三年。求逞志而弃信[3],志将逞乎?志以发言,言以出信,信以立志,参以定之[4]。信亡,何以及三?"赵孟患楚衷甲,以告叔向。叔向曰:"何害也。匹夫一为不信,犹不可,单毙其死[5]。若合诸侯之卿,以为不信,必不捷矣[6]。食言者不病[7],非子之患也。夫以信召人,而以僭济之[8],必莫之与也,安能害我?且吾因宋以守病,则夫能致死[9]。与宋致死,虽倍楚可也。子何惧焉?又不及是。曰'弭兵'以召诸侯,而称兵以害我[10],吾庸多矣[11],非所患也。"

【注释】
〔1〕衷甲:衣内穿甲。 〔2〕大宰:太宰,指伯州犁。 〔3〕志:志向。 〔4〕参:三者。指言、信、志。 〔5〕单:殚,尽。毙:倒地。此

句言全都不得善终。〔6〕捷：胜，成功。〔7〕不病：不足以对人造成危害。〔8〕僭：假，不信。济：利用。〔9〕夫：人人。〔10〕称：举。〔11〕庸：用。

季武子使谓叔孙以公命，曰："视邾、滕[1]。"既而齐人请邾，宋人请滕，皆不与盟。叔孙曰："邾、滕，人之私也[2]。我，列国也，何故视之？宋、卫，吾匹也。"乃盟。故不书其族，言违命也。

【注释】
〔1〕视：同等。〔2〕私：私属。

晋、楚争先[1]。晋人曰："晋固为诸侯盟主，未有先晋者也。"楚人曰："子言晋、楚匹也，若晋常先，是楚弱也。且晋、楚狎主诸侯之盟也久矣[2]，岂专在晋？"叔向谓赵孟曰："诸侯归晋之德只[3]，非归其尸盟也[4]。子务德，无争先！且诸侯盟，小国固必有尸盟者，楚为晋细[5]，不亦可乎？"乃先楚人。书先晋，晋有信也。

【注释】
〔1〕争先：争先歃盟。〔2〕狎：更，交换。〔3〕只：语末词，无义。〔4〕尸：主。〔5〕楚为晋细：楚作为晋国的小国。

壬午，宋公兼享晋、楚之大夫，赵孟为客[1]。子木与之言，弗能对；使叔向侍言焉，子木亦不能对也。乙酉，宋公及诸侯之大夫盟于蒙门之外[2]。子木问于赵孟曰："范武子之德何如[3]？"对曰："夫子之家事治，言于晋国无隐情。其祝史陈信于鬼神[4]，无愧辞。"子木归，以语王。王曰："尚矣哉！能歆神人[5]，宜其光辅五君以为盟主也[6]。"子木又语王曰："宜晋之伯也！有叔向以佐其卿，楚无以当之，不可与争。"晋荀盈遂如楚莅盟。

【注释】
　　[1]客：上宾，主宾。　[2]蒙门：宋都东北门。　[3]范武子：士会。　[4]信：诚。　[5]歆：欣喜。　[6]五君：指文、襄、灵、成、景五君。

　　郑伯享赵孟于垂陇[1]，子展、伯有、子西、子产、子大叔、二子石从[2]。赵孟曰："七子从君，以宠武也。请皆赋以卒君贶，武亦以观七子之志[3]。"子展赋《草虫》[4]，赵孟曰："善哉！民之主也。抑武也不足以当之。"伯有赋《鹑之贲贲》[5]，赵孟曰："床笫之言不逾阈，况在野乎？非使人之所得闻也。"子西赋《黍苗》之四章[6]，赵孟曰："寡君在，武何能焉？"子产赋《隰桑》[7]，赵孟曰："武请受其卒章[8]。"子大叔赋《野有蔓草》[9]，赵孟曰："吾子之惠也。"印段赋《蟋蟀》[10]，赵孟曰："善哉！保家之主也。吾有望矣。"公孙段赋《桑扈》[11]，赵孟曰："'匪交匪敖[12]'，福将焉往？若保是言也，欲辞福禄，得乎？"卒享，文子告叔向曰："伯有将为戮矣！诗以言志，志诬其上，而公怨之，以为宾荣，其能久乎？幸而后亡。"叔向曰：

"然。已侈〔13〕,所谓不及五稔者〔14〕,夫子之谓矣。"文子曰:"其余皆数世之主也。子展其后亡者也,在上不忘降〔15〕。印氏其次也,乐而不荒。乐以安民,不淫以使之,后亡,不亦可乎?"

【注释】

〔1〕郑伯:郑简公。垂陇:在今河南郑州市西北。 〔2〕二子石:印段、公孙段。 〔3〕观七子之志:请七人赋诗以明志。 〔4〕草虫:《诗·召南》篇名。中有"未见君子,忧心忡忡。亦既见止,亦既觏止,我心则降"句,以赵文子为君子,意为自己忧虑国事而信任晋国。〔5〕鹑之贲贲:《诗·鄘风》篇名,"贲贲"今作"奔奔"。诗为刺卫宣姜淫乱而作,所以赵文子说是"床笫之言"。伯有赋之,取其中"人之无良,我以为君"句,攻击自己的国君不良。 〔6〕黍苗:《诗·小雅》篇名,其第四章为"肃肃谢功,召伯营之。列列征师,召伯成之。"把赵文子比作周贤臣召公姬奭。 〔7〕隰桑:《诗·小雅》篇名。杜注说子产取其中"既见君子,其乐如何"句,谓思君子而尽心事奉他。〔8〕卒章:《隰桑》的最后一章为:"心乎爱矣,遐不谓矣。中心藏之,何日忘之?"赵文子意为接受子产的规诲。 〔9〕野有蔓草:《诗·郑风》篇名。取其"邂逅相遇,适我愿兮"句,言与赵文子初次相见,十分高兴。 〔10〕蟋蟀:《诗·唐风》篇名,取其中"无以大康,职思其居。好乐无荒,良士瞿瞿"句,说遵守礼仪。所以赵文子说他能戒惧不荒,是保家之主。 〔11〕桑扈:《诗·小雅》篇名,是周王宴诸侯的诗,义取君子有礼文,故受上天保佑。 〔12〕匪交匪敖:今作"彼交匪敖","彼"与"匪"通,即"非"意。交,侥幸。敖,傲慢。 〔13〕已:太。 〔14〕五稔:五年。 〔15〕不忘降:子展所赋诗中有"我心则降"句。

宋左师请赏,曰:"请免死之邑〔1〕。"公与之邑六十。以示子罕,子罕曰:"凡诸侯小国,晋、楚所以兵威之。畏而后上下慈和,慈和而后能安靖其国家,以事大国,所以存也。无威则骄,骄则乱生,乱生必灭,所以亡也。天生五材[2]，民并用之，废一不可，谁能去兵[3]？兵之设久矣，所以威不轨而昭文德也。圣人以兴，乱人以废，废兴存亡昏明之术，皆兵之由也。而子求去之，不亦诬乎？以诬道蔽诸侯[4]，罪莫大焉。纵无大讨，而又求赏，无厌之甚也[5]！"削而投之[6]。左师辞邑。向氏欲攻司城[7]，左师曰："我将亡，夫子存我，德莫大焉，又可攻乎？"君子曰："'彼己之子，邦之司直[8]'，乐喜之谓乎[9]？'何以恤我，我其收之[10]'，向戌之谓乎？"

【注释】

〔1〕免死之邑：杜注谓是谦称。〔2〕五材：谓金、木、水、火、土。〔3〕兵：指兵器，材用金与木，铸造时用水、火，且产自土地。〔4〕诬道：欺蒙，诈骗。蔽：蒙蔽，遮掩。〔5〕厌：满足。〔6〕削：削去简策上的字。〔7〕司城：即子罕。〔8〕所引见《诗·郑风·羔裘》。"己"，今作"其"，无义。司直，主持正义。〔9〕乐喜：即子罕。〔10〕所引诗见《诗·周颂·维天之命》。上句今作"假以溢我"，溢、恤，均赐意。杜注说"善向戌能知其过"。

齐崔杼生成及彊而寡[1]。娶东郭姜，生明。东郭姜以孤入[2]，曰棠无咎，与东郭偃相崔氏[3]。崔成有疾，而废之，而立明。成请老于崔，崔子许之。偃与无咎弗予，曰："崔，宗邑也，必在宗主。"成与彊怒，将杀之，告庆封曰："夫子之身亦子所知也，唯无咎与偃是从，父兄莫得进矣。大恐害夫子，敢以告。"庆封曰："子姑退，吾图之。"告卢蒲嫳[4]。卢蒲嫳曰："彼，君之仇也[5]。天或者将弃彼矣。彼实家乱，子何病焉？崔之薄，庆之厚也。"他日又告。庆封曰："苟利夫子，必去之！难，吾助女。"

【注释】

〔1〕寡：与"鳏"同义。 〔2〕孤：前夫棠公的儿子。 〔3〕东郭偃：东郭姜的弟弟。 〔4〕卢蒲嫳（piè）：庆封属下大夫。 〔5〕君之仇：指崔杼杀齐庄公。

九月庚辰，崔成、崔彊杀东郭偃、棠无咎于崔氏之朝[1]。崔子怒而出，其众皆逃，求人使驾，不得。使圉人驾[2]，寺人御而出。且曰："崔氏有福，止余犹可。"遂见庆封。庆封曰："崔、庆一也。是何敢然？请为子讨之。"使卢蒲嫳帅甲以攻崔氏。崔氏堞其宫而守之[3]，弗克。使国人助之，遂灭崔氏，杀成与彊，而尽俘其家。其妻缢。嫳复命于崔子，且御而归之。至，则无归矣，乃缢。崔明夜辟诸大墓。辛巳，崔明来奔，庆封当国。

【注释】

〔1〕朝：古诸侯与大夫皆有朝堂。 〔2〕圉人：养马人。 〔3〕堞其宫：加固宫墙。

楚薳罢如晋莅盟[1]，晋侯享之。将出，赋《既醉》[2]。叔向曰："薳氏之有后于楚国也，宜哉！承君命，不忘敏[3]。子荡将知政矣。敏以事君，必能养民，政其焉往？"

【注释】

〔1〕薳罢：楚大夫，字子荡，后任令尹。 〔2〕既醉：《诗·大雅》篇名。杜注云取其中"既醉以酒，既饱以德。君子万年，介尔景福"句，赞美晋侯，比之为太平君子。 〔3〕敏：处事敏捷。

崔氏之乱[1]，申鲜虞来奔[2]，仆赁于野，以丧庄公。冬，楚人召之，遂如楚为右尹。

十一月乙亥朔，日有食之。辰在申[3]，司历过也，再失闰矣。

【注释】

〔1〕崔氏之乱：指襄公二十五年崔杼杀死齐庄公。 〔2〕申鲜虞：齐臣，见襄公二十三年传。 〔3〕辰在申：斗柄指着申，于周正应为九月，经书"十二月"误。故传记为十一月，并指出管历法的官员两次该加闰而未加，以致差了两个月。

【译文】

[经]

二十七年春，齐景公派庆封来我国聘问。

夏，叔孙豹与晋赵武、楚屈建、蔡公孙归生、卫石恶、陈孔奂、郑良霄、许国人、曹国人在宋国相会。

卫国杀死他们的大夫宁喜。

卫献公的弟弟鱄出逃到晋国。

秋七月辛巳，叔孙豹与诸侯的大夫在宋国结盟。

冬十二月乙卯朔，发生日食。

[传]

二十七年春，胥梁带让丧失城邑的各国，准备好车兵徒兵来接受城邑，行动必须隐密。又让乌馀备好车兵徒兵来接受封地。乌馀带着手下人众出来，胥梁带让诸侯假装把土地送上作为乌馀的封地，因而乘机抓住乌馀，他的手下一个也没漏网。胥梁带把乌馀占领的城邑全部还给诸侯，诸侯因此顺服晋国。

齐庆封来我国聘问，他的车子十分华美。孟孙对叔孙说："庆封的车子，不嫌太华美了吗？"叔孙说："豹听说：'车马服饰与人不相称，必然没有好结果。'华美的车子有什么用？"叔孙招待庆封吃饭，庆封不恭敬。叔孙为此而赋《相鼠》，庆封也不知是讽刺他。

卫宁喜专权擅政，卫献公心中不满。公孙免馀请求杀死宁喜。献公说："没有宁喜我就没有今天，我和他曾有约定。事情成功与否没有把握，只能得到坏名声，不要这样干。"公孙免馀说："臣去杀他，君王不要参与这事。"于是与公孙无地、公孙臣商议，让他们攻打宁氏，没有攻下，二人皆战死。卫献公说："公孙臣没有罪，他父子都为我而死。"夏，公孙免馀再次攻打宁氏，杀死宁喜与右宰榖，把他们的尸体陈列在朝廷上示众。石恶将要参加在宋国的盟会，接受了命令出来，给宁喜的尸体穿上衣服，枕着尸体的大腿哭泣。他想把宁喜大殓后出逃，又害怕难以免于祸难，借口说："我已经接受了使命了。"于是动身去宋国。

子鲜说："赶走我们的出逃在外，接纳我们的却被杀死，赏罚没有章法，用什么来止恶劝善？君王失去了他的信用，而国家没有正确的刑罚，要维持下去不是太难了吗？再说这件事是我促成宁喜做的。"于是就逃往晋国。献公派人劝阻他，他不听。到达黄河，献公又派人劝阻他。他不让使者跟着他，对黄河发誓不回卫国，寄居在木门，不对着卫国的方向坐。木门的大夫劝子鲜出仕，子鲜不答应，说："做官而不努力做事，这是罪过，尽力去做了，这就使我逃亡的原因彰明于世。我的苦衷能向谁控诉？我不能够再立在别人的朝廷上了。"他一直到死没有出仕。他死后，卫献公为他服丧直到死。

卫献公给公孙免馀六十个城邑，公孙免馀辞谢说："只有卿才能具备一百个城邑，臣已经有六十个了，官居下位而有上位的禄封，这是祸乱，臣不敢听这样的话。再说宁喜就是因为城邑过多，所以被杀。臣害怕死亡会加速到来。"献公坚持让他接受，公孙免馀接受了一半。卫献公让他任少师。后来献公又要任他为卿，他推辞说："太叔仪忠心耿耿，能够赞助大事，君王还是任命他吧！"卫献公于是任命太叔仪为卿。

宋向戌与晋赵文子交好，又与楚令尹子木关系不错，想要停止诸侯之间的战争以博取好名声。向戌去晋国，把这意思告诉了赵文子。赵文子与大夫们商议，韩宣子说："战争，是对人民的残害，是消耗国家财力的蠹虫，是小国的大灾难。有人想要停止战争，即使不能成功，也一定要答应他。不答应，楚国将会答应，以此号召诸侯，那么我们就失去盟主的地位了。"晋国人答应了向戌。向戌去楚国，楚国也答应了他。向戌去齐国，齐国人感到为难。陈文子说："晋国、楚国已经同意了，我们有什么办法阻止？再说别人说是停止战争，而我们不答应，那么就会使我们的人民生叛离之心，将怎么用他们？"齐国人答应了向戌。向戌告诉秦国，秦国也答应了。于是遍告各小国，在宋国举行会议。

五月甲辰，晋赵文子到达宋国。丙午，郑良霄到达。六月丁未朔，宋国人设享礼宴请赵文子，以叔向为副主宾。司马把斩断的熟肉放在俎中献上，这是合乎礼的。孔子看到了有关这次礼仪的记载，认为宾主间文辞修饰得过了头。戊申，叔孙豹、齐庆封、陈须无、卫石恶到达。甲寅，晋荀盈在赵文子之后到达。丙辰，邾悼公到达。壬戌，楚公子黑肱先到达，和晋国达成协议。丁卯，宋向戌去陈国，与子木商定有关楚国的条件。戊辰，滕成公到达宋国。子木对向戌说："请求跟从晋国与跟从楚国的国家交换朝见。"庚午，向戌回复赵文子。赵文子说："晋、楚、齐、秦，是同等国家，晋国不能够支配齐国，就像楚国不能够支配秦国一样。楚国国君如果能使秦国国君屈尊到敝邑朝见，寡君岂敢不坚决向齐国请求要他们去朝见楚国？"壬申，向戌把赵文子的话回复给子木。子木派人乘传车回国请示楚康王。楚康王说："排除齐国与秦国，让其他国家互相朝见就行了。"秋七月戊寅，向戌到达。这天晚上，赵文子与公子黑肱商定盟会内容，统一了口径。庚辰，子木从陈国到达。陈孔奂、蔡公孙归生到达。曹国、许国的大夫都来了。设置藩篱为界，分隔诸侯军队，晋国、楚国各自驻扎在藩篱两边。伯夙对赵文子说："楚军的气氛很凶恶，恐怕会发动袭击。"赵文子说："我们从左边绕过去，进入宋都，他们能把我们怎么样?"

辛巳,准备在宋都西门外结盟,楚国人在衣服里穿着皮甲。伯州犁说:"会合诸侯的军队,却对他们不讲信用,这恐怕不行吧?诸侯希望楚国对他们讲信用,所以前来表示顺服。如果不讲信用,这是丢弃了所用来使诸侯顺服的东西了。"坚决请求脱掉皮甲。子木说:"晋国与楚国相互不讲信用已经很久了,只要对我们有利就做。如果能够满足志向,要信用干什么?"伯州犁退了下去,对人说:"令尹将要死了,用不了三年。为了满足自己的志向而背弃信义,志向能得到满足吗?有了志向便形成语言,讲出语言便产生信用,有了信用就完成志向,这三者互相制约关联。信用丢失了,怎么能活过三年呢?"赵文子对楚军衣服里穿皮甲感到担心,把这事告诉了叔向。叔向说:"这有什么危害?普通人一旦做出不守信用的事,尚且不行,全都不得善终。如果会合诸侯的卿,做出不守信用的事,一定不能成功。说话不算数的人不足以对人造成危害,这不是您该担心的事。用信用召集别人,而又用虚假对付他们,必然没人听从他,怎么能危害我们?而且我们依靠宋国来防守他们造成危害,那么人人都能拼命,与宋军一起舍命抵抗,即使楚军增加一倍也能抵挡,您担心什么呢?更何况事情未必会发展到这样。扬言停止战争来召集诸侯,却发动战争来危害我们,我们得到的好处就多了,这些用不着担心。"

季武子派人以襄公的名义对叔孙豹说:"把我国的地位等同于邾国、滕国。"不久齐国人请求把邾国作为他们的属国,宋国人请求把滕国作为他们的属国,都不参加结盟。叔孙豹说:"邾国、滕国是别人的私属,我们是诸侯国,为什么要与它们同等?宋国、卫国才是和我们同等的国家。"于是参加结盟。《春秋》因此不记载他的族名,是表示他违背了国君的命令。

晋国与楚国抢着要先歃血。晋国人说:"晋国原本就是诸侯的盟主,从来没有比晋国先歃血的国家。"楚国人说:"你们说晋国与楚国是对等的国家,如果一直让晋国在先,这就是说楚国比晋国弱小了。再说晋国、楚国轮换做诸侯的盟主也有很长时间了,怎么说晋国总是盟主?"叔向对赵文子说:"诸侯归服的是晋国的德行,不是归服于晋国是否主持盟会。您致力于修明德行,不要去争抢歃血的先后。再说诸侯结盟，小国本来就一定要有个主盟的，让楚国作为晋国的小国，不也是可以的吗？"于是让楚国先歃血。《春秋》记载把晋国排在前面，是说晋国有信用。

壬午，宋平公同时设享礼宴请晋国、楚国的大夫，以赵文子为主宾。子木与赵文子交谈，赵文子难以应答，让叔向在旁代他回答；对叔向提出的问题，子木也难以应答。乙酉，宋平公与诸侯的大夫们在蒙门外结盟。子木向赵文子询问说："范武子的德行怎么样？"赵文子说："这位先生治理家政有条有理，对晋国人来说没有隐瞒的事情。他家族的祝史祭祀时对鬼神说的话句句真实诚信，没有说后感到羞惭的话。"子木回国后，把这番话告诉了楚康王。楚康王说："范武子真是位高尚的人！他能够使鬼神与国人高兴，难怪能胜任辅佐五代国君成为盟主。"子木又对楚康王说："晋国确实应当作为诸侯的领袖！有叔向辅佐它的正卿，楚国没有人能够与他匹敌，不能与他们争战。"晋荀盈于是去楚国参加结盟。

郑简公在垂陇设享礼宴请赵文子，子展、伯有、子西、子产、子太叔、二子石跟从郑简公。赵文子说："七位跟从国君，这是对我的宠荣。请各位赋诗以完成君王的恩赏，我也可以由此明白七位的志向。"子展赋《草虫》，赵文子说："真好啊！这位是人民的主人。不过我没有资格承担这赞美。"伯有赋《鹑之贲贲》，赵文子说："夫妻间的私话不能够传出门，何况是在野外呢？这不是应当让别人听到的话。"子西赋《黍苗》的第四章，赵文子说："有寡君在，我有什么能力能做到？"子产赋《隰桑》，赵文子说："我请求接受它的最后一章。"子太叔赋《野有蔓草》，赵文子说："这是您赐予的恩惠。"印段赋《蟋蟀》，赵文子说："真好啊！这位是保住家族的当家人，我有希望了。"公孙段赋《桑扈》，赵孟说："'不求侥幸不骄傲'，福禄还会跑到哪里去？如果能保持这样，想要推辞福禄，又怎么能呢？"宴会结束，赵文子告诉叔向说："伯有将会遭到杀戮了！诗是用来表明心中的志向的，他心中在诬蔑他的国君，而又公开怨愤，作为对宾客的宠荣，他能够长得了吗？能够侥幸多拖些日子就不错了。"叔向说："不错，他太骄奢了，所谓不到五年这句话，就是说的这种人。"赵文子说：

"其他的大夫都是可以传下数世的人。子展或许是最后灭亡的,他在上位而不忘记贬抑自己。印氏或许是仅次于他的,他欢乐而不放纵。欢乐用以安定人民,不过分地放纵欢乐,他比别人后灭亡,不是很正常的吗?"

宋向戌向宋平公请求赏赐,说:"我有幸做成此事免于一死,请赏给我城邑。"宋平公给他六十个城邑。向戌把简策给子罕看。子罕说:"凡是诸侯中的小国,晋国、楚国用武力来威慑他们。他们害怕,然后就能上下慈爱和睦,上下慈爱和睦了就能够安定他们的国家,来事奉大国,因此能够生存下去。没受到威慑就会骄傲,骄傲了就会发生动乱,发生动乱就必然会被消灭,因此遭受灭亡。上天生了五种材料,人民全部使用它们,缺一不可,有谁能够去掉兵器?兵器的设置已经很久了,是用来威慑不法行为和表彰文德的。圣人依靠它而兴起,作乱的依靠它遭到废弃。兴起与废弃、生存与灭亡、昏聩与贤明的办法,都与兵器有关,而你却谋求去除它,这不是骗人吗?以欺骗的手段来蒙蔽诸侯,没有比这更大的罪了。纵然不受到大的讨伐已是幸运,却又请求赏赐,真是太贪得无厌了!"把简策上的文字削去后丢在地上。向戌于是推辞不接受城邑。向戌的族人要去攻打子罕,向戌说:"我将要灭亡,这个人保存了我,没有比这更大的恩德了,又怎么可以去进攻他呢?"君子说:"'他是这样一个人,为了国家主正义',说的就是子罕这样的人吧?'你拿什么赐给我,我都准备接收它',说的就是向戌这样的人吧?"

齐崔杼生了崔成与崔彊后妻子去世。又娶东郭姜,生了崔明。东郭姜带着前夫的儿子棠无咎嫁到崔家,棠无咎与东郭偃一起辅佐崔氏。崔成有病,崔杼把他废了,立崔明为继承人。崔成请求住在崔邑过日子,崔杼同意了。东郭偃与棠无咎不肯让崔成得到崔邑,说:"崔邑,是宗庙所在的城邑,一定要让宗主居住。"崔成与崔彊大怒,准备把两人杀死,告诉庆封说:"他老人家的情况,是您所了解的,他只听从棠无咎和东郭偃,父老与兄长都说不上一句话。我们很害怕对他老人家有害,谨此禀告。"庆封说:"你们姑且回去,让我想一想。"庆封把这事告诉了卢蒲嫳。卢蒲嫳说:"他,是国君的仇人,上天也许准备抛弃他了。这实在是他们家族的混乱,你伤什么脑筋呢?崔家衰弱,就是庆家的强盛。"过了几天,崔成与崔彊又谈起这事,庆封说:"只要对他老人家有利,一定要把他们除掉!有困难的话,我帮助你们。"

九月庚辰,崔成、崔彊在崔氏的朝堂上杀死了东郭偃与棠无咎。崔杼大怒走出,他的手下全都逃走了,派人去找套车的,没找到。令圉人套车,让宦官驾着车出门。崔杼还说:"崔氏如果有福的话,祸乱仅降临到我身上为止还可以。"于是去会见庆封。庆封说:"崔家和庆家是一家人。他们怎么敢这样做?请您同意让我去讨伐他们。"庆封派卢蒲嫳率领甲士去攻打崔氏。崔氏加固了他们的官墙进行防守,卢蒲嫳攻不下来。庆封让国人帮助他,于是灭亡了崔氏,杀死了崔成与崔彊,掠取了他们家中的全部人口与财物。崔杼的妻子上吊自杀了。卢蒲嫳向崔杼复命,并且驾车送崔杼回去。到了崔家,已经无家可归了,崔杼于是上吊自杀。崔明在夜间躲在墓地里。辛巳,崔明逃来我国。庆封主持齐国国政。

楚蒍罢去晋国参加盟会,晋平公设享礼宴请他。蒍罢将要退席时,赋《既醉》。叔向说:"蒍氏在楚国的后代兴盛不衰,确实是应该啊!他承受国君的使命,能够不忘记敏捷处事。蒍罢将要执掌国政了。事奉国君能敏捷,就一定能教养百姓,政权怎会落到别人手中呢?"

崔氏发动叛乱时,申鲜虞逃来我国,在郊外雇人为仆,为庄公服丧。冬,楚国人请他去,于是他去了楚国,担任右尹。

十一月乙亥朔,发生日食。这时斗柄指申,是主管历法的人失误,两次没有加置闰月。

襄公二十八年

[经]

二十有八年春[1],无冰。

夏,卫石恶出奔晋。

邾子来朝[2]。

秋八月,大雩。

仲孙羯如晋[3]。

冬,齐庆封来奔。

十有一月,公如楚。

十有二月甲寅,天王崩[4]。

乙未,楚子昭卒[5]。

【注释】

〔1〕二十有八年:公元前545年。 〔2〕邾子:邾悼公。 〔3〕仲孙羯:即孟孝伯。 〔4〕天王:周灵王。 〔5〕楚子:楚康王。

[传]

二十八年春,无冰。梓慎曰[1]:"今兹宋、郑其饥乎?岁在星纪,而淫于玄枵[2],以有时灾[3],阴不堪阳[4]。蛇乘龙[5]。龙，宋、郑之星也[6]，宋、郑必饥。玄枵，虚中也[7]。枵，耗名也。土虚而民耗，不饥何为？"

【注释】
〔1〕梓慎：鲁大夫。 〔2〕"岁在"二句：岁，岁星，即木星。古人以为木星公转一圈为十二年，因分周天为十二次。次，即日月相会之处。将十二次配十二支。十二次顺序为：降娄、大梁、实沉、鹑首、鹑火、鹑尾、寿星、大火、析木、星纪、玄枵、娵訾。照梓慎推算，这年的岁星应该在星纪，但实际却在玄枵。淫，过。 〔3〕时灾：天时不正之灾。〔4〕阴不堪阳：因无冰，故云。 〔5〕蛇乘龙：岁星即木星，木为青龙。玄枵相当二十八宿中女、虚、危，虚危为蛇。龙行失位，出蛇之下，故云。 〔6〕宋、郑之星：宋、郑是岁星的分野。 〔7〕虚中：玄枵三宿，居中为虚宿。参后昭公十年"颛顼之虚"注。

夏，齐侯、陈侯、蔡侯、北燕伯、杞伯、胡子、沈子、白狄朝于晋[1]，宋之盟故也。齐侯将行，庆封曰："我不与盟，何为于晋？"陈文子曰："先事后贿[2]，礼也。小事大，未获事焉，从之如志[3]，礼也。虽不与盟，敢叛晋乎？重丘之盟[4]，未可忘也。子其劝行！"

【注释】
〔1〕齐侯：齐景公。陈侯：陈哀公。蔡侯：蔡景侯。北燕伯：北燕即姬姓燕，都蓟。据《史记·燕召公世家》，此时北燕伯为燕懿公。杞伯：杞文公。胡子：胡为归姓国，地在今安徽阜阳市，后于定公时被楚灭。〔2〕先事后贿：先考虑大事，再考虑财物。凡朝、聘必送礼，庆封惜财，所以劝阻齐景公。 〔3〕如志：如晋之意愿。 〔4〕重丘之盟：见襄公二十五年。

卫人讨宁氏之党，故石恶出奔晋。卫人立其从子圃以守石氏之祀[1]，礼也。

邾悼公来朝，时事也[2]。

秋八月，大雩，旱也。

【注释】
〔1〕从子：兄弟之子。 〔2〕时事：通常的朝聘。表示与宋之盟无关。

蔡侯归自晋，入于郑。郑伯享之[1]，不敬。子产曰："蔡侯其不免乎？日其过此也，君使子展迋劳于东门之外[2]，而傲。吾曰犹将更之。今还，受享而惰，乃其心也。君小国事大国[3]，而惰傲以为己心，将得死乎[4]？若不免，必由其子。其为君也，淫而不父[5]。侨闻之[6]，如是者，恒有子祸。"

【注释】
〔1〕郑伯：郑简公。 〔2〕迋：同"往"。 〔3〕君小国：为小国国君。 〔4〕得死：善终。 〔5〕淫而不父：杜注："通太子般之妻。" 〔6〕侨：子产名。

孟孝伯如晋，告将为宋之盟故如楚也。

蔡侯之如晋也，郑伯使游吉如楚[1]。及汉[2]，楚人还之[3]，曰："宋之盟，君实亲辱。今吾子来，寡君谓吾子姑还，吾将使驲奔问诸晋而以告[4]。"子大叔曰："宋之盟，君命将利小国，而亦使安定其社稷，镇抚其民人，以礼承天之休[5]，此君之宪令[6]，而小国之望也。寡君是故使吉奉其皮币[7]，以岁之不易[8]，聘于下执事。今执事有命曰：女何与政令之有？必使而君弃而封守，跋涉山川，蒙犯霜露，以逞君心。小国将君是望，敢不唯命是听？无乃非盟载之言[9]，以阙君德，而执事有不利焉，小国是惧。不然，其何劳之敢惮？"

【注释】
〔1〕游吉：子大叔，见襄公二十四年注。〔2〕汉：汉水。〔3〕还之：令他回去。〔4〕奔问诸晋：杜注云"问郑君应来朝否"。〔5〕休：福禄。〔6〕宪令：法令。〔7〕皮币：兽皮与绸帛，是聘问常用的礼物。〔8〕以岁之不易：杜注谓"岁有饥荒之难"。〔9〕盟载：即盟书。

子大叔归，复命，告子展曰："楚子将死矣！不修其政德，而贪昧于诸侯[1]，以逞其愿，欲久，得乎？《周易》有之，在《复》䷗之《颐》䷚[2]，曰：'迷复，凶。'其楚子之谓乎？欲复其愿[3]，而弃其本[4]，复归无所，是谓迷复，能无凶乎？君其往也！送葬而归，以快楚心。楚不几十年[5]，未能恤诸侯也，吾乃休吾民矣。"裨灶曰[6]："今兹周王及楚子皆将死。岁弃其次，而旅于明年之次，以害鸟帑，周、楚恶之[7]。"

【注释】
〔1〕贪昧：贪图。〔2〕复之颐：《复》卦震下坤上，其第六爻阴变为阳，坤则变为艮，成《颐》，故下用第六爻辞。〔3〕复：实行，实

践。〔4〕弃其本：杜注说："不修德。"〔5〕几：近。《复》上六爻辞有"至于十年不克征"句，故游吉说楚不近十年无能争霸。〔6〕裨灶：郑大夫。〔7〕杜注云岁星所在的国家有福，如今失次于北面，祸冲在南。南为朱鸟，鸟尾名帑。鹑火、鹑尾是周、楚的分野，二次皆属朱雀，所以周天子、楚王担当恶运。

九月，郑游吉如晋，告将朝于楚，以从宋之盟。子产相郑伯以如楚，舍不为坛[1]。外仆言曰[2]："昔先大夫相先君，适四国[3]，未尝不为坛。自是至今，亦皆循之。今子草舍[4]，无乃不可乎？"子产曰："大适小，则为坛。小适大，苟舍而已，焉用坛？侨闻之，大适小有五美：宥其罪戾，赦其过失，救其灾患，赏其德刑，教其不及。小国不困，怀服如归。是故作坛以昭其功，宣告后人，无怠于德。小适大有五恶：说其罪戾[5]，请其不足，行其政事[6]，共其职贡[7]，从其时命[8]。不然，则重其币帛，以贺其福而吊其凶，皆小国之祸也，焉用作坛以昭其祸？所以告子孙，无昭祸焉可也。"

【注释】
〔1〕舍：设立帐篷，建旌门，受郊劳。坛：国君至他国，建舍后，必辟地建坛，以受郊劳。〔2〕外仆：官名，主建舍、坛。〔3〕四国：四方国家。〔4〕草舍：建舍先除草，不除草而建舍，称草舍。〔5〕说：解说，解释。〔6〕行其政事：杜注："奉行大国之政。"〔7〕共：同"供"。〔8〕时命：此指不时之命。

齐庆封好田而耆酒[1]，与庆舍政[2]，则以其内实迁于卢蒲嫳氏[3]，易内而饮酒。数日，国迁朝焉[4]。使诸亡人得贼者[5]，以告而反之，故反卢蒲癸。癸臣子之[6]，有宠，妻之。庆舍之士谓卢蒲癸曰："男女辨姓。子不辟宗[7]，何也？"曰："宗不余辟，余独焉辟之？赋诗断章[8]，余取所求焉，恶识宗？"癸言王何而反之[9]，二人皆嬖，使执寝戈而先后之[10]。

【注释】

〔1〕耆：同"嗜"。〔2〕庆舍：庆封之子。〔3〕内实：宝器妻妾。〔4〕迁朝：大夫到卢蒲嫳家去朝见。〔5〕亡人：避崔杼之难而逃者。贼：指崔氏之党。〔6〕子之：即庆舍。〔7〕子不辟宗：辟，避。庆氏与卢蒲氏皆姜姓，为同宗，故云。〔8〕赋诗断章：外交上需要，赋诗者往往各取所求，断章取义。〔9〕王何：见襄公二十五年传。〔10〕寝戈：近身护卫用的兵器。

公膳[1]，日双鸡。饔人窃更之以鹜[2]。御者知之[3]，则去其肉而以其洎馈[4]。子雅、子尾怒[5]。庆封告卢蒲嫳。卢蒲嫳曰："譬之如禽兽，吾寝处之矣。"使析归父告晏平仲。平仲曰："婴之众不足用也，知无能谋也。言弗敢出，有盟可也。"子家曰[6]："子之言云，又焉用盟？"告北郭子车[7]。子车曰："人各有以事君，非佐之所能也。"陈文子谓桓子曰[8]："祸将作矣！吾其何得？"对曰："得庆氏之木百车于庄[9]。"文子曰："可慎守也已[10]！"

【注释】

〔1〕公膳：朝廷供应大夫的膳食。〔2〕饔人：主宰杀的人。〔3〕御者：上菜进食的人。〔4〕洎：肉汁。〔5〕子雅、子尾：皆齐惠公孙。伙食不好，执政有责，二人怒庆封。〔6〕子家：即析归父。〔7〕北郭子车：齐大夫，名佐。〔8〕桓子：文子之子无宇。〔9〕庄：

临淄大街名。此句隐言庆氏必败，木为建屋之材，故以得木喻得人得权。
〔10〕慎守：谓得之不可失。

卢蒲癸、王何卜攻庆氏，示子之兆[1]，曰："或卜攻仇，敢献其兆。"子之曰："克，见血。"冬十月，庆封田于莱[2]，陈无宇从。丙辰，文子使召之。请曰："无宇之母疾病，请归。"庆季卜之[3]，示之兆，曰："死。"奉龟而泣。乃使归。庆嗣闻之[4]，曰："祸将作矣！"谓子家[5]："速归！祸作必于尝[6]，归犹可及也。"子家弗听，亦无悛志。子息曰："亡矣！幸而获在吴、越。"陈无宇济水而戕舟发梁[7]。卢蒲姜谓癸曰[8]："有事而不告我，必不捷矣。"癸告之。姜曰："夫子愎[9]，莫之止，将不出，我请止之。"癸曰："诺。"十一月乙亥，尝于大公之庙，庆舍莅事。卢蒲姜告之，且止之。弗听，曰："谁敢者。"遂如公[10]。麻婴为尸[11]，庆奊为上献[12]。卢蒲癸、王何执寝戈。庆氏以其甲环公宫[13]。陈氏、鲍氏之圉人为优[14]。庆氏之马善惊，士皆释甲束马而饮酒，且观优，至于鱼里[15]。栾、高、陈、鲍之徒介庆氏之甲[16]。子尾抽桷击扉三[17]，卢蒲癸自后刺子之，王何以戈击之，解其左肩[18]。犹援庙桷，动于甍[19]，以俎壶投，杀人而后死。遂杀庆绳、麻婴。公惧。鲍国曰："群臣为君故也。"陈须无以公归[20]，税服而如内宫[21]。

【注释】

〔1〕兆：龟甲上的裂纹，以此卜吉凶。 〔2〕莱：在今山东昌邑县东南。 〔3〕庆季：庆封。 〔4〕庆嗣：庆封族人，字子息。 〔5〕子家：庆封。 〔6〕尝：尝祭，在夏历秋天举行。 〔7〕戕舟发梁：破舟撤桥。 〔8〕卢蒲姜：庆舍女，卢蒲癸妻。 〔9〕夫子：指庆舍。 〔10〕公：至公所，即太公庙。 〔11〕尸：古代祭祀，以活人代受祭者，称尸。 〔12〕庆奊（xiè）：庆封族人，即庆绳。上献：上宾，由属吏中选取。 〔13〕环公宫：围住公宫。杜注谓太公庙在公宫内。 〔14〕优：俳优，演戏及表演杂艺者。 〔15〕鱼里：在宫外。杜注谓"优在鱼里，就观之"。 〔16〕栾、高、陈、鲍：子雅、子尾、陈须无、鲍国。 〔17〕桷：椽条。扉：门扇。 〔18〕解：斩下。 〔19〕甍（méng）：栋梁。 〔20〕陈须无：陈文子。 〔21〕税服：脱下祭服。

庆封归，遇告乱者。丁亥，伐西门，弗克。还伐北门，克之。入，伐内宫，弗克。反，陈于岳[1]，请战，弗许，遂来奔。献车于季武子，美泽可以鉴[2]。展庄叔见之[3]，曰："车甚泽，人必瘁，宜其亡也。"叔孙穆子食庆封[4]，庆封氾祭[5]。穆子不说，使工为之诵《茅鸱》[6]，亦不知。既而齐人来让，奔吴。吴句余予之朱方[7]，聚其族焉而居之，富于其旧。子服惠伯谓叔孙曰："天殆富淫人，庆封又富矣。"穆子曰："善人富谓之赏，淫人富谓之殃。天其殃之也，其将聚而歼旃[8]？"

【注释】

〔1〕岳：临淄街市名。 〔2〕美泽：华美光泽。 〔3〕展庄叔：鲁大夫。 〔4〕食：便宴。 〔5〕氾祭：即周祭，遍祭群神。臣子侍君宴，君氾祭。现在穆子请庆封宴，庆封这样做是无礼的行为，所以穆子不高兴。 〔6〕茅鸱：杜注谓"逸诗，刺不敬"。 〔7〕句余：吴王夷末。朱方：吴邑，在今江苏丹徒南。 〔8〕旃：语助，"之焉"的合字。

癸巳，天王崩。未来赴，亦未书，礼也。

崔氏之乱，丧群公子。故钼在鲁，叔孙还在燕，贾在句渎之丘[1]。及庆氏亡，皆召之，具其器用而反其邑焉。与晏子邶殿其鄙六十[2]，弗受。子尾曰："富，人之所欲也，何独弗欲？"对曰："庆氏之邑足欲，故亡。吾邑不足欲也。益之以邶殿，乃足欲。足欲，亡无日矣。在外，不得宰吾一邑[3]。不受邶殿，非恶富也，恐失富也。且夫富如布帛之有幅焉[4]，为之制度，使无迁也。夫民生厚而用利[5]，于是乎正德以幅之，使无黜嫚[6]，谓之幅利。利过则为败。吾不敢贪多，所谓幅也。"与北郭佐邑六十，受之。与子雅邑，辞多受少。与子尾邑，受而稍致之[7]。公以为忠，故有宠。

【注释】
〔1〕贾：襄公二十一年云"执公子买于句渎之丘"，未知孰是。〔2〕邶殿：在今山东昌邑。〔3〕宰：主宰。〔4〕幅：布的宽度。古代规定布宽二尺二寸，帛宽二尺四寸。〔5〕生厚：生活享受要求丰厚。用利：器物财物要求富饶。〔6〕黜嫚：贬损与过分。〔7〕稍：尽，全部。

释卢蒲嫳于北竟[1]。求崔杼之尸，将戮之，不得。叔孙穆子曰："必得之。武王有乱臣十人[2]，崔杼其有乎？不十人，不足以葬[3]。"既，崔氏之臣曰："与我其拱璧[4]，吾献其柩。"于是得之。十二月乙亥朔，齐人迁庄公，殡于大寝[5]。以其棺尸崔杼于市[6]。国人犹知之[7]，皆曰："崔子也。"

【注释】

〔1〕释：放逐。竟：同"境"。 〔2〕乱臣：治理天下之臣。十人：周公、召公、文母、太公、毕公、荣公、太颠、闳夭、散宜生、南宫括。〔3〕不足以葬：一定不能安葬。意为未葬必能找到尸体。 〔4〕拱璧：大璧。 〔5〕大寝：即路寝，天子与诸侯的正室。 〔6〕尸：暴尸。〔7〕知：认识。

为宋之盟故，公及宋公、陈侯、郑伯、许男如楚。公过郑，郑伯不在。伯有迓劳于黄崖[1]，不敬。穆叔曰："伯有无戾于郑[2]，郑必有大咎。敬，民之主也，而弃之，何以承守[3]？郑人不讨，必受其辜。济泽之阿[4]，行潦之蘋藻[5]，置诸宗室，季兰尸之[6]，敬也。敬可弃乎？"及汉，楚康王卒。公欲反，叔仲昭伯曰[7]："我楚国之为，岂为一人？行也！"子服惠伯曰："君子有远虑，小人从迩。饥寒之不恤，谁遑其后？不如姑归也。"叔孙穆子曰："叔仲子专之矣[8]，子服子始学者也。"荣成伯曰[9]："远图者，忠也。"公遂行。宋向戌曰："我一人之为，非为楚也。饥寒之不恤，谁能恤楚？姑归而息民，待其立君而为之备。"宋公遂反。

【注释】

〔1〕黄崖：在今河南新郑市北。 〔2〕戾：罪。此谓不受禄。〔3〕承守：承先祖，守其家。 〔4〕济泽之阿：渡口水泽边。 〔5〕行潦：路上的积水。蘋藻：浮蘋水草。 〔6〕季兰尸之：季兰作为祭尸接受。此数句用《诗·召南·采蘋》意，诗中有"于以采蘋？南涧之滨。于以采藻？于彼行潦。""于以奠之？宗室牖下。谁其尸之？有齐季女。"〔7〕叔仲昭伯：鲁大夫，即叔仲带。 〔8〕专：言足以专用。〔9〕荣成伯：荣驾鹅，叔肸曾孙。

楚屈建卒。赵文子丧之如同盟，礼也。

王人来告丧。问崩日，以甲寅告[1]。故书之，以征过也[2]。

【注释】

〔1〕以甲寅告：实死于癸巳。 〔2〕征：惩罚。

【译文】

[经]

二十八年春，没有结冰。

夏，卫石恶出逃到晋国。

邾悼公来我国朝见。

秋八月，举行求雨的雩祭。

仲孙羯去晋国。

冬，齐庆封逃来我国。

十一月，襄公去楚国。

十二月甲寅，周灵王去世。

乙未，楚康王昭去世。

[传]

二十八年春，没有结冰。梓慎说："今年宋国、郑国大概要发生饥荒了吧？岁星当在星纪，却走过了头到达玄枵。这是因为要发生天时不正的灾难，所以阴气敌不过阳气。蛇位在龙的上面。龙，是宋国、郑国的星宿，宋国、郑国一定会发生饥荒。玄枵，当中有虚宿。枵，是用来称呼消耗的字。土地虚而人民耗，怎么会不发生饥荒？"

夏，齐景公、陈哀公、蔡景侯、北燕懿公、杞文公、胡子、沈子、白狄去晋国朝见，这是为了遵从在宋国订的盟约。齐景公将要上路，庆封说："我没有参加盟誓，为什么去朝见晋国？"陈文子说："先考虑大事再考虑财物，这是合乎礼的。小国事奉大国,即便没有参加盟誓,但顺从大国的意愿,也是合乎礼的。虽然没有参加盟誓,难道敢背叛晋国吗?重丘的盟会,不可以忘记。您还是劝君王前去吧!"

卫国人讨伐宁氏的同党,所以石恶出逃到晋国。卫国人立了他的侄子圃,以保存石氏的祭祀,这是合乎礼的。

郑悼公来我国朝见,这是通常的朝见。

秋八月,举行求雨的雩祭,是因为旱情严重。

蔡景侯从晋国回国,进入郑都,郑简公设享礼款待他,他不恭敬。子产说:"蔡景侯恐怕难以免于祸患吧?前几天他经过这儿,国君派子展往东门外犒劳他,他态度傲慢。我认为他还是会改正的。如今从晋国回来,接受享礼却不恭敬,这是表明他本性如此了。作为小国的国君事奉大国,反而以不恭敬与傲慢作为本性,他能得到善终吗?如果不能免于祸难,一定是死在儿子手中。他作为国君,淫荡而不守父道。我听说,像这类人,往往会遭到儿子的杀害。"

孟孝伯去晋国,报告为履行在宋国订的盟约去楚国朝见。

蔡景侯去晋国时,郑简公派游吉去楚国。游吉到达汉水,楚国人叫他回去,说:"在宋国的盟会,贵国国君亲自光临。如今却派您来,寡君说请您姑且回去,我将派人乘传车奔赴晋国询问以后再通知您。"游吉说:"在宋国的盟会,贵国君王说将会有利于小国,同时也使小国安定自己的国家,镇抚自己国家的人民,按照礼仪接受上天的赐福,这是君王颁布的法令,也是我们小国所希望的。由于今年敝国多灾难,寡君所以派遣我带着礼物,来向贵国的执事聘问。如今执事命令说:你怎么能参与郑国的政令?一定要让你们的国君离开你们的疆土,跋山涉水,冒霜犯露,以满足我国国君的心意。小国对贵国国君充满希望,怎么敢不完全听从命令?不过这不符合盟誓的要求,使贵国国君因此而丧失道德,也对执事有所不利,小国害怕这样做。不然的话,岂敢为此而害怕劳苦呢?"

游吉回国,向郑简公复命,告诉子展说:"楚康王将要死了!他不修明政事德行,却一味贪图得到诸侯的拥护,以满足自己的欲望,这样的人想活得长久,怎么可能?《周易》有这样的情况,在《复》☷☳变成《颐》☶☳,说:'迷人歧途不能回复,有凶险。'这说的就是楚康王吧?想实行他的愿望,但丢弃了自己的根本,想回来却找不到地方,这就叫做'迷复',能做到没有凶险吗?国君还是去楚国吧,为楚康王送葬后回来,让楚国人痛快一下。楚国没有近十年的时间,不可能争夺霸权。我们就可以让人民休息了。"裨灶说:"今年周灵王与楚康王都将死去。岁星失去了它应有的位置,却运行到它明年的位置,会危害鸟尾,周、楚将承受灾祸。"

九月,郑游吉去晋国,报告郑简公将去楚国朝见,以履行在宋国订的盟约。子产辅相郑简公去楚国,建好帐篷后不建筑坛。外仆进言说:"往昔先大夫辅相先君,前往四方国家,没有不建筑坛的。从那时直到如今,也都因循这一惯例。如今您不除草就搭建帐篷,恐怕不应该吧?"子产说:"大国到小国去,就建筑坛。小国到大国去,草草搭建帐篷就行了,哪里用得着坛?我听说,大国到小国去,有五样好处:原谅它的罪过,赦免它的错误,援救它的灾难,奖励它的德行与典范,教导它完善不足的地方。小国因此而不困乏,感激归顺就好像回到家里一样。因此要筑坛来显扬它的功劳,公开告诉后人,不要在修明德行上懈怠。小国到大国去,有五样坏处:小国向大国解释自己的罪过,索取自己缺少的东西,奉行大国的政事,供给它贡品,服从它随时下达的命令。不这样,就加重小国贡献的财物,用来祝贺大国的喜事和吊唁其丧事,这些都是小国的祸患,哪里用得着建筑坛来显扬自己的祸患?把这些告诉子孙后代,不要显扬祸患就行了。"

齐庆封喜欢打猎又酷爱喝酒,把政务交给庆舍处理,自己带着妻妾财宝迁到卢蒲嫳家去住,互相交换妻妾喝酒。几天后,官员们都改到卢蒲嫳家来向庆封朝见。庆封让逃亡在外的人中知道崔氏同党的人前来告发就允许他们回来,因此就让卢蒲癸回国。卢蒲癸回国后做了庆舍的家臣,受到宠爱,庆舍把女儿嫁给他。庆舍的家臣有人对卢蒲癸说:"男女婚姻时应当辨别是否同姓。你却不避同宗,这是为什么?"卢蒲癸说:"同宗的人不避我,我为什么要独自避他?就如同赋诗时断章取义一样,我取得我所求的就行了,管他是不是同宗?"卢蒲癸又请求让王何回到国内,二人都得到宠爱,庆舍让他们拿着寝戈一前一后护卫自己。

朝廷供应大夫的伙食,标准是每天两只鸡。主管宰杀的人偷偷换成了鸭子。上菜的人知道了,就拿走了鸭肉只送上些肉汤。子雅、子尾见伙食不好,大骂庆封。庆封告诉了卢蒲嫳,卢蒲嫳说:"这两个人好比是禽兽,我们要睡在他们的皮上了。"庆封派析归父把准备除去子雅、子尾的意思告诉晏婴。晏婴说:"我的手下不足以使用,我的智慧也不能出谋划策。我决不会泄露此事,我们可以设盟发誓。"析归父说:"你已经这样说了,还用盟誓干什么?"庆封又叫析归父去和北郭子车商量,子车说:"每个人都有自己的方法来事奉君王,这事不是我能够做到的。"陈文子对儿子陈无宇说:"祸乱将要发生了!我们能得到什么?"陈无宇回答说:"可以在庄街上得到庆氏的木头一百车。"文子说:"你要谨慎地保住它!"

卢蒲癸、王何为进攻庆氏的事占卜,把龟甲上的裂纹给庆舍看,说:"有人为攻打仇人而占卜,谨请您看看征兆如何。"庆舍说:"成功,见到了血。"冬十月,庆封在莱地打猎,陈无宇跟随他。丙辰,陈文子派人召唤陈无宇。陈无宇请求说:"无宇的母亲病危,请让我回去。"庆封为他占卜,把征兆给他看,说:"她将死去。"陈无宇捧着龟甲哭泣,庆封于是让他回去。庆嗣听说了,说:"祸乱将要发生了!"对庆封说:"赶快回去!祸乱必然发生在尝祭的时候,回去还来得及。"庆封不听,也没有悔改的意思。庆嗣说:"他要逃亡了,能逃到吴国、越国就是幸运。"陈无宇渡过河后,破坏了船只,拆除了桥梁。卢蒲姜对卢蒲癸说:"有大举措而不告诉我,一定不能成功。"卢蒲癸告诉了她。卢蒲姜说:"我父亲为人刚愎,没有人劝阻他,他将不出来,请让我去劝阻他。"卢蒲癸说:"好吧。"十一月乙亥,在太公庙举行尝祭,庆舍将到场主持祭祀。卢蒲姜告诉他有人要发动叛乱,并且劝阻他不要去。庆舍不听,说:"有谁敢这样干?"于是去太庙。麻婴充当尸,庆奊为上献。卢蒲癸、王何手拿寝戈侍卫。庆氏带着他的甲士围绕公宫设防。陈氏、鲍氏的养马人演戏。庆氏家的马容易受惊,所以甲士们都解下身上的甲拴好马一起饮酒,又到鱼里看戏。栾、高、陈、鲍家的人把庆氏家的甲穿上。子尾抽出椽子敲了门板三下，卢蒲癸从后面刺庆舍，王何用戈对庆舍击去，斩下了他的左肩，他仍然拉着庙宇的椽子，连屋梁都被撼动，又用俎和壶掷人，杀死了那人后才死去。大伙儿又杀了庆繄、麻婴。齐景公十分害怕，鲍国说："群臣为了君王而杀死他们。"陈文子带着齐景公回宫，他脱去祭服后进了内宫。

庆封在回都城的路上，碰到了前来报告国内动乱的人。丁亥，庆封攻打都城西门，没攻下。转过去攻打北门，攻下了，进城，攻打内宫，没攻下。回兵在岳市列阵，请求决战，没有得到允许，于是就逃来我国。庆封献给季武子一辆车，华美光泽可以照出人形。展庄叔见了，说："车子这么光泽，人就必定憔悴，他逃亡在外是理所当然。"叔孙穆子宴请庆封，庆封在宴会上遍祭群神。穆子不高兴，命令乐工为他朗诵《茅鸱》，他也不知这是讽刺自己。不久齐国人来责备鲁国收留庆封，庆封就逃往吴国。吴王句余给他朱方，让他聚集族人居住在那里，财富比在齐国时还多。子服惠伯对叔孙穆子说："上天似乎专让坏人富有，庆封又富有了。"穆子说："善人富有称为奖赏，坏人富有称为灾殃。上天恐怕是在降灾殃给他，或许将要聚集他们而把他们全部歼灭吧？"

癸巳，周灵王去世。没有发来讣告，《春秋》也不作记载，这是合乎礼的。

崔氏发起动乱时，公子们纷纷逃亡。因此公子鉏在鲁国，叔孙还在燕国，公子贾在句渎之丘。到庆氏逃亡时，把他们全都召回国，给他们日常器物用具，还给他们原来的封邑。赐给晏婴邶殿边境的六十个城邑，晏婴不接受。子尾说："富裕，是人们所希望得到的，你为什么独独不要？"晏婴回答说："庆氏的城邑满足了他的欲望，所以逃亡。我的城邑还不能满足欲望，加上邶殿的城邑，就满足了欲望。欲望满足了，离逃亡的日子就不多了。逃亡在外，连我的一个城邑我都管不到。不接受邶殿不是厌恶富裕，正是恐怕失去富裕。再说富裕就像布帛有它的幅度一样，为它确定制度，使它不能改变。人民在生活享受上要求丰厚，在器具财物上追求富饶，因此就要端正道德观念来加以限制，使它既不缺乏也不过分，这称之为限制私利。私利过分了就会败坏。我不敢贪图过多，就是所谓限制。"赐与北郭子车六十个城邑，他接受了。赐与子雅城邑,他推辞了大部,接受了小部分。赐与子尾城邑,他接受了又全部还给景公。景公认为他忠诚,所以他得到宠爱。

齐景公把卢蒲嫳放逐到北部边境,求索崔杼的尸体,准备戮尸,但找不到。叔孙穆子说:"一定能找到。武王有治理天下的大臣十人,崔杼难道能有吗?他没有十个这样的人,就一定没能安葬。"不久,崔氏的家臣说:"把崔杼的大璧给我,我献出他的棺柩。"齐景公答应了,于是得到了崔杼的尸体。十二月乙亥朔,齐国人迁葬庄公,停棺在路寝。把装着崔杼尸体的棺材暴露在市上。国人还能认出他来,都说:"这是崔杼。"

为履行在宋国订的盟约,襄公与宋平公、陈哀公、郑简公、许悼公去楚国。襄公经过郑国,郑简公不在国内。伯有到黄崖慰劳襄公,举止不恭敬。穆叔说:"伯有如果不在郑国有罪被杀,郑国必然会有大灾祸。恭敬,是人民的主体,却把它丢弃了,用什么来继承先人保守家业?郑国人不讨伐他,一定会受到他的灾祸连累。渡口水泽边、道路积水中所生的浮萍水草,放在宗庙中作祭品,季兰作为祭尸接受了它,这是因为恭敬。恭敬可以丢弃吗?"到了汉水,楚康王去世。襄公打算回国,叔仲昭伯说:"我们是为了楚国来的,难道是为了楚康王一个人吗?还是去吧!"子服惠伯说:"君子有远虑,小人只考虑眼前。饥寒都顾不上,谁有工夫顾到以后?不如回去吧。"叔孙穆子说:"叔仲子可以专门任用,子服子还是个初学者。"荣成伯说:"考虑长远的人,是忠诚的人。"襄公于是继续前进。宋向戌说:"我们是为了一个人来的,不是为了楚国来的。饥寒都顾不上,谁还能顾上楚国?还是回去让人民休息,等他们立了新君后再防备他们。"宋平公于是回国。

楚屈建去世,赵文子像对同盟国一样对他吊唁,这是合乎礼的。

周朝的使者来报告周灵王去世的事。问他死的日子,回答说是甲寅日。所以《春秋》记载为甲寅日,是惩罚使者的过错。

春秋左传卷十九　襄公六

襄公二十九年

[经]

二十有九年春[1]，王正月，公在楚。

夏五月，公至自楚。

庚午，卫献公衎卒。

阍杀吴子馀祭[2]。

仲孙羯会晋荀盈、齐高止、宋华定、卫世叔仪、郑公孙段、曹人、莒人、滕人、薛人、小邾人城杞[3]。

晋侯使士鞅来聘[4]。

杞子来盟[5]。

吴子使札来聘[6]。

秋九月，葬卫献公。

齐高止出奔北燕。

冬，仲孙羯如晋。

【注释】

〔1〕二十有九年：公元前544年。〔2〕阍：守门人。〔3〕高止：高厚子，字子容。〔4〕晋侯：晋平公。〔5〕杞子：杞文公。〔6〕吴子：仍指吴王馀祭。季札受命时，馀祭尚未被杀。

[传]

二十九年春，王正月，公在楚，释不朝正于庙也。楚人使公亲襚[1]，公患之。穆叔曰："祓殡而襚[2]，则布币也。"乃使巫以桃茢先祓殡[3]。楚人弗禁，既而悔之。

二月癸卯，齐人葬庄公于北郭。

【注释】

〔1〕襚：为死者穿衣。这是诸侯使臣吊临国之丧的礼节，所以鲁襄公不满。 〔2〕祓殡：为殡葬祓除不详，举行祭祀。 〔3〕茢：苕帚。与桃木均用以扫除不详。《礼·檀弓》："君临臣丧，以巫祝桃茢执戈，恶之也。"知此为君临臣丧的礼，所以楚人不禁而后悔。

夏四月，葬楚康王。公及陈侯、郑伯、许男送葬，至于西门之外。诸侯之大夫皆至于墓。楚郏敖即位[1]。王子围为令尹[2]。郑行人子羽曰："是谓不宜，必代之昌。松柏之下，其草不殖[3]。"

【注释】

〔1〕郏敖：楚康王之子熊麇。 〔2〕王子围：康王弟。 〔3〕杜注云："言楚君弱，令尹强，物不两盛。为昭元年围弑郏敖起本。"

公还，及方城。季武子取卞[1]，使公冶问[2]，玺书追而与之[3]，曰："闻守卞者将叛，臣帅徒以讨之，既得之矣，敢告。"公冶致使而退[4]，及舍而后闻取卞。公曰："欲之而言叛，祇见疏也。"公谓公冶曰："吾可以入乎？"对曰："君实有国，谁敢违君！"公与公冶冕服[5]。固辞，强之而后受。公欲无入，荣成伯赋《式微》[6]，乃归。五月，公至自楚。公冶致其邑于季氏，而终不入焉，曰："欺其君，何必使余？"季孙见之，则言季氏如他日。不见，则终不言季氏。及疾，聚其臣[7]，曰："我死，必无以冕服敛，非德赏也。且无使季氏葬我。"

【注释】

〔1〕卞：鲁公室邑，在今泗水县东。季武子私取之。〔2〕公冶：季武子的私属大夫。〔3〕玺书：以印封书。〔4〕致使：即问候襄公，交出玺书。〔5〕冕服：杜注："以卿服玄冕赏之。"〔6〕式微：《诗·邶风》篇名，中有"式微式微，胡不归"句，因以之劝襄公回国。〔7〕臣：指公冶家仆役。

葬灵王。郑上卿有事[1]，子展使印段往。伯有曰："弱[2]，不可。"子展曰："与其莫往，弱不犹愈乎？《诗》云：'王事靡盬，不遑启处[3]。'东西南北，谁敢宁处？坚事晋、楚，以蕃王室也[4]。王事无旷，何常之有[5]？"遂使印段如周。

【注释】

〔1〕有事：有国事。时郑简公在楚，上卿要守卫国家。〔2〕弱：年轻。〔3〕所引诗见《诗·小雅·四牡》。靡盬(gǔ)，没有止息。启处，安息。〔4〕蕃：藩，捍卫。〔5〕常：常例。

吴人伐越，获俘焉，以为阍，使守舟。吴子馀祭观舟，阍以刀弑之。

郑子展卒，子皮即位[1]。于是郑饥而未及麦，民病。子皮以子展之命，饩国人粟，户一钟[2]，是以得郑国之民。故罕氏常掌国政，以为上卿。宋司城子罕闻之，曰："邻于善，民之望也。"宋亦饥，请于平公，出公粟以贷。使大夫皆贷。司城氏贷而不书[3]，为大夫之无者贷。宋无饥人。叔向闻之，曰："郑之罕，宋之乐[4]，其后亡者也。二者其皆得国乎！民之归也。施而不德，乐氏加焉，其以宋升降乎[5]？"

【注释】

〔1〕子皮：子展之子，接父位为上卿。又称罕皮。〔2〕钟：合六石四斗，合今一石三斗。〔3〕不书：不书借据。〔4〕乐：宋子罕为乐氏。〔5〕以宋升降：与宋之盛衰而升降，即与国家同运。

晋平公，杞出也，故治杞[1]。六月，知悼子合诸侯之大夫以城杞，孟孝伯会之。郑子大叔与伯石往。子大叔见大叔文子[2]，与之语。文子曰："甚乎！其城杞也。"子大叔曰："若之何哉？晋国不恤周宗之阙[3]，而夏肆是屏[4]。其弃诸姬，亦可知也已。诸姬是弃，其谁归之？吉也闻之，弃同即异[5]，是谓离德。《诗》曰：'协比其邻，昏姻孔云[6]。'晋不邻矣，其谁云之？"

【注释】

〔1〕治：杜注："理其地，修其城。"〔2〕大叔文子：卫太叔仪。〔3〕周宗：周室。阙：空乏。〔4〕肆：馀。夏肆，夏朝之后。杞国是夏之后。屏：藩屏，即保护。〔5〕即：就。〔6〕所引诗见《诗·小

雅·正月》。协比，亲附。邻，原意为相近者，这里断章取义，指近亲、同姓。孔，甚。云，友待，周旋。

齐高子容与宋司徒见知伯[1]，女齐相礼[2]。宾出，司马侯言于知伯曰："二子皆将不免。子容专，司徒侈，皆亡家之主也。"知伯曰："何如？"对曰："专则速及，侈将以其力毙[3]，专则人实毙之，将及矣。"

【注释】
〔1〕高子容：高止。司徒：华定。知伯：即知悼子荀盈。〔2〕女齐：司马侯。〔3〕以其力：因自己的过于强大。

范献子来聘，拜城杞也。公享之，展庄叔执币[1]。射者三耦[2]，公臣不足[3]，取于家臣。家臣，展瑕、展玉父为一耦。公臣，公巫召伯、仲颜庄叔为一耦，鄫鼓父、党叔为一耦。

【注释】
〔1〕执币：拿着礼物。凡享礼，主人劝宾酒，送上束帛为礼，称酬币。〔2〕耦：对。〔3〕公臣：朝廷之臣。参加射礼的需既懂礼又工射者，所以一时凑不出六人。

晋侯使司马女叔侯来治杞田[1]，弗尽归也。晋悼夫人愠曰[2]："齐也取货[3]。先君若有知也，不尚取之[4]！"公告叔侯，叔侯曰："虞、虢、焦、滑、霍、扬、韩、魏，皆姬姓也，晋是以大。若非侵小，将何所取？武、献以下[5]，兼国多矣，谁得治之？杞，夏余也,而即东夷[6]。鲁,周公之后也,而睦于晋。以杞封鲁犹可,而何有焉?鲁之于晋也,职贡不乏,玩好时至,公卿大夫相继于朝,史不绝书,府无虚月。如是可矣!何必瘠鲁以肥杞?且先君而有知也[7],毋宁夫人[8],而焉用老臣?"

【注释】
〔1〕女叔侯:即女齐。治杞田:使鲁归还以前所取齐田。 〔2〕晋悼夫人:晋平公母,杞女。 〔3〕取货:收取贿赂。 〔4〕不尚取之:谓不尽取之,先君不佑汝。 〔5〕武、献:晋武公,献公。 〔6〕即:接近。〔7〕而:同"如",假如,如果。 〔8〕毋宁:宁,宁可。

杞文公来盟。书曰"子",贱之也。

吴公子札来聘,见叔孙穆子,说之。谓穆子曰:"子其不得死乎[1]?好善而不能择人。吾闻君子务在择人。吾子为鲁宗卿,而任其大政,不慎举[2],何以堪之?祸必及子!"

【注释】
〔1〕不得死:即不得好死。 〔2〕不慎举:不慎重举拔人。

请观于周乐。使工为之歌《周南》、《召南》,曰:"美哉!始基之矣[1],犹未也[2]。然勤而不怨矣[3]。"为之歌《邶》、《鄘》、《卫》,曰:"美哉,渊乎[4]!忧而不困者也[5]。吾闻卫康叔、武公之德如是[6],是其《卫风》乎?"为之歌《王》,曰:"美哉!思而不惧[7]，其周之东乎[8]？"为之歌《郑》，曰："美哉！其细已甚[9]，民弗堪也，是其先亡乎！"为之歌《齐》，曰："美哉，泱泱乎[10]，大风也哉[11]！表东海者[12]，其大公乎！国未可量也。"为之歌《豳》，曰："美哉，荡乎[13]！乐而不淫[14]，其周公之东乎[15]？"为之歌《秦》，曰："此之谓夏声[16]。夫能夏则大[17]，大之至也，其周之旧乎？"为之歌《魏》，曰："美哉，沨沨乎[18]！大而婉[19]，险而易行[20]，以德辅此，则明主也。"为之歌《唐》，曰："思深哉！其有陶唐氏之遗民乎？不然，何忧之远也。非令德之后[21]，谁能若是？"为之歌《陈》，曰："国无主，其能久乎？"自《郐》以下无讥焉[22]。为之歌《小雅》，曰："美哉！思而不贰[23]，怨而不言[24]，其周德之衰乎？犹有先王之遗民焉。"为之歌《大雅》，曰："广哉，熙熙乎[25]！曲而有直体[26]，其文王之德乎？"为之歌《颂》，曰："至矣哉！直而不倨[27]，曲而不屈[28]，迩而不逼，远而不携[29]，迁而不淫[30]，复而不厌，哀而不愁，乐而不荒[31]，用而不匮，广而不宣[32]，施而不费[33]，取而不贪[34]，处而不底[35]，行而不流[36]。五声和[37]，八风平[38]，节有度[39]，守有序[40]，盛德之所同也。"见舞《象箾》、《南籥》者[41]，曰："美哉！犹有憾[42]。"见舞《大武》者[43]，曰："美哉！周之盛也，其若此乎？"见舞《韶濩》者[44]，曰："圣人之弘也[45]，而犹有惭德[46]，圣人之难也。"见舞《大夏》者[47]，曰："美哉！勤而不德[48]，非禹其谁能修之[49]？"见舞《韶箾》者[50]，曰："德至矣哉！大矣！如天之无不帱也[51]，如地之无不载也，虽甚盛德，其蔑以加于此矣。观止矣[52]！若有他乐，吾不敢请已！"

【注释】

〔1〕始基之矣：周的教化已奠定基础了。"二南"是产生较早的音乐，故云。 〔2〕犹未：还没有尽善。 〔3〕勤：勤劳。 〔4〕渊：深。 〔5〕忧：忧虑。困：困穷。 〔6〕卫康叔：周公之弟，始封于卫。武公为他九世孙。二人皆卫贤君。 〔7〕思：忧思。 〔8〕周之东：周室东迁。 〔9〕细：琐碎。也象征郑国政令苛细。 〔10〕泱泱：深广宏大貌。 〔11〕大风：大国之风。 〔12〕表：表率。 〔13〕荡：坦荡无邪。 〔14〕乐而不淫：欢乐而有节制。淫，过度。 〔15〕周公之东：周公东征。 〔16〕夏声：西方之声。 〔17〕能夏则大："夏"即"大"意。此言夏声宏大。 〔18〕沨(fàn)沨：浮泛轻飘。 〔19〕婉：委婉，多曲折。 〔20〕险而易行：指节拍局促但不艰涩难歌。险，迫促、狭隘。 〔21〕令德：美德。 〔22〕无讥：不加评论。《郐》以下还有《曹风》。 〔23〕思：忧思。不贰：无背叛之心。 〔24〕不言：不尽情吐述。 〔25〕熙熙：和美，融洽。 〔26〕直体：本体刚劲有力。 〔27〕倨：放肆。 〔28〕屈：卑下、靡弱。 〔29〕携：离开。 〔30〕迁：变化。 〔31〕荒：过度。 〔32〕宣：显露。 〔33〕费：减少。 〔34〕不贪：言易于满足。 〔35〕处：不动。底：停止。 〔36〕不流：不流荡泛滥无归。 〔37〕五声：宫、商、角、徵、羽。 〔38〕八风：即八音。指金、石、丝、竹、匏、土、革、木八类乐器奏的声音。 〔39〕节：节奏。 〔40〕守有序：言更相鸣奏，次序不乱。 〔41〕象箾(shuò)：一种武舞。箾是舞者所持的竿子。象箾，执竿而武，如战争时以戈刺击之状。南籥：以籥伴奏而武，是一种文舞。籥，管乐器，似笛。 〔42〕憾：遗憾，美中不足。 〔43〕大武：周武王之乐。 〔44〕韶濩(hù)：殷汤之乐。 〔45〕弘：伟大。 〔46〕慙德：缺点。 〔47〕大夏：夏禹之乐。 〔48〕不德：不自以为功德。 〔49〕修：作。 〔50〕韶箾：即"箫韶"，虞舜之乐。 〔51〕帱(dǎo)：覆盖。 〔52〕观止：到达顶点了。

其出聘也，通嗣君也[1]。故遂聘于齐，说晏平仲，谓之曰:"子速纳邑与政[2]！无邑无政,乃免于难。齐国之政,将有所归,未获所归,难未歇也。"故晏子因陈桓子以纳政与邑,是以免于栾、高之难[3]。

【注释】
〔1〕通嗣君:杜注谓嗣君指馀祭,时立已五年,故有人认为指夷末。〔2〕纳:交出。〔3〕栾、高之难:见昭公八年。

聘于郑,见子产,如旧相识,与之缟带[1],子产献纻衣焉[2]。谓子产曰:"郑之执政侈[3],难将至矣！政必及子。子为政,慎之以礼。不然,郑国将败。"

【注释】
〔1〕缟带:白色生绢做的大带。〔2〕纻衣:麻织的衣服。〔3〕执政:指伯有。

适卫,说蘧瑗、史狗、史鳅、公子荆、公叔发、公子朝[1],曰:"卫多君子,未有患也。"

【注释】
〔1〕蘧瑗:字伯玉。史狗:史朝之子,谥文子。史鳅:一作史鱼。公叔发:即公叔文子。

自卫如晋,将宿于戚。闻钟声焉,曰:"异哉！吾闻之也:'辩而不德[1],必加于戮。'夫子获罪于君以在此,惧犹不足,而又何乐？夫子之在此也,犹燕之巢于幕上。君又在殡[2],而可以乐乎？"遂去之。文子闻之,终身不听琴瑟。

【注释】
〔1〕辩:变乱。戚为孙文子封邑,孙文子曾在此逐君。 〔2〕君又在殡:时卫献公卒而未葬。

适晋,说赵文子、韩宣子、魏献子,曰:"晋国其萃于三族乎[1]!"说叔向,将行,谓叔向曰:"吾子勉之!君侈而多良[2],大夫皆富,政将在家[3]。吾子好直,必思自免于难。"

【注释】
〔1〕萃:集中。 〔2〕良:良臣。 〔3〕在家:在大夫手中。

秋九月,齐公孙虿、公孙灶放其大夫高止于北燕[1]。乙未,出。书曰:"出奔。"罪高止也。高止好以事自为功,且专,故难及之。

【注释】
〔1〕公孙虿:字子尾。公孙灶:字子雅。

冬,孟孝伯如晋,报范叔也[1]。
为高氏之难故,高竖以卢叛[2]。十月庚寅,闾丘婴帅师围卢。高竖曰:"苟使高氏有后,请致邑。"齐人立敬仲之曾孙酀[3],良敬仲也。十一月乙卯,高竖致卢而出奔晋,晋人城绵而置旃[4]。

【注释】

〔1〕范叔：士鞅。 〔2〕高竖：高止之子。卢：高氏封邑，在今山东长清区南。 〔3〕敬仲：高傒。鄎：即后之高偃。 〔4〕绵：绵上，在今山西介休市东南。

郑伯有使公孙黑如楚[1]，辞曰："楚、郑方恶，而使余往，是杀余也。"伯有曰："世行也[2]。"子晳曰："可则往，难则已，何世之有？"伯有将强使之。子晳怒，将伐伯有氏，大夫和之。十二月己巳，郑大夫盟于伯有氏。裨谌曰："是盟也，其与几何？《诗》曰：'君子屡盟，乱是用长[3]。'今是长乱之道也。祸未歇也，必三年而后能纾。"然明曰："政将焉往？"裨谌曰："善之代不善，天命也，其焉辟子产？举不逾等，则位班也[4]。择善而举，则世隆也[5]。天又除之，夺伯有魄，子西即世，将焉辟之？天祸郑久矣，其必使子产息之，乃犹可以戾[6]。不然，将亡矣。"

【注释】

〔1〕公孙黑：字子晳。 〔2〕世行：世代为行人之职。 〔3〕所引诗见《诗·小雅·巧言》。 〔4〕位班：依班次。 〔5〕世隆：世重。 〔6〕戾：定。

【译文】

[经]

二十九年春，周历正月，襄公在楚国。

夏五月，襄公从楚国回国。

庚午，卫献公衎去世。

守门人杀死吴王馀祭。

仲孙羯会合晋荀盈、齐高止、宋华定、卫太叔仪、郑公孙段、曹国人、莒国人、滕国人、薛国人、小邾国人修筑杞国都城的城墙。

晋平公派士鞅来我国聘问。

杞文公来我国结盟。

吴王馀祭派季札来我国聘问。

秋九月,安葬卫献公。

齐高止出逃到北燕。

冬,仲孙羯去晋国。

[传]

二十九年春,周历正月,襄公在楚国,这是解释为什么不去太庙朝正的缘故。楚国人让襄公亲自为死者穿衣,襄公为此不满。穆叔说:"先举行为殡葬被除不祥的祭祀然后给死者穿衣服,这就等于朝聘时送礼物。"襄公于是让巫者用桃木棒与笤帚先被除不祥。楚国人没有禁止,后来又为此而后悔。

二月癸卯,齐国人在北面的外城安葬齐庄公。

夏四月,安葬楚康王。襄公与陈哀公、郑简公、许悼公送葬,送到西门外。诸侯的大夫都送到墓地。楚郏敖即位,王子围任令尹。郑行人子羽说:"这就叫做不适当,令尹必定会代替楚王昌盛。松柏的下面,草是不能成长的。"

襄公回国,到达方城。季武子占取了卞邑,派公冶去问候襄公,公冶出发后,季武子以印封好书信派人追上去交给他叫他递给襄公,信中说:"听说守卞的人将要叛变,臣率领部下讨伐他,已经取得了卞邑,谨此报告。"公冶见到襄公完成使命后退了出去,到了帐篷后才听到占取卞邑的事。襄公说:"想要得到它而借口说叛乱,只能显得对我疏远。"襄公问公冶说:"我能够进入国境吗?"公冶回答说:"君王据有国家,谁胆敢违背君王!"襄公奖励给公冶冕服。公冶坚决推辞,襄公坚持给他他才收下。襄公想不进入国境,荣成伯赋《式微》,他才回国。五月,襄公从楚国回到国内。公冶把自己的封邑交回给季氏,就再也不进入季氏家门,说:"他要欺骗他的国君,干吗派我去?"季孙去见他,他和季孙与平常一样交谈。不见,他就始终不讲到季氏。到公冶病危时,聚集了他的手下,说:"我死后,一定不要用冕服入殓,因为这不是靠德行得到的奖赏。同时不要让季氏来安葬我。"

安葬周灵王。郑上卿子展有国事不能去,派印段前往。伯有说:"他太年轻,不行。"子展说:"与其不派人去,派个年轻的人去不是还要好些吗?《诗》说:'王家差使做不完,哪有时间去休息。'东西南北,谁敢安居?坚定地事奉晋国、楚国,用以捍卫王室。王事没有缺失就行了,管什么常例?"于是就派印段去周朝。

吴国人攻打越国,俘获了俘虏,派他们做看门人,让他们看守船只。吴王馀祭观看船只,看门人用刀把他杀了。

郑子展去世,子皮继承他的职位。这时候郑国闹饥荒而麦收还未到,人民困乏。子皮用子展的遗命送给国人粮食,每户给一钟,因此得到郑国人民的拥护。所以罕氏一直执掌国家政权,担任上卿。宋国的司城子罕听说后,说:"与善相近,这是人民的期望。"宋国也发生饥荒,子罕向宋平公请求,用公室的粮食借给人民,让大夫们也都借粮给人民。司城子罕借粮给人不要对方立借据,又代替缺少粮食的大夫放粮。宋国因此没有挨饿的人。叔向听说后,说:"郑国的罕氏,宋国的乐氏,大概是最后消亡的,两家都将会执掌国政吧!这是因为人民对他们归服的缘故。施恩而不自以为对人有恩德,这点乐氏更胜一筹,他家大概会与宋国共命运吧?"

晋平公是杞国女子所生,所以整修杞国的城墙。六月,知悼子会合诸侯的大夫们修筑杞都城墙,孟孝伯前往参加。郑子大叔与伯石前往。子大叔见到太叔文子,与他交谈。文子说:"做得太过分了,这为杞国修建城墙的事!"子大叔说:"拿他怎么办呢?晋国不顾及周朝宗室的衰弱,却保护夏朝的残余。他将抛弃各姬姓国,也是意料中的事。各姬姓国被抛弃,又有谁会归服于他?我曾经听说,抛弃同姓接近异姓,这叫做离德。《诗》说:'亲附近亲与同姓,姻亲往来周旋忙。'晋国不亲近同姓近亲,还有谁来和他周旋友好?"

齐高子容与宋司徒华定进见知伯,女齐作相礼。宾客出门后,女齐对知伯说:"这两个人都将难以免除祸难。子容专治强横,华定奢侈,都是使家族灭亡的罪魁祸首。"知伯说:"怎么?"女齐回答说:"专治强横就会很快遭到祸难,奢侈将会因自己过于强大而致死。专治强横人们就会消灭他,他遭祸难的日子快到了。"

范献子来我国聘问,拜谢我国帮助修筑杞国城墙。襄公设享礼宴请他,让展庄叔捧着礼物。参加射礼的要三对人,公臣不够数,就从家臣中选取。家臣,展瑕、展玉父为一对。公臣,公巫召伯、仲颜庄叔为一对,鄫鼓父、党叔为一对。

晋平公派司马女齐前来我国办理退还我国占领的杞国土地的事,女齐没有让我国全数归还杞国。晋悼夫人发火说:"女齐一定得了他们的好处。先君如果有知,一定不会赞同他这样做!"晋平公把这话告诉女齐,女齐说:"虞、虢、焦、滑、霍、扬、韩、魏,都是姬姓国,晋国因此而发展。如果不是掠取小国,将从哪里取得土地?武公、献公以来,兼并的国家很多,谁能够让我们退回土地?杞国,是夏朝的残馀,而靠近东夷。鲁国,是周公的后代,而与晋国和睦。把杞国封给鲁国都是可以的,还管杞国干什么?鲁国对待我们晋国,贡品不缺乏,玩物不时送来,公卿大夫不断前来朝见,史官没有停止过记载,国库没有一个月不收进他们的东西。像这样做就行了,何必要削弱鲁国来养肥杞国呢?再说先君假如有知的话,就宁可让夫人自己去办,哪里用得着我老臣?"

杞文公来我国结盟。《春秋》称他为"子",是卑视他。

吴公子札来我国聘问,见到叔孙穆子,很喜欢他。公子札对穆子说:"您恐怕不得好死吧?你喜欢行善事但不懂得选择善人。我听说君子应当致力于选择善人。您担任鲁国的宗卿,而承担国政,不慎重举拔善人,怎么能维持下去?祸患必定会降到您的身上!"

公子札请求观赏周朝的音乐舞蹈。于是让乐工为他歌唱《周南》、《召南》,他说:"真美妙啊!周朝的教化已经开始奠定基础了,然而还未尽善,不过人民勤劳而没有怨恨了。"为他歌唱《邶风》、《鄘风》、《卫风》,他说:"真美妙啊,这样地深厚!虽有忧思但不至于困穷。我听说卫康叔、武公的德行就是如此,这恐怕是《卫风》吧?"为他歌唱《王风》,他说:"真美妙啊!虽有忧思但不至于恐惧,这大概是周室东迁以后的诗吧?"为他歌唱《郑风》,他说:"真美妙啊!它的音节过于琐碎,人民受不了了,这恐怕要先灭亡吧!"为他歌唱《齐风》,他说:"真美妙啊!这样深广宏大!这是大国的音乐吧!它象征着可做东海一带诸侯的表率,那莫非是太公的国家吧!国家的前程不可限量。"为他歌唱《豳风》,他说:"真美妙啊,如此坦荡!欢乐而有节制,大概是周公东征时的歌吧?"为他歌唱《秦风》,他说:"此就叫做西方的夏声。能发出夏声声音自然洪亮,洪亮到顶了,这也许是周朝的旧乐吧?"为他歌唱《魏风》,他说:"真美妙啊,多么轻飘浮泛!声音虽大而委婉曲折,节拍局促却容易歌唱,如果再用道德进行辅佐,那一定是个贤明的君主。"为他歌唱《唐风》,他说:"忧思多么深沉啊!也许是陶唐氏的遗民吧?不然的话,怎么会忧思如此深远呢?不是美德者的后代,谁能够这么样?"为他歌唱《陈风》,他说:"国家没有主人,难道能维持长久吗?"从《郐风》以下,公子札不再评论。为他歌唱《小雅》,他说:"真美妙啊!虽然有忧思但没有背叛的意思,虽然有怨恨但不尽情倾吐,莫不是周德衰落时的乐曲吧?还有先王的遗民在啊。"为他歌唱《大雅》,他说:"真宽广啊,多和美啊!柔婉曲折而本体则刚劲有力,大概表现的是文王的德行吧?"为他歌唱《颂》,他说:"美极了!刚劲而不放肆,柔婉曲折而不卑下靡弱,紧密而不局促逼迫,悠远疏旷而不散漫游离,变化多端而不过分,反复重叠而不使人厌倦,哀伤而不使人忧愁,快乐而不放浪过度,使用它而不会匮乏,宽广而不显露,施予而不会减少,收取而不会增多,静止而不显得留滞,流动而不显得泛滥。五音和谐,八风协调,节奏有一定的尺度,乐器交相鸣奏有一定顺序,与有盛德的相同。"公子札见到跳《象箾》、《南籥》舞,说:"真美妙啊!然而还有遗憾。"见到跳《大武》舞,说:"真美妙啊!周朝的兴盛时,大概就是这样的吧!"见到跳《韶濩》舞,他说:"圣人这么伟大,但还表现出缺点,圣人真不容易做啊。"见到跳《大夏》舞,他说:"真美妙啊!勤劳于民事而不自以为功,不是大禹还有谁能做到呢?"见到跳《韶箾》舞,他说:"道德到达顶点了,真伟大啊！就好像是天无所不覆盖，就好像是地无所不承载，德行大到了顶点，没有办法再增加了。尽善尽美到这里达到止境了！即使有别的乐舞，我也不敢再请求了！"

公子札出国聘问，是因为国君新立而与各国通好。因此他又到齐国聘问，与晏平仲很投机，对晏平仲说："您赶快把封邑与政权交还给国君！没有封邑与政权，才能免于祸难。齐国的政权，将会有所归属，没有得到归属，祸难不会停止。"因此晏子通过陈桓子交出了政权与封邑，所以没有在栾、高发动的动乱中受害。

公子札到郑国去聘问，见到子产，就同是老朋友一样，送给子产白绢大带，子产送给他麻布衣服。公子札对子产说："郑国的执政奢侈，祸难将要降临了。政权必然会落到您手中。您执掌国政，要用礼仪谨慎行事。不这样的话，郑国将覆灭。"

公子札到卫国，见到了蘧瑗、史狗、史䲡、公子荆、公叔发、公子朝，很高兴，说："卫国的君子很多，不会有祸患发生。"

公子札从卫国去晋国，准备在戚邑住宿。他听到钟声，说："奇怪啊！我听说：'发动变乱又不修德行，一定会受到杀戮'。这个人就在这里得罪了君王，害怕还恐怕不够，又有什么可欢乐的？这个人住在这里，就如同燕子在帐幕上筑巢。国君又没有安葬，难道可以欢乐吗？"于是离开了戚邑。孙文子听说后，终身不听琴瑟音乐。

公子札到了晋国，喜爱赵文子、韩宣子、魏献子，说："晋国的国政将会集中在这三族了！"对叔向喜爱，将要离开时，对叔向说："您努力吧！国君奢侈而大夫多能干，大夫又都富有，国政将归于大夫私族。您喜欢直言不讳，一定要设法自免于祸难。"

秋九月，齐公孙虿、公孙灶把他们国家的大夫高止放逐到北燕。乙未，高止出境。《春秋》说他"出逃"，是责备高止。高止喜欢生事并且以此为自己的功劳，又专横，所以祸难降临到他身上。

冬，孟孝伯去晋国，是为了回报范叔来我国聘问。

为了高氏遭难的缘故，高竖率领卢邑人发动叛乱。十月庚寅，闾丘婴率领军队包围了卢邑。高竖说："如果能让高氏在齐国有后代，我就交出卢邑。"齐国人立敬仲的曾孙酀为高氏继承人，这是因为钦佩敬仲。十一月乙卯,高竖交出卢邑后出逃到晋国,晋国人在绵地筑城安置他。

郑伯有派公孙黑去楚国,公孙黑推辞说:"楚国、郑国的关系正恶劣,你却让我前往,这就等于杀死我。"伯有说:"你家世代都是行人。"公孙黑说:"可以去就去,不能去就不去,与世代行人有什么关系?"伯有准备强迫他去。公孙黑发怒,准备攻打伯有家,大夫们为他们和解。十二月己巳,郑大夫与伯有设立盟誓。裨谌说:"这个盟誓,能维持多久?《诗》说:'君子多次结盟,动乱由此滋长。'现在这样做正是滋长动乱的举措。祸乱还没有终止,一定要到三年后才能舒解。"然明说:"国政将落到谁手中?"裨谌说:"好人代替坏人,这是天命,子产看来推托不掉。举拔人才不超越等级,依班次正轮到子产。选择善人举拔,则子产为世人所推重。上天又扫除了他的障碍,夺走了伯有的魂魄,让子西去世,子产怎么推托得了呢?上天降祸给郑国已经很久了,一定要让子产来平息它,郑国还能得到安定。不然的话,郑国将要灭亡了。"

襄公三十年

[经]

三十年春[1]，王正月，楚子使薳罢来聘[2]。

夏四月，蔡世子般弑其君固。

五月甲午，宋灾。

宋伯姬卒[3]。

天王杀其弟佞夫[4]。

王子瑕奔晋。

秋七月，叔弓如宋[5]，葬宋共姬。

郑良霄出奔许。自许入于郑。

郑人杀良霄。

冬十月，葬蔡景公。

晋人、齐人、宋人、卫人、郑人、曹人、莒人、邾人、滕人、薛人、杞人、小邾人会于澶渊[6]，宋灾故。

【注释】

〔1〕三十年：公元前543年。〔2〕楚子：楚郏敖。〔3〕伯姬：即共姬，共公夫人，平公母。〔4〕天王：周景王。〔5〕叔弓：叔老之子，又称子叔敬叔。〔6〕澶渊：指濮阳县西北之澶渊。

[传]

三十年春，王正月，楚子使薳罢来聘，通嗣君也。穆叔问："王子之为政何如[1]？"对曰："吾侪小人，食而听事，犹惧不给命而不免于戾[2]，焉与知政？"固问焉，不告。穆叔告大夫曰："楚令尹将有大事[3]，子荡将与焉[4]，助之匿其情矣。"

【注释】

〔1〕王子：王子围，楚令尹。 〔2〕不给命：不足以完成使命。〔3〕大事：指篡逆。 〔4〕子荡：薳罢字。

子产相郑伯以如晋，叔向问郑国之政焉。对曰："吾得见与否，在此岁也。驷、良方争[1]，未知所成[2]。若有所成，吾得见，乃可知也。"叔向曰："不既和矣乎？"对曰："伯有侈而愎，子皙好在人上，莫能相下也。虽其和也，犹相积恶也，恶至无日矣。"

【注释】

〔1〕驷、良：驷氏子皙、良氏伯有。 〔2〕成：调和。

二月癸未，晋悼夫人食舆人之城杞者[1]。绛县人或年长矣，无子，而往与于食。有与疑年[2]，使之年。曰："臣小人也，不知纪年。臣生之年，正月甲子朔，四百有四十五甲子矣[3]，其季于今三之一也[4]。"吏走问诸朝，师旷曰："鲁叔仲惠伯会郤成子于承匡之岁也[5]。是岁也，狄伐鲁。叔孙庄叔于是乎败狄于咸，获长狄侨如及虺也豹也，而皆以名其子。七十三年矣。"史赵曰："亥有二首六身，下二如身，是其日数也[6]。"士文伯曰："然则二万六千六百有六旬也。"

【注释】

〔1〕舆人：役卒。〔2〕与疑年：怀疑他的年龄。〔3〕甲子：六十天。〔4〕其季：其末，其尾数。〔5〕杜注：在文公十一年。〔6〕此句诸说纷纭，大致从古篆拆字以言之。其意即言二万六千六百六十日。

赵孟问其县大夫，则其属也。召之，而谢过焉，曰："武不才，任君之大事，以晋国之多虞[1]，不能由吾子[2]，使吾子辱在泥涂久矣，武之罪也。敢谢不才。"遂仕之，使助为政。辞以老。与之田，使为君复陶[3]，以为绛县师[4]，而废其舆尉[5]。于是，鲁使者在晋，归以语诸大夫。季武子曰："晋未可媮也[6]。有赵孟以为大夫，有伯瑕以为佐[7]，有史赵、师旷而咨度焉[8]，有叔向、女齐以师保其君。其朝多君子，其庸可媮乎？勉事之而后可。"

【注释】

〔1〕虞：忧。〔2〕由：用。〔3〕复陶：主持免除徭役的事务。〔4〕县师：主管地区内事务的官。〔5〕舆尉：主持征发徭役的官。因其让老人任役夫，故罢免他。〔6〕媮：轻视，怠慢。〔7〕伯瑕：即士匄，亦即上文的士文伯。〔8〕咨度：咨询、顾问。

夏四月己亥，郑伯及其大夫盟[1]。君子是以知郑难之不已也。

蔡景侯为大子般娶于楚，通焉。大子弑景侯。

【注释】
〔1〕杜注："驷、良争故。"

初，王儋季卒[1]，其子括将见王，而叹。单公子愆期为灵王御士[2]，过诸廷，闻其叹而言曰："乌乎！必有此夫[3]！"入以告王，且曰："必杀之！不戚而愿大，视躁而足高[4]，心在他矣。不杀，必害。"王曰："童子何知？"及灵王崩，儋括欲立王子佞夫[5]，佞夫弗知。戊子，儋括围蒍[6]，逐成愆[7]。成愆奔平畤[8]。五月癸巳，尹言多、刘毅、单蔑、甘过、巩成杀佞夫[9]。括、瑕、廖奔晋[10]。书曰："天王杀其弟佞夫。"罪在王也。

【注释】
〔1〕王儋季：周灵王弟。　〔2〕御士：侍御。　〔3〕必有此夫：杜注："欲有此朝廷之权。"　〔4〕视躁：言其四处张望。足高：即趾高。〔5〕佞夫：灵王子，景王弟。　〔6〕蒍：见隐公十一年注。　〔7〕成愆：杜注："蒍邑大夫。"　〔8〕平畤：周邑，当离洛阳不远。　〔9〕尹言多、刘毅、单蔑、甘过、巩成：五人皆周大夫。　〔10〕瑕、廖：均为周王子。

或叫于宋大庙[1]，曰："嘻嘻！出出！"鸟鸣于亳社[2]，如曰："嘻嘻。"甲午，宋大灾。宋伯姬卒，待姆也[3]。君子谓："宋共姬，女而不妇[4]。女待人，妇义事也[5]。"

【注释】

〔1〕大庙：即大宫，始封君微子的庙。〔2〕亳社：宋社名，宋为殷商之后，故建亳社。〔3〕姆：女师，即保姆。〔4〕女而不妇：未嫁称女，已嫁称妇。女无保傅不下堂，妇则非。如今伯姬等待保姆来而不出外避火，所以说她"不妇"。〔5〕义事：便宜行事。

六月，郑子产如陈莅盟。归，复命。告大夫曰："陈，亡国也，不可与也。聚禾粟，缮城郭，恃此二者，而不抚其民。其君弱植[1]，公子侈[2]，大子卑[3]，大夫敖，政多门，以介于大国，能无亡乎？不过十年矣。"

【注释】

〔1〕弱植：根基不巩固。〔2〕公子：指公子留。〔3〕大子：指太子偃师。

秋七月，叔弓如宋，葬共姬也。

郑伯有耆酒，为窟室[1]，而夜饮酒，击钟焉，朝至未已[2]。朝者曰："公焉在[3]？"其人曰："吾公在壑谷。"皆自朝布路而罢[4]。既而朝[5]，则又将使子晳如楚，归而饮酒。庚子，子晳以驷氏之甲伐而焚之。伯有奔雍梁[6]，醒而后知之，遂奔许。大夫聚谋。子皮曰："《仲虺之志》云[7]：'乱者取之，亡者侮之。'推亡固存，国之利也。罕、驷、丰同生[8]，伯有汏侈，故不免。"

【注释】

〔1〕窟室：地下室。〔2〕朝：早朝。此指大夫朝卿。〔3〕公：伯

有。〔4〕布路：分散。〔5〕朝：此指伯有与大夫一起朝见国君。〔6〕雍梁：在今河南新郑市西南。〔7〕仲虺：汤左相，下引语，前宣公十二年传引作"取乱侮亡"。〔8〕罕、驷、丰：子皮、子晳、公孙段，三家本同母兄弟。

人谓子产就直助彊[1]，子产曰："岂为我徒[2]？国之祸难，谁知所弊[3]？或主彊直，难乃不生。姑成吾所[4]。"辛丑，子产敛伯有氏之死者而殡之，不及谋而遂行。印段从之。子皮止之。众曰："人不我顺，何止焉？"子皮曰："夫子礼于死者，况生者乎？"遂自止之[5]。壬寅，子产入。癸卯，子石入[6]。皆受盟于子晳氏。

【注释】
〔1〕就直助彊：谓站在理直的一边，帮助强者。指子晳一方。〔2〕徒：党。〔3〕弊：止。〔4〕成：定。所：处，地位。〔5〕止之：指止子产。〔6〕子石：印段。

乙巳，郑伯及其大夫盟于大宫[1]。盟国人于师之梁之外。伯有闻郑人之盟己也怒，闻子皮之甲不与攻己也喜，曰："子皮与我矣。"癸丑，晨，自墓门之渎入[2]，因马师颉介于襄库[3]，以伐旧北门。驷带率国人以伐之[4]。皆召子产。子产曰："兄弟而及此，吾从天所与。"伯有死于羊肆，子产襚之[5]，枕之股而哭之，敛而殡诸伯有之臣在市侧者。既而葬诸斗城[6]。子驷氏欲攻子产[7]，子皮怒之曰："礼，国之干也，杀有礼，祸莫大焉。"乃止。

【注释】

〔1〕大宫：太庙，郑始封君桓叔之庙。　〔2〕墓门：杜注云郑城门。渎：出水洞。　〔3〕马师颉：子羽孙，郑大夫。襄库：放衣甲的仓库。〔4〕驷带：子西之子，子晳的宗主。　〔5〕禭：为死者穿衣入殓。〔6〕斗城：在今河南通许县东北。　〔7〕子驷氏：即驷氏。

于是游吉如晋还，闻难不入，复命于介[1]，八月甲子，奔晋。驷带追之，及酸枣[2]。与子上盟[3]，用两珪质于河。使公孙肸入盟大夫[4]。己巳，复归。书曰："郑人杀良霄。"不称大夫，言自外入也。

【注释】

〔1〕介：游吉的副手。　〔2〕酸枣：在今河南延津县西南。　〔3〕子上：即驷带。　〔4〕公孙肸：当为游吉从人。

于子蟜之卒也[1]，将葬，公孙挥与裨灶晨会事焉。过伯有氏，其门上生莠[2]。子羽曰："其莠犹在乎？"于是岁在降娄[3]，降娄中而旦[4]。裨灶指之曰："犹可以终岁[5]，岁不及此次也已。"及其亡也，岁在娵訾之口[6]。其明年，乃及降娄。

【注释】

〔1〕子蟜：公孙虿。襄公十九年卒。　〔2〕莠：草名，俗称狗尾巴草。　〔3〕降娄：岁星运行的十二次之一。　〔4〕中而旦：季夏，相当周历八月，时降娄在中天而天刚亮。　〔5〕终岁：岁星走完一周。〔6〕娵訾：降娄前一次。

仆展从伯有[1]，与之皆死。羽颉出奔晋[2]，为任大夫[3]。鸡泽之会[4],郑乐成奔楚,遂适晋。羽颉因之,与之比[5],而事赵文子,言伐郑之说焉。以宋之盟故,不可。子皮以公孙鉏为马师[6]。

【注释】
〔1〕仆展:郑大夫,伯有党。 〔2〕羽颉:即马师颉,马师为官名。〔3〕任:晋邑,在今河北任县东南。 〔4〕鸡泽之会:在襄公三年。〔5〕比:朋比。 〔6〕公孙鉏:子罕之子。

楚公子围杀大司马芳掩而取其室。申无宇曰[1]:"王子必不免[2]。善人,国之主也。王子相楚国,将善是封殖[3],而虐之,是祸国也。且司马,令尹之偏[4],而王之四体也。绝民之主,去身之偏,艾王之体[5],以祸其国,无不祥大焉[6]!何以得免?"

【注释】
〔1〕申无宇:芋尹无宇,楚臣。 〔2〕王子:指公子围。楚自称王,宗室则为王子、王孙。 〔3〕封殖:培养。 〔4〕偏:佐。此以身体做比喻,谓是令尹的半身。 〔5〕艾:同"刈",斩除。 〔6〕无:语首助词,无义。

为宋灾故,诸侯之大夫会,以谋归宋财[1]。冬十月,叔孙豹会晋赵武、齐公孙虿、宋向戌、卫北宫佗、郑罕虎及小邾之大夫[2],会于澶渊。既而无归于宋,故不书其人。君子曰:"信其不可不慎乎!澶渊之会,卿不书,不信也。夫诸侯之上卿,会而不信,宠名皆弃[3],不信之不可也如是!《诗》曰:'文王陟降,在帝左右[4]。'信之谓也。又曰：'淑慎尔止，无载尔伪[5]。'不信之谓也。"书曰"某人某人会于澶渊，宋灾故"，尤之也。不书鲁大夫，讳之也。

【注释】

〔1〕归：同"馈"，赠送。〔2〕北宫佗：北宫括之子。〔3〕宠名：尊贵的名字。因与会者地位很高。〔4〕所引诗见《诗·大雅·文王》。陟，登，升。〔5〕所引诗为逸诗。淑，善。止，举止。载，行为。

郑子皮授子产政，辞曰："国小而偪[1]，族大宠多[2]，不可为也[3]。"子皮曰："虎帅以听[4]，谁敢犯子？子善相之，国无小，小能事大，国乃宽[5]。"

【注释】

〔1〕偪：处在大国之间。〔2〕族：公族。〔3〕不可为：即不可治。〔4〕虎：子皮名罕虎。〔5〕宽：对上"偪"而言，谓能宽舒缓和。

子产为政，有事伯石[1]，赂与之邑。子大叔曰[2]："国，皆其国也。奚独赂焉？"子产曰："无欲实难。皆得其欲，以从其事，而要其成[3]，非我有成，其在人乎？何爱于邑[4]，邑将焉往？"子大叔曰："若四国何[5]？"子产曰："非相违也[6]，而相从也，四国何尤焉[7]？《郑书》有之曰[8]：'安定国家，必大焉先[9]。'姑先安大，以待其所归。"既，伯石惧而归邑，卒与之。伯有既死，使大史命伯石为卿，辞。大史退，则请命焉。复命之，又辞。如是三，乃受策入拜。子产是以恶其为人也，使次己位[10]。

【注释】
〔1〕伯石：公孙段，一字子石。〔2〕子大叔：即游吉。〔3〕要：取，求。〔4〕爱：惜。〔5〕四国：四方的邻国。子太叔怕邻国有议论。〔6〕非相违：不是使国家分裂。〔7〕尤：见怪。〔8〕郑书：郑国史籍。〔9〕大：大族。〔10〕杜注云子产恶其为人，但又怕他作乱，所以对他宠遇。

子产使都鄙有章[1]，上下有服[2]，田有封洫[3]，庐井有伍[4]。大人之忠俭者[5]，从而与之；泰侈者[6]，因而毙之。

【注释】
〔1〕都鄙：城市与边鄙。章：规章。〔2〕服：制度。〔3〕封：疆界。洫：沟渠。〔4〕庐井：指村落、房舍与水井。伍：布置、安排。〔5〕大人：大夫。〔6〕泰侈：即"汰侈"。

丰卷将祭[1]，请田焉。弗许，曰："唯君用鲜，众给而已[2]。"子张怒，退而征役[3]。子产奔晋，子皮止之而逐丰卷。丰卷奔晋。子产请其田里，三年而复之，反其田里及其入焉。

【注释】
〔1〕丰卷：郑大夫，字子张。〔2〕给：一般的供应。〔3〕征役：招集兵卒。

从政一年,舆人诵之[1],曰:"取我衣冠而褚之[2],取我田畴而伍之。孰杀子产,吾其与之!"及三年,又诵之,曰:"我有子弟,子产诲之。我有田畴,子产殖之[3]。子产而死,谁其嗣之?"

【注释】

〔1〕舆人:众人。〔2〕褚:同"贮",收藏。这里有没收意。〔3〕殖:增产,蕃殖。

【译文】

[经]

三十年春,周历正月,楚郏敖派蒍罢来我国聘问。

夏四月,蔡太子般杀死他的国君固。

五月甲午,宋国发生火灾。

宋共姬去世。

周景王杀死他的弟弟佞夫。

王子瑕逃亡到晋国。

秋七月,叔弓去宋国,参加宋共姬葬礼。

郑良霄出逃到许国。从许国回到郑国。

郑国人杀死良霄。

冬十月,安葬蔡景侯。

晋国人、齐国人、宋国人、卫国人、郑国人、曹国人、莒国人、邾国人、滕国人、薛国人、杞国人、小邾国人在澶渊相会,是为了宋国发生火灾的缘故。

[传]

三十年春,周历正月,楚郏敖派蒍罢来我国聘问,是为新立的国君通好。穆叔问他:"王子围处理政务怎么样?"蒍罢回答说:"我辈小人,吃饭听从派遣,还怕难以完成使命而不免于罪,哪里能参与政务呢?"再三问他,他不回答。穆叔告诉大夫们说:

"楚国的令尹将要有大举措,蒍罢将参与行动,所以他帮着掩饰内情。"

子产辅相郑简公到晋国去,叔向向他询问郑国的政务。子产回答说:"我能判断清楚与否,就在今年了。子晳、伯有两家正在争斗,不知用什么方法才能调和。如果有所调和,我能由此判断,才能知道。"叔向说:"不是已经讲和了吗?"子产回答说:"伯有奢侈而刚愎,子晳喜欢陵驾在别人头上,不能够低首服气。虽然他们已经讲和,但就如同把憎恶积聚起来,爆发的日子不远了。"

二月癸未,晋悼夫人赐给参加修筑杞国城墙的役夫酒饭。绛县人中有个人年纪已经很大了,没有儿子,只好自己去修城,也参加了酒席。有人怀疑他的年龄,问他岁数。他说:"下臣是小人,不知道记下年龄。下臣出身的那年,正月甲子是朔日,到现在已经过了四百四十五个甲子了,剩下的日子到今天过了三分之一甲子。"官吏到朝廷来询问,师旷说:"是鲁叔仲惠伯在承匡会见郤成子的那一年。这一年,狄人攻打鲁国。叔孙庄叔在那时在咸地打败了狄人,俘获了长狄侨如和虺、豹,都用俘虏的名字来命名他儿子。到现在七十三年了。"史赵说:"亥字是'二'字头'六'字身,把'二'移到身上,就是他活的日数。"士文伯说:"这么说他生下二万六千六百六十天了。"

赵孟问绛县的大夫,原来老人正是他的下属。赵孟召见老人,向他道歉,说:"我没有才能,担负国君委任的重职,由于晋国多忧患,没能任用您,使您屈在下位很久了,这是我的罪过。谨此向您道歉。"于是就任命他官职,让他辅助自己执政。老人以年老为理由推辞了。赵孟给他田地,让他为国君主持免除徭役的事务,担任绛邑的县师,并且罢免了绛县的舆尉。这时候,鲁国的使者在晋国,回国后把这事告诉大夫们。季武子说:"晋国不能够轻视啊。他们有赵孟为执政,有伯瑕为辅佐,有史赵、师旷供咨询,有叔向、女齐为国君的师傅。他们朝廷上君子很多,怎能轻视呢?努力事奉他们然后才行。"

夏四月己亥,郑简公与他的大夫订立盟约。君子因此而知道郑国的祸难还没到终止的时候。

蔡景侯为太子娶楚国女子为妻,又和楚女私通。太子杀死景侯。

起初，周灵王的弟弟儋季去世，他的儿子儋括将要进见灵王，却叹息。单公子愆期任灵王的侍御，从朝廷经过，听到儋括叹息并说："啊！我一定要掌握朝政！"愆期进内告诉灵王，并说："你一定要杀了他！他父亲死了不哀伤而愿望宏大，眼朝上看而脚抬得很高，心在其他地方了。不杀死他，必然造成危害。"灵王说："小孩子知道什么？"到周灵王去世，儋括想立王子佞夫为君，佞夫自己并不知道。戊子，儋括包围蒍地，赶走了成愆。成愆逃往平畤。五月癸巳，尹言多、刘毅、单蔑、甘过、巩成杀死佞夫。括、瑕、廖逃往晋国。《春秋》记载说："周景王杀死他的弟弟佞夫。"这是说罪责在于周王。

宋太庙中有个声音大声呼叫着，声音如同"嘻嘻！出出"，鸟在亳社鸣叫，叫声如同"嘻嘻"。甲午，宋国发生大规模火灾。宋共姬死去，她是因为等待保姆而不避火被烧死的。君子说："宋共姬奉行的是闺女的道德规范而不是已嫁妇女的规范。闺女应该等待保姆出门，已嫁妇女则可以随机应变。"

六月，郑子产到陈国去参加盟会。回国，复命。他告诉大夫们说："陈国，是将要灭亡的国家，不可与它交好。他们囤积粮食，修缮城墙，凭仗这两点，却不安抚人民。他们的国君根基浅薄，公子奢侈，太子卑微，大夫傲慢，政出多门，在这种情况下处在大国中间，能不灭亡吗？要不了十年了。"

秋七月，叔弓去宋国，是去参加共姬的葬礼。

郑伯有嗜好饮酒，他造了间地下室，整夜饮酒，敲钟奏乐，到早朝时还没喝完。朝见的人问："主公在哪里？"伯有的手下人回答说："我们主公在山沟谷地里。"大夫们都分散回去。不久后朝见郑简公，伯有又要派子晳出使楚国，回家后又喝酒。庚子，子晳率领驷氏家族的甲士攻打伯有家，把他家放火烧了。伯有逃亡到雍梁，酒醒后才明白发生了什么事，便逃到许国。大夫们聚集在一起商议。子皮说："《仲虺之志》说：'发生动乱的就攻取它，灭亡的就欺侮它。'摧毁灭亡的巩固存在的，是对国家有利的事。罕氏、驷氏、丰氏本来是同母兄弟，伯有骄傲奢侈，所以不能免于祸难。"

有人对子产说应当站在理直的一边帮助强者，子产说："他们难道与我是同党？国家的祸难，谁知道如何结束？如果执政的人强直，祸难就不会发生。我姑且保持自己的立场。"辛丑，子产收敛伯有家死者的尸体加以殡敛，不与大夫们商量就离开都城。印段跟随着他。子皮劝阻子产。众人说："他不顺服我们，劝阻他干什么？"子皮说："这位对死去的人尚且有礼，何况对活着的人呢？"于是亲自前去劝阻子产。壬寅，子产进入国都。癸卯，印段进入国都。两个人都在子晳家与大夫们订立盟约。

乙巳，郑简公在太庙与大夫们订立盟约，在师之梁门外与国人订立盟约。伯有听说郑国人为他的事设盟后十分愤怒，听说子皮的甲士没参加攻打自己后很高兴，说："子皮站在我一边。"癸丑，清晨，伯有从墓门的出水洞潜入城，通过马师颉从襄库取得衣甲装备，率领兵士攻打旧北门。驷带率领国人去攻打伯有。双方都派人召请子产。子产说："兄弟而到了这样的地步，我服从上天保佑的一方。"伯有死在卖羊的市上，子产给他的尸体穿上衣服，枕着他大腿哭泣，收敛入棺停放在市侧伯有家臣的家里，不久又把伯有安葬在斗城。驷氏想攻打子产，子皮对此发怒说："礼，是国家的主干。杀死有礼的人，还有比这更大的祸吗？"驷氏这才停止了行动。

这时候游吉出使晋国回来，听说国内发生动乱便不入境，向副手复命，在八月甲子，逃往晋国。驷带追赶他，在酸枣赶上了。游吉与驷带设立盟誓，沉了两件玉珪到河里作为证见。游吉派公孙肸入都与大夫们订立盟约。己巳，游吉回到国内。《春秋》记载说："郑国人杀死良霄。"不称他为大夫，是说伯有从国外进来，已不是大夫身份。

在子蟜去世的时候，将要安葬，公孙挥与裨灶清晨去子蟜家会商丧事。经过伯有家，见他家门上长了莠草。公孙挥说："这棵莠草还能存在多久？"这时岁星在降娄，降娄星在天快亮时正挂在天中央。裨灶指着降娄星说："还可以让岁星绕行一周，但到不了岁星再到这星的位置了。"到伯有被杀时，岁星正在娵訾星口上。到明年，岁星到达降娄。

仆展跟从伯有，与他一起战死。羽颉逃亡到晋国，担任任邑的大夫。鸡泽那次会见，郑乐成逃往楚国，又去了晋国。羽颉靠着他，与他勾结，一起事奉赵文子，提出攻打郑国的建议。因为有在宋国的盟誓的制约，赵文子没有采纳。子皮让公孙钮担任马师。

楚公子围杀死大司马䓴掩而占有了他的家财。申无宇说："公子围一定不能免于祸难。善人是国家的主干。公子围执掌楚国的政事，应该培养善人，他却残杀善人，这是祸害国家。再说司马犹如令尹的半边身子，又如同君王的四肢。杀死国家的主干，去掉身子的一半，斩除君王的四肢，这样祸害国家，这真是极大的不祥！他怎能免于祸难？"

因为宋国遭受火灾的缘故，诸侯的大夫们相会，以商议资助宋国财物。冬十月，叔孙豹会合晋赵武、齐公孙虿、宋向戌、卫北宫佗、郑罕虎及小邾的大夫，在澶渊相会。事后没有赠送财物给宋国，所以《春秋》没有记载参加会议的人名。君子说："信用难道能不谨慎对待吗！澶渊会议，不记载卿的名字，就是因为不守信用。诸侯的上卿，会见了又不讲信用，全都丢弃了尊贵的姓名，不守信用就是这样的不可以啊！《诗》说：'文王上升或下降，他总是在天帝的身旁。'这说的就是讲信用。又说：'好好地小心谨慎你的举止，不要做出虚伪事。'这是说不守信用。"《春秋》记载说"某人某人在澶渊相会，是为了宋国遭受火灾的缘故"，这是表示责备。不记载鲁大夫，是避讳。

郑子皮把政权授给子产，子产推辞说："国家小而处在大国的逼迫中，公族庞大，受宠爱的人很多，没法治理好。"子皮说："我带领大伙儿听你的，谁敢违抗你？你好好地治理，国家不在于小，小国能事奉大国，国家就能宽舒缓和。"

子产处理政务，有政事需要伯石去办，赠送给他城邑。游吉说："国家是所有郑国人的国家，为什么特别给他城邑？"子产说："一个人没有欲望实在是很难的。我现在就是要使他们的欲望得到满足，好让他们为国家办事，而以此要求他们把事办得圆满。只要办成事还不是由于我才办成的，何尝是由于别人呢？干吗要爱惜城邑，城邑会跑到哪里去呢？"游吉说："如果四方邻国议论怎么办？"子产说："我这样做不是使国家分裂，而是使国家和合，四方邻国能责备我什么呢？《郑书》有这样的话：'安定国家，一定要优先考虑大族。'姑且先安定大族，以观其结果。"不久，伯石害怕，交出城邑，子产最终还是给了他。伯有死后，子产让太史去命令伯石为卿。伯石推辞。太史退出，伯石又请求太史重新发布命令。太史又宣读命令，伯石再次推辞。这样三次，伯石才接受了策命入朝拜谢。子产因此而憎恶伯石的为人，但又无法，只好让他居于仅次自己的地位。

子产让城市与边境的一切事物都有规章，上下尊卑有一定的制度，田地有疆界与沟渠，村落房舍与水井有合理的安排。大夫中忠诚俭朴的，听从并亲近他；骄傲奢侈的，因此而惩罚他。

丰卷将要祭祀，请求让他打猎取得祭品。子产不同意，说："只有国君在祭祀时才用新杀的动物，一般人只要普通的祭品齐备就行了。"丰卷发怒，退出后就招集兵卒。子产要逃往晋国，子皮阻止他，而放逐丰卷，丰卷逃往晋国。子产请求不要没收丰卷的田地住宅，三年后让他回国，把田地住宅归还给他，连三年的收入也给了他。

子产参与政事一年，人们念诵说："他拿走我的衣冠藏起来，把我的田地重安排。谁去杀子产，我不跟上那才怪！"到了三年，人们又念诵说："我有子弟，子产教导他们。我有田地，子产使它繁盛。要是子产死了，哪儿再去找这样一位执政？"

襄公三十一年

[经]
三十有一年春[1]，王正月。
夏六月辛巳，公薨于楚宫[2]。
秋九月癸巳，子野卒[3]。
己亥，仲孙羯卒。
冬十月，滕子来会葬[4]。
癸酉，葬我君襄公。
十有一月，莒人弑其君密州[5]。

【注释】
〔1〕三十有一年：公元前542年。〔2〕楚宫：杜注云"襄公适楚，好其宫，归而作之"。〔3〕子野：襄公之子。〔4〕滕子：滕成公。〔5〕密州：莒犂比公，传作"买朱鉏"，音近，故不同。

[传]
三十一年春，王正月，穆叔至自会，见孟孝伯，语之曰："赵孟将死矣。其语偷[1]，不似民主。且年未盈五十，而谆谆焉如八九十者[2]，弗能久矣。若赵孟死，为政者其韩子乎[3]！吾子盍与季孙言之，可以树善[4]，

君子也。晋君将失政矣，若不树焉，使早备鲁[5]，既而政在大夫，韩子懦弱，大夫多贪，求欲无厌，齐、楚未足与也[6]，鲁其惧哉！"孝伯曰："人生几何？谁能无偷？朝不及夕，将安用树？"穆叔出而告人曰："孟孙将死矣。吾语诸赵孟之偷也，而又甚焉。"又与季孙语晋故[7]，季孙不从。

【注释】
〔1〕偷：苟且偷安，无远虑。 〔2〕谆谆：语絮絮不休，唠叨。〔3〕韩子：韩起。 〔4〕树善：早与其结好。 〔5〕早备鲁：早为鲁准备。 〔6〕未足与：不足与交，靠不住。 〔7〕故：事。

及赵文子卒[1]，晋公室卑，政在侈家。韩宣子为政，不能图诸侯[2]。鲁不堪晋求，谗慝弘多[3]，是以有平丘之会[4]。

【注释】
〔1〕赵文子卒：在昭公元年。 〔2〕图诸侯：谋为诸侯之霸。〔3〕弘多：很多。 〔4〕平丘之会：在昭公十三年。

齐子尾害闾丘婴[1]，欲杀之，使帅师以伐阳州[2]。我问师故。夏五月，子尾杀闾丘婴以说于我师[3]。工偻洒、渻灶、孔虺、贾寅出奔莒[4]。出群公子。

【注释】
〔1〕害：患，担心。 〔2〕阳州：在今山东东平县北。 〔3〕说：解释。 〔4〕工偻洒、渻(shěng)灶、孔虺、贾寅：四人都是闾丘婴同党。

公作楚宫。穆叔曰:"《大誓》云[1]:'民之所欲,天必从之。'君欲楚也夫,故作其宫。若不复适楚,必死是宫也。"六月辛巳,公薨于楚宫。叔仲带窃其拱璧[2],以与御人,纳诸其怀而从取之,由是得罪[3]。

【注释】
〔1〕大誓:今《尚书·泰誓》无此文。 〔2〕拱璧:大璧。〔3〕得罪:杜注:"得罪谓鲁人薄之,故子孙不得志于鲁。"

立胡女敬归之子子野[1],次于季氏。秋九月癸巳,卒,毁也[2]。

己亥,孟孝伯卒。

立敬归之娣齐归之子公子裯,穆叔不欲,曰:"大子死,有母弟则立之,无则立长。年钧择贤[3],义钧则卜,古之道也。非适嗣,何必娣之子?且是人也,居丧而不哀,在戚而有嘉容[4],是谓不度[5]。不度之人,鲜不为患。若果立之,必为季氏忧。"武子不听,卒立之。比及葬,三易衰[6],衰衽如故衰[7]。于是昭公十九年矣,犹有童心,君子是以知其不能终也。

【注释】
〔1〕敬归:襄公妾,胡国人,归姓。 〔2〕毁:悲伤过度。〔3〕钧:同"均"。 〔4〕戚:忧。父母死曰在戚。嘉容:喜色。〔5〕不度:不孝。 〔6〕衰:孝服。 〔7〕衽:衣襟。古丧服衣襟比衣长,掩于裳际。如故衰:三次都相同。指弄得很脏。

冬十月,滕成公来会葬,惰而多涕[1]。子服惠伯曰："滕君将死矣！怠于其位，而哀已甚，兆于死所矣[2]。能无从乎？"癸酉，葬襄公。

【注释】
〔1〕惰：不敬。　〔2〕兆：预兆。死所：指葬礼。

公薨之月，子产相郑伯以如晋，晋侯以我丧故，未之见也。子产使尽坏其馆之垣而纳车马焉[1]。士文伯让之，曰："敝邑以政刑之不修，寇盗充斥，无若诸侯之属辱在寡君者何[2]，是以令吏人完客所馆[3]，高其闬闳[4]，厚其墙垣，以无忧客使。今吾子坏之，虽从者能戒[5]，其若异客何[6]？以敝邑之为盟主，缮完葺墙[7]，以待宾客，若皆毁之，其何以共命[8]？寡君使匄请命。"对曰："以敝邑褊小，介于大国，诛求无时[9]，是以不敢宁居，悉索敝赋[10]，以来会时事[11]。逢执事之不闲，而未得见，又不获闻命，未知见时，不敢输币[12]，亦不敢暴露。其输之，则君之府实也[13]，非荐陈之[14]，不敢输也。其暴露之，则恐燥湿之不时而朽蠹[15]，以重敝邑之罪。侨闻文公之为盟主也，宫室卑庳[16]，无观台榭，以崇大诸侯之馆，馆如公寝。库厩缮修，司空以时平易道路[17]，圬人以时塓馆宫室[18]。诸侯宾至，甸设庭燎[19]，仆人巡宫[20]，车马有所，宾从有代[21]，巾车脂辖[22]，隶人牧圉[23]，各瞻其事[24]，百官之属，各展其物[25]。公不留宾[26]，而亦无废事，忧乐同之，事则巡之[27]，教其不知，而恤其不足。宾至如归，无宁灾患[28]，不畏寇盗，而亦不患燥湿。今铜鞮之宫数里[29]，而诸侯舍于隶人[30]。门不容车，而不可逾越。盗贼公行，而天疠不戒[31]。宾见无时，命不可知。若又勿坏，是无所藏币，以重罪也。敢请执事，将何所命之？虽君之有鲁丧，亦敝邑之忧也。若获荐币，修垣而行，君之惠也，敢惮勤劳？"

【注释】

〔1〕馆：接待外宾的馆舍。〔2〕诸侯之属：诸侯的臣属。〔3〕完：修缮。〔4〕闬闳：闬为大门，闳为里巷之门，此指馆舍的大门。〔5〕从者：指子产的随从。〔6〕异客：他国的宾客。〔7〕完：此与下墙对举，当为"院"字，指围墙。〔8〕共命：供应其他宾客的需要。共，同"供"。〔9〕诛求：责求。指责成郑国贡献礼物。〔10〕赋：指财物。〔11〕时事：朝见聘问。〔12〕输币：献纳礼物。币，财帛之类。〔13〕府实：府库中的物品。〔14〕荐陈：朝聘向主人献礼，必先陈列于庭，称荐陈。〔15〕朽蠹：朽烂，残毁。〔16〕卑库：卑小。〔17〕易：修治。〔18〕圬人：泥水匠。墁：粉刷墙壁。〔19〕甸：甸人，管薪火之官。庭燎：庭中设大烛照明。〔20〕巡：巡视，警卫。〔21〕有代：代仆役服劳役。〔22〕巾车：管车辆的官。脂辖：给车轴上涂油。辖本为裹在车轴上的铁皮，此代指车轴。〔23〕隶人：指司洒扫的人。牧圉：牧牛羊看马匹的人。〔24〕瞻：照顾，管理。〔25〕展：陈列。〔26〕留：耽搁。不留宾，谓随到随见。〔27〕事：指意外。〔28〕无宁：岂但没有。〔29〕铜鞮之宫：晋君别宫，在今山西沁县南。〔30〕舍于隶人：住在奴仆所住的地方。〔31〕天疠：天灾。

文伯复命，赵文子曰："信！我实不德，而以隶人之垣以赢诸侯[1]，是吾罪也。"使士文伯谢不敏焉。晋侯见郑伯，有加礼，厚其宴好而归之[2]。乃筑诸侯之馆。

【注释】
〔1〕嬴:受,这里指接待、容纳。 〔2〕厚其宴好:厚加燕礼、多送礼物。

叔向曰:"辞之不可以已也如是夫[1]!子产有辞,诸侯赖之,若之何其释辞也[2]?《诗》曰:'辞之辑矣,民之协矣。辞之绎矣,民之莫矣[3]。'其知之矣。"

【注释】
〔1〕辞:辞令,口才。不可以已:不可以废。 〔2〕释辞:放弃辞令。 〔3〕所引诗见《诗·大雅·板》。辑,和。绎,喜悦。莫,安定。

郑子皮使印段如楚,以适晋告,礼也[1]。

莒犁比公生去疾及展舆,既立展舆,又废之。犁比公虐,国人患之。十一月,展舆因国人以攻莒子[2],弑之,乃立。去疾奔齐,齐出也[3]。展舆,吴出也。书曰:"莒人弑其君买朱鉏。"言罪之在也。

【注释】
〔1〕杜注:"得事大国之礼。" 〔2〕因:依靠,凭借。 〔3〕齐出:齐女所生。

吴子使屈狐庸聘于晋[1],通路也[2]。赵文子问焉,曰:"延州来季子其果立乎[3]?巢陨诸樊[4],阍戕戴吴[5],天似启之[6],何如?"对曰:"不立。是二王之命也,非启季子也。若天所启,其在今嗣君乎!甚德而度[7],德不失民,度不失事,民亲而事有序,其天所启也。有吴国者，必此君之子孙实终之。季子，守节者也。虽有国，不立。"

【注释】

〔1〕吴子：吴王夷末。屈狐庸：巫臣之子，任行人。〔2〕通路：指沟通两国外交关系。〔3〕延州来季子：季札，封延陵，又加封州来。〔4〕巢陨诸樊：襄公二十五年，吴王诸樊死于攻巢。〔5〕戴吴：吴王馀祭。被阍人杀死，事见襄公二十九年。〔6〕启之：开辟做国君的大门。〔7〕度：行为有法度。

十二月，北宫文子相卫襄公以如楚[1]，宋之盟故也。过郑，印段迋劳于棐林[2]，如聘礼而以劳辞[3]。文子入聘。子羽为行人，冯简子与子大叔逆客。事毕而出，言于卫侯曰："郑有礼，其数世之福也，其无大国之讨乎！《诗》云：'谁能执热，逝不以濯。[4]' 礼之于政，如热之有濯也。濯以救热，何患之有？"

【注释】

〔1〕北宫文子：北宫佗。〔2〕迋：同往。劳：慰问。棐林：即北林，在今河南新郑市北。〔3〕以劳辞：用郊劳之辞。〔4〕所引诗见《诗·大雅·桑柔》。执热，驱除炎热。逝，发语词。濯，沐浴。

子产之从政也，择能而使之。冯简子能断大事。子大叔美秀而文[1]。公孙挥能知四国之为[2]，而辨于其大夫之族姓、班位、贵贱、能否，而又善为辞令。裨谌能谋，谋于野则获[3]，谋于邑则否。郑国将有诸侯之事，子产乃问四国之为于子羽，且使多为辞令。与裨谌乘以适野，使谋可否。而告冯简子，使断之。事成，乃授子大叔使行之，以应对宾客。是以鲜有败事。北宫文子所谓有礼也。

【注释】

〔1〕美秀：容貌清秀。文：习于典章诗文，故言谈有文采。〔2〕公孙挥：即子羽。四国之为：四面国家的行动。〔3〕获：得其当，正确。此言裨谌为人喜静不喜闹，所以在野外思考问题才能有正确的判断。

郑人游于乡校[1]，以论执政，然明谓子产曰[2]："毁乡校，何如？"子产曰："何为？夫人朝夕退而游焉[3]，以议执政之善否。其所善者，吾则行之。其所恶者，吾则改之。是吾师也，若之何毁之？我闻忠善以损怨[4]，不闻作威以防怨。岂不遽止[5]，然犹防川，大决所犯，伤人必多，吾不克救也。不如小决使道[6]，不如吾闻而药之也[7]。"然明曰："蔑也今而后知吾子之信可事也[8]。小人实不才。若果行此，其郑国实赖之，岂唯二三臣？"仲尼闻是语也[9]，曰："以是观之，人谓子产不仁，吾不信也。"

【注释】

〔1〕乡校：乡间公共场所，既是学校，又是人民聚会议事的地方。〔2〕然明：即鬷蔑。〔3〕退：工作完毕后休息。〔4〕忠善：忠于为善。〔5〕遽止：马上可以制止。〔6〕道：疏导。〔7〕药之：当作治病的药石。〔8〕信：确实。〔9〕仲尼：孔子。孔子时方十岁，此语当系以后所说。

子皮欲使尹何为邑[1]。子产曰："少，未知可否？"子皮曰："愿[2]，吾爱之，不吾叛也。使夫往而学焉，夫亦愈知治矣。"子产曰："不可。人之爱人，求利之也。今吾子爱人则以政，犹未能操刀而使割也，其伤实多。子之爱人，伤之而已，其谁敢求爱于子？子于郑国，栋也，栋折榱崩[3]，侨将厌焉[4]，敢不尽言？子有美锦，不使人学制焉。大官、大邑，身之所庇也，而使学者制焉。其为美锦，不亦多乎？侨闻学而后入政，未闻以政学者也。若果行此，必有所害。譬如田猎，射御贯则能获禽[5]，若未尝登车射御，则败绩厌覆是惧[6]，何暇思获？"子皮曰："善哉！虎不敏。吾闻君子务知大者远者，小人务知小者近者。我小人也。衣服附在吾身，我知而慎之。大官、大邑所以庇身也，我远而慢之[7]。微子之言，吾不知也。他日我曰[8]：'子为郑国[9]，我为吾家，以庇焉，其可也。'今而后知不足。自今，请虽吾家，听子而行。"子产曰："人心之不同，如其面焉。吾岂敢谓子面如吾面乎？抑心所谓危，亦以告也。"子皮以为忠，故委政焉。子产是以能为郑国。

【注释】

〔1〕尹何：子皮的家臣。　〔2〕愿：为人谨厚。　〔3〕榱：橡子。〔4〕厌：同"压"。　〔5〕贯：同"惯"，熟练。　〔6〕败绩：指车碰坏。〔7〕远：有"疏忽"之意。慢：轻视。　〔8〕他日：以前。　〔9〕为：治理。

卫侯在楚，北宫文子见令尹围之威仪，言于卫侯曰："令尹似君矣！将有他志[1]，虽获其志，不能终也。《诗》云：'靡不有初，鲜克有终[2]。'终之实难，令尹其将不免。"公曰："子何以知之？"对曰："《诗》云：'敬慎威仪，惟民之则[3]。'令尹无威仪，民无则焉。民所不则，以在民上，不可以终。"公曰："善哉！何谓威仪？"对曰："有威而可畏谓之威，有仪而可象谓之仪。君有君之威仪，其臣畏而爱之，则而象之，故能有其国家，令闻长世。臣有臣之威仪，其下畏而爱之，故能守其官职，保族宜家。顺是以下皆如是，是以上下能相固也。《卫诗》曰：'威仪棣棣，不可选也[4]。'言君臣、上下、父子、兄弟、内外、大小皆有威仪也。《周诗》曰：'朋友攸摄，摄以威仪[5]。'言朋友之道，必相教训以威仪也。《周书》数文王之德[6]，曰：'大国畏其力，小国怀其德。'言畏而爱之也。《诗》云：'不识不知，顺帝之则[7]。'言则而象之也。纣囚文王七年，诸侯皆从之囚。纣于是乎惧而归之，可谓爱之。文王伐崇，再驾而降为臣，蛮夷帅服，可谓畏之。文王之功，天下诵而歌舞之，可谓则之。文王之行，至今为法，可谓象之。有威仪也。故君子在位可畏，施舍可爱，进退可度[8]，周旋可则，容止可观，作事可法，德行可象，声气可乐，动作有文，言语有章[9]，以临其下，谓之有威仪也。"

【注释】
　〔1〕他志：谓将有杀王以代之志。　〔2〕所引诗见《诗·大雅·

荡》。〔3〕所引诗见《诗·大雅·抑》。〔4〕所引诗见《诗·邶风·柏舟》。棣棣,安和貌。选,计,数。〔5〕所引诗见《诗·大雅·既醉》。攸,所。摄,佐。〔6〕周书:逸书,下引语今人古文《尚书·武成》。〔7〕所引诗见《诗·大雅·皇矣》。〔8〕度:法制。〔9〕章:条理。

【译文】

[经]

三十一年春,周历正月。

夏六月辛巳,襄公在楚宫去世。

秋九月癸巳,子野去世。

己亥,仲孙羯去世。

冬十月,滕成公来我国参加襄公葬礼。

癸酉,安葬我国国君襄公。

十一月,莒国人杀死他们的国君密州。

[传]

三十一年春,周历正月,穆叔从澶渊会议回国,去进见孟孝伯,对他说:"赵孟快要死了。他的话苟且偷安,不像个主持国政的人。而且年龄还不满五十,却唠唠叨叨像八九十岁的人一样,他活不久了。如果赵孟去世,担任执政的恐怕是韩起吧?您何不与季孙去说,这个人可以及早与他交好,他是个君子。晋君将失去政权,如果不早点与他交好,让他早些为我们鲁国考虑,到晚些时政权落在大夫们手中,韩起性格懦弱,大夫们又多贪婪,要求与欲望没有满足的时候,齐国、楚国又靠不住,鲁国恐怕危险了!"孝伯说:"一个人能活多久呢?谁能做到不苟且偷安?早晨活着到晚上也许就死了,哪里用得着及早去和人交好?"穆叔出门后告诉别人说:"孟孝伯将要死了。我和他谈论赵孟苟且偷安,他却比赵孟更加苟且偷安。"又和季孙说晋国的情况,季孙没听从他的建议。

到了赵孟去世,晋公室地位卑下,政权落在奢侈的大夫手中。

韩起任执政,不能图谋诸侯拥护维持霸主地位。鲁国难以负担晋国的要求,奸邪小人很多,因此有了在平丘的会议。

齐子尾认为闾丘婴是个祸害,打算杀死他,便派他领兵攻打阳州。我国起兵向齐问罪,夏五月,子尾杀死闾丘婴以向我军作交代。工偻洒、渻灶、孔虺、贾寅出逃到莒国。齐国放逐了公子们。

襄公建造楚宫。穆叔说:"《大誓》说:'人民所要求的,上天一定满足他。'君王是想成为楚国人吧,所以建造这宫殿。如果不再去楚国,就必然会死在这宫殿里。"六月辛巳,襄公在楚宫中去世。叔仲带偷窃襄公的大璧,把它交给侍御,放在侍御怀里出宫后又取出来,因此而得罪。

立胡国女子敬归的儿子子野为君,暂住在季氏家中。秋九月癸巳,子野去世,是因为过度悲伤。

己亥,孟孝伯去世。

立敬归的妹妹齐归的儿子公子裯为君,穆叔不同意,说:"太子死,有同母弟就立同母弟,没有就在庶子中立年长的。年龄相同就选择其中贤明的,贤明相当就通过占卜来认定,这是古代传下来的规矩。不是嫡嗣,何必一定要立他母亲妹妹的儿子?再说这个人,在处理丧事时不悲哀,在服孝期间面有喜色,这叫做不孝。不孝的人,很少不造成祸患的。如果立了他,一定给季氏带来忧患。"季武子不听,最终还是立了他。等到安葬襄公,三次给他换丧服,他仍然把丧服的衣襟弄成没换时一样脏。这时候昭公已经十九岁了,还像小孩子一样贪玩,君子由此知道他没有好结果。

冬十月,滕成公来参加襄公葬礼,表现不恭敬而流了很多眼泪。子服惠伯说:"滕君快要死了!他在位子上表现不恭敬,但却过分的悲哀,这预兆已经通过葬礼表示出来了。他能不跟着死吗?"癸酉,安葬襄公。

襄公去世的那个月,子产辅相郑简公去晋国,晋平公由于我国有丧事,没有会见他们。子产让人把招待外宾的馆舍的围墙全都拆毁,让车马进入馆舍安放。士文伯责备他,说:"敝邑因为政事与刑法不能修明,以致盗贼到处都是,这对于屈尊来存问寡君的诸侯的臣属来说是无可奈何的事，因此命令官吏修缮宾客居住的馆舍，使大门高敞，墙壁厚实，来使宾客没有盗贼之忧。如今您把它拆毁了，即使您的随从能够戒备，但别的国家的宾客怎么办？由于敝邑是诸侯的盟主，修葺围墙，以接待宾客，如果全都拆毁了，那将怎样供应其他宾客的需要呢？寡君派我来求教您拆毁围墙的用意何在。"子产回答说："因为敝邑狭小，又处在大国之间，大国不断责成敝邑贡献礼物，所以我们不敢安居，尽量搜索敝邑的财物，前来朝见。正碰上执事没有空闲，而没能见到，又没得到指示，不知道什么时候召见，不敢把礼物献纳，也不敢让它放在露天。如果献上，这些东西就是贵国国君仓库中的财物，可是不经过朝见陈列在庭上的仪式，我们不敢奉献。如果让它们放在露天，又恐怕有时干燥有时潮湿东西会朽烂，这样便加重了敝邑的罪过。我听说当年文公做盟主的时候，他的宫室低矮狭小，没有供赏玩的台榭，而把接待诸侯的馆舍造得高大宽敞，如同现在国君的寝宫。对馆舍中的仓库、马廐加以缮修，司空按时平整修治道路，泥水匠按时粉刷馆舍宫室的墙壁。诸侯宾客到来，甸人在庭院中点起大烛照明，仆人巡视房舍，车马有一定的地方安置，宾客的仆从有专人替代，管车的官给车轴加好油，管洒扫的隶人与养牛羊、管马的，都各自做好各自的事，百官们各人陈列他的礼品。文公对宾客随到随见从不滞留，而一切应有的礼节从不废除，与宾客同忧乐，有意外的事发生就格外注意巡视，宾客有不懂的事就加以教导，对他们的缺乏加以接济。宾客到这里就好像回到家里一样，岂但没有什么灾患，不怕盗贼，也不怕干燥潮湿。如今贵国的铜鞮别宫宽广数里，而让诸侯住在如同奴隶住的屋子里。大门进不去车，又有围墙阻隔车不能越过。盗贼公开抢劫，而天灾又无法防止。没有一定的时间接见宾客，也不知道什么时候才发布召见我们的命令。如果还不拆毁围墙，就没有地方藏礼物，这样就更加重我们的罪过了。谨此询问执事，您对我有什么指教？虽然贵国国君遭到鲁国的丧事，但这对我们也是同样感到忧戚的事。如果能够献上礼物，我们愿把墙修好才走，这是君王的恩惠，岂敢害怕辛勤劳苦？"

士文伯复命，赵孟说："他讲的对！我们实在没有德行，而用奴隶居住的屋子接待诸侯,这是我们的罪过。"派士文伯去赔礼道歉。晋平公接见郑简公,增加礼仪,厚加款待,赠送礼物丰厚,然后让他回去。于是就建筑接待诸侯的宾馆。

叔向说:"辞令不可以废弃就像这样子吧!子产善于辞令,诸侯因此而得利,为什么要放弃辞令呢?《诗》说:'把话说得很和谐,人民融洽又齐心。把话说得很动听,人民高兴又安定。'他是懂得这道理了。"

郑子皮派印段去楚国,报告去晋国的事,这是合乎礼的。

莒犂比公生去疾与展舆,已经立展舆为太子,又把他废除了。犂比公残暴,国人对他不满。十一月,展舆依靠国人攻打犂比公,把他杀了,自立为君。去疾逃往齐国,他是齐国女子所生。展舆是吴国女子所生。《春秋》记载说:"莒国人杀死他们的国君买朱钽"。这是说罪责在于莒犂比公。

吴王夷末派屈狐庸到晋国聘问,是为了沟通两国之间友好关系。赵孟询问他说:"延州来季子是不是终于做了国君了?巢地战役死了诸樊,守门人杀死了戴吴,上天似乎专为他打开了做国君的大门,结果怎么样?"屈狐庸回答说:"他没有做国君。你说的是二位君王自己命不好,不是上天为季子打开大门。如果说上天打开大门,恐怕是为现在继位的国君打开的。他很有德行又行为有法度。有德行人民就拥护他,有法度就能办成事,人民亲附而事情有次序,他才是上天所要打开大门的人。享有吴国的,最终一定是这位君王的子孙。季子是讲究节操的人,就是把国家给他,他也不肯做国君。"

十二月,北宫文子辅助卫襄公去楚国,是为了履行在宋国订的盟约。经过郑国,印段前往棐林犒劳他们,行聘问的礼而用郊劳的辞令。文子入郑都还聘。郑子羽为行人,冯简子与子大叔出来迎宾。聘礼结束后文子出城,对卫襄公说:"郑国有礼,他们几世都将因此有福,恐怕不会有大国讨伐了吧!《诗》说:'要想驱除炎热,谁能不通过沐浴?'礼对于政事来说,就好比热了能够沐浴。沐浴用来消除炎热,怎么会有祸患呢?"

子产参与政事,选择有才能的人分别使用他们。冯简子能决断大事。子大叔容貌清秀而言谈有文采。公孙挥能够预料四方诸侯的行动，并对各国大夫的家族姓氏、禄秩爵位、身份的贵贱、才能的高低都知道得很清楚，而且又善于辞令。裨谌能够出谋划策，他在安静的野外思考能有正确的判断，在热闹的城邑中就不行。郑国将与诸侯打交道，子产就向子羽询问四方诸侯的行动，并且让他准备好多套应答辞令。子产给裨谌车乘前去野外，让他考虑这次行动是否可行。而把考虑的结果告诉冯简子，让冯简子作出决断。计划完成，就交给子大叔让他执行，与宾客交往应答。子产这样做，因此很少有把事情办坏的时候。这就是北宫文子所说的有礼。

郑国有些人聚集在乡校里，评论执政的得失。然明对子产说："把乡校封闭了怎么样？"子产说："为什么呢？这些人早晚休息时间聚在一起，议论执政官政令的好坏。他们认为好的，我就实施；他们认为不好的，我就改正。他们实际上是我的老师，我为什么反而要封闭乡校呢？我听说凭藉忠于为善可以消弭怨恨，没听说用强硬的手段来防止怨恨会有效。用强硬手段未尝不能马上把他们的嘴堵住，不过这就像防河水一样，一旦决了大口子，受伤害的人一定很多，我就没法挽救了。不如开个小口子，因势利导，不如让我听到了而用来匡救我的过失。"然明说："我现在才知道您的确是能成大事的人，像我这样的小人实在没出息。要是照您的做法做下去，郑国就有了依靠，岂止对我们几个做臣子的有利？"孔子后来听说了这件事，说："从这点来看，如果有人说子产不仁，我不会相信他。"

子皮想委任尹何做自己封邑的长官。子产说："他年纪太轻了些，不知道行不行。"子皮说："他为人忠厚老实，我喜爱他，他不会背叛我。让他去边学边干，时间长了他就懂得怎么治理了。"子产说："不行！一个人喜爱另一个人，总要让被爱的人得到好处。现在您爱一个人，却让他管理政事，这如同让一个不知道怎样拿刀的人去割东西，会使他大大受到伤害。您爱别人，而使所爱的人受伤害，还有谁敢亲近您呢？您对于郑国，好比是房子的栋梁，栋梁折断了，椽子将崩毁，我也将会被压在底下，怎敢不畅所欲言呢？您有一匹漂亮的锦缎，一定不会随便让人用它学裁剪。大官、大邑，是您自身的依托庇护，您却让人去学着治理，这样做岂不是把漂亮的锦缎看得比大官大邑还要重吗？我只听说学习好了才去从政，没有听说过用从政来作为学习的。如果这样，一定会有所不利。这好比打猎，猎手对射箭、驾车都富有经验，就能够获得禽兽，如果猎手从来没有登过车，不会射箭与驾车，他一定会害怕车辆崩毁翻倒压坏自己，哪里还有时间去想猎获禽兽呢？"子皮说："你说的对极了！这是我考虑不周到。我听说君子考虑的是重大深远的事，小人则只注意眼前的小事。我是一个小人，衣服穿在我的身上，我知道爱惜它。大官大邑是我身体所依托庇护的，我反而疏略轻视它。不是你的提醒，我还不知道这道理。从前我说过：'您治理郑国，我管好我的家族，让我有所依托庇护，也就足够了。'现在看来，这样做还不行。从今以后，我请求即使是我的家事，也得遵照您的指示去办。"子产说："每个人都有自己的想法，就好像人们的面貌各不相同一样。我怎敢说您的面貌同我的一样呢？不过是我心里觉得您这样做很危险，所以就以实相告了。"子皮认为子产是个忠诚的人，所以把郑国的国政委托给他。子产因此能够把郑国治理得很好。

　　卫襄公在楚国，北宫文子见到令尹公子围的举止行为，对卫襄公说："令尹与国君相仿了，他将要动别的脑筋。不过他虽然成功，却没有好结果。《诗》说：'万事都有个开头，很少有个好结果。'有好的结果确实很难，令尹恐怕难以免除祸患。"卫襄公说："你从哪点上知道？"北宫文子说："《诗》说：'举止行为要谨慎，人民以此为标准。'令尹举止行为不谨慎，人民就没有了标准。人民不效法的人，却居民上，就不会有好结果。"卫襄公说："说得好！那么用来说举止行为的'威仪'又怎么解释呢？"北宫文子说："有威严而使人敬畏叫做威，有仪表而使人能仿效叫做仪。国君有国君的威仪，他的臣子敬畏他而拥护他，以他为榜样而仿效他，所以能保有他的国家，美好的名声流传百世。臣子有臣子的威仪，他的属下敬畏他而拥护他，所以能保住他的官职，保护他的家族，使家庭和睦。依此类推，都是如此，所以能上下不乱互相巩固。《卫诗》说：'威仪安和端庄，多得无法计算。'是说君臣、上下、父子、兄弟、内外、大小都有各自的威仪。《周诗》说：'朋友之间相互辅佐，所用的就是威仪。'是说朋友之道，一定要互相用威仪来教导。《周书》列举文王的德行，说：'大国畏惧他的力量，小国感怀他的恩德。'是说对他敬畏而拥戴。《诗》说：'好像不知又不觉，顺乎天帝的准则。'是说以他为榜样而仿效他。纣囚禁文王七年，诸侯都跟随着他去坐牢。纣因此而感到害怕，放了文王，诸侯称得上爱戴文王了。文王攻打崇国，两次出兵，把崇国降服，蛮夷就相继归顺，可称得上敬畏文王了。文王的功劳，天下赞诵而歌舞，可称得上以他为榜样。文王的政令，到现在仍然作为法则，可称得上仿效他。这就是因为他有威仪的缘故。所以君子在位使人敬畏，赏赐给人使人拥戴，进退可以让人作为法制，与人打交道可以让人作为规则，形容举止可以供人观摩，做事可以让人仿效，道德行为可以让人视为典型，声音气度可以使人快乐，举动优雅，言语有条理，以此对待下人，称之为有威仪。"

春秋左传卷二十　昭公一

昭 公 元 年

[经]

元年春[1]，王正月，公即位。

叔孙豹会晋赵武、楚公子围、齐国弱、宋向戌、卫齐恶、陈公子招、蔡公孙归生、郑罕虎、许人、曹人于虢[2]。

三月，取郓[3]。

夏，秦伯之弟鍼出奔晋[4]。

六月丁巳，邾子华卒。

晋荀吴帅师败狄于大卤[5]。

秋，莒去疾自齐入于莒。

莒展舆出奔吴。

叔弓帅师疆郓田。

葬邾悼公。

冬十有一月己酉，楚子麇卒。

楚公子比出奔晋[6]。

【注释】

〔1〕元年：公元前541年。　〔2〕虢：指东虢，在今河南郑州市北。

〔3〕郓：在今山东沂水县东北。原为鲁地，时为莒所占。　〔4〕秦伯：秦景公。　〔5〕大卤：即大原，在今山西太原市西南。　〔6〕公子比：字子干，官右尹。

[传]

元年春，楚公子围聘于郑，且娶于公孙段氏。伍举为介[1]。将入馆，郑人恶之[2]，使行人子羽与之言，乃馆于外。既聘，将以众逆[3]。子产患之，使子羽辞，曰："以敝邑褊小，不足以容从者，请墠听命[4]！"令尹命大宰伯州犁对曰[5]："尹辱贶寡大夫围，谓围：'将使丰氏抚有而室[6]。'围布几筵[7]，告于庄、共之庙而来。若野赐之，是委君贶于草莽也[8]！是寡大夫不得列于诸卿也！不宁唯是，又使围蒙其先君[9]，将不得为寡君老[10]，其蔑以复矣[11]。唯大夫图之！"子羽曰："小国无罪，恃实其罪[12]。将恃大国之安靖己，而无乃包藏祸心以图之。小国失恃而惩诸侯[13]，使莫不憾者，距违君命，而有所壅塞不行是惧！不然，敝邑，馆人之属也[14]，其敢爱丰氏之祧？"伍举知其有备也，请垂櫜而入[15]。许之。正月乙未，入，逆而出，遂会于虢，寻宋之盟也。

【注释】
　　[1]伍举：即椒举。　[2]恶之：知楚国人别有图谋，故恶之。[3]逆：迎亲。　[4]墠(shàn)：祭祀的场地。古迎亲，婿受女于女家祖庙，子产不想让楚国大队人马入城，所以在郊外辟墠代庙行亲迎之礼。[5]令尹：公子围。　[6]丰氏：公孙段赐氏为丰。抚有：即有。[7]布几筵：陈设几筵，指布置祭品。　[8]莽：草深。　[9]蒙：骗。

〔10〕老：卿。杜注："大臣称老。惧辱命而黜退。" 〔11〕复：复命。〔12〕恃实其罪：杜注："恃大国而无备，则是罪。" 〔13〕惩：指引起惩戒。 〔14〕馆人：馆舍。属：类。 〔15〕垂橐：倒悬弓袋。示无兵器。

祁午谓赵文子曰[1]："宋之盟，楚人得志于晋。今令尹之不信，诸侯之所闻也。子弗戒[2]，惧又如宋。子木之信称于诸侯[3]，犹诈晋而驾焉[4]，况不信之尤者乎？楚重得志于晋，晋之耻也。子相晋国以为盟主，于今七年矣！再合诸侯，三合大夫，服齐、狄，宁东夏[5]，平秦乱，城淳于[6]，师徒不顿[7]，国家不罢，民无谤讟[8]，诸侯无怨，天无大灾，子之力也。有令名矣，而终之以耻，午也是惧。吾子其不可以不戒！"文子曰："武受赐矣！然宋之盟，子木有祸人之心，武有仁人之心，是楚所以驾于晋也。今武犹是心也，楚又行僭[9]，非所害也。武将信以为本，循而行之。譬如农夫，是穮是蔉[10]，虽有饥馑，必有丰年。且吾闻之：'能信不为人下。'吾未能也。《诗》曰：'不僭不贼，鲜不为则[11]。'信也。能为人则者，不为人下矣。吾不能是难[12]，楚不为患。"

【注释】

〔1〕祁午：祁奚之子。 〔2〕戒：戒惕警备。 〔3〕子木：楚屈建。〔4〕驾：陵驾。 〔5〕宁东夏：安宁中原东方的国家。指齐国。 〔6〕淳于：杞国都，在今山东安丘市北。 〔7〕顿：疲弊，挫伤。 〔8〕谤讟（dù）：诽谤。 〔9〕僭：不信。 〔10〕穮（biāo）：田中除草。蔉（gǔn）：培土。 〔11〕所引诗见《诗·大雅·抑》。不僭，待人以信。贼，害。〔12〕不能是难：倒装句，言以不能信为难。

楚令尹围请用牲，读旧书，加于牲上而已。晋人许之。三月甲辰，盟，楚公子围设服离卫[1]。叔孙穆子曰[2]："楚公子美矣，君哉[3]！"郑子皮曰："二执戈者前矣！"蔡子家曰："蒲宫有前[4]，不亦可乎？"楚伯州犁曰："此行也，辞而假之寡君。"郑行人挥曰："假不反矣！"伯州犁曰："子姑忧子晳之欲背诞也[5]。"子羽曰："当璧犹在[6]，假而不反，子其无忧乎？"齐国子曰[7]："吾代二子愍矣[8]！"陈公子招曰："不忧何成？二子乐矣。"卫齐子曰[9]："苟或知之，虽忧何害[10]？"宋合左师曰[11]："大国令，小国共[12]。吾知共而已。"晋乐王鲋曰[13]："《小旻》之卒章善矣[14]，吾从之。"

【注释】

〔1〕设服：陈设国君的仪仗服饰。离卫：离通"俪"，成双成对。离卫，一对卫兵。〔2〕叔孙穆子：叔孙豹。〔3〕君：指已同于国君。〔4〕蒲宫：楚君离宫，时公子围居之。有前：有前戈。〔5〕背诞：背命放诞。指作乱。〔6〕当璧：杜注："当璧谓弃疾（楚平王），事在昭十年，言弃疾有当璧之命，围虽取国，犹将有难，不无忧也。"〔7〕国子：国弱。〔8〕二子：公子围与伯州犁。愍：忧。〔9〕齐子：即齐恶。〔10〕杜注："言先知为备，虽有忧难，无所损害。"〔11〕合左师：向戌。〔12〕共：恭，恭敬。〔13〕乐王鲋：见襄公二十一年注。〔14〕小旻：《诗·小雅》篇名。其卒章为："不敢暴虎，不敢冯河。人知其一，莫知其他。战战兢兢，如临深渊，如履薄冰。"乐王鲋言此，意在不赞同大夫们公开讨论讥刺这事。

退会，子羽谓子皮曰："叔孙绞而婉[1]，宋左师简而礼，乐王鲋字而敬[2]，子与子家持之[3]，皆保世之主也。齐、卫、陈大夫其不免乎？国子代人忧，子招乐忧,齐子虽忧弗害。夫弗及而忧[4],与可忧而乐,与忧而弗害,皆取忧之道也,忧必及之。《大誓》曰[5]:'民之所欲,天必从之。'三大夫兆忧,忧能无至乎?言以知物[6],其是之谓矣。"

【注释】
〔1〕绞而婉:恰切而婉转。 〔2〕字:爱,不侵犯别人。 〔3〕持之:持平而论,无讥刺之言。 〔4〕弗及:与己无关。 〔5〕大誓:即《泰誓》,《尚书》篇名。 〔6〕知物:了解事物的结局。

季武子伐莒[1],取郓,莒人告于会[2]。楚告于晋曰:"寻盟未退,而鲁伐莒,渎齐盟[3],请戮其使[4]。"乐桓子相赵文子[5],欲求货于叔孙而为之请,使请带焉[6]。弗与。梁其踁曰[7]:"货以藩身[8],子何爱焉?"叔孙曰:"诸侯之会,卫社稷也。我以货免,鲁必受师。是祸之也,何卫之为?人之有墙,以蔽恶也。墙之隙坏,谁之咎也?卫而恶之,吾又甚焉。虽怨季孙,鲁国何罪?叔出季处[9],有自来矣,吾又谁怨?然鲋也贿,弗与,不已。"召使者,裂裳帛而与之,曰:"带其褊矣[10]。"

【注释】
〔1〕季武子:季孙宿。 〔2〕告于会:到盟会来报告,主要是向楚申诉。 〔3〕齐盟:誓词。 〔4〕使:指叔孙豹。 〔5〕乐桓子:乐王鲋。 〔6〕请带:杜注:"难指求货,故以带为辞。" 〔7〕梁其踁:叔孙家臣。 〔8〕藩:保卫。 〔9〕叔出季处:叔孙出使,季孙守国。 〔10〕褊:狭窄。

赵孟闻之，曰："临患不忘国，忠也。思难不越官[1]，信也。图国忘死，贞也。谋主三者，义也。有是四者，又可戮乎？"乃请诸楚曰："鲁虽有罪，其执事不辟难，畏威而敬命矣。子若免之，以劝左右可也[2]。若子之群吏处不辟污[3]，出不逃难，其何患之有？患之所生，污而不治，难而不守，所由来也。能是二者，又何患焉？不靖其能[4]，其谁从之？鲁叔孙豹可谓能矣，请免之以靖能者。子会而赦有罪，又赏其贤，诸侯其谁不欣焉望楚而归之，视远如迩？疆埸之邑，一彼一此，何常之有？王伯之令也[5]，引其封疆[6]，而树之官[7]，举之表旗[8]，而著之制令[9]。过则有刑，犹不可壹[10]。于是乎虞有三苗[11]，夏有观、扈[12]，商有姺、邳[13]，周有徐、奄[14]。自无令王，诸侯逐进[15]，狎主齐盟[16]，其又可壹乎？恤大舍小[17]，足以为盟主，又焉用之[18]？封疆之削，何国蔑有？主齐盟者，谁能辩焉[19]。吴、濮有衅[20]，楚之执事，岂其顾盟？莒之疆事，楚勿与知。诸侯无烦[21]，不亦可乎？莒、鲁争郓，为日久矣，苟无大害于其社稷，可无亢也[22]。去烦宥善，莫不竞劝[23]。子其图之！"固请诸楚，楚人许之，乃免叔孙。

【注释】

〔1〕越官：放弃职守。指出使的任务。〔2〕左右：指楚群臣。〔3〕污：困难的事。〔4〕靖其能：安抚贤能。〔5〕王伯：古之三王夏禹、商汤、周文王及五霸夏昆吾、商大彭、豕韦、周齐桓、晋文。令：政令。〔6〕引：正。〔7〕官：界上官守。〔8〕表旗：标志，如界碑

一类。〔9〕制令：边境条约。〔10〕不可壹：使之没有变更。〔11〕三苗：上古部族，为舜所放逐。或说即饕餮氏。〔12〕观、扈：夏时国名，曾侵犯夏。〔13〕姺、邳：古国名，曾叛商。〔14〕徐、奄：周时国名，为西周所灭。〔15〕逐进：追逐、争竞，侵略邻国。〔16〕狎：交替。〔17〕恤：以为忧患。大：指篡弑灭亡之祸。〔18〕焉用之：不用管小事。〔19〕辩：治理。〔20〕吴、濮：楚之邻国。衅：间隙，可趁之机。〔21〕无烦：不劳兵。〔22〕亢：扞护。〔23〕竞劝：竞力为善。

令尹享赵孟，赋《大明》之首章[1]。赵孟赋《小宛》之二章[2]。事毕，赵孟谓叔向曰："令尹自以为王矣，何如？"对曰："王弱，令尹强，其可哉！虽可，不终[3]。"赵孟曰："何故？"对曰："强以克弱而安之[4]，强不义也。不义而强，其毙必速。《诗》曰：'赫赫宗周，褒姒灭之[5]。'强不义也。令尹为王，必求诸侯。晋少懦矣[6]，诸侯将往。若获诸侯，其虐滋甚[7]。民弗堪也，将何以终？夫以强取，不义而克，必以为道[8]。道以淫虐，弗可久已矣！"

【注释】

〔1〕大明：《诗·大雅》篇名。杜注云："首章言文王明明照于下，故能赫盛于上。令尹意在首章，故特称首章，以自光大。"〔2〕小宛：《诗·小雅》篇名。杜注："二章取其各敬尔仪，天命不又，言天命一去，不可复还，以戒令尹。"〔3〕不终：不得善终。〔4〕安之：安心于这样干。〔5〕所引诗见《诗·小雅·正月》。褒姒，周幽王后。叔向引此，言虽然强大，但行不义，便遭灭亡。〔6〕懦：弱。〔7〕虐：暴虐。〔8〕以为道：以不义为道。

夏四月，赵孟、叔孙豹、曹大夫入于郑，郑伯兼享之。子皮戒赵孟[1]，礼终，赵孟赋《瓠叶》[2]。子皮遂戒穆叔，且告之。穆叔曰："赵孟欲一献[3]，子其从之！"子皮曰："敢乎？"穆叔曰："夫人之所欲也，又何不敢？"及享，具五献之笾豆于幕下[4]。赵孟辞，私于子产曰："武请于冢宰矣[5]。"乃用一献。赵孟为客，礼终乃宴。穆叔赋《鹊巢》[6]。赵孟曰："武不堪也。"又赋《采蘩》[7]，曰："小国为蘩，大国省穑而用之[8]，其何实非命[9]？"子皮赋《野有死麕》之卒章[10]。赵孟赋《常棣》[11]，且曰："吾兄弟比以安，尨也可使无吠[12]。"穆叔、子皮及曹大夫兴，拜，举兕爵[13]，曰："小国赖子，知免于戾矣。"饮酒乐。赵孟出，曰："吾不复此矣[14]。"

【注释】

〔1〕戒：告。凡国君享大夫，先期通告日子，有一定的礼节，称戒。〔2〕瓠叶：《诗·小雅》篇名。杜注谓："义取古人不以微薄废礼，虽瓠叶兔首，犹与宾客享之。"瓠，葫芦类植物。〔3〕一献：主人向宾客敬一次酒。指享宴尽量简单。〔4〕笾豆：均为食器。幕下：东房。〔5〕冢宰：指上卿。〔6〕鹊巢：《诗·召南》篇名。诗中有"维鹊有巢，维鸠居之。之子于归，百两御之"句，将赵文子比为鹊，自己比为鸠，得到赵文子的庇护，免于被杀。〔7〕采蘩：《诗·召南》篇名。中有"于以采蘩？于沼之沚。于以用之？公侯之事"句，言晋国不责成别人奉献丰厚。〔8〕省穑：爱惜。穑，通"啬"。〔9〕其何实非命：杜注："何敢不从命？"〔10〕野有死麕：《诗·召南》篇名。其卒章云："舒而脱脱兮，无感我帨兮，无使尨也吠。"言行动轻慢，别摇动围裙，别惊动狗。子皮以此喻赵文子抚爱诸侯，以礼相加。〔11〕常棣：《诗·小雅》篇名，赵文子赋此，取"凡今之人，莫如兄弟"句，言兄弟之国相亲。〔12〕尨(máng)：多毛而凶猛的狗。〔13〕兕爵：以兕牛角做的酒杯。〔14〕不复此：不复见此乐。

天王使刘定公劳赵孟于颍[1],馆于洛汭[2]。刘子曰:"美哉禹功,明德远矣。微禹,吾其鱼乎!吾与子弁冕端委[3],以治民临诸侯,禹之力也。子盍亦远绩禹功[4],而大庇民乎?"对曰:"老夫罪戾是惧,焉能恤远?吾侪偷食[5],朝不谋夕,何其长也?"刘子归,以语王曰:"谚所谓老将知而耄及之者[6],其赵孟之谓乎!为晋正卿,以主诸侯,而侪于隶人,朝不谋夕,弃神人矣[7]。神怒民叛,何以能久?赵孟不复年矣[8]。神怒,不歆其祀;民叛,不即其事[9]。祀事不从,又何以年?"

【注释】
〔1〕天王:周景王。刘定公:刘夏。颍:在今河南登封市东。〔2〕洛汭:洛水弯曲处。〔3〕弁冕:卿大夫的礼帽。端委:礼服。〔4〕绩:继。〔5〕偷食:苟且度日。〔6〕耄:八十岁。〔7〕弃神人:杜注:"民为神主,不恤民,故神人皆去。"〔8〕不复年:不复终今年。〔9〕即:就。不即事,即不肯工作,怠工。

叔孙归,曾夭御季孙以劳之[1]。旦及日中不出。曾夭谓曾阜曰[2]:"旦及日中,吾知罪矣。鲁以相忍为国也,忍其外不忍其内,焉用之?"阜曰:"数月于外[3],一旦于是,庸何伤[4]?贾而欲赢,而恶嚣乎[5]?"阜谓叔孙曰:"可以出矣!"叔孙指楹曰[6]:"虽恶是,其可去乎?"乃出见之。

【注释】
〔1〕曾夭:季孙的家臣。〔2〕曾阜:叔孙的家臣。〔3〕数月于

外：杜注："言叔孙劳役在外数月。"〔4〕庸何：即"何"。〔5〕嚣：喧闹。〔6〕楹：堂上大柱。

郑徐吾犯之妹美[1]，公孙楚聘之矣[2]，公孙黑又使强委禽焉[3]。犯惧，告子产。子产曰："是国无政，非子之患也。唯所欲与。"犯请于二子，请使女择焉。皆许之。子晳盛饰入[4]，布币而出[5]。子南戎服入，左右射，超乘而出。女自房观之，曰："子晳信美矣，抑子南夫也。夫夫妇妇，所谓顺也。"适子南氏。子晳怒。既而橐甲以见子南[6]，欲杀之而取其妻。子南知之，执戈逐之。及冲[7]，击之以戈。子晳伤而归，告大夫曰："我好见之，不知其有异志也，故伤。"

【注释】
〔1〕徐吾犯：郑大夫。〔2〕公孙楚：穆公孙，字子南。〔3〕委禽：婚礼最先为纳采，纳采用雁，委禽即纳采。〔4〕子晳：即公孙黑。〔5〕布币：送上礼品，陈于堂上。〔6〕橐甲：即衷甲，把甲穿在衣服里面。〔7〕冲：大道四交处。

大夫皆谋之。子产曰："直钧[1]，幼贱有罪。罪在楚也。"乃执子南而数之，曰："国之大节有五，女皆奸之[2]。畏君之威，听其政[3]，尊其贵，事其长，养其亲，五者所以为国也。今君在国，女用兵焉，不畏威也。奸国之纪，不听政也。子晳，上大夫，女，嬖大夫[4]，而弗下之，不尊贵也。幼而不忌[5]，不事长也。兵其从兄，不养亲也。君曰：'余不女忍杀，宥女以远。'勉，速行乎，无重而罪！"五月庚辰，郑放游楚于吴[6]，将行子南，子产咨于大叔[7]。大叔曰："吉不能亢身[8]，焉能亢宗？彼，国政也，非私难也。子图郑国，利则行之，又何疑焉？周公杀管叔而蔡蔡叔[9]，夫岂不爱？王室故也。吉若获戾，子将行之，何有于诸游？"

【注释】

〔1〕直钩：双方都有理。 〔2〕奸：犯。 〔3〕听：听从。 〔4〕嬖大夫：下大夫。 〔5〕忌：敬。 〔6〕游楚：即公孙楚。 〔7〕大叔：游吉，为游氏宗主，所以子产征询他的意见。 〔8〕亢：捍卫，保护。〔9〕蔡蔡叔：将蔡叔流放。

秦后子有宠于桓[1]，如二君于景。其母曰："弗去，惧选[2]。"癸卯，鍼适晋，其车千乘。书曰："秦伯之弟鍼出奔晋。"罪秦伯也。后子享晋侯[3]，造舟于河[4]，十里舍车，自雍及绛[5]。归取酬币[6]，终事八反。司马侯问焉[7]，曰："子之车，尽于此而已乎？"对曰："此之谓多矣！若能少此，吾何以得见？"女叔齐以告公，且曰："秦公子必归。臣闻君子能知其过，必有令图[8]。令图，天所赞也。"

【注释】

〔1〕后子：秦桓公子，景公母弟，名鍼。 〔2〕选：历数其罪。〔3〕晋侯：晋平公。 〔4〕造舟于河：把船连接在河上，铺上木板，犹如浮桥。 〔5〕雍：秦都，今陕西凤翔县。绛：指新绛，晋都，今山西侯马市。 〔6〕酬币：享礼时每次主人敬酒，必赠礼物，称酬币。隆重的享礼用九献，故下文云"八反"。 〔7〕司马侯：即女叔齐。 〔8〕令图：

好的举动、打算。

后子见赵孟。赵孟曰:"吾子其曷归[1]?"对曰:"鍼惧选于寡君,是以在此,将待嗣君。"赵孟曰:"秦君何如?"对曰:"无道。"赵孟曰:"亡乎?"对曰:"何为?一世无道,国未艾也[2]。国于天地,有与立焉。不数世淫[3],弗能毙也。"赵孟曰:"天乎[4]?"对曰:"有焉。"赵孟曰:"其几何?"对曰:"鍼闻之,国无道而年谷和熟,天赞之也。鲜不五稔[5]。"赵孟视荫,曰:"朝夕不相及,谁能待五?"后子出,而告人曰:"赵孟将死矣。主民,玩岁而愒日[6],其与几何[7]?"

【注释】

〔1〕曷:何时。〔2〕艾:绝。〔3〕数世淫:连续几代君王淫乱。〔4〕天乎:一作"夭乎",指短命。〔5〕鲜:少。〔6〕玩岁:贪图安逸。愒日:虚度岁月。〔7〕其与几何:"其几何欤"的倒句。

郑为游楚乱故,六月丁巳,郑伯及其大夫盟于公孙段氏。罕虎、公孙侨、公孙段、印段、游吉、驷带私盟于闺门之外[1],实薰隧[2]。公孙黑强与于盟,使大史书其名,且曰七子[3]。子产弗讨。

【注释】

〔1〕闺门:郑都城门。〔2〕薰隧:门外道路名。〔3〕七子:杜注:"自欲同于六卿,故曰七子。"

晋中行穆子败无终及群狄于大原[1]，崇卒也[2]。将战，魏舒曰："彼徒我车，所遇又阸[3]，以什共车必克[4]。困诸阸，又克。请皆卒，自我始。"乃毁车以为行[5]，五乘为三伍[6]。荀吴之嬖人不肯即卒，斩以徇。为五陈以相离[7]，两于前，伍于后，专为右角，参为左角，偏为前拒[8]，以诱之。翟人笑之[9]。未陈而薄之，大败之。

【注释】

〔1〕中行穆子：荀吴。无终：详襄公四年注。大原：即今山西太原市。 〔2〕崇：尚，重视。卒：步兵。 〔3〕阸：险要。 〔4〕以什共车：以十个人对付一辆战车。 〔5〕毁车：留下车不用。行：步兵行列。 〔6〕乘：三人为一乘。伍：五人小组。 〔7〕相离：互相配合。 〔8〕两、伍、专、参、偏：即上所谓五陈，杜注谓"皆临时处置之名"。 〔9〕翟：同"狄"。

莒展舆立，而夺群公子秩[1]。公子召去疾于齐。秋，齐公子鉏纳去疾，展舆奔吴。

叔弓帅师疆郓田，因莒乱也。于是莒务娄、瞀胡及公子灭明以大庞与常仪靡奔齐[2]。君子曰："莒展之不立，弃人也夫！人可弃乎？《诗》曰：'无竞维人[3]。'善矣。"

【注释】

〔1〕夺：削减。秩：俸禄。 〔2〕莒务娄、瞀胡、灭明：均展舆的党羽。大庞、常仪靡：莒邑，均在今山东莒县境内。 〔3〕所引诗见《诗·周颂·烈文》。无，发语词。竞，强。

晋侯有疾，郑伯使公孙侨如晋聘，且问疾。叔向问焉，曰："寡君之疾病，卜人曰：'实沈、台骀为祟。'史莫之知，敢问此何神也？"子产曰："昔高辛氏有二子[1]，伯曰阏伯，季曰实沈，居于旷林，不相能也。日寻干戈[2]，以相征讨。后帝不臧[3]，迁阏伯于商丘，主辰。商人是因，故辰为商星。迁实沈于大夏[4]，主参。唐人是因，以服事夏、商。其季世曰唐叔虞[5]。当武王邑姜方震大叔[6]，梦帝谓己：'余命而子曰虞，将与之唐，属诸参，而蕃育其子孙。'及生，有文在其手曰'虞'[7]，遂以命之。及成王灭唐而封大叔焉，故参为晋星。由是观之，则实沈，参神也。昔金天氏有裔子曰昧[8]，为玄冥师[9]，生允格、台骀。台骀能业其官[10]，宣汾、洮[11]，障大泽[12]，以处大原。帝用嘉之[13]，封诸汾川[14]。沈、姒、蓐、黄[15]，实守其祀。今晋主汾而灭之矣。由是观之，则台骀，汾神也。抑此二者，不及君身。山川之神，则水旱疠疫之灾[16]，于是乎禜之[17]。日月星辰之神，则雪霜风雨之不时，于是乎禜之。若君身，则亦出入饮食哀乐之事也[18]。山川星辰之神，又何为焉？侨闻之，君子有四时：朝以听政，昼以访问，夕以修令，夜以安身。于是乎节宣其气[19]，勿使有所壅闭湫底以露其体[20]。兹心不爽，而昏乱百度。今无乃壹之[21]，则生疾矣。侨又闻之，内官不及同姓[22]，其生不殖。美先尽矣[23]，则相生疾，君子是以恶之。故《志》曰：'买妾不知其姓，则卜之。'违此二者，古之所慎也。男女辨姓，礼之大司也[24]。今君内实有四姬焉[25]，其无乃是也乎？若由是二者，弗可为也已[26]。四姬有省犹可[27]，无则必生疾矣。"叔向曰："善哉！肸未之闻也[28]，此皆然矣。"

叔向出，行人挥送之[29]。叔向问郑故焉，且问子晳。对曰："其与几何？无礼而好陵人，怙富而卑其上[30]，弗能久矣。"

晋侯闻子产之言，曰："博物君子也。"重贿之。

【注释】

〔1〕高辛氏：帝喾。〔2〕寻：用。〔3〕后帝：尧。臧：善。〔4〕大夏：即今山西太原市。〔5〕季世：末世。〔6〕邑姜：武王后，传为姜太公女。震：娠，怀孕。大叔：即叔虞。〔7〕文：文字。〔8〕金天氏：少昊。〔9〕玄冥师：水官之长。〔10〕业：世，继承。〔11〕宣：疏通。汾、洮：二水均在山西境内。〔12〕障：堤防。大泽：台骀泽，在太原市南。〔13〕用：因。〔14〕汾川：即汾水流域。〔15〕沈、姒、蓐、黄：四国皆在山西，为台骀之后。〔16〕疠疫：流行时疫。〔17〕祡（yíng）：束草而祭，求山川鬼神，去祸降福。〔18〕出入：指劳逸。〔19〕节宣：有节制地散发。气：血气、精气。〔20〕壅闭湫底：阻塞不流通。露：瘦弱。〔21〕壹之：专一于某处。〔22〕内官：国君的姬妾。〔23〕美先尽矣：言娶同姓则其女必美。〔24〕司：主。〔25〕四姬：四位姓姬的姬妾。〔26〕为：治。〔27〕省：去掉。〔28〕肸：叔向名。〔29〕行人挥：即子羽。〔30〕怙富：仗着富贵。卑：轻视。

晋侯求医于秦。秦伯使医和视之，曰："疾不可为也。是谓：'近女室，疾如蛊[1]。非鬼非食，惑以丧志[2]。良臣将死，天命不祐。'"公曰："女不可近乎？"对曰："节之。先王之乐，所以节百事也，故有五节，迟速本末以相及，中声以降，五降之后，不容弹矣。于是有烦手淫声[3],慆堙心耳[4],乃忘平和,君子弗听也。物亦如之,至于烦[5],乃舍也已,无以生疾。君子之近琴瑟[6],以仪节也[7],非以慆心也。天有六气[8],降生五味[9],发为五色[10],征为五声[11],淫生六疾[12]。六气曰阴、阳、风、雨、晦、明也。分为四时,序为五节[13],过则为灾。阴淫寒疾,阳淫热疾,风淫末疾[14],雨淫腹疾,晦淫惑疾,明淫心疾。女,阳物而晦时[15],淫则生内热惑蛊之疾。今君不节不时[16],能无及此乎?"

【注释】

〔1〕蛊:蛊惑,一种令人心志惑乱的病。〔2〕丧志:丧失心志。〔3〕烦手:烦复的手法。淫声:靡靡之音。〔4〕慆(tāo)堙(yīn):使得人心荡耳烦。〔5〕烦:指过度。〔6〕琴瑟:喻指女色。〔7〕仪节:礼仪、礼节。〔8〕六气:六种气象,见下文说明。〔9〕五味:辛、酸、咸、苦、甘。〔10〕五色:白、青、黑、赤、黄。〔11〕征:验。五声:宫、商、角、徵、羽。〔12〕淫:过度。六疾:即下寒、热、末、腹、惑、心六疾。〔13〕五节:即五声之节。〔14〕末:四肢。〔15〕阳物:杜注谓:"女常随男,故言阳物。"晦时:杜注:"家道常在夜,故言晦时。"〔16〕不时:谓近女色不分晦明。

出,告赵孟。赵孟曰:"谁当良臣?"对曰:"主是谓矣!主相晋国,于今八年,晋国无乱,诸侯无阙,可谓良矣。和闻之,国之大臣,荣其宠禄,任其大节,有灾祸兴而无改焉,必受其咎。今君至于淫以生疾,将不能图恤社稷,祸孰大焉!主不能御[1],吾是以云也。"赵孟曰:"何谓蛊?"对曰:"淫溺惑乱之所生也。于文,皿虫为蛊,谷之飞亦为蛊[2]。在《周易》,女惑男,风落山,谓之《蛊》䷑[3]。皆同物也[4]。"赵孟曰:"良医也。"厚其礼而归之。

【注释】
〔1〕御:禁止。 〔2〕谷之飞:谷子所生的飞虫。 〔3〕杜注云:《蛊》卦下为《巽》上为《艮》。"巽"为长女,为风;"艮"为少男,为山。少男悦长女,非匹,故惑。山木得风而落。 〔4〕同物:同类。

楚公子围使公子黑肱、伯州犁城犨、栎、郏[1],郑人惧。子产曰:"不害。令尹将行大事,而先除二子也。祸不及郑,何患焉?"

【注释】
〔1〕公子黑肱:公子围的弟弟,字子皙。犨:在今河南鲁山县东南,与郏本均为郑邑。栎:在今河南新蔡县北。郏:在今河南三门峡市西北。

冬,楚公子围将聘于郑,伍举为介。未出竟,闻王有疾而还。伍举遂聘。十一月己酉,公子围至,入问王疾,缢而弑之。遂杀其二子幕及平夏。右尹子干出奔晋[1],宫厩尹子皙出奔郑。杀大宰伯州犁于郏。葬王于郏,谓之郏敖[2]。使赴于郑,伍举问应为后之辞焉。对曰:"寡大夫围。"伍举更之曰:"共王之子围为长。"

【注释】
〔1〕右尹子干:即公子比。 〔2〕郏敖:无谥,故以葬地称之。敖,或谓酋长之义,或谓陵之意。

子干奔晋，从车五乘。叔向使与秦公子同食[1]，皆百人之饩[2]。赵文子曰："秦公子富。"叔向曰："厎禄以德[3]，德钧以年，年同以尊。公子以国[4]，不闻以富。且夫以千乘去其国，强御已甚[5]。《诗》曰：'不侮矜寡，不畏强御[6]。'秦、楚，匹也。"使后子与子干齿[7]。辞曰："鍼惧选，楚公子不获[8]，是以皆来，亦唯命。且臣与羁齿[9]，无乃不可乎？史佚有言曰：'非羁何忌[10]？'"

【注释】

〔1〕同食：食禄相同。〔2〕饩：此指粮食及生活必需品。〔3〕厎：致。〔4〕以国：根据国家的大小。〔5〕强御：横暴，强梁。已：太。〔6〕所引诗见《诗·大雅·烝民》。〔7〕齿：并列。〔8〕不获：不获于上，即被国君所厌恶。〔9〕羁：羁旅。后子先来，已为晋臣，子干刚到，尚同羁旅。后子因以主人自居，视子干为客，自谦不敢与客人并列。〔10〕忌：敬。

楚灵王即位，薳罢为令尹，薳启彊为大宰。郑游吉如楚，葬郏敖，且聘立君。归，谓子产曰："具行器矣[1]！楚王汰侈而自说其事[2]，必合诸侯，吾往无日矣。"子产曰："不数年，未能也。"

【注释】

〔1〕具行器：准备好行装。〔2〕说：喜。

十二月，晋既烝[1]，赵孟适南阳，将会孟子馀[2]。甲辰朔，烝于温[3]，庚戌，卒。郑伯如晋吊，及雍乃复[4]。

【注释】
〔1〕烝：冬祭。 〔2〕会：会祭。孟子馀：赵衰。 〔3〕温：在今河南温县西南。 〔4〕雍：在今河南修武县西。按郑简公往吊，赵氏辞之，故中途而返。

【译文】

[经]

元年春，周历正月，昭公即位。

叔孙豹与晋赵武、楚公子围、齐国弱、宋向戌、卫齐恶、陈公子招、蔡公孙归生、郑罕虎、许国人、曹国人在虢地相会。

三月，占领郓邑。

夏，秦景公的弟弟鍼出逃到晋国。

六月丁巳，邾悼公华去世。

晋荀吴率领军队在大卤打败狄人。

秋，莒去疾从齐国进入莒国。

莒展舆出逃到吴国。

叔弓率领军队划定郓地田土的疆界。

安葬邾悼公。

冬十一月己酉，楚国君麇去世。

楚公子比出逃到晋国。

[传]

元年春，楚公子围到郑国聘问，同时娶公孙段女为妻。伍举做他的副手。楚国人将要进入宾馆，郑国人厌恶他们，派行人子羽通知他们，于是就住在城外。聘问完成后，公子围准备带着大队人马入城迎亲。子产为此担心，派子羽去拒绝他们，说："因为敝邑窄小，容不下您的从人，请求在郊外建埠，听取您的命令。"公子围命令太宰伯州犁回答说："蒙贵君赏赐寡大夫围，对围说：'将让丰氏女儿嫁给你做妻子。'围陈列祭品，在庄王、共王的庙中祭告后前来。如果在野外赐给我，是把贵君的赏赐丢在草丛里了！这样，是让寡大夫无法排在卿的行列中了！不仅如此，又使围欺骗了他的先君，将不能再担任寡君的卿，恐怕也无法回去复命了。请大夫好好考虑一下！"子羽说："小国没有罪过，如果依靠大国而不加防备就是罪过。我们打算依靠大国使自己安定，而大国却恐怕包藏祸心前来图谋我国。我们害怕的是我们小国失去了依靠，而使诸侯引起警戒，全都怨恨大国，违抗拒绝贵国国君的命令，使贵国国君的命令行不通。不然的话，敝邑就等于贵国的宾馆，怎敢爱惜丰氏的宗庙？"伍举知道郑国有了准备，请求倒悬弓袋入城。郑国人答应了。正月乙未，公子围进城，迎亲后出城，接着在虢地与诸侯的大夫相会，重温在宋国的盟约。

祁午对赵文子说："在宋国的盟会，楚国人满足了压倒晋国的欲望。如今的楚令尹不守信用，是诸侯们全都知道的事。您如果不警惕戒备，恐怕又会同在宋国一样。子木以守信用为诸侯所称道，尚且欺骗晋国而陵驾在晋国之上，何况是这个格外不守信用的人呢！楚国如果再次压倒晋国，这是晋国的耻辱。您辅佐晋国作为盟主，到现在已经七年了。两次会合诸侯，三次会合大夫，使齐国、狄人归服，安定东方诸侯，平定秦国的扰乱，修筑淳于的城墙，军队徒役不劳顿，国家不疲惫，人民没意见，诸侯没怨恨，上天不降大灾，这一切都仰仗您的力量。您已经有了美好的名声，如果以耻辱为终结，我感到害怕。您不能不警惕戒备！"赵文子说："我接受您的教诲了！不过在宋国的盟会，子木有害人之心，我有爱人之心，这就是楚国所以凌驾在晋国之上的缘故。如今我抱的仍然是爱人之心，楚国又做出不守信用的事，这就不是他能伤害的了。我将以信用为根本，依循这点去做。就好比农夫，辛勤除草培土，即使出现荒年，也一定会有丰年。再说我听说：'能守信用的人不会处在别人下面。'我怕的是不能做到守信。《诗》说：'不犯过错不害人，很少不被人仿效。'这说的就是要守信。能够成为别人的榜样的人，不会处在别人的下面。我难在不能真正做到守信，楚国不能造成祸患。"

楚令尹公子围请求用牺牲，读原先的盟书，然后放在牺牲上即可。晋国人答应了。三月甲辰，结盟，楚公子围用国君的仪仗服饰,用一对卫兵作前导。叔孙豹说:"楚公子围的仪仗服饰真华美,已经与国君一样了!"郑子皮说:"他用两名侍卫拿着戈前导了!"蔡子家说:"他住在蒲宫,有一对侍卫前导,不也是可以的吗?"楚伯州犁说:"这些是这次出来时,向寡君请求而借来的。"郑行人子羽说:"借了就不会还了。"伯州犁说:"你还是去担心你们国家的子晳想违命作乱吧!"子羽说:"公子弃疾还在,借了不归还,您难道没有忧虑吗?"齐国弱说:"我代这两位担忧了。"陈公子招说:"不忧愁怎能办成事?不过这两个人却很高兴。"卫齐恶说:"如果事先知道,虽然有忧愁又有什么危害?"宋向戌说:"大国发布命令,小国恭敬地执行。我只知道恭敬就可以了。"晋乐王鲋说:"《小旻》的最后一章说得好,我就照那样办。"

散会,子羽对子皮说:"叔孙豹言辞恰切而婉转,宋向戌语言简明而合乎礼,乐王鲋自爱而敬重别人,您与子家持平而论,都是能保全爵禄世代不失的人。齐、卫、陈国的大夫也许难以免除祸难了吧?国弱代别人忧愁,公子招以高兴代替忧愁,齐恶虽然有忧愁却不意识到有危害。与自己无关却忧愁,与应该忧愁却反而高兴,以及有忧愁却不意识到有危害,都是导致忧愁到来的途径,忧愁一定会降临到他们身上。《泰誓》说:'人民有所愿望,上天一定满足。'三位大夫有了忧愁的预兆,忧愁能不来到吗?从言语来预测事物的结局,说的就是这情况。"

季孙宿攻打莒国,占领郓邑。莒国人到盟会来控告。楚国对晋国说:"重温旧盟还没散会,鲁国就攻打莒国,亵渎盟誓,请求杀死他们的使者。"乐王鲋辅相赵文子参加会盟,他想向叔孙豹索取财物以此为条件为他说情,派了使者向叔孙豹请求要他的带子。叔孙豹不给他。梁其踁说:"财物是用来保卫身体的,你为什么要如此爱惜它?"叔孙豹说:"诸侯之间会见,是为了保卫国家。我通过贿赂免除祸难,鲁国一定会受到军队的攻打。这样做是使国家受到祸害,保卫什么呢?人们之所以要有围墙,是为了阻挡坏人的入侵。墙有缝隙损坏,这是谁的罪责?为保卫国家却又使国家遭受攻击,我的罪就更大了。虽然应当怨季孙,但鲁国有什么罪?叔孙出使季孙守国,有很长时间这样了,我又能怨恨谁?不过乐王鲋贪图财货，不给他，他不会死心。"于是召见来使，从衣裳上撕下一块绸帛给他，说："带子恐怕太狭窄了。"

赵文子听说后，说："面对祸患不忘记国家，这是忠。考虑到危难而不放弃职守，这是信。为国家打算而不怕死，这是贞。策谋以上述三点为主体，这是义。一个人具有这四项优点，怎么可以杀死他呢？"于是向楚国请求说："鲁国虽然有罪，但他们的使者不避祸难，畏惧贵国的威力而恭敬地等待命令了。您如果赦免他，用以劝勉您的左右，这样做也是不错的。如果您的官吏们在国内不躲避难以处理的事，在国外不逃避危难，还有什么可以忧患的？忧患的产生，在于遇上困难的事不去治理，碰到危难不去应付，忧患就是由此而来。能做到这两点，又怎么会有忧患呢？不安抚贤能的人，谁会跟从你？鲁叔孙豹可以说是贤能的人了，请赦免他以安抚贤能的人。您召集会议而赦免有罪的国家，又奖励他们的贤能的人，诸侯会有谁不高兴地向着楚国而归附楚国，把远方的楚国看得离自己很近？边境上的城邑，忽而归这国忽而归那国，什么时候一成不变过？三王五霸的政令，划定边疆，在那里设置官员防守，建立标志，明白地写在章程法令上。谁越过边境，就会受到刑罚，但仍然不能使边境没有变更。在这种情况下，虞舜时有三苗，夏时有观、扈，商朝有姺、邳，周朝有徐、奄。自从没有了德行超凡的帝王后，诸侯争相侵略邻国，交替担任盟主，边境又怎能一成不变呢？关心大的忧患而放过小的，足以做盟主，哪里用得着去计较那些小事？边境被侵割，哪个国家没有。担任诸侯盟主的，有谁能治理好？吴、濮如果有可趁之机，楚国的大夫们，难道会只考虑盟约？莒国边境的争端，楚国还是别去过问。让诸侯不烦劳出兵，不也是件好事吗？莒、鲁争夺郓邑，时间已经长远了，只要对他们的国家没有大的祸害，可以不必去保护它。免除诸侯的烦劳，赦免善人，别人就没有不竞相努力为善的。您请好好考虑一下！"坚决向楚国请求，楚国人答应了，于是赦免了叔孙豹。

楚令尹公子围设享礼宴请赵文子，赋《大明》的第一章。赵文子赋《小宛》的第二章。宴会结束后，赵文子对叔向说："令尹自己以为是君王了，你认为怎么样？"叔向回答说："他们的国君衰弱，令尹强大，他大约能够成功吧！但即使成功了，也不得善终。"赵文子说："什么缘故？"叔向回答说："强大的战胜弱小的而心安理得，强大的就不合道义。不合道义却强大，他的失败一定很快。《诗》说：'赫赫宗周多兴旺，褒姒一笑就灭亡。'说的就是强大而不合道义的人。令尹做了君王，一定会谋求诸侯拥护自己。晋国已经比前有些衰弱了，诸侯将会投靠楚国。公子围如果得到诸侯的拥护，势必更加暴虐。人民难以忍受下去，他怎么能得到善终？用强力取得君位，以不义而获胜，他一定会以此为治国之道。用荒淫暴虐作为治国之道，是不能够长久的啊！"

夏四月，赵文子、叔孙豹、曹大夫进入郑国，郑简公设享礼一起宴请他们。子皮去通告赵文子宴请的时间，通告的礼结束后，赵文子赋《瓠叶》。子皮接着去通告叔孙豹，同时告诉他赵文子赋诗事。叔孙豹说："赵文子想仅用一献，您还是听从他。"子皮说："敢吗？"叔孙豹说："这是他自己要这样，又有什么不敢？"到了举行享礼，郑国人在东房准备了五献的食器。赵文子推辞，私下对子产说："我已经向执政请求过了。"于是就只用一献。赵文子为主宾，享礼结束后开宴。叔孙豹赋《鹊巢》。赵文子说："这个我可不敢当。"叔孙豹又赋《采蘩》，说："小国为繁，大国爱惜而使用，怎么敢不服从大国的命令？"子皮赋《野有死麕》的最后一章。赵文子赋《常棣》，并且说："我们像兄弟一样亲密安好，可以做到让狗不叫了。"叔孙豹、子皮与曹大夫从位子上站起来，下拜，举起兕牛角做的酒杯，说："小国靠着您，知道可以免于罪过了。"大家喝酒喝得很快乐。赵文子出来后，说："我不再会见到这样的快乐了。"

周景王派刘定公到颍地去慰劳赵文子，让他住在洛水旁。刘定公说："大禹的功绩真辉煌啊！他伟大的德行流传万古。没有禹，我们大约都变成鱼了吧！我与您戴着礼帽穿着礼服，以治理人民、面对诸侯，都是禹的力量。您何不远继禹的功德，广泛地庇护人民呢？"赵文子回答说："老夫惟恐犯罪，哪里能想得那么长远？我辈苟且过日子，早晨不考虑晚上，你说得太长远了。"刘定公回去后，把情形告诉周景王，说："谚语所说的老年人富有智慧可又糊涂，说的就是赵文子这样的人吧！身任晋国的正卿，领袖诸侯,却把自己等同于一个下役,早晨不考虑晚上,他抛弃了神明与百姓了。神明愤怒,百姓背叛,他怎么能维持长久呢?赵文子活不过年底了。神明愤怒,不来享用他的祭祀;人民背叛,不肯为他干活。祭祀的事情不能完成,又怎能过得了年?"

叔孙豹回国,曾夭为季孙宿驾车去慰劳他。从天亮等到中午,叔孙不出来接见。曾夭对曾阜说:"从天亮等到中午,我们已经知道自己的罪过了。鲁国一向以互相忍让来治理国家,在国外能忍让,在国内不忍让,那又何必呢?"曾阜说:"他在外劳累了几个月,你们在这里等一个上午,又有什么关系?商人要想赚钱,难道能厌恶市场的喧闹吗?"曾阜对叔孙说:"可以出去了。"叔孙指着堂上的大柱子说:"虽然厌恶它,但难道能去掉它吗?"于是出来见季孙。

郑徐吾犯的妹妹很美丽,公孙楚已经聘定她为妻子,公孙黑又强迫徐家接受他的聘礼。徐吾犯害怕,告诉子产。子产说:"这是国家政令不明,不是你的忧患,你想把她嫁给谁都行。"徐吾犯向二人征求意见,要求让他妹妹自己挑选,二人都同意了。公孙黑打扮华丽进入徐吾犯家,在堂上陈列了礼物后退出。公孙楚穿着军服进来,在堂上左右开弓射箭,出门跳上车走了。徐吾犯的妹妹从房间里看他们,说:"公孙黑确实很漂亮,不过公孙楚是个真正的男子汉。丈夫要像丈夫,妻子要像妻子,这就是所谓的顺理成章。"于是嫁给公孙楚。公孙黑大怒,不久后在衣服里面穿上甲去见公孙楚,打算杀了他抢夺他的妻子。公孙楚察知他的阴谋,拿起戈追赶他,追到交叉路口,用戈击打他。公孙黑受伤回家,告诉大夫们说:"我好心好意去见他,没料到他会这样对待我,所以受了伤。"

大夫们商量怎样处理这件事。子产说:"双方都有理,年幼地位低的有罪。这事罪在公孙楚。"于是把公孙楚抓起来,列举他的罪状,说:"国家的大节有五项,你都冒犯了。畏惧君王的威严,服从国家的政令,尊重尊贵的人,事奉年长的人,奉养自己的亲属,这五者是治理国家的基本条件。如今君王在国内,你使用兵器,是不畏惧他的威严。违犯国家的法令,这是不听从国家的政令。公孙黑是上大夫,你是下大夫,你却不买他的账,这是不尊重尊贵的人。你年幼而不敬重他，这是不事奉年长的人。用兵器对付从兄，这是不奉养自己的亲属。国君说：'我不忍心杀死你，赦免你让你到远方去。'你还是勉力上路，赶快走吧，不要加重你的罪！"五月庚辰，郑国把公孙楚流放到吴国，将要遣他上路，子产征求太叔的意见。太叔说："我连自身都难保护，又怎能保护我的宗族？他是触犯了国家政令，不是私人有危难。您为国家着想，只要对国家有利就执行，又犹豫些什么？周公杀死管叔而流放蔡叔，他难道不爱自己的兄弟？是为了王室的缘故不得不这样做。我如果获罪，您都会放逐我，何况对其他游氏的人？"

秦国的后子受到桓公的宠爱，在景公时犹如国君第二。他的母亲说："你不离开国家，恐怕会遭到罪谴。"癸卯，后子去晋国，随行的车辆有上千辆。《春秋》记载说："秦景公的弟弟鍼出逃到晋国。"是归罪于秦景公。后子设享礼宴请晋平公，在黄河中用船搭成浮桥，每隔十里停放一批车辆，从雍都一直到绛都。派到帐篷里去取礼物的车子，在享礼过程中往返了八次。司马侯问他，说："你的车子，全都在这里了吗？"后子回答说："这已经太多了！如果能少一些，我怎么会有机会见到你呢？"司马侯把这话告诉了晋平公，并且说："秦公子一定能回国。臣听说君子能够意识到自己的罪过，一定有好的计划。好的计划，是上天所赞助的。"

秦后子会见赵文子。赵文子说："您大约什么时候回国？"后子回答说："我害怕遭到寡君的诛戮，因此在这里，我准备等新君继位后再说。"赵文子说："秦国的国君怎么样？"后子回答说："无道。"赵文子说："国家会灭亡吗？"后子回答说："为什么？一代国君无道，国家不会灭绝。一个国家建立在天地之间，一定有帮助它的各项因素，不是连续几代国君荒淫，国家是不会灭亡的。"赵文子说："他会受到天谴吗？"后子回答说："会的。"赵文子说："还能维持多久？"后子回答说："我听说，国家无道但年成丰收，这是上天赞助他。很少没有不能维持五年的。"赵文子看了看太阳的影子，说："早晨的事与晚上的事就不相干，谁能等五年呢？"后子出来后，告诉别人说："赵文子将死了。作为人民的主宰，却贪图安逸，虚度岁月，他能活多久呢？"

郑国因为公孙楚作乱的缘故,六月丁巳,郑简公与大夫们在公孙段家设立盟誓。罕虎、公孙侨、公孙段、印段、游吉、驷带私下在闺门外结盟,地点是在薰隧。公孙黑强行加入盟会,让太史记下他的名字,并且称为"七子"。子产没有讨伐他。

晋中行穆子在太原打败无终国与各部狄人,这是重视发挥步兵的作用的缘故。将要交战,魏舒说:"他们是步兵我们是车兵,两军交战处地形又险要,用十个人对付一辆战车,一定获胜。战车容易围困在险要的地方,步兵又能取胜。请全部将车兵改为步兵,就从我的部下开始。"于是放弃战车改编为步兵行列,五辆战车的人分编为三个伍。中行穆子的宠臣不肯加入步兵行列,就杀了他示众。设立五阵以互相配合,两在前面,伍在后面,专作为左翼,参作为右翼,偏作为前锋,用来诱敌。狄人嘲笑晋军。晋军趁狄人还没排好阵势便冲了上去,大败狄军。

莒展舆立为国君,削减公子们的俸禄。公子们把去疾从齐国召回国。秋,齐公子鉏送去疾回国,展舆逃往吴国。

叔弓率领军队划定郓地田土的疆界,是乘莒国发生内乱的机会。这时莒务娄、瞀胡与公子灭明带着大厖与常仪靡二地投奔齐国。君子说:"莒展舆不能立为国君,是抛弃人才的缘故吧!人才怎么可以抛弃呢?《诗》说:'要强大惟有靠人才。'说得真好。"

晋平公有病,郑简公派子产到晋国去聘问,同时问候病情。叔向询问子产,说:"寡君的病,卜人说是实沈、台骀在作祟,太史不知是什么,谨问,这是什么神?"子产说:"往昔高辛氏有两个儿子,大的叫阏伯,小的叫实沈。他们住在辽阔的森林里,兄弟间不友好,老是拿起武器,互相攻打。帝尧看不过去,把阏伯迁移到商丘,用辰星来定时节。商朝人沿用这办法,所以辰星成为商星。把实沈迁到大夏,以参星定时节。唐国人沿用这办法,以归服夏朝、商朝。唐国的末世君王名唐叔虞。武王的夫人邑姜在怀着太叔时,梦见天帝对自己说:'我给你的儿子命名为虞,将给他唐国,属参星,而蕃衍养育他的子孙。'到太叔生下来,手上有文字作'虞'字,因此就取名为虞。到了成王灭亡唐国,就把太叔封在唐国,所以参星是晋国的星宿。从这些来看,实沈就是参星之神了。往昔金天氏有个后裔名叫昧的,担任水官之长,生下允格、台骀。台骀能够继承父亲的职业,疏导汾水、洮水,筑堤防住大泽,让人民住在广阔的高原上。帝王因此嘉奖他,把他封在汾水流域。沈、姒、蓐、黄四国,都是他的后代。如今晋国据有了汾水流域而灭掉了沈、姒等国家。从这些来看,那么台骀就是汾水的神。不过这二位神道不会降临祸患到贵国国君身上。山川的神明,遇到水旱时疫等灾祸,就向他们祭祀,请求去祸降福。日月星辰的神明,遇到雪霜风雨不正常,就向他们祭祀,请求去祸降福。至于贵国国君的身体,不过是由于劳逸、饮食、哀乐这些事不正常的缘故,山川星辰的神明,又怎么会降病给他呢?我听说,君子一天有四段时间:早晨用来听取政事,白天用来访问调查,晚上用来修明政令,夜间用来安歇身子。在这时就能够有节制地宣泄气血,不使它有所阻塞而伤弱身体,以致心中不爽快,而使百事昏乱。如今贵国国君恐怕是把精力集中用在某一处,因此而生病。我又听说,国君的姬妾不能有同姓的,同姓便子孙不会昌盛。美貌集中在一处,就会产生疾病,君子因此厌恶这点。所以《志》说:'买妾不知道她的姓,就通过占卜来确定。'对于违背上述两点,古人是非常慎重避免的。男女婚姻不娶同姓,这是礼仪中的重要事项。如今国君的宫中有四名姬姓女子,莫非国君的病就是由于这个缘故吧?如果是由于以上二点,病就没有治了。去掉这四个姬姓女子还可挽回,不然的话一定会加重病情。"叔向说:"说得真好啊!我从来没有听到过这番道理,这都是很正确的啊。"

叔向出来,行人子羽送他。叔向询问郑国的政事,并且问及公孙黑。子羽回答说:"他还能活多久呢?行为无礼而喜爱欺凌别人,自仗着富有还轻视地位比他高的人,他活不长了。"

晋平公听说了子产的话后,说:"真是个博学多知的君子啊!"赠送给子产一笔重礼。

晋平公向秦国请求派医生来。秦景公派医和去为平公诊断,说:"病已经没法治了。这叫做:'亲近女色,病同蛊惑。不是由于鬼神,不是由于饮食。被女人迷住,所以丧失了心志。国家的良臣将要死去,天命不再保佑。'"晋平公说:"女色不能亲近吗?"医和回答说:"要有节制。先王的音乐,是用来节制百事的，所以有五声作为节制，有快慢本末来互相调节，从中和之声逐渐下降，五声都下降停歇后，不能再弹。这时再弹就会有复杂的手法和靡靡之音，使人听了心荡耳烦，便忘记了平正和谐，所以君子不听这种音乐。对事情也是这样，到了过度，就停止，不因此而产生危害。君子亲近女色，是用来表示礼仪节度，不是用来使自己心志佚荡的。天有六种气象，产生了五味，表现为五色，应验为五音，过了头便产生六疾。六种气象就是阴、阳、风、雨、晦、明，分为四时，以五音的节奏为顺序，过头了就成为灾祸。阴过了头便生寒疾，阳过了头便生热病，风过了头便手脚生病，雨过了头便生腹疾，晦过了头便生迷惑的病，明过了头便生心病。女色，属性为阳而活动在晦时，过头了就生内热蛊惑的病。如今君王对女色既不节制又不分昼夜，能不病到这个地步吗？"

  医和出宫，把上述话对赵文子复述了一遍。赵文子说："良臣应在谁身上？"医和说："说的就是您了！您执掌晋国国政，到现在已经八年，晋国没有内乱，诸侯没有阙失，称得上良臣了。我听说，国家的大臣，光荣地享受宠遇与爵禄，承担国家重任，有灾祸兴起却不能使它改变，一定会受到连累。如今国君对女色没有节制以至于生病，将要不能再为国家图谋操心，没有比这更大的灾祸了！您却无法制止，我所以这样说。"赵文子说："什么叫蛊？"医和回答说："过度沉湎于某事所引起的病就叫蛊。在文字，器皿生虫为蛊，谷子生出的飞虫也叫蛊。在《周易》中，女人迷惑男人，大风吹落山木叫做《蛊》䷑。这些都是同类事物。"赵文子说："真是个好医生。"送给他厚礼，让他回国。

  楚公子围派公子黑肱、伯州犁修筑犨、栎、郏地的城墙，郑国人为此感到害怕。子产说："没有关系。令尹将要干大事，因而先除掉这两个人。祸患不会迁延到郑国，担心什么呢？"

  冬，楚公子围将要去郑国聘问，伍举作副手。还没出国境，听说楚王有病就回都，伍举就往郑国聘问。十一月己酉，公子围回到国都，进宫探视楚王的病，把楚王绞死了，接着杀死了楚王的两个儿子幕及平夏。右尹子干出逃到晋国，宫厩尹子皙出逃到郑国。公子围派人在郏地杀死太宰伯州犁。把楚王葬在郏地，称之为郏敖。派人到郑国发讣告，伍举问使者立继承人的措辞，使者回答说:"寡大夫围。"伍举更正说:"共王的儿子围为长。"

子干逃到晋国,跟从的车子有五辆。叔向让他与秦公子后子食禄相同,都供应一百个人的粮食用品。赵文子说:"秦公子富有。"叔向说:"颁发俸禄以德行为依据,德行相同的看年龄的长幼,年龄相同的根据地位高低。对公子则看国家的大小,没听说根据贫富。再说后子带着一千辆车子离开国家,他强横也太过分了。《诗》说:'不欺侮鳏寡,不畏惧强梁。'秦、楚是相等的国家。"让后子与子干并列。后子辞谢说:"我害怕遭诛戮,楚公子被国君厌恶,所以都到了这里,也就唯命是听。而且下臣与宾客并列,恐怕是不行的吧?史佚有句话说:'不是宾客,干吗要对他尊敬?'"

楚灵王即位,薳罢任令尹,薳启彊为太宰。郑游吉去楚国,参加郑敖的葬礼,同时向新的国君聘问。回国后,对子产说:"快准备行装吧!楚王骄横奢侈而沾沾自喜,一定要会合诸侯,我们过不了几天就要去楚国了。"子产说:"没有几个年头,他办不到。"

十二月,晋国已经举行了烝祭,赵文子去南阳,准备会祭赵衰。甲辰朔,在温地举行烝祭,庚戌,去世。郑简公去晋国吊唁,到了雍地就回国了。

昭 公 二 年

[经]

二年春[1],晋侯使韩起来聘[2]。

夏,叔弓如晋。

秋,郑杀其大夫公孙黑。

冬,公如晋,至河乃复[3]。

季孙宿如晋。

【注释】

〔1〕二年:公元前540年。〔2〕晋侯:晋平公。〔3〕杜注:"吊少姜也。晋人辞之,故还。"

[传]

二年春,晋侯使韩宣子来聘,且告为政而来见,礼也。观书于大史氏,见《易象》与《鲁春秋》[1],曰:"周礼尽在鲁矣。吾乃今知周公之德,与周之所以王也。"公享之。季武子赋《绵》之卒章[2]。韩子赋《角弓》[3]。季武子拜,曰:"敢拜子之弥缝敝邑[4],寡君有望矣。"武子赋《节》之卒章[5]。既享,宴于季氏,有嘉树焉，宣子誉之。武子曰："宿敢不封殖此树[6]，以无忘《角弓》。"遂赋《甘棠》[7]。宣子曰："起不堪也，无以及召公。"

【注释】
〔1〕易象：杜注谓《周易》的象辞，即爻辞。 〔2〕绵：《诗·大雅》篇名。其卒章云："虞芮质厥成，文王蹶厥生。予曰有疏附，予曰有先后，予曰有奔奏，予曰有御侮。"这章写文王有参谋政事、使群臣归附、奔走效力、抵御外侮的四种臣子。季武子把晋侯比作文王，把韩起比作四种臣子。 〔3〕角弓：《诗·小雅》篇名。韩起取诗中"兄弟昏姻，无胥远矣"句，言兄弟之国要相亲。 〔4〕弥缝：补合，弥补。 〔5〕节：《诗·小雅》篇名。杜注谓取卒章中"式讹尔心，以蓄万邦"句，颂晋德可蓄万邦。 〔6〕封殖：培殖。 〔7〕甘棠：《诗·召南》篇名。杜注云："召伯息于甘棠之下，诗人思之，而爱其树。武子欲封殖嘉树如甘棠，以宣子比召公。"

宣子遂如齐纳币[1]。见子雅。子雅召子旗[2]，使见宣子。宣子曰："非保家之主也，不臣。"见子尾。子尾见彊[3]。宣子谓之如子旗。大夫多笑之。唯晏子信之，曰："夫子，君子也。君子有信，其有以知之矣。"自齐聘于卫，卫侯享之。北宫文子赋《淇澳》[4]。宣子赋《木瓜》[5]。

【注释】
〔1〕纳币：为平公聘少姜。 〔2〕子旗：子雅之子。 〔3〕彊：子尾之子。 〔4〕淇澳：《诗·卫风》篇名。诗赞卫武公，北宫文子言宣子有武公的德行。 〔5〕木瓜：《诗·卫风》篇名，韩起取其中"投我以木瓜，报之以琼瑶"等句，表示要与卫结好，施以厚报。

夏四月,韩须如齐逆女[1]。齐陈无宇送女,致少姜[2]。少姜有宠于晋侯,晋侯谓之少齐。谓陈无宇非卿,执诸中都[3]。少姜为之请曰:"送从逆班[4],畏大国也,犹有所易[5],是以乱作[6]。"

【注释】

〔1〕韩须:谥贞子,一作平子,晋大夫。 〔2〕致:护送。 〔3〕中都:在今山西介休东北,或云在榆次县东。 〔4〕逆班:迎亲人班次。〔5〕易:改易。韩须为普通大夫,陈无宇是上大夫,故云。 〔6〕乱:指陈无宇被执。

叔弓聘于晋,报宣子也。晋侯使郊劳。辞曰:"寡君使弓来继旧好,固曰:'女无敢为宾!'彻命于执事[1],敝邑弘矣[2],敢辱郊使?请辞。"致馆,辞曰:"寡君命下臣来继旧好,好合使成,臣之禄也[3],敢辱大馆?"叔向曰:"子叔子知礼哉!吾闻之曰:'忠信,礼之器也。卑让,礼之宗也。'辞不忘国,忠信也。先国后己,卑让也。《诗》曰:'敬慎威仪,以近有德[4]。'夫子近德矣。"

【注释】

〔1〕彻命:把命令传达。 〔2〕弘:大。此指光荣。 〔3〕禄:福。〔4〕所引诗见《诗·大雅·民劳》。

秋,郑公孙黑将作乱,欲去游氏而代其位[1],伤疾作而不果[2]。驷氏与诸大夫欲杀之[3]。子产在鄙,闻之,惧弗及,乘遽而至[4]。使吏数之,曰:"伯有之乱[5]，以大国之事，而未尔讨也。尔有乱心，无厌，国不女堪。专伐伯有，而罪一也。昆弟争室[6]，而罪二也。薰隧之盟[7]，女矫君位，而罪三也。有死罪三，何以堪之？不速死，大刑将至。"再拜稽首，辞曰："死在朝夕，无助天为虐。"子产曰："人谁不死？凶人不终，命也。作凶事，为凶人。不助天，其助凶人乎[8]？"请以印为褚师[9]。子产曰："印也若才，君将任之。不才，将朝夕从女。女罪之不恤，而又何请焉？不速死，司寇将至。"七月壬寅，缢。尸诸周氏之衢，加木焉[10]。

【注释】

〔1〕游氏：游吉，即子大叔。〔2〕伤：指去年被子南所伤。〔3〕驷氏：公孙黑之族。其族人见诸大夫恶之，恐遭灭族之祸，故欲杀之。〔4〕遽：传车。〔5〕伯有之乱：指襄公三十年公孙黑攻打伯有。〔6〕争室：争徐吾犯之妹。〔7〕薰隧之盟：见上年（昭公元年）传。〔8〕其：岂。〔9〕印：公孙黑之子。褚师：市官。〔10〕加木：书其罪于木，以加尸上。

晋少姜卒。公如晋，及河。晋侯使士文伯来辞，曰："非伉俪也[1]。请君无辱！"公还，季孙宿遂致服焉[2]。叔向言陈无宇于晋侯曰："彼何罪？君使公族逆之[3]，齐使上大夫送之，犹曰不共，君求以贪[4]。国则不共，而执其使，君刑已颇，何以为盟主？且少姜有辞。"冬十月，陈无宇归。十一月，郑印段如晋吊。

【注释】

〔1〕非伉俪：不是正室。〔2〕致服：送下葬的衣服。〔3〕公族：公族大夫。〔4〕以：太。

【译文】

[经]

二年春，晋平公派韩起来我国聘问。

夏，叔弓去晋国。

秋，郑国杀死他们的大夫公孙黑。

冬，昭公去晋国，到黄河边就返回了。

季孙宿去晋国。

[传]

二年春，晋平公派韩宣子来我国聘问，同时通告他执掌政事而来相见，这是合乎礼的。韩宣子到太史氏那儿参观藏书，见到了《易象》与《鲁春秋》，说：“周礼都在鲁国了。我今天才体会到周公的德行，以及周朝能够成就王业的原因。”昭公设享礼招待韩宣子。季武子赋《绵》的最后一章。韩宣子赋《角弓》。季武子下拜，说：“谨此拜谢您为敝邑弥补缝合，寡君有希望了。”季武子赋《节》的最后一章。享礼结束后，在季氏家设宴宴请韩宣子。季氏家有棵好树，韩宣子赞美它。季武子说：“我怎么敢不好好培植这棵树，以不忘记《角弓》诗意。”于是赋《甘棠》。韩宣子说：“我可不敢当，我哪里比得上召公。”

韩宣子去齐国为平公纳聘礼。他拜会子雅，子雅叫来儿子子旗，让他拜见韩宣子。韩宣子说：“这位不是能保住家族的人，他不像个臣子。”韩宣子去拜会子尾，子尾让儿子彊拜见他。韩宣子对彊的评价与对子旗的评价相同。齐国的大夫因此都嘲笑韩宣子，只有晏子相信他的话，说：“这位先生是个君子。君子有信用，他因此而对人评论有所依据。”韩宣子从齐国去卫国聘问，卫襄公设享礼招待他。北宫文子赋《淇澳》，宣子赋《木瓜》。

夏四月，韩须去齐国迎亲。齐陈无宇送亲，护送少姜到晋国。

少姜得到晋平公的宠爱，晋平公称她为少齐。晋平公认为陈无宇不是卿是对晋无礼，把他在中都拘捕起来。少姜为陈无宇求情说："送亲的人地位应与迎亲的人相等，齐国敬畏大国，还作了些改易，所以发生了误会。"

叔弓去晋国聘问，是回报韩宣子对我国的聘问。晋平公派人去郊外迎接犒劳。叔弓辞谢说："寡君派我来是为了继续以往的友好关系，强调说：'你不要大胆以宾客自居！'能把命令传达给执事，敝邑受恩就多了，岂敢有劳使者郊劳？请允许我辞谢。"请他住进宾馆，他又辞谢说："寡君派下臣来继续以往的友好关系，友好能保持，能完成使命，就是下臣的福气，怎么敢住这高大的宾馆？"叔向说："叔弓真是个懂得礼的人！我听说：'忠诚信用，是礼的载体。谦虚逊让，是礼的主干。'他言辞不忘国家，是忠诚信用。先国家后自己，是谦虚逊让。《诗》说：'立身端正有威仪，亲近贤德勤学习。'这个人已经亲近贤德了。"

秋，郑公孙黑准备发动叛乱，想除掉游氏而代替他的职位，伤势发作而没能付诸行动。驷氏与大夫们准备杀死他。子产在边境，听说了这事，恐怕赶不上，乘坐传车回到都中。他派官吏去数说公孙黑的罪状说："伯有那次动乱，因为要应付大国的事，所以没有讨伐你。你有祸乱之心，不能满足，国家无法容忍你。你擅自讨伐伯有，是你的第一条罪状。兄弟间争夺妻子，是你的第二条罪状。薰隧盟会，你假托君位，是你的第三条罪状。有三条死罪，怎么能容忍你？不快些死，死刑就要执行了。"公孙黑再次下拜叩头，解释说："我没多久可活，不要再帮助老天来虐待我。"子产说："人谁不死？凶恶的人不得好死，这是天命。做凶恶的事，就是凶恶的人。不帮助上天，难道帮助凶恶的人吗？"公孙黑请求让儿子印担任褚师。子产说："印如果有才能，国君将会任用他。没有才能，不久将会跟随你去死。你对自己的罪孽都不担心，而又请求什么呢？不快些去死，司寇将要来了。"七月壬寅，公孙黑上吊自杀。郑国人把他的尸体陈放在周氏之衢示众，把写有罪状的木牌放在他尸体上。

晋少姜去世。昭公去晋国吊唁，到达黄河边。晋平公派士文伯来辞谢，说："少姜不是正室，不敢劳驾光临。"昭公回国，季孙宿便去晋国献上下葬的衣服。叔向为陈无宇向晋平公求情说："他有什么罪？君王派公族大夫去迎亲，齐国派上大夫送亲，还说他不恭敬，君王的要求也太过分了。自己国家不恭敬，却逮捕别国的使者，君王的刑罚太偏，怎么做盟主？再说少姜也替他分辩过了。"冬十月，陈无宇回国。十一月，郑印段去晋国吊唁。

昭 公 三 年

[经]

三年春[1],王正月丁未,滕子原卒。

夏,叔弓如滕。

五月,葬滕成公。

秋,小邾子来朝[2]。

八月,大雩。

冬,大雨雹。

北燕伯款出奔齐[3]。

【注释】

〔1〕三年:公元前539年。 〔2〕小邾子:小邾穆公。 〔3〕北燕伯款:燕简公。

[传]

三年春,王正月,郑游吉如晋,送少姜之葬。梁丙与张趯见之[1]。梁丙曰:"甚矣哉!子之为此来也[2]。"子大叔曰:"将得已乎?昔文、襄之霸也[3],其务不烦诸侯,令诸侯三岁而聘,五岁而朝,有事而会,不协而盟[4]。君薨，大夫吊，卿共葬事。夫人，士吊，大夫送葬。足以昭礼命事谋阙而已[5]，无加命矣。今婢宠之丧，不敢择位[6]，而数于守適[7]，唯惧获戾，岂敢惮烦？少齐有宠而死，齐必继室。今兹吾又将来贺，不唯此行也。"张趯："善哉！吾得闻此数也。然自今，子其无事矣。譬如火焉[8]，火中[9]，寒暑乃退。此其极也，能无退乎？晋将失诸侯，诸侯求烦不获。"二大夫退。子大叔告人曰："张趯有知，其犹在君子之后乎[10]！"

【注释】

〔1〕梁丙、张趯(tì)：均为晋大夫。〔2〕杜注："卿共妾葬，过礼甚。"〔3〕文、襄：晋文公、晋襄公。〔4〕不协：不和睦，有冲突。〔5〕谋阙：商议补救缺失。〔6〕择位：指依礼选派相当职位的人吊唁。〔7〕数：礼数。守適：正妻、夫人。〔8〕火：大火，即心宿。〔9〕火中：心宿夏末于黄昏时在天空正中，暑气渐退；冬末于天明时在天空正中，寒气渐退。〔10〕在君子之后：即相从于君子，在君子之列。

丁未，滕子原卒。同盟，故书名。

齐侯使晏婴请继室于晋，曰："寡君使婴曰：'寡人愿事君，朝夕不倦，将奉质币[1]，以无失时，则国家多难，是以不获[2]。不腆先君之適，以备内官，熠燿寡人之望[3]，则又无禄，早世殒命，寡人失望。君若不忘先君之好，惠顾齐国，辱收寡人[4]，徼福于大公、丁公[5]，照临敝邑，镇抚其社稷，则犹有先君之適及遗姑姊妹若而人。君若不弃敝邑，而辱使董振择之[6]，以备嫔嫱，寡人之望也。'"

【注释】

〔1〕将：欲。质币：礼物。 〔2〕不获：杜注："不得自来。"〔3〕焜燿：明亮、照耀。 〔4〕收：安抚。 〔5〕大公、丁公：指齐始祖。 〔6〕董振：慎重。

韩宣子使叔向对曰："寡君之愿也。寡君不能独任其社稷之事，未有伉俪。在缞绖之中，是以未敢请。君有辱命，惠莫大焉。若惠顾敝邑，抚有晋国，赐之内主[1]，岂唯寡君，举群臣实受其贶，其自唐叔以下[2]，实宠嘉之。"

【注释】

〔1〕内主：正夫人。 〔2〕唐叔：晋始祖。

既成昏[1]，晏子受礼[2]。叔向从之宴，相与语。叔向曰："齐其何如？"晏子曰："此季世也，吾弗知，齐其为陈氏矣！公弃其民，而归于陈氏。齐旧四量，豆、区、釜、钟。四升为豆，各自其四，以登于釜。釜十则钟。陈氏三量，皆登一焉，钟乃大矣。以家量贷，而以公量收之。山木如市，弗加于山[3]。鱼盐蜃蛤，弗加于海。民参其力[4]，二入于公，而衣食其一[5]。公聚朽蠹，而三老冻馁[6]。国之诸市，屦贱踊贵[7]。民人痛疾，而或燠休之[8]，其爱之如父母，而归之如流水，欲无获民，将焉辟之？箕伯、直柄、虞遂、伯戏[9]，其相胡公、大姬[10]，已在齐矣[11]。"

【注释】

〔1〕成昏：即订婚。 〔2〕受礼：杜注："受宾享之礼。" 〔3〕弗加于山：谓价格同在山中一样。 〔4〕参：三分。 〔5〕衣食其一：以其一分谋取衣食。杜注："言公重赋敛。" 〔6〕三老：或谓上寿、中寿、下寿，皆八十以上老人。或谓致仕老臣。 〔7〕屦：麻或革制的鞋。踊：被斩断脚的人所用假足，一说为杖。 〔8〕燠休：厚赐。 〔9〕箕伯、直柄、虞遂、伯戏：皆舜后人，陈氏祖先。 〔10〕相：随。胡公：陈始封之祖。大姬：胡公之妃。 〔11〕言陈氏祖先将追随胡公到齐国享受祭祀，即陈氏将有齐国之意。

叔向曰："然。虽吾公室，今亦季世也。戎马不驾[1]，卿无军行[2]。公乘无人，卒列无长[3]。庶民罢敝，而宫室滋侈。道殣相望[4]，而女富溢尤[5]。民闻公命，如逃寇仇。栾、郤、胥、原、狐、续、庆、伯，降在皂隶[6]。政在家门[7]，民无所依。君日不悛，以乐慆忧[8]。公室之卑，其何日之有？谗鼎之铭曰[9]：'昧旦丕显[10]，后世犹怠。'况日不悛，其能久乎？"

【注释】

〔1〕不驾：不驾兵车。 〔2〕无军行：不率领军队。 〔3〕卒：百人为一卒。卒列，泛指军队。 〔4〕殣：指饿死的人。 〔5〕女：指受到宠爱的人。 〔6〕杜注："八姓，晋旧臣之族也。皂隶，贱官。" 〔7〕家门：指大夫之家。时韩、赵专政。 〔8〕慆：过度。 〔9〕谗鼎：鬺鼎。 〔10〕昧旦：天未亮。丕显：大显赫。

晏子曰："子将若何？"叔向曰："晋之公族尽矣。肸闻之，公室将卑，其宗族枝叶先落，则公从之。肸之宗十一族[1]，唯羊舌氏在而已，肸又无子。公室无度，幸而得死[2]，岂其获祀[3]？"

【注释】

〔1〕宗：杜注："同祖为宗。" 〔2〕得死：获得善终。 〔3〕岂其获祀：言必然灭族，得不到祭祀。其，将。

初，景公欲更晏子之宅，曰："子之宅近市，湫隘嚣尘[1]，不可以居，请更诸爽垲者[2]。"辞曰："君之先臣容焉，臣不足以嗣之，于臣侈矣。且小人近市，朝夕得所求，小人之利也。敢烦里旅[3]？"公笑曰："子近市，识贵贱乎？"对曰："既利之，敢不识乎？"公曰："何贵何贱？"于是景公繁于刑，有鬻踊者，故对曰："踊贵屦贱。"既已告于君，故与叔向语而称之。景公为是省于刑。君子曰："仁人之言，其利博哉。晏子一言而齐侯省刑。《诗》曰：'君子如祉，乱庶遄已[4]。'其是之谓乎！"

【注释】

〔1〕湫隘：潮湿狭小。嚣尘：喧闹多尘。 〔2〕爽垲：高敞明亮。 〔3〕里旅：司里之官，管卿大夫家宅。 〔4〕所引诗见《诗·小雅·巧言》。祉，喜。遄，快速。

及晏子如晋，公更其宅，反，则成矣。既拜，乃毁之，而为里室[1]，皆如其旧[2]，则使宅人反之[3]，曰："谚曰：'非宅是卜，唯邻是卜。'二三子先卜邻矣，违卜不祥。君子不犯非礼，小人不犯不祥，古之制也。吾敢违诸乎？"卒复其旧宅，公弗许，因陈桓子以请[4]，乃许之。

【注释】

〔1〕里室:邻居的住宅。指为造新宅而拆毁的邻居的家。 〔2〕旧:旧观。 〔3〕宅人:原住者。 〔4〕陈桓子:陈无宇。

夏四月,郑伯如晋,公孙段相,甚敬而卑,礼无违者。晋侯嘉焉,授之以策[1],曰:"子丰有劳于晋国[2],余闻而弗忘。赐女州田[3],以胙乃旧勋[4]。"伯石再拜稽首,受策以出。君子曰:"礼,其人之急也乎!伯石之汏也[5],一为礼于晋,犹荷其禄,况以礼终始乎?《诗》曰:'人而无礼,胡不遄死[6]。'其是之谓乎!"

【注释】

〔1〕策:策书,赐命之书。 〔2〕子丰:公孙段之父。 〔3〕州:在今河南沁阳东南,温县东北。 〔4〕胙:酬报。 〔5〕汏:骄奢。公孙段欲为卿而伪让,子产恶之,见襄公三十年。 〔6〕所引诗见《诗·鄘风·相鼠》。

初,州县,栾豹之邑也[1]。及栾氏亡,范宣子、赵文子、韩宣子皆欲之。文子曰:"温,吾县也[2]。"二宣子曰:"自郤称以别[3],三传矣[4]。晋之别县不唯州,谁获治之?"文子病之,乃舍之。二子曰:"吾不可以正议而自与也。"皆舍之。及文子为政,赵获曰[5]:"可以取州矣。"文子曰:"退!二子之言,义也。违义,祸也。余不能治余县,又焉用州?其以徽祸也。君子曰:'弗知实难[6]。'知而弗从,祸莫大焉。有言州必死。"

丰氏故主韩氏[7],伯石之获州也,韩宣子为之请之,为其复取之之故[8]。

【注释】

〔1〕栾豹:栾盈的族人。 〔2〕杜注:"州本属温,温,赵氏邑。" 〔3〕郤称:晋大夫,划州与温为二,始受州。 〔4〕三传:郤称受州,后传赵氏,又传栾豹,故曰三传。 〔5〕赵获:赵文子之子。 〔6〕弗知实难:杜注:"患不知祸所起。" 〔7〕丰氏:公孙段之族。主:住其家。 〔8〕复取之:自己再取。后于昭公七年丰氏归还州邑。

五月,叔弓如滕,葬滕成公,子服椒为介。及郊,遇懿伯之忌[1],敬子不入。惠伯曰:"公事有公利,无私忌,椒请先入。"乃先受馆,敬子从之。

【注释】

〔1〕懿伯:子服椒(惠伯)之父。忌日不能举乐,但出使外国,外国郊劳时必有音乐,所以叔弓(敬子)延缓入滕的日子。

晋韩起如齐逆女。公孙虿为少姜之有宠也,以其子更公女而嫁公子[1]。人谓宣子:"子尾欺晋[2],晋胡受之?"宣子曰:"我欲得齐而远其宠[3],宠将来乎?"

【注释】

〔1〕子、女:皆指女。 〔2〕子尾:公孙虿。 〔3〕宠:指公孙虿。

秋七月,郑罕虎如晋,贺夫人,且告曰:"楚人日征敝邑以不朝立王之故[1]。敝邑之往,则畏执事,其谓寡君'而固有外心'。其不往，则宋之盟云。进退罪也。寡君使虎布之。"宣子使叔向对曰："君若辱有寡君[2]，在楚何害？修宋盟也。君苟思盟，寡君乃知免于戾矣。君若不有寡君，虽朝夕辱于敝邑，寡君猜焉[3]。君实有心，何辱命焉[4]？君其往也！苟有寡君，在楚犹在晋也。"

【注释】
〔1〕征：问。〔2〕有：有心，忠于。〔3〕猜：疑，忌。〔4〕何辱命：谓不须禀告。

张趯使谓大叔曰："自子之归也，小人粪除先人之敝庐[1]，曰：'子其将来！'今子皮实来[2]，小人失望。"大叔曰："吉贱，不获来，畏大国，尊夫人也。且孟曰[3]：'而将无事。'吉庶几焉[4]。"

【注释】
〔1〕粪除：打扫。〔2〕子皮：罕虎。〔3〕孟：即张趯。其语见前。〔4〕庶几：差不多。

小邾穆公来朝。季武子欲卑之[1]，穆叔曰："不可。曹、滕、二邾[2]，实不忘我好。敬以逆之，犹惧其贰。又卑一睦，焉逆群好也？其如旧而加敬焉。《志》曰：'能敬无灾。'又曰：'敬逆来者，天所福也。'"季孙从之。

【注释】
〔1〕卑之：杜注："不欲以诸侯礼待之。" 〔2〕二邾：邾与小邾。

八月，大雩，旱也。

齐侯田于莒[1]，卢蒲嫳见，泣且请曰："余发如此种种[2]，余奚能为？"公曰："诺，吾告二子[3]。"归而告之。子尾欲复之。子雅不可，曰："彼其发短而心甚长，其或寝处我矣。"九月，子雅放卢蒲嫳于北燕。

【注释】
〔1〕莒：齐东部边境城邑。 〔2〕种种：短。 〔3〕二子：子雅与子尾。

燕简公多嬖宠，欲去诸大夫而立其宠人。冬，燕大夫比以杀公之外嬖。公惧，奔齐。书曰："北燕伯款出奔齐。"罪之也。

十月，郑伯如楚，子产相。楚子享之[1]，赋《吉日》[2]。既享，子产乃具田备，王以田江南之梦[3]。

【注释】
〔1〕楚子：楚灵王。 〔2〕吉日：《诗·小雅》篇名，是写宣王田猎之诗。 〔3〕江南之梦：指云梦泽。

齐公孙灶卒[1]。司马灶见晏子[2]，曰："又丧子雅矣。"晏子曰："惜也，子旗不免[3]，殆哉！姜族弱矣，而妫将始昌[4]。二惠竞爽[5]，犹可，又弱一个焉，姜其危哉！"

【注释】

〔1〕公孙灶：即子雅。　〔2〕司马灶：齐大夫。　〔3〕子旗：子雅之子。　〔4〕妫：陈氏。　〔5〕二惠：子雅、子尾均惠公之孙。竞爽：强明。

【译文】

[经]

三年春，周历正月丁未，滕成公原卒。

夏，叔弓去滕国。

五月，安葬滕成公。

秋，小邾穆公来我国朝见。

八月，举行求雨的雩祭。

冬，下大冰雹。

北燕伯款出逃到齐国。

[传]

三年春，周历正月，郑游吉去晋国，为少姜送葬。梁丙与张趯与游吉相见。梁丙说："太过分了，你竟为这事来我国。"游吉说："我能不这么做吗？往昔文公、襄公领袖诸侯时，以不麻烦诸侯为要务，命令诸侯三年聘问一次，五年朝见一次，有事召开会议，发生不和睦的事才结盟。国君去世，大夫去吊唁，卿参加葬礼。夫人去世，士去吊唁，大夫去送葬。只要能够发扬礼仪、发布命令、商议补救缺失就行了，没有额外的命令。如今宠妾的丧事，别国不敢选派地位相当的人来参加葬礼，而礼数与正妻相同，只害怕获罪，怎么敢怕麻烦？少姜得到君王的宠爱而死，齐国一定继续把女子嫁过来。今年看来我又要来祝贺，不仅仅是来这一次。"张趯说："说得好！让我能听到这样的礼数。不过从今以后，您大概会没有事了。这好比大火星，大火星在天空正中，寒暑就将消退。现在国君已达到顶点了，能够不消退吗？晋国将失去诸侯的拥护，诸侯要想求麻烦也得不到。"两位大夫走后，游吉告诉别人说："张趯有见识，他应当排在君子的行列中吧！"

丁未，滕成公原去世。是同盟国，所以《春秋》记载他的名字。

齐景公派晏婴请求再次把女子嫁到晋国去，说："寡君派婴说：'寡人愿意事奉君王，从早到晚，不知疲倦，想要奉献礼品，按时交纳，而因为国家多难，不能亲自前来。区区先君的嫡女，备位君王的内宫，使寡人感到荣耀，然而她又没有福分，过早去世，使寡人为此失望。君王如果不忘记先君的友好关系，加恩看顾齐国，安抚寡人，求福于太公、丁公，光辉照耀敝邑，安定抚慰我们国家，那么还有先君的嫡女及遗姑姐妹若干人在。君王如果不抛弃敝邑，派使者光临谨慎地选择她们，以作姬妾，这是寡人的愿望。'"

韩宣子派叔向回答说："这正是寡君的愿望。寡君不能够独自承担国家政务，没有妻子。由于在丧期，所以不敢请求。君王有命令，没有比这更大的恩惠了。如果能加恩顾念敝邑，安抚晋国，赐给晋国正宫夫人，不但是寡君，所有的臣子都受到了恩赐，从唐叔以下，都尊敬赞美他。"

订婚以后，晏子接受晋国的享礼。叔向随从他一起参加宴会，互相交谈。叔向说："齐国怎么样？"晏子说："到了末世了，其他的我不知道，齐国也许要属于陈氏了。国君抛弃了他的人民，使人民归附陈氏。齐国一向有四种量器，是豆、区、釜、钟。四升为一豆，依四进位，以成一釜。十釜为一钟。陈氏的前三种量器都加大一个基数，以五进位，他的钟就很大了。他放贷的时候用自家的量器，收回的时候用国家的量器。山上的树木运到市场，卖价与在山上一样。鱼盐蜃蛤运到市场，卖价与在海边一样。人民三分自己的劳力，二分为国家干活，一分为自己衣食奔忙。国君的仓库里堆聚的东西烂掉生虫，但三老却受冻挨饿。国内的市场，鞋子价贱而假肢昂贵。人民为此痛心疾首，而这时陈氏却慰问资助他们，人民对他就像对父母一样热爱，归附他就像流水一样，他想要不得到人民拥护，又怎么避得开？箕伯、直柄、虞遂、伯戏，他们跟随着胡公、太姬，已来到齐国了。"

叔向说："不错。即使是我们公室，现在也是末世了。战马不驾兵车，卿不率领军队。公室的战车没有将士，军队中缺乏官长。

百姓们穷困疲惫,而宫室更加奢侈。道路上饿死的人接连不断,而君王的宠臣家中财富多得放不下。人民听见国君的命令,如同逃避仇敌一样。栾、郤、胥、原、狐、续、庆、伯八家,地位下降为贱役。政事出于私门,人民无所归依。国君没有一天想到悔改,用过度的欢乐来代替忧愁。公室的卑弱,还能等多久?逸鼎的铭文有这样的话:'天未明就起床致力于声名的显赫,还难保后代会麻痹懈怠。'何况他从不思悔改,能维持长久吗?"

晏子说:"您打算怎么办?"叔向说:"晋国的公族都灭亡了。我听说,公室将要卑弱,它的宗族像树的枝叶一样先陨落,然后公室跟着完结。我这一宗共十一族,现在只有羊舌氏还现存,我又没有儿子。公室没有法度,我有幸能得到善终就不错了,难道还将会受到祭祀?"

起初,景公想为晏子重新建造住宅,说:"你的住宅靠近市场,潮湿狭小,喧闹多尘,不能够居住,请让我为你造所高敞明亮的。"晏子辞谢说:"君王的先臣就住在这里,下臣不能继承先人的德行,住在这里,对下臣来说已经是过分了。再说小人住得靠近市场,早晚可以随时得到所需要的东西,这是小人得到的好处。怎么敢烦劳里旅?"景公笑着说:"你住得靠近市场,知道物品的贵贱吗?"晏子回答说:"既然感到便利,怎会不知道呢?"景公说:"什么东西贵什么东西贱?"这时候景公滥用刑罚,街市上有卖假肢的,晏子因此回答说:"假肢昂贵,鞋子便宜。"晏子因为先前对景公说过这话,所以与叔向议论国事时以此为例。景公因此而减少了刑罚。君子说:"仁德的人说的话,产生的好处真大啊!晏子一句话而使齐侯减少了刑罚。《诗》说:'君子如果降福给人们,祸乱很快被阻止。'说的就是这种情况吧!"

到了晏子去晋国,齐景公为他造了新住宅,等他回国,房子已经完工了。晏子拜谢了景公后,把新居拆毁了,建好邻居的房屋,一一都同原先一样,让原来的邻居搬回来,说:"谚语说:'不是建住宅要占卜,要占卜决定的是邻居。'各位原先都为选择邻居占过卜了,违反占卜的结果是不吉利的。君子不违犯不合乎礼的事,小人不违犯不吉利的事,这是自古以来的制度。我怎么敢违反它呢!"最后又恢复了自己旧宅的规模,齐景公不允许,晏子通过陈桓子请求，才被准许。

夏四月，郑简公去晋国，公孙段为相礼，非常恭敬谦卑，没有一处违背礼仪的。晋平公赞扬他，授给他策书，说："子丰对晋国有功劳，我听说后一直记在心里。赐给你州地的田地，以酬报你家过去的勋劳。"公孙段再次下拜叩头，接受了策命后退出。君子说："礼，大概是人所急需的吧！以公孙段的骄奢，偶一在晋国有礼，尚且得到了福禄，何况始终奉行礼的人呢？《诗》说：'人如果没有礼，为何不去快点死。'说的就是这个吧！"

起初，州县是栾豹的封邑。到栾氏灭亡，范宣子、赵文子、韩宣子都想得到州县。赵文子说："温县是我的封地。"范宣子、韩宣子说："自从郤称把州县从温县划出，已经传了三家了。晋国将一县划分为二的不仅仅是州县，有谁能收回划出的土地的？"赵文子感到惭愧，就没再提州县的事。范、韩二人说："我们不能对别人用正当理由遏止却自己去取它。"都不再要州县。到赵文子执掌政事，赵获说："可以取州县了。"文子说："滚开！二人的话合乎道义，违背道义便导致灾祸。我不能够治理好自己现有的封邑，又哪里用得着州县？要了是自找灾祸啊。君子说：'不知祸从何来就很难防止。'知道了却不防止，没有更大的祸了。谁再说州县的事一定处死。"

丰氏来晋国一向住在韩氏家，公孙段得到州县，就是韩宣子为他请求的，这是为自己想再次得到这地方打下基础。

五月，叔弓去滕国，参加滕成公的葬礼，子服椒任副使。到滕国郊外，正碰上懿伯的忌日，叔弓停下来不进滕国。子服椒说："执行公务只考虑国家利益，不管私人的忌讳，我请求先进城。"于是先进城住入宾馆，叔弓听从了他的意见。

晋韩宣子去齐国迎亲。公孙虿因为少姜得到晋平公的宠爱，就把自己的女儿代替齐侯的女儿嫁到晋国去，而把齐侯的女儿嫁给别人。有人对韩宣子说："公孙虿欺骗晋国，晋国干吗接受他女儿？"宣子回答说："我想得到齐国的拥护而疏远它的宠臣，宠臣会拥护我国吗？"

秋七月，郑罕虎去晋国，祝贺晋平公娶夫人，同时报告说："楚国人不断地要求敝邑解释不去朝见他们新的国君的缘故。敝邑如果前往，便害怕执事将会说寡君'你们本来就有叛离之心'。如果不去，又有在宋国的盟誓的约束。这样去或不去都是罪过。寡君派我来陈述苦衷。"韩宣子派叔向回答说："君王如果心中有着寡君，去楚国又有什么妨害？不过是重修在宋国的盟会的友好关系。君王如果想到盟约，寡君就知道可以免除罪过了。君王如果心中没有寡君，即使早晚不断光临敝邑，寡君仍会猜疑不信。君王心中有寡君，何必要来报告呢？君王还是去吧！只要心中有寡君，去楚国就同来晋国一样。"

张趯派人对游吉说："自从您回国后，小人打扫干净先人的破房子，说：'您大约要来了。'如今却是罕虎前来，小人因此失望。"游吉回答说："我地位低下，不能前来。这是因为害怕大国，尊重夫人的缘故。再说您说'你将会没事了'，我也许是被你说中了。"

小邾穆公来我国朝见。季武子想降格接待，穆叔说："不行。曹、滕、二邾，都确实不忘和我国友好。恭敬地迎接他们，尚且怕他们生出离异之心。如今又降低一个友好国家的地位，怎能迎来其他友好国家呢？还是同往常一样接待而增加敬重吧。《志》说：'能够恭敬就没有灾祸。'又说：'恭敬地迎接来宾，是上天降福的原因。'"季孙听从了他的劝告。

八月，举行求雨的雩祭，是因为大旱。

齐景公在莒地打猎，卢蒲嫳求见，哭着请求说："我的头发已这么短，我还能做什么？"景公说："好吧，我去告诉他们俩。"回都后告诉了子雅与子尾。子尾想同意卢蒲嫳回来。子雅不同意，说："他的头发虽短但心计却很长，他又要想睡在我的皮上了。"九月，子雅把卢蒲嫳放逐到北燕。

燕简公宠爱的人很多，他想把大夫们除掉而安排他宠爱的人为大夫。冬，燕国的大夫们联合起来杀死燕简公宠爱的人，燕简公害怕，逃到齐国。《春秋》记载说："北燕伯款出逃到齐国。"是归罪于他。

十月，郑简公去楚国，子产任相礼。楚灵王设享礼招待郑简公，赋《吉日》。享礼结束后，子产就准备打猎的用具，楚灵王和郑简公在江南的云梦泽打猎。

齐公孙子雅去世。司马灶见到晏子，说："又死了个子雅了。"晏子说："可惜啊！子旗不得好死，危险了！姜姓削弱了，而妫氏将要昌盛。惠公的两个子孙刚强明白尚可维持，如今又丧失了一个，姜姓危险了！"

春秋左传卷二十一　昭公二

昭 公 四 年

[经]

四年春[1]，王正月，大雨雹。

夏，楚子、蔡侯、陈侯、郑伯、许男、徐子、滕子、顿子、胡子、沈子、小邾子、宋世子佐、淮夷会于申[2]。

楚人执徐子。

秋七月，楚子、蔡侯、陈侯、许男、顿子、胡子、沈子、淮夷伐吴。

执齐庆封杀之。

遂灭赖[3]。

九月，取鄫[4]。

冬十有二月乙卯，叔孙豹卒。

【注释】

[1]四年：公元前538年。　[2]楚子：楚灵王。蔡侯：蔡灵侯。陈侯：陈哀公。郑伯：郑简公。许男：许悼公。滕子：滕悼公。小邾子：小邾穆公。淮夷：见僖二十三年注。申：在今河南南阳市北。　[3]赖：国名，地在今湖北随州东北。　[4]鄫：本国，姒姓，襄公六年被莒国灭亡。地在今山东枣庄市东。

[传]

四年春，王正月，许男如楚，楚子止之，遂止郑伯，复田江南，许男与焉。使椒举如晋求诸侯[1]，二君待之。椒举致命曰："寡君使举曰，日君有惠[2]，赐盟于宋，曰，晋、楚之从，交相见也。以岁之不易[3]，寡人愿结欢于二三君，使举请间。君若苟无四方之虞[4]，则愿假宠以请于诸侯[5]。"

【注释】
〔1〕椒举：即伍举，食邑于椒。〔2〕日：往日。〔3〕不易：多难。〔4〕虞：戒备、担忧。这句是外交辞令。〔5〕假宠：借以光耀。

晋侯欲勿许。司马侯曰："不可。楚王方侈，天或者欲逞其心，以厚其毒而降之罚，未可知也。其使能终[1]，亦未可知也。晋、楚唯天所相，不可与争。君其许之，而修德以待其归[2]。若归于德，吾犹将事之，况诸侯乎？若适淫虐，楚将弃之，吾又谁与争？"公曰："晋有三不殆[3]，其何敌之有？国险而多马，齐、楚多难。有是三者，何乡而不济？"对曰："恃险与马，而虞邻国之难[4]，是三殆也。四岳、三涂、阳城、大室、荆山、中南[5]，九州之险也，是不一姓。冀之北土[6]，马之所生，无兴国焉。恃险与马，不可以为固也，从古以然。是以先王务修德音以亨神人[7]，不闻其务险与马也。邻国之难，不可虞也。或多难以固其国，启其疆土；或无难以丧其国，失其守宇。若何虞难？齐有仲孙之难而获桓公[8],至今赖之。晋有里、丕之难而获文公[9],是以为盟主。卫、邢无难,敌亦丧之[10]。故人之难,不可虞也。恃此三者,而不修政德,亡于不暇,又何能济?君其许之!纣作淫虐,文王惠和[11],殷是以陨,周是以兴,夫岂争诸侯?"乃许楚使。使叔向对曰:"寡君有社稷之事,是以不获春秋时见[12]。诸侯,君实有之,何辱命焉?"椒举遂请昏,晋侯许之。

【注释】

〔1〕能终:能得善终。 〔2〕归:归宿,结局。 〔3〕殆:危。 〔4〕虞:乐。以为己乐,即依靠、寄希望之意。 〔5〕四岳:东岳泰山,西岳华山,南岳衡山,北岳恒山。三涂:在河南嵩县南,一名水门。或云指太行、崤渑、辕辕。阳城:在今河南登封市东南。大室:即河南登封市北嵩山。荆山:在今湖北南漳县西。中南:即陕西南部的终南山。 〔6〕冀之北土:冀州北面地区,指燕、代一带。 〔7〕亨:同"享"。 〔8〕仲孙:即公孙无知。事见庄公八年、九年。 〔9〕里、丕:里克、丕郑。事见僖公九年。 〔10〕丧:亡。闵公二年狄灭卫,僖公二十五年卫灭邢。 〔11〕惠和:贤惠和顺。 〔12〕杜注:"言不得自往。谦辞。"

楚子问于子产曰:"晋其许我诸侯乎?"对曰:"许君。晋君少安[1],不在诸侯。其大夫多求,莫厌其君。在宋之盟,又曰如一,若不许君,将焉用之[2]?"王曰:"诸侯其来乎?"对曰:"必来。从宋之盟,承君之欢,不畏大国[3],何故不来?不来者,其鲁、卫、曹、邾乎?曹畏宋,邾畏鲁,鲁、卫逼于齐而亲于晋,唯是不来[4]。其余,君之所及也,谁敢不至?"王曰:"然则吾所求者,无不可乎?"对曰:"求逞于人,不可。

与人同欲，尽济。"

【注释】
〔1〕少安：杜注："安于小，小不能远图。"〔2〕焉用之：指焉用宋盟。〔3〕大国：指晋国。〔4〕唯：因。

大雨雹。季武子问于申丰曰："雹可御乎[1]？"对曰："圣人在上，无雹，虽有，不为灾。古者，日在北陆而藏冰[2]，西陆朝觌而出之[3]。其藏冰也，深山穷谷，固阴冱寒[4]，于是乎取之。其出之也，朝之禄位[5]，宾食丧祭[6]，于是乎用之。其藏之也，黑牡、秬黍[7]，以享司寒[8]。其出之也，桃弧、棘矢，以除其灾。其出入也时。食肉之禄[9]，冰皆与焉。大夫命妇，丧浴用冰。祭寒而藏之，献羔而启之[10]，公始用之。火出而毕赋[11]，自命夫、命妇，至于老疾，无不受冰。山人取之[12]，县人传之[13]，舆人纳之，隶人藏之[14]。夫冰以风壮[15]，而以风出。其藏之也周，其用之也遍，则冬无愆阳[16]，夏无伏阴[17]，春无凄风[18]，秋无苦雨[19]，雷不出震[20]，无灾霜雹，疠疾不降，民不夭札[21]。今藏川池之冰，弃而不用，风不越而杀[22]，雷不发而震。雹之为灾，谁能御之？《七月》之卒章[23]，藏冰之道也。"

【注释】
〔1〕御：止，防止。〔2〕北陆：指虚宿与危宿。日在北陆时当夏历十二月。《周礼·凌人》："正岁十有二月斩冰。"〔3〕西陆：昴宿与毕

宿。朝觌:早晨出现。昴、毕晨现为夏历四月。〔4〕固:凝固。阴:寒气。冱:凝。〔5〕朝之禄位:朝中各级官员。〔6〕宾:迎宾。食:君王膳食。〔7〕黑牡:黑色公羊。秬黍:黑色黍米。〔8〕司寒:冬神玄冥。〔9〕食肉之禄:有禄位分享祭肉的。〔10〕献羔:用羔羊祭祀。〔11〕火:大火星。指夏历三月火星黄昏出现。毕赋:分配完。〔12〕山人:管山的小官。〔13〕县人:地方官。〔14〕舆人、隶人:均小官。〔15〕壮:坚实。〔16〕愆阳:过分的阳气。指冬暖。〔17〕伏阴:潜伏的阴气。指夏寒。〔18〕凄风:寒风。〔19〕苦雨:连绵不断的雨。〔20〕不出震:不损坏东西。〔21〕夭札:短命及患流行病死。〔22〕越:散。〔23〕七月:《诗·豳风》篇名。其卒章有"二之日凿冰冲冲,三之日纳于凌阴。四之日其蚤,献羔祭韭"句,历叙取冰、藏冰、用冰。

夏,诸侯如楚,鲁、卫、曹、邾不会。曹、邾辞以难[1],公辞以时祭,卫侯辞以疾。郑伯先待于申。六月丙午,楚子合诸侯于申。椒举言于楚子曰:"臣闻诸侯无归,礼以为归。今君始得诸侯,其慎礼矣。霸之济否,在此会也。夏启有钧台之享[2],商汤有景亳之命[3],周武有孟津之誓[4],成有岐阳之蒐[5],康有酆宫之朝[6],穆有涂山之会[7],齐桓有召陵之师[8],晋文有践土之盟[9]。君其何用?宋向戌、郑公孙侨在,诸侯之良也,君其选焉。"王曰:"吾用齐桓。"

【注释】
〔1〕难:国内不安定。〔2〕钧台:在今河南禹县,夏启曾燕享诸侯于此。〔3〕景亳:在今河南商丘市。〔4〕孟津:在今河南孟津县,周武王曾两次会诸侯于此。〔5〕岐阳:在今陕西岐山县。周成王曾大蒐于岐阳,与诸侯盟。〔6〕酆宫:当为文王之庙,在今陕西户县。〔7〕涂山:在今安徽怀远县东。周康、周穆会诸侯事仅见记载于此。〔8〕召陵之师:见僖公四年。〔9〕践土之盟:见僖公二十八年。

王使问礼于左师与子产。左师曰:"小国习之,大国用之,敢不荐闻[1]?"献公合诸侯之礼六。子产曰:"小国共职,敢不荐守?"献伯、子、男会公之礼六。君子谓合左师善守先代,子产善相小国。王使椒举侍于后,以规过[2]。卒事,不规。王问其故,对曰:"礼,吾所未见者有六焉,又何以规[3]?"

【注释】
〔1〕荐闻:献上所听说的。杜注:"言所闻,谦示所未行。"〔2〕规:纠正。〔3〕杜注:"左师、子产所献六礼,楚皆未尝行。"

宋大子佐后至,王田于武城[1],久而弗见。椒举请辞焉。王使往,曰:"属有宗祧之事于武城[2],寡君将堕币焉[3],敢谢后见。"徐子,吴出也[4],以为贰焉,故执诸申。

【注释】
〔1〕武城:当在今河南南阳市北。〔2〕宗祧:此指为荐祭祀用之兽而打猎。〔3〕堕币:输币,谓将输宋之币于宗庙。〔4〕吴出:其母为吴女。

楚子示诸侯侈[1],椒举曰:"夫六王二公之事[2],皆所以示诸侯礼也,诸侯所由用命也。夏桀为仍之会[3],有缗叛之[4]。商纣为黎之蒐[5],东夷叛之。周幽为大室之盟,戎狄叛之。皆所以示诸侯汰也,诸侯所由弃命也。今君以汰,无乃不济乎?"王弗听。

【注释】

〔1〕侈：即下文"汰"，骄奢。　〔2〕六王二公：启、汤、武、成、康、穆，及齐桓、晋文。　〔3〕仍：即任，太昊风姓后，地在今山东金乡县北。　〔4〕有缗：帝舜之后，姚姓。　〔5〕黎：黎丘，在今山西黎城县。

子产见左师曰："吾不患楚矣，汰而愎谏[1]，不过十年。"左师曰："然。不十年侈，其恶不远，远恶而后弃。善亦如之，德远而后兴。"

【注释】

〔1〕愎谏：不听劝谏。

秋七月，楚子以诸侯伐吴。宋大子、郑伯先归。宋华费遂、郑大夫从。使屈申围朱方[1]，八月甲申，克之。执齐庆封而尽灭其族。将戮庆封。椒举曰："臣闻无瑕者可以戮人。庆封唯逆命，是以在此，其肯从于戮乎[2]？播于诸侯[3]，焉用之？"王弗听，负之斧钺[4]，以徇于诸侯，使言曰："无或如齐庆封，弑其君，弱其孤[5]，以盟其大夫。"庆封曰："无或如楚共王之庶子围，弑其君兄之子麇而代之，以盟诸侯。"王使速杀之。

【注释】

〔1〕屈申：屈荡子。朱方：吴人赐齐庆封邑，见襄公二十八年。〔2〕其：同"岂"。从于戮：甘心被戮。　〔3〕播：言宣扬丑事。〔4〕钺：大斧。　〔5〕孤：指齐景公，庆封以其年幼而轻弱之。

遂以诸侯灭赖。赖子面缚衔璧，士袒，舆榇从之，造于中军[1]。王问诸椒举。对曰："成王克许，许僖公如是，王亲释其缚，受其璧，焚其榇。"王从之。迁赖于鄢[2]。楚子欲迁许于赖，使鬭韦龟与公子弃疾城之而还。申无宇曰[3]："楚祸之首，将在此矣。召诸侯而来，伐国而克，城竟莫校[4]。王心不违，民其居乎[5]？民之不处[6]，其谁堪之？不堪王命，乃祸乱也。"

【注释】
〔1〕中军：指楚王所率的军队。〔2〕鄢：在今湖北宜城市南。〔3〕申无宇：楚臣，见襄公三十年传。〔4〕竟：边境。校：争论。〔5〕居：安。〔6〕不处：不安居。

九月，取鄫，言易也。莒乱，著丘公立而不抚鄫，鄫叛而来，故曰取。凡克邑不用师徒曰取。

郑子产作丘赋[1]。国人谤之，曰："其父死于路[2]，己为虿尾[3]。以令于国，国将若之何？"子宽以告[4]。子产曰："何害？苟利社稷，死生以之[5]。且吾闻为善者不改其度[6]，故能有济也。民不可逞，度不可改。《诗》曰：'礼义不愆，何恤于人言[7]。'吾不迁矣。"浑罕曰[8]："国氏其先亡乎[9]！君子作法于凉[10]，其敝犹贪[11]，作法于贪，敝将若之何？姬在列者[12]，蔡及曹、滕其先亡乎！偪而无礼。郑先卫亡，偪而无法。政不率法[13]，而制于心；民各有心，何上之有？"

【注释】

〔1〕丘赋：与丘甲同，即以丘为单位派定赋税。九夫为井，四井为邑，四邑为丘。 〔2〕死于路：子产父子国为尉氏等所杀。 〔3〕虿尾：长尾蝎的尾巴，有毒。此言子产毒害人民。 〔4〕子宽：郑大夫。〔5〕以：由。 〔6〕度：法度。 〔7〕所引诗为逸诗。愆，过失。〔8〕浑罕：即子宽。 〔9〕国氏：即子产族，以其父子国为氏。〔10〕凉：薄。 〔11〕敝：后果，结果。 〔12〕列：列国。 〔13〕政：政策，政令。法：指先代之法。

冬，吴伐楚，入棘、栎、麻[1]，以报朱方之役。楚沈尹射奔命于夏汭[2]，箴尹宜咎城钟离[3]，薳启彊城巢[4]，然丹城州来[5]。东国水，不可以城，彭生罢赖之师[6]。

【注释】

〔1〕棘：在今河南永城市南。栎：在今河南新蔡县北。麻：在今安徽砀山县东北。 〔2〕沈尹射：沈县尹，名射。沈，在今安徽临泉县。夏汭：夏淠水入淮处，在今安徽凤台县。 〔3〕钟离：在今安徽凤台县东北。 〔4〕巢：在今安徽寿县南。 〔5〕州来：在今安徽凤台县。〔6〕赖之师：赖地筑城的军队。

初，穆子去叔孙氏[1]，及庚宗[2]，遇妇人，使私为食而宿焉。问其行，告之故，哭而送之。适齐，娶于国氏，生孟丙、仲壬。梦天压己，弗胜。顾而见人，黑而上偻[3]，深目而豭喙，号之曰"牛助余"，乃胜之。旦而皆召其徒，无之。且曰："志之。"及宣伯奔齐[4]，馈之。宣伯曰："鲁以先子之故，将存吾宗，必召女。召女，何如？"对曰："愿之久矣。"鲁人召之，不告而归[5]。既立，所宿庚宗之妇人献以雉[6]。问其姓[7]，对曰："余子长矣，能奉雉而从我矣。"召而见之，则所梦也。未问其名，号之曰"牛"，曰"唯"。皆召其徒，使视之，遂使为竖[8]。有宠，长使为政[9]。公孙明知叔孙于齐[10]，归，未逆国姜，子明取之。故怒，其子长而后使逆之。田于丘蕕[11]，遂遇疾焉。竖牛欲乱其室而有之，强与孟盟，不可。叔孙为孟钟，曰："尔未际[12]，飨大夫以落之。"既具，使竖牛请日。入，弗谒。出，命之日。及宾至，闻钟声，牛曰："孟有北妇人之客[13]。"怒，将往。牛止之。宾出，使拘而杀诸外。牛又强与仲盟，不可。仲与公御莱书观于公[14]，公与之环，使牛入示之。入，不示。出，命佩之。牛谓叔孙："见仲而何？"叔孙曰："何为？"曰："不见，既自见矣，公与之环而佩之矣。"遂逐之，奔齐。疾急，命召仲，牛许而不召。

【注释】

〔1〕穆子：即叔孙豹，其离族事前未载。〔2〕庚宗：鲁地。或云在今山东泗水县东。〔3〕上偻：上身向前弯曲。〔4〕宣伯：叔孙侨如，穆子之兄。其奔齐在成公十六年。〔5〕不告：不告宣伯。〔6〕献以雉：献雉表示有子。〔7〕姓：子。〔8〕竖：小臣。〔9〕为政：理家政。〔10〕公孙明：齐大夫，字子明。〔11〕丘蕕：地名，今所在不详。〔12〕际：交际，交往。〔13〕北妇人：指国姜。北妇人之客，杜注谓公孙明。〔14〕莱书：公御士。观于公：在公宫游玩。

杜洩见[1]，告之饥渴，授之戈[2]。对曰："求之而至，又何去焉？"竖牛曰："夫子疾病，不欲见人。"使置馈于个而退[3]。牛弗进，则置虚[4]，命彻。十二月癸丑，叔孙不食。乙卯，卒。牛立昭子而相之[5]。

【注释】
〔1〕杜洩：叔孙氏家宰。〔2〕授之戈：杜注："牛不食叔孙，叔孙怒，欲使杜洩杀之。"〔3〕个：东西厢房。〔4〕置虚：倒掉。〔5〕昭子：叔仲带，名婼。

公使杜洩葬叔孙。竖牛赂叔仲昭子与南遗[1]，使恶杜洩于季孙而去之。杜洩将以路葬[2]，且尽卿礼。南遗谓季孙曰："叔孙未乘路，葬焉用之？且冢卿无路，介卿以葬，不亦左乎？"季孙曰："然。"使杜洩舍路。不可，曰："夫子受命于朝而聘于王，王思旧勋而赐之路，复命而致之君。君不敢逆王命而后赐之，使三官书之。吾子为司徒，实书名。夫子为司马，与工正书服[3]。孟孙为司空，以书勋。今死而弗以[4]，是弃君命也。书在公府而弗以，是废三官也。若命服，生弗敢服，死又不以，将焉用之？"乃使以葬。

季孙谋去中军。竖牛曰："夫子固欲去之。"

【注释】
〔1〕南遗：季氏家臣。〔2〕路：路车。为周王所赐。〔3〕服：车服之器。〔4〕以：用。

【译文】
[经]
四年春，周历正月，下大冰雹。

夏，楚灵王、蔡灵侯、陈哀公、郑简公、许悼公、徐子、滕悼公、顿子、胡子、沈子、小邾穆公、宋太子佐、淮夷在申地相会。

楚国人拘捕徐子。

秋七月，楚灵王、蔡灵侯、陈哀公、许悼公、顿子、胡子、沈子、淮夷攻打吴国。

把齐庆封逮捕起来杀了。

接着灭亡了赖国。

九月，取得鄫地。

冬十二月乙卯，叔孙豹去世。

[传]

四年春，周历正月，许悼公去楚国，楚灵王把他留在楚国，又挽留了郑简公，再次在江南打猎，许悼公一起参加。楚灵王派椒举去晋国要求得到诸侯拥护会合诸侯，让郑简公、许悼公等候消息。椒举传达楚灵王的话说："寡君派我来说：往日君王施与恩惠，赐敝国在宋国参加盟会，说晋国、楚国的从国互相朝见。由于年来多事，寡人愿与各位君王相会，派我来请示什么时候有空。君王如果四方边境没有忧患，那就希望借君王的威宠请诸侯们到会。"

晋平公想不答应楚国。司马侯说："不能这样。楚王正狂妄不可一世，上天也许想让他满足欲望，以此增加别人对他的怨恨而降下惩罚，这是说不定的。或许让他能够得到善终，也是说不定的。晋、楚两国只有靠上天帮助，不是靠彼此的争战。君王还是答应他，而修明德行以等待他的结果。如果最终楚王有德行，连我们都将顺服他，更何况是诸侯呢？如果楚王追求淫佚暴虐，楚国自己会抛弃他，我们又能和谁争战？"晋平公说："晋国有三不危，有谁能与我们匹敌？国家地势险要，多马，齐、楚多祸难。有了这三点，到什么地方不成功？"司马侯回答说："凭仗险要与多马，把希望寄托在邻国的祸难上，这正是三危。四岳、三涂、阳城、太室、荆山、中南，是九州中险要之地，它们并不是归一家所有。冀州北面地区，是马蕃生的地带，没有一个强盛的国家。

凭仗险要与多马，不能够作为巩固自己的条件，从古以来，都是如此。因此先王致力于修明德行使神明与人民高兴，没听说他们致力于地势险要与多马。邻国的祸难是不可以寄托的。有的国家因为多祸难而使国家巩固，开辟疆土；有的国家没有祸难却使国家沦亡，失去疆域。怎么能把希望寄托在别人的祸难上？齐国有仲孙的祸难却得到了桓公，齐国至今还靠着他的馀荫。晋国有里克、丕郑的祸难而得到文公，因此而成为盟主。卫、邢没有祸难，敌人也灭亡了他们。所以别国的祸难，是不能作为自己的寄托的。凭仗这三点，却不修明政令道德，挽救灭亡都来不及，又怎么能成功？君王还是答应楚国吧！纣王淫佚暴虐，文王贤惠和顺，殷朝因此灭亡，周朝因此兴起，难道只在于争夺诸侯？"晋平公于是答应了楚国使者的请求，派叔向去回答说："寡君因为国内有事要处理，所以不能在春秋两季按时与贵君相见。诸侯，君王本来就得到他们的拥护，何劳大驾再赐命呢？"椒举于是为楚王求婚，晋平公同意了。

楚灵王问子产说："晋国会同意我召集诸侯吗？"子产回答说："会同意。晋君满足于小事安逸，志向不在于诸侯。他的大夫们多所需求，不会帮助国君。在宋国的盟约又规定诸侯对待楚国与晋国如同一国，如果不同意君王，还用得着在宋国的盟约吗？"楚灵王说："诸侯会到会吗？"子产回答说："一定会到会。服从在宋国的盟约，得到君王的欢心，不用害怕晋国，为什么不到会？不来的，大约是鲁、卫、曹、邾几国吧？曹国害怕宋国，邾国害怕鲁国，鲁、卫受到齐国的威逼而亲近晋国，因此不会到会。其馀国家，都在君王的势力范围里，谁敢不到会？"楚灵王说："那么我所要求的没有办不到的了？"子产回答说："从别人身上求得自己的满足，不行。与别人愿望相同，都能成功。"

下大冰雹。季武子向申丰询问说："冰雹可以防止吗？"申丰回答说："圣人在上，没有冰雹，即使有，也不造成灾害。古代的时候，太阳行走在虚宿与危宿时把冰藏起来，昴宿与毕宿在清晨出现时就把冰取出来。在藏冰的时候，物色深山穷谷，阴寒之气凝聚的地方，就在那儿凿取冰。当把冰从库房中拿出来时，凡是朝廷上有禄位的人，在迎宾、膳食、丧礼、祭祀时，都可以取用。

在藏冰时，用黑公羊、黑黍米祭祀司寒神。在取出冰时，用桃木弓、荆棘箭祓除灾难。它收藏与取出都有一定的时间规定。凡是有禄位食祭肉的大夫，都能用到冰。大夫与命妇，死后用冰擦身子。祭祀司寒之神后收藏，奉献羔羊后启用，国君首先使用。大火星在黄昏出现时分配冰，从命夫、命妇，一直到退休有病的，全都分配到。山人凿取，县人运输，舆人交付，隶人收藏。冰由于寒风而坚固，而在春风吹时取出。它收藏周密，使用普遍，那就冬天不会过暖，夏天不会阴寒，春天没有寒冷的风，秋天没有连绵的雨，雷鸣不伤害人畜，霜雹不会造成灾害，瘟疫不会流行，人民不会夭折染流行病而死。如今收藏着河流水池中的冰，丢在一边不用，风不发散而凋伤草木，雷不作声而震坏东西。冰雹造成灾害，谁能够防止？《七月》的最后一章，说的就是藏冰的方法。"

夏，诸侯去楚国，鲁、卫、曹、邾没参加会见。曹国、邾国借口国内不安定，昭公以要举行祭祀推辞，卫襄公推说有病。郑简公先在申地等待。六月丙午，楚灵王在申地会合诸侯。椒举对楚灵王说："我听说诸侯不固定归顺谁，谁有礼就归顺谁。现在君王初次得到诸侯拥护，对礼仪要慎重，霸业成功与否，就在这次会见。夏启有在钧台的宴享，商汤有在景亳的命令，周武王有在孟津的盟誓，周成王有在岐阳的打猎，周康王有在酆宫的朝会，周穆王有在涂山的会见，齐桓公有在召陵的会师，晋文公有在践土的盟会。君王准备采用哪种形式？宋向戌、郑公孙侨在，他们是诸侯大夫中的贤良，君王可以选择任用他们。"楚灵王说："我采用齐桓公的方式。"

楚灵王派人向向戌与子产询问礼仪。向戌说："小国学习礼仪，大国使用它，岂敢不进献所听说的？"献上了公会合诸侯的礼仪六项。子产说："小国的职责就是供奉大国，岂敢不进献日常所做的？"献上了伯、子、男会见公的礼仪六项。君子认为向戌善于保持先代的礼仪，子产善于辅佐小国。楚灵王让椒举侍立在自己身后，以纠正过失。礼仪结束，椒举没有纠正过一次。楚灵王问他缘故，他回答说："礼仪中我没见到过的有六项，又怎能纠正？"

宋太子佐迟到了，楚灵王在武城打猎，很久没有接见他。椒举请楚灵王辞谢他。灵王派使者前往，说："正遇到在武城有宗庙祭祀的事，寡君将把贵国的礼物献于宗庙，谨此为不能及时接见您而致歉。"徐子，是吴国女子所生，楚灵王认为他有叛离之心，所以在申地把他逮捕起来。

楚灵王在诸侯面前显示出骄奢，椒举说："六王二公会合诸侯，都是以此向诸侯显示礼仪，诸侯因此而服从命令。夏桀在有仍举行会见，有缗背叛他。商纣在黎地打猎，东夷背叛他。周幽王在太室举行盟会，戎狄背叛他。这都是向诸侯显示骄奢，诸侯由此而不服从命令。如今君王过于骄奢，恐怕不会成功吧？"楚灵王不听。

子产见到向戌，说："我不担心楚国了。楚王骄奢而不听从劝谏，不超过十年就要完蛋。"向戌说："说的是。没有十年的骄奢，他的恶名不能远播，恶名远播后便会被抛弃。善也是这样，德行远播后才能兴旺。"

秋七月，楚灵王率领诸侯攻打吴国。宋太子、郑简公先回国。宋华费遂、郑大夫跟随楚王。楚灵王命屈申包围朱方，八月甲申，攻下朱方，擒获齐庆封而把他的族人全部消灭。楚灵王将要杀戮庆封。椒举说："臣听说没有缺点的人才可以杀戮人。庆封就因为违逆君命，所以逃亡到这里，他难道会肯乖乖被杀吗？万一他在诸侯面前揭你的短，为什么要这样做呢？"楚灵王不听，让庆封背上斧钺，在诸侯军中游行示众，让他说："不要像齐庆封一样，杀死他的国君，削弱国君的孤儿，来和他的大夫会盟。"庆封说："不要像楚共王的庶子围一样，杀死他的国君兄长的儿子麇而自己取代他，来和诸侯会盟。"楚灵王让人赶快把他杀了。

于是带领诸侯的军队灭亡了赖国。赖子反绑着双手，口中衔着璧，士袒露上身，抬着棺木跟着，来到中军。楚灵王向椒举询问如何处理，椒举回答说："成王攻下许国，许僖公就是这样做的，成王亲自解开了他的捆绑，接受了他的璧，烧毁了他的棺木。"楚灵王照他的话做了。把赖国迁到鄢地。楚灵王想把许国迁到赖国，派鬥韦龟与公子弃疾为许国筑城后回国。申无宇说："楚国祸乱的开端将在这里了。召集诸侯诸侯便来，攻打国家便能攻下，在边境筑城没人争论。国君的心意全都能够满足，人民能够安居吗？人民不能得到安居，谁能受得了？不能忍受君王的命令，就是祸乱。"

九月，取得鄫地，是说得来非常容易。莒国发生动乱，著丘公立为国君而不安抚鄫地，鄫叛离莒国来投靠我国，所以说"取"。凡是获得城邑没有动用军队的称为"取"。

郑子产实施丘赋，国人毁谤他，说："他的父亲死在路上，他自己毒如蝎子的尾巴。他在国内发号施令，国家将会怎么样？"子宽把这话告诉子产。子产说："有什么妨害？只要对国家有利，死生都不计较。再说我听说做善事的人不改变他的法度，所以能够获得成功。人民不能满足，法度不能改变。《诗》说：'在礼义上没有过失，何必担心别人闲言。'我不会改变了。"子宽说："国氏也许要先灭亡了吧！君子制订法令倾向于凉薄，尚且会产生贪婪的结果，制订法令倾向于贪婪，结果将会怎样？姬姓列国，蔡国与曹国、滕国大概是先灭亡的国家吧！它们受到大国的逼迫而无礼。郑国比卫国先灭亡，因为郑国受到大国的逼迫而没有法度。政令不根据法度，而凭自己的心意决定；人民各有各的心意，怎么会服从上面的人？"

冬，吴国攻打楚国，攻入棘、栎、麻地，以报复楚国攻打朱方的战役。楚沈尹射接受命令奔赴夏汭，箴尹宜咎修筑钟离的城墙，薳启彊修筑巢地的城墙，然丹修筑州来的城墙。东部发大水，不能筑城，彭生撤回了在赖地筑城的军队。

起初，穆子离开叔孙氏出走，到达庚宗，遇到一个女人，他让这女人私下给自己东西吃，并留宿在她家里。女人问他的来历，他告诉自己的情况，女人哭着送他上路。穆子到了齐国，娶了国氏的女儿，生下孟丙、仲壬。有一次穆子做梦梦见天塌下来压自己，他快要顶不住了，回过头来看见一个人，肤色很黑，上身伛偻，眼睛深陷，嘴巴似猪，他就大叫说："牛，快来帮帮我！"那人来帮忙，这才顶住了。早晨，穆子把手下的人全都召集在一起，没有一个像梦中见到的，就说："记住这个人的长相。"到了宣伯逃亡到齐国，穆子送给他食物。宣伯说："鲁国由于我们先人的缘故，将会保存我们的宗族，一定会召你回国。召你回国，你打算怎么样？"穆子回答说："我已经盼望很久了。"鲁国人召穆子回国，穆子也没向宣伯打招呼就动身了。穆子继承了叔孙氏职务后，在庚宗留宿的女人前来献上野鸡。穆子问她儿子的情况，她回答说："我的儿子已长大了，能够拿着野鸡跟从我了。"穆子召见那孩子，就同梦中所见的一模一样。他没问孩子名字，高声叫他"牛"，孩子回答说"哎"。穆子把手下人全召集到一起，让他们看这孩子，于是让他做了小臣。竖牛得到穆子的宠爱，长大了穆子让他主管家政。穆子在齐国时与公孙明交好，他回国后没派人把妻子国姜接回鲁国，公孙明就娶了国姜。穆子因此发怒，等到儿子长大了就派人把他们接到鲁国。穆子在丘莸打猎，由此得了病。竖牛想扰乱家庭而占有它，强迫孟丙与他设盟，孟丙不肯。穆子为孟丙铸了口钟，说："你还没正式与人交际，我为你设享礼宴请大夫们来庆祝钟的落成。"孟丙完成了享礼的准备，让竖牛去向穆子请示日期。竖牛进去后，没有谒见穆子，出来，假传穆子的命令确定日子。到那天宾客来了，穆子听到钟声，竖牛说："孟丙在宴请北边女人的客人。"穆子大怒，要去阻止，竖牛劝阻了他。宾客走后，穆子派人拘捕了孟丙，杀死在郊外。竖牛又强迫仲壬与他设盟，仲壬不肯。仲壬与昭公的御者莱书一起去公宫游玩，昭公赐给他玉环。仲壬让竖牛拿进去给穆子看。竖牛进去后没拿给穆子看，出来后，假传穆子的命令让仲壬佩带玉环。竖牛对穆子说："把仲壬引见给国君怎么样？"穆子说："为什么？"竖牛说："你不引见，他已经自己去进见了，国君赐给他玉环佩带在身上了。"穆子于是把仲壬赶走，仲壬逃到齐国。穆子病危，命令召仲壬回来，竖牛答应了却不去召他。

杜洩进见，穆子告诉他自己又饥又渴，给他戈，让他去杀竖牛。杜洩回答说："是你把他找来的，又干吗要除掉他？"竖牛说："他老人家病重，不想见人。"让别人把送来的食物放在厢房里就退出。竖牛不把食物拿进去，把它倒了，命人撤走食具。十二月癸丑，穆子开始没吃到东西，乙卯，死去。竖牛立了昭子而自己辅佐他。

昭公派杜洩安葬穆子。竖牛贿赂叔仲昭子与南遗，让他们在季孙面前说杜洩的坏话以此把他除掉。杜洩打算用路车随葬，并全都依卿的葬礼安葬。南遗对季孙说："叔孙没有乘坐过路车，安葬时怎么能用它？再说执政的卿没有路车，次卿却用来随葬，岂不是不合规矩了吗？"季孙说："不错。"让杜洩不要用路车。杜洩不肯，说："我家先生接受朝廷的命令去向天子聘问，天子思念他过去的勋劳而赐给他路车，他回国复命而把路车交给国君。国君不敢违反天子的命令而再次把路车赐给他，命令三个官员把这事记载下来。您为司徒，记载姓名。我家先生当时为司马，让工正记下车服。孟孙为司空，记录功勋。如今他死了却不让用，这是背弃国君的命令。记载藏在公府而不用路车，这是废弃了三位记载的官员。如果君王赐予的车服，活着时不敢用，死了又不让用，在什么场合用呢？"季孙这才同意他用路车随葬。

季孙计划撤销中军，竖牛说："我家先生本来就想撤销它了。"

昭 公 五 年

[经]

五年春[1],王正月,舍中军。

楚杀其大夫屈申。

公如晋。

夏,莒牟夷以牟娄及防、兹来奔[2]。

秋七月,公至自晋。

戊辰,叔弓帅师败莒师于蚡泉[3]。

秦伯卒[4]。

冬,楚子、蔡侯、陈侯、许男、顿子、沈子、徐人、越人伐吴[5]。

【注释】

〔1〕五年:公元前537年。〔2〕牟娄、兹:均在今山东诸城市。防:在今山东安丘市。〔3〕蚡泉:杜注:"鲁地。"〔4〕秦伯:秦景公。〔5〕楚子:楚灵王。蔡侯:蔡灵侯。陈侯:陈哀公。许男:许悼公。

[传]

五年春,王正月,舍中军,卑公室也。毁中军于施氏[1],成诸臧氏[2]。初作中军[3],三分公室而各有其一。季氏尽征之,叔孙氏臣其子弟,孟氏取其半焉。及其舍之也,四分公室,季氏择二,二子各一。皆尽征之,而贡于公。以书使杜洩告于殡,曰:"子固欲毁中军,既毁之矣,故告。"杜洩曰:"夫子唯不欲毁也,故盟诸僖闳,诅诸五父之衢[4]。"受其书而投之,帅士而哭之。叔仲子谓季孙曰[5]:"带受命于子叔孙曰[6],葬鲜者自西门[7]。"季孙命杜洩。杜洩曰:"卿丧自朝,鲁礼也。吾子为国政,未改礼,而又迁之[8],群臣惧死,不敢自也[9]。"既葬而行。

【注释】

〔1〕施氏:公子施父之族。〔2〕臧氏:公子子臧之族。〔3〕初作中军:事详襄公十一年传。〔4〕盟诸僖闳,诅诸五父之衢:见襄公十一年传。〔5〕叔仲子:叔仲带(昭子)。〔6〕子叔孙:叔孙州仇,鲁大夫。〔7〕鲜:不以寿终。西门:非正门。〔8〕迁:易。〔9〕自:从。

仲至自齐[1],季孙欲立之。南遗曰[2]:"叔孙氏厚则季氏薄。彼实家乱,子勿与知,不亦可乎?"南遗使国人助竖牛以攻诸大库之庭[3]。司宫射之[4],中目而死。竖牛取东鄙三十邑,以与南遗。

【注释】

〔1〕仲:仲壬,叔孙豹子,见上年传。〔2〕南遗:季氏家臣。〔3〕大库之庭:大库的庭院。或谓是大庭氏之库的误倒。〔4〕司宫:宦官。当为叔孙氏或季孙氏家之宦官。

昭子即位,朝其家众,曰:"竖牛祸叔孙氏,使乱大从[1]，杀適立庶，又披其邑[2]，将以赦罪，罪莫大焉。必速杀之。"竖牛惧，奔齐。孟、仲之子杀诸塞关之外[3]，投其首于宁风之棘上[4]。

【注释】

〔1〕乱大从：使大节混乱。〔2〕披：析，分割。〔3〕塞关：为齐、鲁边界上关塞。〔4〕宁风：齐边境之地。

仲尼曰："叔孙昭子之不劳[1]，不可能也[2]。周任有言曰[3]：'为政者不赏私劳，不罚私怨。'《诗》云：'有觉德行，四国顺之。'[4]"

【注释】

〔1〕不劳：不以立己为功劳。〔2〕不可能：难能。〔3〕周任：古良史名。〔4〕所引诗见《诗·大雅·抑》。觉，直。

初，穆子之生也，庄叔以《周易》筮之[1]，遇《明夷》䷣之《谦》䷎[2]，以示卜楚丘。曰："是将行，而归为子祀。以谗人入[3]，其名曰牛，卒以馁死。《明夷》，日也[4]。日之数十[5]，故有十时[6]，亦当十位。自王已下，其二为公，其三为卿。日上其中[7]，食日为二[8]，旦日为三[9]。《明夷》之《谦》，明而未融[10]，其当旦乎，故曰为子祀。日之《谦》，当鸟，故曰'明夷于飞'[11]。明而未融，故曰'垂其翼'[12]。象日之动，故曰'君子于行'[13]。当三在旦，故曰'三日不食'。《离》，火也。《艮》，山也。《离》为火，火焚山，山败。于人为言，败言为谗。故曰'有攸往，主人有言'，言必谗也。纯《离》为牛[14]。世乱谗胜，胜将适《离》，故曰其名曰牛。《谦》不足，飞不翔；垂不峻，翼不广。故曰其为子后乎。吾子，亚卿也，抑少不终[15]。"

【注释】
〔1〕庄叔：穆子之父得臣。 〔2〕明夷之谦："离"下"坤"上为《明夷》，初九阳爻变阴爻，"离"变为"艮"，即成《谦》。 〔3〕以：率。 〔4〕日也：《明夷》"离"下"坤"上，"离"为火为日，"坤"为地。 〔5〕日之数十：古时认为尧时十日并出。 〔6〕十时：指甲至癸。古分昼夜为十时，每时十刻。 〔7〕日上其中：杜注："日中盛明，故以当王。"或谓指日由地中上，即日出，方合以下顺序。 〔8〕食日：天将亮，日升起一点。 〔9〕旦日：日初开。 〔10〕融：高。 〔11〕"日之谦"三句：杜注："'离'为日，为鸟。'离'变为'谦'，日光不足，故当鸟。鸟飞行，故曰于飞。" 〔12〕垂其翼：杜注："于日为未融，于鸟为垂翼。" 〔13〕君子于行：杜注："《明夷》初九，得位有应，君子象也。在明伤之世，居谦下之位，故将辟难而行。" 〔14〕纯离为牛：《明夷》以"坤"配"离"，故云"纯离"。纯，配偶。"坤"为牛。 〔15〕少不终：小不终。虽老寿而仍不得善终。

楚子以屈申为贰于吴，乃杀之。以屈生为莫敖[1]，使与令尹子荡如晋逆女。过郑，郑伯劳子荡于氾[2]，劳屈生于菟氏[3]。晋侯送女于邢丘[4]。子产相郑伯，会晋侯于邢丘。

【注释】
〔1〕屈生：屈建子。 〔2〕氾：在今河南襄城县南。 〔3〕菟氏：在今河南尉氏县西北。 〔4〕邢丘：在今河南温县东北。

公如晋，自郊劳至于赠贿，无失礼。晋侯谓女叔齐曰："鲁侯不亦善于礼乎？"对曰："鲁侯焉知礼？"公曰："何为？自郊劳至于赠贿，礼无违者，何故不知？"对曰："是仪也，不可谓礼。礼所以守其国，行其政令，无失其民者也。今政令在家[1]，不能取也。有子家羁[2]，弗能用也。奸大国之盟[3]，陵虐小国。利人之难[4]，不知其私。公室四分，民食于他。思莫在公，不图其终。为国君，难将及身，不恤其所。礼之本末，将于此乎在，而屑屑焉习仪以亟[5]。言善于礼，不亦远乎？"君子谓："叔侯于是乎知礼。"

【注释】
〔1〕家：指大夫。 〔2〕子家羁：庄公玄孙懿伯，名羁，字驹。〔3〕奸：犯。 〔4〕利人之难：指乘莒难而取鄫。 〔5〕屑屑：区区。亟：急。

晋韩宣子如楚送女，叔向为介。郑子皮、子大叔劳诸索氏[1]。大叔谓叔向曰："楚王汰侈已甚，子其戒之。"叔向曰："汰侈已甚，身之灾也，焉能及人？若奉吾币帛，慎吾威仪，守之以信[2]，行之以礼，敬始而思终，终无不复[3]。从而不失仪[4]，敬而不失威，道之以训辞[5]，奉之以旧法[6]，考之以先王[7]，度之以二国[8]，虽汰侈，若我何？"

【注释】
〔1〕索氏：在今河南荥阳市。 〔2〕信：诚信。 〔3〕终无不复：杜

注:"事皆可复行。" 〔4〕从:指顺从主人。 〔5〕道:引导。训辞:前贤的言语。 〔6〕奉:奉行。 〔7〕考:稽考。 〔8〕度:衡量。

及楚。楚子朝其大夫,曰:"晋,吾仇敌也。苟得志焉,无恤其他[1]。今其来者,上卿、上大夫也。若吾以韩起为阍,以羊舌肸为司宫,足以辱晋,吾亦得志矣,可乎?"大夫莫对。薳启彊曰:"可。苟有其备,何故不可?耻匹夫不可以无备,况耻国乎?是以圣王务行礼,不求耻人。朝聘有珪[2],享覜有璋[3],小有述职[4],大有巡功[5]。设机而不倚[6],爵盈而不饮。宴有好货,飧有陪鼎[7]。入有郊劳,出有赠贿。礼之至也。国家之败,失之道也,则祸乱兴。城濮之役[8],晋无楚备,以败于邲[9]。邲之役,楚无晋备,以败于鄢[10]。自鄢以来,晋不失备,而加之以礼,重之以睦,是以楚弗能报而求亲焉。既获姻亲,又欲耻之,以召寇仇,备之若何?谁其重此[11]?若有其人,耻之可也[12]。若其未有,君亦图之。晋之事君,臣曰可矣。求诸侯而麇至[13]。求昏而荐女,君亲送之,上卿及上大夫致之。犹欲耻之,君其亦有备矣。不然,奈何?韩起之下,赵成、中行吴、魏舒、范鞅、知盈[14];羊舌肸之下,祁午、张趯、籍谈、女齐、梁丙、张骼、辅跞、苗贲皇,皆诸侯之选也[15]。韩襄为公族大夫[16],韩须受命而使矣[17]。箕襄、邢带、叔禽、叔椒、子羽[18],皆大家也。韩赋七邑,皆成县也[19]。羊舌四族,皆强家也。晋人若丧韩起、杨肸[20],五卿八大夫辅韩须、杨石[21],因其十家九县[22],长毂九百[23],其余四十县,遗守四千,奋其武怒,以报其大耻,伯华谋之[24],中行伯、魏舒帅之[25],其蔑不济矣。君将以亲易怨,实无礼以速寇,而未有其备,使群臣往遗之禽[26],以逞君心,何不可之有?"王曰:"不穀之过也,大夫无辱。"厚为韩子礼。王欲敖叔向以其所不知[27],而不能。亦厚其礼。

【注释】

〔1〕恤:顾。 〔2〕珪:玉制礼器,手执之。 〔3〕享觌(tiào):诸侯聘问相见之礼。璋:礼器,圭属。 〔4〕小:小国。述职:指向大国朝见。 〔5〕巡功:巡察。指大国国君去小国。 〔6〕机:同"几"。古人席地而坐,放几于侧以凭倚。 〔7〕飧:熟食。陪:加。加鼎所以厚殷勤。 〔8〕城濮之役:见僖公二十八年。 〔9〕败于邲:见宣公十二年。 〔10〕败于鄢:见成公十六年。 〔11〕重:任。 〔12〕杜注:"谓有贤人以敌晋,则可耻之。" 〔13〕麇:群。 〔14〕杜注:"五卿位在韩起之下,皆三军之将佐也。成,赵武之子。吴,荀偃之子。" 〔15〕诸侯之选:诸侯的大夫中的贤良。 〔16〕韩襄:韩无忌之子。 〔17〕韩须:韩无忌嫡子,亦官公族大夫。 〔18〕箕襄、邢带:韩氏族人。叔禽、叔椒、子羽:皆韩起庶子。 〔19〕成县:大县。 〔20〕杨肸:即叔向,名肸,食采于杨。 〔21〕杨石:叔向之子食我。 〔22〕九县:韩氏七县,杨氏二县。 〔23〕长毂:兵车。每县百辆,九县九百辆。 〔24〕伯华:叔向兄。 〔25〕中行伯:即中行吴。 〔26〕往遗之禽:送上门去做俘虏。 〔27〕敖:同"傲",贬视。

韩起反,郑伯劳诸圉[1]。辞不敢见,礼也。

郑罕虎如齐,娶于子尾氏。晏子骤见之[2]。陈桓子问其故,对曰:"能用善人,民之主也。"

【注释】

〔1〕圉：在今河南杞县北。 〔2〕骤：多次。

夏，莒牟夷以牟娄及防、兹来奔。牟夷非卿而书，尊地也。莒人诉于晋。晋侯欲止公。范献子曰："不可。人朝而执之，诱也。讨不以师，而诱以成之，惰也。为盟主而犯此二者，无乃不可乎？请归之，间而以师讨焉[1]。"乃归公。秋七月，公至自晋。

【注释】

〔1〕间：暇。

莒人来讨，不设备。戊辰，叔弓败诸蚡泉，莒未陈也。

冬十月，楚子以诸侯及东夷伐吴，以报棘、栎、麻之役。薳射以繁扬之师[1]，会于夏汭。越大夫常寿过帅师会楚子于琐[2]。闻吴师出，薳启彊帅师从之，遽不设备，吴人败诸鹊岸[3]。

【注释】

〔1〕繁扬：即繁阳。在今河南新蔡县。 〔2〕琐：在今安徽霍丘市东。 〔3〕鹊岸：今安徽无为县至铜陵市一带江岸。

楚子以驲至于罗汭[1]。吴子使其弟蹶由犒师，楚人执之，将以衅鼓。王使问焉，曰："女卜来吉乎？"对曰："吉。寡君闻君将治兵于敝邑，卜之以守龟[2]，曰：余亟使人犒师[3]，请行以观王怒之疾徐，而为之备，尚克知之[4]。龟兆告吉，曰：克可知也。君若欢焉，好逆使臣，滋敝邑休息，而忘其死，亡无日矣。今君奋焉，震电冯怒[5]，虐执使臣，将以衅鼓，则吴知所备矣。敝邑虽羸，若早修完，其可以息师[6]。难易有备[7]，可谓吉矣。且吴社稷是卜，岂为一人。使臣获衅军鼓，而敝邑知备，以御不虞，其为吉孰大焉。国之守龟，其何事不卜？一臧一否，其谁能常之？城濮之兆，其报在邲[8]。今此行也，其庸有报志？"乃弗杀。

【注释】
〔1〕罗汭：在今湖南汨罗市，即汨罗江边。或云在河南罗山县。〔2〕守龟：天子、诸侯之龟。〔3〕亟：急。〔4〕尚：庶几。〔5〕冯：盛。〔6〕息师：平息楚师。〔7〕难易：祸难与平安。〔8〕城濮之兆，其报在邲：城濮之战，楚卜吉而实败，故云兆应在邲之役的胜利。

楚师济于罗汭，沈尹赤会楚子，次于莱山[1]。薳射帅繁扬之师，先入南怀[2]，楚师从之。及汝清，吴不可入。楚子遂观兵于坻箕之山[3]。是行也，吴早设备，楚无功而还，以蹶由归。楚子惧吴，使沈尹射待命于巢[4]，薳启彊待命于雩娄[5]，礼也[6]。

秦后子复归于秦，景公卒故也。

【注释】
〔1〕莱山：或云在今河南光山县。〔2〕南怀：与下汝清均在今江淮间。〔3〕坻箕之山：在今安徽巢县南。〔4〕巢：在今安徽巢县东北。

〔5〕零娄：在今安徽金寨县北。 〔6〕礼也：杜注："善有备。"

【译文】

[经]

五年春，周历正月，撤销中军。

楚国杀死他们的大夫屈申。

昭公去晋国。

夏，莒牟夷带着牟娄及防、兹逃来我国。

秋七月，昭公从晋国回国。

戊辰，叔弓率领军队在蚡泉打败莒国军队。

秦景公去世。

冬，楚灵王、蔡灵侯、陈哀公、许悼公、顿子、沈子、徐国人、越国人攻打吴国。

[传]

五年春，周历正月，撤销中军，是为了削弱公室。在施氏家里商量这事，在臧氏家里做出决定。当初编定中军的时候，把公室的军队一分为三，三家各掌握一军。季氏把自己军队全都作为自由兵征税，叔孙氏让自己军队全为奴隶兵，孟氏让自己军队中的一半为奴隶兵。到这次撤销中军，把公室军队一分为四，季氏得四分之二，其他两家各得四分之一。全都作为自由兵征税，把收入交纳公室。季孙用策书让杜洩拿去在叔孙的棺木边报告，说："您本来就想撤销中军，现在已经撤销了，因此报告。"杜洩说："我家先生正因为不想撤销中军，所以在僖公庙门口盟誓，在五父之衢诅咒。"接过策书扔在地上，带领手下士民哭泣。叔仲昭子对季孙说："我受命于子叔孙说：安葬不得善终的人从西门出殡。"季孙命令杜洩从西门出殡。杜洩说："卿的丧葬从朝门出殡，这是鲁国的礼仪。您任执政，没有修改过礼仪，却又不遵从礼仪，臣子们害怕会被杀，不敢服从。"安葬了叔孙后就出走了。

仲壬从齐国回来，季孙想立他继承叔孙氏。南遗说："叔孙氏强大了季孙氏就弱小。他们家发生内乱，您不去管他，不也是可以的吗?"南遗让国人帮助竖牛在大库的庭院中攻打仲壬,司官用箭射中仲壬的眼睛,仲壬死了。竖牛取了东部边境的三十个城邑给南遗。

昭子即位后,召集他家族的人们朝见,说:"竖牛给叔孙氏造成祸难,使大节紊乱,杀死嫡子立庶子,又分割封邑给人,想用它逃避罪责,再也没有比这更大的罪了。一定要赶快杀死他。"竖牛害怕,逃往齐国。孟丙、仲壬的儿子把他杀死在塞关外,把他的头扔在宁风地方的荆棘上。

孔子说:"叔孙昭子不以竖牛立自己为功劳,这对别人来说真是难以做到的,周任有句话说:'执政者不奖励对他个人的功劳,不处罚对他个人的怨仇。'《诗》说:'君子德行正又直,四方诸侯都归顺。'"

起初,叔孙穆子出生时,庄叔用《周易》为他占筮,得到《明夷》䷣变为《谦》䷎,拿给卜楚丘看。卜楚丘说:"他将离开宗族,然后回来做您的继承人。他带着奸邪的人回来,他的名字叫牛,最终会饿死。《明夷》,是日。日的数目为十,所以有十个时辰,也和十个位次相配。从天子以下,第二为公,第三为卿。日从地下出来是第一,出来一点是第二,刚升起为第三。《明夷》变成《谦》,太阳已明亮但不高,大约相当于刚升起,所以说将做您的继承人,成为卿。日变为《谦》,照着鸟的光不足,所以说'光明殒伤时向外飞翔'。明亮而不高,所以说'低垂着它的翅膀'。象征太阳在动,所以说'君子远走遁行'。第三的位子是太阳刚升起,所以说'三天吃不到东西'。《离》是火,《艮》是山。《离》是火,火焚山,山将毁坏。对人来说《艮》是言语,被言语毁坏叫做受谗言。所以说'有所前往,所遇主人将责怪',说一定会受谗言。与《离》相配的是牛。乱世时谗佞的人将获胜,获胜了会归向《离》,所以那个奸邪的人名叫牛。《谦》就是不足,所以虽然起飞但不能高翔;翼垂就是不高,所以虽然有翅但飞不远。所以说他将作你的继承人。您是亚卿,但他将老寿而不得善终。"

楚灵王由于屈申私通吴国,就把他杀了。任命屈生为莫敖,让他与令尹子荡去晋国迎亲。经过郑国,郑简公在泜地慰劳子荡,在菟氏慰劳屈生。晋平公把女儿送到邢丘。子产辅相郑简公,在邢丘与晋平公相会。

昭公去晋国,从郊劳到赠送礼物,都没有失礼。晋平公对女叔齐说:"鲁侯称得上善于礼的人了吧?"女叔齐回答说:"鲁侯哪里懂得礼?"平公说:"为什么?从郊劳一直到赠送礼物,没有违反礼的,为什么说他不懂礼?"女叔齐回答说:"他这是懂得仪式,不能说是礼。礼是用来保卫他的国家,实施他的政令,不失去他的人民的。如今政令出于私家,他无法拿回来。有子家羁,他不能任用。违反大国的盟约,欺凌虐待小国。把别人的祸难当作自己的利益,却不知自己有祸难。公室的军队被一分为四,人民靠大夫来养活。人民心中所思不在国君,他却不考虑自己的结果。作为国君,祸难将要降临身上,却不忧虑自己的境地。礼的根本与枝节就在于此,他却琐碎烦细地急着学了些仪式。说他善于礼,不是离事实太远了吗?"君子说:"女叔齐这看法可称得上懂得礼。"

晋韩宣子去楚国送亲,叔向为副手。郑子皮、子太叔在索氏慰劳他们。太叔对叔向说:"楚王骄奢淫侈太过分,您要小心一些。"叔向说:"骄奢淫侈太过分,是自身的灾害,怎么能危害别人?只要我们奉献我们的礼物,谨慎地保持我们的威仪,保守信用,施行礼仪,从开始就恭敬并考虑到结果,没有一件事可以挑剔。顺从主人而不失礼仪,恭敬而不失威仪,用前贤的言语作为前导,用以往的法度作为行为标准,查考先王的旧事,用以衡量二国之间的关系,他虽然骄奢淫侈,能把我们怎么样?"

到达楚国。楚灵王召集大夫们朝见,说:"晋国是我们的仇敌。如果能满足我的愿望,就不用顾惜其他。如今他们到我国来的人是上卿和上大夫。如果我让韩起做看门人,让羊舌肸作宦官,便足以羞辱晋国,我也满足了愿望了,行吗?"大夫们都不回答。薳启彊说:"可以。只要有所防备,有什么不可以的?羞辱一个普通人也不能够没有防备,何况羞辱一个国家?所以圣明的君王致力于推行礼仪,不去想羞辱别人。朝见聘问时有珪,享礼相会时有璋,小国对大国有朝见,大国对小国有巡察。设置了几而不凭倚,爵中倒满了酒而不饮,宴会时有好的礼物,吃饭时有额外的菜肴。宾客入境有郊外的慰劳，宾客离境有赠送的礼物。这些都是礼仪做到了家。国家的衰败，是由于不施行常规的礼仪，因此产生了祸乱。城濮战役，晋军战胜后对楚国不加戒备，因此在邲地打了败仗。邲地战役，楚军战胜后对晋国不加戒备，因此在鄢地打了败仗。从鄢地战役以来，晋国保持戒备，又对楚国增加礼敬，格外和睦，因此楚国没法报复他们而向他们求亲。既然已经成为姻亲，又想羞辱他们，自找仇敌，你防备得怎么样了？谁将来承担这责任？如果有人承担，羞辱他们是可以的。如果没有这么个人，君王还是考虑一下。晋国事奉君王，臣下认为够不错的了。向他们请求让诸侯朝见，诸侯就成群结队地前来。向他们求婚就送上女儿，国君亲自送亲，上卿与上大夫护送前来。如果还要羞辱他们，君王莫非已作好防备了。不然的话，怎会这样做？韩起以下，有赵成、中行吴、魏舒、范鞅、知盈；羊舌肸以下，有祁午、张趯、籍谈、女齐、梁丙、张骼、辅跞、苗贲皇，这些人都是诸侯大夫中的贤良。韩襄任公族大夫，韩须受国君的命令而出使了。箕襄、邢带、叔禽、叔椒、子羽，都是大家族。韩氏食邑七县，都是大县。羊舌氏四族，都是强盛的家族。晋国人如果丧失了韩起、羊舌肸，五卿八大夫辅助韩须、杨石，依靠他们的十个家族的九个县，出战车九百辆，其余四十个县留守的兵车四千辆，发扬他们的勇武愤怒，来报复他们受到的巨大耻辱，伯华为他们出谋划策，中行伯、魏舒率领他们，就没有不成功的事了。君王将会把亲戚变成怨敌，用无礼的行为来招致敌人，却没有应有的防备，让群臣送上门去做俘虏，用以满足您的愿望，有什么不可以的呢？"楚灵王说："这是鄙人的过错，大夫不用再指教我了。"对韩起厚加礼遇。楚灵王企图用不知道的事难倒叔向以贬低他，却没能办到，于是对他也厚加礼遇。

韩起回国，郑简公在圉地慰劳他。韩起推辞不敢劳动国君接见，这是合乎礼的。

郑罕虎去齐国，在子尾氏家娶亲。晏子多次去进见他。陈桓子问他原因，晏子回答说："他能任用善人，是人民的主人。"

夏，莒牟夷带着牟娄以及防、兹逃来我国。牟夷不是卿《春秋》却记载，是尊重土地。莒国人向晋国控诉。晋平公想扣留昭公。范献子说:"不行。别人来朝见而抓起他,这是诱骗。讨伐他不动用军队,却用诱骗来取得成功,这是怠惰。作为盟主而触犯了这二点,恐怕不行吧?请让他回国,有空再用军队讨伐他。"于是放昭公回国。秋七月,昭公从晋国回国。

莒国人前来讨伐我国,自己不设防备。戊辰,叔弓在蚡泉打败莒军,是趁莒军没有列阵而发动攻击。

冬十月,楚灵王率领诸侯与东夷攻打吴国,以报复吴国入侵棘、栎、麻地的战役。薳射率领繁扬的军队,在夏汭与楚灵王会师。越大夫常寿过率领军队与楚灵王在琐地会合。听说吴军出动,薳启彊率领军队迎击,匆忙中不及设防,在鹊岸被吴军打败。

楚灵王乘坐驿车赶到罗汭。吴王派他的弟弟蹶由犒劳楚军,楚国人把他抓起来,准备用他的血涂鼓。楚灵王派人问他说:"你为来这里是否吉利占过卜吗?"蹶由回答说:"是吉利。寡君听说贵国国君将要在敝国用兵,就用守龟占卜,祝辞说:我将赶快派人去犒劳楚国军队,请以此观察楚王火气的大小而加以防备,如果大致能胜请神明明示。龟甲显示的卦象表示吉利,说:'得胜是可以料想到的。'君王如果高兴,善意地迎接使臣,使敝邑更加懈怠,忘记处在生死关头,那么灭亡就没多久了。如今君王怒气勃勃,如疾雷闪电,暴虐地将使臣逮捕,准备用使臣的血来涂鼓,那么吴国就知道该好好防备了。敝邑虽然弱小,如果早早把城墙与武器修缮完备,也许能够抵挡贵国的军队。祸难与平安事先都有了准备,可以称得上吉利了。再说吴国是为国家占卜,不在乎使臣一人,使臣能够因为自己的血涂了军鼓,而使敝邑知道防备,以抵御意外事件,还有比这更吉利的吗?国家的守龟,有什么事不能占卜?一吉一凶,有谁能凭常情猜度?城濮战役,贵国获得吉卜,结果应验在邲地战役上。如今我这次前来,所得的吉卜也许应验在下一件事上吧?"楚灵王于是不再杀他。

楚军在罗汭渡河,沈尹赤与楚灵王会合,驻扎在莱山。薳射率领繁扬的军队,先进入南怀,楚军随后进发。到达汝清,吴国有备不能进入。楚灵王于是在坻箕山检阅军队。这次进军,吴国及早作了防备,楚军无功而返,带着蹶由回国。楚灵王怕吴军掩袭,令沈尹射在巢地等待命令,薳启疆在棼娄等待命令,这是合乎礼的。

秦后子重新回到秦国,是因为景公去世的缘故。

昭公六年

[经]

六年春[1]，王正月，杞伯益姑卒。

葬秦景公。

夏，季孙宿如晋。

葬杞文公。

宋华合比出奔卫。

秋九月，大雩。

楚薳罢帅师伐吴。

冬，叔弓如楚。

齐侯伐北燕[2]。

【注释】

〔1〕六年：公元前536年。〔2〕齐侯：齐景公。

[传]

六年春，王正月，杞文公卒，吊如同盟，礼也。大夫如秦，葬景公，礼也。

三月，郑人铸刑书[1]。叔向使诒子产书，曰："始吾有虞于子[2]，今则已矣。昔先王议事以制[3]，不为刑辟[4]，惧民之有争心也。犹不可禁御，是故闲之以义[5]，纠之以政[6]，行之以礼，守之以信，奉之以仁，制为禄位以劝其从[7]，严断刑罚以威其淫。惧其未也，故诲之以忠，耸之以行[8]，教之以务[9]，使之以和，临之以敬，莅之以强[10]，断之以刚。犹求圣哲之上，明察之官，忠信之长[11]，慈惠之师，民于是乎可任使也，而不生祸乱。民知有辟，则不忌于上，并有争心[12]，以征于书，而侥幸以成之，弗可为矣。夏有乱政而作《禹刑》[13]，商有乱政而作《汤刑》，周有乱政而作《九刑》，三辟之兴[14]，皆叔世也[15]。今吾子相郑国，作封洫，立谤政[16]，制参辟[17]，铸刑书，将以靖民，不亦难乎？《诗》曰：'仪式刑文王之德，日靖四方[18]。'又曰：'仪刑文王，万邦作孚[19]。'如是，何辟之有？民知争端矣，将弃礼而征于书。锥刀之末[20]，将尽争之。乱狱滋丰[21]，贿赂并行，终子之世，郑其败乎！肸闻之，国将亡，必多制，其此之谓乎！"复书曰："若吾子之言，侨不才，不能及子孙[22]，吾以救世也。既不承命，敢忘大惠？"

【注释】
〔1〕铸刑书：把刑法铸在鼎上，以为国之常法，垂之久远。〔2〕虞：希望。〔3〕议事以制：衡量事之轻重以判定罪行。议，度。制，断。〔4〕刑辟：刑法。〔5〕闲：防。〔6〕纠：纠察、约束。〔7〕劝其从：勉励顺从教诲的人。〔8〕耸：奖励。〔9〕务：专业。〔10〕强：威严。〔11〕长：指乡长。〔12〕并：遍。〔13〕乱政：触

犯政令者。〔14〕三辟：三种刑法。〔15〕叔世：衰微之末世。〔16〕谤政：指作丘赋，为民所谤。〔17〕参辟：子产所作刑法分三部分。〔18〕所引诗见《诗·周颂·我将》。仪、式、刑，均法。〔19〕所引诗见《诗·大雅·文王》。孚，信。〔20〕锥刀之末：锥刀皆刻字工具，此因以之代指字句。〔21〕丰：繁多。〔22〕不能及子孙：承应上"终子之世，郑其败乎"句。

士文伯曰："火见[1]，郑其火乎！火未出而作火以铸刑器，藏争辟焉[2]。火如象之[3]，不火何为？"

【注释】
〔1〕火：大火，即心宿。〔2〕争辟：指刑法，以其引起争端，故称。〔3〕如：同"而"。

夏，季孙宿如晋，拜莒田也[1]。晋侯享之，有加笾[2]。武子退，使行人告曰："小国之事大国也，苟免于讨，不敢求贶[3]。得贶不过三献。今豆有加，下臣弗堪，无乃戾也。"韩宣子曰："寡君以为欢也。"对曰："寡君犹未敢，况下臣，君之隶也，敢闻加贶？"固请彻加而后卒事。晋人以为知礼，重其好货[4]。

【注释】
〔1〕拜莒田：杜注："谢前年受牟夷邑不见讨。"〔2〕笾：与豆都是食器。加笾，指有额外的菜肴。〔3〕贶：赐。〔4〕好货：指财物。凡享礼，主人必有礼物给宾客。

宋寺人柳有宠[1]，大子佐恶之。华合比曰："我杀之。"柳闻之，乃坎、用牲、埋书，而告公曰："合比将纳亡人之族[2],既盟于北郭矣。"公使视之,有焉,遂逐华合比。合比奔卫。于是华亥欲代右师[3],乃与寺人柳比,从为之征[4],曰:"闻之久矣。"公使代之。见于左师,左师曰:"女夫也必亡[5]!女丧而宗室,于人何有?人亦于女何有?《诗》曰:'宗子维城,毋俾城坏,毋独斯畏[6]。'女其畏哉!"

【注释】

〔1〕有宠:有宠于宋平公。 〔2〕亡人之族:指随华臣逃往陈国的人。见襄公十七年。 〔3〕华亥:华合比之弟。 〔4〕征:证。 〔5〕女夫:同"而夫",凡夫,轻视之词。 〔6〕所引诗见《诗·大雅·板》。宗子:宗族之长。

六月丙戌,郑灾。

楚公子弃疾如晋,报韩子也。过郑,郑罕虎、公孙侨、游吉从郑伯以劳诸柤[1]。辞不敢见。固请见之。见,如见王,以其乘马八匹私面[2]。见子皮如上卿,以马六匹。见子产,以马四匹。见子大叔,以马二匹。禁刍牧采樵,不入田,不樵树,不采蓺[3],不抽屋[4],不强匄[5]。誓曰:"有犯命者,君子废[6],小人降。"舍不为暴[7],主不慁宾[8]。往来如是。郑三卿皆知其将为王也[9]。

【注释】

〔1〕柤:当在郑都城附近。 〔2〕私面:以私人身份献上的礼物。〔3〕蓺:种植。不采蓺,即不采摘人民种植的菜果。 〔4〕抽屋:拆人房屋的木料为己用。 〔5〕匄:索取。 〔6〕废:撤职。 〔7〕舍:寄宿。

〔8〕慁(hùn)：惊动，打扰。　〔9〕三卿：即罕虎、公孙侨、游吉。

韩宣子之适楚也，楚人弗逆。公子弃疾及晋竟，晋侯将亦弗逆。叔向曰："楚辟我衷[1]，若何效辟？《诗》曰：'尔之教矣，民胥效矣[2]。'从我而已，焉用效人之辟？《书》曰：'圣作则[3]。'无宁以善人为则，而则人之辟乎？匹夫为善，民犹则之，况国君乎？"晋侯说，乃逆之。

【注释】
　　〔1〕辟：邪。衷：正。　〔2〕所引诗见《诗·小雅·角弓》。胥，皆。　〔3〕所引《书》为逸《书》。则，法，榜样。

秋九月，大雩，旱也。
徐仪楚聘于楚[1]。楚子执之，逃归。惧其叛也，使薳洩伐徐。吴人救之。令尹子荡帅师伐吴，师于豫章[2]，而次于乾谿[3]。吴人败其师于房钟[4]，获宫厩尹弃疾。子荡归罪于薳洩而杀之。

【注释】
　　〔1〕仪楚：杜注："徐大夫。"但据出土文物，仪楚为徐太子，后登基。　〔2〕豫章：指安徽、河南一带。　〔3〕乾谿：在今安徽亳县东南。〔4〕房钟：在今安徽蒙城县西南。

冬，叔弓如楚聘，且吊败也。
十一月，齐侯如晋，请伐北燕也。士匄相士鞅，逆诸河，礼也。晋侯许之。十二月，齐侯遂伐北燕，将纳简公。晏子曰:"不入。燕有君矣,民不贰。吾君贿,左右谄谀,作大事不以信,未尝可也。"[1]

【注释】

〔1〕杜注:"为明年暨齐平传。"此段与明年传文相连。据《史记·燕世家》,简公实回国为君。

【译文】

[经]

六年春,周历正月,杞文公益姑去世。

安葬秦景公。

夏,季孙宿去晋国。

安葬杞文公。

宋华合比出逃到卫国。

秋九月,举行求雨的雩祭。

楚薳罢率领军队攻打吴国。

冬,叔弓去楚国。

齐景公攻打北燕。

[传]

六年春,周历正月,杞文公去世,如同对待同盟国一样对他进行吊唁,这是合乎礼的。派大夫去秦国,参加秦景公葬礼,这是合乎礼的。

三月,郑国人把刑法铸在鼎上。叔向派人送给子产一封信,信中说:"起初我寄希望于您,如今我不这么想了。往昔先王衡量所犯罪的轻重以判定刑罚,不制订刑法,是害怕人民有争竞之心。仍然没法禁止犯罪,所以用道义来防范,用政令来约束,用礼仪来奉行,用信用来保持,用仁爱来奉养,制订禄位来勉励顺从的人,严格执行刑罚来威慑行为放纵的人。害怕还不能禁止犯罪,所以用忠诚来教诲,有善行的实施奖励,教导人们专业技术,用和调使用他们，用敬重面对他们，用威严管理他们，用坚决的态度判定他们的罪行。还要访求圣明贤哲的卿相，廉明审视的官员，忠诚守信的乡长，慈爱和惠的老师，人民这才可以使用，而不发生祸乱。人民知道有法律，就对上没有忌讳，大家都有争竞之心，征引刑法为根据，只要侥幸能够成功的，就没有什么不做的。夏朝有触犯政令的，所以制定《禹刑》；商朝有触犯政令的，所以制定《汤刑》；周朝有触犯政令的，所以制定《九刑》。这三部刑法的产生，都是在各朝衰乱的时代。如今您辅佐郑国，划定田界水沟，实施被人诽谤的政事，制作三种刑法，把刑法铸在鼎上，准备用这样的办法安定人民，怎么能办得成？《诗》说：'典章制度效文王，每天操劳治四方。'又说：'只有认真学文王，万国诸侯都敬仰。'像这样，要刑法干什么？人民知道了争端所在，将会抛弃礼仪而以刑法为依据。字句间微小的差别，都将尽力争论明白。触犯法律的案件日益增加，贿赂到处通行，在您活着的时候，郑国大概就要衰败了吧！我听说，国家将要灭亡，一定会多多创立法令，也许说的就是这个吧！"子产复信说："要想照您所说的去做，我没有这个才能，不能考虑到子孙后代，我只能用此来挽救目前。既不能接受您的命令，又岂敢忘记您的大恩惠？"

士文伯说："大火星出现，郑国莫非要遭到火灾吧！大火星还没出现而用火来铸造刑器，藏入引起争端的刑法。动用火来铸这东西，怎么会不发生火灾？"

夏，季孙宿去晋国，拜谢晋国不追究鲁国接受莒国土地事。晋平公设享礼款待季孙宿，有额外的菜肴。季孙宿退席，派行人报告说："小国事奉大国，只求免于被讨伐，不敢再求赏赐。接受赏赐不能超过三献。如今有额外的菜肴，下臣不敢当，不能因此而得罪。"韩宣子说："寡君以此来表示自己高兴。"季孙宿说："即使是寡君尚且不敢当，何况下臣，是君王的奴仆，怎么敢听到有额外的赏赐？"坚决请求撤销了额外的菜肴然后继续完成享礼。晋国人认为他懂得礼仪，加重送给他的礼物。

宋寺人柳受到宋平公宠爱，太子佐厌恶他。华合比说："我去把他杀了。"寺人柳听说后，就去挖了个坑，杀了牺牲，把盟书放进去埋好，去报告宋平公说："合比将要接纳逃亡在外的人，已经在北城外结盟了。"宋平公派人去看,果然找到盟书,于是放逐了华合比。华合比逃往卫国。这时华亥想取代华合比任右师,于是与寺人柳勾结,跟随他作证,说:"听说这件事已经很久了。"平公让华亥代替了华合比。华亥去进见向戌,向戌说:"你这家伙一定将流亡!你毁坏自己的宗族,对别人有什么好处?人家对你又有什么好处?《诗》说:'族长就像是城墙,不要让城墙遭毁坏,不要孤立而害怕。'你大概要害怕了!"

六月丙戌,郑国发生火灾。

楚公子弃疾去晋国,是为了回报韩宣子到楚国送亲。经过郑国,郑子皮、子产、子太叔跟从郑简公在相地慰劳他。公子弃疾辞谢不敢劳动国君接见。郑简公坚持要见,他才肯见面。会见时,公子弃疾进见郑简公就像见楚王一样,把自己驾车的马八匹作为私人进见的礼物。见子皮如同见自己国家的上卿,送了六匹马。见子产,送了四匹马。见子太叔,送了两匹马。他严禁手下割草放牧打柴的人,不准进入农田,不准砍伐树木,不准采摘果蔬,不准拆毁民居,不准强行索讨。发誓说:"有违反这命令的,官员撤职,奴仆降级。"寄宿的宾馆不受到糟蹋,主人不受到宾客的打扰。他往来都是如此。郑国的三卿都知道他将会成为楚王。

韩宣子去楚国时,楚国人不派人迎接。公子弃疾到达晋国境内,晋平公准备也不派人去迎接。叔向说:"楚国邪恶我们正直,怎么可以效法邪恶?《诗》说:'你用言教与身教,百姓全会来仿效。'照我们自己的规矩办就是了,何必去仿效别人的邪恶?《书》说:'圣人作出榜样。'宁可以善人为榜样,怎可以别人的邪恶为榜样呢?一个普通人作了善事,人民尚且以他为榜样,何况是国君呢?"晋平公听了很高兴,就派人去迎接公子弃疾。

秋九月,举行求雨的雩祭,因为发生旱灾。

徐仪楚去楚国聘问。楚灵王把他拘捕起来,他逃了回去。楚灵王怕他叛乱,派薳洩攻打徐国。吴国人援救徐国。令尹子荡率领军队攻打吴国,军队从豫章出发,驻扎在乾谿。吴国人在房钟打败了令尹子荡的军队,擒获了宫厩尹弃疾。子荡归罪于薳洩,把他杀了。

冬。叔弓去楚国聘问,同时对楚国战败表示慰问。

十一月，齐景公去晋国，请求同意攻打北燕。士匄辅佐士鞅，到黄河边去迎接，这是合乎礼的。晋平公同意了齐景公的请求。十二月，齐景公攻打北燕，打算送北燕简公回国为君。晏子说："办不到。燕国已经有了国君，人民没有叛离之心。我们的国君贪财，左右的人谄媚阿谀，做大事不讲信用，办不成这事。"

昭 公 七 年

[经]

七年春[1]，王正月，暨齐平[2]。

三月，公如楚。叔孙婼如齐莅盟。

夏四月甲辰朔，日有食之。

秋八月戊辰，卫侯恶卒。

九月，公至自楚。

冬十有一月癸未，季孙宿卒。

十有二月癸亥，葬卫襄公。

【注释】

〔1〕七年：公元前535年。　〔2〕暨齐平：《穀梁》以为是鲁与齐平，据《左传》是北燕与齐平。暨，及，与。

[传]

七年春，王正月，暨齐平，齐求之也[1]。癸巳，齐侯次于虢[2]。燕人行成，曰："敝邑知罪，敢不听命？先君之敝器，请以谢罪。"公孙晳曰："受服而退，俟衅而动，可也。"二月戊午，盟于濡上[3]。燕人归燕姬，赂以瑶瓮、玉椟、斝耳[4]，不克而还[5]。

【注释】

〔1〕齐求之：杜注："齐伐燕，燕人赂之，反从齐平，如晏子言。"〔2〕虢：燕邑，在今河北任丘市西北。〔3〕濡上：濡水边。此指流经任丘的一段。〔4〕瑶瓮：玉做的瓮。玉椟：玉做的木匣。斝耳：有耳的玉杯。〔5〕不克：没能纳简公。

楚子之为令尹也，为王旌以田[1]。芋尹无宇断之[2]，曰："一国两君，其谁堪之？"及即位，为章华之宫，纳亡人以实之。无宇之阍入焉。无宇执之，有司弗与，曰："执人于王宫，其罪大矣。"执而谒诸王。王将饮酒，无宇辞曰[3]："天子经略[4]，诸侯正封[5]，古之制也。封略之内，何非君土。食土之毛[6]，谁非君臣。故《诗》曰：'普天之下，莫非王土。率土之滨，莫非王臣[7]。'天有十日，人有十等，下所以事上，上所以共神也。故王臣公，公臣大夫，大夫臣士，士臣皂，皂臣舆，舆臣隶，隶臣僚，僚臣仆，仆臣台，马有圉，牛有牧，以待百事。今有司曰：'女胡执人于王宫？'将焉执之？周文王之法曰'有亡，荒阅[8]'，所以得天下也。吾先君文王，作仆区之法[9]，曰盗所隐器，与盗同罪，所以封汝也[10]。若从有司，是无所执逃臣也。逃而舍之，是无陪台也[11]。王事无乃阙乎？昔武王数纣之罪，以告诸侯曰，纣为天下逋逃主，萃渊薮[12]，故夫致死焉。君王始求诸侯而则纣，无乃不可乎？若以二文之法取之[13]，盗有所在矣[14]。"王曰：

"取而臣以往,盗有宠[15],未可得也。"遂赦之。

【注释】

〔1〕王旌:楚王所用的旌旗。 〔2〕芋尹无宇:申无宇。断之:砍断旗子的旒,即流苏。 〔3〕辞:申诉,辩解。 〔4〕经略:筹划、治理天下。 〔5〕正封:治理境内。封与略均指边界。 〔6〕毛:草。此指土地所长之物。 〔7〕所引诗见《诗·小雅·北山》。普,今作"溥"。 〔8〕荒阅:大肆搜捕。 〔9〕仆区:隐藏,窝藏。 〔10〕杜注:"行善法,故能启疆,北至汝水。" 〔11〕陪台:逃奴抓回者为陪台,比最低等奴隶台还低一等。 〔12〕渊薮:渊为鱼所藏,薮为兽所聚,形容纣处为天下逃亡者聚集地。 〔13〕二文:周文王、楚文王。 〔14〕盗有所在:杜注:"言王亦为盗。" 〔15〕杜注:"盗有宠,王自谓。"

楚子成章华之台,愿与诸侯落之。大宰薳启彊曰:"臣能得鲁侯。"薳启彊来召公,辞曰:"昔先君成公,命我先大夫婴齐曰:'吾不忘先君之好,将使衡父照临楚国,镇抚其社稷,以辑宁尔民[1]。'婴齐受命于蜀,奉承以来,弗敢失陨,而致诸宗祧。日我先君共王[2],引领北望,日月以冀。传序相授,于今四王矣[3]。嘉惠未至,唯襄公之辱临我丧。孤与其二三臣,悼心失图[4],社稷之不皇[5],况能怀思君德!今君若步玉趾,辱见寡君,宠灵楚国[6],以信蜀之役,致君之嘉惠,是寡君既受贶矣,何蜀之敢望[7]?其先君鬼神,实嘉赖之,岂唯寡君?君若不来,使臣请问行期[8],寡君将承质币而见于蜀[9],以请先君之贶。"

【注释】

〔1〕辑:安。事见成公二年。 〔2〕日:往日。 〔3〕四王:杜注:

"四王,共、康、郏敖及灵王。"〔4〕悼心:心中摇撼不定。〔5〕不皇:不暇。谓遭丧事而无暇。〔6〕灵:福。〔7〕杜注:"言但欲使君来,不敢望如蜀复有质子。"〔8〕行期:指领兵出征之期。意为楚将伐鲁,鲁将出兵应战,是恐吓语。〔9〕质:挚。

公将往,梦襄公祖[1]。梓慎曰:"君不果行。襄公之适楚也,梦周公祖而行。今襄公实祖,君其不行。"子服惠伯曰:"行。先君未尝适楚,故周公祖以道之。襄公适楚矣,而祖以道君。不行,何之?"

三月,公如楚,郑伯劳于师之梁[2]。孟僖子为介[3],不能相仪。及楚,不能答郊劳。

【注释】
〔1〕祖:祭路神。〔2〕师之梁:郑城门名。〔3〕孟僖子:仲孙貜。

夏四月甲辰朔,日有食之。晋侯问于士文伯曰:"谁将当日食[1]?"对曰:"鲁、卫恶之[2],卫大鲁小。"公曰:"何故?"对曰:"去卫地,如鲁地[3],于是有灾,鲁实受之[4]。其大咎,其卫君乎,鲁将上卿。"公曰:"《诗》所谓'彼日而食,于何不臧'者[5],何也?"对曰:"不善政之谓也。国无政,不用善,则自取谪于日月之灾。故政不可不慎也。务三而已,一曰择人,二曰因民,三曰从时。"

【注释】
〔1〕当日食:古人以日食为不祥,人将受其祸。〔2〕恶之:受其

恶。〔3〕去卫地,如鲁地:此次日食发生于卫地的分野而结束于鲁地的分野。〔4〕杜注:"灾发于卫,而鲁受其馀祸。"〔5〕所引诗见《诗·小雅·十月之交》。彼日,今作"此日"。

晋人来治杞田,季孙将以成与之[1]。谢息为孟孙守[2],不可。曰:"人有言曰,虽有挈瓶之知[3],守不假器,礼也。夫子从君,而守臣丧邑,虽吾子亦有猜焉。"季孙曰:"君之在楚,于晋罪也。又不听晋,鲁罪重矣。晋师必至,吾无以待之,不如与之,间晋而取诸杞。吾与子桃[4],成反,谁敢有之,是得二成也。鲁无忧而孟孙益邑,子何病焉。"辞以无山,与之莱、柞[5],乃迁于桃。晋人为杞取成。

【注释】
〔1〕成:即郕,本杞田,后为孟氏封邑,在今山东宁阳县北。〔2〕守:成宰。〔3〕挈瓶之知:垂瓶汲水的智慧。指小智慧。〔4〕桃:在今山东汶上县东北。〔5〕莱、柞:二小山,在山东莱芜市。

楚子享公于新台[1],使长鬣者相[2],好以大屈[3]。既而悔之。薳启彊闻之,见公。公语之,拜贺。公曰:"何贺?"对曰:"齐与晋、越欲此久矣。寡君无适与也,而传诸君[4],君其备御三邻,慎守宝矣,敢不贺乎?"公惧,乃反之。

【注释】
〔1〕新台:即章华台。〔2〕长鬣:长须。或谓高大健壮的人。〔3〕大屈:弓名。〔4〕传:送,授。

郑子产聘于晋。晋侯有疾,韩宣子逆客,私焉,曰:"寡君寝疾,于今三月矣,并走群望[1],有加而无瘳[2]。今梦黄熊入于寝门,其何厉鬼也?"对曰:"以君之明,子为大政[3],其何厉之有?昔尧殛鲧于羽山[4],其神化为黄熊,以入于羽渊[5],实为夏郊[6],三代祀之。晋为盟主,其或者未之祀也乎?"韩子祀夏郊。晋侯有间[7],赐子产莒之二方鼎。

【注释】
〔1〕并走:遍走。群望:所有望祀的山川。 〔2〕瘳:减损,病愈。〔3〕大政:正卿。 〔4〕殛:诛杀。 〔5〕羽渊:羽山流水汇为渊。〔6〕郊:郊祭所祀神。 〔7〕有间:病渐痊愈。

子产为丰施归州田于韩宣子[1],曰:"日君以夫公孙段为能任其事,而赐之州田,今无禄早世,不获久享君德。其子弗敢有,不敢以闻于君,私致诸子。"宣子辞。子产曰:"古人有言曰:'其父析薪[2],其子弗克负荷。'施将惧不能任其先人之禄[3],其况能任大国之赐?纵吾子为政而可,后之人若属有疆埸之言[4],敝邑获戾,而丰氏受其大讨[5]。吾子取州,是免敝邑于戾,而建置丰氏也。敢以为请。"宣子受之,以告晋侯。晋侯以与宣子。宣子为初言[6],病有之,以易原县于乐大心[7]。

【注释】
〔1〕丰施:郑公孙段之子。 〔2〕析薪:劈柴。此喻父辈勤劳创业。

〔3〕任：负荷，承担。 〔4〕属：碰巧，遇到。 〔5〕大讨：大治罪。
〔6〕初言：起初争州田之言，见昭公三年。 〔7〕原县：今河南济源市西北。为晋邑而赐乐大心者。乐大心：宋大夫。

郑人相惊以伯有，曰"伯有至矣"，则皆走，不知所往。铸刑书之岁二月，或梦伯有介而行[1]，曰："壬子，余将杀带也[2]。明年壬寅，余又将杀段也。"及壬子，驷带卒。国人益惧。齐、燕平之月壬寅[3]，公孙段卒。国人愈惧。其明月，子产立公孙洩及良止以抚之[4]，乃止。子大叔问其故。子产曰："鬼有所归，乃不为厉，吾为之归也。"大叔曰："公孙洩何为？"子产曰："说也[5]，为身无义而图说，从政有所反之[6]，以取媚也[7]。不媚，不信。不信，民不从也。"

【注释】
〔1〕介：穿甲。 〔2〕带：驷带。 〔3〕齐、燕平之月：此年正月。 〔4〕公孙洩：子孔之子。良止：伯有之子。 〔5〕说：取得欢心。 〔6〕从政：执政。反之：违背礼仪。 〔7〕媚：悦，爱。

及子产适晋，赵景子问焉[1]，曰："伯有犹能为鬼乎？"子产曰："能。人生始化曰魄[2]，既生魄，阳曰魂[3]。用物精多[4]，则魂魄强。是以有精爽，至于神明。匹夫匹妇强死[5]，其魂魄犹能冯依于人，以为淫厉。况良霄，我先君穆公之胄，子良之孙，子耳之子，敝邑之卿，从政三世矣。郑虽无腆，抑谚曰蕞尔国[6]，而三世执其政柄，其用物也弘矣，其取精也多矣[7]。其族又大，所冯厚矣。而强死，能为鬼，不亦宜乎？"

【注释】
〔1〕赵景子：赵成。〔2〕化：死。〔3〕阳：阳神。魄为阴神。〔4〕用物：享用的物品。〔5〕强死：不得善终。〔6〕蕞尔：小。〔7〕精：物之精。

子皮之族饮酒无度，故马师氏与子皮氏有恶[1]。齐师还自燕之月，罕朔杀罕魋[2]。罕朔奔晋。韩宣子问其位于子产。子产曰："君之羁臣，苟得容以逃死，何位之敢择？卿违[3]，从大夫之位，罪人以其罪降，古之制也。朔于敝邑，亚大夫也，其官，马师也。获戾而逃，唯执政所置之。得免其死，为惠大矣，又敢求位？"宣子为子产之敏也[4]，使从嬖大夫。

【注释】
〔1〕马师氏：公孙钽之子罕朔，官马师，与子皮同族。公孙钽为子皮之父子展的弟弟。〔2〕罕魋：与罕朔为从父兄弟。〔3〕违：离开国家。〔4〕敏：审，恰当。

秋八月，卫襄公卒。晋大夫言于范献子曰："卫事晋为睦[1]，晋不礼焉，庇其贼人而取其地[2]，故诸侯贰。《诗》曰：'鹡鸰在原，兄弟急难[3]。'又曰：'死丧之威，兄弟孔怀[4]。'兄弟之不睦，于是乎不吊[5]，况远人，谁敢归之？今又不礼于卫之嗣[6]，卫必叛我，是绝诸侯也。"献子以告韩宣子。宣子说，使献子如卫吊，且反戚田。卫齐恶告丧于周，且请命。王使成简公如卫吊[7]，且追命襄公曰："叔父陟恪[8]，在我先王之左右，以佐事上帝。余敢忘高圉、亚圉[9]？"

【注释】

〔1〕睦：顺、敬，和睦。〔2〕贼人：指孙林父。〔3〕所引诗见《诗·小雅·常棣》。鹡鸰，即鹡鸰，一种水鸟。〔4〕所引诗亦见《常棣》。威，畏。孔，甚。〔5〕不吊：不善。〔6〕不礼于卫之嗣：指不去卫国吊丧。嗣，嗣君。〔7〕成简公：王卿士。〔8〕陟恪：升天。〔9〕高圉、亚圉：周之祖先。

九月，公至自楚。孟僖子病不能相礼，乃讲学之，苟能礼者从之。及其将死也[1]，召其大夫，曰："礼，人之干也。无礼，无以立。吾闻将有达者曰孔丘，圣人之后也，而灭于宋[2]。其祖弗父何[3]，以有宋而授厉公。及正考父佐戴、武、宣[4]，三命兹益共[5]。故其鼎铭云：'一命而偻，再命而伛，三命而俯。循墙而走，亦莫余敢侮。饘于是[6]，鬻于是[7]，以糊余口。'其共也如是。臧孙纥有言曰：'圣人有明德者，若不当世[8]，其后必有达人。'今其将在孔丘乎？我若获没，必属说与何忌于夫子[9]，使事之，而学礼焉，以定其位。"故孟懿子与南宫敬叔师事仲尼。仲尼曰："能补过者，君子也。《诗》曰：'君子是则是效[10]。'孟僖子可则效已矣。"

【注释】

〔1〕及其将死：孟僖子死于昭公二十四年。〔2〕灭于宋：孔子六代祖孔父嘉为宋华督所杀。〔2〕弗父何：宋湣公子，厉公之兄，当嗣位

而让于厉公。〔4〕正考父：弗父何之曾孙，历佐戴公、武公、宣公。〔5〕三命：任上卿。兹：更加。〔6〕饘(zhān)：厚粥。〔7〕鬻(zhōu)：稀粥。〔8〕当世：为国君。〔9〕说：一作"阅"，即南宫敬叔。何忌：即孟懿子。〔10〕所引诗见《诗·小雅·鹿鸣》。

　　单献公弃亲用羁[1]。冬十月辛酉，襄、顷之族杀献公而立成公[2]。

　　十一月，季武子卒。晋侯谓伯瑕曰[3]："吾所问日食，从之，可常乎[4]？"对曰："不可。六物不同，民心不壹，事序不类，官职不则，同始异终，胡可常也？《诗》曰：'或燕燕居息，或憔悴事国[5]。'其异终也如是。"公曰："何谓六物？"对曰："岁、时、日、月、星、辰是谓也。"公曰："多语寡人辰，而莫同。何谓辰？"对曰："日月之会是谓辰，故以配日。"

【注释】

　　〔1〕单献公：周卿士，靖公之子，顷公孙。羁：他国逃臣。〔2〕成公：献公之弟。〔3〕伯瑕：即士文伯。〔4〕常：作为规律。〔5〕所引诗见《诗·小雅·北山》。憔悴，今作"尽瘁"。燕燕，安逸的样子。居息，在家休息。

　　卫襄公夫人姜氏无子，嬖人婤姶生孟絷。孔成子梦康叔谓己[1]："立元[2]，余使羁之孙圉与史苟相之[3]。"史朝亦梦康叔谓己："余将命而子苟与孔烝鉏之曾孙圉相元。"史朝见成子，告之梦，梦协。晋韩宣子为政，聘于诸侯之岁[4]，婤姶生子，名之曰元。孟絷之足不良能行。孔成子以《周易》筮之，曰："元尚享卫国[5]，主其社稷。"遇《屯》☷。又曰："余尚立縶，尚克嘉之[6]。"遇《屯》☷之《比》☷[7]。以示史朝。史朝曰："元亨[8]，又何疑焉？"成子曰："非长之谓乎[9]？"对曰："康叔名之，可谓长矣。孟非人也，将不列于宗[10]，不可谓长。且其繇曰'利建侯'。嗣吉，何建？建非嗣也[11]。二卦皆云，子其建之。康叔命之，二卦告之。筮袭于梦，武王所用也[12]，弗从何为？弱足者居，侯主社稷，临祭祀，奉民人，事鬼神，从会朝，又焉得居？各以所利，不亦可乎？"故孔成子立灵公。十二月癸亥，葬卫襄公。

【注释】

〔1〕孔成子：孔烝鉏，卫上卿。康叔：卫国始祖。〔2〕元：孟縶弟。杜注："梦时元未生。"〔3〕羁：孔成子之子。圉：即仲叔圉，谥文子。史苟：史朝之子，亦谥文子，一作史狗。〔4〕杜注："在二年。"〔5〕尚：希望。〔6〕余尚立縶，尚克嘉之：此前一"尚"是"还"之意，后一"尚"是"希望"意。〔7〕屯之比：《屯》"震"下"坎"上，初九爻变，成《比》。〔8〕元亨：为《屯》卦卦辞。史朝释"元"为人名，而孔成子释年长。〔9〕长：孔成子原意为年长之长，史朝释为"善之长"。〔10〕杜注："足跛非全人，不可立为宗主。"〔11〕建非嗣也：如立孟縶是嗣位，不是"建侯"。〔12〕武王所用：《国语·周语》引《大誓》云："朕梦协朕卜，袭于休祥，戎商必克。"

【译文】

[经]

七年春，周历正月，北燕与齐国讲和。

三月，昭公去楚国。叔孙婼去齐国参加盟会。

夏四月甲辰朔，发生日食。

秋八月戊辰，卫襄公恶去世。

九月，昭公从楚国回国。
冬十一月癸未，季孙宿去世。
十二月癸亥，安葬卫襄公。

[传]

七年春，王正月，北燕与齐国讲和，是出自齐国的提议。癸巳，齐景公住在虢地。燕国人前来讲和，说："敝邑已经知道自己的罪过，怎么敢不听从命令？先君破旧的器具，谨献上以谢罪。"公孙晳说："接受了他们的顺服而退兵，等候他们有乱子就出兵，这是可以的。"二月戊午，在濡水边结盟。燕国人把燕姬嫁给齐景公，赠送给他瑶瓮、玉椟、有耳的玉罍。齐国没有达到目的而回兵。

楚灵王做令尹的时候，打着楚王用的旌旗去打猎。芋尹无宇斩断旌旗的流苏，说："一国有两个国君，有谁受得了？"到楚灵王即位，建造章华宫，接纳逃亡的人住在宫里。无宇的看门人有罪逃入宫内，无宇要逮捕他，管理宫殿的官员不让他抓，说："在王宫里抓人，这罪过大了。"把无宇抓起来去见楚灵王。楚灵王正准备喝酒，无宇辩解说："天子治理天下，诸侯治理自己国内，这是古代定下的制度。疆界之内，没一处不是君王的土地。吃着土地上生长的东西，没一人不是君王的臣子。所以《诗》说：'普天之下哪块地，不是国王的领土。四海之内哪个人，不是国王的臣仆。'天上有十个太阳，人分为十个等级，下级以此事奉上级，上级以此祭祀神明。所以王领导公，公领导大夫，大夫领导士，士领导皂，皂领导舆，舆领导隶，隶领导僚，僚领导仆，仆领导台，牧马有圉，养牛有牧，以管理各种事物。如今管宫殿的官说：'你干吗在王宫抓人？'请问我该在哪里抓他？周文王的法令说'有人逃亡，大肆搜捕'，周文王因此得了天下。我们的先君文王，制订窝藏罪的法令，说收藏了盗贼的赃物，与盗贼同罪，所以得到了直到汝水的封地。如果听从管宫殿的官员的说法，是没地方可以逮捕逃亡的奴隶了。奴隶逃跑而放弃搜捕，这样就没有陪台了，国家的工作不就有所缺失了么？往昔武王列举纣的罪行，以通告诸侯说，纣为天下逃亡者的窝主，是逃亡者聚集的渊薮，所以众人不顾死亡攻打他。君王开始求取诸侯拥护而效法纣,恐怕是不行的吧?如果依照二位文王的法令来捕捉盗贼,盗贼是有地方可捕获的。"楚灵王说:"带着你的逃奴走吧,盗贼正受上天宠爱,你还不能抓获他。"于是赦免了无宇。

楚灵王造好了章华台,想与诸侯一起庆祝落成。太宰薳启彊说:"臣能把鲁侯请来。"薳启彊来我国召请昭公,致辞说:"往昔先君成公,命令我先大夫婴齐说:'我不忘记先君的友好关系,将让衡父光临楚国,镇定安抚国家,来使你们的百姓安定。'婴齐在蜀地接受命令。自从奉命以来,不敢怠慢抛弃,而向宗庙祭告。往昔我先君共王,伸长了脖子北望,天天在盼望贵君来我国。世代相传,到现在已经是第四代君王了。给我们的恩赐没能实现,只有襄公屈尊光临参加我们的丧礼。那时遗孤与几位臣子,为丧事心神不定没有主意,对国家都无暇顾及,怎能感怀到贵国国君的恩德呢!如今君王如能移驾光临,屈尊会见寡君,使楚国受到恩宠福泽,来实现蜀地盟会的诺言,把君王的恩赐送来,这样寡君就受到恩赐了,怎敢希望同蜀地盟会所说派人为人质呢?我们的先君鬼神已经嘉许与受惠,岂独寡君?君王如果不肯来,使臣谨此请问出兵的日期,寡君将带着进见的礼物在蜀地与君王相会,以要求得到当年成公许诺的恩赐。"

昭公准备前往楚国,梦见襄公为他祭祀路神。梓慎说:"君王最终将去不了。襄公去楚国时,梦见周公为他祭祀路神然后前往。如今是襄公祭祀路神,君王还是不去为是。"子服惠伯说:"还是去。先君没有去过楚国,所以周公祭祀路神为他引路。襄公去过楚国,所以祭祀路神为君王引路。不去,去哪里?"

三月,昭公去楚国,郑简公在师之梁门慰劳昭公。孟僖子做副手,不能相礼。到了楚国,不能在楚国行郊劳礼时答礼。

夏四月甲辰朔,发生日食。晋平公问士文伯说:"这次日食应验在谁身上?"士文伯回答说:"鲁、卫将受到灾祸。卫大鲁小。"晋平公说:"为什么?"士文伯回答说:"日食时逐渐离开卫国的分野,到达鲁国的分野,在这时发生灾祸,鲁国要承受部分灾祸。其中大灾,恐怕要落在卫国国君身上吧,鲁国将落在上卿身上。"晋平公问:"《诗》所说的'那个太阳遭了蚀,哪些地方做得差',

是什么意思？"士文伯回答说："这说的是政事不善。国家没有善政，不用善人，就自己在日月的灾祸中承受灾祸，所以政事是不能不慎重的。致力做好三点就行了，一是选拔贤人，二是做人民有利的事，三是顺从时令办事。"

晋国人来划定杞国的田界，季孙准备把成邑还给杞国。谢息为孟孙氏镇守成邑，不同意交出成邑，说："人们有这样的话：虽然只有小智慧，也懂得守着器物不出借，这是礼。家主人跟随国君出外，我守臣丢失了他的封邑，即使是家主也将会有所疑忌。"季孙说："君王在楚国，对晋国来说是罪过。又不听从晋国的，鲁国的罪重了。晋国军队必然会来，我们无法抵御他们。不如给杞国成邑，等晋国有机可乘时再从杞国取回。我给你桃邑，成邑一旦回归，谁敢占有它！这就等于得到了两个成邑了。鲁国没有忧患而孟孙氏增加城邑，你担心什么呢！"谢息以桃邑没有山为由拒绝，季孙给他莱、柞二山，他才迁往桃邑。晋国人为杞国取得成邑。

楚灵王在新台设享礼款待昭公，选长须大汉为相礼，送给昭公名叫大屈的名弓。不久楚灵王后悔了。薳启彊听说后，去拜见昭公。昭公与他谈起这事，他下拜祝贺。昭公说："有什么可祝贺的？"薳启彊回答说："齐国与晋国、越国想得到这把弓已经很久了。寡君没有把它给别人，却送给了君王。君王要预备抵御三个邻国，谨慎地守卫这宝物，岂敢不祝贺？"昭公害怕，就把弓还给楚王。

郑子产去晋国聘问。晋平公有病，韩宣子迎接宾客，私下与子产交谈，说："寡君卧病，至今已经三个月了，所有该祭祀的山川神祇都祭祀遍了，病只有加重而不见减轻。现在梦见黄熊进入寝宫的门，这是什么恶鬼？"子产回答说："以君王的贤明，您作为正卿，哪里会有恶鬼？往昔尧把鲧诛杀于羽山，他的神灵变成了黄熊，进入羽渊，为夏朝郊祭所祀的神，三代都祭祀他。晋国作为盟主，也许是没有祭祀他吧？"韩宣子祭祀鲧。晋平公的病渐渐痊愈，赐给子产莒国的两只方鼎。

子产为丰施把州县的田地还给韩宣子，说："往日君王因为公孙段能够承担事务，因此赐给他州县的田地。如今公孙段不幸早死，不能够长久地享有君王的恩德。他的儿子不敢占有，又不敢向君王开口，所以私下送给你。"宣子推辞。子产说："古人有句话说：'他的父亲劈柴，他的儿子无法把柴背走。'丰施害怕不能承受他先人的禄位，更何况承受大国的恩赐？即使您执政能够维持，以后的人如果碰上边境上的摩擦，敝邑获罪，丰氏将受到重重治罪。您把州县取去，是免除敝邑的罪过，而扶持安顿丰氏。谨此向您请求。"宣子接受了，把这事报告了晋平公。晋平公把州县给了韩宣子。宣子因为当初对州县发表的意见，对接受州县感到不安，就把它与乐大心换了原县。

郑国人因为伯有鬼魂出现而互相惊恐，有人说"伯有来了"，就都逃走，慌不择路。在把刑法铸在鼎上这一年的二月，有人梦见伯有穿着甲走路，说："壬子日，我将杀死驷带。明年的壬寅日，我又将杀死公孙段。"到了壬子日，驷带去世。国人更加害怕。齐、燕议和的这个月的壬寅日，公孙段去世。国人怕得更厉害。到下个月，子产立了公孙洩与良止来安抚伯有的鬼魂，伯有才没有再显灵。子太叔问子产缘故，子产说："鬼有了归宿，就不会再作恶，我是为他安排了归宿。"子太叔说："那么为什么又立公孙洩呢？"子产说："是为了取悦于鬼魂。立身没有道义而希望得到快乐，执政官有所违背礼仪，就会使得鬼魂高兴。不使鬼魂高兴，鬼魂就不讲信用。不讲信用，人民就不会顺从。"

到了子产去晋国，赵景子问起这件事，说："伯有尚且能变成鬼魂吗？"子产说："能。一个人刚死叫做魄，阴神变了魄，阳神叫做魂。他活着时享用的物品精美丰富，他的魂魄就强壮。因此就能够现形，一直到成为神明。普通男女不得好死，他的魂魄尚且能依附在别人身上，成为祸害。何况伯有，是我国先君穆公的后代，是子良的孙子，子耳的儿子，敝邑的卿，执政已经三世了。郑国虽然不富有，或许就像谚语所说的'小小的国家'，但三世执掌郑国国政，他享用的物品很多，他取得物品的精粹也很多。他的族又大，所凭依的力量雄厚，而又不得善终，他能变成鬼魂，不是很正常的吗？"

子皮的族人饮酒没有节制，所以马师氏罕朔与子皮氏关系恶劣。齐军从燕国回兵的那个月，罕朔杀死了罕魋。罕朔逃到晋国。

韩宣子向子产询问安排罕朔什么官位。子产说:"君王的寄居之臣,只要能够避免一死,哪敢选择什么官位?卿离开他的国家,随大夫的班位,有罪的人根据罪行的大小降级,这是古代定的制度。罕朔在敝邑,是亚大夫,他的官职是马师。他获罪逃亡,就当听凭执政的安排。他得以免于一死,所得的恩惠就很大了,又怎么敢要求官位?"韩宣子认为子产答得很恰当,让罕朔排在下大夫班次中。

秋八月,卫襄公去世。晋大夫对范献子说:"卫国事奉晋国恭顺友爱,晋国对他们却不加礼遇,庇护他们的叛徒而占领他们的土地,所以诸侯叛离。《诗》说:'鹡鸰流落在高原,有了急难兄弟来支援。'又说:'死亡是那样地可怕,兄弟要互相关心。'兄弟之间不和睦,因此就不互相亲善,何况是疏远的人,谁敢来归顺?如今又对卫国的嗣君无礼,卫国必定背叛我们,这样做会摒绝诸侯的。"范献子把这番话告诉韩宣子。韩宣子认为说得很对,派范献子去卫国吊唁,同时归还戚邑田地。卫齐恶去周朝通报丧事,同时请求赐予宠命。周景王派成简公去卫国吊唁,同时追命襄公说:"叔父升天,在我们先王的左右,以辅佐事奉上帝。我岂敢忘了高圉、亚圉?"

九月,昭公从楚国回国。孟僖子因为自己不能相礼而羞愧,于是学习礼仪,凡是有能精擅礼仪的人他就跟他学。到孟僖子将去世时,召集了属下大夫们,说:"礼,犹如人的躯干,没有礼,就不能够立身。我听说有个将会闻达的人名叫孔丘,他是圣人的后代,家族在宋国灭亡了。他的祖先弗父何,应当做宋国的国君而让给厉公。到了正考父,辅佐戴公、武公、宣公,做了三命的卿而更加恭敬。所以他的鼎上铭文说:'一命而曲背,二命而弯身,三命而弯腰。靠着墙快步走,也没有人敢把我欺负。在这鼎里煮稠粥,在这鼎里熬稀饭,用来糊我的口。'他就是这样恭敬。臧孙纥有句话说:'圣人中具有完美的德行的,如果不做国君,他的后代一定有闻名于世的人。'如今恐怕就应在孔丘身上吧?我如果得以善终,一定要把说与何忌托付给孔丘,让他们事奉孔丘,向孔丘学礼,以安定他们的职位。"所以孟懿子与南宫敬叔拜孔子为师。孔子说:"能够补救缺失的人,就是君子。《诗》说:'学习效仿君子。'孟僖子可以学习效仿了。"

单献公抛弃亲人而任用外来的逃臣。冬十月辛酉,襄公、顷公的族人杀死了献公而立成公。

十一月,季武子去世。晋平公对士文伯说:"我所向你询问的有关日食的事,已经应验了。这占法可以引作通常规律吗?"士文伯回答说:"不行。六物不相同,民心不一致,事情的顺序不一样,官员的好坏不相等,开始相同而结果不同,怎么可以引作通常规律呢?《诗经》说:'有的人在家休息,从容宽安,有的人为国事操劳,憔悴不堪。'结果不同正如此类。"晋平公说:"什么叫六物?"伯瑕回答说:"岁、时、日、月、星、辰就叫六物。"晋平公说:"有很多人对寡人说到辰而解释不同,什么叫辰?"伯瑕回答说:"日月交会就叫辰,所以用来和日相配。"

卫襄公夫人姜氏没生儿子,宠姬婤姶生孟絷。孔成子梦见康叔对自己说:"立元为国君,我让羁的孙子圉与史苟辅佐他。"史朝也梦见康叔对自己说:"我将命令你的儿子苟与孔烝钼的曾孙圉辅佐元。"史朝去进见成子,告诉他自己的梦,两梦相合。晋韩宣子任执政去向诸侯聘问的那年,婤姶生子,取名为元。孟絷的脚跛行走不便。孔成子用《周易》占筮,说:"元希望享有卫国,主持社稷。"得到《屯》卦䷂。孔成子又说:"我也想立絷,希望得到赞同。"得到《屯》卦䷂变成《比》卦䷇。他把卦象给史朝看。史朝说:"元吉利,又有什么可怀疑的?"成子说:"元不是'长'的意思吗?"史朝回答说:"康叔为他取名,可称善之长了。孟絷不够格称全人,不能作为宗主,称不上'长'。再说这卦的繇辞说'利建侯'。如果嗣位吉利,为什么还要建立?建侯不是指嗣位。二卦所说都一样,您还是建立侯为好。康叔为他取名,两次卦象告诉了我们这意思。卜筮与梦相合,这是武王所采用过的,为什么不听从?脚不好的人待在家里,国君主持社稷,参加祭祀,奉养人民,事奉鬼神,参与会见朝见,又怎能待在家中?他们俩各自做有利于自己的事,不也是可以的吗?"所以孔成子立了灵公。十二月癸亥,安葬卫襄公。

春秋左传卷二十二　昭公三

昭 公 八 年

[经]

八年春[1]，陈侯之弟招杀陈世子偃师[2]。

夏四月辛丑，陈侯溺卒。

叔弓如晋。

楚人执陈行人干徵师杀之[3]。

陈公子留出奔郑。

秋，蒐于红[4]。

陈人杀其大夫公子过。

大雩。

冬十月壬午，楚师灭陈。

执陈公子招，放之于越。

杀陈孔奂。

葬陈哀公。

【注释】

〔1〕八年：公元前534年。〔2〕陈侯：陈哀公。〔3〕杜注："称行人，明非行人之罪。"〔4〕红：在今江苏萧县西南。

[传]

八年春，石言于晋魏榆[1]。晋侯问于师旷曰："石何故言？"对曰："石不能言，或冯焉[2]。不然，民听滥也[3]。抑臣又闻之曰：'作事不时，怨讟动于民[4]，则有非言之物而言。'今宫室崇侈，民力凋尽，怨讟并作，莫保其性[5]。石言，不亦宜乎？"于是晋侯方筑虒祁之宫[6]。叔向曰："子野之言[7]，君子哉！君子之言，信而有征，故怨远于其身。小人之言，僭而无征，故怨咎及之。《诗》曰：'哀哉不能言，匪舌是出，唯躬是瘁。哿矣能言，巧言如流，俾躬处休[8]。'其是之谓乎！是宫也成，诸侯必叛，君必有咎，夫子知之矣。"

【注释】

[1]魏榆：在今山西榆次区西北。 [2]冯：有物凭依。 [3]滥：失。 [4]怨讟(dú)：怨言，诽谤。 [5]性：生，指生活，生存。 [6]虒(sī)祁之宫：在今山西侯马市附近。 [7]子野：师旷。 [8]所引诗见《诗·小雅·雨无正》。叔向在此解释与原诗意不尽同。出，疵，病。哿(gě)，嘉，欢乐。巧言如流，谓正言而顺叙所闻所见，所以能自取安逸。

陈哀公元妃郑姬，生悼大子偃师，二妃生公子留，下妃生公子胜。二妃嬖，留有宠，属诸司徒招与公子过。哀公有废疾[1]。三月甲申，公子招、公子过杀悼大子偃师，而立公子留。夏四月辛亥，哀公缢。干徵师赴于楚，且告有立君，公子胜愬之于楚[2]，楚人执而杀之[3]。公子留奔郑。书曰"陈侯之弟招杀陈世子偃师"，罪在招也；"楚人执陈行人干徵师杀之"，罪不在行人也。

【注释】
〔1〕废疾：神经不健全或残废。〔2〕愬之于楚：杜注："以招、过杀偃师告愬也。"〔3〕杀之：杀干徵师。

叔弓如晋，贺虒祁也。游吉相郑伯以如晋，亦贺虒祁也。史赵见子大叔，曰："甚哉，其相蒙也[1]！可吊也[2]，而又贺之！"子大叔曰："若何吊也？其非唯我贺，将天下实贺。"

【注释】
〔1〕蒙：欺。〔2〕吊：贺之反义，哀伤。

秋，大蒐于红，自根牟至于商、卫[1]，革车千乘[2]。

七月甲戌，齐子尾卒，子旗欲治其室[3]。丁丑，杀梁婴[4]。八月庚戌，逐子成、子工、子车[5]，皆来奔，而立子良氏之宰[6]。其臣曰："孺子长矣，而相吾室，欲兼我也。"授甲，将攻之。陈桓子善于子尾，亦授甲，将助之。或告子旗，子旗不信。则数人告。将往，又数人告于道，遂如陈氏。桓子将出矣，闻之而还，游服而逆之[7]，请命。对曰："闻彊氏授甲将攻子[8]，子闻诸？"曰："弗闻。""子盍亦授甲？无宇请从。"子旗曰："子胡然？彼孺子也，吾诲之犹惧其不济，吾又宠秩之[9]。其若先人何？子盍谓之？《周书》曰：'惠不惠，茂不茂[10]。'康叔所以服弘大也[11]。"桓子稽颡曰："顷、灵福子，吾犹有望。"遂和之如初。

【注释】
〔1〕根牟：鲁东境，在今山东莒县西南。商：即宋国。〔2〕革车：兵车。〔3〕子旗：栾施。〔4〕梁婴：子尾的家宰。〔5〕子成、子工、子车：杜注："三子，齐大夫，子尾之属。子成，顷公子固也；子工，成之弟铸也；子车，顷公之孙捷也。"〔6〕子良：子尾之子高彊。〔7〕游服：便服。谓脱去戎服。〔8〕彊氏：即高彊。〔9〕宠秩之：指为其立家宰。〔10〕所引为《尚书·康诰》文。茂，今作"懋"，勉。〔11〕服：做事。

陈公子招归罪于公子过而杀之。九月，楚公子弃疾帅师奉孙吴围陈[1]，宋戴恶会之[2]。冬十一月壬午，灭陈。舆嬖袁克[3]，杀马毁玉以葬。楚人将杀之，请置之[4]。既又请私[5]，私于幄，加绖于颡而逃[6]。使穿封戌为陈公[7]，曰："城麇之役[8]，不谄。"侍饮酒于王。王曰："城麇之役，女知寡人之及此，女其辟寡人乎？"对曰："若知君之及此，臣必致死礼[9]，以息楚国。"晋侯问于史赵曰："陈其遂亡乎？"对曰："未也。"公曰："何故？"对曰："陈，颛顼之族也。岁在鹑火，是以卒灭[10]，陈将如之。今在析木之津[11]，犹将复由[12]。且陈氏得政于齐，而后陈卒亡。自幕至于瞽瞍[13]，无违命。舜重之以明德，置德于遂[14]，遂世守之。及胡公不淫[15]，故周赐之姓，使祀虞帝。臣闻盛德必百世祀，虞之世数未也。继守将在齐，其兆既存矣。"

【注释】

〔1〕孙吴：太子偃师之子，后立为惠公。 〔2〕戴恶：宋大夫。 〔3〕嬖：嬖大夫，即下大夫。舆嬖，掌君之乘。 〔4〕置：赦。 〔5〕私：小便。 〔6〕加绖：加首绖，指为哀公服丧。 〔7〕穿封戌：楚臣，见襄公二十六年传。 〔8〕城麇之役：见襄公二十六年。 〔9〕致死礼：言为郏敖致死杀灵王。 〔10〕岁在鹑火，是以卒灭：颛顼死时，岁星在鹑火之次。 〔11〕析木之津：箕、斗之间的银河中。 〔12〕复由：复生。由，木生枝条。 〔13〕幕：颛顼之后，舜的祖先。 〔14〕遂：舜后。殷汤兴，存舜之后而封遂。 〔15〕胡公不淫：遂之后人。周赐姓妫，以太姬配之，封于陈。

【译文】

[经]

八年春，陈哀公的弟弟招杀死陈太子偃师。

夏四月辛丑，陈哀公溺去世。

叔弓去晋国。

楚国人拘捕了陈国行人干徵师，把他杀了。

陈公子留出逃到郑国。

秋，在红地举行盛大阅兵式。

陈国人杀死他们的大夫公子过。

举行求雨的雩祭。

冬十月壬午，楚国军队灭亡了陈国。

拘捕陈公子招，把他放逐到越国。

杀死陈孔奂。

安葬陈哀公。

[传]

八年春，晋国魏榆地方有石头说话。晋平公向师旷询问说："石头为什么说话？"师旷回答说："石头不能说话，也许是有什么东西附在它身上。不然的话，就是人民的错觉。不过臣又听说道：'做事情不合乎时令，激起了人民的怨恨谤言，就会有不会说话的东西说话。'如今宫室高崇奢侈，人民的财力耗尽，怨恨与谤言一起兴起，没有人能够保障自己的生活。石头说话，不是很正常的事吗？"这时候晋平公正在建造虒祁宫。叔向说："师旷的话，正是君子的言论啊！君子的话，诚实而能被证实，所以怨恨远离他的身边。小人的话，虚假而无法被证实，所以怨恨灾祸降临他身上。《诗》说：'可悲有话难表达，不是舌头生疔疮，是怕灾祸降身上。能说会道真正好，美言妙语似水淌，安逸舒适如愿偿。'说的就是这个吧！这座宫殿建成，诸侯一定会叛离，国君定会遭到灾祸，师旷已经知道了。"

陈哀公的夫人郑姬，生下悼太子偃师，第二夫人生下公子留，第三夫人生下公子胜。第二夫人受到哀公宠幸，公子留也就得宠，哀公把他嘱托给司徒招与公子过。哀公有残疾。三月甲申，公子招、公子过杀死了悼太子偃师，而立公子留为太子。夏四月辛亥，哀公上吊而死。干徵师去楚国报丧，同时报告已经立了新君，公子胜去楚国控诉，楚国人把干徵师抓起来杀了。公子留逃往郑国。《春秋》记载说"陈哀公的弟弟招杀死陈太子偃师"，是说罪在公子招；说"楚国人拘捕了陈国行人干徵师，把他杀了"，是说罪不在行人。

叔弓去晋国，祝贺虒祁宫落成。游吉辅佐郑简公去晋国，也是为了祝贺虒祁宫落成。史赵进见游吉，说："太过分了，你们这样欺蒙我们！应该是哀伤的事，反而来表示祝贺！"游吉说："为什么要表示哀伤？不但是我要祝贺，天下对此都要祝贺。"

秋，在红地举行盛大阅兵式，从根牟一直到宋国、卫国接壤处，共出动了革车千辆。

七月甲戌，齐子尾去世，子旗想治理好子尾的家室。丁丑，杀死梁婴。八月庚戌，放逐子成、子工、子车，三人都逃来我国，子旗为子良立了家宰。子良的家臣们说："孩子已经长大了，他却要帮助管理我们的家政，是想要兼并我们。"发放武器衣甲，准备攻打子旗。陈桓子与子尾关系密切，也发放武器衣甲，准备帮助子良家。有人报告了子旗，子旗不相信。又有好几人来报告这消息。子旗想去子良家探虚实，在路上又碰上几个人来报告，于是改道去陈桓子家。陈桓子已经打算出发了，听到子旗来，返回内室换了便衣去迎接子旗。子旗问陈桓子打算怎么办。陈桓子回答说:"听说子良家发放武器衣甲打算进攻你,你听说了吗?"子旗回答说:"没有听说。"陈桓子说:"你何不也发放武器衣甲?我请求跟随你。"子旗说:"你干吗要这样?他是个孩子,我教导他还怕他难以办好事,我所以又为他立家宰。如果相互攻击,怎么向他的先人交代?你何不去对他讲讲这道理?《周书》说:'关怀没有人关怀的人,劝勉没有人劝勉的人。'这是康叔所以做事宽宏大度的缘故。"陈桓子叩头说:"顷公、灵公赐福给您,我还希望得到您的关怀劝勉。"于是使两家与过去一样和好。

陈公子招把罪责推到公子过身上,把他杀了。九月,楚公子弃疾率领军队奉事陈太子的儿子吴包围了陈国,宋戴恶率兵会合楚军。冬十一月壬午,灭亡了陈国。管君王车辆的下大夫袁克杀马毁玉为陈哀公下葬。楚国人准备杀死袁克,袁克求饶,不久又请求让他小便,他去帐篷里小便,把麻带缠在头上逃走了。楚灵王命穿封戌为陈公,说:"在城麇那次事件中,他不谄媚。"穿封戌陪侍楚灵王饮酒。灵王说:"城麇那次事件,你如果知道寡人会到现在这个地位,你会避让我吗?"穿封戌说:"如果知道君王会到这个地位,臣一定会拼死杀您,以安定楚国。"晋平公向史赵询问说:"陈国莫非就这么灭亡了吗?"史赵回答说:"不会。"晋平公说:"为什么?"史赵回答说:"陈国,是颛顼氏的同族。岁星处在鹑火,所以颛顼氏终于灭亡,陈国也会同样如此。如今岁星在银河中的析木间,陈国还将复兴。再说陈氏在齐国取得了政权后,陈国才会最终灭亡。从幕一直到瞽瞍,没有人违背天命。舜又增加了美好的德行,把这德行落实到遂,遂的后代一直保持着它。到了胡公不淫,所以周朝赐给他姓,让他祭祀虞帝。臣听说有盛大德行的人一定能享受百代祭祀,虞的世代还没达到这数目。继承对虞的祭祀将在齐国,它的预兆已经在那里了。"

昭 公 九 年

[经]

九年春[1],叔弓会楚子于陈[2]。

许迁于夷[3]。

夏四月,陈灾。

秋,仲孙貜如齐。

冬,筑郎囿[4]。

【注释】

〔1〕九年:公元前533年。 〔2〕楚子:楚灵王。 〔3〕夷:在今安徽亳县东南。 〔4〕囿:有围墙的园子。

[传]

九年春,叔弓、宋华亥、郑游吉、卫赵黡会楚子于陈。

二月庚申,楚公子弃疾迁许于夷,实城父,取州来淮北之田以益之[1]。伍举授许男田[2]。然丹迁城父人于陈,以夷濮西田益之[3]。迁方城外人于许。

【注释】
〔1〕州来：即今安徽凤台县。〔2〕许男：许悼公。〔3〕濮：濮水，即沙水，今已堙。

周甘人与晋阎嘉争阎田[1]。晋梁丙、张趯率阴戎伐颍[2]。王使詹桓伯辞于晋，曰："我自夏以后稷，魏、骀、芮、岐、毕[3]，吾西土也。及武王克商，蒲姑、商奄[4]，吾东土也。巴、濮、楚、邓[5]，吾南土也。肃慎、燕、亳[6]，吾北土也。吾何迩封之有？文、武、成、康之建母弟[7]，以蕃屏周，亦其废队是为[8]，岂如弁髦而因以敝之[9]。先王居梼杌于四裔[10]，以御螭魅，故允姓之奸[11]，居于瓜州[12]。伯父惠公归自秦[13]，而诱以来，使逼我诸姬，入我郊甸，则戎焉取之[14]。戎有中国，谁之咎也？后稷封殖天下[15]，今戎制之，不亦难乎？伯父图之。我在伯父，犹衣服之有冠冕，木水之有本原，民人之有谋主也。伯父若裂冠毁冕，拔本塞原，专弃谋主，虽戎狄其何有余一人？"

【注释】
〔1〕甘人：指甘大夫襄。甘，在今河南洛阳市西南。阎嘉：晋阎大夫。阎地不详，当离甘不远。〔2〕阴戎：即陆浑之戎。颍：在今河南登封市西南。〔3〕杜注："在夏世以后稷功，受此五国，为西土之长。"骀，即邰，后稷始封地，在今陕西武功县西南。芮，今山西芮城县。岐，今陕西岐山县。毕，今陕西咸阳市。〔4〕蒲姑：今山东博兴县。商奄：在今山东曲阜县。〔5〕巴：今四川重庆市。濮：今湖北石首市一带。楚：指楚都，今湖北江陵县。邓：今河南邓州市。〔6〕肃慎：在东北黑龙江宁安以北至混同江一带。燕：即今北京市。亳：不详。〔7〕建母弟：封同母弟土地以建国。〔8〕废队：败坏堕落。〔9〕弁髦：一种帽

子,即缞布冠。敝:弃。 〔10〕梼杌:四凶之一。详文公十八年传文。
〔11〕允姓:阴戎之祖。 〔12〕瓜州:详襄公十四年传。 〔13〕伯父惠
公:晋惠公。 〔14〕焉:于是。 〔15〕封殖:培育。

叔向谓宣子曰:"文之伯也,岂能改物[1]?翼戴天子而加之以共。自文以来,世有衰德而暴灭宗周,以宣示其侈[2],诸侯之贰,不亦宜乎?且王辞直,子其图之。"宣子说。王有姻丧,使赵成如周吊,且致阎田与襚,反颍俘。王亦使宾滑执甘大夫襄以说于晋[3],晋人礼而归之。

【注释】
〔1〕物:制度,礼法。 〔2〕侈:骄奢。 〔3〕宾滑:周大夫。

夏四月,陈灾。郑裨灶曰:"五年,陈将复封。封五十二年而遂亡。"子产问其故。对曰:"陈,水属也[1],火,水妃也[2],而楚所相也[3]。今火出而火陈,逐楚而建陈也。妃以五成[4],故曰五年。岁五及鹑火,而后陈卒亡,楚克有之,天之道也,故曰五十二年[5]。"

【注释】
〔1〕水属:杜注:"陈,颛顼之后,故为水属。" 〔2〕妃:配。
〔3〕相:治。楚之先祝融,为高辛氏火正,主治火事。 〔4〕妃以五成:古代阴阳五行,谓天一生水,地二生火,天三生木,地四生金,天五生土,互相配合。 〔5〕杜注:"是岁岁在星纪,五岁及大梁,而陈复封。自大梁四岁而及鹑火。后四周四十八岁,凡五及鹑火,五十二年。天数以五为纪,故五及鹑火,火盛水衰。"

晋荀盈如齐逆女[1],还,六月,卒于戏阳[2]。殡于绛,未葬。晋侯饮酒,乐。膳宰屠蒯趋入[3],请佐公使尊。许之。而遂酌以饮工[4],曰:"女为君耳,将司聪也[5]。辰在子卯,谓之疾日[6]。君彻宴乐,学人舍业,为疾故也。君之卿佐,是谓股肱。股肱或亏,何痛如之?女弗闻而乐,是不聪也。"又饮外嬖嬖叔曰:"女为君目,将司明也。服以旌礼[7],礼以行事,事有其物[8],物有其容[9]。今君之容,非其物也,而女不见,是不明也。"亦自饮也,曰:"味以行气[10],气以实志[11],志以定言,言以出令。臣实司味,二御失官,而君弗命,臣之罪也。"公说,彻酒。初,公欲废知氏而立其外嬖[12],为是悛而止。秋八月,使荀跞佐下军以说焉[13]。

【注释】
〔1〕逆女:杜注:"自为逆。" 〔2〕戏阳:在今河南内黄县北。〔3〕膳宰:主膳食的官。 〔4〕工:师旷。 〔5〕司聪:杜注:"乐所以聪耳。" 〔6〕疾日:忌日。商纣死于甲子,夏桀死于乙卯,故以二日为忌日。 〔7〕旌:表。 〔8〕物:类。 〔9〕容:貌。 〔10〕行气:使气血畅通。 〔11〕实志:使意志充实。 〔12〕知氏:指荀盈。 〔13〕荀跞:荀盈子知文子,代父为下军佐。说:杜注:"自解说。"

孟僖子如齐殷聘[1],礼也。

冬,筑郎囿,书,时也。季平子欲其速成也[2],叔孙昭子曰:"《诗》曰:'经始勿亟,庶民子来[3]。'焉用速成?其以剿民也[4]。无囿犹可,无民其可乎?"

【注释】

〔1〕殷聘：盛大的聘问。 〔2〕季平子：季孙意如，悼子之子，武子之孙。 〔3〕所引诗见《诗·大雅·灵台》。 〔4〕勦：劳。

【译文】

[经]

九年春，叔弓在陈国会见楚灵王。

许国迁移到夷地。

夏四月，陈国发生火灾。

秋，仲孙貜去齐国。

冬，修筑郎囿。

[传]

九年春，叔弓、宋华亥、郑游吉、卫赵黡在陈国会见楚灵王。

二月庚申，楚公子弃疾把许国迁移到夷地，定居城父，用州来在淮水以北的田地增补给许国。伍举举行仪式把田地授给许悼公。然丹把城父人民迁移到陈国，用夷地在濮水以西的田地增补给城父人。把方城以外的人民迁移到原许国。

周朝甘邑大夫襄与晋国阎嘉争夺阎地的田地。晋梁丙、张趯率领阴戎攻打颍地。周景王派詹桓伯去责备晋国，说："我们在夏朝因为后稷的功劳，封魏、骀、芮、岐、毕，这是我们西部的领土。到武王战胜商朝，蒲姑、商奄，是我们东部的领土；巴、濮、楚、邓，是我们南部的领土；肃慎、燕、亳，是我们北部的领土。我们在近处哪里有与别人交界的领土？文王、武王、成王、康王分封同母弟国家，是用来作为周朝的藩篱屏障，也是为了防止周室败坏堕落，难道是同缁布冠一样用过就丢掉？先王让梼杌等居住在四方边远之地，以抵御山林中的精怪，所以允姓中的奸人住在瓜州。伯父惠公从秦国回来，就引诱他们前来，让他们威胁我们姬姓国家，进入我们郊甸，戎人因此占据了这里。戎人占有中原，这是谁的罪责？后稷培植养育了天下，如今让戎人管着，这不是太难以令人接受了吗？请伯父好好想一想。我们对于伯父来说，就好比衣服有冠冕，树木泉水有根有源，人民有谋主。伯父如果撕坏冠冕，拔掉树根，堵塞水源，专断而丢弃谋主，即使是戎狄有谁把我这人放在眼里？"

叔向对韩宣子说："文公做诸侯领袖时，难道有办法改易礼制？他辅佐拥护天子而更加恭敬。自从文公以来，晋君每代都德行有亏，却损害周室，用以宣扬自己的骄奢，诸侯背叛，不也是很正常的吗？再说周王的辞令理直气壮，您还是考虑一下。"韩宣子认为他说的对。周景王有亲戚去世，韩宣子便派赵成去周吊唁，并且送上阎邑的田地与入殓的衣服，送回在颍地擒获的俘虏。周景王也令宾滑逮捕甘邑大夫襄以取悦于晋国，晋国人对他加以礼遇后放回。

夏四月，陈国发生火灾。郑裨灶说："过五年，陈国将重新受封。封了五十二年后被灭亡。"子产问他缘故，他回答说："陈国，隶属于水，火，是水的配偶，而楚国是主治火的。如今大火星出现而陈国发生火灾，这是驱逐楚国而重建陈国的预兆。阴阳五行以五相配，所以说要五年。岁星五次经过鹑火，然后陈国最终灭亡，楚国胜陈而占有它，这是上天之道，所以说要五十二年。"

晋荀盈去齐国迎亲，回国途中，六月，在戏阳去世。停棺在绛都，还没下葬。晋平公饮酒，奏乐。膳宰屠蒯快步入宫，请求帮助国君斟酒，晋平公同意了。屠蒯于是酌酒给师旷饮，说："你是君王的耳朵，是要使君王听力灵敏。在子或卯的日子，称之为忌日，君王罢免宴会不奏音乐，学习的人停止演习，这是为了忌讳的缘故。君王的卿佐，称之为股肱。股肱如果有了折损，还有比它更令人痛心的事吗？你没有听说荀盈去世而奏乐，这是你耳朵不聪。"又给宠臣嬖叔饮酒说："你是君王的眼睛，是要使君王目力明亮。服饰用来表示礼仪，礼仪用来指导行事，凡事都有它的类别，各类事物通过外貌表达。如今君王的外貌与他所遇到的事反映不合，你却没见到，这是你眼睛不明亮。"自己也喝了一杯，说："口味是用来使气血畅通，气血是用以使意志充实，意志用来确定言论，言语用来发布命令。臣是职掌调和口味的，两位侍御失职，而君王没下令纠正，这是我臣下的罪过。"晋平公觉得他说得好，命令撤除宴席。起初，晋平公打算废除荀盈家族而立他的宠臣为卿，为此改变想法没付诸实施。秋八月，任命荀跞辅佐下军以表示自己心意。

孟僖子去齐国举行盛大的聘问，这是合乎礼的。

冬，修筑郎囿。《春秋》记载，是因为合乎时令。季平子想加快工程进度早日完工，叔孙昭子说："《诗》说：'开始建造不着急，百姓如同儿子自动来。'哪里用得着加快进度？这样做是使人民劳累。没有园林还是可以的，没有人民行吗？"

昭 公 十 年

[经]

十年春[1],王正月。

夏,齐栾施来奔[2]。

秋七月,季孙意如、叔弓、仲孙貜帅师伐莒。

戊子,晋侯彪卒。

九月,叔孙婼如晋,葬晋平公。

十有二月甲子,宋公成卒[3]。

【注释】

〔1〕十年:公元前532年。 〔2〕栾施:即子旗。 〔3〕成:《公羊》作戌,阮元考证谓当从。

[传]

十年春,王正月,有星出于婺女[1]。郑裨灶言于子产曰:"七月戊子,晋君将死。今兹岁在颛顼之虚[2],姜氏、任氏实守其地[3]。居其维首[4],而有妖星焉[5],告邑姜也[6]。邑姜,晋之妣也。天以七纪[7],戊子,逢公以登[8],星斯于是乎出。吾是以讥之[9]。"

【注释】

〔1〕婺女：即女宿。杜注："客星也，不书，非孛。"〔2〕颛顼之虚：即玄枵，在二十八宿中为女、虚、危三宿。〔3〕姜氏、任氏：齐、薛二国。〔4〕维：星次。婺女为玄枵之首。〔5〕妖星：即客星。指突然增亮的星或明暗变化的星，也有可能是新增的星。〔6〕邑姜：姜太公女，晋始封祖唐叔之母。婺女意为已出嫁之女，故言告邑姜。〔7〕天以七纪：二十八宿分四方，每方各七宿。戊在天干排第七，所以推为七月戊子。〔8〕逢公：殷诸侯，居齐地，以戊子日死，而妖星出现。〔9〕讯：同"乩"，占卜，预测。

齐惠栾、高氏皆耆酒[1]，信内多怨[2]，强于陈、鲍氏而恶之[3]。夏，有告陈桓子曰："子旗、子良将攻陈、鲍。"亦告鲍氏。桓子授甲而如鲍氏，遭子良醉而骋，遂见文子[4]，则亦授甲矣。使视二子，则皆将饮酒。桓子曰："彼虽不信，闻我授甲，则必逐我。及其饮酒也，先伐诸？"陈、鲍方睦，遂伐栾、高氏。

【注释】

〔1〕齐惠栾、高氏：栾施子旗与高彊子良均齐惠公后代。〔2〕内：妇人。〔3〕强：强盛。〔4〕文子：鲍国。

子良曰："先得公[1]，陈、鲍焉往？"遂伐虎门[2]。晏平仲端委立于虎门之外[3]，四族召之，无所往。其徒曰："助陈、鲍乎？"曰："何善焉？""助栾、高乎？"曰："庸愈乎[4]？""然则归乎？"曰："君伐焉归？"公召之而后入。公卜使王黑以灵姑銔率[5]，吉，请断三尺焉而用之。五月庚辰，战于稷[6]，栾、高败，又败诸庄[7]。国人追之，又败诸鹿门[8]。栾施、高彊来奔。

陈、鲍分其室。

【注释】
〔1〕先得公：先得到国君支持。此谓要挟国君以令国人。〔2〕虎门：路寝门。杜注："欲入，公不听，故伐公门。"〔3〕端委：穿朝服。〔4〕庸：岂。愈：超过。〔5〕王黑：齐臣。灵姑銔：周王赐齐桓公的旌旗。〔6〕稷：稷门，齐城门。〔7〕庄：临淄城内大街。〔8〕鹿门：齐城门。

晏子谓桓子："必致诸公。让，德之主也，让之谓懿德。凡有血气，皆有争心，故利不可强[1]，思义为愈。义，利之本也，蕴利生孽[2]。姑使无蕴乎，可以滋长。"桓子尽致诸公，而请老于莒[3]。

【注释】
〔1〕不可强：不可强取。〔2〕蕴：蓄，积。孽：妖害。〔3〕莒：齐邑，在齐东部。

桓子召子山[1]，私具幄幕、器用、从者之衣屦，而反棘焉[2]。子商亦如之，而反其邑。子周亦如之，而与之夫于[3]。反子城、子公、公孙捷[4]，而皆益其禄。凡公子、公孙之无禄者，私分之邑。国之贫约孤寡者，私与之粟。曰："《诗》云'陈锡载周'[5]，能施也，桓公是以霸。"公与桓子莒之旁邑，辞。穆孟姬为之请高唐[6]，陈氏始大。

【注释】

〔1〕子山：与子商、子周均为襄公三十一年子尾所逐的公子。〔2〕棘：在今临淄西北，近稷门。 〔3〕夫于：在今山东邹平县东。〔4〕子城、子公、公孙捷：均为昭公八年子旗所逐者。 〔5〕所引诗见《诗·大雅·文王》。载，今作"哉"。 〔6〕穆孟姬：景公母。高唐：今山东高唐县。

秋七月，平子伐莒取郠[1]，献俘，始用人于亳社[2]。臧武仲在齐，闻之，曰："周公其不飨鲁祭乎！周公飨义，鲁无义。《诗》曰：'德音孔昭，视民不恌[3]。'恌之谓甚矣，而壹用之[4]，将谁福哉！"

【注释】

〔1〕郠(gěng)：莒邑，在今山东沂水县。 〔2〕亳社：殷社。鲁献俘应于周公庙。 〔3〕所引诗见《诗·小雅·鹿鸣》。昭，明。视，示。恌，刻薄。 〔4〕壹：专一。

戊子，晋平公卒。郑伯如晋，及河，晋人辞之。游吉遂如晋。

九月，叔孙婼、齐国弱、宋华定、卫北宫喜、郑罕虎、许人、曹人、莒人、邾人、薛人、杞人、小邾人如晋，葬平公也。郑子皮将以币行[1]。子产曰："丧焉用币？用币必百两[2]，百两必千人，千人至，将不行[3]。不行，必尽用之。几千人而国不亡？"子皮固请以行。既葬，诸侯之大夫欲因见新君。叔孙昭子曰："非礼也。"弗听。叔向辞之，曰："大夫之事毕矣，而又命孤。孤斩焉在衰绖之中[4]，其以嘉服见，则丧礼未毕。

其以丧服见，是重受吊也，大夫将若之何？"皆无辞以见。子皮尽用其币，归，谓子羽曰："非知之实难，将在行之。夫子知之矣，我则不足。《书》曰：'欲败度，纵败礼[5]。'我之谓矣。夫子知度与礼矣，我实纵欲而不能自克也。"

【注释】
〔1〕以币行：奉献礼物，拜见新君。〔2〕百两：一百辆车。〔3〕行：还。〔4〕斩焉：哀痛貌。〔5〕所引《书》已佚，古文《尚书》入《太甲》中篇。度，法度。纵，随心所欲，放纵。

昭子至自晋，大夫皆见，高彊见而退。昭子语诸大夫曰："为人子，不可不慎也哉！昔庆封亡，子尾多受邑而稍致诸君，君以为忠而甚宠之。将死，疾于公宫[1]，辇而归，君亲推之。其子不能任，是以在此。忠为令德，其子弗能任，罪犹及之，难不慎也[2]？丧夫人之力[3]，弃德旷宗[4]，以及其身，不亦害乎？《诗》曰：'不自我先，不自我后[5]。'其是之谓乎？"

【注释】
〔1〕疾于公宫：在公宫被疾。〔2〕难："奈何"的合音。〔3〕夫人：指子尾。力：功劳。〔4〕旷宗：使宗庙得不到祭祀。〔5〕所引诗见《诗·小雅·正月》。

冬十二月，宋平公卒。初，元公恶寺人柳[1]，欲杀之。及丧，柳炽炭于位[2]，将至，则去之。比葬，又有宠。

【注释】

〔1〕元公:平公太子佐。 〔2〕位:丧位。时天寒,炽炭使位暖,去之则便于坐。

【译文】

[经]

十年春,周历正月。

夏,齐栾施逃来我国。

秋七月,季孙意如、叔弓、仲孙貜率领军队攻打莒国。

戊子,晋平公彪去世。

九月,叔孙婼去晋国,参加晋平公葬礼。

十二月甲子,宋平公成去世。

[传]

十年春,周历正月,有客星出现在婺女宿。郑裨灶对子产说:"七月戊子,晋国国君将死。今年岁星在玄枵,姜氏、任氏据有玄枵的分野。婺女星在玄枵首位,而有客星出现,是预告灾祸将降临给邑姜。邑姜,是晋始封君的母亲。天际以七来记载,戊子,逢公去世,客星在那时候出现。我是根据这些来预测的。"

齐惠公族人栾氏、高氏都嗜好饮酒,听信妇人的话而导致怨恨他们的人很多。他们势力比陈氏、鲍氏强盛而又厌恶陈氏、鲍氏。夏,有人报告陈桓子说:"子旗、子良将攻打陈氏、鲍氏。"同时也报告了鲍氏。桓子把武器衣甲发放给部下而去鲍氏家,路上遇到子良喝醉了酒驾车奔驰,就去进见鲍文子,鲍文子也已经把武器衣甲发放给部下了。派人去窥探子旗、子良,他们都正打算喝酒。陈桓子说:"攻打我们的事虽然不真实,但他们听说我们发放武器衣甲,就一定会放逐我们。乘他们在饮酒,先去攻打他们怎么样?"陈、鲍二家关系正亲密,于是就去攻打栾氏、高氏。

子良说:"先得到国君的支持,陈氏、鲍氏能跑到哪里去。"就攻打虎门。晏平仲穿着朝服站在虎门外,四族都召唤他,他全都不去。他的手下问他:"帮助陈氏、鲍氏吗?"晏平仲说:"他们有什么善行值得帮助?"又问:"帮助栾氏、高氏吗?"晏平仲说:"他们难道比陈氏、鲍氏好吗?"手下又问:"那么回去吧?"晏平仲说:"国君遭到攻打,我回哪里去?"齐景公召见他,然后进宫。景公为了派王黑用灵姑铻领兵而占卜,吉利,请求将旗砍断三尺后再使用。五月庚辰,在稷门交战,栾氏、高氏打败,又在庄街被打败。国人追击他们,又在鹿门打败他们。栾施、高彊逃来我国。陈氏、鲍氏瓜分了栾氏、高氏的家财。

　　晏子对陈桓子说:"一定要把两家的财产交给国君。谦让,是德行的主体,谦让别人称为美德。凡是有血气的人,都有争竞之心,所以对利益不可强取,要想到道义能胜过一切。道义,是利益的根本,蓄积利益就会产生妖孽。姑且让它没有蓄积吧,可以让它慢慢增长。"桓子把所得到的全都交给景公,而请求在莒地养老。

　　陈桓子召见子山,私下里准备了帐幕、器物、从者的衣服鞋子,而还给他棘地。对子商也是这样,也归还他的封邑。子周也是这样,而给了他夫于。让子城、子公、公孙捷回国,都给他们增加俸禄。凡是公子、公孙中没有俸禄的,私下分给他们封邑。国中贫困孤寡的人,私下给他们粮食。说:"《诗》说'陈列获得的赏赐来给别人就创建了周朝',这就是能够施舍的缘故,桓公因为这样而成为盟主。"齐景公给陈桓子莒邑邻近的城邑,陈桓子辞谢了。穆孟姬为他请求高唐,陈氏开始强大。

　　秋七月,季平子攻打莒国占领郠地,奉献俘虏,开始在亳社用人祭祀。臧武仲在齐国,听说后,说:"周公也许将不享用鲁国的祭祀了吧!周公享用合乎道义的祭祀,鲁国不合乎道义。《诗》说:'德行高尚有美名,待民宽厚不刻薄。'鲁国这样做可称得上刻薄过分了。而又专门这样做,上天将会赐福给谁呢!"

　　戊子,晋平公去世。郑简公去晋国,到黄河边,晋国人辞谢。游吉于是就去晋国。

　　九月,叔孙婼、齐国弱、宋华定、卫北宫喜、郑罕虎、许国人、曹国人、莒国人、邾国人、薛国人、杞国人、小邾国人去晋国,参加晋平公葬礼。郑罕虎准备带了礼物去。子产说:"吊丧哪里用得着礼物?用礼物就一定要一百辆车,一百辆车一定要一千个人跟从。一千个人到那儿，一时回不来。回不来，就一定要把礼物用完。几次派千人送礼，国家还有不灭亡的吗？"罕虎坚持一定要这样做。安葬了晋平公后，诸侯的大夫想因此而拜见新君。叔孙婼说："这是不合乎礼的。"大夫们不听。叔向拒绝说："大夫前来吊丧的事已办完了，而又命令孤。孤哀痛地处在守丧期间，如果穿吉服相见，丧礼却还没有结束；如果穿着丧服相见，是再次接受吊唁，大夫准备怎么办？"众人都没有理由再请见。罕虎把带去的礼物都用完了，回国，对子羽说："难的不是在懂得道理，而是在怎样实行。这点子产是懂得了，我却不够。《书》说：'欲望败坏法度，放纵败坏礼法。'这说的就是我。子产知道法度与礼法了，我却是放纵欲望而不能自我克制。"

叔孙婼从晋国回来，大夫们都来进见，高彊进见后就退了出去。叔孙婼对大夫们说："作为一个人的儿子，不可以不谨慎啊！往昔庆封逃亡，子尾得到很多城邑而略微还给国君一部分，国君认为他忠诚而很宠爱他。他临死时，在公宫得病，用车送他回家，国君亲自推车。他的儿子不能继承他，因此到了这儿。忠诚是美德，他的儿子不能继承，罪过尚且降临身上，怎么能不谨慎呢？丧失了先人的功劳，抛弃了德行，使宗庙得不到祭祀，罪过延及自身，不是祸害吗？《诗》说：'我生不早又不晚，灾祸降在我身上。'说的就是他吧？"

冬十二月，宋平公去世。起初，宋元公对寺人柳很厌恶，想把他杀了。等到有了丧事，寺人柳烧了炭炉暖和元公的丧位，元公将到，才把炭炉拿走。到安葬了平公后，寺人柳又得到元公宠爱。

昭公十一年

[经]

十有一年春[1]，王二月，叔弓如宋，葬宋平公。

夏四月丁巳，楚子虔诱蔡侯般杀之于申[2]。

楚公子弃疾帅师围蔡。

五月甲申，夫人归氏薨[3]。

大蒐于比蒲[4]。

仲孙貜会邾子盟于祲祥[5]。

秋，季孙意如会晋韩起、齐国弱、宋华亥、卫北宫佗、郑罕虎、曹人、杞人于厥慭[6]。

九月己亥，葬我小君齐归。

冬十有一月丁酉，楚师灭蔡，执蔡世子有以归，用之[7]。

【注释】

〔1〕十有一年：公元前531年。 〔2〕楚子虔：即楚灵王。本名围，登王位后改名虔。蔡侯般：蔡灵侯。申：在今河南南阳市北。 〔3〕归氏：昭公母，胡女，归姓。 〔4〕比蒲：今不详所在。 〔5〕邾子：邾庄公。祲祥，今不详所在。 〔6〕厥慭：不详所在。或云卫地，在今河南新乡市。 〔7〕用之：用作牺牲。

[传]

十一年春,王二月,叔弓如宋,葬平公也。

景王问于苌弘曰[1]:"今兹诸侯,何实吉?何实凶?"对曰:"蔡凶。此蔡侯般弑其君之岁也,岁在豕韦[2],弗过此矣。楚将有之,然壅也[3]。岁及大梁[4],蔡复,楚凶。天之道也。"

【注释】

〔1〕苌弘:周大夫。〔2〕豕韦:二十八宿中的室宿。〔3〕壅:壅积,积恶使满。〔4〕大梁:二十八宿中的胃、昴、毕三宿。

楚子在申,召蔡灵侯。灵侯将往,蔡大夫曰:"王贪而无信,唯蔡于感[1],今币重而言甘,诱我也,不如无往。"蔡侯不可。三月丙申,楚子伏甲而飨蔡侯于申,醉而执之。夏四月丁巳,杀之,刑其士七十人。公子弃疾帅师围蔡。

【注释】

〔1〕感:憾,恨。

韩宣子问于叔向曰:"楚其克乎?"对曰:"克哉!蔡侯获罪于其君,而不能其民,天将假手于楚以毙之,何故不克?然肸闻之,不信以幸[1],不可再也。楚王奉孙吴以讨于陈[2],曰:'将定而国。'陈人听命,而遂县之[3]。今又诱蔡而杀其君,以围其国,虽幸而克,必受其咎,弗能久矣。桀克有缗以丧其国,纣克东夷而陨其身。楚小位下,而亟暴于二王[4],能无咎乎?天之假助不善[5],非祚之也,厚其凶恶而降之罚也。且譬之如天,其有五材而将用之[6],力尽而敝之[7],是以无拯,不可没振[8]。"

【注释】
〔1〕不信以幸:以不讲信用而得利。〔2〕孙吴:陈惠公,太子偃师之子。〔3〕事见昭公八年。〔4〕亟:屡。〔5〕假:借。〔6〕五材:金、木、水、火、土。〔7〕敝:弃。〔8〕没振:终兴。

五月,齐归薨,大蒐于比蒲,非礼也。

孟僖子会邾庄公,盟于祲祥,修好,礼也。泉丘人有女梦以其帷幕孟氏之庙[1],遂奔僖子,其僚从之[2]。盟于清丘之社,曰:"有子,无相弃也。"僖子使助薳氏之簉[3]。反自祲祥,宿于薳氏,生懿子及南宫敬叔于泉丘人。其僚无子,使字敬叔[4]。

【注释】
〔1〕泉丘:当在今山东宁阳、泗水间。〔2〕僚:同伴。〔3〕薳氏:僖子别邑。簉:副,妾。〔4〕字:抚养。

楚师在蔡,晋荀吴谓韩宣子曰:"不能救陈,又不能救蔡,物以无亲[1],晋之不能,亦可知也已!为盟主而不恤亡国,将焉用之?"

【注释】
〔1〕物:人。

秋，会于厥慭，谋救蔡也。郑子皮将行，子产曰："行不远，不能救蔡也。蔡小而不顺，楚大而不德，天将弃蔡以壅楚，盈而罚之[1]，蔡必亡矣。且丧君而能守者，鲜矣。三年，王其有咎乎！美恶周必复[2]，王恶周矣。"晋人使狐父请蔡于楚[3]，弗许。

【注释】
〔1〕盈：即恶贯满盈之意。 〔2〕周：指岁星行一周，即十二年。复：报复，报应。 〔3〕狐父：晋大夫。

单子会韩宣子于戚[1]，视下言徐。叔向曰："单子其将死乎！朝有著定[2]，会有表[3]，衣有襘[4]，带有结。会朝之言，必闻于表著之位，所以昭事序也[5]。视不过结、襘之中，所以道容貌也[6]。言以命之，容貌以明之，失则有阙。今单子为王官伯[7]，而命事于会，视不登带，言不过步，貌不道容，而言不昭矣。不道，不共；不昭，不从。无守气矣[8]。"

【注释】
〔1〕单子：单成公。 〔2〕著定：即宁定，固定的位置。宁，门屏之间。 〔3〕表：位次的表记。 〔4〕襘：衣衿交会处。 〔5〕事序：事理。 〔6〕道：治。 〔7〕王官伯：天子百官之长。 〔8〕守气：保守身体之气。

九月，葬齐归，公不戚。晋士之送葬者，归以语史赵。史赵曰："必为鲁郊[1]。"侍者曰："何故？"曰："归，姓也[2]。不思亲，祖不归也[3]。"叔向曰："鲁公室其卑乎！君有大丧，国不废蒐。有三年之丧，而无一日之戚。国不恤丧，不忌君也[4]。君无戚容，不顾亲也。国不忌君，君不顾亲，能无卑乎？殆其失国。"

【注释】
　　[1]必为鲁郊：言昭公必出在郊野，不能有国。　[2]姓：生，子。[3]归：依附，保佑。　[4]忌：敬畏。

　　冬十一月，楚子灭蔡，用隐大子于冈山[1]。申无宇曰："不祥。五牲不相为用[2]，况用诸侯乎？王必悔之。"
　　十二月，单成公卒。

【注释】
　　[1]隐大子：太子有。隐为谥号。冈山：不详。　[2]五牲：牛、羊、豕、犬、鸡。

　　楚子城陈、蔡、不羹[1]。使弃疾为蔡公。王问于申无宇曰："弃疾在蔡，何如？"对曰："择子莫如父，择臣莫如君。郑庄公城栎而置子元焉[2]，使昭公不立。齐桓公城榖而置管仲焉，至于今赖之。臣闻五大不在边[3]，五细不在庭[4]。亲不在外，羁不在内[5]。今弃疾在外，郑丹在内[6]，君其少戒。"王曰："国有大城，何如？"对曰："郑京、栎实杀曼伯[7]，宋萧、亳实杀子游[8]，齐渠丘实杀无知[9]，卫蒲、戚实出献公[10]，若由是观之，则害于国。末大必折，尾大不掉[11]，君所知也。"

【注释】

〔1〕不羹：有二，一在河南襄城县东南，为西不羹；一在河南舞阳县北，为东不羹。〔2〕栎：今河南禹县。子元：庄公之子。或云即厉公。〔3〕五大：太子、母弟、贵宠公子、公孙、累世正卿。〔4〕五细：贱、少、远、新、小者。〔5〕羁：他国逃臣。〔6〕郑丹：他国逃臣，官右尹。〔7〕曼伯：指子仪，庄公十四年被杀。〔8〕杀子游：见庄公十二年。〔9〕渠丘：即葵丘，在临淄西，雍廪封邑。庄公九年，雍廪杀无知。〔10〕蒲、戚：杜注："蒲，宁殖邑；戚，孙林父邑。出献公在襄十四年。"〔11〕掉：摇，转动。此以尾巴大了转动不灵，喻臣子势力大了难以控制。

【译文】

[经]

十一年春，周历二月，叔弓去宋国，参加宋平公葬礼。

夏四月丁巳，楚灵王虔诱骗蔡灵侯般，在申地把他杀死。

楚公子弃疾率领军队包围蔡国。

五月甲申，夫人齐归去世。

在比蒲举行盛大阅兵式。

仲孙貜与邾庄公相会，在祲祥结盟。

秋，季孙意如与晋韩起、齐国弱、宋华亥、卫北宫佗、郑罕虎、曹国人、杞国人在厥慭相会。

九月己亥，安葬我国夫人齐归。

冬十一月丁酉，楚军灭亡蔡国，擒获蔡太子有回国，用他作牺牲。

[传]

十一年春，周历二月，叔弓去宋国，是参加宋平公葬礼。

周景王问苌弘说："今年诸侯们，哪个吉利，哪个不吉利？"

苌弘回答说："蔡国不吉利。今年是蔡灵侯般杀死他的国君的年份,岁星在豕韦,他过不了今年了。楚国将占有蔡国,但只是使自己积蓄罪恶。到了岁星在大梁那年,蔡将复国,楚国不吉利。这是天道。"

楚灵王在申地,召见蔡灵侯。灵侯将要前往,蔡国的大夫说:"楚王贪婪而不讲信用,对蔡国只存仇恨。如今来人送的礼物很重而话说得很好听,这是诱骗我们,不如不去。"蔡灵侯不同意。三月丙申,楚灵王在申地埋伏好甲士设享礼款待蔡灵侯,乘他喝醉酒把他抓了起来。夏四月丁巳,杀死蔡灵侯,又杀了他手下士七十人。公子弃疾率领军队包围了蔡国。

韩宣子向叔向询问说:"楚国能攻下蔡国吗?"叔向回答说:"一定能攻下!蔡侯得罪了他的国君,又得不到他的人民的拥护,上天将假借楚国的力量来处死他,为什么攻不下?不过我听说,以不讲信用而得利,不可能重复实现。楚王奉事孙吴讨伐陈国,说:'我将要安定你们的国家。'陈国人听从了他的命令,结果他把陈国作为自己国家的一个县。如今又诱骗蔡国而杀死他们的国君,以包围他们的国家,虽然侥幸攻克,一定会受到它的灾祸,不能长久了。桀战胜了有缗而丧失了他的国家,纣战胜了东夷而丢失了自己的生命。楚国疆域小而地位低下,却多次做出比桀、纣二王更为残暴的事,能够没有灾祸吗?上天借助坏人,不是赐福给他,而是增加他的凶恶然后降临对他的惩罚。而且以上天作譬,天生有五种材料,对它们加以使用,材力用尽就丢弃它们,楚国也是这样,因此不能得到拯救,最终不能兴盛。"

五月,齐归去世,在比蒲举行盛大阅兵式,这是不合乎礼的。

孟僖子会见郑庄公,在祲祥结盟,重修旧好,这是合乎礼的。泉丘人有个女儿做梦用自己的帷幕覆盖了孟氏的宗庙,于是就私奔到孟僖子那儿,她的同伴跟着她。孟僖子与二女在清丘的社神面前盟誓,说:"有了儿子,不要抛弃我。"僖子让她们去服事住在薳氏的妾。僖子从祲祥回来,住在薳氏,与泉丘女子生下懿子及南宫敬叔。她的同伴没有儿子,就让她抚养敬叔。

楚军在蔡国,晋荀吴对韩宣子说:"不能救援陈国,又不能救援蔡国,别人因此不再会亲附我们,晋国的无能,也就可以知道了!作为盟主而不为灭亡的国家担忧,要盟主干什么?"

秋，诸侯的大夫在厥慭相会，是为了商议救援蔡国。郑子皮将要前往，子产说："走不远的，不能够救援蔡国。蔡国小而不顺服，楚国大而没有德行，上天将抛弃蔡国以让楚国积蓄罪恶，让楚罪恶满盈后惩罚它，蔡国必定会灭亡。再说丧失了国君而能坚守住国家的是很少的。三年后，楚王或许会有灾祸吧！美好与邪恶在岁星绕行一周后总会受到报应，楚王做的邪恶事马上要到岁星绕行一周的时间了。"晋国人派狐父为蔡国向楚国求情，楚国不答应。

单成公与韩宣子在戚地相会，单成公眼睛朝下看，说话慢吞吞。叔向说："单子莫非将要死了吧！朝见有规定的位置，会见有画好的表记，衣服有衿，带子有结。会见朝见时说话，一定要让在位的人都听到，用它来表明事情的条理。目光不低于衣结与衿之中，用它来端正仪容外貌。言语用来发布命令，仪容外貌用来表明态度，没做到就是有错误。如今单成公作为天子百官之长，在会议上宣布天子的命令，却目光低于衣带，说话传不了一步，外貌不能端正仪容，言语就不能明白了。不端正就不恭敬，不明白别人就不顺从。他已经失去活人的生气了。"

九月，安葬齐归，昭公不哀伤。晋国参加葬礼的士回国后把情况告诉了史赵。史赵说："他必然会出居鲁国郊外。"侍者说："为什么？"史赵说："他是归氏所生，不思念亲人，祖先不会保佑他。"叔向说："鲁国的公室大约要削弱了吧！国君有重大丧事，国家却不停止阅兵。有三年的丧期，却没有一天的哀伤。国家不因丧事而悲痛，这是不敬畏国君。国君没有哀伤的容貌，这是不顾念亲人。国家不敬畏国君，国君不顾念亲人，公室能不削弱吗？恐怕他会失去君位。"

冬十一月，楚灵王灭亡了蔡国，用隐太子做牺牲祭祀冈山。申无宇说："不吉祥。五种牺牲不能替代使用，更何况用诸侯呢？君王一定会后悔这样做。"

十二月，单成公去世。

楚灵王修筑陈、蔡、不羹的城墙。令弃疾为蔡公。灵王向申无宇询问说："弃疾在蔡地，怎么样？"申无宇回答说："选择儿子没有比得上做父亲的，选择臣子没有比得上做国君的。郑庄公修筑栎地城墙而安置子元，使昭公不能立为国君。齐桓公修筑穀地城墙而安置管仲，到现在齐国还蒙受到利益。臣子听说，五种大人物不安置在边境，五种小人物不安插在朝廷。亲近的人不任外职，寄居的人不任内官。如今弃疾在外，郑丹在内，君王恐怕要稍加戒备。"灵王说："国家有大的城邑，怎么样？"申无宇回答说："郑国的京邑、栎邑导致杀死曼伯，宋国的萧邑、亳邑导致杀死子游，齐国的渠丘导致杀死无知，卫国的蒲邑、戚邑导致赶走献公，如果从这方面来看，就对国家有害。树梢大了必然会折断，尾巴大了就转动不灵，这是君王所明白的。"

昭公十二年

[经]

十有二年春[1],齐高偃帅师纳北燕伯于阳[2]。

三月壬申,郑伯嘉卒。

夏,宋公使华定来聘[3]。

公如晋,至河乃复。

五月,葬郑简公。

楚杀其大夫成熊[4]。

秋七月。

冬十月,公子憖出奔齐。

楚子伐徐[5]。

晋伐鲜虞[6]。

【注释】

〔1〕十有二年:公元前530年。 〔2〕高偃:一作高郾,高傒玄孙。阳:一作唐,在今河北顺平县西,唐县东北。 〔3〕宋公:宋元公。 〔4〕成熊:传作"成虎",或以为熊为名,虎为字。 〔5〕楚子:楚灵王。 〔6〕鲜虞:白狄的别种,都城在今河北正定县北。战国时为中山国。

[传]

十二年春,齐高偃纳北燕伯款于唐,因其众也[1]。

三月,郑简公卒,将为葬除[2]。及游氏之庙[3],将毁焉。子大叔使其除徒执用以立[4],而无庸毁[5],曰:"子产过女,而问何故不毁[6],乃曰,不忍庙也!诺,将毁矣!"既如是,子产乃使辟之[7]。司墓之室[8],有当道者,毁之,则朝而窆[9];弗毁,则日中而窆。子大叔请毁之,曰:"无若诸侯之宾何[10]?"子产曰:"诸侯之宾,能来会吾丧,岂惮日中?无损于宾,而民不害,何故不为?"遂弗毁,日中而葬。君子谓:"子产于是乎知礼。礼,无毁人以自成也。"

【注释】

〔1〕因其众:杜注:"言因唐众欲纳之,故得先入唐。"〔2〕葬除:为出殡而清道。〔3〕游氏之庙:游氏祖庙,即子太叔祖庙。〔4〕除徒:清道的役夫。用:工具。〔5〕无庸:不要。〔6〕而:如果。〔7〕辟:避开,另走他道。〔8〕司墓:墓大夫,管公墓的大夫。〔9〕窆(bèng):葬时下棺入土。毁之则路近,可及朝下葬,不毁则绕道,中午才能下葬。〔10〕诸侯之宾:各国来使。因日中下葬,恐各国大夫不高兴。

夏,宋华定来聘,通嗣君也。享之,为赋《蓼萧》[1],弗知,又不答赋。昭子曰[2]:"必亡。宴语之不怀[3],宠光之不宣[4],令德之不知,同福之不受,将何以在?"

【注释】

〔1〕蓼萧:《诗·小雅》篇名,是诸侯在宴会中祝颂周王的诗。中有"燕笑语兮,是以有誉处兮"句,言宴会快乐;有"既见君子,为龙为光"句,赞扬宾客;有"宜兄宜弟,令德寿岂",赞宾客美德;有"万福攸同"句,谓同享福禄。华定不知诗意,故昭子一一指摘他。〔2〕昭子:叔孙婼。 〔3〕怀:思念。 〔4〕宣:扬。

齐侯、卫侯、郑伯如晋[1],朝嗣君也[2]。公如晋,至河乃复。取郠之役,莒人愬于晋,晋有平公之丧,未之治也,故辞公[3]。公子慭遂如晋。晋侯享诸侯,子产相郑伯辞于享,请免丧而后听命。晋人许之,礼也。晋侯以齐侯宴[4],中行穆子相[5]。投壶,晋侯先。穆子曰:"有酒如淮,有肉如坻[6]。寡君中此,为诸侯师[7]。"中之。齐侯举矢,曰:"有酒如渑[8],有肉如陵。寡人中此,与君代兴。"亦中之。伯瑕谓穆子曰[9]:"子失辞。吾固师诸侯矣,壶何为焉?其以中俊也[10]。齐君弱吾君,归弗来矣。"穆子曰:"吾军帅强御[11],卒乘竞劝,今犹古也,齐将何事?"公孙傁趋进曰[12]:"日旰君勤[13],可以出矣。"以齐侯出。

【注释】

〔1〕齐侯:齐景公。卫侯:卫灵公。郑伯:郑定公,简公子。〔2〕嗣君:晋昭公。 〔3〕辞:不接受朝见。 〔4〕以:与。 〔5〕中行穆子:荀吴。 〔6〕坻:水中高地。 〔7〕师:长。 〔8〕渑:渑水,在今山东境内。 〔9〕伯瑕:士文伯。 〔10〕杜注:"言投壶中,不足为俊异。" 〔11〕强御:即强梁,刚强有力。 〔12〕公孙傁:齐大夫。〔13〕旰:晚。勤:劳。

楚子谓成虎若敖之余也[1]，遂杀之。或潛成虎于楚子，成虎知之而不能行。书曰："楚杀其大夫成虎。"怀宠也。

六月，葬郑简公。

【注释】

〔1〕成虎：为令尹子玉之孙，出若敖氏。此时若敖氏之支鬭氏被逐已七十馀年，楚灵王以此理由杀之，为托词。

晋荀吴伪会齐师者，假道于鲜虞，遂入昔阳[1]。秋八月壬午，灭肥，以肥子绵皋归[2]。

周原伯绞虐其舆臣[3]，使曹逃[4]。冬十月壬申朔，原舆人逐绞而立公子跪寻[5]，绞奔郊[6]。

【注释】

〔1〕昔阳：在今河北晋州市西。或谓为鲜虞属国鼓国之都城。〔2〕肥：鲜虞属国，在今河北藁城县。〔3〕原伯绞：周大夫。舆臣：众臣。〔4〕曹：群。〔5〕公子跪寻：绞弟。〔6〕郊：周地。

甘简公无子[1]，立其弟过。过将去成、景之族[2]。成、景之族赂刘献公[3]，丙申，杀甘悼公[4]，而立成公之孙鳅[5]。丁酉，杀献大子之傅庚皮之子过[6]。杀瑕辛于市，及宫嬖绰、王孙没、刘州鸠、阴忌、老阳子[7]。

【注释】

〔1〕甘简公：周卿士。〔2〕成、景：皆过之先君。〔3〕刘献公：

周卿士,刘定公之子。〔4〕悼公:即过。〔5〕鳍:平公。〔6〕献大子:或为王太子寿。〔7〕杜注:"六子,周大夫,及庚过,皆甘悼公之党。"

季平子立,而不礼于南蒯[1]。南蒯谓子仲[2]:"吾出季氏,而归其室于公,子更其位[3],我以费为公臣。"子仲许之。南蒯语叔仲穆子[4],且告之故。

【注释】
〔1〕南蒯:南遗之子,季氏费邑宰。〔2〕子仲:公子慭。〔3〕更:代。〔4〕穆子:叔仲带之子叔仲小。

季悼子之卒也[1],叔孙昭子以再命为卿。及平子伐莒,克之,更受三命。叔仲子欲构二家[2],谓平子曰:"三命逾父兄,非礼也。"平子曰:"然。"故使昭子[3]。昭子曰:"叔孙氏有家祸,杀適立庶,故婼也及此。若因祸以毙之,则闻命矣。若不废君命,则固有著矣[4]。"昭子朝,而命吏曰:"婼将与季氏讼,书辞无颇[5]。"季孙惧,而归罪于叔仲子。故叔仲小、南蒯、公子慭谋季氏。慭告公,而遂从公如晋。南蒯惧不克,以费叛如齐。子仲还,及卫,闻乱,逃介而先。及郊,闻费叛,遂奔齐。

【注释】
〔1〕季悼子:季武子之子,平子之父。〔2〕叔仲子:即叔仲小。〔3〕使昭子:杜注:"使昭子自贬黜。"〔4〕著:朝位。〔5〕颇:偏。

南蒯之将叛也，其乡人或知之，过之而叹，且言曰："恤恤乎[1]，湫乎[2]，攸乎[3]！深思而浅谋，迩身而远志，家臣而君图，有人矣哉[4]！"

【注释】
〔1〕恤恤：忧愁。 〔2〕湫：愁。 〔3〕攸：忧。 〔4〕人：人才。

南蒯枚筮之[1]，遇《坤》䷁之《比》䷇[2]，曰："黄裳元吉。"以为大吉也，示子服惠伯，曰："即欲有事[3]，何如？"惠伯曰："吾尝学此矣，忠信之事则可，不然必败。外强内温[4]，忠也。和以率贞[5]，信也。故曰'黄裳元吉'。黄，中之色也[6]。裳[7]，下之饰也。元，善之长也。中不忠，不得其色。下不共，不得其饰。事不善，不得其极[8]。外内倡和为忠，率事以信为共，供养三德为善[9]，非此三者弗当。且夫《易》，不可以占险，将何事也？且可饰乎[10]？中美能黄，上美为元，下美则裳，参成可筮[11]。犹有阙也[12]，筮虽吉，未也。"

【注释】
〔1〕枚筮：杜注："不指其事，泛卜吉凶。" 〔2〕坤之比：《坤》卦"坤"下"坤"上，六五爻变为"坎"上，成《比》卦。 〔3〕即：假如。 〔4〕外强内温：外卦为《坎》，坎为险，故强。内卦为《坤》，坤为顺，故温。 〔5〕和以率贞："坤"为水，"坎"为土，水土相合则和。率，行。贞，卜问。谓以和顺行卜问之事，即信。 〔6〕中：内衣。 〔7〕裳：下身所着，即裙。 〔8〕极：准则。 〔9〕三德：忠、信、极。 〔10〕可饰：在下恭。 〔11〕参成可筮：三者尽备，吉可如筮。 〔12〕犹：如果。

将适费,饮乡人酒。乡人或歌之曰:"我有圃[1],生之杞乎[2]!从我者子乎,去我者鄙乎[3],倍其邻者耻乎[4]!已乎已乎,非吾党之士乎!"

平子欲使昭子逐叔仲小。小闻之,不敢朝。昭子命吏谓小待政于朝,曰:"吾不为怨府[5]。"

【注释】
〔1〕圃:菜地。 〔2〕杞:杞柳。 〔3〕去:背离。鄙:鄙陋之人。〔4〕倍:同"背"。邻:亲。 〔5〕怨府:怨恨积聚之地。

楚子狩于州来[1],次于颍尾[2],使荡侯、潘子、司马督、嚣尹午、陵尹喜帅师围徐以惧吴。楚子次于乾谿[3],以为之援。雨雪,王皮冠,秦复陶[4],翠被[5],豹舄,执鞭以出,仆析父从。

【注释】
〔1〕州来:今安徽凤台县。 〔2〕颍尾:即颍口,颍水入淮处,在今安徽颍上县东南。 〔3〕乾谿:在今安徽亳县东南。 〔4〕复陶:羽绒衣。 〔5〕翠被:翠鸟羽毛做的披风。

右尹子革夕[1],王见之,去冠、被,舍鞭。与之语曰:"昔我先王熊绎,与吕伋、王孙牟、燮父、禽父并事康王[2],四国皆有分[3],我独无有。今吾使人于周,求鼎以为分,王其与我乎?"对曰:"与君王哉!昔我先王熊绎,辟在荆山[4],筚路蓝缕,以处草莽。跋涉山林,以事天子,唯是桃弧、棘矢,以共御王事[5]。齐,王舅也。晋及鲁、卫，王母弟也。楚是以无分，而彼皆有。今周与四国服事君王，将唯命是从，岂其爱鼎！"王曰："昔我皇祖伯父昆吾[6]，旧许是宅[7]。今郑人贪赖其田[8]，而不我与。我若求之，其与我乎？"对曰："与君王哉！周不爱鼎，郑敢爱田？"王曰："昔诸侯远我而畏晋，今我大城陈、蔡、不羹，赋皆千乘，子与有劳焉。诸侯其畏我乎？"对曰："畏君王哉！是四国者[9]，专足畏也，又加之以楚，敢不畏君王哉？"

【注释】
〔1〕子革：郑丹。夕：晚上来见。〔2〕吕伋：姜太公子丁公。王孙牟：卫康叔子康伯。燮父：晋唐叔子。禽父：伯禽，姬旦子。康王：成王子。〔3〕四国：齐、晋、鲁、卫。分：珍宝之器。〔4〕荆山：在熊绎之都丹阳北，即今湖北秭归县。〔5〕共御：供奉。〔6〕昆吾：楚远祖季连之兄。〔7〕旧许：即许国。〔8〕赖：利。〔9〕四国：四大城。即陈、蔡、东西不羹。

工尹路请曰："君王命剥圭以为鏚柲[1]，敢请命。"王入视之。

析父谓子革："吾子，楚国之望也！今与王言如响[2]，国其若之何？"子革曰："摩厉以须[3]，王出，吾刃将斩矣[4]。"

【注释】
〔1〕剥圭：破圭玉。鏚柲(qī bì)：斧柄。〔2〕如响：如回声，言皆顺着灵王意思回答。〔3〕摩厉：同"磨砺"。〔4〕杜注："以己喻锋刃，欲自摩厉以斩王之淫慝。"

王出,复语。左史倚相趋过。王曰:"是良史也,子善视之。是能读《三坟》、《五典》、《八索》、《九丘》[1]。"对曰:"臣尝问焉,昔穆王欲肆其心[2],周行天下,将皆必有车辙马迹焉。祭公谋父作《祈招》之诗[3],以止王心,王是以获没于祇宫[4]。臣问其诗而不知也。若问远焉,其焉能知之?"王曰:"子能乎?"对曰:"能。其诗曰:'祈招之愔愔[5],式昭德音[6]。思我王度,式如玉,式如金。形民之力[7],而无醉饱之心。'"

【注释】

〔1〕杜注:"皆古书名。"〔2〕穆王:周穆王。肆:放纵。〔3〕祭公谋父:周公之孙。祈招:祈父招,周司马名。〔4〕祇宫:故址在今陕西华县北。〔5〕愔(yīn)愔:和悦,安闲。〔6〕式:语首助词。〔7〕形:刑,犹"成"。

　　王揖而入,馈不食,寝不寐,数日,不能自克,以及于难。仲尼曰:"古也有志,克己复礼,仁也。信善哉[1]!楚灵王若能如是,岂其辱于乾谿[2]?"
　　晋伐鲜虞,因肥之役也[3]。

【注释】

〔1〕信:诚,确实。〔2〕辱于乾谿:楚灵王遭弑于乾谿,见下年经传。〔3〕因肥之役:以灭肥归而伐之。

【译文】

[经]

　　十二年春,齐高偃率领军队把北燕伯护送到阳地。

三月壬申，郑简公嘉去世。
夏，宋元公派华定来我国聘问。
昭公去晋国，到黄河边后就回来。
五月，安葬郑简公。
楚国杀死他们的大夫成熊。
秋七月。
冬十月，公子慭出逃到齐国。
楚灵王攻打徐国。
晋国攻打鲜虞国。

[传]

十二年春，齐高偃护送北燕伯款到唐地，是因为唐地民众愿意接纳他。

三月，郑简公去世，打算为出殡下葬清道。到达游氏祖庙，准备拆毁它。子太叔让他手下清道的役夫手持工具站着，而不要动手拆庙，说："子产经过你们这儿，如果问你们为什么不拆，你们就说不忍心拆了祖庙，诺，现在就要拆了！"如此这般后，子产于是让出殡的路线避开这里。司墓的房屋有正挡住出殡路线的，如果拆除了，早晨就可以下葬，不拆，绕过去中午才能下葬。子太叔请求拆了它，说："不然，把各国来宾怎么办？"子产说："各国来宾，能够来参加我国的葬礼，怎么会害怕等到中午？对宾客没有损害，而人民也不受危害，为什么不这样做？"于是不拆毁司墓的房屋，在中午下葬。君子说："子产在这件事上懂得礼。礼，不去毁坏别人而有利于自己。"

夏，宋华定来我国聘问，为新君通好。设享礼款待他，为他赋《蓼萧》，他不知诗意，又不答赋。昭子说："华定必定会逃亡。他对宴会的快乐不思念，宠信和荣光不宣扬，赞美他德行美好他不知道，要与他共享福禄他不接受，他将如何待下去？"

齐景公、卫灵公、郑定公去晋国，是去朝见新接位的晋昭公。昭公去晋国，到了黄河边就返回。占领郠地战役，莒国人向晋国控诉，晋国有平公的丧事，没有追究，所以拒绝昭公朝见。公子慭于是去晋国。晋昭公设享礼宴请诸侯，子产辅佐郑定公请求不参加享礼，等服丧期满后再听取命令。晋国人答应了，这是合乎礼的。晋昭公与齐景公饮宴，中行穆子为相礼。投壶，晋昭公先投，穆子说："有酒似淮水，有肉如高丘。寡君投中了，为师领诸侯。"晋昭公投中了。齐景公举起箭，说："有酒似渑水，有肉似山陵。寡人投中了，代君发命令。"也投中了。伯瑕对穆子说："你的话不妥当。我们原本就是诸侯的领袖了，为什么要通过投壶来定？投壶中了有什么了不起？齐君这是轻视我们国君，他回去后不会再来了。"穆子说："我们军队的统帅刚强有力，士兵们争相劝勉，今天就同以前一样，齐国能做什么？"公孙傁快步上前说："天晚了，君王劳累，可以出去了。"就与齐景公一起退出。

楚灵王认为成虎是若敖氏的馀孽，就把他杀了。有人在楚灵王面前诬陷成虎，成虎知道了但拿不定主意没有逃走。《春秋》说："楚国杀死他们的大夫成虎。"是说成虎舍不得抛弃优渥的生活，以致被杀。

六月，安葬郑简公。

晋荀吴假托要去与齐军相会，向鲜虞借路，就乘机占领了昔阳。秋八月壬午，灭亡了肥国，把肥国国君绵皋带回国。

周原伯绞虐待他的臣子们，使得他们成群逃亡。冬十月壬申朔，原地的大众赶走了绞而立公子跪寻，绞逃往郊地。

甘简公没有儿子，立了他的弟弟过做国君。过准备清洗成公、景公的族人。成公、景公的族人贿赂刘献公，丙申，杀死甘悼公，而立成公的孙子鰌。丁酉，杀死献太子的师傅庚皮的儿子过。在市上杀死瑕辛，又杀了宫嬖绰、王孙没、刘州鸠、阴忌、老阳子。

季平子立，对南蒯不加礼遇。南蒯对公子慭说："我赶走季氏，把他的家产还给公室，你代替他的职位，我带着费邑做国君的臣子。"公子慭答应了。南蒯告诉了叔仲小，并且说明了这样做的原因。

季悼子去世时，叔孙昭子以再命任卿。到平子领兵攻打莒国取得胜利，昭子改受三命。叔仲小想离间二家，对平子说："三命超越了父兄，是不合乎礼的。"平子说："对。"所以让叔孙昭子自己降低宠命。昭子说："叔孙氏发生家祸，杀死嫡子立了庶子，所以我才到这位置。如果是因为祸乱而来讨伐，我就听从命令。

如果不废除国君的命令，那么我本来就有我的位置。"昭子朝见，命令官吏说："我将与季氏争讼，你记录讼辞时不要偏袒。"季平子害怕，把罪责推到叔仲小身上。因此叔仲小、南蒯、公子憖图谋赶走季平子。公子憖告诉昭公，接着就跟随昭公去晋国。南蒯怕事情不成功，带着费邑叛逃到齐国。公子憖回国，到达卫国，听到叛乱发生，丢下副手先逃回国。到了郊外，听说费邑叛变，就逃往齐国。

　　南蒯准备叛变时，他同乡中有人知道了，走过他门口，叹了口气，并说："忧愁啊，愁啊，忧啊！想做的事大而智谋低浅，作为近臣却志向远大，是家臣却为国君谋划，有这样的人才吗！"

　　南蒯不祝告而占筮，得到《坤》卦䷁变成《比》卦䷇，爻辞说："黄裳元吉。"他认为是大吉之兆，拿给子服惠伯看，说："如果要做什么事，是否吉利？"惠伯说："我曾经学过《周易》，如果是占忠信的事就是吉兆，不然的话必定失败。这卦外面强盛里边温和，这是忠诚。用和顺来行卜问的事，这是信用。所以说'黄裳元吉'。黄是内衣的颜色，裳是下部的服装，元是善的首位。内心不忠诚，就与颜色不相配。在下而不恭敬，就与服装不相配。做事不善，就和准则不相配。外面与内部和谐就是忠，办事讲信用就是恭，做到上述三项德行就是善，做不到的就与爻辞不相配。再说《易》不能够用来推测险事，你究竟要做什么事？而且是否在下做到了恭敬？内心美了就能配黄，做事善就能配元，在下恭敬就能配裳，这三者齐全了就能像爻辞所说得到吉利。如果有没做到的，爻辞虽然吉利，还是不行的。"

　　南蒯打算去费邑，请乡里的人喝酒。乡里人有人唱歌说："我有菜园子，却长满了杞柳啊！跟随我的人是好人，离开我的是坏人，背弃亲人的可耻啊！算了吧，算了吧，他和我们不是同党啊！"

　　季平子想让昭子驱逐叔仲小，叔仲小听说后，不敢入朝。昭子命官吏告诉叔仲小在朝廷上等候处理公务，说："我不做使怨恨积聚身上的人。"

　　楚灵王在州来打猎，驻扎在颍口，派荡侯、潘子、司马督、嚣尹午、陵尹喜率领军队包围徐国以威胁吴国。楚灵王驻扎在乾豯，作为楚军后援。天下雪，灵王戴着皮帽子，穿着秦国产的羽绒衣，披着翠鸟羽做的披风，穿着豹皮靴子，手持鞭子出外，仆析父跟随着他。

右尹子革晚上求见，楚灵王接见他，脱掉帽子、披风，放下鞭子，对他说："往昔我们先王熊绎，与吕伋、王孙牟、燮父、禽父一起事奉康王，四国都赐有宝器，唯独我国没有。如今我派人去周朝，请求赐给鼎作为宝器，周王会给我吗？"子革回答说："会给君王的！往昔我们先王熊绎，居住在偏僻的荆山，乘柴车穿破衣，以开辟荒芜的土地。跋山涉林，以事奉天子，只能把桃木弓棘枝箭作为给天子的贡品。齐国，是天子的舅父。晋国与鲁国、卫国，是天子的同胞弟弟。楚国因此没有赏赐宝器，而他们都有。如今周朝与四方诸侯服事君王，将会唯命是听，怎么敢吝惜一鼎！"楚灵王说："往昔我们皇祖伯父昆吾，居住在原许国。如今郑国人贪图那地方的土地，而不肯给我们。我如果求他们，他们会给我吗？"子革说："会给君王的！周朝不敢吝惜鼎，郑国怎敢吝惜田地？"楚灵王说："往昔诸侯疏远我国而畏惧晋国，如今我大的城邑如陈、蔡、不羹，兵车都有上千辆，你是有功劳的。诸侯会畏惧我吗？"子革说："会畏惧君王的！这四座大城邑，就足够使诸侯畏惧了，又加上楚国全国，他们敢不畏惧君王吗？"

工尹路请示说："君王命剖玉圭装饰斧柄，谨请命令怎么做。"楚灵王进去察看。

析父对子革说："你是楚国有名望的人，如今与君王说话一味顺应，国家怎么办？"子革说："我磨快了刀剑等着，君王出来，我的锋刃就要斩过去了。"

楚灵王出来，子革又和他交谈。左史倚相快步走过。楚灵王说："这人是个好史官，你好好对待他。他能够读懂《三坟》、《五典》、《八索》、《九丘》。"子革回答说："我曾经问过他，往昔周穆王想要放纵自己的欲望，周游天下，打算到处留下自己的车辙马迹。祭公谋父作《祈招》之诗，用来劝阻穆王抑制欲望，穆王因此得以在祗宫善终。我问他这首诗，他却不知道。如果问他更远的事，他怎么能知道？"楚灵王说："你知道那首诗吗？"子革说："知道。那诗说：'祈招和悦安闲，德音宏大深远。想起我们君王的风度，就如同玉般温润，金般强坚。他谋求保存人民的财力，自己没有醉饱的心愿。'"

楚灵王向子革作揖后进内，送上饭来吃不下，睡在床上睡不着，好几天不能克制自己，所以遭到祸难。孔子说："古时候有句话，克制自己回到礼上，就是仁。说得真好啊！楚灵王如果能像这样做，怎么还会在乾谿受到羞辱？"

晋国攻打鲜虞，这是因为灭亡肥国后顺便进攻。

春秋左传卷二十三　昭公四

昭公十三年

[经]

十有三年春[1],叔弓帅师围费。

夏四月,楚公子比自晋归于楚,弑其君虔于乾谿。

楚公子弃疾杀公子比。

秋,公会刘子、晋侯、齐侯、宋公、卫侯、郑伯、曹伯、莒子、邾子、滕子、薛伯、杞伯、小邾子于平丘[2]。

八月甲戌,同盟于平丘。

公不与盟。

晋人执季孙意如以归。

公至自会。

蔡侯庐归于蔡[3]。

陈侯吴归于陈[4]。

冬十月,葬蔡灵公[5]。

公如晋,至河乃复。

吴灭州来[6]。

【注释】

〔1〕十有三年：公元前529年。〔2〕刘子：刘献公，周卿士。晋侯：晋昭公。齐侯：齐景公。宋公：宋元公。卫侯：卫灵公。郑伯：郑定公。曹伯：曹武公。莒子：莒著丘公。邾子：邾庄公。滕子：滕悼公。杞伯：杞平公。小邾子：小邾穆公。平丘：在今河南封丘县东。〔3〕蔡侯：蔡平侯。〔4〕陈侯：陈惠公。〔5〕蔡灵公：蔡灵侯般，昭公十一年为楚诱杀。〔6〕州来：国名，在今安徽凤台县。或云为楚邑，故云"灭"。

[传]

十三年春，叔弓围费，弗克，败焉。平子怒，令见费人执之[1]，以为囚俘。冶区夫曰[2]："非也。若见费人，寒者衣之，饥者食之。为之令主，而共其乏困。费来如归，南氏亡矣[3]。民将叛之，谁与居邑？若悼之以威，惧之以怒，民疾而叛[4]，为之聚也。若诸侯皆然，费人无归，不亲南氏，将焉入矣？"平子从之，费人叛南氏。

【注释】

〔1〕令见费人：令军队见到费地的民众。〔2〕冶区夫：鲁臣。〔3〕南氏：南蒯。〔4〕疾：憎恨。

楚子之为令尹也，杀大司马蔿掩而取其室[1]。及即位，夺蔿居田[2]。迁许而质许围[3]。蔡洧有宠于王，王之灭蔡也，其父死焉，王使与于守而行[4]。申之会[5]，越大夫戮焉[6]。王夺鬬韦龟中犨[7]，又夺成然邑而使为郊尹[8]。蔓成然故事蔡公[9]。故蔿氏之族及蔿居、许围、蔡洧、蔓成然，皆王所不礼也。因群丧职之族，启越大夫常寿过作乱,围固城[10],克息舟,城而居之。

【注释】
〔1〕杀大司马:在襄公三十年。 〔2〕薳居:薳掩的族人。 〔3〕迁许:在昭公九年。围:许大夫。 〔4〕与于守:参与留守国都。行:指去乾豀。 〔5〕申之会:在昭公四年。会兵时,辱越大夫常寿过。〔6〕戮:辱。 〔7〕鬭韦龟:令尹子文玄孙。中犨:或云在河南南阳一带。 〔8〕成然:韦龟子。食采于蔓。郊尹:治郊境的大夫。 〔9〕故:旧。杜注:"韦龟以弃疾有当璧之命,故使成然事之。"蔡公:公子弃疾。〔10〕固城:与下文息舟皆城名,具体所在不详。

观起之死也[1],其子从在蔡,事朝吴[2],曰:"今不封蔡,蔡不封矣。我请试之。"以蔡公之命召子干、子皙[3],及郊,而告之情,强与之盟,入袭蔡。蔡公将食,见之而逃。观从使子干食,坎,用牲,加书,而速行,己徇于蔡曰:"蔡公召二子,将纳之,与之盟而遣之矣,将师而从之。"蔡人聚,将执之。辞曰:"失贼成军,而杀余,何益[4]?"乃释之。朝吴曰:"二三子若能死亡,则如违之[5],以待所济。若求安定,则如与之,以济所欲[6]。且违上[7],何适而可?"众曰:"与之。"乃奉蔡公,召二子而盟于邓,依陈、蔡人以国[8]。楚公子比、公子黑肱、公子弃疾、蔓成然、蔡朝吴帅陈、蔡、不羹、许、叶之师,因四族之徒[9],以入楚。

【注释】
〔1〕观起之死:在襄公二十二年。 〔2〕朝吴:蔡大夫声子之子。〔3〕子干、子皙:皆灵王弟,元年时一逃在晋,一逃在郑。子干即公子

比，子晳即公子黑肱。〔4〕杜注："贼谓子干、子晳也。言蔡公已成军，杀己不解罪。"〔5〕如：应当。〔6〕所欲：指恢复祖国。〔7〕上：指蔡公，即公子弃疾。〔8〕依陈、蔡人以国：答应二国人复国，因此为依赖。〔9〕四族：蔿氏、许围、蔡洧、蔓成然。

及郊，陈、蔡欲为名，故请为武军[1]。蔡公知之，曰："欲速，且役病矣[2]，请藩而已[3]。"乃藩为军。蔡公使须务牟与史猈先入[4]，因正仆人杀大子禄及公子罢敌[5]。公子比为王，公子黑肱为令尹，次于鱼陂[6]。公子弃疾为司马，先除王宫[7]。使观从从师于乾谿[8]，而遂告之，且曰："先归复所[9]，后者劓[10]。"师及訾梁而溃[11]。

【注释】

〔1〕武军：此指建筑堡垒，树上自己的旗号。〔2〕病：疲劳。〔3〕藩：设篱笆。〔4〕须务牟、史猈：楚大夫，蔡公之党。〔5〕正仆人：即仆人正，仆人之长。〔6〕鱼陂：在今湖北天门市西北。〔7〕除：清除。〔8〕从：前往。〔9〕复所：保留一切待遇。〔10〕劓(yì)：割鼻。〔11〕訾梁：在今河南信阳市。

王闻群公子之死也，自投于车下，曰："人之爱其子也，亦如余乎？"侍者曰："甚焉。小人老而无子，知挤于沟壑矣[1]。"王曰："余杀人子多矣，能无及此乎？"右尹子革曰："请待于郊，以听国人。"王曰："众怒不可犯也。"曰："若入于大都而乞师于诸侯[2]。"王曰："皆叛矣。"曰："若亡于诸侯，以听大国之图君也。"王曰："大福不再，只取辱焉。"然丹乃归于楚[3]。

【注释】
〔1〕挤:逼迫。 〔2〕若:或者。 〔3〕然丹:即子革。

王沿夏[1],将欲入鄢[2]。芊尹无宇之子申亥曰:"吾父再奸王命[3],王弗诛,惠孰大焉?君不可忍[4],惠不可弃,吾其从王。"乃求王,遇诸棘闱以归[5]。夏五月癸亥,王缢于芊尹申亥氏。申亥以其二女殉而葬之。

【注释】
〔1〕沿:顺水而下。夏:汉水别名。 〔2〕鄢:楚别都,在今湖北宜城市西南。 〔3〕再奸王命:杜注:"谓断王旌,执人于章台。"〔4〕忍:下狠心。 〔5〕棘闱:所在不详。

观从谓子干曰:"不杀弃疾,虽得国,犹受祸也。"子干曰:"余不忍也。"子玉曰[1]:"人将忍子,吾不忍俟也。"乃行。
国每夜骇曰:"王入矣!"乙卯夜,弃疾使周走而呼曰[2]:"王至矣!"国人大惊。使蔓成然走告子干、子晳曰:"王至矣!国人杀君司马,将来矣!君若早自图也,可以无辱。众怒如水火焉,不可为谋。"又有呼而走至者曰:"众至矣!"二子皆自杀。

【注释】
〔1〕子玉:观从之字。 〔2〕周:遍。

丙辰，弃疾即位，名曰熊居。葬子干于訾[1]，实訾敖[2]。杀囚，衣之王服而流诸汉，乃取而葬之，以靖国人。使子旗为令尹[3]。

楚师还自徐，吴人败诸豫章[4]，获其五帅[5]。

【注释】
〔1〕訾：在今河南信阳市。 〔2〕訾敖：以葬地为称，无谥。〔3〕子旗：即蔓成然。 〔4〕豫章：见昭公六年注。 〔5〕五帅：即去年派出伐徐的荡侯、潘子等五人。

平王封陈、蔡，复迁邑，致群赂，施舍宽民，宥罪举职。召观从，王曰："唯尔所欲。"对曰："臣之先，佐开卜[1]。"乃使为卜尹。

使枝如子躬聘于郑，且致犨、栎之田。事毕，弗致。郑人请曰："闻诸道路，将命寡君以犨、栎，敢请命。"对曰："臣未闻命。"既复，王问犨、栎。降服而对[2]，曰："臣过失命，未之致也。"王执其手，曰："子毋勤[3]，姑归，不穀有事，其告子也[4]。"

【注释】
〔1〕佐开卜：辅助占卜事。 〔2〕降服：解冠。是请罪的动作。〔3〕勤：辱。 〔4〕其：将。

他年芋尹申亥以王柩告，乃改葬之。

初，灵王卜，曰："余尚得天下[1]。"不吉，投龟，诟天而呼曰："是区区者而不余畀[2]，余必自取之。"

民患王之无厌也,故从乱如归。

【注释】
〔1〕尚:希望。 〔2〕区区:小的意思。

初,共王无冢适,有宠子五人,无适立焉[1]。乃大有事于群望[2],而祈曰:"请神择于五人者,使主社稷。"乃遍以璧见于群望,曰:"当璧而拜者,神所立也,谁敢违之?"既,乃与巴姬密埋璧于大室之庭[3],使五人齐[4],而长入拜[5]。康王跨之,灵王肘加焉,子干、子皙皆远之。平王弱,抱而入,再拜,皆厌纽[6]。鬭韦龟属成然焉,且曰:"弃礼违命,楚其危哉。"

【注释】
〔1〕適:专主。 〔2〕群望:境内望祭的山川。 〔3〕巴姬:共王妾。大室:祖庙。 〔4〕齐:斋戒。 〔5〕长:此指根据长幼之序。〔6〕纽:璧之鼻,即穿绳处。

子干归,韩宣子问于叔向曰:"子干其济乎?"对曰:"难。"宣子曰:"同恶相求[1],如市贾焉,何难?"对曰:"无与同好,谁与同恶?取国有五难:有宠而无人,一也;有人而无主[2],二也;有主而无谋,三也;有谋而无民,四也;有民而无德,五也。子干在晋十三年矣,晋、楚之从,不闻达者,可谓无人。族尽亲叛,可谓无主。无衅而动,可谓无谋。为羁终世[3],可谓无民。亡无爱征,可谓无德。王虐而不忌,楚君子干,涉五难以弑旧君，谁能济之？有楚国者，其弃疾乎！君陈、蔡，城外属焉[4]。苛慝不作[5]，盗贼伏隐，私欲不违[6]，民无怨心。先神命之，国民信之，芈姓有乱，必季实立，楚之常也。获神，一也；有民，二也；令德，三也；宠贵，四也；居常[7]，五也。有五利以去五难，谁能害之？子干之官，则右尹也。数其贵宠，则庶子也。以神所命，则又远之。其贵亡矣，其宠弃矣，民无怀焉，国无与焉，将何以立？"宣子曰："齐桓、晋文，不亦是乎[8]？"对曰："齐桓，卫姬之子也，有宠于僖。有鲍叔牙、宾须无、隰朋以为辅佐，有莒、卫以为外主，有国、高以为内主。从善如流，下善齐肃[9]，不藏贿，不从欲[10]，施舍不倦，求善不厌，是以有国，不亦宜乎？我先君文公，狐季姬之子也，有宠于献。好学而不贰，生十七年，有士五人[11]。有先大夫子余、子犯以为腹心，有魏犫、贾佗以为股肱，有齐、宋、秦、楚以为外主，有栾、郤、狐、先以为内主[12]。亡十九年，守志弥笃。惠、怀弃民，民从而与之。献无异亲，民无异望，天方相晋，将何以代文？此二君者，异于子干。共有宠子[13]，国有奥主[14]。无施于民，无援于外，去晋而不送，归楚而不逆，何以冀国？"

【注释】
〔1〕同恶：共同厌恶灵王。 〔2〕主：拥护，主持。此指内主，即国内拥护他、主持其事的人。 〔3〕终世：终身。 〔4〕城：指方城。 〔5〕苛：琐细，烦琐。 〔6〕不违：不违背礼法。 〔7〕居常：符合楚立年少者为君的常规。 〔8〕不亦是：不也是作为庶子出逃在外。

〔9〕下善：一般行为。齐肃：谨严庄重。 〔10〕从：放纵。 〔11〕五人：杜注："狐偃、赵衰、颠颉、魏武子、司空季子五士从出。" 〔12〕栾、郤、狐、先：栾枝、郤縠、狐突、先轸。 〔13〕宠子：指弃疾。 〔14〕奥主：深奥居内的主人。指弃疾。

晋成虒祁，诸侯朝而归者皆有贰心。为取郠故，晋将以诸侯来讨。叔向曰："诸侯不可以不示威。"乃并征会，告于吴。秋，晋侯会吴子于良[1]。水道不可，吴子辞，乃还。七月丙寅，治兵于邾南[2]，甲车四千乘，羊舌鲋摄司马[3]，遂合诸侯于平丘。子产、子大叔相郑伯以会。子产以幄幕九张行。子大叔以四十，既而悔之，每舍，损焉[4]。及会，亦如之。

【注释】
　　〔1〕良：在今江苏邳县。 〔2〕邾南：邾国的南境。 〔3〕羊舌鲋：叔向之弟。 〔4〕损：减少。

次于卫地，叔鲋求货于卫，淫刍荛者[1]。卫人使屠伯馈叔向羹与一箧锦[2]，曰："诸侯事晋，未敢携贰，况卫在君之宇下，而敢有异志？刍荛者异于他日，敢请之。"叔向受羹反锦，曰："晋有羊舌鲋者，渎货无厌，亦将及矣。为此役也，子若以君命赐之，其已。"客从之，未退，而禁之。

【注释】
　　〔1〕淫：放纵。刍荛：打草砍柴的人。 〔2〕箧：狭长的箱子。

晋人将寻盟，齐人不可。晋侯使叔向告刘献公曰："抑齐人不盟[1]，若之何？"对曰："盟以底信[2]。君苟有信，诸侯不贰，何患焉？告之以文辞，董之以武师[3]，虽齐不许，君庸多矣[4]。天子之老[5]，请帅王赋[6]，'元戎十乘，以先启行[7]'，迟速唯君。"叔向告于齐，曰"诸侯求盟，已在此矣。今君弗利[8]，寡君以为请。"对曰："诸侯讨贰，则有寻盟。若皆用命，何盟之寻？"叔向曰："国家之败，有事而无业[9]，事则不经。有业而无礼，经则不序。有礼而无威，序则不共。有威而不昭[10]，共则不明。不明弃共，百事不终，所由倾覆也。是故明王之制，使诸侯岁聘以志业[11]，间朝以讲礼[12]，再朝而会以示威[13]，再会而盟以显昭明。志业于好，讲礼于等，示威于众，昭明于神，自古以来，未之或失也。存亡之道，恒由是兴。晋礼主盟，惧有不治，奉承齐牺[14]，而布诸君，求终事也。君曰：'余必废之，何齐之有[15]？'唯君图之，寡君闻命矣！"齐人惧，对曰："小国言之，大国制之[16]，敢不听从？既闻命矣，敬共以往，迟速唯君。"

【注释】
〔1〕抑：句首助词，无义。〔2〕底：致。〔3〕董：督。〔4〕庸：功。〔5〕天子之老：天子的卿。〔6〕王赋：天子的军队。〔7〕所引诗见《诗·小雅·六月》。启行，开路。〔8〕弗利：不以盟为利。〔9〕业：贡赋之事。〔10〕昭：昭告神灵。〔11〕志业：记住职责。〔12〕间朝：三年一朝。〔13〕再朝而会：六年一会。〔14〕齐牺：盟会的牺牲。〔15〕齐：即斋，指盟会。〔16〕制：决断。

叔向曰:"诸侯有间矣[1],不可以不示众。"八月辛未,治兵,建而不旆[2]。壬申,复旆之。诸侯畏之[3]。

邾人、莒人愬于晋曰:"鲁朝夕伐我,几亡矣。我之不共[4],鲁故之以。"晋侯不见公,使叔向来辞曰:"诸侯将以甲戌盟,寡君知不得事君矣,请君无勤[5]。"子服惠伯对曰:"君信蛮夷之诉,以绝兄弟之国,弃周公之后,亦唯君。寡君闻命矣。"叔向曰:"寡君有甲车四千乘在,虽以无道行之,必可畏也。况其率道,其何敌之有?牛虽瘠,偾于豚上[6],其畏不死?南蒯、子仲之忧,其庸可弃乎[7]?若奉晋之众,用诸侯之师,因邾、莒、杞、鄫之怒,以讨鲁罪,间其二忧,何求而弗克?"鲁人惧,听命。

【注释】

〔1〕间:隙,嫌隙。 〔2〕建而不旆:树立旗帜而不配上飘带。〔3〕军将战则建旆,故诸侯畏之。 〔4〕共:贡赋。 〔5〕勤:劳。〔6〕偾:仆倒。 〔7〕其庸:均岂之意。弃:忘。

甲戌,同盟于平丘,齐服也。令诸侯日中造于除[1]。癸酉,退朝。子产命外仆速张于除[2],子大叔止之,使待明日。及夕,子产闻其未张也,使速往,乃无所张矣。

【注释】

〔1〕除:会盟辟地为坛。 〔2〕张:张帷幕。

及盟，子产争承[1]，曰："昔天子班贡[2]，轻重以列[3]，列尊贡重，周之制也，卑而贡重者，甸服也[4]。郑伯男也[5]，而使从公侯之贡，惧弗给也，敢以为请。诸侯靖兵，好以为事。行理之命[6]，无月不至。贡之无艺[7]，小国有阙，所以得罪也。诸侯修盟，存小国也。贡献无及，亡可待也。存亡之制，将在今矣。"自日中以争，至于昏，晋人许之。

【注释】
〔1〕承：贡赋的轻重次序。 〔2〕班贡：定贡献的次序。 〔3〕列：位。 〔4〕甸服：王畿之内。 〔5〕男也：此语历来说法不一，或云伯男相等；或谓为畿内子男；或谓男同南，郑为男服，在九服中列第三，次于侯服、甸服，高于采服、卫服。 〔6〕行理：使者。 〔7〕艺：极，限制。

既盟，子大叔咎之曰："诸侯若讨，其可渎乎[1]？"子产曰："晋政多门，贰偷之不暇[2]，何暇讨？国不竞亦陵[3]，何国之为？"

【注释】
〔1〕渎：轻慢。 〔2〕贰偷：苟且偷安。 〔3〕陵：欺陵。

公不与盟。晋人执季孙意如，以幕蒙之[1]，使狄人守之。司铎射怀锦，奉壶饮冰，以蒲伏焉[2]。守者御之[3]，乃与之锦而入。晋人以平子归，子服湫从[4]。

【注释】

〔1〕蒙:蒙闭。 〔2〕蒲伏:爬行。同"匍匐"。 〔3〕御:阻止。〔4〕子服湫:即子服椒,字意伯。

子产归,未至,闻子皮卒,哭,且曰:"吾已,无为为善矣[1],唯夫子知我。"仲尼谓:"子产于是行也,足以为国基矣。《诗》曰:'乐只君子,邦家之基[2]。'子产,君子之求乐者也。"且曰:"合诸侯,艺贡事[3],礼也。"

【注释】

〔1〕无为:无助。 〔2〕所引诗见《诗·小雅·南山有台》。只,语助。 〔3〕艺贡事:确定贡赋的极限。

鲜虞人闻晋师之悉起也,而不警边,且不修备。晋荀吴自著雍以上军侵鲜虞[1],及中人[2],驱冲竞[3],大获而归。

【注释】

〔1〕著雍:见襄公十年传注。 〔2〕中人:在今河北唐县西北。〔3〕冲:冲车,进攻冲锋的车。

楚之灭蔡也,灵王迁许、胡、沈、道、房、申于荆焉[1]。平王即位,既封陈、蔡,而皆复之,礼也。隐大子之子庐归于蔡,礼也。悼大子之子吴归于陈,礼也。

冬十月,葬蔡灵公,礼也。

【注释】

〔1〕胡：妘姓，故国在今安徽阜阳市。沈：姬姓，故国在今河南沈丘县。道：见僖公五年传注。房：故国在今河南遂平县。申：姜姓，故国在今河南南阳市北。

公如晋。荀吴谓韩宣子曰："诸侯相朝，讲旧好也。执其卿而朝其君，有不好焉，不如辞之。"乃使士景伯辞公于河[1]。

吴灭州来。令尹子期请伐吴，王弗许，曰："吾未抚民人，未事鬼神，未修守备，未定国家，而用民力，败不可悔。州来在吴，犹在楚也。子姑待之。"

【注释】

〔1〕士景伯：士文伯之子弥牟。

季孙犹在晋，子服惠伯私于中行穆子曰："鲁事晋，何以不如夷之小国？鲁，兄弟也，土地犹大，所命能具。若为夷弃之，使事齐、楚，其何瘳于晋[1]？亲亲、与大[2]，赏共、罚否[3]，所以为盟主也。子其图之。谚曰：'臣一主二[4]。'吾岂无大国？"穆子告韩宣子，且曰："楚灭陈、蔡，不能救，而为夷执亲，将焉用之？"乃归季孙。惠伯曰："寡君未知其罪，合诸侯而执其老。若犹有罪[5]，死命可也。若曰无罪而惠免之，诸侯不闻，是逃命也，何免之为？请从君惠于会。"宣子患之，谓叔向曰："子能归季孙乎？"对曰："不能。鲋也能。"乃使叔鱼。叔鱼见季孙曰："昔鲋也得罪于晋君，自归于鲁君[6]。微武子之赐[7]，不至于今。虽获归骨于晋，犹子则肉之，敢不尽情？归子而不归，鲋也闻诸吏，将为子除馆于西河[8]，其若之何？"且泣。平子惧，先归。惠伯待礼[9]。

【注释】

〔1〕瘳：差。〔2〕与大：赞助大国。〔3〕共：同"供"。〔4〕杜注："言一臣必有二主，道不合，得去事他国。"〔5〕若犹：如果。〔6〕自归于鲁君：指襄公二十一年因叔虎事得罪晋君，逃到鲁国。〔7〕武子：季武子，平子之祖父。〔8〕西河：在今陕西大荔县、华阴县一带。〔9〕待礼：杜注："待见遣之礼。"

【译文】

[经]

十三年春，叔弓率领军队包围了费邑。

夏四月，楚公子比从晋国回到楚国，在乾谿杀死他的国君虔。

楚公子弃疾杀死公子比。

秋，昭公与刘献公、晋昭公、齐景公、宋元公、卫灵公、郑定公、曹武公、莒著丘公、邾庄公、滕悼公、薛伯、杞平公、小邾穆公在平丘相会。

八月甲戌，诸侯在平丘结盟。

昭公没参加结盟。

晋国人拘捕了季孙意如带回国内。

昭公从会议回国。

蔡平侯庐回到蔡国。

陈惠公吴回到陈国。

冬十月，安葬蔡灵侯。

昭公去晋国，到了黄河边回返。

吴国灭亡了州来。

[传]

十三年春，叔弓包围了费邑，没有攻下，打了败仗。平子发怒，命令见到费地的人就抓起来，作为囚犯。冶区夫说："这样做不对。如果见到费地的人，寒冷的给他衣服穿，饥饿的给他东西吃。做他们的好主人，供应他们所缺乏的东西。费地的人民来归顺就像回到自己家里一样，这样南氏就灭亡了。人民将会背叛他，谁和他一起住在城里？如果以威势来使他们害怕，用愤怒来使他们恐惧，人民憎恨你而背叛你，这是为南氏聚集力量。如果诸侯也这样做，费地的居民没有地方可去，不亲近南氏，还能到哪儿去呢？"平子听从了他的劝告，费地的人民背叛了南氏。

楚灵王担任令尹时，杀死大司马蒍掩而夺取了他的家产。到他即位，夺取了蒍居的田地。把许国迁走而以许围作人质。蔡洧得到楚灵王宠爱，灵王灭亡楚国，蔡洧的父亲死在战争中，这时灵王让蔡洧参与留守都城而自己出外。申地会盟，越国大夫遭到侮辱。灵王夺取了鬥韦龟的中犫邑，又夺取了成然的封邑而让他担任郊尹。蔓成然一直跟随公子弃疾。所以蒍氏的族人及蒍居、许围、蔡洧、蔓成然，都没得到灵王的礼遇。这些人依靠那些丢了职位的人的族人，诱导越大夫常寿过作乱，包围固城，攻下息舟，修筑城墙居住在里边。

观起死的时候，他的儿子观从在蔡国，奉事朝吴，这时说："现在还不重建蔡国，蔡国就不能重建了。我请求试试看。"他假借蔡公公子弃疾的名义召回公子比、公子黑肱，二人到达城郊，观从告诉他们事实，强迫他们盟誓，进兵袭击蔡。公子弃疾正要吃饭，见到他们进宫就逃走。观从让公子比吃饭，然后挖坑，杀牺牲，加上盟书，而后让他快走，自己在蔡国都城中到处传话说："蔡公召回二人，准备送回楚国，和他们结盟而送他们上路了，就要率领军队跟上去。"蔡国的人聚集起来，打算把观从抓起来。观从辩解说："放走了贼人，组成了军队，杀了我又有什么好处？"众人才把他放了。朝吴说："各位如果能为楚王而死，那就应当违背蔡公，以等待事情的结果。如果要求安定，就应该赞助蔡公，以成就共同的愿望。再说要违抗上级，什么做法是妥当的呢？"大家都说："赞助蔡公。"于是就事奉蔡公，召见公子比、公子黑肱，在邓地结盟，许诺让陈、蔡复国而利用两国国人。楚公子比、公子黑肱、公子弃疾、蔓成然、蔡朝吴率领陈、蔡、不羹、许、叶的军队，依靠䔍氏等四族的族人，进入楚国。

到了郊外，陈国人、蔡国人想为自己正名，所以请求建筑堡垒。蔡公知道后，说："这次行动要迅速，再说役夫已经很疲劳了，请用篱笆隔离就行了。"于是以篱笆围起军营。蔡公派须务牟与史猈先进都城，依靠正仆人杀死太子禄与公子罢敌。公子比立为楚王，公子黑肱为令尹，驻扎在鱼陂。公子弃疾任司马，先清除王宫。派观从前往乾谿军中，把情况告诉众人，并说："先回去的保留一切待遇，后回去的割掉鼻子。"楚军到达訾梁就溃散了。

楚灵王听到公子们被杀的消息，自己摔到车下，说："人们爱自己的儿子，也同我一样吗？"侍者说："还超过。小人年老而没有儿子，自己知道将来会落得死在沟壑里的下场。"灵王说："我杀死别人的儿子很多了，能够不落到这一地步吗？"右尹子革说："请您等在郊外，以听从国人的处分。"灵王说："大众的愤怒不可触犯。"子革说："或者进入大都邑而向诸侯请求出兵帮助。"灵王说："诸侯都背叛我了。"子革说："或者逃亡到诸侯国中，听从别的大国为君王谋划。"灵王说："大的福分不会再次得到，这样只能自取其辱。"子革于是回到楚都去。

楚灵王顺着汉水往下游走，想到鄢城去。芋尹无宇的儿子申亥说："我的父亲两次触犯王命，王不杀他，没有比这更大的恩惠了。对国君不能忍心不救，恩惠不能抛弃，我应当跟随君王。"于是寻找楚灵王，在棘闱碰上了，便带他回家。夏五月癸亥，楚灵王在芋尹申亥家上吊自杀。申亥用他的两个女儿作为殉葬安葬了灵王。

观从对公子比说："不杀死弃疾，就是得到了国家，还会受到灾祸。"公子比说："我不忍心这样做。"观从说："别人将忍心这样对待你，我不忍心等到这结果出现。"于是出走。

国内经常有人在夜间惊呼说："楚王进城了！"乙卯夜，弃疾派人在城里到处奔走大叫说："楚王来了！"国人十分惊恐。弃疾派蔓成然跑去告诉公子比、公子黑肱说："楚王来了！国人杀死了君司马公子弃疾，快要到这里来了！君王如果及早自己拿定主意，可以不受到侮辱。众人的愤怒犹如水火，无法可想了。"又有人高叫着跑来说："大伙儿来了！"公子比、公子黑肱都自杀了。

丙辰，弃疾即位，取名为熊居。把公子比葬在訾地，就是訾敖。杀了个囚犯，穿上楚王的衣服让尸体在汉水中漂流，于是把尸体捞上来安葬了，以安定国人。令蔓成然为令尹。

楚国军队从徐国回来，吴国人在豫章打败了楚军，擒获了楚军的五位将帅。

楚平王重新分封陈国、蔡国，恢复迁移的城邑，赏赐给功臣们财富，布施恩惠，宽政待民，赦免罪过，提拔贤人。召回观从，平王说："任凭你要求什么。"观从回答说："臣的先人是辅助占卜的。"于是让他担任卜尹。

平王派枝如子躬去郑国聘问，同时交还犨地、栎地。聘问完成后，枝如子躬没交还土地。郑国人请示说："听到道路上传说，将命寡君治理犨、栎二地，谨此请命。"枝如子躬回答说："我没听说过这件事。"回到国内，平王问起犨、栎的事，枝如子躬脱下帽子请罪，说："臣故意违背命令，没有交给他们。"平王拉着他的手，说："你不要侮辱自己，姑且回去，鄙人有事将要告诉你。"

过了几年，芋尹申亥把灵王灵柩所在报告了平王，于是改葬灵王。

起初，灵王占卜，说："我希望能得到天下。"不吉利。灵王把龟扔在地上，大骂上天而呼叫说："这样小小的地方都不肯给我，我一定要自己取得它。"人民对灵王贪得无厌不满，所以跟随作乱犹如百川归海。

起初，共王没有嫡子，有五个受到宠爱的儿子，拿不定主意立谁为继承人。于是就遍祭境内当祭的山川，祈祷说："请神在这五个人中选一个，让他主持国家。"于是把玉璧给所有的神灵看，说："正对着玉璧下拜的，就是神灵所立的人，谁敢违背？"事完后，于是与巴姬秘密地把璧埋在祖庙的庭院里，让五个人斋戒，然后依长幼次序入拜。康王两脚跨在玉璧上，灵王双肘压在璧上，公子比、公子黑肱都离璧很远。平王年幼，别人抱他进来，两次下拜，都压在玉璧的纽上。鬬韦龟把成然嘱托给平王，并说："抛弃礼义违背神灵的命令，楚国大约危险了。"

公子比回国时，韩宣子向叔向询问说："公子比也许能成功吧？"叔向回答说："难。"宣子说："他们有共同的憎恨对象而互相需求，就同做买卖一样，有什么困难？"叔向回答说："没有人与他有共同的喜爱，又有谁与他有共同的憎恨？取得国家有五项难处：得到宠爱而没有贤人辅助，这是一；有贤人辅助而没有人拥护支持，这是二；有人拥护支持而没有智谋，这是三；有智谋而没有民众跟随，这是四；有民众跟随而自己没有德行，这是五。公子比在晋国已经十三年了，晋、楚二国跟随他的人，没听见有谁是知名贤人，可称得上没有贤人。族人被消灭干净，亲戚全都叛离，可称得上没人拥护支持。楚国内部没有空子可钻他却发动，可称得上没有智谋。终身作为宾客在外，可称得上没有民众。逃亡在外而没见到有人怀念他的迹象，可称得上没有德行。灵王暴虐而不忌刻，楚人如果立公子比为君，有五项难处又牵涉到要杀死旧君，谁能做到这点？得到楚国的，恐怕是弃疾吧！统治着陈、蔡，方城以外也属他管。烦琐的政令与邪恶的事没有做过，盗贼潜伏隐藏，有个人的欲望而不违背礼法，人民没有怨恨之心。神灵命令他，国民信任他，芈姓有乱，一定是立年轻的为君，这是楚国的常规。得到神灵保佑，这是一；拥有民众，这是二；有好的德行，这是三；受到爱宠地位尊贵，这是四；合乎立君的常规，这是五。他有这五项有利条件要除掉有五项难处的人，谁能妨害他？公子比的官位，不过是右尹。论到他的地位及受宠，不过是庶子。说到神灵的命令，他又差得很远。他的贵显已经丢失，他的宠爱已经抛弃，人民对他没有怀念，国内没有拥护他的，他将要凭据什么立为国君？"宣子说："齐桓公、晋文公，不也是这种情况吗？"叔向说："齐桓公，是卫姬的儿子，受到僖公的宠爱。他有鲍叔牙、宾须无、隰朋作为辅佐，有莒国、卫国作为外援，有国氏、高氏作为内助。他听从善人就如流水，日常行为严肃庄重，不贪财，不放纵欲望，施舍财物不知疲倦，访求善事没有满足，因此得到国家，不是很适当的吗？我们的先君文公，是狐季姬的儿子，得到献公的宠爱。他好学而专心致志，年十七岁，有士五人辅佐他。有先大夫子余、子犯做他的心腹，有魏犨、贾佗作为他的股肱，有齐、宋、秦、楚做他的外援，有栾枝、郤縠、狐突、先轸做他的内助。他流亡十九年，坚守自己的志向更加笃诚。惠公、怀公抛弃人民，人民跟从文公而支持他。献公再没有别的亲人，人民也没有别的希望，上天正保佑晋国，将会有谁来代替文公？这两位国君，都和公子比不同。楚共王有宠爱的儿子，国家有深居奥室的主人。公子比对人民没施舍恩惠，在国外没有援助，他离开晋国没人送行，回到楚国没人迎接，他凭什么希望得到楚国？"

晋国庆祝虒祁宫落成，诸侯朝见后回国的都有叛离的意思。因为我国占领郠地的缘故，晋国准备率领诸侯来讨伐。叔向说："不能不向诸侯显示一下我们的威力。"于是召集所有诸侯会见，并告诉吴国。秋，晋昭公准备在良地会见吴王夷末，因为水路不通，吴王辞谢，晋昭公就回去了。七月丙寅，在邾国南部检阅军队，有甲车四千辆，羊舌鲋代理司马，于是在平丘会合诸侯。子产、子太叔辅相郑定公参加会见。子产带了帐与幕各九张前往。子太叔带了四十张，不久后悔了，每次住宿都减少部分。到了会所，数量与子产一样多。

晋军驻扎在卫国境内，羊舌鲋向卫国索取财物，放纵打草砍柴的人。卫国人派屠伯送给叔向羹和一箱子锦，说："诸侯事奉晋国，不敢有叛离的意思，更何况卫国就在君王的屋宇下，怎么敢有别的打算？打草砍柴的人与往常举动不一样，谨此请求您管一管。"叔向接受了羹而退回了锦，说："晋国有个叫羊舌鲋的，贪财无厌，祸也将临到头上了。为了这件事，你如果以君王的名义赐给他这锦，也许可以制止。"屠伯照他的话去做了，还没离开羊舌鲋那儿，禁止乱砍柴草的命令就下达了。

晋国人打算重修旧盟，齐国人不同意。晋昭公派叔向秉告刘献公说："齐国人不肯结盟，对他们怎么办？"刘献公回答说："盟誓是为了表示信用的。君王如果有信用，诸侯不叛离，担心什么呢？用文辞向他通告，用武力对他督促，即使齐国不同意，君王的功劳就很多了。天子的卿士请求率领天子的军队，'大型战车有十辆，为您开道难阻挡'，迟早任凭君王决定。"叔向告诉齐国，说："诸侯请求结盟，已经都到这里了。如今君王认为结盟不利，寡君谨此请求说明理由。"齐国人回答说："诸侯讨伐叛离的国家，因此而重修旧盟。如果全都服从听命，何必再重修旧盟呢？"叔向说："国家的败坏，在于有祭祀攻战而没有贡赋之事，这样祭祀与攻战就没有规矩。有贡赋而没有礼仪，规矩就没有次序。有礼仪而没有威严，次序就不恭敬。有威严而不昭告，恭敬就不能明白显示。不能明白显示又抛弃了恭敬，所有的事情都会没有结果，因此而导致国家的灭亡。因此贤明的君王制订制度，让诸侯每年聘问一次以记住自己的职责，每三年朝见一次以讲习礼仪，每六年会见一次以昭示威仪，每十二年盟会一次以显示信义。在友好中记住职责，用等级次序来讲习礼仪，对众人来表示威仪，向神明昭告信义，从古以来，从来没有疏忽缺失。存亡之道，总是由此而发生。晋国依道礼仪主持盟会，害怕不能办好，谨奉结盟的牺牲展布在君王面前，请求事情圆满结束。君王说：'我一定要废除它，管什么结盟不结盟？'那就全凭君王考虑，寡君听到这命令了！"齐国人害怕，回答说："小国提出来，大国作结论，岂敢不听从？已经听到命令了，我们会恭敬地前往，迟早听凭君王决定。"

叔向说："诸侯对晋国有嫌隙了，不能不向他们展示一下实力。"八月辛未，检阅军队，树立旌旗而不配上飘带。壬申，又配上飘带。诸侯为此而害怕。

邾国人、莒国人向晋国控诉说："鲁国不断攻打我们，我们快要灭亡了。我们不能贡献礼物，是鲁国造成的。"晋昭公不肯见昭公，派叔向来辞谢说："诸侯将在甲戌日盟会，寡君知道不能够事奉君王了，谨此请君王不必劳动大驾。"子服惠伯回答说："君王相信蛮夷的投诉，以断绝兄弟国家，抛弃周公的后代，这也听凭君王。寡君听到命令了。"叔向说："寡君有甲车四千辆在这里，即使不按常规办事，也一定是可怕的了。何况是遵循常规来办，还有谁能抵抗？牛虽瘦，倒压在小猪身上，还怕它不死？南蒯、子仲的忧患，难道可以忘记吗？如果以晋国的大众，使用诸侯的军队，依靠邾国、莒国、杞国、鄫国的愤怒，以声讨鲁国的罪过，利用你们对南蒯、子仲的忧患，要做什么而做不到？"鲁国人害怕，听从晋国的命令。

甲戌，诸侯一起在平丘结盟，这是因为齐国顺服。命令诸侯在中午到达盟会地点。癸酉,退朝。子产命令外仆赶快在会盟地张设帷幕,子太叔叫他不必着急,等明天再办。到晚上,子产听说他还没张帷幕,叫他赶快去,到那儿,已经没地方可张帷幕了。

到了结盟时,子产争论进贡物品的轻重次序,说:"往昔天子确定贡献的次序,轻重根据地位决定,地位尊贵的贡献的礼物就重,这是周朝的制度。地位低而贡献的礼物重的,是甸服。郑伯是男服,却让我们依照公侯的标准纳贡,我们害怕不能如数交纳,谨此请求减轻。诸侯间不发生战争,以友好为事。使者前来传达命令,没有一个月不来到的,贡献礼物没有限度,小国无法满足,因此而有所得罪。诸侯重温旧盟,是为了保存小国。贡献礼物没有限度,灭亡的日子就不远了。决定生存还是灭亡的制度,就在今天了。"从中午开始争论,一直争到黄昏,晋国人同意了。

结盟后,子太叔责备子产说:"诸侯可能因此来讨伐,怎么可以轻慢呢?"子产说:"晋国的国政由多人掌握,他们苟且偷安还来不及,怎么有空来讨伐别人?国家不和他们争竞也会受到欺陵,还成个什么国家?"

昭公没有参加盟会。晋国人拘捕了季孙意如,用幕布遮闭着他,派狄人看守着。司铎射怀里藏了锦,捧着装了冰的壶,偷偷爬进去。看守阻止他,他于是把锦给了看守而得以进去。晋国人带着平子回国,子服意伯跟着。

子产回国,还没到,听说子皮去世,哭了起来,并且说:"我也该死了,没有人帮助我做善事了,只有这位先生了解我。"孔子说:"子产在这次盟会中,足以做国家的基石了。《诗》说:'君子多快乐,他是国家与家族的基石。'子产是君子中寻求快乐的对象。"又说:"会合诸侯,确定贡赋的最高标准,这是合乎礼的。"

鲜虞人听说晋军全数出动,因此不警戒边境,并且不修治武备。晋荀吴从著雍率领上军侵袭鲜虞,攻到中人,驱动冲车与鲜虞人战斗,获得了丰足的战果后回国。

楚国灭亡了蔡国后,灵王把许、胡、沈、道、房、申各国迁到楚国境内。平王即位,分封陈国、蔡国后,把各国迁回原地,这是合乎礼的。隐太子的儿子庐回到蔡国,这是合乎礼的。悼太子的儿子吴回到陈国,这是合乎礼的。

冬十月，安葬蔡灵侯，这是合乎礼的。

昭公去晋国。荀吴对韩宣子说："诸侯互相朝见，是为了重温过去的友好关系。拘捕他们的卿，而让他们的国君朝见，这是不友好，还不如辞谢他。"于是让士景伯去黄河边辞谢昭公。

吴国灭亡了州来。令尹子期请求攻打吴国，楚平王不答应，说："我还没有安抚人民，没有祭祀鬼神，没有修治防御设备，没有安定国家，却使用民力，失败了来不及后悔。州来在吴国，同在楚国一样，你姑且等着。"

季孙意如仍在晋国，子服惠伯私下对中行穆子说："鲁国事奉晋国，为什么比不上夷人小国？鲁国，是晋兄弟国家，土地比莒国、邾国要大，对晋国所规定的贡品都能完全交纳。如果为了夷人而抛弃它，让它去事奉齐国、楚国，这将对晋国有什么好处？亲近亲近的国家，赞助大的国家，奖赏贡献贡品的国家，惩罚不贡献贡品的国家，这就是能做盟主的原因，您考虑一下。谚语说：'一个臣子可以选择两个主人。'我们难道没有大国可投靠？"穆子告诉了韩宣子，并且说："楚国灭亡了陈国、蔡国，我们不能救援，却为了夷人拘捕兄弟国家的人，这将有什么用？"于是放回季孙。惠伯说："寡君不知道自己有什么罪，贵国会合诸侯而拘捕了寡君的卿。如果有罪，就请下达死命。如果无罪而加恩赦免他，诸侯不知道，这就是逃避命令，怎么算是赦免呢？谨请君王赐恩召集盟会宣布这事。"宣子为此感到烦心，对叔向说："你能使季孙回国吗？"叔向说："不能。羊舌鲋能够。"于是派羊舌鲋去。羊舌鲋进见季孙说："往昔我得罪了晋君，自己归服了鲁君。不是武子的恩赐，我到不了今日。虽然能让这把骨头回到晋国，就如同你让我再生，岂敢不为你尽心力？让你回国你却不回去，我从官吏那儿听说，准备为你在西河建造馆舍，那怎么办？"说着流泪哭泣。季孙意如害怕，先回国。惠伯等在晋国，待晋人以礼遣送。

昭公十四年

[经]

十有四年春[1],意如至自晋。

三月,曹伯滕卒。

夏四月。

秋,葬曹武公。

八月,莒子去疾卒[2]。

冬,莒杀其公子意恢。

【注释】

〔1〕十有四年:公元前528年。〔2〕莒子去疾:莒著丘公。

[传]

十四年春,意如至自晋,尊晋罪己也[1]。尊晋罪己,礼也。

南蒯之将叛也,盟费人。司徒老祁、虑癸伪废疾[2],使请于南蒯曰:"臣愿受盟而疾兴,若以君灵不死,请待间而盟[3]。"许之。二子因民之欲叛也,请朝众而盟。遂劫南蒯曰:"群臣不忘其君[4],畏子以及今，三年听命矣。子若弗图，费人不忍其君，将不能畏子矣。子何所不逞欲？请送子。"请期五日。遂奔齐。侍饮酒于景公。公曰："叛夫！"对曰："臣欲张公室也[5]。"子韩皙曰："家臣而欲张公室，罪莫大焉。"司徒老祁、虑癸来归费，齐侯使鲍文子致之[6]。

【注释】

〔1〕此句释经书意如而不冠"季孙"之意。杜注："以舍族为尊晋罪己。" 〔2〕伪废疾：假装得了病。废，同"发"。 〔3〕间：病稍痊愈。 〔4〕君：指季氏。 〔5〕张：强大。 〔6〕致之：送还费邑。南蒯将费送给齐国。

夏，楚子使然丹简上国之兵于宗丘[1]，且抚其民。分贫振穷[2]，长孤幼，养老疾，收介特[3]，救灾患，宥孤寡，赦罪戾，诘奸慝，举淹滞。礼新叙旧[4]，禄勋合亲[5]，任良物官。使屈罢简东国之兵于召陵[6]，亦如之。好于边疆，息民五年，而后用师，礼也。

【注释】

〔1〕简：选拔检阅。上国：楚之西部。兵：指军队、武器。宗丘：在今湖北秭归县。 〔2〕分：与。振：救。 〔3〕介特：单身流民。 〔4〕新：寄居的人。 〔5〕禄：奖赏。合：和睦。 〔6〕召陵：在今河南郾城县东。

秋八月，莒著丘公卒，郊公不慼[1]。国人弗顺，欲立著丘公之弟庚舆[2]。蒲馀侯恶公子意恢而善于庚舆[3]，郊公恶公子铎而善于意恢。公子铎因蒲馀侯而与之谋曰："尔杀意恢，我出君而纳庚舆。"许之。

【注释】
〔1〕郊公：著丘之子。 〔2〕庚舆：后立为共公。 〔3〕蒲馀侯：莒大夫兹夫。

楚令尹子旗有德于王[1]，不知度，与养氏比[2]，而求无厌，王患之。九月甲午，楚子杀鬭成然[3]，而灭养氏之族。使鬭辛居郧[4]，以无忘旧勋[5]。

【注释】
〔1〕有德：杜注："有佐立之德。" 〔2〕养氏：养由基之后，子旗之党。 〔3〕鬭成然：即蔓成然，亦即子旗。 〔4〕鬭辛：子旗之子。郧：见桓公十一年注。 〔5〕旧勋：鬭氏为令尹子文之后，子旗又有佐立之功。

冬十二月，蒲馀侯兹夫杀莒公子意恢，郊公奔齐。公子铎逆庚舆于齐。齐隰党、公子鉏送之，有赂田。

晋邢侯与雍子争鄐田[1]，久而无成。士景伯如楚[2]，叔鱼摄理[3]，韩宣子命断旧狱，罪在雍子。雍子纳其女于叔鱼，叔鱼蔽罪邢侯。邢侯怒，杀叔鱼与雍子于朝。宣子问其罪于叔向。叔向曰："三人同罪，施生戮死可也。雍子自知其罪而赂以买直，鲋也鬻狱[4]，邢侯专杀，其罪一也。己恶而掠美为昏[5]，贪以败官为墨[6]，杀人不忌为贼。《夏书》曰：'昏、墨、贼，杀[7]。'皋陶之刑也。请从之。"乃施邢侯而尸雍子与叔鱼于市。

【注释】

〔1〕邢侯：楚申公巫臣之子。雍子：楚臣，襄公二十六年逃到晋国，晋国让他居鄐地。〔2〕士景伯：晋国的理刑官。〔3〕叔鱼：羊舌鲋。〔4〕鬻狱：受贿而不以情理判曲直。〔5〕昏：昏乱。〔6〕墨：贪墨。〔7〕所引文为逸《书》。

仲尼曰："叔向，古之遗直也[1]。治国制刑，不隐于亲[2]，三数叔鱼之恶，不为末减[3]。曰义也夫，可谓直矣！平丘之会，数其贿也[4]，以宽卫国，晋不为暴。归鲁季孙，称其诈也[5]，以宽鲁国，晋不为虐。邢侯之狱，言其贪也，以正刑书，晋不为颇[6]。三言而除三恶，加三利，杀亲益荣，犹义也夫[7]！"

【注释】

〔1〕古之遗直：有古人遗风。〔2〕隐：包庇，隐瞒。亲：叔鱼为叔向之弟。〔3〕末减：减轻。〔4〕数其贿：指向屠伯责叔鱼渎货无厌，见上年传。〔5〕称其诈：指推荐叔鱼能勐行，见上年传。〔6〕颇：偏。〔7〕犹义：同"由义"，行义。

【译文】

[经]

十四年春，意如从晋国回来。

三月，曹武公滕去世。

夏四月。

秋，安葬曹武公。

八月，莒著丘公去疾去世。

冬，莒国杀死他们的公子意恢。

[传]

十四年春，意如从晋国回来，《春秋》仅称呼他的名字是表示尊敬晋国责备自己。尊敬晋国责备自己，是合乎礼的。

南蒯准备叛变时，与费邑官吏们结盟。司徒老祁、虑癸假装得了病，派人向南蒯请求说："臣愿接受盟约而病发作，如果托您的福能不死，等病稍好些再结盟。"南蒯答应了。二人依靠百姓打算叛变南蒯，就集聚众人一起结盟。于是就劫持南蒯，说："臣子们不能忘记自己的君主，因为害怕你一直拖到今天，已经服从你的命令三年了。你如果不另外想办法，费人不忍心对君主这样，将会不再害怕你了。你在什么地方不能满足自己的欲望呢？请送走你。"南蒯请求等待五天，届时就逃往齐国。南蒯在齐国陪侍齐景公饮酒，景公开玩笑称他为"叛徒"，他回答说："臣想使公室强大。"子韩皙说："作为家臣而想要使公室强大，没比这更大的罪了。"司徒老祁、虑癸前来归还费邑，齐景公派鲍文子来移交费邑。

夏，楚平王派然丹在宗丘选拔检阅西部的军队与装备，同时安抚当地的人民。令他施舍贫苦救济穷人，抚育年幼的孤儿，赡养年老有病的人，收容单身流民，救济受灾的人，宽免孤儿寡妇的赋税，赦免有罪的人，究治奸邪，举拔被埋没的人才。对移民加以礼遇，对原来的居民加以温慰，赏赐有功的人，和睦亲属，任用贤良，物色官吏。派屈罢在召陵选拔检阅东部的军队与装备，也像然丹一样做。与四面的邻国和好，让百姓休息五年，然后用兵，这是合乎礼的。

秋八月，莒著丘公去世，郊公不悲哀。国人看不惯，想立著丘父的弟弟庚舆。蒲馀侯厌恶公子意恢而与庚舆友善，郊公厌恶公子铎而与意恢友善。公子铎依靠蒲馀侯而与他商议说："你杀死意恢，我赶走国君而接纳庚舆。"蒲馀侯答应了。

楚令尹子旗对楚平王有恩德，行为没有节制，他与养氏勾结，而贪得无厌，平王为之不安。九月甲午，楚平王杀死子旗，而灭了养氏一族。让鬭辛居住在郧地，以表示不忘记鬭氏过去的功劳。

冬十二月，蒲馀侯兹夫杀死莒公子意恢，郊公逃往齐国。公子铎去齐国迎接庚舆。齐隰党、公子鉏送他，莒国送给他们土地。

晋邢侯与雍子争夺鄐地的田地,很久没有结果。士景伯去楚国,叔鱼代理他的职务,韩宣子命令他审理以往的案件,罪在雍子。雍子把女儿嫁给叔鱼,叔鱼曲断邢侯有罪。邢侯发怒,在朝廷上杀死了叔鱼与雍子。宣子向叔向询问如何定他们的罪。叔向说:"三人罪相同,处决活着的人、把已死的人暴露尸体就可以了。雍子自己知道自己的罪而通过贿赂求取胜诉,叔鱼受贿而不秉公审理,邢侯擅自杀人,他们的罪轻重相等。自己恶而想取得美名就是昏,贪婪而玩忽职守就是墨,杀人而没有顾忌称为贼。《夏书》说:'昏、墨、贼,杀死。'这是皋陶的刑法。请照办。"于是杀死邢侯而把雍子、叔鱼的尸体暴露在市上。

孔子说:"叔向,有古人正直的遗风。治理国家制定刑法,不包庇自己的亲人,三次责备叔鱼的罪恶,不为他减轻开脱。这是合乎道义的啊,称得上正直了!平丘盟会,责备他贪财,以宽免卫国,晋国因此而做到了不凶暴。遣返鲁季孙,称道他的奸诈,以宽免鲁国,晋国因此而避免了残虐。邢侯这次案件,说明他贪婪,以维护法律,晋国因此而做到了不偏差。三次说叔鱼而除掉了三次罪恶,增加了三项利益,杀了亲人而名誉更加显荣,这是做事合乎道义啊!"

昭公十五年

[经]

十有五年春[1],王正月,吴子夷末卒。

二月癸酉,有事于武宫[2]。籥入[3],叔弓卒,去乐卒事。

夏,蔡朝吴出奔郑[4]。

六月丁巳朔,日有食之。

秋,晋荀吴帅师伐鲜虞。

冬,公如晋。

【注释】
〔1〕十有五年:公元前527年。 〔2〕武宫:武公之庙。武公为伯禽玄孙,名敖。 〔3〕籥:一种管乐器,长而六孔,文舞时所执。 〔4〕朝吴:见昭公十三年传注。

[传]

十五年春,将禘于武公[1],戒百官[2]。梓慎曰:"禘之日,其有咎乎!吾见赤黑之祲[3],非祭祥也,丧氛也。其在莅事乎[4]?"二月癸酉,禘,叔弓莅事,籥入而卒,去乐,卒事,礼也。

【注释】

〔1〕禘:春天举行的例行祭祀。 〔2〕戒:告诫。 〔3〕祲:妖恶之气。 〔4〕莅事:此指主祭官。

楚费无极害朝吴之在蔡也[1],欲去之,乃谓之曰:"王唯信子,故处子于蔡。子亦长矣,而在下位,辱,必求之,吾助子请。"又谓其上之人曰:"王唯信吴,故处诸蔡,二三子莫之如也,而在其上,不亦难乎?弗图,必及于难。"夏,蔡人逐朝吴,朝吴出奔郑。王怒,曰:"余唯信吴,故置诸蔡。且微吴,吾不及此。女何故去之?"无极对曰:"臣岂不欲吴?然而前知其为人之异也[2]。吴在蔡,蔡必速飞。去吴,所以翦其翼也。"

【注释】

〔1〕费无极:一作费无忌,楚大夫。 〔2〕前知:早知。

六月乙丑,王大子寿卒[1]。秋八月戊寅,王穆后崩[2]。

晋荀吴帅师伐鲜虞,围鼓[3]。鼓人或请以城叛,穆子弗许[4]。左右曰:"师徒不勤,而可以获城,何故不为?"穆子曰:"吾闻诸叔向曰:'好恶不愆[5],民知所适,事无不济。'或以吾城叛,吾所甚恶也。人以城来,吾独何好焉?赏所甚恶,若所好何?若其弗赏,是失信也,何以庇民?力能则进,否则退,量力而行。吾不可以欲城而迩奸,所丧滋多。"使鼓人杀叛人而缮守备。

围鼓三月,鼓人或请降,使其民见,曰:"犹有食色,姑修而城。"军吏曰:"获城而弗取,勤民而顿兵[6],何以事君?"穆子曰:"吾以事君也。获一邑而教民怠,将焉用邑?邑以贾怠,不如完旧。贾怠无卒[7],弃旧不祥。鼓人能事其君,我亦能事吾君。率义不爽[8],好恶不愆,城可获而民知义所,有死命而无二心,不亦可乎!"鼓人告食竭力尽,而后取之。克鼓而反,不戮一人,以鼓子鸢鞮归[9]。

【注释】

〔1〕王:周景王。〔2〕穆后:太子寿之母。〔3〕鼓:国名,姬姓,白狄之别种,时属鲜虞,地在今河北晋县。〔4〕穆子:荀吴。〔5〕愆:过分。〔6〕顿兵:使军队滞留。〔7〕无卒:没有好结果。〔8〕率:遵循。〔9〕鸢(yān)鞮:鼓君名。

冬,公如晋,平丘之会故也。

十二月,晋荀跞如周,葬穆后,籍谈为介。既葬,除丧[1],以文伯宴[2],樽以鲁壶。王曰:"伯氏,诸侯皆有以镇抚王室,晋独无有,何也?"文伯揖籍谈,对曰:"诸侯之封也,皆受明器于王室[3],以镇抚其社稷,故能荐彝器于王[4]。晋居深山,戎狄之与邻,而远于王室。王灵不及[5],拜戎不暇[6],其何以献器?"王曰:"叔氏,而忘诸乎?叔父唐叔,成王之母弟也,其反无分乎[7]?密须之鼓[8],与其大路,文所以大蒐也。阙巩之甲[9],武所以克商也。唐叔受之以处参虚[10],匡有戎狄。其后襄之二路[11],鏚钺、秬鬯[12],彤弓、虎贲，文公受之，以有南阳之田，抚征东夏，非分而何？夫有勋而不废，有绩而载，奉之以土田，抚之以彝器，旌之以车服，明之以文章[13]，子孙不忘，所谓福也。福祚之不登，叔父焉在？且昔而高祖孙伯黡[14]，司晋之典籍，以为大政，故曰籍氏。及辛有之二子董之晋[15]，于是乎有董史。女，司典之后也，何故忘之？"籍谈不能对。宾出，王曰："籍父其无后乎[16]！数典而忘其祖。"

【注释】
〔1〕除丧：除安葬前的丧服，换上守丧期的丧服。即除麻服葛等。〔2〕以：与。文伯：即荀跞。〔3〕明器：天子分封诸侯时所赐宝器。〔4〕彝器：祭祀、饮宴时用的器具。〔5〕灵：福。〔6〕拜戎：与戎人周旋。〔7〕其：岂。〔8〕密须：即密国，姞姓，地在今甘肃灵台县。周文王伐密须，得其鼓与大路，因此田猎检阅军队。〔9〕阙巩：国名，周武王灭之。〔10〕参虚：为晋国分野。〔11〕襄之二路：周襄王赐晋文公大路、戎路。〔12〕鏚钺：斧与金钺。秬鬯：黑黍香酒。〔13〕文章：色采装饰的器物，如车服旗帜之类。〔14〕高祖：远祖。〔15〕辛有：平王时人。二子：次子。〔16〕籍父：即籍谈。

籍谈归，以告叔向。叔向曰："王其不终乎！吾闻之，所乐必卒焉。今王乐忧，若卒以忧，不可谓终。王一岁而有三年之丧二焉，于是乎以丧宾宴，又求彝器，乐忧甚矣，且非礼也。彝器之来，嘉功之由，非由丧也。三年之丧，虽贵遂服[1]，礼也。王虽弗遂，宴乐以早[2]，亦非礼也。礼，王之大经也。一动而失二礼，无大经矣。言以考典[3]，典以志经，忘经而多言举典，将焉用之?"

【注释】
〔1〕遂：终。遂服，如礼服完三年丧。　〔2〕以：同"已"。
〔3〕考：成。典：指典故。

【译文】

[经]
十五年春，周历正月，吴王夷末去世。
二月癸酉，在武宫举行祭祀。舞籥的队伍进来，叔弓去世，撤除音乐，将祭祀举行完毕。
夏，蔡朝吴出逃到郑国。
六月丁巳朔，发生日食。
秋，晋荀吴率领军队攻打鲜虞。
冬，昭公去晋国。

[传]
十五年春，准备对武公进行禘祭，先告诫百官。梓慎说："禘祭的日子，恐怕会发生灾祸吧！我看见有赤黑色的妖气，这不是祭祀的祥瑞，而是丧事的凶气。或许应验在主祭官身上吧？"二月癸酉，禘祭，叔弓主祭，舞籥的队伍进入而去世，撤除音乐，将祭祀举行完毕，这是合乎礼的。

楚费无极认为朝吴在蔡国对楚国不利，想赶走他，于是对他说："君王信任的就你一人，所以把你安排在蔡国。你也已年长了，却处在下位，这是耻辱，一定要请求提升，我帮助你请求。"又对职位在朝吴之上的人说："君王信任的就朝吴一人，所以把他安排在蔡国，各位大夫比不上他，却位在他上，不也很难安定吗？不想办法，一定会蒙受祸难。"夏，蔡国人赶走朝吴，朝吴出逃到郑国。楚平王知道后大怒，说："我信任的就朝吴一人，所以把他安排在蔡国。再说没有朝吴，我到不了今天。你为什么要把他赶走？"费无极回答说："我岂不想要朝吴？但是我早就知道他对楚国有异心了。朝吴在蔡国,蔡国必然迅速腾飞。赶走朝吴,正是为了剪掉蔡国的翅膀啊。"

六月乙丑,周景王太子寿去世。秋八月戊寅,王穆后去世。

晋荀吴率领军队攻打鲜虞,包围鼓国。鼓国人中有人请求叛变交出都城,荀吴不答应。左右随从说:"军队不劳累,而可以得城,为什么不干?"荀吴说:"我听到叔向说:'喜爱、厌恶都不过分,人民知道该怎么做,事情没有办不成的。'有人带着我们的城邑叛变,这是我们十分憎恶的。别人带着城邑来,我们为什么偏偏喜欢呢?奖赏自己所十分憎恶的,对所喜爱的又怎么办?如果不加奖赏,这就是失信,又用什么庇护人民?有力量就前进,不行就后退,根据力量来办事。我们不可以因为想得到城邑而接近奸邪,这样丧失的会更多。"让鼓国人杀死他们的叛徒而修缮防御设备。包围了鼓国三个月,鼓国人有人请求投降,荀吴让鼓国人进见,说:"从脸色上看你们还吃得饱饭,姑且去修缮你们的城墙。"军吏说:"得到城邑而不取,劳累人民而滞留军队,怎么来事奉君王?"荀吴说:"我就用这方法来事奉君王。获得一个城邑而教人民懈怠,要城邑干什么?得到城邑而换来懈怠,还不如保持原先的样子。换来了懈怠就没有好结果,抛弃原先所为不吉祥。鼓国人能事奉他们的国君,我也能事奉我的国君。遵循道义而不改变,喜爱、厌恶不过分,城邑可以得到而人民知道道义所在,有拼命而没有背叛的想法,不也是可以的吗?"鼓国人报告粮食吃完力量用尽,然后占领了它。攻下鼓国回国,没杀一个人,带着鼓国国君鸢鞮回国。

冬,昭公去晋国,是由于在平丘的盟会受责备的缘故。

十二月,晋荀跞去周朝,参加穆后的葬礼,籍谈作为副使。安葬后,减换丧服,周景王与荀跞饮宴,用鲁国进贡的壶做酒尊。景王说:"伯氏,诸侯都有器具进贡以镇抚王室,唯独晋国没有,这是什么缘故?"荀跞向籍谈作揖让他回答。籍谈回答说:"诸侯受封的时候,都在王室接受了宝器,用来镇抚自己的国家,所以能把彝器贡献给天子。晋国处在深山中,与戎狄为邻,离开王室很远。天子的威福不能到达,与戎人周旋都来不及,怎么能贡献彝器?"周景王说:"叔氏,你忘记了吗?叔父唐叔,是成王的同母弟弟，难道反而没有分到赏赐的宝器吗？密须国的鼓，和它的大路，文王得到后因此而举行盛大的阅兵式。阙巩国的皮甲，武王得到了因此而战胜商朝。唐叔接受了这些而住在参虚的分野，管制戎狄。后来襄王赐给文公大路、戎路，斧钺、黑黍香酒，红色的弓和勇士，文公接受了，保有南阳的田土，安抚征伐东部诸侯，这些不是分得的宝器是什么呢？有了功勋而不废除，有了成绩就记载下来，用土地来奉养他，用彝器来安抚他，用车服来表彰他，用旌旗来显耀他，子孙不忘记，这就是福。福祚都没记住，叔父你怎么搞的？再说从前你的远祖孙伯黡，管理晋国的典籍，以主持国政，所以称为籍氏。到了辛有的次子董到了晋国，这时候才有了姓董的史官。你，是管理典籍的人的后代，为什么忘了上述的事呢？"籍谈无法回答。客人退席后，周景王说："籍父的后代恐怕不会长久吧！他列举典故而忘记了自己的祖宗。"

籍谈回国，把情况告诉叔向。叔向说："周王也许得不到善终了吧！我听说，对什么事快乐也为这事而死。如今天子把忧愁当欢乐，如果因为忧愁而死，就不能算善终。天子一年内碰上了两次要服丧三年的丧事，在这时候因为丧事而和来宾饮宴，又求取彝器，把忧愁当欢乐的程度很厉害了，再说这是不合乎礼的。诸侯贡献彝器，是由于嘉奖功劳，不是由于丧事。服丧三年的丧事，即使地位尊贵的人也要服满丧期，这是礼。天子即使不能服满丧期，但宴乐太早，也是不合乎礼的。礼，是天子奉行的重要规范，做一件事却违反了两项礼法规定，他就没有重要规范了。言语用来形成典故，典故用来记载规范，忘记了规范而说话很多，列举典故，有什么用处？"

昭公十六年

[经]

十有六年春[1],齐侯伐徐[2]。

楚子诱戎蛮子杀之[3]。

夏,公至自晋。

秋八月己亥,晋侯夷卒。

九月,大雩。

季孙意如如晋。

冬十月,葬晋昭公。

【注释】

〔1〕十有六年:公元前526年。 〔2〕齐侯:齐景公。 〔3〕楚子:楚平王。戎蛮:地在今河南汝阳县东南一带。

[传]

十六年春,王正月,公在晋,晋人止公,不书,讳之也。

齐侯伐徐。楚子闻蛮氏之乱也,与蛮子之无质也[1],使然丹诱戎蛮子嘉杀之,遂取蛮氏。既而复立其子焉，礼也[2]。

【注释】
〔1〕质：信用。〔2〕以上文字，诸家以为"齐侯伐徐"当置"二月丙申"下，楚子一事，当在"其是之谓乎"后。

二月丙申，齐师至于蒲隧[1]。徐人行成。徐子及郯人、莒人会齐侯，盟于蒲隧，赂以甲父之鼎[2]。叔孙昭子曰："诸侯之无伯，害哉！齐君之无道也，兴师而伐远方，会之有成而还，莫之亢也[3]，无伯也夫。《诗》曰：'宗周既灭，靡所止戾。正大夫离居，莫知我肄[4]。'其是之谓乎！"

【注释】
〔1〕蒲隧：在今江苏睢宁县西南。〔2〕甲父：古国名，在山东金乡县。〔3〕亢：抗御。〔4〕所引诗见《诗·小雅·雨无正》。"宗周"今本作"周宗"。戾，安。肄，劳。

三月，晋韩起聘于郑，郑伯享之。子产戒曰："苟有位于朝，无有不共恪[1]。"孔张后至[2]，立于客间。执政御之[3]，适客后。又御之，适县间[4]。客从而笑之。

【注释】
〔1〕共恪：恭敬。〔2〕孔张：公孙申，字子张，子孔之孙。〔3〕御：阻止。〔4〕县：钟磬等县乐。

事毕，富子谏曰[1]："夫大国之人，不可不慎也，几为之笑而不陵我[2]？我皆有礼，夫犹鄙我。国而无礼，何以求荣？孔张失位，吾子之耻也。"子产怒曰："发命之不衷[3]，出令之不信，刑之颇类[4]，狱之放纷[5]，会朝之不敬，使命之不听，取陵于大国，罢民而无功，罪及而弗知，侨之耻也。孔张，君之昆孙、子孔之后也[6]，执政之嗣也。为嗣大夫，承命以使，周于诸侯，国人所尊，诸侯所知。立于朝而祀于家，有禄于国[7]，有赋于军[8]，丧祭有职，受脤归脤[9]，其祭在庙，已有著位[10]，在位数世，世守其业，而忘其所，侨焉得耻之？辟邪之人而皆及执政，是先王无刑罚也。子宁以他规我。"

【注释】

〔1〕富子：杜注："富子，郑大夫，谏子产也。" 〔2〕几：岂。〔3〕衷：当。〔4〕颇类：偏颇不顺。〔5〕放纷：放纵纷乱。〔6〕子孔：为郑襄公之兄。〔7〕有禄于国：受到国家的爵禄封邑。〔8〕赋：指大夫采邑所应出的军赋，即战士、军器等。〔9〕脤：祭肉。诸侯祭社，赐大夫以祭肉，大夫祭社，献祭肉与国君。〔10〕著位：即规定的位置。

宣子有环，有一在郑商。宣子谒诸郑伯，子产弗与，曰："非官府之守器也，寡君不知。"子大叔、子羽谓子产曰："韩子亦无几求，晋国亦未可以贰。晋国、韩子，不可偷也[1]。若属有谗人交斗其间[2]，鬼神而助之，以兴其凶怒，悔之何及？吾子何爱于一环，其以取憎于大国也，盍求而与之？"子产曰："吾非偷晋而有二心，将终事之，是以弗与，忠信故也。侨闻君子非无贿之难，立而无令名之患。侨闻为国非不能事大字小之难[3]，无礼以定其位之患。夫大国之人，令于小国，而皆获其求，将何以给之？一共一否，为罪滋大。大国之求，无礼以斥之[4]，何餍之有？吾且为鄙邑，则失位矣。若韩子奉命以使，而求玉焉，贪淫甚矣，独非罪乎？出一玉以起二罪，吾又失位，韩子成贪，将焉用之？且吾以玉贾罪，不亦锐乎[5]？"

【注释】
〔1〕偷：随意怠慢。 〔2〕属：恰逢。交斗：挑拨。 〔3〕字：养育抚爱。 〔4〕斥：驳回。 〔5〕锐：细小。引申为无价值。

韩子买诸贾人，既成贾矣[1]，商人曰："必告君大夫[2]。"韩子请诸子产曰："日起请夫环，执政弗义，弗敢复也。今买诸商人，商人曰，必以闻，敢以为请。"子产对曰："昔我先君桓公，与商人皆出自周。庸次比耦[3]，以艾杀此地[4]，斩之蓬蒿藜藋[5]，而共处之。世有盟誓，以相信也，曰：'尔无我叛，我毋强贾，毋或匄夺。尔有利市宝贿[6]，我勿与知。'恃此质誓[7]，故能相保，以至于今。今吾子以好来辱，而谓敝邑强夺商人，是教敝邑背盟誓也，毋乃不可乎！吾子得玉而失诸侯，必不为也。若大国令，而共无艺[8]，郑，鄙邑也，亦弗为也。侨若献玉，不知所成[9]，敢私布之。"韩子辞玉，曰："起不敏，敢求玉以徼二罪？敢辞之。"

【注释】

〔1〕成贾：成交。〔2〕君大夫：国君、执政。〔3〕庸次：按次序。比耦：一对对地配合耕种。〔4〕艾(yì)杀：割草伐木。指整治土地。〔5〕蓬蒿藜藋(diáo)：均为野草。〔6〕利市：买卖获得利润。〔7〕质誓：有信用的誓言。〔8〕无艺：没有标准、限度。〔9〕成：好处。

夏四月，郑六卿饯宣子于郊。宣子曰："二三君子请皆赋，起亦以知郑志。"子齹赋《野有蔓草》[1]。宣子曰："孺子善哉[2]，吾有望矣。"子产赋郑之《羔裘》[3]。宣子曰："起不堪也。"子大叔赋《褰裳》[4]。宣子曰："起在此，敢勤子至于他人乎[5]？"子大叔拜。宣子曰："善哉，子之言是。不有是事，其能终乎？"子游赋《风雨》[6]，子旗赋《有女同车》[7]，子柳赋《萚兮》[8]。宣子喜曰："郑其庶乎！二三君子以君命贶起，赋不出郑志，皆昵燕好也[9]。二三君子数世之主也，可以无惧矣。"宣子皆献马焉，而赋《我将》[10]。子产拜，使五卿皆拜，曰："吾子靖乱，敢不拜德？"宣子私觐于子产以玉与马，曰："子命起舍夫玉，是赐我玉而免吾死也，敢不藉手以拜[11]？"

【注释】

〔1〕子齹(cē)：子皮之子公子婴齐。野有蔓草：《诗·郑风》篇名，取其中"邂逅相遇，适我愿兮"句。〔2〕孺子：子皮死未过三年，故称其为孺子。〔3〕羔裘：《诗·郑风》篇名，以其中"彼其之子，舍命不渝"、"彼其之子，邦之司直"、"彼其之子，邦之彦兮"等句赞美韩宣子。〔4〕褰裳：《诗·郑风》篇名。取其中"子惠思我，褰裳涉溱。子不我思，岂无他人"句，言宣子思己，将有撩起裙子渡过郑国的溱水之

举。如不思己,便会去他人处。〔5〕勤:劳。〔6〕子游:驷带之子驷偃。风雨:《诗·郑风》篇名。取"既见君子,云胡不夷"句。〔7〕子旗:公孙段之子丰施。有女同车:《诗·郑风》篇名。取"洵美且都"句,爱乐宣子之志。〔8〕子柳:印段之子印癸。萚兮:《诗·郑风》篇名。取"倡予和女"句,言宣子倡,自己将和而从之。〔9〕昵:亲。〔10〕我将:《诗·周颂》篇名。杜注:"取其'日靖四方,我其夙夜,畏天之威',言志在靖乱,畏惧天威。"〔11〕藉手:借手中的赠品。

公至自晋。子服昭伯语季平子曰[1]:"晋之公室,其将遂卑矣。君幼弱,六卿强而奢傲,将因是以习。习实为常,能无卑乎?"平子曰:"尔幼,恶识国?"

【注释】

〔1〕子服昭伯:杜注:"昭伯,惠伯之子子服回也。随公从晋还。"

秋八月,晋昭公卒。

九月,大雩,旱也。

郑大旱,使屠击、祝款、竖柎有事于桑山[1]。斩其木,不雨。子产曰:"有事于山,蓺山林也[2],而斩其木,其罪大矣。"夺之官邑。

冬十月,季平子如晋葬昭公。平子曰:"子服回之言犹信,子服氏有子哉!"

【注释】

〔1〕桑山:不详。〔2〕蓺:养护使繁殖。

【译文】

[经]

十六年春，齐景公攻打徐国。
楚平王诱骗戎蛮子，把他杀了。
夏，昭公从晋国回来。
秋八月己亥，晋昭公夷去世。
九月，举行求雨的雩祭。
季孙意如去晋国。
冬十月，安葬晋昭公。

[传]

十六年春，周历正月，昭公在晋国，是由于晋国人扣留昭公，《春秋》不记载，是避讳。

齐景公攻打徐国。楚平王听说蛮氏发生内乱与蛮子不讲信用，派然丹诱骗戎蛮子嘉，把他杀了，接着占领了蛮氏。不久又重新立了他的儿子，这是合乎礼的。

二月丙申，齐军到达蒲隧。徐国人求和。徐子与郑国人、莒国人与齐景公相会，在蒲隧结盟，送上甲父之鼎为礼物。叔孙昭子说："诸侯没有盟主，危害真大！齐君无道，起兵攻打远方国家，会见他们，签订了盟约后回国，没有人能抗御他，这是没有盟主的缘故啊！《诗》说：'周朝已经渐衰亡，要想栖身没地方。执政大夫都逃散，有谁知我操劳忙。'说的就是这情况吧！"

三月，晋韩起去郑国聘问，郑定公设享礼款待他。子产告诫大家说："只要在朝廷上有位子的官员，不要做出不恭敬的事。"孔张迟到了，去站在宾客中间。主持典礼的人阻止他，他退到宾客后面。主持典礼的人又阻止他，他只好站在悬挂的钟磬间。宾客因此而嘲笑他。

享礼结束后，富子劝谏说："对大国的人，不能够不谨慎，难道说被他们嘲笑了他们不会欺负我们？我们全都对他们有礼，他们尚且鄙视我们。作为一个国家如果无礼，如何求得光荣？孔张没站在他应站的位置上，这是您的耻辱。"子产发怒说："发布命令不恰当，发出命令不守信用，刑罚偏颇不顺，诉讼放纵纷乱，会见朝见不恭敬,使命没人听从,导致大国的欺陵,使人民疲劳而没有建立功劳,罪过在身而不知道,这才是我的耻辱。孔张,是国君哥哥的孙子、子孔的后代,执政大夫的继承人。他接任为大夫,接受命令出使,遍历诸侯国家,为国人所尊敬,为诸侯所熟识。他在朝中有职务,在家中主持祭祀,得到国家的爵禄封邑,分担国家的军赋,丧事与祭事有一定的职事,接受祭肉奉献祭肉,辅助国君在宗庙祭祀,已有规定的位置,在这位置上已经好几代了,世代保守着他们的家业,如今忘记了他自己的地位,我怎么能为他感到羞耻?别人的行为不规范却都归罪于执政,这成为先王没有刑罚了。您还是用别的事来规劝我。"

韩起有只玉环,与这玉环配对的一只在郑国的商人手中。韩起向郑定公请求,子产不同意给他,说:"这不是我们国库中收藏的器物,寡君不知道。"子太叔、子羽对子产说:"韩宣子要求不高,对晋国也不能三心二意。晋国、韩宣子,都不能随意怠慢。万一正好有奸邪小人在中间挑拨离间,鬼神如果又帮助他,以引起晋国与韩宣子的凶心怒气,后悔又怎么来得及?您何苦吝惜一只玉环,以此去惹得大国憎恨呢,何不索取那只玉环给他?"子产说:"我不是随意怠慢晋国而对他们不忠心,而是要始终事奉他们,所以不给他,就是我忠实诚信的缘故。我听说君子不以没有财富为可怕,而以立身没有好名声为忧患。我听说治理国家不以没能事奉大国保育小国为可怕,而以不能按礼仪来安定职位为忧患。大国的人,号令小国,如果都能得到他所要求的,小国将用什么去供给他们呢?有的供给了有的没能供给,罪过就更加大了。大国的需求,不合乎礼的不加以驳斥,他们哪里会有满足的时候?我们将会成为他们边境上的一个城邑,失去自己的地位了。像韩宣子奉命出使,却求索玉环,贪婪得太过分了,难道不是罪过吗?拿出一只玉环却引出两项罪过,我们又将失去地位,韩宣子变成了贪婪的人,怎么能这样做呢?再说我用玉来交换罪过,不是太不值得了吗?"

韩宣子向商人购买玉环,已经成交了,商人说:"一定要向国君和执政报告。"韩宣子向子产请求说:"前些日子我请求得到这玉环,执政认为不合道义,我就不敢再提这事。如今我从商人那里买来，商人说一定要让您知道，谨此请求完成交易。"子产回答说："往昔我们先君桓公，与商人一起从周迁徙出来。一起并肩合作耕种，来整治这块土地，砍去种种野草，共同居住在这里。我们世代有盟誓，以互相信赖，誓词说：'你不背叛我，我不强买你的货物，也不乞求与掠夺。你有丰厚的利润与珍贵的财宝，我也不加过问。'凭仗着这誓言的信用，所以能互相保全，一直到现在。如今承蒙您带着友好的情谊光临敝国，而让敝国强夺商人的宝物，这是教敝国背弃盟誓，这恐怕不可以吧！您得到了玉环却失去诸侯，您一定不肯这样做。如果大国下达命令，却无限制地要我们供应，那就是把郑国当作边境城邑了，我们也不会同意这样做。我如果献上玉环，不知道会有什么好处，谨此私下向您陈述。"韩宣子就退回了玉环，说："我考虑不周，怎么敢求取玉环以获得两项罪过？谨请把玉环退回。"

夏四月，郑国的六卿在郊外为韩宣子饯行。宣子说："各位大夫请都赋首诗，我也可以因此知道郑国的志向。"子齹赋《野有蔓草》。宣子说："孺子说得好啊，我有希望了。"子产赋《郑风》中的《羔裘》。宣子说："我不敢当。"子太叔赋《褰裳》。宣子说："我在这儿，岂敢劳动您去事奉别人呢？"子太叔下拜。宣子说："你说到'褰裳'这点真好。如没有这回事，也许难以始终保持友好吧？"子游赋《风雨》，子旗赋《有女同车》，子柳赋《萚兮》。宣子高兴地说："郑国差不多要强盛了吧！各位大夫用国君的名义赏赐我，赋的诗又不出《郑风》之外，都是表示亲热友好的。各位大夫都是可传数世的人，可以因此而不畏惧了。"宣子送给他们马匹，而赋《我将》。子产拜谢，让其他五卿都拜谢，说："您安定动乱，岂敢不拜谢您的大德？"宣子带着玉和马私下拜见子产，说："您命令我舍弃玉环，是赐给我玉而免我一死，岂敢不借此薄礼以拜谢？"

昭公从晋国回来。子服昭伯对季平子说："晋国的公室，也许就此便衰弱了。国君年幼力弱，六卿强大而奢侈骄傲，将要由此而成习惯。习惯成为自然，怎能不衰弱呢？"平子说："你年纪轻轻，哪里知道国家的事？"

秋八月，晋昭公去世。

九月，举行求雨的雩祭，是因为发生旱灾。

郑国大旱，派屠击、祝款、竖柎去祭祀桑山。三人砍伐山上的树木，天不下雨。子产说："祭祀山神，应当养护山林，他们却砍伐山上的树木，所犯的罪很大了。"撤了他们的职收回了采邑。

冬十月，季平子去晋国参加晋昭公的葬礼。平子说："子服昭伯的话还是可以相信的，子服氏有了个好儿子了。"

昭公十七年

[经]

十有七年春[1],小邾子来朝[2]。

夏六月甲戌朔,日有食之。

秋,郯子来朝。

八月,晋荀吴帅师灭陆浑之戎。

冬,有星孛于大辰[3]。

楚人及吴战于长岸[4]。

【注释】

[1] 十有七年:公元前 525 年。 [2] 小邾子:小邾穆公。 [3] 孛:彗星。大辰:即大火,心宿二。 [4] 长岸:指今安徽当涂县长江中的东、西梁山,又名天门山。

[传]

十七年春,小邾穆公来朝,公与之燕。季平子赋《采叔》[1],穆公赋《菁菁者莪》[2]。昭子曰:"不有以国[3],其能久乎?"

【注释】

〔1〕采叔：今作"采菽"，《诗·小雅》篇名。取其中"君子来朝，何锡与之"句，以穆公喻君子。〔2〕菁菁者莪：《诗·小雅》篇名，取其中"既见君子，乐且有仪"句回答。〔3〕不有：假设词。以：为。

夏六月甲戌朔，日有食之。祝史请所用币[1]。昭子曰："日有食之，天子不举，伐鼓于社；诸侯用币于社，伐鼓于朝，礼也。"平子御之，曰："止也。唯正月朔，慝未作[2]，日有食之，于是乎有伐鼓用币，礼也。其余则否。"大史曰："在此月也[3]。日过分而未至[4]，三辰有灾[5]。于是乎百官降物[6]，君不举，辟移时[7]，乐奏鼓，祝用币，史用辞。故《夏书》曰：'辰不集于房，瞽奏鼓，啬夫驰，庶人走[8]。'此月朔之谓也。当夏四月，是谓孟夏。"平子弗从。昭子退曰："夫子将有异志，不君君矣。"

【注释】

〔1〕请所用币：请求颁发所用以祭祀社神的祭品。〔2〕慝：阴气。〔3〕在此月：杜注："正月谓建巳正阳之月也，于周为六月，于夏为四月。"〔4〕过分而未至：过了春分还没到夏至。〔5〕三辰：日、月、星。杜注："日月相侵，又犯是宿，故三辰皆为灾。"〔6〕降物：素服。〔7〕辟移时：杜注："辟正寝，过日食时。"〔8〕所引《书》已逸。辰，日月交会。房，舍。啬夫，官名，此指乡啬夫。

秋，郯子来朝，公与之宴。昭子问焉，曰："少皞氏鸟名官，何故也？"郯子曰："吾祖也，我知之。昔者黄帝氏以云纪，故为云师而云名[1]。炎帝氏以火纪，故为火师而火名[2]。共工氏以水纪，故为水师而水名[3]。大皞氏以龙纪，故为龙师而龙名[4]。我高祖少皞挚之立也，凤鸟适至，故纪于鸟，为鸟师而鸟名。凤鸟氏，历正也。玄鸟氏，司分者也[5]。伯赵氏[6]，司至者也。青鸟氏[7]，司启者也[8]。丹鸟氏[9]，司闭者也[10]。祝鸠氏[11]，司徒也。鴡鸠氏[12]，司马也。鸤鸠氏[13]，司空也。爽鸠氏[14]，司寇也。鹘鸠氏[15]，司事也。五鸠，鸠民者也[16]。五雉[17]，为五工正[18]，利器用，正度量，夷民者也。九扈[19]，为九农正，扈民无淫者也[20]。自颛顼以来，不能纪远，乃纪于近，为民师而命以民事，则不能故也。"仲尼闻之，见于郯子而学之。既而告人曰："吾闻之，天子失官，学在四夷[21]，犹信。"

【注释】

〔1〕杜注："黄帝，姬姓之祖也。黄帝受命而有云瑞，故以云纪事，百官师长皆以云为名号，缙云氏盖其一官也。" 〔2〕杜注："炎帝神农氏，姜姓之祖也。亦有火瑞，以火纪事，名百官。" 〔3〕杜注："共工以诸侯霸有九州者，在神农前，大皞后，亦受水瑞，以水名官。" 〔4〕杜注："大皞，伏牺氏，风姓之祖也，有龙瑞，故以龙命官。" 〔5〕分：春分、秋分。 〔6〕伯赵：即伯劳，以夏至鸣，冬至止，故司至。 〔7〕青鸟：鸧鹒，以立春鸣，立夏止。 〔8〕启：立春、立夏。 〔9〕丹鸟：鷩雉，即锦鸡。以立秋来，立冬去。 〔10〕闭：立秋、立冬。 〔11〕祝鸠：杜注："祝鸠，鷦鸠也。鷦鸠孝，故为司徒，主教民。" 〔12〕鴡鸠：杜注："王鴡也。鸷而有别，故为司马主法制。" 〔13〕鸤鸠：杜注："鸤鸠，鹄鵴也。鹄鵴平均，故为司空平水土。" 〔14〕爽鸠：杜注："爽鸠，鹰也。鸷，故为司寇，主盗贼。" 〔15〕鹘鸠：杜注："鹘鸠，鹘雕也。春来冬去，故为司事。" 〔16〕鸠：聚集。 〔17〕五雉：西曰鷷雉，东曰鶅雉，南曰翟雉，北曰鵗雉，伊、洛之南曰翚雉。 〔18〕五工：指木工、抟埴工、攻金工、攻皮工、设五色工。

〔19〕九扈：九种扈鸟。杜注谓指春、夏、秋、冬、棘、行、宵、桑、老九种，管九种农事，如耕、除、收、藏等。〔20〕扈：止。〔21〕夷：指远方小国。

晋侯使屠蒯如周[1]，请有事于洛与三涂[2]。苌弘谓刘子曰："客容猛，非祭也，其伐戎乎？陆浑氏甚睦于楚，必是故也。君其备之！"乃警戒备。九月丁卯，晋荀吴帅师涉自棘津[3]，使祭史先用牲于洛。陆浑人弗知，师从之。庚午，遂灭陆浑，数之以其贰于楚也。陆浑子奔楚，其众奔甘鹿[4]。周大获[5]。宣子梦文公携荀吴而授之陆浑，故使穆子帅师，献俘于文宫。

【注释】
〔1〕晋侯：晋顷公。〔2〕三涂：山名，在今河南嵩县西南，伊水之北。〔3〕棘津：在今河南汲县南。〔4〕甘鹿：在今河南宜阳县东南。〔5〕大获：指俘获许多戎人。周因事先警备，故逃奔的戎人多被其擒获。

冬，有星孛于大辰，西及汉。申须曰[1]："彗所以除旧布新也[2]。天事恒象，今除于火[3]，火出必布焉[4]。诸侯其有火灾乎？"梓慎曰："往年吾见之，是其征也，火出而见。今兹火出而章[5]，必火入而伏[6]。其居火也久矣，其与不然乎？火出，于夏为三月，于商为四月，于周为五月。夏数得天[7]，若火作，其四国当之，在宋、卫、陈、郑乎？宋，大辰之虚也[8]；陈，大皞之虚也；郑，祝融之虚也[9]，皆火房也[10]。星孛及汉，汉，水祥也。卫，颛顼之虚也，故为帝丘，其星为大水[11]，水，火之牡也[12]。其以丙子若壬午作乎[13]？水火所以合也[14]。若火入而伏，必以壬午，不过其见之月[15]。"郑裨灶言于子产曰："宋、卫、陈、郑将同日火，若我用瓘斝玉瓒[16]，郑必不火。"子产弗与。

【注释】
〔1〕申须：鲁大夫。〔2〕除旧布新：彗形如帚，故云。〔3〕除于火：使大火星隐没不见。〔4〕布：布散灾祸。〔5〕章：明亮。〔6〕火入而伏：秋季大火始入，火灾亦即无。〔7〕数：气数。得天：与自然相应。〔8〕虚：分野，居处。〔9〕祝融：高辛氏火正，居郑。〔10〕火房：大火星所居。〔11〕大水：营室，卫之星。〔12〕牡：配。〔13〕若：或。〔14〕水火所以合：杜注："丙午，火；壬子，水。水火合而相薄，水少而火多，故水不胜火。"〔15〕其见之月：周正五月。〔16〕瓘斝：饮器，即灌尊。瓒：杓。

吴伐楚。阳匄为令尹[1]，卜战，不吉。司马子鱼曰[2]："我得上流，何故不吉？且楚故，司马令龟[3]，我请改卜。"令曰："鲂也，以其属死之[4]，楚师继之，尚大克之[5]。"吉。战于长岸。子鱼先死，楚师继之，大败吴师，获其乘舟馀皇[6]，使随人与后至者守之，环而堑之，及泉，盈其隧炭，陈以待命。

【注释】
〔1〕阳匄：即子瑕，穆王曾孙。〔2〕子鱼：即公子鲂。〔3〕令龟：祝告所卜之事。〔4〕属：私卒。〔5〕尚：希望。〔6〕馀皇：一种大船。

吴公子光请于其众，曰："丧先王之乘舟，岂唯光之罪，众亦有焉。请藉取之[1]，以救死。"众许之。使长鬣者三人，潜伏于舟侧，曰："我呼馀皇，则对。"师夜从之。三呼，皆迭对[2]。楚人从而杀之，楚师乱，吴人大败之，取馀皇以归。

【注释】
　　[1] 藉取之：藉众人之力取舟。　[2] 迭对：交替回应。

【译文】

[经]
　　十七年春，小邾穆公来我国朝见。
　　夏六月甲戌朔，发生日食。
　　秋，郯子来我国朝见。
　　八月，晋荀吴率领军队灭亡了陆浑的戎人。
　　冬，有彗星在大辰星边出现。
　　楚国人与吴国人在长岸交战。

[传]
　　十七年春，小邾穆公来我国朝见，昭公与他饮宴。季平子赋《采叔》，穆公赋《菁菁者莪》。昭子说："如果没有治国的人才，国家难道会长久吗？"
　　夏六月甲戌朔，发生日食。祝史请求颁发祭祀所用的玉帛。昭子说："发生日食，天子减少膳食，在社庙击鼓；诸侯用玉帛祭祀社神，在朝廷上击鼓，这是礼制。"季平子阻止这样做，说："不能这样。只有正月朔日，阴气还没有兴起，发生日食，在这时才击鼓用玉帛祭祀，这是礼制。其他时间不这样做。"太史说："就是在这个月。太阳过了春分还没到夏至，日、月、星有了灾殃。在这时百官穿素服，国君减少膳食，离开正寝躲避过日食的时候，乐工击鼓，祝史奉献玉帛祭祀，太史用辞令祈祷。所以《夏书》说：'日月交会不在正常的位置上，瞽师击鼓，啬夫驾车奔驰，庶人奔跑。'说的就是这个月朔日。正当夏正四月，所以称孟夏。"季平子不听。昭子退出后说："这个人将有不正常的念头，他不把国君当国君了。"

秋，郯子来我国朝见，昭公与他饮宴。昭子向他请教，说："少皞氏用鸟名作为官名，是什么缘故？"郯子说："是我的祖先，所以我知道。往昔黄帝氏以云记事，所以各部门官长都用云命名。炎帝氏用火记事，所以各部门官长都用火命名。共工氏用水记事，所以各部门官长都用水命名。太皞氏用龙记事，所以各部门官长都用龙命名。我们祖先少皞氏挚即位的时候，凤凰正好飞来，所以用鸟记事，各部门官长都用鸟命名。凤鸟氏，是历正。玄鸟氏，掌管春分、秋分。伯赵氏，掌管夏至、冬至。青鸟氏，掌管立春、立夏。丹鸟氏，掌管立秋、立冬。祝鸠氏，就是司徒。鴡鸠氏，就是司马。鸤鸠氏，就是司空。爽鸠氏，就是司寇。鹘鸠氏，就是司事。这五鸠，是聚集百姓的官。五雉，是管五种工艺的官，改善生活用具，统一度量，让百姓得到平均。九扈，是管九项农事的官，是制止百姓不让他们放纵的官。自从颛顼以来，不能记述远古的事，就从近代事开始记述，做百姓的官长而用百姓的事来命名，那就不能依过去的情况办事了。"孔子听说后，就去拜见郯子，向他学习。不久后他告诉别人说："我听说，天子的百官失职，学问就保存在四方边远的小国，确实不错。"

晋顷公派屠蒯去周朝，请求去祭祀洛水与三涂山。苌弘对刘子说："来客的脸色凶猛，不是为了祭祀，莫非想攻打戎人吗？陆浑氏与楚国关系亲密，一定是为了攻打他们。您不如防备一下！"于是就对戎人加强警备。九月丁卯，晋荀吴率领军队从棘津渡河，派祭史先用牺牲祭祀洛水。陆浑人不知道，晋军逼近。庚午，灭亡了陆浑，数说他们与楚国交好的罪过。陆浑子逃往楚国，他的部下逃往甘鹿。周朝俘获了很多戎人。韩宣子梦见文公拉着荀吴把陆浑交给他，所以派荀吴率领军队，在文公庙献俘。

冬，有彗星在大辰星边出现，两面到达银河。申须说："彗星是用来扫除旧的布陈新的。天上发生的事常常显示吉凶，现在扫除大火星，大火星再出现时必定布散灾祸。诸侯也许将有火灾了吧？"梓慎说："去年我也见到这彗星，这就是它的征兆了，大火星出现时见到它。如今大火星出现时它更加明亮，一定在大火星消失时隐伏。它在大火星的位置已经很久了，难道不是吗？大火星出现，在夏正是三月，商正是四月，周正是五月。夏历的气数与天象相应，如果发生火灾，也许有四个国家承受，大约是宋、卫、陈、郑吧？宋，是大辰星的分野；陈，是太皞氏居住的地方；郑，是祝融氏居住的地方，都是大火星所居。彗星到达银河，银河是水。卫，是颛顼氏所居，所以称为帝丘，它的星是大水，水是火的配偶。也许将在丙子或者壬午日发生火灾吧？那是水火相配合的日子。如果大火星消失而彗星隐伏，一定在壬午日，不会超过它出现的那个月。"郑裨灶对子产说："宋、卫、陈、郑将同日发生火灾，如果我们用瓘斝、玉瓒祭祀，郑国一定不会发生火灾。"子产不同意。

　　吴国攻打楚国。阳匄为令尹，为迎战而占卜，不吉利。司马子鱼说："我们地处上流，为什么不吉利？再说楚国惯例，由司马祝告，我请求重新占卜。"他祝告说："我带领我的私卒战死，楚军跟上，希望能大胜敌人。"吉利。与吴军在长岸交战。子鱼先战死，楚军跟上去，大败吴军，缴获吴军所乘的馀皇船，派随国人与后到的部队看守它，拖到岸上环绕船挖了深沟，一直到泉水涌出，把沟中填满了炭，列好阵势等待命令。

　　吴公子光与手下人商议，说："丢失了先王的坐船，这不仅仅是我的罪，众位也难逃罪责。请依靠大伙儿的力量夺回来，以救死罪。"众人同意了。公子光派三个多髭须的人潜伏在船旁，说："我呼叫馀皇，你们就回应。"军队夜间迫近船边，叫了三次，潜伏的人交替回应。楚国人上去把三人杀了，楚军混乱，吴军大败楚军，夺取了馀皇回国。

春秋左传卷二十四　昭公五

昭公十八年

[经]

十有八年春[1]，王三月，曹伯须卒。

夏五月壬午，宋、卫、陈、郑灾。

六月，邾人入鄅[2]。

秋，葬曹平公。

冬，许迁于白羽[3]。

【注释】

〔1〕十有八年：公元前524年。〔2〕鄅(yú)：国名，妘姓，子爵，地在今山东临沂县北。〔3〕白羽：在今河南西峡县。

[传]

十八年春，王二月乙卯，周毛得杀毛伯过而代之[1]。苌弘曰："毛得必亡，是昆吾稔之日也[2]，侈故之以[3]。而毛得以济侈于王都，不亡何待！"

【注释】

〔1〕毛得：毛伯过的族人。毛伯过：周大夫。〔2〕昆吾：祝融之后，陆终次子。稔：熟。谓积恶满盈。〔3〕侈故之以："以侈之故"的

倒装句。

三月,曹平公卒。

夏五月,火始昏见。丙子,风。梓慎曰:"是谓融风[1],火之始也。七日[2],其火作乎!"戊寅,风甚。壬午,大甚。宋、卫、陈、郑皆火。梓慎登大庭氏之库以望之[3],曰:"宋、卫、陈、郑也。"数日,皆来告火。裨灶曰:"不用吾言[4],郑又将火。"郑人请用之,子产不可。子大叔曰:"宝,以保民也。若有火[5],国几亡。可以救亡,子何爱焉?"子产曰:"天道远,人道迩,非所及也,何以知之?灶焉知天道?是亦多言矣,岂不或信?"遂不与,亦不复火。

【注释】
〔1〕融风:东北风,一名炎风。古人认为艮气所生,为火母。〔2〕七日:自丙子至壬午共七日。壬午为水火交合之日。〔3〕大庭氏之库:在鲁都城内。大庭氏或谓古帝名,或谓古国名。〔4〕不用吾言:裨灶之言,见上年传。〔5〕有:同"又"。

郑之未灾也,里析告子产曰[1]:"将有大祥[2],民震动,国几亡。吾身泯焉[3],弗良及也[4]。国迁其可乎[5]?"子产曰:"虽可,吾不足以定迁矣。"及火,里析死矣,未葬,子产使舆三十人,迁其柩。火作,子产辞晋公子、公孙于东门[6]。使司寇出新客[7],禁旧客勿出于宫[8]。使子宽、子上巡群屏摄[9],至于大宫[10]。使公孙登徙大龟[11]。使祝史徙主祐于周庙[12],告于先君。使府人、库人各儆其事[13]。商成公儆司宫[14]，出旧宫人[15]，置诸火所不及。司马、司寇列居火道，行火所焮[16]。城下之人，伍列登城。明日，使野司寇各保其征[17]。郊人助祝史除于国北[18]，禳火于玄冥、回禄[19]，祈于四鄘[20]。书焚室而宽其征[21]，与之材。三日哭，国不市。使行人告于诸侯。宋、卫皆如是。陈不救火，许不吊灾，君子是以知陈、许之先亡也。

【注释】

〔1〕里析：郑大夫。〔2〕大祥：大变异，大灾。祥，变异之气。〔3〕泯：灭，死亡。〔4〕良：能。〔5〕国：国都。〔6〕东门：郑国繁华市区，道路宽广平坦。〔7〕新客：诸侯大夫新来聘问者。〔8〕宫：宅。〔9〕子宽：游吉之子游速。子上：郑大夫。屏摄：祭祀之位。〔10〕大宫：祖庙。〔11〕公孙登：辅佐占卜的大夫。〔12〕祐：庙主石函。周庙：周厉王庙。〔13〕儆：戒备。〔14〕商成公：郑大夫。司宫：内宫巷伯、寺人之官。〔15〕旧宫人：先公宫女。〔16〕焮：火所烧处。〔17〕野司寇：县士，即县官。征：征役之人。〔18〕郊人：郊外乡官。除：除地建祭坛。〔19〕玄冥：水神。回禄：火神。〔20〕鄘：杜注："鄘，城也。城积土，阴气所聚，故祈祭之，以禳火之余灾。"〔21〕书：登记。

六月，郳人藉稻[1]。邾人袭鄅，鄅人将闭门，邾人羊罗摄其首焉[2]，遂入之，尽俘以归。鄅子曰："余无归矣。"从帑于邾[3]，邾庄公反鄅夫人，而舍其女[4]。

【注释】

〔1〕鄅人：鄅国国君。藉稻：在藉田巡行视察水稻。藉田，即天子、诸侯耕种的田地。〔2〕摄其首：杜注："斩得闭门者之首。"〔3〕帑：妻室儿女。〔4〕舍：留下。

秋，葬曹平公。往者见周原伯鲁焉[1]，与之语，不说学[2]，归以语闵子马[3]。闵子马曰："周其乱乎？夫必多有是说，而后及其大人[4]。大人患失而惑[5]，又曰，可以无学，无学不害。不害而不学，则苟而可[6]。于是乎下陵上替，能无乱乎？夫学，殖也[7]，不学将落[8]，原氏其亡乎？"

【注释】
〔1〕原伯鲁：周大夫。 〔2〕说：同"悦"。 〔3〕闵子马：鲁臣，见襄公二十三年传。 〔4〕大人：杜注："在位者。" 〔5〕患失：患失位。 〔6〕苟：政务苟且。 〔7〕殖，种植。此将学习比做种殖。 〔8〕落：指草木枝叶坠落。

七月，郑子产为火故，大为社[1]，祓禳于四方，振除火灾[2]，礼也。乃简兵大蒐，将为蒐除。子大叔之庙在道南，其寝在道北[3]，其庭小。过期三日，使除徒陈于道南庙北，曰："子产过女而命速除，乃毁于而乡[4]。"子产朝，过而怒之，除者南毁。子产及冲，使从者止之曰："毁于北方[5]。"

【注释】
〔1〕大为社：大规模建造社庙。 〔2〕振除：救治。 〔3〕寝：居室。 〔4〕而：尔，你们。乡：同"向"，所向之地，指子太叔的庙。〔5〕北方：指寝。

火之作也，子产授兵登陴。子大叔曰："晋无乃讨乎？"子产曰："吾闻之，小国忘守则危，况有灾乎？

国之不可小[1],有备故也。"既,晋之边吏让郑曰:"郑国有灾,晋君、大夫不敢宁居,卜筮走望[2],不爱牲玉。郑之有灾,寡君之忧也。今执事㧁然授兵登陴[3],将以谁罪?边人恐惧,不敢不告。"子产对曰:"若吾子之言,敝邑之灾,君之忧也。敝邑失政,天降之灾。又惧谗慝之间谋之,以启贪人,荐为敝邑不利[4],以重君之忧。幸而不亡,犹可说也[5]。不幸而亡,君虽忧之,亦无及也。郑有他竟,望走在晋。既事晋矣,其敢有二心?"

【注释】

〔1〕不可小:不能轻视。 〔2〕走望:四出祭祀。 〔3〕㧁(xiàn)然:威武貌。 〔4〕荐:再次。 〔5〕说:解释。

楚左尹王子胜言于楚子曰:"许于郑,仇敌也,而居楚地,以不礼于郑。晋、郑方睦,郑若伐许,而晋助之,楚丧地矣。君盍迁许?许不专于楚[1],郑方有令政。许曰'余旧国也'[2],郑曰'余俘邑也'。叶在楚国,方城外之蔽也。土不可易[3],国不可小,许不可俘,仇不可启。君其图之。"楚子说。冬,楚子使王子胜迁许于析,实白羽。

【注释】

〔1〕不专于楚:迁出楚国,许就不为楚国所专有。 〔2〕旧国:许国原在许昌市,后迁往叶,许昌为郑国占领。 〔3〕易:轻视。

【译文】

[经]

十八年春，周历三月，曹平公须去世。

夏五月壬午，宋、卫、陈、郑发生火灾。

六月，邾国人进入鄅国。

秋，安葬曹平公。

冬，许国迁移到白羽。

[传]

十八年春，周历二月乙卯，周毛得杀死毛伯过而取代他的职务。苌弘说："毛得一定会逃亡，这天是昆吾积恶满盈的日子，这是由于骄横的缘故。而毛得在王都以骄横成事，不逃亡还能有什么结果？"

三月，曹平公去世。

夏五月，大火星在黄昏时开始出现。丙子，起风。梓慎说："这叫做融风，是火灾的开始。七天，也许火灾就要发生了！"戊寅，风大了。壬午，风更厉害。宋、卫、陈、郑都起火。梓慎登上大庭氏之库以眺望，说："起火的是宋、卫、陈、郑。"几天后，都来报告发生火灾。裨灶说："不听我的话，郑国还将发生火灾。"郑国人请求听从裨灶用瓘斝、玉瓒祭祀，子产不同意。子太叔说："宝物，是用来保护人民的。如果再发生火灾，国家差不多就灭亡了。可以挽救灭亡，您干吗要吝惜呢？"子产说："天道远，人道近，两者并不相关，怎么能由天道而知人道？裨灶又怎么知道天道？这个人话说多了，难道就没有偶然说中的？"于是没祭祀，也没再发生火灾。

郑国还没有发生火灾时，里析告诉子产说："将会有大灾难发生，人民震动，国家几乎灭亡。我那时已经死了，不能见到了。把都城迁移，或许能避免吧？"子产说："即使能够，但我一个人没力量决定迁都。"到火灾发生，里析已经去世，还没下葬，子产派了三十个役夫把他的灵柩运出去。火烧起来，子产在东门送走了晋国的公子、公孙。令司寇送走新到的宾客，阻止到来已久的宾客离开宾馆。派子宽、子上巡视所有祭祀的庙宇，一直到祖庙。

派公孙登搬走大龟。派祝史把宗庙中的神主石函迁入周庙，向先君祝告。令府人、库人各自戒备自己的管辖区域。商成公申饬司官，转移先君的宫女，安顿在火烧不到的地方。司马、司寇到临火烧的现场，救灭火烧的建筑。城下的人排列队伍登城。第二天，令野司寇各自管好自己所征发的劳役。郊人帮助祝史在都城北清理地面建立祭坛，向玄冥、回禄祭祷请求灭火，在四城祈祷。登录被烧毁的人家而宽免他们的赋税，发给他们建筑材料。号哭三天，都城中集市封闭不开。派行人向诸侯通报。宋国、卫国也都这样做。陈国不救火，许国不来慰问灾情，君子因此而知道陈国、许国先被灭亡。

六月，鄅国国君出城巡察籍田的水稻。邾国人袭击鄅国，鄅国人将要关闭城门，邾国的羊罗砍下了关门人的头，于是进城，把鄅国人全都俘回国去。鄅子说："我没地方可以回去了。"就跟着家小一起去邾国，邾庄公归还了鄅子的夫人，而留下了他的女儿。

秋，安葬曹平公。去参加葬礼的人会见了周原伯鲁，和他交谈，见他不爱学习，回国后告诉了闵子马。闵子马说："周朝也许将发生动乱吧？一定先前就通行这种观念，然后影响到在位的大夫们。大夫们忧虑丢失官位所以不明事理，又认为可以不用学习，不学习没有坏处。认为没有坏处因此不学习，就会处理政务马虎苟且，敷衍了事。这样在下的陵驾越位，在上的惰懒坏事，能不发生动乱吗？学习，就同种殖，不学习枝叶就会堕落，原氏恐怕要被灭亡了吧？"

七月，郑子产因为火灾的缘故，大规模建造社庙，祭祀祈祷四方神灵，救治火灾，这是合乎礼的。于是精选甲兵准备大检阅，打算为此而清理场地。子太叔的家庙在道路南边，他的家居在路的北面，他的庭院窄小。清理场地的限期已超过了三天，子太叔让他手下清理场地的役夫排列在道路南边家庙北面，说："子产经过如果命令你们快些清理，你们就朝面对的方向动手。"子产上朝，经过这里，见任务没完成而发怒，役夫就往南拆庙。子产走到了十字路口，派随从叫他们停下，说："拆毁北边的。"

火灾发生的时候，子产给兵士发放武器让他们登上城墙守卫。

子太叔说:"晋国莫非会来讨伐我们?"子产说:"我听说,小国忘记了守备就有危险,何况发生了火灾呢?国家能不被轻视,就是有防备的缘故。"事后,晋国的边境官员责备郑国说:"郑国发生火灾,晋君、大夫不敢安居,占卜占筮,四出祭祀,不吝惜牺牲玉帛。郑国有了灾难,是寡君所担忧的。如今执事雄赳赳地拿着武器登上城墙,打算向谁问罪?边境的人恐惧,不敢不报告。"子产回答说:"如同您所说的,敝邑的灾难,是贵国君王所担忧的。敝邑政事不修,上天降下灾难。又害怕奸邪小人乘机谋害我们,以引诱贪婪的人,再度给敝邑带来不利,以加重君王的担忧。有幸能不灭亡,尚且可以解释。不幸被灭亡了,君王即使担忧,也来不及了。郑国虽然有其他接壤的边境,避难时只希望逃往晋国。已经事奉晋国了,怎么敢有其他打算?"

楚左尹王子胜对楚平王说:"许国对于郑国,是仇敌,却住在楚国国土内,仗着这对郑国无礼。晋、郑二国正关系密切,郑国如果攻打许国,而晋国帮助他,楚国就要丧失国土了。君王何不把许国迁走?许国本身并不专意服事楚国,而郑国这时正施行善政。许国说'那儿是我原先的国都',郑国说'那儿是我攻下的城邑'。叶邑在楚国,是方城外的屏障。土地不能轻易给人,国家不能小看,许国不能作为俘虏,仇隙不能挑动。君王还是考虑一下。"楚平王认为他说得对。冬,楚平王派王子胜把许国迁到析地,定居于白羽。

昭公十九年

[经]
十有九年春[1],宋公伐邾[2]。
夏五月戊辰,许世子止弑其君买。
己卯,地震。
秋,齐高发帅师伐莒。
冬,葬许悼公。

【注释】
〔1〕十有九年:公元前523年。 〔2〕宋公:宋元公。

[传]
十九年春,楚工尹赤迁阴于下阴[1],令尹子瑕城郏[2]。叔孙昭子曰:"楚不在诸侯矣!其仅自完也,以持其世而已。"

【注释】
〔1〕阴:指阴地戎人。阴,在今河南孟津县北。下阴:在今湖北光化县。 〔2〕郏:在今河南三门峡市西北,本郑邑。

楚子之在蔡也，郹阳封人之女奔之[1]，生大子建。及即位，使伍奢为之师[2]，费无极为少师，无宠焉，欲谮诸王，曰："建可室矣。"王为之聘于秦，无极与逆，劝王取之。正月，楚夫人嬴氏至自秦。

【注释】

〔1〕郹(jué)阳：在今河南新蔡县。〔2〕伍奢：伍举之子，伍员之父。

郳夫人，宋向戌之女也，故向宁请师[1]。二月，宋公伐邾，围虫[2]。三月，取之。乃尽归郳俘。

夏，许悼公疟。五月戊辰，饮大子止之药，卒。大子奔晋。书曰："弑其君。"君子曰："尽心力以事君，舍药物可也[3]。"

邾人、郳人、徐人会宋公。乙亥，同盟于虫。

【注释】

〔1〕向宁：向戌之子。〔2〕虫：邾邑，地在今山东济宁市。〔3〕这句解经"弑"字，各家说法不一。一云进药当由医；一云疟非必死之疾，治疟无立毙之药，所以说是太子杀父。

楚子为舟师以伐濮[1]。费无极言于楚子曰："晋之伯也，迩于诸夏，而楚辟陋，故弗能与争。若大城城父而置大子焉[2]，以通北方，王收南方，是得天下也。"王说，从之。故大子建居于城父。

令尹子瑕聘于秦，拜夫人也。

【注释】

〔1〕濮:南夷,详文公十六年注。 〔2〕城父:在今河南宝丰县东。

秋,齐高发帅师伐莒。莒子奔纪鄣〔1〕。使孙书伐之〔2〕。

初,莒有妇人,莒子杀其夫,已为嫠妇。及老,托于纪鄣,纺焉以度而去之〔3〕。及师至,则投诸外。或献诸子占,子占使师夜缒而登。登者六十人,缒绝。师鼓噪,城上之人亦噪。莒共公惧,启西门而出。七月丙子,齐师入纪。

【注释】

〔1〕莒子:莒共公。纪鄣:莒邑,在今江苏赣榆县北。 〔2〕孙书:陈无宇之子子占。 〔3〕纺:纺线或葛丝为绳。去:藏。

是岁也,郑驷偃卒。子游娶于晋大夫〔1〕,生丝,弱,其父兄立子瑕〔2〕。子产憎其为人也,且以为不顺,弗许,亦弗止。驷氏耸〔3〕。

【注释】

〔1〕子游:即驷偃。 〔2〕子瑕:驷乞,公孙夏子,驷偃弟。 〔3〕耸:惧。

他日,丝以告其舅〔1〕。冬,晋人使以币如郑,问驷乞之立故。驷氏惧,驷乞欲逃。子产弗遣。请龟以卜,亦弗予。大夫谋对。子产不待而对客曰:"郑国不天,寡君之二三臣,札瘥夭昏〔2〕。今又丧我先大夫偃,其子幼弱，其一二父兄，惧队宗主，私族于谋而立长亲[3]。寡君与其二三老曰[4]：'抑天实剥乱是[5]，吾何知焉？'谚曰：'无过乱门。'民有兵乱，犹惮过之，而况敢知天之所乱？今大夫将问其故，抑寡君实不敢知，其谁实知之？平丘之会，君寻旧盟曰：'无或失职。'若寡君之二三臣，其即世者[6]，晋大夫而专制其位，是晋之县鄙也，何国之为？"辞客币而报其使。晋人舍之。

【注释】

〔1〕舅：舅父。 〔2〕札瘥：因疫疠而死。昏：没，即死。 〔3〕私族于谋："谋于私族"的倒装。 〔4〕老：卿大夫。 〔5〕剥乱：即乱。剥亦"乱"义。 〔6〕即世：即"去世"。

楚人城州来。沈尹戌曰："楚人必败。昔吴灭州来，子旗请伐之。王曰：'吾未抚吾民。'今亦如之，而城州来以挑吴，能无败乎？"侍者曰："王施舍不倦，息民五年，可谓抚之矣。"戌曰："吾闻抚民者，节用于内，而树德于外，民乐其性[1]，而无寇仇。今宫室无量，民人日骇，劳罢死转[2]，忘寝与食，非抚之也。"

【注释】

〔1〕性：同"生"。 〔2〕死转：死后尸体抛弃在外。

郑大水，龙斗于时门之外洧渊[1]。国人请为禜焉[2]，子产弗许，曰："我斗，龙不我觌也。龙斗，我独何觌焉？禳之，则彼其室也。吾无求于龙，龙亦无求于我。"乃止也。

【注释】

〔1〕时门：郑都城南门。洧渊：水名，在今河南新郑县南。〔2〕禜（yǒng）：禳除灾害的祭祀。

令尹子瑕言蹶由于楚子曰："彼何罪？谚所谓'室于怒，市于色'者，楚之谓矣。舍前之忿可也。"乃归蹶由[1]。

【注释】

〔1〕蹶由：杜注："蹶由，吴王弟，五年，灵王执以归。"

【译文】

[经]

十九年春，宋元公攻打邾国。

夏五月戊辰，许太子止杀死他的国君买。

己卯，地震。

秋，齐高发率领军队攻打莒国。

冬，安葬许悼公。

[传]

十九年春，楚工尹赤把阴地的戎人迁移到下阴，令尹子瑕修筑郏地城墙。叔孙昭子说："楚国的志向不在领袖诸侯了！他只是自我保护，以维持国家传宗接代而已。"

楚平王在蔡国时，郹阳封人的女儿私奔到他那儿，生下太子建。到平王即位，派伍奢做他的师傅，费无极任少师，太子不喜欢他，他要想在平王前诬陷太子，说："太子可以娶妻了。"平王为太子建聘秦国女子为妻，派费无极迎亲，无极劝平王自己娶秦女。正月，楚平王夫人嬴氏从秦国到了楚国。

鄀夫人是宋向戌的女儿，所以向宁请求出兵攻打邾国。二月，宋元公攻打邾国，包围虫邑。三月，占领虫邑。于是全部遣返鄀国俘虏。

夏，许悼公生疟疾。五月戊辰，喝了太子止送上的药，去世。太子逃往晋国。《春秋》记载说："杀死他的国君。"君子说："尽心尽力以事奉国君，不进药物才是。"

邾国人、郳国人、徐国人与宋元公相会，乙亥，在虫邑一起结盟。

楚平王出动水军以攻打濮夷。费无极对楚平王说："晋国之所以领袖诸侯，是与中原接近，而楚国处在偏僻简陋的地方，所以无法与晋相争。如果大规模修建城父的城墙，而把太子安置在那儿，用来通好北方，君王收服南方，这样就得到天下了。"平王认为他说的有理，听从了。所以太子建住在城父。

令尹子瑕去秦国聘问，是为了拜谢秦夫人嫁到楚国。

秋，齐高发率领军队攻打莒国。莒共公逃到纪鄣。高发派孙书攻打纪鄣。

起初，莒国有个女子，莒国国君杀死了她丈夫，她成了寡妇。等到年老，她寄居在纪鄣，纺线编成绳子结成城墙的高度那么长，然后藏了起来。到齐军到来，老妇人把绳子垂下城外。有人报告了孙书，孙书派军队夜间拉着绳子登上城。登上了六十个人，绳子断了。军队击鼓呐喊，登上城的人也呐喊。莒共公害怕，开了西门出逃。七月丙子，齐军进入纪鄣。

这一年，郑驷偃去世。驷偃娶晋大夫的女儿为妻，生下丝，年幼，他的父兄辈立了子瑕为继承人。子产憎恶子瑕的为人，又认为这不符合继承顺序，不同意，也不禁止。驷氏因此害怕。

过了些日子，丝把情况报告了他的舅父。冬，晋国人派人带着礼物到郑国，询问立子瑕做继承人的缘故。驷氏害怕，子瑕想逃走。子产不让他走。请求用龟占卜，也不同意子瑕走。大夫们商议如何回答晋国人。子产不等他们商量就回答来人说："郑国得不到上天保佑，寡君的几个臣子不幸患病早死。如今又丧失了我们的先大夫驷偃，他的儿子年幼，他的几个父兄，担心断绝宗主，和族人商议而立了嫡系中年长的人。寡君与他的几位卿大夫说："或者上天有意弄乱了继承的顺序，我能过问什么？"谚语说："不要经过发生动乱的人家的家门。"民间发生武斗，人们尚且害怕经过那儿，何况敢过问上天降临的动乱？如今大夫要询问它的缘故，就是寡君也确实不敢过问，还会有谁过问？平丘会议，君王重修旧盟说："不要有人失职。"如果寡君的几位臣下，他们中间有人去世，晋国的大夫要专权擅定他们的继承人，那我们就成了晋国的边境城邑了，还成什么国家？"辞退了来使的礼物而回报他。晋国人没有再过问。

楚国人修筑州来的城墙。沈尹戌说："楚国人必定失败。往昔吴国灭了州来，子旗请求攻打他们。王说：'我还没安抚我的人民。'现在也是如此，却修筑州来的城墙以挑动吴国，能够不失败吗？"侍者说："君王施舍不知疲倦，让百姓养息五年，说得上安抚人民了。"沈尹戌说："我听说安抚人民的人，在国内节制财物，在国外树立德行，人民对生活安乐，而没有仇敌。现在宫室的规模没有限量，人民日益惊骇，劳苦疲倦至死没人收尸，忘记了睡觉与吃饭，这不是安抚他们。"

郑国发大水，龙在时门外的洧渊争斗。国人请求举行禜祭，子产不允许，说："我们争斗，龙不看我们；龙争斗，我们为什么要去看它呢？祭祷祛除它们，那儿本来就是它们的居住地啊。我们没什么要求龙的，龙也没什么要求我们。"于是没有祭祀。

令尹子瑕向楚平王为蹶由求情说："他有什么罪？谚语所谓的'在家里发火却到街上给人看脸色'，说的就是楚国了。放弃以前的怨恨就是了。"于是把蹶由放回国。

昭公二十年

[经]

二十年春[1],王正月。

夏,曹公孙会自鄸出奔宋[2]。

秋,盗杀卫侯之兄絷[3]。

冬十月,宋华亥、向宁、华定出奔陈。

十有一月辛卯,蔡侯庐卒。

【注释】

〔1〕二十年:公元前522年。 〔2〕公孙会:宣公之孙,子臧之子。鄸(mèng):曹邑,在今山东菏泽市西北。 〔3〕卫侯:卫灵公。

[传]

二十年春,王二月己丑,日南至[1]。梓慎望氛曰[2]:"今兹宋有乱,国几亡,三年而后弭。蔡有大丧。"叔孙昭子曰:"然则戴、桓也[3]!汰侈无礼已甚,乱所在也。"

【注释】

〔1〕日南至:冬至。 〔2〕氛:气。 〔3〕戴、桓:杜注:"戴族,

华氏;桓族,向氏。"

费无极言于楚子曰:"建与伍奢将以方城之外叛。自以为犹宋、郑也,齐、晋又交辅之,将以害楚,其事集矣[1]。"王信之,问伍奢。伍奢对曰:"君一过多矣[2],何信于谗?"王执伍奢,使城父司马奋扬杀大子,未至,而使遣之。三月,大子建奔宋。王召奋扬,奋扬使城父人执己以至。王曰:"言出于余口,入于尔耳,谁告建也?"对曰:"臣告之。君王命臣曰:'事建如事余。'臣不佞[3],不能苟贰。奉初以还[4],不忍后命,故遣之。既而悔之,亦无及已。"王曰:"而敢来,何也?"对曰:"使而失命,召而不来,是再奸也[5],逃无所入。"王曰:"归。"从政如他日。

【注释】

〔1〕集:成。 〔2〕一过:杜注:"纳建妻。"多:重。 〔3〕不佞:不才。 〔4〕杜注:"奉初命以周旋。" 〔5〕奸:干犯。

无极曰:"奢之子材,若在吴,必忧楚国,盍以免其父召之。彼仁,必来。不然,将为患。"王使召之,曰:"来,吾免而父。"棠君尚谓其弟员曰[1]:"尔适吴,我将归死。吾知不逮,我能死,尔能报。闻免父之命,不可以莫之奔也。亲戚为戮,不可以莫之报也。奔死免父,孝也。度功而行,仁也[2]。择任而往[3],知也。知死不辟,勇也。父不可弃,名不可废,尔其勉之,相从为愈。"伍尚归。奢闻员不来,曰:"楚君、大夫其旰食乎[4]！"楚人皆杀之。

【注释】
〔1〕棠：或谓今江苏六合，或谓在河南遂平县西北。 〔2〕杜注："仁者贵成功。" 〔3〕任：指复仇之任。 〔4〕旰食：晚食。言楚君臣将因此忧患，不得早食。

员如吴，言伐楚之利于州于[1]。公子光曰："是宗为戮而欲反其仇[2]，不可从也。"员曰："彼将有他志，余姑为之求士，而鄙以待之[3]。"乃见鱄设诸焉[4]，而耕于鄙。

【注释】
〔1〕州于：吴王僚。 〔2〕反其仇：即报仇。 〔3〕鄙以待之：退处于野而等待机会。 〔4〕见：推荐。鱄设诸：即专诸，吴勇士。

宋元公无信多私，而恶华、向。华定、华亥与向宁谋曰："亡愈于死，先诸？"华亥伪有疾，以诱群公子。公子问之[1]，则执之。夏六月丙申，杀公子寅、公子御戎、公子朱、公子固、公孙援、公孙丁，拘向胜、向行于其廪[2]。公如华氏请焉，弗许，遂劫之。癸卯，取大子栾与母弟辰、公子地以为质。公亦取华亥之子无戚、向宁之子罗、华定之子启，与华氏盟，以为质。

【注释】
〔1〕问：探病。 〔2〕杜注："八子皆公党。"

卫公孟絷狎齐豹[1]，夺之司寇与鄄[2]，有役则反之，无则取之。公孟恶北宫喜、褚师圃，欲去之。公子朝通于襄夫人宣姜[3]，惧而欲以作乱。故齐豹、北宫喜、褚师圃、公子朝作乱。

【注释】

〔1〕公孟絷：卫灵公之兄。齐豹：齐恶之子，为卫司寇。〔2〕鄄：齐豹封邑，在今山东鄄城县西北。〔3〕襄夫人：襄公夫人，灵公之母。

初，齐豹见宗鲁于公孟，为骖乘焉。将作乱，而谓之曰："公孟之不善，子所知也。勿与乘，吾将杀之。"对曰："吾由子事公孟，子假吾名焉[1]，故不吾远也[2]。虽其不善，吾亦知之，抑以利故，不能去，是吾过也。今闻难而逃，是僭子也[3]。子行事乎，吾将死之，以周事子[4]，而归死于公孟，其可也。"

【注释】

〔1〕假吾名：为我宣扬好名声。〔2〕不吾远：不远吾，亲近我。〔3〕僭：不信。〔4〕周：终竟。或解为密，谓不泄密。

丙辰，卫侯在平寿[1]。公孟有事于盖获之门外[2]，齐子氏帷于门外而伏甲焉。使祝蛙置戈于车薪以当门，使一乘从公孟以出。使华齐御公孟，宗鲁骖乘。及闳中[3]，齐氏用戈击公孟，宗鲁以背蔽之，断肱，以中公孟之肩，皆杀之。

【注释】
〔1〕平寿：杜注："卫下邑。"　〔2〕盖获：卫都城门。　〔3〕闳中：曲门中。

公闻乱，乘，驱自阅门入[1]，庆比御公，公南楚骖乘，使华寅乘贰车。及公宫，鸿骃魋驷乘于公，公载宝以出。褚师子申遇公于马路之衢，遂从。过齐氏，使华寅肉袒执盖[2]，以当其阙。齐氏射公，中南楚之背，公遂出。寅闭郭门，逾而从公。公如死鸟[3]，析朱鉏宵从窦出，徒行从公。

【注释】
〔1〕阅门：卫都城门。　〔2〕肉袒：光着上身。杜注谓："肉袒示不敢与齐氏争。"或解为示以必死。　〔3〕死鸟：当为通往齐国的道路上地名。

齐侯使公孙青聘于卫[1]。既出，闻卫乱，使请所聘。公曰："犹在竟内，则卫君也。"乃将事焉[2]。遂从诸死鸟，请将事。辞曰："亡人不佞，失守社稷，越在草莽[3]。吾子无所辱君命。"宾曰："寡君命下臣于朝，曰阿下执事[4]。臣不敢贰。"主人曰："君若惠顾先君之好，照临敝邑，镇抚其社稷，则有宗祧在[5]。"乃止。卫侯固请见之，不获命，以其良马见，为未致使故也[6]。卫侯以为乘马。宾将摈[7]，主人辞曰："亡人之忧，不可以及吾子。草莽之中，不足以辱从者。敢辞。"宾曰："寡君之下臣，君之牧圉也。若不获扞外役,是不有寡君也。臣惧不免于戾,请以除死。"亲执铎,终夕与于燎[8]。

【注释】
〔1〕齐侯:齐景公。公孙青:齐顷公之孙。 〔2〕将事:行聘事。〔3〕越:流落。 〔4〕阿下:亲附而卑下。 〔5〕杜注:"言受聘当在宗庙也。" 〔6〕未致使:未行聘礼,致使命。 〔7〕戒:设置警卫戒备。〔8〕与于燎:设火燎以防守。

齐氏之宰渠子召北宫子[1]。北宫氏之宰不与闻谋,杀渠子,遂伐齐氏,灭之。丁巳晦,公入,与北宫喜盟于彭水之上[2]。秋七月戊午朔,遂盟国人。八月辛亥,公子朝、褚师圃、子玉霄、子高鲂出奔晋。闰月戊辰,杀宣姜。卫侯赐北宫喜谥曰贞子,赐析朱鉏谥曰成子,而以齐氏之墓予之[3]。

【注释】
〔1〕北宫子:指北宫喜。 〔2〕彭水:今已湮没,当在卫都附近。〔3〕杜注:"皆死而赐谥及墓田,传终言之。"

卫侯告宁于齐,且言子石[1]。齐侯将饮酒,遍赐大夫曰:"二三子之教也。"苑何忌辞,曰:"与于青之赏,必及于其罚。在《康诰》曰:'父子兄弟,罪不相及。'况在群臣?臣敢贪君赐以干先王[2]?"

【注释】
〔1〕杜注:"子石,公孙青,言其有礼。" 〔2〕干:干犯。先王:

指成王。成王封康叔为卫始君，《康诰》即为此而作。

琴张闻宗鲁死，将往吊之。仲尼曰："齐豹之盗，而孟絷之贼[1]，女何吊焉？君子不食奸，不受乱，不为利疚于回[2]，不以回待人，不盖不义[3]，不犯非礼。"

【注释】
〔1〕杜注："言齐豹所以为盗，孟絷所以见贼，皆由宗鲁。"〔2〕疚：病。回：邪。 〔3〕盖：掩盖。

宋华、向之乱，公子城、公孙忌、乐舍、司马彊、向宜、向郑、楚建、郳申出奔郑[1]。其徒与华氏战于鬼阎[2]，败子城。子城适晋。华亥与其妻必盟而食所质公子者而后食。公与夫人每日必适华氏，食公子而后归。华亥患之，欲归公子。向宁曰："唯不信，故质其子。若又归之，死无日矣。"公请于华费遂[3]，将攻华氏。对曰："臣不敢爱死，无乃求去忧而滋长乎？臣是以惧，敢不听命？"公曰："子死亡有命，余不忍其询[4]。"

【注释】
〔1〕杜注："八子，宋大夫，皆公党，辟难出。"公子城为平公子，字子边。乐舍为乐喜孙。向宜、向郑为向戌子。楚建即楚平王太子建。郳申为小邾穆公子。 〔2〕鬼阎：在今河南西华县东北。 〔3〕华费遂：华氏族，官大司马。 〔4〕询(hóu)：耻辱。

冬十月，公杀华、向之质而攻之。戊辰，华、向奔陈，华登奔吴[1]。向宁欲杀大子。华亥曰："干君而出[2]，又杀其子，其谁纳我？且归之有庸[3]。"使少司寇轻以归[4]，曰："子之齿长矣，不能事人，以三公子为质，必免。"公子既入，华轻将自门行。公遽见之，执其手曰："余知而无罪也，入，复而所[5]。"

【注释】
〔1〕华登：华费遂之子。〔2〕干：冒犯。〔3〕庸：功劳。〔4〕轻：华亥庶兄。〔5〕所：所居官。

齐侯疥[1]，遂痁[2]，期而不瘳[3]，诸侯之宾问疾者多在。梁丘据与裔款言于公曰[4]："吾事鬼神丰，于先君有加矣。今君疾病，为诸侯忧，是祝史之罪也[5]。诸侯不知，其谓我不敬。君盍诛于祝固、史嚚以辞宾？"

【注释】
〔1〕疥：一种皮肤病。〔2〕痁(shān)：一种疟疾。〔3〕期：期年，一年。〔4〕梁丘据、裔款：都是齐景公所宠爱的大夫。〔5〕祝史：祝与史皆祭祀之官。

公说，告晏子。晏子曰："日宋之盟，屈建问范会之德于赵武[1]。赵武曰：'夫子之家事治，言于晋国，竭情无私。其祝史祭祀，陈信不愧，其家事无猜，其祝史不祈。'建以语康王[2]。康王曰：'神人无怨，宜夫子之光辅五君，以为诸侯主也。'"公曰："据与款谓寡人能事鬼神，故欲诛于祝史。子称是语，何故？"对曰："若有德之君，外内不废，上下无怨，动无违事，其祝史荐信[3]，无愧心矣。是以鬼神用飨[4]，国受其福，祝史与焉[5]。其所以蕃祉老寿者，为信君使也，其言忠信于鬼神。其适遇淫君，外内颇邪，上下怨疾，动作辟违，从欲厌私。高台深池，撞钟舞女，斩刈民力，输掠其聚[6]，以成其违，不恤后人。暴虐淫从[7]，肆行非度，无所还忌[8]，不思谤讟，不惮鬼神，神怒民痛，无悛于心。其祝史荐信，是言罪也。其盖失数美[9]，是矫诬也。进退无辞，则虚以求媚[10]。是以鬼神不飨其国以祸之，祝史与焉。所以夭昏孤疾者，为暴君使也，其言僭嫚于鬼神[11]。"公曰："然则若之何？"对曰："不可为也。山林之木，衡鹿守之[12]。泽之萑蒲[13]，舟鲛守之[14]。薮之薪蒸[15]，虞候守之。海之盐蜃[16]，祈望守之。县鄙之人，入从其政。逼介之关[17]，暴征其私。承嗣大夫[18]，强易其贿[19]。布常无艺[20]，征敛无度，宫室日更，淫乐不违[21]。内宠之妾，肆夺于市。外宠之臣，僭令于鄙。私欲养求[22]，不给则应[23]。民人苦病，夫妇皆诅。祝有益也，诅亦有损。聊、摄以东[24]，姑、尤以西[25]，其为人也多矣！虽其善祝，岂能胜亿兆人之诅？君若欲诛于祝史，修德而后可。"公说，使有司宽政，毁关，去禁，薄敛，已责[26]。

【注释】

〔1〕范会：即士会。〔2〕康王：楚康王。〔3〕荐信：陈述实情。〔4〕飨：祭品。〔5〕与：与受国福。〔6〕输掠：掠夺。〔7〕淫从：放纵。〔8〕还忌：顾忌。〔9〕盖失数美：掩盖过失，妄数美善。〔10〕虚：虚辞。说空话。〔11〕僭嫚：欺诈轻慢。〔12〕衡鹿：守山

林之吏。〔13〕萑蒲：芦苇蒲草。〔14〕舟鲛：或谓当作"舟渔"，守水泽之吏。〔15〕薪蒸：柴木。〔16〕蜃：大蛤。〔17〕逼介：迫近国都。〔18〕承嗣大夫：世袭的大夫。〔19〕强易：强买。〔20〕布常：发布的政令。艺：准则。〔21〕违：离。〔22〕养求：口体之奉、玩好之物。〔23〕应：作为罪过。〔24〕聊、摄：均在今山东聊城县境内，为齐西界。〔25〕姑、尤：即大姑河、小姑河，均流经今山东莱阳县，为齐东界。〔26〕已责：除逋责，即减免拖欠的租税。责，债。

十二月，齐侯田于沛[1]，招虞人以弓[2]，不进。公使执之。辞曰："昔我先君之田也，旃以招大夫，弓以招士[3]，皮冠以招虞人[4]。臣不见皮冠，故不敢进。"乃舍之。仲尼曰："守道不如守官。"君子韪之。

【注释】

〔1〕沛：在今山东博兴县南。杜注："言疾愈行猎。沛，泽名。"〔2〕虞人：掌山泽之官。〔3〕弓以招士：古代聘士用弓，所以用弓招唤士。〔4〕皮冠：诸侯打猎时所戴，故以之招唤虞人。

齐侯至自田，晏子侍于遄台[1]。子犹驰而造焉[2]。公曰："唯据与我和夫！"晏子对曰："据亦同也，焉得为和？"公曰："和与同异乎？"对曰："异。和如羹焉，水火醯醢盐梅以烹鱼肉[3]，燀之以薪[4]。宰夫和之，齐之以味[5]，济其不及[6]，以泄其过[7]。君子食之，以平其心。君臣亦然。君所谓可而有否焉，臣献其否以成其可[8]。君所谓否而有可焉，臣献其可以去其否。是以政平而不干，民无争心。故《诗》曰：'亦有和羹，既戒既平。鬷嘏无言，时靡有争[9]。'先王之济五味，和五声也，以平其心，成其政也。声亦如味，一气[10]，二体[11]，三类[12]，四物[13]，五声，六律[14]，七音[15]，八风[16]，九歌[17]，以相成也。清浊，小大，短长，疾徐，哀乐，刚柔，迟速，高下，出入，周疏[18]，以相济也。君子听之，以平其心。心平，德和。故《诗》曰：'德音不瑕[19]。'今据不然。君所谓可，据亦曰可。君所谓否，据亦曰否。若以水济水，谁能食之？若琴瑟之专一，谁能听之？同之不可也如是。"

【注释】

〔1〕遄台：在临淄附近。〔2〕子犹：梁丘据。〔3〕醯(xī)：醋。醢(hǎi)：肉酱。〔4〕燀(chǎn)：炊。〔5〕齐(jì)：使味道适中。〔6〕济：增加。〔7〕泄：减少。〔8〕献：指出。〔9〕所引诗见《诗·商颂·烈祖》。和羹，调和的羹。戒，戒宰夫。鬷，奏。嘏，今本作"假"。鬷假，祭祷。〔10〕一气：杜注："须气以动。"〔11〕二体：杜注："舞者有文、武。"〔12〕三类：杜注："风、雅、颂。"〔13〕四物：杜注："杂用四方之物以成器。"〔14〕六律：杜注："黄钟、大簇、姑洗、蕤宾、夷则、无射也。阳声为律，阴声为吕。"〔15〕七音：宫、商、角、徵、羽、变宫、变徵。〔16〕八风：八方之风。〔17〕九歌：杜注："九功之德皆可歌也。六府三事谓之九功。"〔18〕周：密。〔19〕所引诗见《诗·豳风·狼跋》，杜注："义取心平则德音无瑕阙。"

饮酒乐。公曰："古而无死[1]，其乐若何？"晏子对曰："古而无死，则古之乐也，君何得焉？昔爽鸠氏始居此地，季荝因之[2]，有逢伯陵因之[3]，蒲姑氏因之[4]，而后大公因之。古若无死，爽鸠氏之乐，非君所愿也。"

【注释】

〔1〕而：如果。　〔2〕季荝：虞、夏诸侯，代爽鸠氏者。　〔3〕有逢伯陵：殷诸侯，姜姓。　〔4〕蒲姑氏：殷诸侯，地在今山东博兴县。

郑子产有疾，谓子大叔曰："我死，子必为政。唯有德者能以宽服民，其次莫如猛。夫火烈[1]，民望而畏之，故鲜死焉。水懦弱，民狎而玩之[2]，则多死焉。故宽难。"疾数月而卒。大叔为政，不忍猛而宽。郑国多盗，取人于萑苻之泽[3]。大叔悔之，曰："吾早从夫子，不及此。"兴徒兵以攻萑苻之盗，尽杀之。盗少止。

【注释】

〔1〕烈：猛烈。　〔2〕狎：轻慢。　〔3〕萑苻：泽名，郑盗贼聚集处。

仲尼曰："善哉！政宽则民慢[1]，慢则纠之以猛。猛则民残，残则施之以宽。宽以济猛，猛以济宽，政是以和。《诗》曰：'民亦劳止，汔可小康。惠此中国，以绥四方[2]。'施之以宽也。'毋从诡随[3]，以谨无良[4]。式遏寇虐[5]，憯不畏明[6]。'纠之以猛也。'柔远能迩，以定我王。'平之以和也。又曰：'不竞不絿，不刚不柔。布政优优，百禄是遒[7]。'和之至也。"及子产卒，仲尼闻之，出涕曰："古之遗爱也！"

【注释】

〔1〕慢：怠慢。　〔2〕所引诗均见《诗·大雅·民劳》。汔(qì)，差不多。　〔3〕从：放纵。诡随：欺诈虚伪，见风使舵。　〔4〕谨：约束。

〔5〕式：应当。 〔6〕憯：曾。明：明文规定的法令。 〔7〕所引诗见《诗·商颂·长发》。绿，急。遒，聚集。

【译文】

[经]

二十年春，周历正月。

夏，曹公孙会从鄸地出逃到宋国。

秋，盗贼杀死卫灵公之兄絷。

冬十月，宋华亥、向宁、华定出逃到陈国。

十一月辛卯，蔡平侯庐去世。

[传]

二十年春，周历二月己丑，冬至。梓慎望气说："今年宋国有动乱，国家几乎灭亡，三年后方才平定。蔡国有大丧事。"叔孙昭子说："这么说就是戴公、桓公的族人了！他们骄奢无礼到了极点，动乱就发生在他们那儿。"

费无极对楚平王说："建与伍奢将率领方城以外地区叛乱，自认为如同宋国、郑国一样，齐国、晋国又一起辅佐他们，将会危害楚国，这事情要成功了。"楚平王相信了他的话，盘问伍奢。伍奢回答说："君王有了一次过失已经够严重的了，干吗又相信谗言？"平王把伍奢拘禁起来，派城父司马奋扬去杀太子，他还没到达，就派人通知太子逃走。三月，太子建逃往宋国。楚平王召见奋扬，奋扬让城父人把自己抓起来押到平王那儿。平王说："话从我口里说出，进入你的耳朵，是谁告诉建的？"奋扬回答说："臣告诉他的。君王命令臣说：'事奉建就同事奉我一样。'臣不才，不能苟且叛离。奉了起初的命令去做，就不忍心执行后来的命令，所以让他逃走了。事后心中后悔，但也已经来不及了。"平王说："你大胆来见我，是为什么？"奋扬回答说："接受使命而没有完成，召见而不来，是再次违背命令，逃走也没地方可去。"平王说："你回去吧。"让他同以往一样处理政务。

无极说："伍奢的儿子有才干，如果去了吴国，必然使楚国忧患,何不以赦免他们的父亲为理由召见他们。他们仁爱,一定会来。不然的话,将成为祸患。"楚平王派人召见他们,说:"来,我赦免你们的父亲。"棠君伍尚对他的弟弟伍员说:"你去吴国,我将回去就死。我的才智比不上你,我能够死,你能够报仇。听到赦免父亲的命令,不能不奔走回去。亲人被杀戮,不能够不报仇。奔走赴死而使父亲赦免,是孝。估量成功与否而行动,是仁。选择合适的任务而前往,是智。明知会死而不逃避,是勇。父亲不可丢弃,名誉不可废除,你还是努力吧,听我的话为好。"伍尚回到都城。伍奢听说伍员不来,说:"楚君、大夫恐怕不能按时吃饭了吧!"楚国人把伍奢、伍尚全都杀了。

　　伍员到吴国,向吴王僚诉说攻打楚国的有利因素。公子光说:"这个人的家族被屠戮而想报仇,不能听从他。"伍员说:"他将有别的志向,我姑且为他访求勇士,住在郊野以等待机会。"于是向他推荐了鱄设诸,自己在郊外耕种度日。

　　宋元公不讲信用又多私心,厌恶华氏、向氏。华定、华亥与向宁计议说:"逃亡强过死去,何不先下手?"华亥假装有病,以引诱公子们。公子凡来探病的,就抓起来关着。夏六月丙申,杀死了公子寅、公子御戎、公子朱、公子固、公孙援、公孙丁,把向胜、向行拘禁在仓库中。宋元公去华氏家求情,华氏不答应,乘机劫持了元公。癸卯,取得太子栾与太子的同母弟辰、公子地作为人质。元公也取得华亥的儿子无戚、向宁的儿子罗、华定的儿子启为人质,与华氏订立盟约。

　　卫公孟絷轻慢齐豹,抢夺了他司寇的官职与鄄地,有事就让他回去处理,没事了又抢夺过来。公孟厌恶北宫喜、褚师圃,打算除掉他们。公子朝与襄夫人宣姜私通,心中害怕而打算发动叛乱。所以齐豹、北宫喜、褚师圃、公子朝发动叛乱。

　　起初,齐豹把宗鲁推荐给公孟,公孟让宗鲁为骖乘。齐豹将发动叛乱,对宗鲁说:"公孟不是个好人,你是知道的。别与他乘一辆车,我准备杀死他。"宗鲁回答说:"我因为你的推荐事奉公孟,你为我宣扬好名声,所以公孟亲近我。虽然他不是个好人,我也知道,不过我因为自己的利益,没能离开他,这是我的过错。现在听说有祸难而逃避,这就使你失去信用了。你干你的事吧,我打算为此而死，以完成对你的敬事，而最终也为公孟殉身，也许这样好。"

丙辰，卫灵公在平寿，公孟要去盖获门外祭祀，齐子氏在门外安张帐篷，在里边埋伏好甲士。让祝蛙把戈藏在装满柴草的车中，用车挡住城门，派一辆车跟在公孟后面出城。派华齐为公孟驾车，宗鲁为骖乘。到达曲门中，齐氏用戈击打公孟，宗鲁用背遮挡他，手臂断了，戈击中公孟的肩膀，把公孟与宗鲁都杀了。

卫灵公听说发生叛乱，上车，驱车从阅门进入都城，庆比为灵公驾车，公南楚为骖乘，派华寅乘副车。到了公宫，鸿骈魋又上了灵公的车，灵公把宝器载上车出城。褚师子申在马路口碰上灵公，于是跟从灵公一起走。经过齐氏家，灵公派华寅光着上身拿着车盖，挡住空隙。齐氏射灵公，射中公南楚的背，灵公于是出了城。华寅关上城门，跳出城来跟随灵公。灵公去了死鸟，析朱钮晚上从城墙的排水洞爬出，徒步跟随灵公。

齐景公派公孙青去卫国聘问。公孙青已经出了国境，听说卫国发生动乱，便派人回国请示有关聘问的事。齐景公说："卫灵公还在卫国境内，他仍然是卫国国君。"于是仍然去聘问。公孙青前往死鸟，请求行聘问礼。卫灵公辞谢说："逃亡的人不才，没能守住国家，流落在草莽。足下不要有辱贵国国君的命令。"公孙青说："寡君在朝廷上命令下臣，说亲附谦恭地对待执事。下臣不敢违背。"卫灵公说："君王如果惠顾先君的友好关系，光临敝邑，镇抚我们的国家，那么还有宗庙在那里。"公孙青就不再要求行聘问礼。卫灵公坚决要求与公孙青相见，公孙青推辞不掉，就用他的好马作为进见礼，这是因为没有行聘问礼致使命的缘故。卫灵公把公孙青送的马作为驾车的马。来宾打算设置警卫戒备，主人辞谢说："逃亡在外的人的忧患，不能够牵连到你身上。处在草莽之中，不足以劳动从者。谨此辞谢。"公孙青说："寡君的下臣，就是君王的牧牛放马的人。如果不能得到在外警备捍卫的工作，就是心中没有了寡君。臣下害怕不能免罪，谨请以此免死。"亲自拿着木铎，整晚与卫国的守夜人设火堆防守。

齐氏的家宰渠子召见北宫喜。北宫喜的家宰没有与北宫喜商议，杀死了渠子，于是就攻打齐氏，把齐氏灭亡了。丁巳晦，卫灵公入都，与北宫喜在彭水边设立盟誓。秋七月戊午朔，卫灵公又与国人设立盟誓。八月辛亥，公子朝、褚师圃、子玉霄、子高鲂出逃到晋国。闰月戊辰，杀死宣姜。后来，卫灵公赐北宫喜谥号为贞子，赐析朱鉏谥号为成子，而把齐氏的墓地赐给他们。

卫灵公向齐国报告国内安定，同时述说公孙青有礼。齐景公将要饮酒，就赐所有大夫饮酒，说："这都是各位教育得好。"苑何忌不肯喝，说："因公孙青受到赏赐而接受赏赐，在公孙青受到惩罚时也必定要接受惩罚。在《康诰》中说：'父子兄弟，有罪互不相关。'何况在臣子们中间？臣下岂敢贪图君王的赏赐而违背先王的话？"

琴张听说宗鲁死了，准备前往吊唁。孔子说："齐豹所以成为盗贼，孟絷所以被杀，都是由于宗鲁，你为什么要去吊唁？君子不受奸邪之人的俸禄，不牵入动乱，不为了私利而受到邪恶的侵蚀，不以邪恶待人，不掩盖不义的事，不做出不符合礼的事。"

宋华氏、向氏之乱，公子城、公孙忌、乐舍、司马彊、向宜、向郑、楚建、郳申出逃到郑国。他们的部下与华氏在鬼阎交战，子城被打败。子城前往晋国。华亥和他的妻子一定要盥洗干净侍候作为人质的公子们吃好饭才吃饭。宋元公和夫人每天都要去华氏家，让公子吃完饭才回去。华亥为此不快，想放回公子们。向宁说："正因为不信任对方，所以把他的儿子作为人质。如果又放回他们，离死没几天了。"宋元公向华费遂请求，将要进攻华氏。华费遂回答说："臣下不敢爱惜一死，不过这不是要求去除忧患却反而使之滋长吗？臣下因此而担心，但岂敢不听从命令？"宋元公说："儿子的死亡是命中注定，我不能忍受让他们受侮辱。"

冬十月，宋元公杀死了华氏、向氏的人质而攻打他们。戊辰，华氏、向氏逃往陈国，华登逃往吴国。向宁想要杀死太子。华亥说："冒犯了国君而出逃，又杀死他的儿子，还有谁会接纳我们？再说放他们回去有功劳。"派少司寇华牼带公子们回去，说："您的年岁大了，不能再事奉别人，以三个公子作为见证，一定能免罪。"公子们进入宫中后，华牼将从公门出去。宋元公赶忙召见他，拉着他的手说："我知道你无罪，进来，恢复你的官职。"

齐景公得了疥疾，又患痁病，整整一年没有痊愈，诸侯派来问候病情的人在齐国集聚了很多。梁丘据与裔款对齐景公说:"我们祭祀鬼神很丰厚,比先君时有所增加。现在君王的病很重,成为诸侯的忧患,这是祝史的罪过。诸侯不知道,会认为我们对鬼神不恭敬。君王何不杀了祝固、史嚚来向诸侯的来宾解释?"

齐景公认为他们说得好,告诉了晏子。晏子说:"往时在宋国的盟会,屈建向赵武询问士会的德行。赵武说:'这位先生家族的事情管得很好,在晋国说话,坦陈心中所想而没有私心。他的祝史祭祀,陈述实情而没有愧心,他的家事中没有猜疑不定的事,他的祝史也不向鬼神祈求。'屈建把这话告诉楚康王。康王说:'神和人都没有怨恨,这位先生辅助五位国君以成为诸侯的领袖是很自然的事。'"齐景公说:"梁丘据与裔款说寡人能够敬奉鬼神,所以想杀死祝史。你举出这些话,是什么缘故?"晏子回答说:"如果是有德行的君王,国家的事和宫内的事都不废替,上下没有怨恨,行为没有违背礼的事,他的祝史陈述实情,就没有惭愧之心了。因此鬼神享用祭品,国家受到鬼神所降的福,祝史也跟着沾光。他们所以繁衍有福、康健长寿,是由于是诚实的国君的使者,他们的话对鬼神忠实有信。他们如果恰好碰上淫佚的国君,国家的事和宫内的事偏颇邪恶,上下怨恨痛恶,行为乖僻背礼,放纵欲望,满足私心。建筑高台,挖掘深池,撞击钟鼓让女子歌舞,暴虐地耗用民力,掠夺他们的财产,以满足自己的违德行为,从不体恤后代。残暴放纵,胡作非为没有顾忌,不考虑怨谤诅咒,不害怕鬼神,神灵愤怒人民痛恨,心中还不思改悔。他的祝史陈述实情,这是报告国君的罪过。他们掩盖过失、妄自列举好事,这就是虚伪欺诈。真假都不能陈述,就只好用不着边际的话来向鬼神讨好。因此鬼神不享用他们国家的祭品而降下灾祸,祝史也跟着倒霉。他们之所以短命患病,是因为是暴君的使者,他们的话对鬼神欺诈轻慢。"齐景公说:"那么该怎么做?"晏子回答说:"没办法了。山林的树木,衡鹿守卫着。泽地的芦苇蒲草,舟鲛守卫着。草野中的柴草,虞候守卫着。大海里的盐与蜃,祈望守卫着。偏僻地方的人,入宫管理政务。靠近国都的关卡,大肆征税。世袭的大夫,强行买他们的财货。发布的政令没有准则,横征暴敛没有节制,宫室不断更新,迷恋荒淫快乐不肯离开。里边的宠妄，在市场上肆意掠夺。外面的宠臣，在边境上假传旨令。私人的欲望、衣食玩好，下边不能满足就作为罪过。人民痛苦困乏，夫妇都在诅咒。祝祷有好处，诅咒也有损害。聊、摄以东，姑、尤以西，这些地方的人多得很呢？虽然他们善于祝祷，又岂能够比得过亿兆人的诅咒？君王如果想要杀死祝史，只有修明德行后才可以。"齐景公认为他说得有理，命令有关部门放宽政令，拆毁关卡，解除禁令，减轻赋税，减免拖欠的租税。

十二月，齐景公在沛地打猎，用弓招唤虞人，虞人没有前来。齐景公派人把虞人抓了起来。虞人分辩说："往昔我们先君打猎的时候，用旗帜招唤大夫，用弓招唤士，用皮冠招唤虞人。臣下没见到皮冠，所以不敢前来。"齐景公就释放了他。孔子说："坚守道义不如坚守职守。"君子觉得这话说得很对。

齐景公从打猎的地方回来，晏子在遄台侍立。梁丘据驱车前来。齐景公说："只有梁丘据与我和协啊！"晏子回答说："梁丘据只是相同而已，哪里称得上和协？"齐景公说："和协与相同有别吗？"晏子回答："是的。和协就同做羹，用水、火、醋、酱、盐、梅来烹调鱼肉，用柴草来烧。宰夫加以调和，使味道适中，味道太淡就加佐料，味道太浓就加水冲淡。君子吃了，使内心平静。君臣之间也是如此。国君所认为行而其中有不行的，臣下就指出它不行的部分使行的部分更加完善。国君所认为不行而其中有行的，臣下就指出它行的部分而去除不行的部分。因此政事平和而不违反礼仪，人民没有争竞之心。所以《诗》说：'还有调和美味羹，请厨子把味儿调匀阵阵香。心中默默来祷告，次序井然无争抢。'先王调匀五味，和谐五声，用来平静自己的心情，成就他的政事。声音也同味道一样，是由一气、二体、三类、四物、五声、六律、七音、八风、九歌相互组成的，是通过清浊、大小、长短、疾徐、哀乐、刚柔、快慢、高低、出入、疏密相互调和的。君子听受它们，用来平静自己的心情。心情平静了，道德便能和谐。所以《诗》说：'德音没有疏缺。'现在梁丘据不是这样。君王认为行的，梁丘据也说行。君王认为不行的，梁丘据也说不行。如同用水来调和水，谁愿意吃它？犹如琴瑟只发出一种音调，谁愿意听它？不应该相同的道理和这是一样的。"

饮酒很快乐。齐景公说:"古人如果没有死,他们的快乐怎么样?"晏子回答说:"古人如果没有死,那是古人的快乐,君王能得到什么呢?往昔爽鸠氏开始居住在这里,季荝因袭他,有逢伯陵因袭季荝,蒲姑氏因袭有逢伯陵,然后太公因袭蒲姑氏。古人如果没有死,爽鸠氏的快乐,不是君王所愿望的。"

郑子产患病,对子太叔说:"我死后,你一定会任执政。只有有德行的人能够用宽和的政策使人民服从,其次就不如用严厉的政策。火猛烈,人民看到就对它害怕,所以很少有死于火的。火软弱,人民轻慢地玩弄它,因此死于水的很多。因此施行宽和的政策难度大。"子产病了几个月后去世。子太叔任执政,不忍心用严厉的政策而施行宽和的政策。郑国盗贼很多,聚集在萑苻泽中。子太叔后悔了,说:"我如果早些听从子产的话,也不至于弄到这个地步。"发动步兵去攻打萑苻的盗贼,把他们全杀了。盗贼稍微平息。

孔子说:"讲得真好!政策宽和了人民就怠慢,怠慢了就要用严厉来纠正。政策严厉了人民就会遭受残害,人民遭受了残害就应该施行宽和的政策。宽和用来调剂严厉,严厉用来调剂宽和,政事因此得以和谐。《诗》说:'人民也已很劳苦,大概可以稍安康。赐与恩惠给中原,以此安定国四方。'这是说施行宽和的政策。'不要放纵欺诈迎合辈,紧紧约束不善良。应当制止侵夺与暴虐,他们触犯法令已经常。'这是说用严厉来纠正宽和。'怀柔边远服近地,以此安定我君王。'这是说宽和与严厉互相调剂使政事得以和谐。又说:'不争竞也不急躁,不刚强也不柔软。施行政令多宽和,各种福禄聚身上。'这是和谐到了顶点。"到了子产去世,孔子听说后流下了眼泪,说:"他具有古人仁爱的遗风啊!"

昭公二十一年

[经]
二十有一年春[1],王三月,葬蔡平公。
夏,晋侯使士鞅来聘[2]。
宋华亥、向宁、华定自陈入于宋南里以叛[3]。
秋七月壬午朔,日有食之。
八月乙亥,叔辄卒[4]。
冬,蔡侯朱出奔楚[5]。
公如晋,至河乃复。

【注释】
〔1〕二十有一年:公元前521年。 〔2〕晋侯:晋顷公。 〔3〕南里:杜注:"宋城内名。" 〔4〕叔辄:叔弓之子伯张。 〔5〕蔡侯朱:平侯子,蔡始即位者,无谥。

[传]
二十一年春,天王将铸无射[1]。泠州鸠曰[2]:"王其以心疾死乎?夫乐,天子之职也[3]。夫音,乐之舆也;而钟,音之器也。天子省风以作乐[4],器以钟之[5],舆以行之,小者不窕[6],大者不摦[7],则和于

物。物和则嘉成[8]。故和声入于耳而藏于心，心亿则乐[9]。窕则不咸[10]，槬则不容，心是以感[11]。感实生疾。今钟槬矣，王心弗堪，其能久乎？"

【注释】
〔1〕天王：周景王。无射：钟名，律中无射，至隋时尚存。〔2〕泠州鸠：泠，乐官；州鸠，名。〔3〕职：主。〔4〕省风：观风俗。〔5〕钟：聚。以器聚音。〔6〕窕：谓音细。〔7〕槬（huá）：洪大。〔8〕嘉成：嘉乐成。〔9〕亿：安。〔10〕咸：遍。〔11〕感：同"憾"，不安。

三月，葬蔡平公。蔡大子朱失位，位在卑[1]。大夫送葬者归，见昭子[2]。昭子问蔡故，以告。昭子叹曰："蔡其亡乎！若不亡，是君也必不终。《诗》曰：'不解于位，民之攸塈[3]。'今蔡侯始即位，而适卑，身将从之。"

【注释】
〔1〕杜注："不在適子位，以长幼齿。"〔2〕昭子：叔孙婼。〔3〕所引诗见《诗·大雅·假乐》。解，同"懈"。塈，息。

夏，晋士鞅来聘，叔孙为政[1]。季孙欲恶诸晋[2]，使有司以齐鲍国归费之礼为士鞅。士鞅怒，曰："鲍国之位下，其国小，而使鞅从其牢礼，是卑敝邑也[3]，将复诸寡君。"鲁人恐，加四牢焉，为十一牢。

【注释】
〔1〕叔孙：叔孙婼。为政：主持接待。〔2〕恶诸晋：使晋国对叔孙不满。〔3〕卑：轻视。

宋华费遂生华䝿、华多僚、华登。䝿为少司马，多僚为御士，与䝿相恶，乃谮诸公曰："䝿将纳亡人[1]。"亟言之。公曰："司马以吾故亡其良子[2]。死亡有命，吾不可以再亡之。"对曰："君若爱司马，则如亡[3]。死如可逃，何远之有？"公惧，使侍人召司马之侍人宜僚，饮之酒而使告司马。司马叹曰："必多僚也。吾有谗子而弗能杀，吾又不死，抑君有命，可若何？"乃与公谋逐华䝿，将使田孟诸而遣之。公饮之酒，厚酬之[4]，赐及从者。司马亦如之。张匄尤之[5]，曰："必有故。"使子皮承宜僚以剑而讯之[6]。宜僚尽以告。张匄欲杀多僚。子皮曰："司马老矣，登之谓甚，吾又重之，不如亡也。"五月丙申，子皮将见司马而行，则遇多僚御司马而朝。张匄不胜其怒，遂与子皮、曰任、郑翩杀多僚，劫司马以叛，而召亡人。壬寅，华、向入。乐大心、丰愆、华轻御诸横[7]。华氏居卢门，以南里叛。六月庚午，宋城旧鄘及桑林之门而守之[8]。

【注释】
〔1〕亡人：指华亥等。〔2〕司马：指华费遂。良子：指华登。〔3〕杜注："言若爱大司马，则当亡走失国。"〔4〕厚酬：礼物丰厚。〔5〕张匄：华䝿臣。尤：怪。〔6〕子皮：华䝿。〔7〕横：横城，在宋都商丘西南。〔8〕旧鄘：故城。桑林：城门名，在都城郊外。

秋七月壬午朔，日有食之。公问于梓慎曰："是何物也[1]，祸福何为？"对曰："二至、二分，日有食之，不为灾。日月之行也，分，同道也[2]；至，相过也[3]。

其他月则为灾。阳不克也,故常为水。"于是叔辄哭日食。昭子曰:"子叔将死,非所哭也。"八月,叔辄卒。

【注释】
〔1〕何物:何事。 〔2〕同道:古人谓太阳行黄道,月亮行白道,在二分(春分、秋分)时与赤道相交,故称同道。 〔3〕相过:日月所行道,在二至(冬至、夏至)时相交点远赤道,故称相过。

冬十月,华登以吴师救华氏。齐乌枝鸣戍宋[1]。厨人濮曰[2]:"《军志》有之,先人有夺人之心,后人有待其衰。盍及其劳且未定也伐诸!若入而固,则华氏众矣,悔无及也。"从之。丙寅,齐师、宋师败吴师于鸿口[3],获其二帅公子苦雂、偃州员[4]。华登帅其余以败宋师。公欲出,厨人濮曰:"吾小人,可藉死而不能送亡[5],君请待之。"乃徇曰:"扬徽者[6],公徒也。"众从之。公自扬门见之[7],下而巡之,曰:"国亡君死,二三子之耻也,岂专孤之罪也?"齐乌枝鸣曰:"用少,莫如齐致死。齐致死,莫如去备[8]。彼多兵矣,请皆用剑。"从之。华氏北,复即之[9]。厨人濮以裳裹首而荷以走,曰:"得华登矣!"遂败华氏于新里。
翟偻新居于新里[10],既战,说甲于公而归[11]。华妵居于公里,亦如之。

【注释】
〔1〕乌枝鸣:齐大夫。 〔2〕厨人濮:宋厨邑大夫濮。 〔3〕鸿口:在今河南虞城县西北。 〔4〕苦雂:雂音箝(qián)。 〔5〕藉死:为某一目的而死。 〔6〕徽:旗帜。 〔7〕扬门:宋都东门。 〔8〕备:防备。

〔9〕即：追击。　〔10〕新里：华氏所取邑。　〔11〕说：同"脱"。

十一月癸未，公子城以晋师至[1]。曹翰胡会晋荀吴、齐苑何忌、卫公子朝救宋[2]。丙戌，与华氏战于赭丘[3]。郑翩愿为鹳[4]，其御愿为鹅。子禄御公子城[5]，庄堇为右。干犫御吕封人华豹[6]，张匄为右。相遇，城还。华豹曰："城也！"城怒而反之。将注[7]，豹则关矣[8]。曰："平公之灵尚辅相余[9]。"豹射出其间。将注，则又关矣。曰："不狎[10]，鄙。"抽矢。城射之，殪。张匄抽殳而下[11]，射之，折股。扶伏而击之[12]，折轸。又射之，死。干犫请一矢[13]。城曰："余言女于君。"对曰："不死伍乘[14]，军之大刑也。干刑而从子，君焉用之？子速诸。"乃射之，殪。大败华氏，围诸南里。

【注释】

〔1〕杜注："城以前年奔晋，今还就宋。"　〔2〕翰胡：曹大夫。苑何忌：齐大夫。　〔3〕赭丘：在宋都郊外。　〔4〕鹳：与下"鹅"，均为阵名。　〔5〕子禄：即向宜。　〔6〕吕封人华豹：华氏党。吕城在今江苏徐州市北。　〔7〕注：搭箭。　〔8〕关：拉满了弓。　〔9〕平公为公子城之父，故祈之。　〔10〕狎：更。指华豹不给自己回射的机会。　〔11〕殳：兵器，长丈二，为五兵之一。　〔12〕扶伏：同"匍匐"。　〔13〕请一矢：杜注："求死。"　〔14〕伍乘：同车共伍。

华亥搏膺而呼[1]，见华豾，曰："吾为栾氏矣[2]。"豾曰："子无我迋[3]，不幸而后亡。"使华登如楚乞师。华豾以车十五乘，徒七十人，犯师而出。食于睢上[4]，哭而送之，乃复入。

【注释】
〔1〕搏膺：捶胸。 〔2〕杜注："晋栾盈还入，作乱而死，事在襄二十三年。" 〔3〕迁：恐。 〔4〕睢上：睢水边。睢水本出河南，流经安徽，入江苏，于宿迁入泗水，今仅存东部一段。此指商丘附近的睢水。

楚薳越帅师将逆华氏。大宰犯谏曰："诸侯唯宋事其君，今又争国，释君而臣是助[1]，无乃不可乎？"王曰："而告我也后[2]，既许之矣。"

【注释】
〔1〕释君：不管国君。 〔2〕而：同"尔"。

蔡侯朱出奔楚。费无极取货于东国[1]，而谓蔡人曰："朱不用命于楚，君王将立东国。若不先从王欲，楚必围蔡。"蔡人惧，出朱而立东国。朱愬于楚，楚子将讨蔡。无极曰："平侯与楚有盟，故封。其子有二心，故废之。灵王杀隐大子，其子与君同恶[2]，德君必甚。又使立之，不亦可乎？用废置在君，蔡无他矣[3]。"

公如晋，及河。鼓叛晋，晋将伐鲜虞，故辞公。

【注释】
〔1〕东国：隐太子之子，平侯庐之弟。 〔2〕其子：东国。 〔3〕杜注："言权在楚，则蔡无他心。"

【译文】

[经]

二十一年春,周历三月,安葬蔡平侯。
夏,晋顷公派士鞅来我国聘问。
宋华亥、向宁、华定从陈国进入宋南里发动叛乱。
秋七月壬午朔,发生日食。
八月乙亥,叔辄去世。
冬,蔡侯朱出逃到楚国。
昭公去晋国,到了黄河边就回返。

[传]

二十一年春,周景王打算造口无射大钟。泠州鸠说:"王也许将会发心病死去吧?音乐,是由天子主持的。声音,是音乐的车子;钟,是发音的器具。天子考察风俗以制作音乐,用乐器来聚集它,用声音来表达它。小的乐器声音不过分细巧,大的乐器声音不过分洪亮,这就使万物和谐。万物和谐,美好的音乐就完成了。所以和谐的声音传入耳朵而藏在心里,心中安宁就快乐。过分细巧就传不远,过分洪亮就使人难以容忍,内心因此憾动不安。憾动不安就会生病。如今要造的钟声音过分洪亮,天子的心难以承受,难道能活得长久吗?"

三月,安葬蔡平侯。蔡太子朱没排在应站的地位,而位次低下。大夫去送葬的回国,进见昭子。昭子问起蔡国的事,大夫把情况告诉他。昭子叹息说:"蔡国恐怕要灭亡了吧!如果不灭亡,这个国君也一定做不长。《诗》说:'在他的位上不懈怠,人民因此得休息。'现在蔡侯刚刚即位,就排到下面去,他自己将跟着失去位子。"

夏,晋士鞅来我国聘问,叔孙昭子主持接待。季孙想让晋国对叔孙不满,让有关官员用对齐鲍国归还费邑时的礼节来招待士鞅。士鞅发怒,说:"鲍国的地位低下,他的国家小,而让我接受和他一样的牢礼规格,这是轻视敝邑了,我将回国向寡君汇报。"鲁国人恐慌,又增加了四牢,使用了十一牢。

宋华费遂生华貙、华多僚、华登。华貙官少司马,多僚官御士，与华貙不和，于是在宋元公面前诬陷他说："华貙准备接纳逃亡在外的人。"讲了很多遍。宋元公说："司马为了我的缘故使他的儿子逃亡在外。死和逃亡都是命中注定的，我不能再使他的另一个儿子逃亡。"华多僚回答说："君王如果爱司马，那就自己逃亡吧。如果能逃过一死，还计较什么远近？"宋元公害怕，派侍人召见华费遂的侍人宜僚，请他喝酒而让他把赶走华貙的意思告诉华费遂。华费遂叹息说："这一定是多僚在作祟。我有奸邪的儿子而无法杀死，我又老而不死，国君有了命令，又能怎么办？"于是与宋元公计议驱逐华貙，打算在孟诸打猎时让他走。在孟诸，宋元公给华貙酒喝，赏赐丰厚，还赏赐给跟随他的人。华费遂也是这样。张匄觉得奇怪，说："一定有原因。"让华貙把剑加在宜僚的脖子上盘问他，宜僚把事情原原本本交代了出来。张匄想杀死多僚，华貙说："父亲老了，华登逃亡已使他伤心，我再加重它，还不如逃走。"五月丙申，华貙打算去见过华费遂后出走，正碰上多僚为华费遂驾车一起上朝。张匄遏止不住怒气，于是与华貙、白任、郑翩杀死多僚，劫持了华费遂发动叛乱，而召回逃亡在外的人。壬寅，华氏、向氏回国。乐大心、丰愆、华牼在横城抵御他们。华氏住在卢门，便领着南里的人叛乱。六月庚午，宋国修缮旧城及桑林门来防守华氏。

秋七月壬午朔，发生日食。昭公询问梓慎说："这是什么事，有什么祸福？"梓慎回答说："冬至、夏至、春分、秋分，发生日食，不造成灾害。日月的运行，在分日在黄道与赤道相交，在至日远离赤道相交。其他月份就要发生灾害。阳气战不过阴气，所以常常发生水灾。"这时候叔辄为了日食号哭。昭子说："叔辄快死了，哭不该哭的事。"八月，叔辄去世。

冬十月，华登带着吴国军队救援华氏。齐乌枝鸣戍守宋国。厨人濮说："《军志》上有这样的话，先发制人能够摧毁敌人的士气，后发制人要等待敌人士气衰落。何不趁他们疲劳并且没有安定时进攻他们！如果他们已进入我国稳住阵脚，那么华氏的力量就大了，后悔就来不及了。"宋元公听从了他的建议。丙寅，齐军、宋军在鸿口打败吴军，擒获吴军的两员将帅公子苦雂、偃州员。华登率领剩下的军队打败宋军。宋元公想要逃走，厨人濮说：

"我是小人,可以为君王牺牲而不能护送逃亡,君王请等一等。"于是巡行全军说:"挥舞旗帜的,是国君的战士。"众人听从他挥舞着旗帜。宋元公在扬门上见到了,下城巡视,说:"国家灭亡国君死去,这是各位的耻辱,岂独仅仅是孤的罪过呢?"齐乌枝鸣说:"使用少量的兵力最好的办法是一起拼命。一起拼命,最好的办法是撤除防备。他们的武器很多,请让我们都用剑对付他们。"宋元公听从了。华氏败逃,宋军、齐军又追击他们。厨人濮用衣服包裹人头扛着跑,说:"杀了华登了!"于是在新里打败了华氏。

翟偻新住在新里,开战后,他脱下衣甲交给宋元公而归附。华妵住在公里,也与翟偻新一样做。

十一月癸未,公子城带领晋国军队来到。曹翰胡会合晋荀吴、齐苑何忌、卫公子朝救援宋国。丙戌,与华氏在赭丘交战。郑翩要求组成鹳阵,他的御者要求组成鹅阵。子禄为公子城驾车,庄堇为车右。干犨为吕封人华豹驾车,张匄为车右。两军相遇,公子城撤退。华豹说:"公子城不要走!"公子城大怒回车迎战。公子城将要搭上箭,华豹已经拉满了弓。公子城祷告说:"平公的威灵希望能帮助我。"华豹一箭射了个空。公子城又要搭箭,华豹却又拉满了弓。公子城说:"不让我还手,真不要脸。"华豹就从弓上取下了箭。公子城一箭射去,把华豹射死。张匄抽出了殳下车,公子城射他,射断了他的大腿。张匄爬过来用殳击去,击断了公子城车上的轸木。公子城又射一箭,把张匄射死。干犨请求给他一箭。公子城说:"我为你向国君求情。"干犨回答说:"不和同车共伍的人一起战死,就是犯了军中的大法。犯了法而跟随你,国君怎么用得着我?你快些下手。"公子城于是射他,把他射死。各国联军大败华氏,把华氏包围在南里。

华亥捶打着胸口大叫,去见华貙,说:"我们成了栾氏了。"华貙说:"你不要用这种话来吓我,即使不幸失败了也不一定灭亡。"派华登去楚国请求出兵支援。华貙率领十五辆战车、七十个步兵,突围而出。在睢水边吃饭,哭着送走了华登,又重新冲入包围圈中。

楚薳越率领军队准备迎接华氏。太宰犯谏阻说:"诸侯只有宋国的臣子还事奉国君,如今又争夺国政,你不管国君而帮助臣子,恐怕不应该吧?"楚平王说:"你对我说得已经晚了,我已经答应他们了。"

蔡侯朱出逃到楚国。费无极得到东国的贿赂,而对蔡国人说:"朱不服从楚国,君王将立东国为君。如果不先行顺从君王的愿望,楚国一定会包围蔡国。"蔡国人害怕,赶走了朱而立了东国。朱向楚王控拆,楚平王准备讨伐蔡国。无极说:"平侯与楚国订有盟约,所以封他。他的儿子不忠于楚国,所以废除他。灵王杀死隐太子,他的儿子与君王同仇,对君王一定非常感激。又让他立为君,不也是可以的吗?再说废立的大权握在君王手中,蔡国无能为力了。"

昭公去晋国,到达黄河边。鼓国背叛晋国,晋国准备攻打鲜虞,所以辞谢昭公。

昭公二十二年

[经]

二十有二年春[1],齐侯伐莒[2]。
宋华亥、向宁、华定自宋南里出奔楚。
大蒐于昌间[3]。
夏四月乙丑,天王崩。
六月,叔鞅如京师[4],葬景王。
王室乱。
刘子、单子以王猛居于皇[5]。
秋,刘子、单子以王猛入于王城。
冬十月,王子猛卒[6]。
十有二月癸酉朔,日有食之。

【注释】

〔1〕二十有二年:公元前520年。 〔2〕齐侯:齐景公。 〔3〕昌间:不详。或谓在山东泗水县境。 〔4〕叔鞅:叔弓子。 〔5〕刘子:刘蚠,刘献公之庶子,为刘文公。单子:单穆公,名旗。皆周卿士。王猛:谥悼王。皇:当在今河南洛阳市东。 〔6〕杜注:"未即位,故不言崩。"

[传]

二十二年春,王二月甲子,齐北郭启帅师伐莒[1]。莒子将战[2],苑羊牧之谏曰:"齐帅贱,其求不多,不如下之。大国不可怒也。"弗听,败齐师于寿余[3]。齐侯伐莒,莒子行成,司马灶如莒莅盟[4]。莒子如齐莅盟,盟于稷门之外。莒于是乎大恶其君。

【注释】
〔1〕北郭启:齐大夫,北郭佐之后。 〔2〕莒子:莒庚舆。 〔3〕寿余:在今山东安丘县。 〔4〕司马灶:齐大夫。

楚薳越使告于宋曰:"寡君闻君有不令之臣为君忧[1],无宁以为宗羞[2],寡君请受而戮之。"对曰:"孤不佞,不能媚于父兄[3],以为君忧,拜命之辱。抑君臣日战,君曰余必臣是助,亦唯命。人有言曰,'唯乱门之无过'。君若惠保敝邑,无亢不衷[4],以奖乱人,孤之望也。唯君图之!"楚人患之。诸侯之戍谋曰:"若华氏知困而致死,楚耻无功而疾战,非吾利也。不如出之以为楚功,其亦无能为也已。救宋而除其害,又何求?"乃固请出之。宋人从之。己巳,宋华亥、向宁、华定、华豸区、华登、皇奄、伤省、臧士平出奔楚。

宋公使公孙忌为大司马,边卬为大司徒[5],乐祁为司城[6],仲幾为左师[7],乐大心为右师,乐輓为大司寇[8],以靖国人。

【注释】

〔1〕不令之臣：不善之臣。〔2〕无宁：无乃。杜注："言华氏为宋宗庙之羞耻。"〔3〕父兄：杜注："华、向，公族也，故称父兄。"〔4〕亢：扞蔽、保护。不衷：不忠，不善。〔5〕边卬：平公子御戎之孙。〔6〕乐祁：又称乐祁犁、司城子梁，子罕孙。〔7〕仲幾：仲江孙。〔8〕乐輓：子罕孙。

王子朝、宾起有宠于景王[1]。王与宾孟说之[2]，欲立之。刘献公之庶子伯蚠事单穆公[3]，恶宾孟之为人也，愿杀之。又恶王子朝之言，以为乱，愿去之[4]。宾孟适郊，见雄鸡自断其尾。问之，侍者曰："自惮其牺也。"遽归告王，且曰："鸡其惮为人用乎[5]！人异于是。牺者，实用人[6]，人牺实难，己牺何害？"王弗应。

【注释】

〔1〕王子朝：景王之长庶子。宾起：子朝之傅。〔2〕宾孟：即宾起。〔3〕刘献公：刘挚。伯蚠：刘狄。〔4〕杜注："子朝有欲位之言，故刘蚠恶之。"〔5〕用：用作祭品。〔6〕实用人：实用于人。

夏四月，王田北山[1]，使公卿皆从，将杀单子、刘子。王有心疾，乙丑，崩于荣锜氏。戊辰，刘子挚卒，无子，单子立刘蚠。五月庚辰，见王[2]，遂攻宾起，杀之，盟群王子于单氏。

【注释】

〔1〕北山：洛阳北邙山。〔2〕王：指王猛。

晋之取鼓也，既献[1]，而反鼓子焉，又叛于鲜虞。六月，荀吴略东阳[2]，使师伪籴者负甲以息于昔阳之门外[3]，遂袭鼓，灭之，以鼓子鸢鞮归，使涉佗守之[4]。

【注释】

〔1〕献：在宗庙献捷。 〔2〕略：巡行。东阳：即南阳，指太行山东，河南、河北属晋国的疆土。 〔3〕昔阳：在今河北晋县西。〔4〕涉佗：晋大夫。

丁巳，葬景王。王子朝因旧官、百工之丧职秩者，与灵、景之族以作乱。帅郊、要、饯之甲[1]，以逐刘子。壬戌，刘子奔扬[2]。单子逆悼王于庄宫以归[3]。王子还夜取王以如庄宫[4]。癸亥，单子出。王子还与召庄公谋[5]，曰："不杀单旗，不捷。与之重盟，必来。背盟而克者多矣。"从之。樊顷子曰[6]："非言也，必不克。"遂奉王以追单子。及领[7]，大盟而复，杀挚荒以说。刘子如刘[8]。单子亡。乙丑，奔于平畤[9]。群王子追之，单子杀还、姑、发、弱、鬷、延、定、稠[10]，子朝奔京[11]。丙寅，伐之。京人奔山[12]，刘子入于王城。辛未，巩简公败绩于京[13]。乙亥，甘平公亦败焉。叔鞅至自京师，言王室之乱也。闵马父曰："子朝必不克，其所与者，天所废也[14]。"单子欲告急于晋，秋七月戊寅，以王如平畤，遂如圃车[15]，次于皇。刘子如刘。单子使王子处守于王城，盟百工于平宫[16]。辛卯，鄩肸伐皇[17]，大败，获鄩肸。壬辰，焚诸王城之市。八月辛酉，司徒丑以王师败绩于前城[18]，百工叛。己巳,伐单氏之宫,败焉。庚午,反伐之。辛未,伐东圉[19]。冬十月丁巳,晋籍谈、荀跞帅九州之戎及焦、瑕、温、原之师[20],以纳王于王城。庚申,单子、刘蚠以王师败绩于郊,前城人败陆浑于社[21]。十一月乙酉,王子猛卒,不成丧也。己丑,敬王即位[22],馆于子旅氏[23]。十二月庚戌,晋籍谈、荀跞、贾辛、司马督帅师军于阴[24],于侯氏[25],于谿泉[26],次子社[27]。王师军于氾[28],于解[29],次于任人[30]。闰月,晋箕遗、乐征、右行诡济师,取前城,军其东南。王师军于京楚[31]。辛丑,伐京,毁其西南。

【注释】

〔1〕郊、要、饯:三邑均为周地。 〔2〕扬:周邑,距偃师不远。〔3〕悼王:即王猛。庄宫:在王城。 〔4〕王子还:子朝党。 〔5〕召庄公:召伯奂,子朝党。 〔6〕樊顷子:樊齐,单、刘党。 〔7〕领:即辕辕山,一名崿岭。 〔8〕刘:在今河南偃师县西南,刘献公采邑。〔9〕平畴:离洛阳不远。 〔10〕杜注:"八子、灵、景之族,因战而杀之。" 〔11〕京:在洛阳西南。 〔12〕山:即邙山。 〔13〕巩简公:与下甘平公皆周卿士。 〔14〕天所废:因所用皆丧职罢免者,故云。〔15〕圃车:在今河南巩县。 〔16〕平宫:平王庙。 〔17〕郣肸:子朝党。 〔18〕司徒丑:悼王司徒。前城:在洛阳市东南,时为子朝占领。〔19〕东圉:在偃师县西南。 〔20〕焦、瑕、温、原:均晋邑。〔21〕社:周邑,在巩县东北。 〔22〕敬王:王子猛母弟王子匄。〔23〕子旅:周大夫。 〔24〕阴:即平阴,在今河南孟津县北。此为籍谈军所驻。 〔25〕侯氏:即今河南缑氏。此为荀跞军所驻。 〔26〕谿泉:在洛阳市东南。此为贾辛军所驻。 〔27〕社:此为司马督军所驻。〔28〕氾:在今巩县东北。 〔29〕解:在今洛阳市西南。 〔30〕任人:在洛阳附近。 〔31〕京楚:当在洛阳附近。

【译文】

[经]

二十二年春,齐景公攻打莒国。

宋华亥、向宁、华定从宋南里出逃到楚国。

在昌间举行大规模阅兵式。

夏四月乙丑,周景王去世。

六月,叔鞅去京师,参加周景王葬礼。

王室动乱。

刘蚠、单穆公奉王猛居住在皇地。

秋,刘蚠、单穆公奉王猛进入王城。

冬十月,悼王猛去世。

十二月癸酉朔,发生日食。

[传]

二十二年春,周历二月甲子,齐北郭启率领军队攻打莒国。莒庚舆准备迎战,苑羊牧之谏阻说:"齐国的将帅地位很低,他的索取不多,不如对他表示顺服。大国是不能激怒的。"莒庚舆不肯听从,在寿余打败了齐军。齐景公攻打莒国,莒庚舆求和,司马灶去莒国参加结盟。莒庚舆到齐国参加结盟,在稷门外签订盟约。莒国人因此对他们的国君十分不满。

楚薳越派人告诉宋国说:"寡君听说君王有不肯臣服的臣子使君王产生忧患,岂不是成为宗庙的羞耻?因此寡君请求接纳他们而诛戮他们。"宋元公回答说:"孤不才,不能取悦于父兄,以此给贵君带来忧患,劳动君王下达命令。但君臣之间争战不停,君王说我一定要帮助臣子,那也只能听从命令。前人有句话说,'不要经过发生动乱的人家的家门'。君王如果赐恩保护敝邑,不保护叛乱分子,以奖励作乱的人,这是孤的愿望。请君王好好想一想。"楚国为此感到为难。诸侯戍守宋国的大夫商议说:"如果华氏知道没有后路而拼命作战,楚国因没办成这件事而感到耻辱很快出兵来战,这对我们不利。不如让华氏出去以作为楚国的功劳,他们这些人对宋国已经无能为力了。救援了宋国而除去了危害,还求什么?"于是坚决请求让他们走。宋国人听从了。己巳,宋华亥、向宁、华定、华貙、华登、皇奄、伤省、臧士平逃亡到楚国。

宋元公任命公孙忌为大司马，边卬为大司徒，乐祁为司城，仲几为左师，乐大心为右师，乐輓为大司寇，以安定国人。

王子朝、宾起得到周景王宠爱。景王与宾起都喜爱王子朝，想立他为继承人。刘献公的庶子伯蚠在单穆公手下办事，厌恶宾起的为人，希望杀死宾起。他又不满王子朝的话，认为不合礼制，想去掉王子朝。宾起去郊外，见到有只公鸡把自己的尾羽弄断。他问为什么，侍者说："它是自己害怕被充当牺牲。"宾起赶忙回来报告景王，并且说："鸡大概是害怕被人用做牺牲吧！人就同它不一样。牺牲是被人用的，被人用确实困难，自己用有什么妨碍？"景王没有回答。

夏四月，景王去北山打猎，令公卿们跟随，打算杀死单穆公、刘献公。景王有心脏病，乙丑，死在荣锜氏家里。戊辰，刘献公去世，没有嫡子，单穆公立刘蚠为继承人。五月庚辰，进见周王猛，于是进攻宾起，杀了他，与王子们在单氏家结盟。

晋国占领鼓国，向宗庙献捷后，放鼓子回国，鼓子又叛晋归属鲜虞。六月，荀吴巡行东阳地区，派军队伪装成籴米的人背着皮甲在昔阳城门外休息，乘机袭击鼓国，把鼓国灭亡了，押着鼓子鸢鞮回国，派涉佗戍守鼓国。

丁巳，安葬景王。王子朝依靠旧官和百工中被免职的人，与灵王、景王的族人发动叛乱，率领郊、要、饯邑的甲士，以驱逐刘蚠。壬戌，刘蚠逃往扬地。单穆公到庄宫迎接悼王到自己家里。王子还晚上把悼王接回庄宫。癸亥，单穆公出逃。王子还与召庄公商量，说："不杀死单旗，不能算胜利。与他再次结盟，他一定会来。违背盟誓而取得胜利的事是很多的。"召庄公听从了。樊顷子说："这不像话，一定不能成功。"于是王子还侍奉周悼王以追赶单穆公。到达崿岭，举行了盛大的结盟仪式后回来，杀死挚荒以向单穆公塞责。刘蚠去了刘邑。单穆公逃亡。乙丑，逃到平畤。王子们追赶他，单穆公杀死了还、姑、发、弱、鬷、延、定、稠各位王子，王子朝逃往京邑。丙寅，单穆公攻打京邑。京邑人逃往山中，刘蚠进入王城。辛未，巩简公在京邑被打得大败。乙亥，甘平公也吃了败仗。叔鞅从京师回国，说起王室发生的动乱。闵马父说:"子朝必定不能获胜,他所依附的人,都是上天所废弃的人。"单穆公想向晋国告急,秋七月戊寅,带着周悼王去平畤,于是去了圉车,到达皇地。刘蚡去了刘邑。单穆公派王子处守卫王城,与百工在平王庙中结盟。辛卯,郯肸攻打皇地,大败,郯肸被俘。壬辰,把郯肸在王城的市上烧死。八月辛酉,司徒丑带领周朝军队在前城被打得大败,百工反叛。己巳,攻打单氏的住宅,被打败。庚午,单氏反攻。辛未,攻打东圉。冬十月丁巳,晋籍谈、荀跞率领九州的戎人及焦、瑕、温、原的军队,把周掉王送回王城。庚申,单穆公、刘蚡率领周朝的军队在郊地被打得大败,前城的人在社地打败了陆浑的戎人。十一月乙酉,周悼王去世,没有举行天子的安葬仪式。己丑,敬王即位,住在子旅氏家。十二月庚戌,晋籍谈、荀跞、贾辛、司马督分别率领军队驻扎在阴地、侯氏、谿泉和社地。周朝军队分别驻扎在氾地、解地,进驻任人。闰月,晋箕遗、乐征、右行诡率领军队渡过黄河,占领前城,驻扎在前城东南。周朝军队驻扎在京楚。辛丑,攻打京地,毁坏了它的西南部。

春秋左传卷二十五　昭公六

昭公二十三年

[经]

二十有三年春[1]，王正月，叔孙婼如晋。

癸丑，叔鞅卒。

晋人执我行人叔孙婼。

晋人围郊[2]。

夏六月，蔡侯东国卒于楚。

秋七月，莒子庚舆来奔。

戊辰，吴败顿、胡、沈、蔡、陈、许之师于鸡父[3]。

胡子髡、沈子逞灭[4]。

获陈夏齧。

天王居于狄泉[5]。

尹氏立王子朝[6]。

八月乙未，地震。

冬，公如晋，至河，有疾，乃复。

【注释】

〔1〕二十有三年：公元前519年。　〔2〕杜注："讨子朝也。郊，周

邑。围郊在叔鞅卒前，经书后，从赴。"　〔3〕鸡父：在今河南固始县南。　〔4〕灭：死。　〔5〕狄泉：在今洛阳市。　〔6〕尹氏：周世卿。

[传]

二十三年春，王正月壬寅朔，二师围郊[1]。癸卯，郊、鄩溃。丁未，晋师在平阴，王师在泽邑[2]。王使告间[3]，庚戌，还。

【注释】

〔1〕二师：周、晋军队。　〔2〕泽邑：即狄泉。　〔3〕间：局势好转。

邾人城翼[1]，还，将自离姑[2]。公孙鉏曰："鲁将御我。"欲自武城还，循山而南。徐鉏、丘弱、茅地曰[3]："道下遇雨，将不出，是不归也。"遂自离姑。武城人塞其前，断其后之木而弗殊[4]。邾师过之，乃推而蹷之[5]。遂取邾师，获鉏、弱、地。

【注释】

〔1〕翼：邾邑，在今山东费县西南。　〔2〕离姑：邾邑，在翼之北。从离姑回邾都绎（在今山东邹县东南）要经过鲁武城。　〔3〕杜注："三子，邾大夫。"　〔4〕殊：绝。　〔5〕蹷：倒。

邾人诉于晋，晋人来讨。叔孙婼如晋，晋人执之。书曰："晋人执我行人叔孙婼。"言使人也。晋人使与邾大夫坐[1]。叔孙曰："列国之卿，当小国之君，固周制也。邾又夷也。寡君之命介子服回在[2]，请使当之，不敢废周制故也。"乃不果坐。

【注释】
〔1〕坐：坐而诉讼。 〔2〕子服回：鲁大夫，此行为叔孙婼副手。

韩宣子使邾人聚其众，将以叔孙与之。叔孙闻之，去众与兵而朝。士弥牟谓韩宣子曰[1]："子弗良图，而以叔孙与其仇，叔孙必死之。鲁亡叔孙，必亡邾。邾君亡国，将焉归[2]？子虽悔之，何及？所谓盟主，讨违命也。若皆相执，焉用盟主？"乃弗与。使各居一馆。士伯听其辞而诉诸宣子，乃皆执之。

【注释】
〔1〕士弥牟：士景伯。 〔2〕杜注："时邾君在晋，若亡国，无所归，将益晋忧。"

士伯御叔孙，从者四人，过邾馆以如吏[1]。先归邾子[2]。士伯曰："以匏茭之难，从者之病，将馆子于都[3]。"叔孙旦而立，期焉。乃馆诸箕。舍子服昭伯于他邑。范献子求货于叔孙，使请冠焉。取其冠法[4]，而与之两冠，曰："尽矣。"为叔孙故，申丰以货如晋。叔孙曰："见我，吾告女所行货。"见，而不出。吏人之与叔孙居于箕者，请其吠狗，弗与。及将归，杀而与之食之。叔孙所馆者，虽一日必葺其墙屋，去之如始至。

【注释】

〔1〕杜注："欲使邾人见叔孙之屈辱。" 〔2〕归：让他回国。〔3〕都：别都，即别邑。此指箕邑，在今山西蒲县东北。 〔4〕取其冠法：请人取来他的冠以知大小。这是叔孙有意不肯献贿。

夏四月乙酉，单子取訾^[1]，刘子取墙人、直人^[2]。六月壬午，王子朝入于尹^[3]。癸未，尹圉诱刘佗杀之^[4]。丙戌，单子从阪道^[5]，刘子从尹道伐尹^[6]。单子先至而败，刘子还。己丑，召伯奂、南宫极以成周人戍尹^[7]。庚寅，单子、刘子、樊齐以王如刘。甲午，王子朝入于王城，次于左巷^[8]。秋七月戊申，鄩罗纳诸庄宫^[9]。尹辛败刘师于唐^[10]。丙辰，又败诸鄩。甲子，尹辛取西闱^[11]。丙寅，攻蒯^[12]，蒯溃。

【注释】

〔1〕訾：有东、西之分，均在今河南巩县。 〔2〕墙人、直人：均在今河南新安县。 〔3〕尹：在河南洛宁县境。 〔4〕尹圉：尹文公。刘佗：刘盆族人，敬王党。 〔5〕阪道：洛阳一带有鄂里阪、轘辕阪，此不详所指。 〔6〕尹道：通尹邑的道路。 〔7〕召伯奂、南宫极：均是周卿士。召伯奂即召庄公。 〔8〕左巷：杜注："近东城。" 〔9〕鄩罗：周大夫，鄩肸之子。庄宫：周王宫。 〔10〕尹辛：尹氏族人。唐：在洛阳市东。 〔11〕西闱：在洛阳市西南。 〔12〕蒯：在洛阳市稍西北。

莒子庚舆虐而好剑，苟铸剑，必试诸人。国人患之。又将叛齐^[1]。乌存帅国人以逐之^[2]。庚舆将出，闻乌存执殳而立于道左，惧将止死。苑羊牧之曰："君过之，乌存以力闻可矣，何必以弑君成名？"遂来奔。齐人纳郊公^[3]。

【注释】
〔1〕叛齐：莒国去年与齐结盟。　〔2〕乌存：莒大夫。　〔3〕郊公：名狂，次年即位，在位三十八年。

吴人伐州来，楚薳越帅师及诸侯之师奔命救州来[1]。吴人御诸钟离[2]。子瑕卒，楚师熸[3]。

吴公子光曰："诸侯从于楚者众，而皆小国也，畏楚而不获已，是以来。吾闻之曰，作事威克其爱，虽小必济。胡、沈之君幼而狂[4]，陈大夫嚚壮而顽[5]，顿与许、蔡疾楚政。楚令尹死，其师熸，帅贱多宠，政令不壹。七国同役而不同心，帅贱而不能整，无大威命，楚可败也。若分师先以犯胡、沈与陈，必先奔。三国败，诸侯之师乃摇心矣。诸侯乖乱，楚必大奔。请先者去备薄威[6]，后者敦陈整旅[7]。"吴子从之。戊辰晦，战于鸡父。吴子以罪人三千，先犯胡、沈与陈。三国争之[8]。吴为三军以系于后：中军从王，光帅右，掩余帅左[9]。吴之罪人或奔或止，三国乱。吴师击之，三国败，获胡、沈之君及陈大夫。舍胡、沈之囚，使奔许与蔡、顿，曰："吾君死矣！"师噪而从之，三国奔。楚师大奔。书曰："胡子髡、沈子逞灭，获陈夏啮。"君臣之辞也[10]。不言战，楚未陈也。

【注释】
〔1〕奔命：奉楚平王命率师奔赴。　〔2〕钟离：在今安徽凤阳县。〔3〕熸：士气低落。　〔4〕狂：狂躁。　〔5〕顽：顽固。　〔6〕去备薄威：放松警备、减少威势，使军容不整肃。　〔7〕敦：厚。　〔8〕争之：争抢俘获吴兵。　〔9〕掩余：吴王寿梦之子。　〔10〕杜注："国君，社

稷之主，与宗庙共存亡者，故称灭。大夫轻，故曰获。获，得也。"

八月丁酉，南宫极震。苌弘谓刘文公曰[1]："君其勉之，先君之力可济也[2]。周之亡也，其三川震[3]。今西王之大臣亦震[4]，天弃之矣。东王必大克[5]。"

【注释】
〔1〕刘文公：刘盆。 〔2〕先君：指刘盆父刘献公。 〔3〕杜注："谓幽王时也。三川，泾、渭、洛水也。地动，三川崩。" 〔4〕西王：子朝在王城，故称西王。 〔5〕东王：指周敬王，时居狄泉，在王城之东，故称。

楚大子建之母在郹[1]，召吴人而启之[2]。冬十月甲申，吴大子诸樊入郹[3]，取楚夫人与其宝器以归。楚司马薳越追之，不及。将死，众曰："请遂伐吴以徼之[4]。"薳越曰："再败君师，死且有罪。亡君夫人，不可以莫之死也。"乃缢于薳澨[5]。

公为叔孙故如晋，及河，有疾而复。

【注释】
〔1〕郹：郹阳，在今河南新蔡县。 〔2〕启：开城门接应。 〔3〕诸樊：为吴王僚伯父，已在襄公二十五年卒，此诸樊误。或以为当作公子光。 〔4〕徼：徼幸取胜。 〔5〕薳澨：薳水边。在今湖北京山县西汉水东岸。

楚囊瓦为令尹[1]，城郢[2]。沈尹戌曰："子常必亡郢，苟不能卫，城无益也。古者天子守在四夷。天子卑，守在诸侯。诸侯守在四邻。诸侯卑，守在四竟。慎其四竟，结其四援，民狎其野[3]，三务成功[4]，民无内忧，而又无外惧，国焉用城？今吴是惧而城于郢，守已小矣。卑之不获，能无亡乎？昔梁伯沟其公宫而民溃[5]。民弃其上，不亡何待？夫正其疆埸，修其土田，险其走集[6]，亲其民人，明其伍候[7]，信其邻国，慎其官守，守其交礼，不僭不贪，不懦不耆[8]，完其守备，以待不虞，又何畏矣？《诗》曰：'无念尔祖，聿修厥德[9]。'无亦监乎若敖、蚡冒至于武、文[10]，土不过同[11]，慎其四竟，犹不城郢。今土数圻[12]，而郢是城，不亦难乎？"

【注释】
〔1〕囊瓦：子囊之孙子常。 〔2〕城郢：杜注："楚用子囊遗言，已筑郢城矣。今畏吴，复增修以自固。" 〔3〕狎：安习。 〔4〕三务：春、夏、秋三时之务。 〔5〕梁伯沟其公宫：事见僖公十九年。 〔6〕走集：边境的堡垒。 〔7〕明其伍候：杜注："使民有部伍，相为候望。" 〔8〕耆：强。 〔9〕所引诗见《诗·大雅·文王》。无、聿，均发语词。 〔10〕杜注："四君皆楚先君之贤者。" 〔11〕同：方百里。 〔12〕圻：方千里。

【译文】

[经]
二十三年春，周历正月，叔孙婼去晋国。
癸丑，叔鞅去世。
晋国人拘禁我国行人叔孙婼。
晋国人包围郊邑。
夏六月，蔡侯东国死在楚国。

秋七月，莒子庚舆逃来我国。

戊辰，吴国在鸡父打败顿、胡、沈、蔡、陈、许国的军队。

胡子髡、沈子逞死去。

擒获陈夏啮。

周敬王居住在狄泉。

尹氏立王子朝为王。

八月乙未，发生地震。

冬，昭公去晋国，到达黄河，生病，就回国。

[传]

二十三年春，周历正月壬寅朔，周、晋的军队包围郊地。癸卯，郊、鄩的人溃散。丁未，晋军在平阴，周军在泽邑。周敬王派人告诉晋军局势已能控制，庚戌，晋军回国。

邾国人修筑翼地城墙，回都城，准备取道离姑。公孙锄说："鲁国将会抵御我们。"想从武城外转过去，顺着山往南走。徐锄、丘弱、茅地说："道路低，遇上雨将出不去，这就不能回去了。"于是从离姑走。武城人把前面的路堵塞了，把后面的路上的树木砍伐而不使它倒下。邾国军队过去后，就把树木推倒断了后路。于是消灭了邾军，俘获徐锄、丘弱、茅地。

邾国人向晋国申诉，晋国人来我国声讨。叔孙婼去晋国，晋国人把他拘禁了。《春秋》记载说："晋国人拘禁我国的行人叔孙婼。"是说拘禁使者是违背礼法的。晋国人让叔孙婼与邾国大夫当面对质。叔孙婼说："列国的卿，相当于小国的国君，这是周朝的制度。邾国还是夷人。寡君所命令的副使子服回在，请让他与邾国大夫对质，我这是因为不敢废除周朝的制度。"于是没让他对质。

韩宣子让邾国人聚集手下人众，准备把叔孙婼交给他们。叔孙婼听说后，屏去随从扔掉武器去朝见晋君。士弥牟对韩宣子说："你想不出好主意，却把叔孙婼交给他的仇敌，叔孙婼定会因此而死。鲁国丧失了叔孙婼，一定会灭亡邾国。邾君亡国，将回到哪里去？你即使后悔，又怎来得及？所谓盟主，是专门讨伐违背命令的诸侯的。如果你抓了我的人我也抓你的人，要盟主有什用？"于是不把叔孙婼交给邾国人，让他们各自住在一所馆舍里。士弥牟听了他们的辩解后告诉了韩宣子，于是把他们都拘禁起来。

士弥牟驾车押着叔孙婼，随从有四个人，经过邾国人所居馆舍到有关官吏那儿去。先让邾子回国。士弥牟说："因为柴草不继，役夫觉得不便，准备让你住到别的城邑去。"叔孙婼一早就站着等待动身。于是让他住在箕邑。把子服回迁往另外城邑。范献子向叔孙婼索取贿赂，假托问他讨帽子。叔孙婼拿来他的帽子做样子，给了他两顶帽子，说："再也没有了。"因为叔孙婼被扣留，申丰带着财物去晋国疏通。叔孙婼说："来见我，我告诉你把财物送给什么人。"申丰去见叔孙婼，就没有出来。在箕邑看管叔孙婼的官吏向叔孙婼讨一只善吠的狗，叔孙婼不答应，到将要回国时，把狗杀了和他一起吃。叔孙婼所居住的地方，即使住一天也一定要修整墙屋，到离开时也好像刚来时一样。

夏四月乙酉，单子占领訾地，刘子占领墙人、直人。六月壬午，王子朝进入尹邑。癸未，尹围诱杀了刘佗。丙戌，单子从阪道，刘子从尹道攻打尹邑。单子先到被打败，刘子回兵。己丑，召伯奂、南宫极带领成周人戍守尹邑。庚寅，单子、刘子、樊齐奉周敬王去刘邑。甲午，王子朝进入王城，到达左巷。秋七月戊申，鄩罗把王子朝送到庄宫。尹辛在唐地打败了刘子的军队。丙辰，又在鄩地打败了刘子。甲午，尹辛占领了西闱。丙寅，攻打蒯地，蒯地人民溃散。

莒子庚舆暴虐而喜爱剑，每次铸剑，必定要用人来试剑。人民因此而厌恶他。又准备背叛齐国。乌存率领国人赶走他。庚舆将出走，听说乌存执殳站在道左，怕他会拦住自己杀了自己。苑羊牧之说："君王走过去吧，乌存以勇力出名就行了，何必以杀死国君成名？"庚舆于是逃来我国。齐国人送郊公回国为君。

吴国人攻打州来，楚薳越率领军队与诸侯的军队奉楚平王命奔赴州来救援。吴国人在钟离抵御楚军。子瑕去世，楚军士气低落。

吴公子光说："诸侯跟随楚国的很多，但都是小国，害怕楚国而不能自作主张，所以前来。我听说，干事威势胜过感情，即使弱小，必定成功。胡国、沈国的国君年幼而狂躁，陈大夫夏正当壮年而顽蒙，顿国与许国、蔡国不满楚政。楚国的令尹死了，他们的军队士气低落，将帅地位低而受宠爱，政令不专一。七国一起办事而不同心，将帅地位低而不能整肃军令，没有重大威信，楚国是可以打败的。如果分兵先攻打胡国、沈国与陈国，三国一定率先奔逃。三国败了，诸侯的军队就军心动摇了。诸侯混乱，楚军必定尽力奔逃。请求先头部队放松警备收敛威势，后续部队加强兵力整顿军威。"吴王听从了。戊辰晦，在鸡父交战。吴王派三千个囚犯先去攻打胡国、沈国与陈国军队。三国争抢着俘获他们。吴国组成三军跟在囚犯后面：中军由吴王率领，公子光率领右军，掩余率领左军。吴国的囚犯们有的奔逃有的站住不动，三国的军队大乱。吴军进攻他们，三国战败，擒获了胡国、沈国的国君与陈大夫。吴国释放胡、沈二国的俘虏，让他们逃到许国与蔡国、顿国的军队那儿，说："我们的国君被杀了！"吴军大声呼叫跟上去，三国的军队奔逃。楚国军队尽力奔逃。《春秋》记载说："胡子髡、沈子逞灭，获陈夏啮。"这是对君臣使用不同的措辞。没记载战争，是因为楚国没有列阵。

八月丁酉，南宫极死于地震。苌弘对刘文公说："君请努力，先君所致力的事可以成功。西周灭亡时，三川发生地震。如今西王的大臣也遇地震而死，上天抛弃他了。东王必定大获全胜。"

楚太子建的母亲在郹邑，招来吴国人，打开城门接应。冬十月甲申，吴太子诸樊进入郹邑，带了楚夫人与她的宝器回国。楚司马薳越追赶吴军，没有追上。他打算自杀，众人说："请就此攻打吴国，也许侥幸可以取胜。"薳越说："再次让国君的军队吃败仗，死有余罪。丢了君夫人，不可以不因此而死。"于是在薳水边上吊自杀了。

昭公为了叔孙婼的事去晋国，到了黄河边，生病而回来。

楚囊瓦任令尹，加固郢都的城墙。沈尹戌说："囊瓦一定会使郢灭亡。如果不能保卫，修城没有好处。古代，天子的守卫在四夷。天子的势力减弱，守卫在诸侯。诸侯的守卫在四面邻国。诸侯的势力减弱，守卫在四面边境。警惕四面边境，结交四方援兵，人民安心在田野耕种，三时的农事得到收成，人民没有内忧，又没有外惧，国家要城墙干什么？如今因为害怕吴国而加固郢都的城墙，守卫的地方已经很小了。还比不上势力减弱后的诸侯，能够不灭亡吗？往昔梁伯挖深沟护卫公宫而人民溃散。人民抛弃在上位的人，不灭亡还等什么时候？划定疆界，修治土地，建置边境堡垒，亲近人民，加强部伍间守望，对邻国讲信用，谨慎做到官员应有的职责，保持外交上的礼节，不偏差不贪婪，不懦弱不强蛮，修整自己的防卫设施，以应付意外事件，又害怕什么呢？《诗》说：'思念你的祖先，修明他们的美德。'岂不见若敖、蚡冒到武王、文王，土地不超过方圆百里，警惕四方边境，尚且不修筑郢都的城墙。如今土地有方圆几千里，却加固郢都的城墙，要想不灭亡不是很困难的吗？"

昭公二十四年

[经]

二十有四年春[1],王二月丙戌,仲孙貜卒[2]。

婼至自晋。

夏五月乙未朔,日有食之。

秋八月,大雩。

丁酉,杞伯郁釐卒。

冬,吴灭巢。

葬杞平公。

【注释】

〔1〕二十有四年:公元前518年。 〔2〕仲孙貜:即孟僖子。子何忌嗣,即孟懿子。

[传]

二十四年春,王正月辛丑,召简公、南宫嚚以甘桓公见王子朝[1]。刘子谓苌弘曰:"甘氏又往矣。"对曰:"何害?同德度义[2]。《大誓》曰:'纣有亿兆夷人[3],亦有离德[4]。余有乱臣十人[5],同心同德。'此周所以兴也。君其务德，无患无人。"戊午，王子朝入于邬[6]。

【注释】
〔1〕召简公：召庄公之子召伯盈。南宫嚚：南宫极之子。甘桓公：甘平公之子。〔2〕度：在。〔3〕夷：语助。〔4〕亦：语助。〔5〕乱臣：治乱之臣。〔6〕邬：在今河南偃师县南。

晋士弥牟逆叔孙于箕。叔孙使梁其踁待于门内[1]，曰："余左顾而咳，乃杀之。右顾而笑，乃止。"叔孙见士伯，士伯曰："寡君以为盟主之故，是以久子[2]。不腆敝邑之礼[3]，将致诸从者。使弥牟逆吾子。"叔孙受礼而归。二月，婼至自晋，尊晋也。

【注释】
〔1〕梁其踁：叔孙家臣。〔2〕久子：久留子于晋。〔3〕礼：指赠贿钱行之礼。

三月庚戌，晋侯使士景伯莅问周故[1]，士伯立于乾祭而问于介众[2]。晋人乃辞王子朝，不纳其使。

夏五月乙未朔，日有食之。梓慎曰："将水。"昭子曰："旱也。日过分而阳犹不克，克必甚，能无旱乎？阳不克莫[3]，将积聚也。"

六月壬申，王子朝之师攻瑕及杏[4]，皆溃。

【注释】
〔1〕问周故：杜注："就问子朝、敬王，知谁曲直也。"〔2〕乾祭：

王城北门。介众：大众。〔3〕莫：同"暮"，指阴气。〔4〕瑕、杏：皆周邑。

郑伯如晋[1]，子大叔相，见范献子。献子曰："若王室何？"对曰："老夫其国家不能恤，敢及王室。抑人亦有言曰：'嫠不恤其纬[2]，而忧宗周之陨，为将及焉。'今王室实蠢蠢焉[3]，吾小国惧矣。然大国之忧也，吾侪何知焉？吾子其早图之！《诗》曰：'瓶之罄矣，惟罍之耻[4]。'王室之不宁，晋之耻也。"献子惧，而与宣子图之。乃征会于诸侯，期以明年。

【注释】
〔1〕郑伯：郑定公。〔2〕纬：纬线。纬线少，织布者应担忧。〔3〕蠢蠢：骚动、动乱貌。〔4〕所引诗见《诗·小雅·蓼莪》。罍，酒坛。此以罍比晋，瓶比周。

秋八月，大雩，旱也。

冬十月癸酉，王子朝用成周之宝珪于河。甲戌，津人得诸河上。阴不佞以温人南侵[1]，拘得玉者，取其玉，将卖之，则为石。王定而献之，与之东訾。

【注释】
〔1〕阴不佞：周敬王大夫。

楚子为舟师以略吴疆[1]。沈尹戌曰："此行也，楚必亡邑。不抚民而劳之，吴不动而速之[2]，吴踵楚，而疆场无备，邑能无亡乎？"

越大夫胥犴劳王于豫章之汭[3],越公子仓归王乘舟[4],仓及寿梦帅师从王,王及圉阳而还[5]。

【注释】

〔1〕略:侵袭。 〔2〕速:使吴速出兵。 〔3〕豫章之汭:豫章水边。地在今湖北、江西一带。 〔4〕归:赠送。 〔5〕圉阳:在今安徽巢县。

吴人踵楚,而边人不备,遂灭巢及钟离而还[1]。沈尹戌曰:"亡郢之始,于此在矣。王一动而亡二姓之帅[2],几如是而不及郢?《诗》曰:'谁生厉阶,至今为梗[3]。'其王之谓乎?"

【注释】

〔1〕钟离:在今安徽凤阳县。 〔2〕二姓之帅:杜注:"守巢、钟离大夫。" 〔3〕所引诗见《诗·大雅·桑柔》。厉阶,祸端。梗,灾害。

【译文】

[经]

二十四年春,周历二月丙戌,仲孙貜去世。
叔孙婼从晋国回国。
夏五月乙未朔,发生日食。
秋八月,举行求雨的雩祭。
丁酉,杞平公郁釐去世。
冬,吴国灭亡了巢国。
安葬杞平公。

[传]

二十四年春,周历正月辛丑,召简公、南宫嚣带着甘桓公去见王子朝。刘子对苌弘说:"甘氏又去了。"苌弘回答说:"有什么危害?同德在乎合于正义。《大誓》说:'纣有亿兆人,离心离德。我有治世之臣十人,同心同德。'这就是周朝所以兴盛的原因。君还是致力于修明德行,不要忧虑没有人。"戊午,王子朝进入邬邑。

晋士弥牟到箕邑来接叔孙婼。叔孙婼令梁其踁待在门内,说:"我向左边看而咳嗽,你就把他杀了;往右看而笑,你就别动手。"叔孙婼接见士弥牟,士弥牟说:"寡君由于作为盟主的缘故,因此留你在这里很久。敝邑不丰厚的礼物,将送给你的从人。派弥牟来迎接你。"叔孙婼接受了礼物而回国。二月,婼从晋国回到鲁国。《春秋》记载时不称他族名,是尊重晋国。

三月庚戌,晋顷公派士弥牟去周朝盘问子朝、敬王哪一个理亏。士弥牟站在乾祭门上向大众询问。晋国人因此辞退王子朝,不接纳他的使者。

夏五月乙未朔,发生日食。梓慎说:"将有水灾。"昭子说:"是旱灾。太阳过了春分而阳气仍然不胜,一旦胜了,阳气一定十分猛烈,能不发生旱灾吗?阳气不胜阴气,是正在逐渐积聚。"

六月壬申,王子朝的军队攻打瑕邑与杏邑,二邑溃败。

郑定公去晋国,子太叔任相礼,拜见范献子。范献子说:"对王室该怎样办?"子太叔回答说:"我老头子对自己的国家尚且关心不过来,岂敢关心王室。不过人们也有这样的话说:'寡妇不担心纬线太少,却担心宗周的削弱,是害怕灾祸会牵连到自己。'现在王室骚乱,我们小国害怕了。然而这是大国的忧虑,我辈哪里知道呢?您还是及早考虑一下!《诗》说:'酒瓶儿空空,酒坛该觉得害臊。'王室不得安宁,是晋国的耻辱。"范献子悚惧,与韩宣子商议。于是召集诸侯举行会议,时间定在明年。

秋八月,大规模举行雩祭,是因为发生旱灾。

冬十月癸酉,王子朝用成周的宝珪祭献河神。甲戌,渡口边的人在河边得到了这宝珪。阴不佞率领温邑的人向南侵袭王子朝,拘捕了得到玉珪的人,把玉珪拿过来,打算卖了它,它变成了石头。后来王室安定后阴不佞把玉珪献给天子,天子把东訾赐给他。

楚平王组织水军以侵袭吴国边境。沈尹戌说:"这次行动,楚国一定会丢失城邑。不安抚人民而使人民疲劳，吴国按兵不动而去挑动他们快来，吴国紧迫我军之后，而边境没有防备，能不丢失城邑吗？"

越大夫胥犴在豫章的水滨慰劳楚平王，越公子仓赠送给平王座船。公子仓与寿梦率领军队跟随平王，平王到了圉阳而回兵。

吴国人紧跟着楚平王后面进攻楚国，楚国边境守军没有防备，吴国就灭亡了巢及钟离而回。沈尹戌说："郢都被灭的开端就在这里了。君王一次行动而丧失了两地的将帅，几次下来怎么会不轮到郢都？《诗》说：'谁是产生祸乱的根源，至今还在害人们。'恐怕说的就是君王吧？"

昭公二十五年

[经]

二十有五年春[1],叔孙婼如宋。

夏,叔诣会晋赵鞅、宋乐大心、卫北宫喜、郑游吉、曹人、邾人、滕人、薛人、小邾人于黄父[2]。

有鸜鹆来巢[3]。

秋七月上辛[4],大雩,季辛[5],又雩。

九月己亥,公孙于齐[6],次于阳州[7],齐侯唁公于野井[8]。

冬十月戊辰,叔孙婼卒。

十有一月己亥,宋公佐卒于曲棘[9]。

十有二月,齐侯取郓[10]。

【注释】

〔1〕二十有五年:公元前517年。 〔2〕黄父:在今山西沁水县西北。 〔3〕鸜鹆:即八哥鸟。杜注以为"此鸟穴居,不在鲁界,故曰来巢,非常,故书"。 〔4〕上辛:上旬的辛日。 〔5〕季辛:下旬的辛日。 〔6〕孙:同"逊",去位。此讳言逃奔。 〔7〕阳州:在今山东东平县北。 〔8〕齐侯:齐景公。野井:在今山东齐河县东南。 〔9〕宋公:宋元公。曲棘:在今河南兰考县东南。 〔10〕郓:在今山东沂水县北。

[传]

二十五年春，叔孙婼聘于宋。桐门右师见之[1]，语，卑宋大夫，而贱司城氏[2]。昭子告其人曰："右师其亡乎！君子贵其身而后能及人，是以有礼。今夫子卑其大夫而贱其宗，是贱其身也。能有礼乎？无礼必亡。"宋公享昭子，赋《新宫》[3]。昭子赋《车辖》[4]。

【注释】

〔1〕桐门右师：乐大心，居桐门。桐门为宋都北门。 〔2〕杜注："司城，乐氏之大宗也。卑、贱，谓其才德薄。" 〔3〕新宫：逸诗名。 〔4〕车辖：《诗·小雅》篇名，写周人思得贤女以配君子。时昭子将为季孙迎宋公女，故赋此。

明日宴，饮酒，乐。宋公使昭子右坐[1]，语相泣也。乐祁佐[2]，退而告人曰："今兹君与叔孙，其皆死乎？吾闻之，哀乐而乐哀，皆丧心也。心之精爽[3]，是谓魂魄。魂魄去之，何以能久？"

【注释】

〔1〕右坐：依宴礼，主人坐阼阶上，面向西；宾客坐西阶，面向南。二人饮酒乐，为方便谈话，故请叔孙婼移坐东阶，在宋公之右，同向西。 〔2〕乐祁：宋司城，见昭公二十二年注。 佐：为宴会佐礼。 〔3〕精爽：精明，精神。

季公若之姊为小邾夫人，生宋元夫人，生子以妻季平子。昭子如宋聘，且逆之。公若从，谓曹氏勿与[1]，鲁将逐之。曹氏告公，公告乐祁。乐祁曰："与之。如是，鲁君必出。政在季氏三世矣，鲁君丧政四公矣[2]。无民而能逞其志者，未之有也。国君是以镇抚其民。《诗》曰：'人之云亡，心之忧矣[3]。'鲁君失民矣，焉得逞其志？靖以待命犹可[4]，动必忧。"

【注释】

〔1〕曹氏：小邾君之姓。 〔2〕四公：杜注："宣、成、襄、昭。" 〔3〕所引诗见《诗·大雅·瞻卬》。人，原指贤人，乐祁在这里解为人民。 〔4〕靖：安静，安心。命：天命。

夏，会于黄父，谋王室也。赵简子令诸侯之大夫[1]，输王粟，具戍人，曰："明年将纳王。"子大叔见赵简子，简子问揖让、周旋之礼焉。对曰："是仪也，非礼也。"简子曰："敢问何谓礼？"对曰："吉也闻诸先大夫子产曰：'夫礼，天之经也，地之义也，民之行也。'天地之经，而民则实之。则天之明[2]，因地之性[3]，生其六气[4]，用其五行[5]。气为五味，发为五色，章为五声[6]，淫则昏乱，民失其性[7]。是故为礼以奉之。为六畜、五牲、三牺[8]，以奉五味。为九文、六采、五章[9]，以奉五色。为九歌、八风、七音、六律，以奉五声[10]。为君臣、上下，以则地义。为夫妇、外内，以经二物[11]。为父子、兄弟、姑姊、甥舅、昏媾、姻亚，以象天明[12]。为政事、庸力、行务，以从四时[13]。为刑罚、威狱，使民畏忌，以类其震曜杀戮[14]。为温慈、惠和，以效天之生殖长育。民有好、恶、喜、怒、哀、乐，生于六气。是故审则宜类，以制六志[15]。哀有哭泣，乐有歌舞，喜有施舍，怒有战斗。喜生于好，怒生于恶。是故审行信令[16]，祸福赏罚，以制死生。生，好物也。死，恶物也。好物，乐也。恶物，哀也。哀乐不失，乃能协于天地之性，是以长久。"简子曰："甚哉，礼之大也！"对曰："礼，上下之纪，天地之经纬也，民之所以生也，是以先王尚之[17]。故人之能自曲直以赴礼者[18]，谓之成人。大，不亦宜乎？"简子曰："鞅也请终身守此言也。"

【注释】

〔1〕赵简子：赵鞅。 〔2〕天之明：杜注谓日、月、星辰。 〔3〕地之性：高下、刚柔。 〔4〕六气：阴、阳、风、雨、晦、明。 〔5〕五行：金、木、水、火、土。 〔6〕五声：宫、商、角、徵、羽。 〔7〕杜注："滋味声色，过则伤性。" 〔8〕六畜：马、牛、羊、鸡、犬、豕。五牲：牛、羊、豕、犬、鸡。三牺：牛、羊、豕，用以祭天、地、宗庙者。凡始养为畜，将用为牲，毛羽完具曰牺。 〔9〕九文：九种文彩。指龙、山、花虫、火、宗彝（虎与长尾猴）、藻、米、黼、黻。前五种绘于衣上，后四种绘于裳上。六采：杜注："画缋之事，杂用天地四方之色。青与白、赤与黑、玄与黄皆相次，谓之六色。"五章：杜注："青与赤谓之文，赤与白谓之章，白与黑谓之黼，黑与青谓之黻，五色备谓之绣。" 〔10〕杜注："解见（昭公）十二年。" 〔11〕经：法。二物：阴阳。 〔12〕象天明：如众星拱辰极。 〔13〕杜注："在君为政，在臣为事，民功曰庸，治功曰力，行其德教，务其时要，礼之本也。" 〔14〕曜：电闪。 〔15〕六志：即好、恶、喜、怒、哀、乐。 〔16〕信令：使人信服的政令。 〔17〕尚：上，作为首要的事。 〔18〕曲直：委屈、率直。

宋乐大心曰："我不输粟，我于周为客[1]，若之何使客？"晋士伯曰："自践土以来[2]，宋何役之不会，而何盟之不同？曰同恤王室，子焉得辟之？子奉君命，以会大事,而宋背盟,无乃不可乎?"右师不敢对,受牒而退[3]。士伯告简子曰:"宋右师必亡。奉君命以使,而欲背盟以干盟主,无不祥大焉。"

【注释】
〔1〕杜注:"二王后为宾客。"指周对前朝帝王的后代待以客礼。〔2〕践土:践土之盟见僖公二十八年,晋始霸。〔3〕牒:简札。

有鸜鹆来巢,书所无也。师己曰:"异哉,吾闻文、成之世[1],童谣有之,曰:'鸜之鹆之,公出辱之。鸜鹆之羽,公在外野,往馈之马。鸜鹆跦跦[2],公在乾侯[3],征褰与襦[4]。鸜鹆之巢,远哉遥遥。裯父丧劳[5],宋父以骄[6]。鸜鹆鸜鹆,往歌来哭。'童谣有是,今鸜鹆来巢,其将及乎[7]?"

【注释】
〔1〕文、成之世:指鲁文公、宣公、成公之世。〔2〕跦跦:跳行貌。〔3〕乾侯:晋邑,在今河北成安县南。〔4〕征:求。褰:袴。襦:短衣。〔5〕裯父:昭公。丧劳:指死在外。〔6〕宋父:鲁定公。〔7〕及:及于祸。

秋,书再雩,旱甚也。
初,季公鸟娶妻于齐鲍文子[1],生甲。公鸟死,季公亥与公思展与公鸟之臣申夜姑相其室[2]。及季姒与饔人檀通[3],而惧,乃使其妾抶己[4],以示秦遄之妻[5],曰:"公若欲使余[6],余不可而抶余。"又诉于公甫[7],曰:"展与夜姑将要余[8]。"秦姬以告公之[9],公之与公甫告平子。平子拘展于卞而执夜姑[10]，将杀之。公若泣而哀之，曰："杀是，是杀余也。"将为之请。平子使竖勿内[11]，日中不得请。有司逆命，公之使速杀之。故公若怨平子。

【注释】

〔1〕季公鸟：季公亥之兄，平子庶叔父。〔2〕季公亥：即季公若。公思展：季氏族人。〔3〕季姒：公鸟之妻，鲍文子之女。饔人：管膳食的官。〔4〕妾：婢女。〔5〕秦遄：鲁大夫，其妻为公鸟的妹妹。〔6〕使：侍寝。〔7〕公甫：公甫靖穆伯，季孙纥之子。〔8〕要：要挟。此指二人逼迫自己与公若通。〔9〕秦姬：秦遄之妻。公之：名鞅。〔10〕卞：在今山东泗水县东。〔11〕竖：小吏。

季、郈之鸡斗。季氏介其鸡[1]，郈氏为之金距。平子怒，益宫于郈氏[2]，且让之。故郈昭伯亦怨平子。臧昭伯之从弟会[3]，为谗于臧氏，而逃于季氏，臧氏执旃[4]。平子怒，拘臧氏老。将禘于襄公，万者二人[5]，其众万于季氏。臧孙曰："此之谓不能庸先君之庙[6]。"大夫遂怨平子。公若献弓于公为[7]，且与之出射于外，而谋去季氏。公为告公果、公贲[8]。公果、公贲使侍人僚柤告公。公寝，将以戈击之[9]，乃走。公曰："执之。"亦无命也。惧而不出，数月不见，公不怒。又使言，公执戈以惧之，乃走。又使言，公曰："非小人之所及也。"公果自言。公以告臧孙，臧孙以难。告郈孙[10]，郈孙以可，劝。告子家懿伯[11]，懿伯曰："谗人以君侥幸，事若不克，君受其名，不可为也。舍民数世，以求克事，不可必也。且政在焉，其难图也。"公退之[12],辞曰:"臣与闻命矣,言若泄,臣不获死。"乃馆于公。

【注释】
〔1〕介:或云通"芥",谓洒芥末于鸡翅以迷对方鸡的眼睛。或云披甲。 〔2〕益:侵郈氏宫室以自益。 〔3〕臧昭伯:臧孙赐。会:臧顷伯,昭伯从父昆弟。 〔4〕旃:"之焉"的合词。 〔5〕万:万舞,用于宗庙祭祀,舞者三十六人。 〔6〕庸:酬功。 〔7〕公为:昭公子务人。〔8〕公果、公贲:均公为之弟。 〔9〕戈:指寝戈,置寝室以防万一者。〔10〕郈孙:郈昭伯。 〔11〕子家懿伯:子家羁,庄公玄孙。 〔12〕退:使去之。

叔孙昭子如阚[1],公居于长府[2]。九月戊戌,伐季氏,杀公之于门,遂入之。平子登台而请曰:"君不察臣之罪,使有司讨臣以干戈,臣请待于沂上以察罪[3]。"弗许。请囚于费[4],弗许。请以五乘亡,弗许。子家子曰:"君其许之!政自之出久矣,隐民多取食焉[5]。为之徒者众矣,日入慝作[6],弗可知也。众怒不可蓄也。蓄而弗治,将蕴。蕴畜,民将生心[7];生心,同求将合。君必悔之。"弗听。郈孙曰:"必杀之。"公使郈孙逆孟懿子[8]。叔孙氏之司马鬷戾言于其众曰:"若之何?"莫对。又曰:"我家臣也,不敢知国[9]。凡有季氏与无[10],于我孰利?"皆曰:"无季氏,是无叔孙氏也。"鬷戾曰:"然则救诸。"帅徒以往,陷西北隅以入。公徒释甲,执冰而踞[11]。遂逐之。孟氏使登西北隅[12],以望季氏。见叔孙氏之旌,以告。孟氏执郈昭伯,杀之于南门之西,遂伐公徒。子家子曰:

"诸臣伪劫君者,而负罪以出,君止。意如之事君也[13],不敢不改。"公曰:"余不忍也。"与臧孙如墓谋,遂行。己亥,公孙于齐,次于阳州。齐侯将唁公于平阴[14],公先至于野井。齐侯曰:"寡人之罪也。使有司待于平阴,为近故也。"书曰:"公孙于齐,次于阳州。齐侯唁公于野井。"礼也。将求于人,则先下之,礼之善物也。齐侯曰:"自莒疆以西,请致千社[15],以待君命。寡人将帅敝赋以从执事,唯命是听。君之忧,寡人之忧也。"公喜。子家子曰:"天禄不再,天若胙君,不过周公,以鲁足矣。失鲁,而以千社为臣,谁与之立?且齐君无信,不如早之晋。"弗从。臧昭伯率从者将盟,载书曰:"戮力壹心,好恶同之。信罪之有无[16],缱绻从公[17],无通外内。"以公命示子家子。子家子曰:"如此,吾不可以盟。羁也不佞[18],不能与二三子同心,而以为皆有罪。或欲通外内,且欲去君。二三子好亡而恶定,焉可同也?陷君于难,罪孰大焉?通外内而去君,君将速入,弗通何为?而何守焉?"乃不与盟。

【注释】

〔1〕阚:鲁邑。在今山东南旺湖中。 〔2〕长府:藏财富的府库。〔3〕沂上:沂水边。沂水出山东邹县,西流经曲阜合洙水,入于泗水。〔4〕费:季氏采邑。 〔5〕隐民:穷人。 〔6〕慝:指奸人。 〔7〕生心:生叛离公室之心。 〔8〕孟懿子:仲孙何忌。 〔9〕知:与闻,考虑。 〔10〕凡:要而言之,大概言之。 〔11〕冰:箭筒的筒盖。〔12〕使:使郈孙。 〔13〕意如:季平子。 〔14〕平阴:在今山东平阴县东北。 〔15〕千社:二万五千户人家。 〔16〕信:明。杜注:"处者

有罪，从者无罪。"〔17〕缱绻：紧附不散。〔18〕羁：子家懿伯名。

昭子自阚归，见平子。平子稽颡[1]，曰："子若我何？"昭子曰："人谁不死？子以逐君成名，子孙不忘，不亦伤乎！将若子何？"平子曰："苟使意如得改事君，所谓生死而肉骨也。"昭子从公于齐，与公言。子家子命适公馆者执之。公与昭子言于幄内，曰："将安众而纳公。"公徒将杀昭子，伏诸道。左师展告公[2]，公使昭子自铸归[3]。平子有异志[4]。冬十月辛酉，昭子齐于其寝，使祝宗祈死，戊辰，卒。左师展将以公乘马而归，公徒执之。

壬申，尹文公涉于巩[5]，焚东訾，弗克。

【注释】
〔1〕稽颡：叩首，是凶拜，平子是为了表示为赶走国君而哀戚。〔2〕展：鲁大夫。〔3〕铸：在今山东肥城县南。〔4〕杜注："不欲复纳公。"〔5〕尹文公：王子朝党。

十一月，宋元公将为公故如晋，梦大子栾即位于庙，己与平公服而相之[1]。旦，召六卿。公曰："寡人不佞，不能事父兄[2]，以为二三子忧，寡人之罪也。若以群子之灵，获保首领以没，唯是楄柎所以藉干者[3]，请无及先君。"仲幾对曰："君若以社稷之故，私降昵宴[4]，群臣弗敢知。若夫宋国之法，死生之度[5]，先君有命矣。群臣以死守之，弗敢失队[6]。臣之失职，常刑不赦。臣不忍其死，君命祗辱。"宋公遂行。己亥，卒于曲棘。

【注释】

〔1〕服：朝服。〔2〕父兄：杜注："谓华、向。"〔3〕楩椁（pián fū）：棺中垫尸体的木板。干：骸骨。〔4〕降昵宴：杜注："谓损亲近声乐饮食之事。"〔5〕度：制度。〔6〕失队：违背。

十二月庚辰，齐侯围郓。

初，臧昭伯如晋，臧会窃其宝龟偻句[1]。以卜为信与僭，僭吉。臧氏老将如晋问[2]，会请往。昭伯问家故，尽对。及内子与母弟叔孙，则不对。再三问，不对。归，及郊，会逆，问，又如初。至，次于外而察之，皆无之。执而戮之，逸，奔郈[3]。郈鲂假使为贾正焉[4]。计于季氏[5]。臧氏使五人以戈楯伏诸桐汝之间[6]。会出，逐之，反奔，执诸季氏中门之外。平子怒，曰："何故以兵入吾门？"拘臧氏老。季、臧有恶。及昭伯从公，平子立臧会。会曰："偻句不余欺也。"

【注释】

〔1〕偻句：龟所出地名。或云龟名。〔2〕问：问昭伯起居。〔3〕郈：在今山东东平县东南。〔4〕郈鲂假：郈邑大夫。贾正：管市肆平价的官。〔5〕计：送账本。〔6〕桐汝：里名。

楚子使蒍射城州屈[1]，复茄人焉[2]。城丘皇[3]，迁訾人焉。使熊相禖郭巢，季然郭卷[4]。子大叔闻之，曰："楚王将死矣，使民不安其土，民必忧。忧将及王，弗能久矣。"

【注释】

〔1〕州屈：在今安徽凤阳县西。 〔2〕茹：淮水边小邑。 〔3〕丘皇：在今河南信阳市。 〔4〕卷：在今河南叶县西南。

【译文】

[经]

二十五年春，叔孙婼去宋国。

夏，叔诣在黄父与晋赵鞅、宋乐大心、卫北宫喜、郑游吉、曹国人、邾国人、滕国人、薛国人、小邾国人相会。

有鸜鹆来我国做巢。

秋七月上辛，大规模举行雩祭，季辛，又举行雩祭。

九月己亥，昭公逊位去齐国，住在阳州，齐景公到野井去慰问他。

冬十月戊辰，叔孙婼去世。

十一月己亥，宋元公佐在曲棘去世。

十二月，齐景公占领郓邑。

[传]

二十五年春，叔孙婼去宋国聘问。桐门右师乐大心去拜访他，与他交谈，右师看不起宋国的大夫，不尊重司城氏。叔孙婼告诉他的随从说："右师恐怕要被放逐吧！君子尊重自己，然后才能尊重别人，这就是有礼。现在这位先生看不起自己国家的大夫又不尊重自己的宗族，这是不尊重自己，够得上有礼吗？没有礼必定会被赶走。"宋元公设享礼宴请叔孙婼，赋《新宫》。叔孙婼赋《车辖》。

第二天宴会，一起喝酒，很快乐。宋元公让叔孙婼移坐到自己右边，说着说着两个人哭了起来。乐祁任佐礼，退席后告诉别人说："今年国君与叔孙莫非都要死了吧？我听说，对快乐的事悲哀与对悲哀的事快乐，都是丧失心神。心的精神，就是魂魄。魂魄丧失了，怎么能活得长？"

季公若的姐姐是小邾国国君的夫人，生下宋元公夫人。宋元公夫人生了个女儿，许配给季平子。叔孙婼去宋国聘问，同时为季平子迎亲。季公若跟着叔孙婼一起到宋国，对宋元公夫人说不要答应遣嫁，鲁国正准备赶走季平子。宋元公夫人告诉元公，元公又把这事告诉了乐祁。乐祁说："让他接去。如果真是这样，鲁国国君一定会离开国家。政权在季氏家已经三代了，鲁国国君丢失政权已经四代了。没有人民拥护而能够满足愿望的人，从来没有过。国君因此才镇抚他的人民。《诗》说：'人民失去了，我心真忧伤。'鲁国国君已经丧失了人民，怎能够满足他的愿望？安心等待上天的安排还不错，有所举措必然自添麻烦。"

夏，在黄父相会，是为商议安定王室。赵简子下令诸侯的大夫们，供给周天子粮食，派兵戍守，说："明年将送天子回都。"子太叔拜见赵简子，赵简子向他询问揖让、周旋的礼。子太叔说："这是仪式，不是礼。"赵简子说："请问什么是礼？"子太叔说："我听先大夫子产说：'礼，是天的规范，地的准则，人民行动的依据。'天地的规范，而人民就效法它。效法天的明亮星体，依凭地的本性，生出天的六气，使用地的五行。气是五种味道，表现为五种颜色，显示出五种声音，过头了就会昏乱，人民失去本性。因此要通过礼来奉行。制订六畜、五牲、三牺，来奉行五味。制订九文、六采、五章，来奉行五色。制订九歌、八风、七音、六律，来奉行五声。制订君臣、上下的规矩，以效法大地的准则。制订夫妇、内外的规矩，以规范阴阳二物。制订父子、兄弟、姑姊、甥舅、翁婿、姻亲关系，以象征天象星辰。制订国家政令、农工管理、行为规范，以顺从四时。制订刑罚、牢狱，使人民害怕，以象法雷霆闪电的杀戮。制订温和慈祥、恩惠和平的政策，以效法上天的生殖发育。人民有好、恶、喜、怒、哀、乐，这些都从六气而生。因此谨慎地效法，合式地模仿，来制约六志。哀伤便有哭泣，快乐就有歌舞，高兴就有施舍，愤怒就有战斗。高兴从喜好中生出，愤怒从厌恶中生出。因此谨慎地施行令人信服的政令，用祸福赏罚，来制约死生。生，是人们喜好的事。死，是人们厌恶的事。喜好的事，带来欢乐。厌恶的事，带来悲哀。哀乐不失于礼，才能够协和天地的本性，所以能长久。"简子说："礼的弘大真是到了极点了！"子太叔回答说："礼，是上下的纲纪,天地的经纬,人民因此而据以生存,所以先王把礼作为首要大事。所以人们能够或委曲求全或率由天性以达到礼,称为成人。弘大,不是很应该的吗?"简子说:"我赵鞅请求终身奉守这些话。"

宋乐大心说:"我不供给粮食,我们是周朝的宾客,怎么可以役使宾客呢?"晋士伯说:"从践土会盟以来,宋国哪一次行动不参加,哪一次盟会不参与?盟誓说共同为王室操心,你怎么可以推辞。你奉国君的命令,来会商大事,而宋国背弃盟约,恐怕是不行的吧?"乐大心不敢顶撞,接受了简札而退出。士伯告诉赵简子说:"宋右师乐大心一定会被迫逃亡。接受国君的命令出使,却想背叛盟约侵犯盟主,没有比这更不祥的了。"

有鸜鹆来做巢,《春秋》记载,因为这是前所未有的事。师己说:"怪事啊!我听说文公、成公的时候,童谣说到这事,说:'鸜啊鹆啊,国君出外真羞恼。鸜鹆的羽毛,国君在远郊,臣子去把骏马交。鸜鹆跳啊跳,国君在乾侯,把裤子短衣来索讨。鸜鹆的故巢。距离真远遥。裯父死辛劳,宋父为此骄。鸜鹆啊鸜鹆,去时欢唱,来时把泪抛。'童谣有这么段话。如今鸜鹆来做巢,祸将降临了吧?"

秋天,《春秋》记载两次举行雩祭,是因为旱情严重。

起初,季公鸟娶齐鲍文子女为妻,生下甲。公鸟死后,季公若与公思展及公鸟的家臣申夜姑管理他的家政。后来季姒与饔人檀私通,心中害怕公若知道,就让她的婢女打伤自己,把伤痕给秦遄的妻子看,说:"公若想要我侍寝,我不同意他就打我。"又告诉公甫,说:"公思展与申夜姑要挟我。"秦遄的妻子告诉了公之,公之与公甫告诉了季平子。季平子在卞地拘禁了公思展而把申夜姑抓了起来,准备杀死他。公若流泪哀伤,说:"杀了这个人,就等于杀了我。"打算为申夜姑求情。季平子吩咐小吏不让他进门,他一直到中午都没能见到季平子。执行者到季平子这里来接受处决申夜姑的命令,公之让他们赶快行刑。因此公若怨恨平子。

季氏与郈氏斗鸡。季氏为自己的鸡披甲,郈氏为自己的鸡安上金属爪子。平子发怒,侵夺郈氏的家宅,并且责骂他。所以郈昭伯也怨恨平子。臧昭伯的从弟臧会，说臧昭伯的坏话，事发后逃到季氏家，臧昭伯从那儿把他抓回来。平子发怒，拘禁臧氏的家宰。将要在襄公庙举行禘祭，跳万舞的只有二人，其余的舞生都到季氏那儿跳万舞去了。臧昭伯说："这称做使国君不能祭祀先君以酬答先君的功劳。"大夫们由此怨恨平子。公若把弓献给公为，并与他一起出外射箭，商议去除季氏。公为告诉公果、公贲。公果、公贲派侍人僚柤秉告昭公。昭公正在睡觉，听了要用寝戈打他，僚柤逃走。昭公说："把他抓起来！"却不下达命令。僚柤害怕，躲在家里不出门，几个月不去进见昭公，昭公也不发怒。公果、公贲又派僚柤去对昭公说，昭公用戈威吓他，他就逃走。二人再次派僚柤去说，昭公说："这不是你小人物能管的事。"公果自己去说。昭公把情况告诉臧昭伯，臧昭伯认为难以成事。又告诉郈昭伯，郈昭伯认为行，怂恿昭公干。昭公告诉子家懿伯，懿伯说："奸谗小人让君王侥幸行事，事情办不成，君王蒙受恶名，不能这样干。鲁国国君已经好几代没有人民拥护了，想要成功，没有十分把握。再说政权掌握在季氏手中，恐怕难以算计他。"昭公让懿伯退出，懿伯不肯，说："臣下已听到了命令了，这话如泄漏，臣得不到好死。"于是住在公宫里。

叔孙昭子去阚地，昭公住在长府。九月戊戌，昭公攻打季氏，在大门口杀死了公之，于是攻入季氏家。季平子登上家中的平台而请求说："君王没有审查臣下的罪，就派官员用武力讨伐臣下，臣请求等待在沂水边听从君王审查罪过。"昭公不同意。季平子请求囚禁在费地，昭公不同意。季平子请求带着五辆车流亡国外，昭公还是不同意。子家懿伯说："君王不如同意他！政令由他那儿发布已经多时了，贫民靠他生活的很多，做他党徒的为数不少。太阳下山后奸人是否发起进攻，无法预料。众人的怒火不能够蓄积。蓄积了而不疏导，会越积越厚。越来越厚的怒火积在一起，人民会生叛离公室之心；生了叛心，就和有同样要求的人聚集在一起。那时，君王一定会后悔。"昭公不听从。郈昭伯说："一定要杀了季平子。"昭公派郈昭伯去接孟懿子来。叔孙氏的司马鬷戾询问他的手下人说："怎么办？"众人不吭声。鬷戾又说："我是家臣，不敢考虑国家大事。要而言之，有季氏和没季氏，什么对我们有利?"大伙儿都说:"没有季氏,就是没有叔孙氏。"鬷戾说:"那么就去救援他吧。"率领兵士前去,攻破了西北角进入季氏宅。昭公的军队脱下衣甲,拿着箭筒盖蹲着,于是鬷戾把他们赶走。孟懿子让郈昭伯登上家中的西北角高处,瞭望季氏宅。郈昭伯见到叔孙氏的旌旗,告诉了孟懿子。孟懿子把郈昭伯抓了起来,杀死在南门的西边,于是攻打昭公的军队。子家懿伯说:"臣子们假装劫持君王,蒙受罪名出逃,君王留下来。季平子事奉君王,就不敢不有所改变。"昭公说:"我无法忍受。"昭公与臧昭伯去墓地商议,于是就离开都城。己亥,昭公逊位到了齐国,住在阳州。齐景公打算到平阴去慰问昭公,昭公先到达野井。齐景公说:"这是寡人的罪过,让官吏在平阴等,是为了就近的缘故。"《春秋》记载说:"昭公逊位到了齐国,住在阳州。齐景公到野井去慰问他。"这是合乎礼的。将要有求于人,就要先行自我谦卑,这是合乎礼的好事。齐景公说:"从莒国边境往西,请奉送给您二万五千户,以听从君王的命令。寡人将率领敝国军队跟从执事,唯命是从。君王的忧患,就是寡人的忧患。"昭公很高兴。子家懿伯说:"上天不会赐给你两份福禄,上天如果保佑君王,也不会超过周公,给你鲁国已经足够了。失去了鲁国,却领受二万五千户人家作为臣子,谁还会帮助你复位?再说齐国国君没有信用,不如早些去晋国。"昭公不肯听从。臧昭伯率领跟随昭公的人将要结盟,盟书上写道:"合力同心,好恶一致。明确有罪无罪,坚决跟随国君,不要与外人交通。"以昭公的名义给子家懿伯看。子家懿伯说:"这样,我不能够参加盟誓。我没有才能,不能够与诸位同心,而认为大家都有罪。我也有可能与国内人通气,并且想要离开君王去谋划。各位喜欢流亡而厌恶安定君位,我怎么能与各位同心呢!使国君陷于危难中,还有比这更大的罪吗?交通内外而离开君王,使君王能快些回国,为什么不做呢?为什么要死守在这里?"于是没有参加盟誓。

昭子从阚地回来,去见平子。平子下拜,说:"你要我怎么办?"昭子说:"人有谁不死?你以放逐国君而成名,子孙牢记不忘,不是太伤悲了吗?能要你怎么办?"平子说:"如果能让我改过重新事奉国君,这就是让死人复生让白骨生肉啊。"昭子到齐国去见昭公,与昭公谈季平子的愿望。子家懿伯命令把凡是到昭公公馆的人都抓起来。昭公与昭子在帐幕里说话,昭子说:"将安定大众而接纳君王。"昭公的兵士们打算杀死昭子,埋伏在路旁。左师展报告昭公,昭公让昭子取道铸地回国。季平子改变了主意。冬十月辛酉,昭子在寝室中斋戒,让祝宗为他祈祷让他早些死。戊辰,昭子去世。左师展打算乘上昭公的车子回国,昭公的兵士把他抓了起来。

壬申,尹文公从巩邑渡过洛水,焚烧东訾,没能攻下来。

十一月,宋元公准备为昭公的事去晋国,梦见太子栾在宗庙中即位为君,自己与平公穿着朝服辅佐他。早晨,召见六卿。宋元公说:"寡人不才,没能事奉好父兄辈,带给各位忧患,这是寡人的罪过。如果能托各位的威灵,得以善终,那些用来盛我骸骨的棺木,希望不要超过先君的规格。"仲幾回答说:"君王如果由于国家的缘故,自己降低饮宴声色的供奉,臣子们不敢干预。至于宋国的法律,死与生的制度,先君已经作了规定了,臣子们用生命来维护它,不敢违背。臣子失职,法律是不会赦免的。臣子不能这样去死,只能不奉行君王的命令了。"宋元公于是出发。己亥,死在曲棘。

十二月庚辰,齐景公包围郓邑。

起初,臧昭伯去晋国,臧会偷了他的宝龟偻句。臧会用龟来占卜选择是讲信义还是不讲信义,结果是不讲信义吉利。臧氏的家宰将去晋国问候臧昭伯,臧会请求代替他前往。到了晋国,昭伯询问家中情况,臧会一一回答。问到妻子与同母弟叔孙,臧会不回答,再三问,臧会还是不说。臧昭伯回国,到郊外,臧会去迎接他。臧昭伯又向臧会发问,臧会还是不说。臧昭伯到了都中,住在外面查访妻子与弟弟有什么不端,发现没什么异常的事。臧昭伯把臧会抓起来要杀他,臧会逃走,跑到郈邑,郈鲂假让他担任贾正。臧会去季平子那儿送账册,臧昭伯派了五个人带着戈和楯埋伏在桐汝的门里等着。等到臧会出来,五人追上去,臧会转身奔逃,在季氏的中门外被逮住。季平子大怒,说:"为什么带着武器进我家门?"把臧氏家臣抓了起来。因此臧氏、季氏关系恶化。到臧昭伯跟随昭公出逃,平子立臧会为臧氏宗长。臧会说:

"偻句没有欺骗我。"

楚平王派薳射在州屈筑城,让茄人回去居住。在丘皇筑城,把訾地人民迁到那儿。派熊相禖在巢地筑内城,派季然在卷地筑内城。子太叔听说后,说:"楚王将死了。让人民不能安居在自己的土地上,人民一定忧患,忧患将会降临到楚王身上,他活不长了。"

昭公二十六年

[经]

二十有六年春[1],王正月,葬宋元公。

三月,公至自齐,居于郓。

夏,公围成[2]。

秋,公会齐侯、莒子、邾子、杞伯[3],盟于鄟陵[4]。

公至自会,居于郓。

九月庚申,楚子居卒[5]。

冬十月,天王入于成周[6]。

尹氏、召伯、毛伯以王子朝奔楚。

【注释】

〔1〕二十有六年:公元前516年。 〔2〕成:孟氏邑,在今山东宁阳县北。 〔3〕齐侯:齐景公。莒子:莒郊公。邾子:邾庄公。杞伯:杞悼公。 〔4〕鄟陵:不详。 〔5〕楚子居:楚平王熊居。 〔6〕天王:周敬王。

[传]

二十六年春,王正月庚申,齐侯取郓。

葬宋元公，如先君[1]，礼也。

【注释】
　　[1] 如先君：因宋元公前有不要用与平公规格相同的葬礼安葬的话，所以此特记一笔。

　　"三月，公至自齐，处于郓"，言鲁地也。夏，齐侯将纳公，命无受鲁货。申丰从女贾[1]，以币锦二两[2]，缚一如瑱，适齐师。谓子犹之人高龁[3]："能货子犹，为高氏后，粟五千庾[4]。"高龁以锦示子犹，子犹欲之。龁曰："鲁人买之，百两一布[5]，以道之不通，先入币财。"子犹受之，言于齐侯曰："群臣不尽力于鲁君者，非不能事君也。然据有异焉[6]。宋元公为鲁君如晋，卒于曲棘。叔孙昭子求纳其君，无疾而死。不知天之弃鲁耶，抑鲁君有罪于鬼神，故及此也？君若待于曲棘，使群臣从鲁君以卜焉。若可，师有济也，君而继之[7]，兹无敌矣[8]。若其无成，君无辱焉。"齐侯从之，使公子鉏帅师从公。成大夫公孙朝谓平子曰："有都以卫国也，请我受师。"许之。请纳质，弗许，曰："信女足矣。[9]"告于齐师曰："孟氏，鲁之敝室也。用成已甚，弗能忍也，请息肩于齐[10]。"齐师围成。成人伐齐师之饮马于淄者[11]，曰："将以厌众[12]。"鲁成备而后告曰："不胜众。"师及齐师战于炊鼻[13]。齐子渊捷从洩声子[14]，射之，中楯瓦[15]，繇胸汏辀[16]，匕入者三寸。声子射其马，斩鞅，殪。改驾，人以为餽饩也而助之[17]。子车曰："齐人也。"将击子车。子车射之，殪。其御曰："又之。"子车曰："众可惧也，而不可怒也。"子囊带从野洩[18]，叱之。洩曰："军无私怒，报乃私也，将亢子[19]。"又叱之，亦叱之。冉竖射陈武子[20]，中手，失弓而骂。以告平子，曰："有君子白晳，鬒须眉[21]，甚口。"平子曰："必子彊也，无乃亢诸？"对曰："谓之君子，何敢亢之？"林雍羞为颜鸣右[22]，下。苑何忌取其耳[23]。颜鸣去之。苑子之御曰："视下顾。"苑子刜林雍[24]，断其足，鉴而乘于他车以归[25]。颜鸣三入齐师，呼曰："林雍乘！"

【注释】
〔1〕申丰、女贾：皆季氏家臣。〔2〕二两：二匹。〔3〕子犹：梁丘据。〔4〕庾：二斗四升。〔5〕布：一堆。〔6〕异：奇，怪。〔7〕而：乃。〔8〕兹：则，因此。〔9〕女：同"汝"。〔10〕杜注："公孙朝诈齐师，言欲降，使来取成。"〔11〕淄：小汶河，源出山东新泰县，至泰安入大汶河，今已涸。〔12〕厌众：平服众人。意谓此举是做给众人看的，以使众人不疑察投降的计划。〔13〕炊鼻：在宁阳县境内。〔14〕子渊捷：顷公孙，字子车。洩声子：野氏，名洩，谥声子，鲁大夫。〔15〕楯瓦：盾中间高起之脊。〔16〕繇：由。胞：軥，轭下曲木。汏：激。輈：辕端曲木。〔17〕人：指鲁人。〔18〕子囊带：齐大夫。〔19〕亢：同"抗"，敌。〔20〕冉竖：季氏臣。陈武子：陈无宇之子，名开，字子彊。〔21〕鬒：黑而密。〔22〕林雍、颜鸣：皆鲁人。〔23〕苑何忌：齐大夫，见昭公二十年传。〔24〕刜：击，斫。〔25〕鉴(qīng)：一足行。

四月，单子如晋告急。五月戊午，刘人败王城之师于尸氏[1]。戊辰，王城人、刘人战于施谷[2]，刘师败绩。

【注释】
〔1〕尸氏：在今河南偃师县西。 〔2〕施谷：或谓即大谷支径，在洛阳市东。

秋，盟于鄟陵，谋纳公也。
七月己巳，刘子以王出[1]。庚午，次于渠[2]。王城人焚刘。丙子，王宿于褚氏[3]。丁丑，王次于萑谷[4]。庚辰，王入于胥靡[5]。辛巳，王次于滑[6]。晋知跞、赵鞅帅师纳王，使女宽守阙塞[7]。

【注释】
〔1〕出：从刘邑而出。 〔2〕渠：阳渠，在洛阳。 〔3〕褚氏：在洛阳市东。 〔4〕萑谷：大谷支径。 〔5〕胥靡：在偃师县东。 〔6〕滑：即今偃师县缑氏镇。 〔7〕女宽：女齐之子。阙塞：即伊阙，在今洛阳市南。

九月，楚平王卒，令尹子常欲立子西[1]，曰："大子壬弱[2]，其母非适也，王子建实聘之。子西长而好善，立长则顺，建善则治。王顺国治，可不务乎？"子西怒曰："是乱国而恶君王也[3]。国有外援[4]，不可渎也。王有适嗣，不可乱也。败亲速仇，乱嗣不祥，我受其名。赂吾以天下，吾滋不从也[5]，楚国何为？必杀令尹！"令尹惧，乃立昭王。

【注释】
〔1〕子西：平王庶子中年长者。 〔2〕壬：即位为昭王，改名轸，时

年八岁。〔3〕杜注:"言王子建聘之,是彰君王之恶。"〔4〕外援:指秦。壬母为秦女。〔5〕滋:益。

冬十月丙申,王起师于滑。辛丑,在郊[1],遂次于尸。十一月辛酉,晋师克巩。召伯盈逐王子朝[2]。王子朝及召氏之族、毛伯得、尹氏固、南宫嚚奉周之典籍以奔楚。阴忌奔莒以叛[3]。召伯逆王于尸,及刘子、单子盟。遂军圉泽[4],次于隄上[5]。癸酉,王入于成周。甲戌,盟于襄宫。晋师使成公般戍周而还[6]。十二月癸未,王入于庄宫。

【注释】
〔1〕杜注:"郊,子朝邑。"〔2〕召伯盈:即召简公。〔3〕阴忌:子朝同党。 莒:周邑,具体所在不详。〔4〕圉泽:东圉之泽,在今洛阳市东。〔5〕隄上:杜注:"周地。"〔6〕成公般:晋大夫。

王子朝使告于诸侯曰:"昔武王克殷,成王靖四方,康王息民,并建母弟,以蕃屏周。亦曰:'吾无专享文、武之功,且为后人之迷败倾覆,而溺入于难,则振救之。'至于夷王,王愆于厥身[1]。诸侯莫不并走其望,以祈王身。至于厉王,王心戾虐,万民弗忍,居王于彘[2]。诸侯释位,以间王政[3]。宣王有志[4],而后效官[5]。至于幽王,天不吊周,王昏不若[6],用愆厥位[7]。携王奸命[8],诸侯替之[9],而建王嗣,用迁郏鄏[10]。则是兄弟之能用力于王室也。至于惠王,天不靖周,生颓祸心[11],施于叔带[12],惠、襄辟难,越去王都。则有晋、郑,咸黜不端[13],以绥定王家。则是兄弟之能率先王之命也。在定王六年,秦人降妖,曰:'周其有颇王[14],亦克能修其职。诸侯服享,二世共职[15]。王室其有间王位,诸侯不图,而受其乱灾。'至于灵王,生而有颇。王甚神圣,无恶于诸侯。灵王、景王,克终其世。今王室乱,单旗、刘狄,剥乱天下,壹行不若[16]。谓先王何常之有?唯余心所命,其谁敢讨之?帅群不吊之人,以行乱于王室。侵欲无厌,规求无度,贯渎鬼神[17],慢弃刑法,倍奸齐盟[18],傲很威仪[19],矫诬先王。晋为不道,是摄是赞[20],思肆其罔极[21]。兹不穀震荡播越,窜在荆蛮,未有攸底[22]。若我一二兄弟甥舅[23],奖顺天法,无助狡猾,以从先王之命,毋速天罚,赦图不穀[24],则所愿也。敢尽布其腹心,及先王之经[25],而诸侯实深图之!昔先王之命曰:'王后无適,则择立长。年钧以德,德钧以卜。'王不立爱,公卿无私,古之制也。穆后及大子寿早夭即世,单、刘赞私立少,以间先王,亦唯伯仲叔季图之[26]。"

【注释】

〔1〕愍于厥身:身患恶疾。〔2〕霍:在今山西霍县。〔3〕间:参与。〔4〕志:知识。〔5〕效官:致天子之位于宣王。〔6〕若:顺。〔7〕愍:失。〔8〕携王:幽王死,虢公立王子余臣于携,申侯等立平王于申,时二王并立。后携王为晋文侯所杀。〔9〕替:废。〔10〕郏鄏:即今洛阳。〔11〕颓:惠王庶叔,庄公十九年作乱。〔12〕叔带:襄王弟,僖公二十四年作乱。〔13〕咸黜:皆去。〔14〕颇:口上须。〔15〕共:同"恭"。〔16〕壹:专。〔17〕贯:一贯。〔18〕倍奸:

违背触犯。〔19〕傲很:轻慢无礼。威仪:指礼仪。〔20〕摄、赞:皆佐助意。〔21〕肆:放。 罔极:无限度。〔22〕攸厎:所止。〔23〕兄弟:同姓国。甥舅:异姓国。〔24〕杜注:"赦其忧而图其难。"〔25〕先王之经:先王之命。〔26〕亦:语首助词。伯仲叔季:总谓诸侯。

闵马父闻子朝之辞,曰:"文辞以行礼也。子朝干景之命[1],远晋之大,以专其志,无礼甚矣,文辞何为?"

【注释】
〔1〕干:违背。

齐有彗星,齐侯使禳之[1]。晏子曰:"无益也,只取诬焉[2]。天道不谄[3],不贰其命,若之何禳之?且天之有彗也,以除秽也。君无秽德,又何禳焉?若德之秽,禳之何损?《诗》曰:'惟此文王,小心翼翼。昭事上帝,聿怀多福。厥德不回,以受方国[4]。'君无违德,方国将至,何患于彗?《诗》曰:'我无所监,夏后及商。用乱之故,民卒流亡[5]。'若德回乱,民将流亡,祝史之为,无能补也。"公说,乃止。

【注释】
〔1〕禳:举行消除灾祸的祭祀。〔2〕诬:欺罔。〔3〕谄:疑。〔4〕所引诗见《诗·大雅·大明》。怀,思。回,违。〔5〕所引诗为逸诗。监,鉴。

齐侯与晏子坐于路寝，公叹曰："美哉室，其谁有此乎[1]？"晏子曰："敢问何谓也？"公曰："吾以为在德。"对曰："如君之言，其陈氏乎！陈氏虽无大德，而有施于民。豆区釜钟之数，其取之公也薄，其施之民也厚。公厚敛焉，陈氏厚施焉，民归之矣。《诗》曰：'虽无德与女，式歌且舞[2]。'陈氏之施，民歌舞之矣。后世若少惰，陈氏而不亡[3]，则国其国也已。"公曰："善哉，是可若何？"对曰："唯礼可以已之[4]。在礼，家施不及国，民不迁，农不移，工贾不变，士不滥[5]，官不滔[6]，大夫不收公利[7]。"公曰："善哉，我不能矣。吾今而后知礼之可以为国也。"对曰："礼之可以为国也久矣，与天地并。君令臣共，父慈子孝，兄爱弟敬，夫和妻柔，姑慈妇听，礼也。君令而不违，臣共而不贰，父慈而教，子孝而箴，兄爱而友，弟敬而顺，夫和而义，妻柔而正，姑慈而从，妇听而婉，礼之善物也。"公曰："善哉，寡人今而后闻此礼之上也。"对曰："先王所禀于天地，以为其民也，是以先王上之。"

【注释】
〔1〕杜注："景公自知德不能久有国，故叹也。"〔2〕所引诗见《诗·小雅·车辖》。式，当。〔3〕而：如。〔4〕已：止。〔5〕滥：失职。〔6〕滔：慢。〔7〕杜注："不作福。"

【译文】
[经]
二十六年春，周历正月，安葬宋元公。

三月，昭公从齐国回来，住在郓邑。

夏，昭公包围成邑。

秋，昭公与齐景公、莒郊公、邾庄公、杞悼公相会，在鄟陵结盟。

昭公从盟会回来，住在郓邑。

九月庚申，楚平王居去世。

冬十月，周敬王进入成周。

尹氏、召伯、毛伯奉王子朝逃到楚国。

[传]

二十六年春，周历正月庚申，齐景公占领郓邑。

安葬宋元公，规格与先君相同，这是合乎礼的。

"三月，昭公从齐国回来，住在郓邑"，这是强调鲁地。夏，齐景公打算送昭公回都城，命令部下不得接受鲁国的礼物。申丰跟着女贾，用两匹锦为礼物，捆扎成璜的形状，到齐军中去。对梁丘据的家臣高龁说："能收买梁丘据，我们设法让你做高氏继承人，送给你五千庾粮食。"高龁把锦拿给梁丘据看，梁丘据想要它。高龁说："这是鲁国人买的，一堆共一百匹。因为道路不通，先用这做为礼物的样品。"梁丘据收下了锦，对齐景公说："臣下们不肯为鲁国国君尽力，不是不愿意奉行君王的命令。不过我也感到奇怪。宋元公为了鲁国国君去晋国，死在曲棘。叔孙昭子谋求让他的国君复位，无病而死。不知道是上天抛弃鲁国，还是鲁国国君得罪了鬼神，所以到了这个地步呢？君王不如等在曲棘，让臣下们跟随鲁国国君去试探一下。如果行，军队获得胜利，君王于是继续前进，就没有人抵抗了。如果不能取胜，就不用劳动君王的大驾了。"齐景公听从了他的话，派公子鉏领兵跟随昭公。成邑大夫公孙朝对季平子说："设立都邑，是为了保卫国家的，请让我抵御敌军。"季平子答应了。公孙朝请求送上人质，平子不同意，说："信任你足够了。"公孙朝告诉齐军说："孟氏，是鲁国弱小的宗族。使用成邑的人力物力太过分了，我们难以忍受，请求服降齐国获得休息。"齐军包围成邑。成邑人攻打在淄水饮马的齐军，解释说："这是做给众人看的。"鲁国完缮了防备后，公孙朝告诉齐军说："我们无法说服众人。"鲁军与齐军在炊鼻交战。齐子渊捷与洩声子对阵，用箭射他，射中盾瓦，箭从銁木穿过车辕，箭头钉入盾牌三寸。声子射子渊捷的马，射断了车靷，把马射死。子渊捷换乘别的战车，鲁国人以为他是豰戾，就帮助他。子渊捷说："我是齐国人。"鲁国人要攻打他，子渊捷把鲁国人射死。他的御者说："再射。"子渊捷说："对待大众可以使他们畏惧，但不能激怒他们。"子囊带与洩声子相遇，子囊带叱骂他。声子说："战斗时没有个人间的愤怒，我回骂就是为了个人了，我要与你对抗。"子囊带又叱骂声子，声子也回骂。冉竖射陈武子，射中他的手，陈武子的弓掉了，破口大骂。冉竖把这事告诉平子，说："有个君子，白皮肤，胡子眉毛又黑又密，很会骂人。"平子说："一定是陈武子，你没与他交战吗？"冉竖说："称他为君子，怎么敢与他交战？"林雍耻于做颜鸣的车右，跳下了战车。苑何忌抓住林雍，割了他的耳朵。颜鸣驾车走了。苑何忌的御者说："当心下面！"苑何忌砍林雍，砍断了他的脚，林雍用一只脚跳着走，搭上了别人的战车回来。颜鸣三次冲进齐军，大叫："林雍来坐车！"

　　四月，单子去晋国告急。五月戊午，刘邑的军队在尸氏打败王城的军队。戊辰，王城的军队与刘邑的军队在施谷交战，刘邑的军队大败。

　　秋，齐景公等在鄟陵结盟，商议送昭公回都事。

　　七月己巳，刘子奉周敬王逃离刘邑。庚午，住在渠地。王城的军队烧毁了刘邑。丙子，周敬王住在褚氏。丁丑，敬王住在萑谷。庚辰，敬王进入胥靡。辛巳，敬王住在滑邑。晋知跞、赵鞅率领军队帮助敬王回都，派女宽戍守阙塞。

　　九月，楚平王去世，令尹子常想立子西为国君，说："太子壬年幼，他的母亲不是嫡配，而是王子建所聘的。子西年长而好善，立年长的顺合道理，立善良的人国家就能治好。君王顺理国家能治好，能不这样干吗？"子西发怒说："这是使国家混乱而张扬君王的恶迹。国家有外援，不能亵渎。君王有嫡子，不可以混乱。败坏亲情，召引仇敌，混乱嗣位次序，这是不吉利的事，我会蒙受这恶名。即使用天下来贿赂我，我也不会这样做，楚国又算得什么？一定要杀死令尹！"子常害怕，就立了昭王。

　　冬十月丙申，周敬王从滑地起兵出发。辛丑，到达郊邑，又进驻尸邑。十一月辛酉，晋军攻克巩邑。召伯盈驱逐王子朝。王子朝与召氏的族人、毛伯得、尹氏固、南宫嚚带着周朝的典籍逃往楚国。阴忌逃到莒邑叛变。召伯去尸地迎接敬王，与刘子、单子设盟。于是驻扎在圉泽，推进到隄上。癸酉，敬王进入成周。甲戌，在襄王庙设盟。晋军派成公般戍守周地而回兵。十二月癸未，敬王进入庄宫。

　　王子朝派人禀告诸侯说："往昔武王战胜商朝，成王安定四方，康王让人民休息，一起分封母弟，以作周朝的屏障。还说：'我不能单独安享文王、武王的功业，同时为了后人荒淫败乱而使国家陷入危难时，有人来救援他。'到了夷王，王恶疾缠身。诸侯全都奔走祭祀境内的名山大川，为王祈祷。到了厉王，他的内心乖戾暴虐，百姓们不堪忍受，让他住到彘地。诸侯各自离开他们的君位，来参与周王的政事。宣王长大后富有知识，诸侯就把天子的权位给他。到了幽王，上天不保佑周朝，幽王昏乱不顺，因此而失去王位。携王违背天命，诸侯把他废了，而拥立王位继承人，因此迁都郏鄏。这就是由于兄弟们能够为王室效力啊。到了惠王，上天不保佑周朝，生下颓包藏祸心，又有叔带擎颓的样，惠王、襄王出逃避难，离开了国都。这时候就有晋国、郑国，把这些作乱的人全都消灭，以平定王室。这就是由于兄弟能够奉行先王的命令。在定王六年，秦国人中降下妖孽，说：'周朝会有个生来长胡子的天子，能够修明自己的职责。诸侯顺服而享有国家，两代恭敬地守着自己的职位。王室中有人动王位的脑筋，诸侯不为王室出谋出力，受到动乱与灾祸。'到了灵王，生下就有胡子。灵王十分神敏圣明，对诸侯没有得罪。灵王、景王，都能平安度过。现在王室混乱，单旗、刘狄，搅乱天下，专权不顺。认为先王登基哪来什么常规？只要我心中要立谁就立谁，什么人会敢声讨我？率领一批坏人，在王室中制造混乱。他们侵吞没有满足，贪求没有限度，一贯亵渎鬼神，轻视抛弃刑法，违背触犯盟约，轻慢蔑视礼仪，诬蔑先王。晋国无道，对他们支持赞助，想要放纵他们永不满足的欲望。现在鄑人动荡流亡，逃窜在荆蛮，不知哪里是归宿。如果我的一二位兄弟甥舅能顺从上天的法度，不去帮助不法之徒，以服从先王的命令，不要招致上天的惩罚，除去鄙人的忧患而为鄙人图谋，这是我所希望的。谨此完全披露我心中所想，宣扬先王的命令，希望诸侯认真地考虑一下！往昔先王的命令说：'王后没有嫡子，就立庶子中年长的。年龄相同的便衡量他的德行，德行相仿就通过占卜来选定。'天子不立自己偏爱的人，公卿没有私心，这是古代的制度。穆后与太子寿早年去世，单子、刘子偏私立年少的为君，以违反先王的制度，请诸侯们好好想一想。"

闵马父听说了王子朝的这通话，说："文辞是用来实行礼的。子朝违背了景王的命令，疏远晋国这个大国，专心想做天子，无礼到了极点，文辞又有什么作用？"

齐国出现彗星，齐景公派人祭祀消除灾祸。晏子说："没有什么好处，只能招致欺罔。天道不能怀疑，不能改变它的命令，为什么要去祭祷？再说天上出现彗星，是为了扫除污秽。君王没有污秽的德行，又何必去祭祷？如果德行污秽，祭祷了又怎会减少？《诗》说：'就是这位周文王，小心翼翼真善良。光明正大奉上帝，求取福禄无限量。他的德行顺天命，各国归附民所望。'君王没有违背上天的恶德，各国将来归附，怕什么彗星？《诗》说：'对我没有要借鉴，要有就是夏后商。由于政事多混乱，人民最终全流亡。'如果德行违背上天而混乱，人民将会流亡，祝史的祷告，是不能补救的。"齐景公认为他说得好，就停止了祭祷。

齐景公与晏子在路寝中坐着。景公感叹说："多美丽的屋子啊，谁将会据有它呢？"晏子说："请问君王怎么认为呢？"景公说："我认为将落在有德行的人手中。"晏子说："照君王所说，恐怕是陈氏了！陈氏虽然没有大的德行，但对人民有施予。豆、区、釜、钟的容量，他从公田中征收时用小的，向人民施舍时用大的。公室征收多，陈氏施舍多，人民归心于他了。《诗》说：'虽然没有美德来给你，也应唱歌又跳舞。'陈氏的施舍，人民已经为之歌舞了。您的后代如果稍微懈怠，陈氏如果不灭亡，那么国家就成了他的国家了。"景公说："说得好，这样该怎么办？"晏子回答说："只有礼可以阻止这发生。依礼，家族的施舍不能扩充到国内，人民不迁移，农民不搬迁，工匠商人不改行，士不失职，官不怠慢，大夫不谋取公家的利益。"景公说："说得好，我不能做到了。我从现在开始才知道礼可以用来治理国家了。"晏子回答说："礼可以用来治理国家由来很久了，和天地并行。君王发令，臣下恭从，父亲慈爱，儿子孝顺，哥哥仁爱，弟弟恭敬，丈夫和顺，妻子温柔，婆婆仁慈，媳妇顺从，这就是礼。君王的命令没有错失，臣下恭从而不违背，父亲慈爱而施教育，儿子孝顺而多规劝，哥哥仁爱而友善，弟弟恭敬而顺服，丈夫和顺而正义，妻子温柔而正派，婆婆仁慈而不固执，媳妇顺从而婉曲，这是礼中的好现象。"景公说："说得好，寡人从现在开始才听到了礼应当加以崇尚了。"晏子回答说："先王从天地那儿禀受了礼，用以治理他的人民，所以先王崇尚礼。"

春秋左传卷二十六　昭公七

昭公二十七年

[经]

二十有七年春[1]，公如齐。

公至自齐，居于郓。

夏四月，吴弑其君僚。

楚杀其大夫郤宛。

秋，晋士鞅、宋乐祁犁、卫北宫喜、曹人、邾人、滕人会于扈[2]。

冬十月，曹伯午卒。

邾快来奔[3]。

公如齐。

公至自齐，居于郓。

【注释】

〔1〕二十有七年：公元前515年。　〔2〕扈：郑邑，在今河南原阳县西。　〔3〕邾快：邾大夫名快。

[传]

二十七年春，公如齐。公至自齐，处于郓，言在外也。

　　吴子欲因楚丧而伐之，使公子掩余、公子烛庸帅师围潜[1]。使延州来季子聘于上国[2]，遂聘于晋，以观诸侯。楚莠尹然、工尹麇帅师救潜[3]。左司马沈尹戍帅都君子与王马之属以济师[4]，与吴师遇于穷[5]。令尹子常以舟师及沙汭而还[6]。左尹郤宛、工尹寿帅师至于潜，吴师不能退。

【注释】

　　[1]潜：在今安徽霍山县东北。 [2]延州来季子：季札。本封延陵，复封州来。上国：中原各国。 [3]工尹：或当作"王尹"，否则与下工尹寿重。 [4]都君子：都邑私卒组成的亲兵。王马之属：王室的管马官及其部属。济师：增援。 [5]穷：在今安徽霍丘县南。 [6]沙汭：沙水边，在今安徽怀远县东北。

　　吴公子光曰："此时也，弗可失也。"告鱄设诸曰："上国有言曰，不索何获？我，王嗣也，吾欲求之。事若克，季子虽至，不吾废也。"鱄设诸曰："王可弑也。母老子弱，是无若我何？"光曰："我，尔身也。"夏四月，光伏甲于堀室而享王[1]。王使甲坐于道，及其门。门阶户席，皆王亲也，夹之以铍[2]。羞者献体改服于门外[3]。执羞者坐行而入[4]，执铍者夹承之，及体以相授也。光伪足疾，入于堀室。鱄设诸置剑于鱼中以进。抽剑刺王，铍交于胸，遂弑王。阖庐以其子为卿[5]。

【注释】

　　[1]堀室：同"窟室"，地下室。 [2]铍(pī)：剑类，形如刀而两

边有刃。〔3〕羞者：进食的人。〔4〕坐行：膝行。〔5〕阖庐：即公子光。

季子至，曰："苟先君无废祀，民人无废主，社稷有奉，国家无倾，乃吾君也。吾谁敢怨？哀死事生，以待天命。非我生乱，立者从之，先人之道也。"复命哭墓[1]，复位而待。吴公子掩余奔徐，公子烛庸奔钟吾[2]。楚师闻吴乱而还。

【注释】
　〔1〕复命：复使命于僚墓。　〔2〕钟吾：小国，在今江苏宿迁县东北。

郤宛直而和，国人说之。鄢将师为右领，与费无极比而恶之[1]。令尹子常贿而信谗。无极谮郤宛焉，谓子常曰："子恶欲饮子酒[2]。"又谓子恶："令尹欲饮酒于子氏。"子恶曰："我，贱人也，不足以辱令尹。令尹将必来辱，为惠已甚，吾无以酬之，若何？"无极曰："令尹好甲兵，子出之，吾择焉。"取五甲五兵，曰："置诸门，令尹至，必观之，而从以酬之。"及飨日，帷诸门左。无极谓令尹曰："吾几祸子。子恶将为子不利，甲在门矣，子必无往。且此役也[3]，吴可以得志，子恶取赂焉而还，又误群帅，使退其师，曰：'乘乱不祥。'吴乘我丧，我乘其乱，不亦可乎？"令尹使视郤氏，则有甲焉，不往，召鄢将师而告之。将师退，遂令攻郤氏，且爇之。子恶闻之，遂自杀也。国人弗爇。令曰："不爇郤氏，与之同罪。"或取一编菅焉[4]，或取一秉秆焉[5]，国人投之，遂弗爇也。令尹炮之[6]，尽灭郤氏之族党，杀阳令终与其弟完及佗[7]，与晋陈及其子弟[8]。晋陈之族呼于国曰："鄢氏、费氏自以为王[9]，专祸楚国，弱寡王室，蒙王与令尹以自利也[10]。令尹尽信之矣，国将如何？"令尹病之。

【注释】
〔1〕比：互相勾结。〔2〕子恶：郤宛。〔3〕此役：指春天救潜之役。〔4〕编菅：盖屋的茅草。〔5〕一秉秆：一把稻草。〔6〕炮：烧。〔7〕阳令终：阳匄子。〔8〕晋陈：楚大夫，与阳令终均与郤氏交好。〔9〕自以为王：以王自居。〔10〕蒙：欺骗。

秋，会于扈，令成周，且谋纳公也。宋、卫皆利纳公，固请之。范献子取货于季孙，谓司城子梁与北宫贞子曰[1]："季孙未知其罪，而君伐之，请囚，请亡，于是乎不获。君又弗克，而自出也。夫岂无备而能出君乎？季氏之复，天救之也。休公徒之怒[2]，而启叔孙氏之心。不然，岂其伐人而说甲执冰以游？叔孙氏惧祸之滥[3]，而自同于季氏，天之道也。鲁君守齐[4]，三年而无成。季氏甚得其民，淮夷与之，有十年之备，有齐、楚之援，有天之赞，有民之助，有坚守之心，有列国之权，而弗敢宣也[5]，事君如在国。故鞅以为难。二子皆图国者也，而欲纳鲁君，鞅之愿也。请从二子以围鲁，无成，死之。"二子惧，皆辞。乃辞小国，而以难复。

【注释】

〔1〕司城子梁：宋乐祁。北宫贞子：卫北宫喜。　〔2〕休：息。〔3〕滥：泛滥而波及。　〔4〕守：求。　〔5〕宣：宣扬，公开。谓自我为尊，不自立或立新君。

　　孟懿子、阳虎伐郓[1]。郓人将战。子家子曰："天命不慆久矣[2]。使君亡者，必此众也。天既祸之，而自福也，不亦难乎？犹有鬼神，此必败也。乌呼！为无望也夫，其死于此乎！"公使子家子如晋，公徒败于且知[3]。

【注释】

〔1〕阳虎：即阳货，季氏家臣。　〔2〕慆：同"谄"，疑。　〔3〕且知：近郓邑。

　　楚郤宛之难，国言未已，进胙者莫不谤令尹[1]。沈尹戌言于子常曰："夫左尹与中厩尹莫知其罪[2]，而子杀之，以兴谤讟，至于今不已。戌也惑之。仁者杀人以掩谤，犹弗为也。今吾子杀人以兴谤，而弗图，不亦异乎？夫无极，楚之谗人也，民莫不知，去朝吴，出蔡侯朱，丧大子建，杀连尹奢，屏王之耳目，使不聪明。不然，平王之温惠共俭，有过成、庄，无不及焉。所以不获诸侯，迩无极也[3]。今又杀三不辜，以兴大谤，几及子矣。子而不图，将焉用之？夫鄢将师矫子之命，以灭三族，国之良也，而不愆位[4]。吴新有君，疆埸日骇，楚国若有大事，子其危哉！知者除谗以自安也，今子爱谗以自危也，甚矣其惑也！"子常曰："是瓦之罪，敢不良图。"九月己未，子常杀费无极与鄢将师，尽灭其族，以说于国，谤言乃止。

【注释】
〔1〕进胙者：凡诸侯祭祀，赐胙肉与大夫，大夫祭祀，进胙肉与国君。此进胙者即代指大夫们。〔2〕左尹：郤宛。中厩尹：阳令终。莫：无人。〔3〕迩：亲近。〔4〕愆位：杜注："在位无愆过。"

冬，公如齐，齐侯请飨之[1]。子家子曰："朝夕立于其朝，又何飨焉？其饮酒也。"乃饮酒，使宰献[2]，而请安[3]。子仲之子曰重[4]，为齐侯夫人，曰："请使重见。"子家子乃以君出[5]。

十二月，晋籍秦致诸侯之戍于周[6]，鲁人辞以难。

【注释】
〔1〕飨：同"享"。〔2〕使宰献：依礼，诸侯宴饮，身份相等，则自献，即酌酒饮客。如请臣下宴饮，则使宰献。齐景公在这里是把鲁昭公当齐臣对待。〔3〕请安：请昭公安席，自己退出。〔4〕子仲：鲁公子慭。〔5〕杜注："辟齐夫人。"〔6〕籍秦：籍谈之子。

【译文】

[经]
二十七年春，昭公去齐国。
昭公从齐国回来，住在郓邑。
夏四月，吴国杀死他们的国君僚。
楚国杀死他们的大夫郤宛。
秋，晋士鞅、宋乐祁犁、卫北宫喜、曹国人、邾国人、滕国人在扈地相会。

冬十月，曹悼公午去世。
邾快逃来我国。
昭公去齐国。
昭公从齐国回来，住在郓邑。

[传]
二十七年春，昭公去齐国。昭公从齐国回来，住在郓邑，是说他不在都城。

吴王想趁楚国有丧事之机攻打他们，派公子掩余、公子烛庸率领军队包围潜邑。派延州来季子去中原各国聘问，于是去晋国聘问，以观察诸侯的动静。楚莠尹然、工尹麇率领军队救援潜邑。左司马沈尹戌率领都邑私卒组成的亲兵及王马部属去增援，与吴军在穷地相遇。令尹子常率领水军到达了沙汭后便回兵。左尹郤宛、工尹寿率领军队到达潜邑，吴军被阻无法退却。

吴公子光说："机会来了，不能放过。"就对鱄设诸说："中原国家有这样一句话：不去寻求，怎有收获？我是国君的继承人，我想要谋求王位。事情如果成功，季子虽然回国，也不会废除我。"鱄设诸说："杀王不成问题，只是我母老儿幼，我死了他们怎么办？"公子光说："我，就是你。"夏四月，公子光在家中地下室埋伏好甲士，设享礼宴请吴王。吴王派甲士遍布道路两边，从宫中直到公子光家门。大门、台阶、内室门、酒席边，都安置了吴王的亲兵，两边又站满了持铍的军士。上菜的人要在门外脱光衣服换上另外衣服，用膝盖行走入内，左右甲士用铍夹着他，几乎顶着身体，这样才把菜献上酒席。公子光过了会假装脚痛发作，躲进了地下室。鱄设诸把剑藏在鱼肚子里端上去，突然从鱼中抽剑刺中吴王，自己也被甲士的铍同时交叉刺中胸部，于是杀死了吴王。公子光即位后任命鱄设诸的儿子为卿。

季子回国，说："如果先君的宗祀没有被废除，人民没有失掉君主，社稷之神有人供奉，国家没有被倾覆，他就是我的君王。我敢怨恨谁呢？哀悼死者，事奉生者，以等待天命。祸乱不是由我产生，谁做国君我就服从谁，这是祖先的常规。"于是到吴王僚的墓前汇报出使情况，大哭了一场，便继续履行自己的职责，等待新君的命令。吴公子掩余逃往徐国,公子烛庸逃往钟吾。楚军听说吴国内乱便撤回了。

　　郤宛为人正直而温和,国人很喜欢他。鄢将师任右领,与费无极朋比为奸而憎恶郤宛。令尹子常贪财而又轻信谗言。费无极就想法诬陷郤宛。他对子常说:"郤宛想请您喝酒。"又对郤宛说:"令尹想到你家来喝酒。"郤宛说:"我地位低下,哪里有面子屈尊令尹前来。令尹如果一定要屈尊下顾,对我的恩惠实在太大,我没什么可以酬报他,怎么办?"费无极说:"令尹喜欢皮甲与兵器,你拿出来,我来挑选。"选了五副皮甲与五件兵器,说:"放在门口,令尹来了一定会观看,你就乘机送给他。"到了请客那天,郤宛把皮甲与兵器放在门的左边,用帷幕遮住。费无极对子常说:"我差点儿害了你。郤宛打算对你发难,皮甲已经放在门口了,你一定不要去。再说今春的那次战役,吴兵本来可以战胜,郤宛收取了吴国的贿赂而撤回,又煽动其他将帅,说:'乘别人国家有内乱而攻打他们,不吉利。'吴国乘我国有丧事而来进攻,我们乘他们国内动乱而攻打,不是很正常的吗?"子常派人去郤宛家侦察,果然见到皮甲,子常因此没去,召见鄢将师,把这事告诉他。鄢将师退出去后,就下令攻打郤氏,并命令放火烧宅。郤宛听说了,就自杀了。国人不肯放火,鄢将师下令说:"不放火烧郤氏家的,与郤氏同罪。"有的人拿来了些盖屋的茅草,有的人拿来了一把稻草,国人把这些东西扔掉,因此没有烧起来。子常派人烧了郤氏家,把郤氏的同族同党全都消灭,杀死了阳令终与他的弟弟完与佗,以及晋陈与他的子弟们。晋陈的族人在都城中大声喊叫说:"鄢氏、费氏以君王自居,专权而祸害楚国,削弱孤立王室,蒙骗楚王与令尹来为自己谋利,令尹已完全信任他们了,国家将怎么办?"子常听了十分担心。

　　秋,诸侯在扈地相会,下令戍守成周,同时商议让昭公回都复位。宋、卫都认为送昭公复位对自己有利,坚持请求这样做。范献子得到了季孙氏的贿赂,对宋乐祁与卫北宫喜说:"季孙氏不知道自己有什么罪过,而国君攻打他,他请求囚禁,请求流亡,当时都没被允许。国君又没能取得胜利,而自己出走了。难道自己没有准备却能赶走国君吗?季氏恢复原位,是上天救了他。平息了昭公士兵的怒火,启发了叔孙氏的心意,才会如此。不然的话,难道那些人攻打别人反而脱下皮甲手拿箭筒在那儿游荡?叔孙氏害怕祸患会波及到他们,因而自愿站在季氏一边,这是上天的意志。鲁国国君请求齐国帮助,三年没有成功。季氏得到百姓的充分拥护,淮夷服从于他,已做好了打十年仗的准备,有齐国、楚国的支援,有上天的赞助,有人民的帮助,有坚守的信心,有等同于诸侯的权势,却没有把事态扩展开来,事奉国君如同他在都城一样。所以我认为这事很难办。二位都是为国家打算的人,而想把鲁国国君送回去,也是我的愿望。请求跟从二位去包围鲁国都城,如果不成功,就死在那儿。"乐祁与北宫喜心中害怕,都辞谢了。于是就辞退了小国,而以事情难办答复昭公。

孟懿子、阳虎攻打郓邑。郓邑人准备出战。子家子说:"天命不可怀疑已经很久了。使国君逃亡的,一定就是这批人。上天已经降祸给国君,却想自己求福,不是太难了吗?如果有鬼神,这一战必败无疑。天哪!没有希望了吧,也许要死在这里了吧!"昭公派子家子去晋国,昭公的军队在且知打了败仗。

楚郤宛遭难,国内议论不止,凡有资格向国君进献胙肉的人没有一个不指责令尹子常的。沈尹戌对子常说:"左尹与中厩尹没有人知道他们的罪过,而您把他们杀了,招致指责,一直到现在还没平息。我心中很疑惑。仁慈的人为了掩盖平息指责而需要杀人,他尚且不肯做。如今您杀人以招致指责,却不认真考虑,这不是怪事吗?费无极,是楚国谄佞小人,人民没有不知道的,他除掉朝吴,赶走蔡侯朱,丧失太子建,杀害连尹伍奢,蒙蔽君王的耳目,使君王听不见看不到。不然的话,以平王的仁和慈善、恭敬克俭,超过了成王、庄王,而没有比不上他们的,平王之所以没能得到诸侯的拥护,就是太亲近费无极的缘故。如今又杀死了三位无辜的人,挑起人民极大的不满,几乎要拖累您了。您如果不认真考虑,准备怎样应付?鄢将师假传您的命令,灭亡了三族,这三族是国家的良材,也没有失职犯错。吴国新近立了国君,疆界上一天比一天紧张,楚国如果发生战争,您也许就危险了!聪明人去除奸邪小人以使自己安全,现在您却喜爱奸邪小人使自己危险,您的昏愦糊涂也太厉害了!"子常说:"这是我的罪过,岂敢不好好计划一下。"九月己未，子常杀死费无极与鄢将师，把他们的宗族全都灭了，以取悦于国人，指责的言论这才平息了。

冬，昭公去齐国，齐景公打算设享礼招待他。子家子说："每天早晚都站在齐国的朝廷上，还用得着设享礼吗？还不如就喝酒吧。"于是喝酒，齐景公让宰臣给昭公献酒，让昭公自饮，自己退席走了。子仲的女儿重，为齐景公夫人，齐景公说："请让重出来见你。"子家子就带着昭公避席退出。

十二月，晋籍秦把诸侯戍守周朝的军队送往成周，鲁国人托言国中有难推辞派兵。

昭公二十八年

[经]
二十有八年春[1],王三月,葬曹悼公。
公如晋,次于乾侯[2]。
夏四月丙戌,郑伯宁卒。
六月,葬郑定公。
秋七月癸巳,滕子宁卒。
冬,葬滕悼公。

【注释】
〔1〕二十有八年:公元前514年。 〔2〕乾侯:在今河北成安县东南。

[传]
二十八年春,公如晋,将如乾侯。子家子曰:"有求于人,而即其安[1],人孰矜之?其造于竟[2]。"弗听。使请逆于晋。晋人曰:"天祸鲁国,君淹恤在外。君亦不使一个辱在寡人[3],而即安于甥舅[4],其亦使逆君?"使公复于竟而后逆之[5]。

【注释】

〔1〕即其安：心安理得地进入晋国。〔2〕造：适，往。竟：同"境"。〔3〕一个：一个人，指使者。在：存问。〔4〕甥舅：指齐国。〔5〕竟：指鲁境。

晋祁胜与邬臧通室[1]。祁盈将执之，访于司马叔游[2]。叔游曰："《郑书》有之：'恶直丑正，实蕃有徒[3]。'无道立矣，子惧不免。《诗》曰：'民之多辟，无自立辟[4]。'姑已，若何？"盈曰："祁氏私有讨，国何有焉。"遂执之。祁胜赂荀跞，荀跞为之言于晋侯。晋侯执祁盈。祁盈之臣曰："钧将皆死，慭使吾君闻胜与臧之死也以为快[5]。"乃杀之。夏六月，晋杀祁盈及杨食我[6]。食我，祁盈之党也，而助乱，故杀之。遂灭祁氏、羊舌氏。

【注释】

〔1〕祁胜、邬臧：均祁盈家臣。通室：易妻而淫。〔2〕叔游：司马叔侯之子。〔3〕蕃：多。徒：同党。〔4〕所引诗见《诗·大雅·板》。辟，邪僻。〔5〕慭：宁。〔6〕杨食我：羊舌氏，食邑于杨，故以杨称。叔向之子，字伯石。

初，叔向欲娶于申公巫臣氏，其母欲娶其党。叔向曰："吾母多而庶鲜，吾惩舅氏矣[1]。"其母曰："子灵之妻杀三夫、一君、一子[2]，而亡一国、两卿矣[3]，可无惩乎？吾闻之，甚美必有甚恶。是郑穆少妃姚子之子，子貉之妹也[4]。子貉早死，无后，而天钟美于是，将必以是大有败也。昔有仍氏生女，黰黑而甚美[5]，光可以鉴，名曰玄妻。乐正后夔取之，生伯封，实有豕心，贪惏无餍[6]，忿颣无期[7]，谓之封豕[8]。有穷后羿灭之，夔是以不祀。且三代之亡、共子之废[9]，皆是物也。女何以为哉？夫有尤物[10]，足以移人。苟非德义，则必有祸。"叔向惧，不敢取。平公强使取之，生伯石。伯石始生，子容之母走谒诸姑[11]，曰："长叔姒生男[12]。"姑视之，及堂，闻其声而还，曰："是豺狼之声也。狼子野心，非是，莫丧羊舌氏矣。"遂弗视。

【注释】

〔1〕惩：惩戒。〔2〕子灵：巫臣。三夫：初嫁子蛮，继嫁夏御叔，又嫁连尹襄老。〔3〕一国：陈国。两卿：孔宁、仪行父。〔4〕子貉：郑灵公夷。〔5〕颙黑：发黑而密。〔6〕贪惏：即"贪婪"。〔7〕忿颣：急躁乖戾。〔8〕封豕：大猪。〔9〕三代之亡：谓夏桀宠末喜，殷纣宠妲己，周幽宠褒姒。共子：即太子申生，以晋献公宠骊姬而废。〔10〕尤物：特别漂亮的女人。〔11〕子容母：叔向嫂，伯华之妻。姑：叔向母。〔12〕长叔姒：大弟妇。

秋，晋韩宣子卒[1]，魏献子为政[2]。分祁氏之田以为七县，分羊舌氏之田以为三县。司马弥牟为邬大夫[3]，贾辛为祁大夫[4]，司马乌为平陵大夫[5]，魏戊为梗阳大夫[6]，知徐吾为涂水大夫[7]，韩固为马首大夫[8]，孟丙为盂大夫[9]，乐霄为铜鞮大夫[10]，赵朝为平阳大夫[11]，僚安为杨氏大夫[12]。谓贾辛、司马乌为有力于王室[13]，故举之。谓知徐吾、赵朝、韩固、魏戊，馀子之不失职[14]，能守业者也。其四人者[15]，皆受县而后见于魏子，以贤举也。

【注释】

〔1〕韩宣子：韩起。 〔2〕魏献子：魏舒。 〔3〕邬：在今山西介休县东北。 〔4〕祁：在今山西祁县东南。 〔5〕平陵：在今山西文水县东北。 〔6〕梗阳：在今山西清徐县。 〔7〕涂水：在今山西榆次市西南。 〔8〕马首：在今山西平定县东南。 〔9〕盂：在今山西盂县。 〔10〕铜鞮：在今山西沁阳县南。 〔11〕平阳：在今山西临汾市。 〔12〕杨氏：在今山西洪洞县东南。 〔13〕有力于王室：昭公二十二年率师助敬王。 〔14〕馀子：大夫之庶子。 〔15〕其四人：指剩下的司马弥牟、孟丙、乐霄、僚安四人。

魏子谓成鱄："吾与戊也县，人其以我为党乎？"对曰："何也？戊之为人也，远不忘君，近不逼同[1]，居利思义，在约思纯[2]，有守心而无淫行。虽与之县，不亦可乎？昔武王克商，光有天下[3]。其兄弟之国者十有五人，姬姓之国者四十人，皆举亲也。夫举无他，唯善所在，亲疏一也。《诗》曰：'唯此文王，帝度其心。莫其德音，其德克明。克明克类，克长克君。王此大国，克顺克比。比于文王，其德靡悔。既受帝祉，施于孙子[4]。'心能制义曰度，德正应和曰莫，照临四方曰明，勤施无私曰类，教诲不倦曰长，赏庆刑威曰君，慈和遍服曰顺，择善而从之曰比，经纬天地曰文。九德不愆，作事无悔，故袭天禄，子孙赖之。主之举也，近文德矣，所及其远哉！"

【注释】

〔1〕不逼同：杜注："不逼同位。" 〔2〕约：穷困。纯：纯朴。 〔3〕光：同"广"。 〔4〕所引诗见《诗·大雅·皇矣》。文王，今作"王季"。莫，今作"貊"，静。

贾辛将适其县，见于魏子。魏子曰："辛来，昔叔向适郑，鬷蔑恶[1]，欲观叔向，从使之收器者而往，立于堂下，一言而善。叔向将饮酒，闻之，曰：'必鬷明也。'下，执其手以上，曰：'昔贾大夫恶，娶妻而美，三年不言不笑，御以如皋[2]，射雉，获之，其妻始笑而言。贾大夫曰："才之不可以已，我不能射，女遂不言不笑夫！"今子少不飏[3]，子若无言，吾几失子矣。言之不可以已也如是。'遂如故知。今女有力于王室，吾是以举女。行乎，敬之哉，毋堕乃力[4]。"

【注释】
〔1〕鬷蔑：即鬷明，又称然明。恶：貌丑。　〔2〕皋：水边、沼泽。〔3〕少不飏：颜貌不扬。　〔4〕堕：损。力：功。

仲尼闻魏子之举也，以为义，曰："近不失亲，远不失举，可谓义矣。"又闻其命贾辛也，以为忠："《诗》曰：'永言配命，自求多福[1]。'忠也。魏子之举也义，其命也忠，其长有后于晋国乎！"

【注释】
〔1〕所引诗见《诗·大雅·文王》。配，合。命，天命。

冬，梗阳人有狱，魏戊不能断，以狱上。其大宗赂以女乐[1]，魏子将受之。魏戊谓阎没、女宽曰："主以不贿闻于诸侯，若受梗阳人，贿莫甚焉。吾子必谏。"皆许诺。退朝，待于庭[2]。馈入，召之。比置，三叹。

既食,使坐。魏子曰:"吾闻诸伯叔,谚曰,'唯食忘忧'。吾子置食之间三叹,何也?"同辞而对曰:"或赐二小人酒,不夕食。馈之始至,恐其不足,是以叹。中置,自咎曰:'岂将军食之[3],而有不足?'是以再叹。及馈之毕,愿以小人之腹为君子之心,属厌而已[4]。"献子辞梗阳人。

【注释】

〔1〕大宗:讼者之大宗。〔2〕庭:魏献子之庭。〔3〕将军:魏献子为中军帅,故称。〔4〕属:适。厌:满足。已:止。

【译文】

[经]

二十八年春,周历三月,安葬曹悼公。
昭公去晋国,到达乾侯。
夏四月丙戌,郑定公宁卒。
六月,安葬郑定公。
秋七月癸巳,滕悼公宁卒。
冬,安葬滕悼公。

[传]

二十八年春,昭公去晋国,将要到乾侯。子家子说:"有求于人,却心安理得地进入他们国家,有谁会同情你?不如等在边境上。"昭公不听。到了乾侯,派人去要求晋国派人来迎接。晋国人说:"上天降祸给鲁国,君王淹留在外。君王也不派个人来屈尊问候寡人,却安心地住在齐国,难道还要我们派人去迎接吗?"让昭公退回到边境上然后派人迎接。

晋祁胜与邬臧互换妻子淫乱。祁盈打算把他俩抓起来,向司马叔游征询意见。叔游说:"《郑书》上有这么句话:'厌恶刚直丑化正派,这类人实在多得很。'如今无道的人当权,您恐怕难以免祸。《诗》说:'人民之中多邪僻,自己当心别陷入。'姑且缓一下,怎么样?"祁盈说:"这是以祁氏私族的名义讨伐,与国家没有关系。"于是就把二人抓起来。祁胜贿赂荀跞,荀跞为他向晋顷公求情,晋顷公就把祁盈抓了起来。祁盈的家臣说:"同样是一死,宁可让我们的主人听到祁胜与邬臧的死讯可以痛快一阵。"就杀了二人。夏六月,晋国杀死了祁盈与杨食我。食我是祁盈的同党,而帮助祁氏作乱,所以杀了他。于是就灭亡了祁氏、羊舌氏。

起初,叔向打算娶申公巫臣家的女子为妻,他的母亲想让他娶自己的族人。叔向说:"我母亲很多而庶母兄弟很少,我引以为戒,不娶舅家女子了。"他母亲说:"巫臣的妻子杀死了三个丈夫、一位国君、一个儿子,使一个国家灭亡、两位卿逃亡,能不作为戒鉴吗?我听说,过分的美丽必然有过分的丑恶。这个女人是郑穆公少妃姚子的女儿,子貉的妹妹。子貉早死,没有后代,而上天把美丽聚集在她身上,必然是要通过她来大大地败坏别人。过去有仍氏生下个女儿,头发又密又黑,十分美丽,光彩照人,命名为玄妻。乐正后夔娶了他,生下伯封,心地和猪一样,贪得无厌,暴戾无比,称为封豕。有穷后羿灭了他,夔因此没了后代。再说三代的灭亡,共子的被废,都是漂亮女人为害。你娶她干什么?具有特别姿色的女人,足以使人改变性情。如果不是有道德正义的人娶她,一定会受到祸害。"叔向害怕,不敢娶这女子。晋平公坚持要叔向娶了她,生下杨食我。杨食我刚出生,子容的母亲跑去报告婆婆,说:"大弟妇生了个儿子。"叔向的母亲去探视,走到堂上,听到孩子的哭声后就转身回去,说:"这是豺狼的声音。豺狼似的男子一定具有野蛮的心,不是他,没有别人能使羊舌氏遭殃了。"终于没去看这孩子。

秋,晋韩宣子去世,魏献子执政。他把祁氏的封地分割成七个县,把羊舌氏的封地分割成三个县。任命司马弥牟为邬大夫,贾辛为祁大夫,司马乌为平陵大夫,魏戊为梗阳大夫,知徐吾为涂水大夫,韩固为马首大夫,孟丙为盂大夫,乐霄为铜鞮大夫,赵朝为平阳大夫,僚安为杨氏大夫。他认为贾辛、司马乌曾为周王室出过力,所以举拔他们。认为知徐吾、赵朝、韩固、魏戊,是庶子中不失职、能够保守家业的人。其余四人，都先接受职务然后拜见魏献子，因为他们是由于贤能而被举拔的。

魏献子对成鱄说："我任命魏戊为县大夫，别人会不会认为我有偏心？"成鱄回答说："为什么？魏戊的为人，远不忘记国君，近不威迫同僚，处在有利的地位时想到道义，处在穷困时想到纯朴，有守业的心志而没有放荡的行为。给他一个县管理，不是很适当的吗？往时武王战胜商朝，广有天下。他的兄弟分封国土的有十五个人，姬姓分封国土的有四十个人，都是举拔亲属。举拔没有其他标准，只看谁具有善行，亲疏都是一样的。《诗》说：'只有这位周文王，上天使他合于道义心光明。道德高尚政清静，四方传颂好声名。声名广布施政勤，称为师表好国君。在此大国做天子，上下和顺四方亲。亲附爱戴周文王，德行高尚无悔怨。既受上帝赐福禄，子孙万代源绵长。'内心能受道义制约叫度，道德纯正配合和谐叫莫，照临四方叫明，勤于施舍没有私心叫类，教诲别人孜孜不倦叫长，严格赏赐刑罚叫君，慈祥和顺使人普遍顺服叫顺，选择善人跟从叫比，经天纬地叫文。这九项德行不出差错，做出的事没有悔恨，所以得到上天的福禄，子孙得到荫庇。您举拔这些人，已经近于文德了，影响会很深远的啊！"

贾辛将赴祁县上任，拜见魏献子。魏献子说："辛，过来。往昔叔向去郑国，鬷蔑貌丑，想要见到叔向，跟随收拾饮具食器的人前往，站在堂下。他说了一句话，却十分有理。叔向正准备饮酒，听到后，说：'这个人一定是鬷蔑。'下堂，拉着他的手让他上堂，说：'往昔贾大夫相貌丑恶，娶了个漂亮的妻子，三年不说不笑，贾大夫为她驾车去水边，射雉，射中了，他的妻子才笑着说话。贾大夫说："才能是不能缺少的，我不擅长射箭，你就不说不笑了！"如今您相貌不扬，您如果不说话，我几乎失去认识您的机会了。言辞不能缺少是如此重要。'于是两人就像老朋友一样。现在你对王室出了力，我因此举拔你。你去吧，保持着恭敬，不要毁了你的功劳。"

孔子听说魏献子举拔人才的事，认为他合乎道义，说："近的不失去亲属，远的不失去应该举拔的人，可称得上合乎道义了。"又听说了他命令贾辛的一番话，认为他表现了忠诚，说："《诗》

说：'永远合乎天命，自己寻求多种福禄。'这是忠诚。魏献子举拔人才合乎道义，命令贾辛体现忠诚，他的后代在晋国长享福禄恐怕是没问题的吧！"

冬，梗阳有人打官司，魏戊不能判断，把案情上报给魏献子。诉讼双方中大宗一方送给魏献子舞女与乐器，魏献子打算收下来。魏戊对阎没、女宽说："主公以不贪图财物而名闻诸侯，如果接受了梗阳人的礼物，就没有比这更大的贿赂了。二位一定要劝阻。"两人都答应了。退朝后，阎没、女宽等在魏献子的庭院里。送饭菜进来，魏献子请他们一起吃。上饭菜的前后，二人三次发出叹息。吃完饭，魏献子请他们坐会儿。魏献子说："我听伯伯叔叔们说，谚语说：'吃饭的时候要忘掉忧愁。'二位在上饭菜时三次叹息，这是为什么？"二人异口同声地回答说："有人把酒赐给我们两个小人，昨天因而没吃晚饭。刚开始上饭菜，我们怕不够吃，所以叹息。吃到一半，就责备自己，说：'难道将军请我们吃饭，会不让我们吃饱？'所以再次叹息。到吃完后，希望以我们小人的肚腹作为君子的内心，正好满足就行了。"魏献子因此辞退了梗阳人的礼物。

昭公二十九年

[经]

二十有九年春[1],公至自乾侯,居于郓。

齐侯使高张来唁公[2]。

公如晋,次于乾侯。

夏四月庚子,叔诣卒。

秋七月。

冬十月,郓溃。

【注释】

[1]二十有九年:公元前513年。 [2]齐侯:齐景公。杜注:"唁公至晋不见受。高张,高偃子。"

[传]

二十九年春,公至自乾侯,处于郓。齐侯使高张来唁公,称主君。子家子曰:"齐卑君矣,君祇辱焉。"公如乾侯。

二月己卯,京师杀召伯盈、尹氏固及原伯鲁之子[1]。尹固之复也,有妇人遇之周郊,尤之,曰:"处则劝人为祸,行则数日而反,是夫也,其过三岁乎?"夏五月庚寅,王子赵车入于䤈以叛[2],阴不佞败之。

【注释】
〔1〕杜注:"皆子朝党也。" 〔2〕王子赵车:子朝余党。䤈(nián):周邑。

平子每岁贾马,具从者之衣屦而归之于乾侯[1]。公执归马者卖之[2],乃不归马。卫侯来献其乘马曰启服[3],堑而死,公将为之椟。子家子曰:"从者病矣,请以食之。"乃以帏裹之。

【注释】
〔1〕归:同"馈",送。 〔2〕卖之:卖马。 〔3〕卫侯:卫灵公。

公赐公衍羔裘,使献龙辅于齐侯[1],遂入羔裘。齐侯喜,与之阳谷。公衍、公为之生也,其母偕出[2]。公衍先生。公为之母曰:"相与偕出,请相与偕告。"三日,公为生,其母先以告,公为为兄。公私喜于阳谷而思于鲁,曰:"务人为此祸也[3]。且后生而为兄,其诬也久矣。"乃黜之,而以公衍为大子。

【注释】
〔1〕龙辅:祭祷旱灾所用的玉,上有龙文。 〔2〕出:出居产房。〔3〕务人:公为。除季氏始谋于公为与公若。

秋,龙见于绛郊。魏献子问于蔡墨曰[1]:"吾闻之，虫莫知于龙，以其不生得也。谓之知，信乎？"对曰："人实不知，非龙实知。古者畜龙，故国有豢龙氏，有御龙氏。"献子曰："是二氏者，吾亦闻之，而不知其故，是何谓也？"对曰："昔有飂叔安[2]，有裔子曰董父，实甚好龙，能求其耆欲以饮食之[3]，龙多归之。乃扰畜龙[4]，以服事帝舜。帝赐之姓曰董，氏曰豢龙，封诸鬷川[5]，鬷夷氏其后也。故帝舜氏世有畜龙。及有夏孔甲[6]，扰于有帝。帝赐之乘龙，河、汉各二，各有雌雄，孔甲不能食[7]，而未获豢龙氏。有陶唐氏既衰，其后有刘累，学扰龙于豢龙氏，以事孔甲，能饮食之。夏后嘉之[8]，赐氏曰御龙，以更豕韦之后[9]。龙一雌死，潜醢以食夏后。夏后飨之，既而使求之。惧而迁于鲁县[10]，范氏其后也。"献子曰："今何故无之？"对曰："夫物，物有其官，官修其方[11]，朝夕思之。一日失职，则死及之。失官不食[12]，官宿其业[13]，其物乃至。若泯弃之[14]，物乃坻伏[15]，郁湮不育。故有五行之官，是为五官。实列受氏姓，封为上公，祀为贵神。社稷五祀[16]，是尊是奉。木正曰句芒[17]，火正曰祝融，金正曰蓐收，水正曰玄冥，土正曰后土。龙，水物也。水官弃矣[18]，故龙不生得。不然，《周易》有之，在《乾》䷀之《姤》䷫[19]，曰：'潜龙勿用。'其《同人》䷌曰：'见龙在田。'其《大有》䷍曰：'飞龙在天。'其《夬》䷪曰：'亢龙有悔。'其《坤》䷁曰：'见群龙无首，吉。'《坤》之《剥》䷖曰[20]：'龙战于野。'若不朝夕见，谁能物之[21]？"献子曰："社稷五祀，谁氏之五官也[22]？"对曰："少皞氏有四叔，曰重，曰该，曰修，曰熙，实能金木及水。使重为句芒，该为蓐收，修及熙为玄冥，世不失职，遂济穷桑[23]，此其三祀也。颛顼氏有子曰犁，为祝融，共工氏有子曰句龙，为后土，此其二祀也。后土为社，稷，田正也。有烈山氏之子曰柱为稷[24]，自夏以上祀之。周弃亦为稷[25]，自商以来祀之。"

【注释】

〔1〕蔡墨：晋大夫。官太史。 〔2〕飂（liáo）：古国名，地在今河南唐河县南。叔安为其国君名。 〔3〕耆：同"嗜"。 〔4〕扰：驯服。此为反训。 〔5〕鬷川：在今山东定陶县北。 〔6〕孔甲：少康之后九世君。 〔7〕食：饲养。 〔8〕夏后：即孔甲。 〔9〕更：代。豕韦：祝融的后人。 〔10〕鲁县：在今河南鲁山县东北。 〔11〕方：法术。 〔12〕不食：不食禄。 〔13〕宿：安。 〔14〕泯：灭。 〔15〕坻伏：隐伏。 〔16〕五祀：从下文，指金、木、水、火、土五官之神，即句芒、祝融、蓐收、玄冥、后土。 〔17〕正：官长。 〔18〕弃：废。 〔19〕乾之姤：《乾》初九变，《巽》下《乾》上为《姤》。 〔20〕坤之剥：《坤》第六爻变，《坤》下《艮》上为《剥》。 〔21〕物：描绘。 〔22〕谁氏：哪一位帝。 〔23〕济穷桑：少昊邑于穷桑以登帝位，都曲阜。 〔24〕烈山氏：炎帝。 〔25〕弃：周始祖，能播百谷，汤灭夏，废柱而以弃代之。

冬，晋赵鞅、荀寅帅师城汝滨[1]，遂赋晋国一鼓铁[2]，以铸刑鼎，著范宣子所为刑书焉。仲尼曰："晋其亡乎，失其度矣。夫晋国将守唐叔之所受法度[3]，以经纬其民，卿大夫以序守之[4]。民是以能尊其贵，贵是以能守其业。贵贱不愆，所谓度也。文公是以作执秩之官，为被庐之法[5]，以为盟主。今弃是度也，而为刑鼎，民在鼎矣，何以尊贵？贵何业之守？贵贱无序，何以为国？且夫宣子之刑，夷之蒐也[6]，晋国之乱制也，若之何以为法？"蔡史墨曰："范氏、中行氏其亡乎！中行寅为下卿[7]，而干上令，擅作刑器，以为国法，是法奸也。又加范氏焉，易之，亡也。其及赵氏，赵孟与焉；然不得已，若德，可以免。"

【注释】

〔1〕汝滨：汝水边。汝水出河南嵩县，在襄城入沙河。杜注谓汝滨为"晋所取陆浑地。"〔2〕鼓：在重量为四百八十斤，在容量为十二斛。〔3〕唐叔：晋始祖。〔4〕序：位次。〔5〕杜注："僖二十七年文公蒐被庐，修唐叔之法。"〔6〕杜注："范宣子所用刑，乃夷蒐之法。夷蒐在文六年，一蒐而易三中军帅，贾季、箕郑之徒遂作乱，故曰乱制。"〔7〕中行寅：荀寅。

【译文】

[经]

二十九年春，昭公从乾侯回来，住在郓邑。
齐景公派高张来慰问昭公。
昭公去晋国，到达乾侯。
夏四月庚子，叔诣去世。
秋七月。
冬十月，郓邑人民溃散。

[传]

二十九年春，昭公从乾侯回来，住在郓邑。齐景公派高张来慰问昭公，称昭公为主君。子家子说："齐国轻视君王了，君王只是在自取其辱。"昭公去乾侯。

二月己卯，京师人杀死了召伯盈、尹氏固以及原伯鲁的儿子。

尹固回国时，在成周郊外碰上个妇人，责备他，说："在国内就诱导人发动祸乱，出逃便没几天就回来，这个人啊，难道活得过三年吗？"夏五月庚寅，王子赵车占据䣜邑以叛乱，阴不佞打败了他。

季平子每年买马，准备好随从的衣服鞋子派人送到乾侯。昭公把送马的人拘押起来，把马卖了，季平子就不再送马。卫灵公派人把自己拉车的马启服送给昭公，马掉进沟堑中死了。昭公打算给马备棺埋葬。子家子说："跟随的人日子难过，请让大家吃了它。"昭公于是用帷幕裹着马埋了。

昭公赐给公衍羔裘，派他把龙辅献给齐景公，他便把羔裘也一起献了。齐景公很高兴，赐给他阳谷邑。公衍、公为将出生时，他们的母亲一起出居产房。公衍先生，公为的母亲说："我们一块儿到产房来，请和你一块儿去报告生子。"三天后，公为出生，公为的母亲先去报告，公为就做了哥哥。昭公私下里喜欢阳谷那地方，又想起在鲁都城发生的这些事，说："是公为造成了这场祸事。再说他后出生而做哥哥，欺骗的时间已经很长了。"于是罢免公为，让公衍做太子。

秋，龙出现在绛都郊外。魏献子向蔡墨询问说："我听说，龙是虫类中最有智慧的种类，因为人不能生擒活捉它。称它有智慧，确实如此吗？"蔡墨回答说："实在是人类没有智慧，不是龙有智慧。古时候畜养龙，所以国家有豢龙氏，有御龙氏。"魏献子说："这二氏，我也听说过，但不知他们的来龙去脉，究竟是怎么一回事？"蔡墨回答说："过去有飂国的叔安，有个后裔叫做董父，很喜欢龙，能够探索到龙的嗜好来给龙喂食，龙到他那儿去的很多。他于是驯服畜养龙，让它们服事帝舜。帝舜赐给他姓董，氏名豢龙，把他封在鬷川，鬷夷氏就是他的后人。所以帝舜氏后世世代有人畜养龙。到了有夏的孔甲，顺服上帝。上帝赐给他驾车的龙，黄河、汉水的龙各两条，各有一雌一雄。孔甲无法饲养它们，又没有找到豢龙氏。有陶唐氏已经衰落，他的后人有个叫刘累的，向豢龙氏学驯龙，以事奉孔甲，能够饲养这几条龙。孔甲嘉奖他，赐给他氏名御龙，以代替豕韦的后人。有一条雌龙死了，刘累悄悄地做成龙肉酱给孔甲吃。孔甲吃了，不久又派人向刘累要。刘累拿不出，心中害怕，迁移到鲁县，范氏就是他的后人。"魏献子说："如今为什么没有龙？"蔡墨回答说："凡是事物，每件都有管理它的官员，官员发明创造出管理的方法，不分早晚地推敲思考。一旦失职，就要丧失生命。丢了官职就没有俸禄，官员安心从事他的职守，他所管的物事就会前来。如果官员玩忽职守废弃它们，所管的物事就会隐伏，抑郁而不能生长。所以有管理五行的官，就是五官，分别接受氏与姓，封为上公，祭祀时作为贵神。社神、稷神和五行之神，受到尊重崇奉。木正叫句芒，火正叫祝融，金正叫蓐收，水正叫玄冥，土正叫后土。龙是水中生物。水官废弃了，所以龙不能被人生擒活捉。不然的话，《周易》就有记载，在《乾》卦䷀变为《姤》卦䷫，初九爻辞说：'巨龙潜在水中，不能施展才用。'在《同人》卦䷌，九二爻辞说：'巨龙出现在田间。'在《大有》卦䷍，九五爻辞说：'巨龙高飞在天。'在《夬》卦䷪，上九爻辞说：'巨龙高飞到顶，终将有所悔恨。'在《坤》卦䷁，用九爻辞说：'出现一群巨龙，其中没有首领，吉祥。'在《坤》卦变为《剥》卦䷖，上六爻辞说：'龙在原野上交战。'如果不是经常见到，谁能描绘它们？"魏献子说："社神、稷神和五行之神，是哪一代帝王的五官？"蔡墨回答说："少皞氏有四个叔父，名叫重、该、修、熙，能够掌管金、木与水。派重任句芒，该任蓐收，修与熙为玄冥，世代不失职，于是帮助少昊在穷桑登位，这是其中祭祀的三位。颛顼氏有个儿子名犁，任祝融；共工氏有个儿子名句龙，任后土，这是其中祭祀的二位。后土就是社神，稷是管田地的官。有烈山氏的儿子柱为稷神，从夏朝以上祭祀他。周弃也为稷神，从商以来祭祀他。"

冬，晋赵鞅、荀寅率领军队在汝水边筑城，就向晋国人民征收了四百八十斤铁，用来铸造刑鼎，铸上范宣子所制订的刑法。孔子说："晋国莫非要灭亡了吧，所作失去了他们的法度了。晋国应该遵守唐叔所流传下来的法度，用来治理百姓，卿大夫按照他们的职责来维护它。人民因此能尊重贵人，贵人因此能保守他们的家业。贵贱不错乱，就是所谓法度。文公因此设立执管官位次序的官，在被庐制订法规，成为盟主。现在抛弃了这个法度，而铸造刑鼎，人民重在按鼎文办事，还用得着尊重贵人吗？贵人凭什么来保守他们的产业？贵贱没有区别，怎么治理国家？再说范宣子的刑法，是在夷地阅兵时制订的，是晋国的乱法，为什么要把它作为法规呢？"蔡史墨说："范氏、中行氏也许要灭亡了吧！中行寅为下卿，却违反上峰的命令，擅自铸造刑器，作为国家的法规，这是取法奸臣。又加上范氏，改变被庐制订的法规，这就要灭亡了。恐怕还要牵连到赵氏，因为赵孟也参与了，但他是出于不得已，如果修明德行，可以免于祸患。"

昭公三十年

[经]
三十年春[1],王正月,公在乾侯。
夏六月庚辰,晋侯去疾卒。
秋八月,葬晋顷公。
冬十有二月,吴灭徐,徐子章羽奔楚[2]。

【注释】
〔1〕三十年:公元前512年。 〔2〕章羽:《左传》传、《公羊》等均作"章禹"。

[传]
三十年春,王正月,公在乾侯。不先书郓与乾侯,非公,且征过也。

夏六月,晋顷公卒。秋八月,葬。郑游吉吊,且送葬。魏献子使士景伯诘之,曰:"悼公之丧,子西吊,子蟜送葬[1]。今吾子无贰,何故?"对曰:"诸侯所以归晋君,礼也。礼也者,小事大,大字小之谓。事大在共其时命,字小在恤其所无。以敝邑居大国之间,共其职贡，与其备御不虞之患[2]，岂忘共命？先王之制，诸侯之丧，士吊，大夫送葬。唯嘉好、聘享、三军之事[3]，于是乎使卿。晋之丧事，敝邑之间[4]，先君有所助执绋矣[5]。若其不间，虽士大夫有所不获数矣[6]。大国之惠，亦庆其加[7]，而不讨其乏，明厎其情[8]，取备而已，以为礼也。灵王之丧[9]，我先君简公在楚，我先大夫印段实往，敝邑之少卿也[10]。王吏不讨，恤所无也。今大夫曰，女盍从旧。旧有丰有省，不知所从。从其丰，则寡君幼弱，是以不共；从其省，则吉在此矣。唯大夫图之。"晋人不能诘。

【注释】
〔1〕事在襄公十五年。〔2〕与：参与。〔3〕嘉好：朝会。三军：指战争。〔4〕间：闲暇，安宁。〔5〕执绋：送葬。绋，挽柩车之绳。〔6〕不获数：不获尽礼数。〔7〕庆：善。〔8〕厎：致。情：忠诚。〔9〕灵王之丧：在襄公二十八年。〔10〕少卿：下卿。

吴子使徐人执掩余，使钟吾人执烛庸。二公子奔楚，楚子大封，而定其徙[1]。使监马尹大心逆吴公子，使居养[2]。莠尹然、左司马沈尹戌城之，取于城父与胡田以与之[3]，将以害吴也。子西谏曰："吴光新得国，而亲其民。视民如子，辛苦同之，将用之也。若好吴边疆，使柔服焉，犹惧其至。吾又强其仇以重怒之[4]，无乃不可乎！吴，周之胄裔也，而弃在海滨，不与姬通。今而始大，比于诸华。光又甚文[5]，将自同于先王。不知天将以为虐乎，使翦丧吴国而封大异姓乎，其抑亦将卒以祚吴乎？其终不远矣。我盍姑亿吾鬼神[6]，而宁吾族姓，以待其归[7]，将焉用自播扬焉[8]？"王弗听。吴子怒，冬十二月，吴子执钟吾子，遂伐徐，防山以水之[9]。己卯，灭徐。徐子章禹断其发，携其夫人，以逆吴子。吴子唁而送之，使其迩臣从之[10]，遂奔楚。楚沈尹戌帅师救徐，弗及，遂城夷，使徐子处之。

【注释】
[1]杜注："大封，与土田，定其所徙之居。" [2]养：在今河南沈丘县南。 [3]城父：即夷，在养东北。胡：今安徽阜阳市。[4]重：加重。 [5]文：有知识。 [6]亿：安。 [7]归：结果。[8]播扬：劳动。 [9]防：筑堤。 [10]迩臣：亲近之臣。

吴子问于伍员曰："初而言伐楚，余知其可也，而恐其使余往也，又恶人之有余之功也。今余将自有之矣，伐楚何如？"对曰："楚执政众而乖[1]，莫适任患。若为三师以肄焉[2]，一师至，彼必皆出。彼出则归，彼归则出，楚必道敝。亟肄以罢之[3]，多方以误之，既罢而后以三军继之，必大克之。"阖庐从之。楚于是乎始病。

【注释】
[1]乖：互相不和。 [2]肄：同"肆"，突然袭击而快速撤退。[3]亟：屡。

【译文】
[经]
三十年春，周历正月，昭公在乾侯。

夏六月庚辰，晋顷公去疾去世。

秋八月，安葬晋顷公。

冬十二月，吴国灭亡徐国，徐子章羽逃往楚国。

[传]

三十年春，周历正月，昭公在乾侯。《春秋》以前不记载昭公在郓邑与在乾侯，现在记载，是指责昭公，同时明白指出他的错误。

夏六月，晋顷公去世。秋八月，安葬。郑游吉去晋国吊唁，并送葬。魏献子派士景伯去质问游吉，说："悼公去世，子西吊唁，子蟜送葬。现在您不分二事一身兼之，什么缘故？"游吉回答说："诸侯之所以归顺晋君，这是因为服从礼。所谓礼，就是小国事奉大国，大国爱抚小国。事奉大国在于恭敬地按规定执行命令，爱抚小国在于救济小国的困乏。因为敝邑处在大国之间，供奉该进献的贡品，参加大国为了防御意外而设的守备，难道会忘记恭敬地吊丧送葬？先王的制度，诸侯的丧事，士吊唁，大夫送葬。只有朝会、聘问享礼、战争之事，这时才派卿参加。晋国的丧事，在敝邑闲暇太平时，先君曾经亲自来送葬；如果敝邑不闲暇太平，即使是士、大夫也有时没能派遣参加。大国的恩惠，也都嘉赏敝邑超越常礼，而不责备敝邑礼数不周，明白地上达敝邑的忠诚，取能备具礼仪就行，认为这是合乎礼的。周灵王的丧事，我先君简公在楚国，我先大夫印段去送葬，他是敝邑的下卿。天子的官吏没有责备，这是体恤敝邑派不出人的缘故。现在大夫说你为什么不和以前一样。以前有超越有减省，不知应该照哪样做。如要求超越常礼，那么寡君年幼，因此不能奉命；如果要求照减省的做，那么我在这里了。请大夫考虑一下。"晋国人举不出理由指责他。

吴王让徐国人拘禁掩余，让钟吾国人拘禁烛庸。二位公子逃往楚国，楚昭王封给他们大片土地，帮助他们迁移安居。派监马尹大心迎接吴公子，让他们居住在养地。派莠尹然、左司马沈尹戌为他们筑城，分割城父与胡地的土地给他们，准备危害吴国。子西劝谏说："吴光新近即位为君，而亲近他的人民，对待人民如同儿子，与人民同辛共苦，这是打算使用他们了。如果与吴国边境人民友好，让他们温柔顺服，这样还怕他们会来侵犯。我们又使他们的仇人强大以加重他们的愤怒，恐怕不行吧！吴，是周朝的后裔，而被摒弃在海边，不与中原姬姓国通好。从现在开始强大，可以与中原各国相较。吴王光又很有知识，打算让自己与先王等同。不知道上天将要使他暴虐，让他灭亡吴国而使周边异姓国扩大土地呢，还是将最终保佑吴国呢？它的结果不远了。我们何不姑且安定我们的鬼神，而抚育我们的百姓，来等待他们的结果到来，哪里用得着自我辛劳呢？"楚昭王不肯听从。吴王发怒，冬十二月，吴王拘捕了钟吾国君，接着攻打徐国，筑堤截住山上的水灌徐国。己卯，灭亡了徐国。徐子章禹割断头发，带着夫人，迎接吴王。吴王慰劳他们后送走了他们，让徐子的近臣跟随，于是逃往楚国。楚沈尹戌率领军队救援徐国，没来得及，于是就在夷地筑城，让徐子住在那儿。

　　吴王阖庐问伍员说："当初你进言攻打楚国，我知道这事能够成功，但是恐怕他派我去，又不愿意他人占了我的功劳。现在我将自己承受这功劳了，用什么计策攻打楚国？"伍员回答说："楚国执政的人多而相互不和，没有人肯承担责任。如果组建三支军队去骚扰他们，一支军队到那儿，他们必然全都出动迎战。他们出兵我们就撤退，他们撤退我们就进军，楚军必然疲于道路。多次骚扰他们使他们疲劳，通过多种方法使他们失误，他们疲劳后我们再让三军接着进攻，一定能获大胜。"阖庐听从了伍员的话，楚国从此开始困苦劳累。

昭公三十一年

[经]

三十有一年春[1],王正月,公在乾侯。

季孙意如会晋荀跞于适历[2]。

夏四月丁巳,薛伯穀卒。

晋侯使荀跞唁公于乾侯[3]。

秋,葬薛献公。

冬,黑肱以滥来奔[4]。

十有二月辛亥朔,日有食之。

【注释】

〔1〕三十有一年:公元前511年。 〔2〕适历:晋地,具体所在不详。 〔3〕晋侯:晋定公,名午。 〔4〕杜注:"黑肱,邾大夫。不书邾,史阙文。"滥:在今山东滕县东南。

[传]

三十一年春,王正月,公在乾侯,言不能外内也[1]。晋侯将以师纳公。范献子曰:"若召季孙而不来,则信不臣矣,然后伐之,若何?"晋人召季孙,献子使私焉,曰:"子必来,我受其无咎[2]。"季孙意如会晋荀跞于适历。荀跞曰:"寡君使跞谓吾子,何故出君?有君不事,周有常刑,子其图之!"季孙练冠麻衣跣行[3],伏而对曰:"事君,臣之所不得也,敢逃刑命?君若以臣为有罪,请囚于费,以待君之察也,亦唯君。若以先臣之故,不绝季氏,而赐之死[4]。若弗杀弗亡,君之惠也,死且不朽。若得从君而归,则固臣之愿也,敢有异心?"夏四月,季孙从知伯如乾侯[5]。子家子曰:"君与之归,一惭之不忍,而终身惭乎?"公曰:"诺。"众曰:"在一言矣[6],君必逐之。"荀跞以晋侯之命唁公,且曰:"寡君使跞以君命讨于意如,意如不敢逃死,君其入也!"公曰:"君惠顾先君之好,施及亡人,将使归粪除宗祧以事君[7],则不能见夫人[8]。己所能见夫人者,有如河!"荀跞掩耳而走,曰:"寡君其罪之恐,敢与知鲁国之难?臣请复于寡君。"退而谓季孙:"君怒未怠[9],子姑归祭[10]。"子家子曰:"君以一乘入于鲁师,季孙必与君归。"公欲从之,众从者胁公,不得归。

【注释】
〔1〕不能外内:不容于国外与国内。 〔2〕受:担保。 〔3〕练冠:服丧期间与练服相配的帽子。 〔4〕而赐之死:以下文意不顺,或谓有脱漏,或谓下"死且不朽"四字当移此句下。 〔5〕知伯:即荀跞。 〔6〕在一言:谓昭公只要发句话晋人必逐季氏。 〔7〕粪除:扫除。 〔8〕夫人:指季孙。 〔9〕怠:懈,消。 〔10〕归祭:归主祭事,即代理国君。

薛伯穀卒,同盟,故书。

秋，吴人侵楚，伐夷，侵潜、六[1]。楚沈尹戌帅师救潜，吴师还。楚师迁潜于南冈而还[2]。吴师围弦[3]。左司马戌、右司马稽帅师救弦，及豫章。吴师还。始用子胥之谋也。

【注释】
〔1〕潜：在今安徽霍山县东北。六：在今安徽六安县北。〔2〕南冈：在霍山县北。〔3〕弦：在今河南息县南。

冬，邾黑肱以滥来奔，贱而书名，重地故也。君子曰："名之不可不慎也如是。夫有所有名[1]，而不如其已。以地叛，虽贱，必书地，以名其人，终为不义，弗可灭已。是故君子动则思礼，行则思义，不为利回[2]，不为义疚[3]。或求名而不得，或欲盖而名章，惩不义也。齐豹为卫司寇，守嗣大夫[4]，作而不义，其书为'盗'。邾庶其、莒牟夷、邾黑肱以土地出，求食而已，不求其名，贱而必书。此二物者[5]，所以惩肆而去贪也[6]。若艰难其身，以险危大人[7]，而有名章彻[8]，攻难之士[9]，将奔走之。若窃邑叛君，以徼大利而无名，贪冒之民，将置力焉。是以《春秋》书齐豹曰'盗'，三叛人名，以惩不义，数恶无礼[10]，其善志也[11]。故曰，《春秋》之称微而显，婉而辨。上之人能使昭明，善人劝焉，淫人惧焉，是以君子贵之。"

【注释】
〔1〕有所有名：有时有名。〔2〕回：违，违礼。〔3〕疚：内疚。

〔4〕守嗣大夫：世袭为大夫。〔5〕物：事。〔6〕肆：放肆。〔7〕大人：在位者。〔8〕章彻：显扬。〔9〕攻难：发起祸难。〔10〕数：数说，责备。〔11〕善志：善于记述。

十二月辛亥朔，日有食之。是夜也，赵简子梦童子羸而转以歌[1]。旦占诸史墨，曰："吾梦如是，今而日食，何也？"对曰："六年及此月也，吴其入郢乎！终亦弗克。入郢，必以庚辰。日月在辰尾[2]，庚午之日，日始有谪[3]。火胜金[4]，故弗克。"

【注释】

〔1〕羸：同"裸"。〔2〕辰尾：指苍龙星之尾，即夏历十月，周历十二月。〔3〕谪：灾。〔4〕火胜金：午为火，南方，指楚。庚为金。

【译文】

[经]

三十一年春，周历正月，昭公在乾侯。
季孙意如与晋荀跞在适历相会。
夏四月丁巳，薛献公穀去世。
晋定公派荀跞到乾侯慰问昭公。
秋，安葬薛献公。
冬，黑肱带着滥邑来投奔我国。
十二月辛亥朔，发生日食。

[传]

三十一年春，周历正月，昭公在乾侯，这是说他既不见容于国外，又不见容于国内。晋定公打算派军队送昭公回国复位，范献子说："如果召见季孙而他不来，那就确信他不守臣道了，然后攻打他，怎么样？"晋国人召见季孙，范献子派人私下对季孙说：

"你一定要来,我担保你不获罪出问题。"季孙意如与晋荀跞在适历相会。荀跞说:"寡君派跞对您说:你为什么赶走国君?有国君却不侍奉,周朝对此有一定的刑罚,你还是好好考虑一下!"季孙戴练冠穿麻衣光着脚走路,伏在地上回答说:"事奉君王,是臣下求之不得的事,怎么敢逃避刑罚?君王如果认为臣有罪,请求把臣囚禁在费邑,以等待君王进行调查,也唯君命是听。如果因为先臣的缘故,不让季氏灭绝,而赐臣一死。如果不杀死臣也不放逐臣,这是君王的恩惠,死且不朽。如果能跟从君王回国,这是臣本来的心愿,岂敢有别的打算?"夏四月,季孙跟着荀跞去乾侯。子家子说:"君王和他一起回去,一时的羞耻不能忍受,终身的羞耻难道反而能忍受吗?"昭公说:"好吧。"众随从说:"就只要说一句话了,君王一定要赶走他。"荀跞以晋定公的名义慰问昭公,并说:"寡君派跞以君王的名义声讨意如,意如不敢逃避一死,君王还是回国吧!"昭公说:"君王施恩顾及先君的友好关系,照顾到我这流亡在外的人,打算让我回去扫除宗庙以事奉君王,那么就不能让我见到那个混蛋。我绝不能够见到那个混蛋,河神为我作证!"荀跞捂住耳朵跑开,说:"寡君恐怕获罪,岂敢调停鲁国的祸难?臣请就此向寡君复命。"退出后对季孙说:"君王的怒气尚未消减,您姑且回国去主持祭祀。"子家子说:"君王驾一辆车单独进入鲁军,季孙必定会和君王一起回国。"昭公打算听从,众随从胁迫昭公,没能走成。

薛献公穀去世,是同盟国,《春秋》所以记载。

秋,吴国人侵袭楚国,攻打夷地,侵袭潜邑、六邑。楚沈尹戌率领军队救援潜邑,吴军撤回。楚军把潜地居民迁移到南冈后回军。吴军包围弦地。左司马戌、右司马稽率领军队救援弦地,到达豫章。吴军撤回。这是开始用子胥的计谋。

冬,邾黑肱带着滥邑来投奔,他地位低下而《春秋》记载他的名字,这是因为重视土地的缘故。君子说:"名不可以不慎重就像这样。有时有名,反而不如没有名。带着土地背叛,即使地位低下,也一定要记载地名,以此来记载带地来的人名,终究是不义之名,不可消除。因此君子凡有行动总是想着礼,有作为总是想着义,不因为谋利而违背礼,不做不合于义而令人内疚的事。

有的人求名而得不到名，有的人想隐姓埋名而名气很响，这是因为惩罚不义。齐豹任卫国司寇，是世袭大夫，做事不合乎义，就被记载为'盗'。邾庶其、莒牟夷、邾黑肱带着土地出逃，只是为了谋求生存而已，不求扬名，地位低下而被记载名字。这两桩事，就是用来惩罚放肆而去除贪婪的。如果处在艰难中，使在上面的人陷于危险，而声名显扬，发起祸难的人就要为此奔走。如果窃取城邑背叛君王，以追求大利而没被记载下名字，贪婪的人就会努力这样做。因此《春秋》记载齐豹为'盗'，也记载邾庶其等三个人名字，用来惩罚不义，责备恶人无礼，真是善于记述啊。所以说，《春秋》的记载，隐微而意义显著，委婉而区别明晰。在上位的人能使《春秋》大义得到发扬，就使善人得到鼓励，恶人产生畏惧，因此君子推崇《春秋》。"

十二月辛亥朔，发生日食。这天夜里，赵简子梦见一个小孩光着身子按歌声的节拍跳舞。天亮后他请史墨占梦，说："我做了这么个梦，现在又发生日食，是什么意思？"史墨回答说："六年后到这个月，吴国也许要攻入郢都了吧！但最终不能取胜。攻入郢都，一定在庚辰日。那天日月在苍龙星之尾。庚午那天，太阳开始有灾。火胜过金，所以不能取胜。"

昭公三十二年

[经]

三十有二年春[1],王正月,公在乾侯,取阚[2]。

夏,吴伐越。

秋,七月。

冬,仲孙何忌会晋韩不信、齐高张、宋仲幾、卫世叔申、郑国参、曹人、莒人、薛人、杞人、小邾人[3],城成周。

十有二月己未,公薨于乾侯。

【注释】

〔1〕三十有二年:公元前510年。 〔2〕阚:具体所在不详。 〔3〕韩不信:韩起孙,字伯音,谥简子。世叔申:世叔仪孙。国参:子产之子。

[传]

三十二年春,王正月,公在乾侯,言不能外内,又不能用其人也[1]。

【注释】

〔1〕杜注:"其人指子家羁也。言公不能用其人,故于今犹在乾侯。"

夏,吴伐越,始用师于越也。史墨曰:"不及四十年,越其有吴乎!越得岁而吴伐之〔1〕,必受其凶。"

【注释】

〔1〕岁:岁星。吴、越同在一星纪,何以越得岁而吴不得;史墨又根据什么推出"四十年"之说,前人解说纷纭,均难以服人。

秋八月,王使富辛与石张如晋,请城成周〔1〕。天子曰:"天降祸于周,俾我兄弟并有乱心〔2〕,以为伯父忧。我一二亲昵甥舅,不皇启处〔3〕,于今十年,勤戍五年。余一人无日忘之,闵闵焉如农夫之望岁,惧以待时〔4〕。伯父若肆大惠,复二文之业〔5〕,弛周室之忧,徼文、武之福,以固盟主,宣昭令名,则余一人有大愿矣。昔成王合诸侯,城成周,以为东都,崇文德焉。今我欲徼福假灵于成王,修成周之城,俾戍人无勤,诸侯用宁〔6〕,蛮贼远屏〔7〕,晋之力也。其委诸伯父,使伯父实重图之。俾我一人无征怨于百姓,而伯父有荣施〔8〕,先王庸之〔9〕。"范献子谓魏献子曰:"与其戍周,不如城之,天子实云,虽有后事,晋勿与知可也。从王命以纾诸侯,晋国无忧,是之不务,而又焉从事?"魏献子曰:"善。"使伯音对曰:"天子有命,敢不奉承,以奔告于诸侯。迟速衰序〔10〕,于是焉在。"

【注释】

〔1〕杜注:"子朝之乱,其余党多在王城,敬王畏之,徙都成周。成周狭小,故请城之。" 〔2〕并:遍。 〔3〕不皇启处:无暇安居。 〔4〕时:收割之时。 〔5〕二文:晋文侯仇、文公重耳。 〔6〕用宁:因此安宁。 〔7〕蟊贼:坏人。屏:逐放。 〔8〕施:功、惠。 〔9〕庸:酬劳。 〔10〕衰序:分配工作量的多少差别。

冬十一月,晋魏舒、韩不信如京师,合诸侯之大夫于狄泉[1],寻盟,且令城成周。魏子南面[2]。卫彪傒曰[3]:"魏子必有大咎,干位以令大事,非其任也。《诗》曰:'敬天之怒,不敢戏豫。敬天之渝,不敢驰驱[4]。'况敢干位以作大事乎?"

【注释】

〔1〕狄泉:即"翟泉",在洛阳市。 〔2〕南面:居君位。 〔3〕彪傒:卫大夫。 〔4〕所引诗见《诗·大雅·板》。戏豫,游戏。渝,变。

己丑,士弥牟营成周[1],计丈数,揣高卑[2],度厚薄,仞沟洫[3],物土方[4],议远迩,量事期[5],计徒庸,虑材用,书餱粮,以令役于诸侯。属役赋丈,书以授帅[6],而效诸刘子[7]。韩简子临之,以为成命[8]。

【注释】

〔1〕营:规划。 〔2〕揣:度量。 〔3〕仞:量深度。 〔4〕物:相,物色、考察。 〔5〕量:估量。 〔6〕帅:诸侯的大夫。 〔7〕效:致。 〔8〕成命:定命。

十二月,公疾,遍赐大夫,大夫不受。赐子家子双琥[1]，一环，一璧，轻服[2]，受之。大夫皆受其赐。己未，公薨。子家子反赐于府人[3]，曰："吾不敢逆君命也。"大夫皆反其赐。书曰："公薨于乾侯。"言失其所也。

【注释】

〔1〕琥(hǔ)：以玉为之，虎形，是祭神的玉器。〔2〕轻服：细好之服。〔3〕府人：掌国君财物的官。

赵简子问于史墨曰："季氏出其君，而民服焉，诸侯与之，君死于外，而莫之或罪也？"对曰："物生有两，有三，有五，有陪贰[1]。故天有三辰，地有五行，体有左右，各有妃耦。王有公，诸侯有卿，皆有贰也。天生季氏，以贰鲁侯，为日久矣，民之服焉，不亦宜乎？鲁君世从其失，季氏世修其勤，民忘君矣，虽死于外，其谁矜之？社稷无常奉，君臣无常位，自古以然。故《诗》曰：'高岸为谷，深谷为陵[2]。'三后之姓[3]，于今为庶[4]，主所知也。在《易》卦，雷乘《乾》曰《大壮》☰[5]，天之道也。昔成季友，桓之季也，文姜之爱子也，始震而卜[6]，卜人谒之，曰：'生有嘉闻，其名曰友，为公室辅。'及生，如卜人之言，有文在其手曰'友'，遂以名之。既而有大功于鲁，受费以为上卿。至于文子、武子，世增其业，不废旧绩。鲁文公薨，而东门遂杀适立庶，鲁君于是乎失国，政在季氏，于此君也，四公矣。民不知君，何以得国？是以为君，慎器与名，不可以假人。"

【注释】

〔1〕陪贰：副手、助手。 〔2〕所引诗见《诗·小雅·十月之交》。〔3〕三后：虞、夏、商。姓：后代。 〔4〕庶：平民。 〔5〕杜注："《乾》下《震》上，《大壮》。《震》在《乾》上，故曰'雷乘《乾》'。" 〔6〕震：娠。

【译文】

[经]

三十二年春，周历正月，昭公在乾侯，占领阚地。

夏，吴国攻打越国。

秋七月。

冬，仲孙何忌会同晋韩不信、齐高张、宋仲幾、卫世叔申、郑国参、曹国人、莒国人、薛国人、杞国人、小邾国人，修筑成周的城墙。

十二月己未，昭公在乾侯去世。

[传]

三十二年春，周历正月，昭公在乾侯，这是说他既不见容于国外，又不见容于国内，又不能使用手下的贤人。

夏，吴国攻打越国，这是开始对越国用兵。史墨说："不出四十，越国也许能占有吴国吧！越国正处在岁星所在的方位而吴国攻打它，必定受到岁星降下的灾祸。"

秋八月，周敬王派富辛与石张去晋国，请求修筑成周的城墙。周敬王说："上天降祸给周朝，使我的兄弟们都产生乱心，使得伯父忧虑。我几个亲近的甥舅国君，也无暇安居，到现在已经十年了，劳动诸侯的军队来戍守也已五年。我自己没有一天忘记这些，忧愁满怀如同农夫盼望有个好收成，提心吊胆地等待收割。伯父如能大肆赐给恩惠，重建文侯、文公的大业，舒缓周室的忧患，向文王、武王求取福祐，以固定盟主地位，发扬光大美好的声名，这是我本人很大的愿望。往昔成王会合诸侯,修筑成周的城墙,把它作为东都,尊崇文德。现在我想向成王求取福分威灵,修筑成周城墙,使戍守的人免于劳累,诸侯因此得到安宁,把坏人屏逐在远方,这是晋国的功劳。谨把此事委托给伯父,请伯父反复考虑一下。使我本人不让百姓怨恨,而伯父建立光荣的业绩,先王会酬劳伯父的。"范献子对魏舒说:"与其为周朝戍守,还不如为它筑城,天子已经表示,即使以后有事,晋国可以不再管。听从天子的命令而使诸侯得以休息,晋国没有忧患,这样的事不致力去做,还做什么?"魏舒说:"好。"派伯音回答来使说:"天子有命令,岂敢不遵命,以奔走通告诸侯。至于时间的早晚、分配工作量的多少差别,就听从天子下命。"

冬十一月,晋魏舒、韩不信去京师,在狄泉会合诸侯的大夫,重温旧盟,并命令修筑成周的城墙。魏舒南面而立。卫彪傒说:"魏舒必然会有大灾难,他越位而颁布重大命令,这不是他所能承担的。《诗》说:'上天发怒要敬畏,不敢嬉游太放荡。上天变异要敬畏,不敢随意太狂放。'何况敢越位而去做大事呢?"

己丑,士弥牟规划成周城的工程,计算长短,测定墙的高低,度量厚薄,估算沟渠的深度,考察取土的地方,商议运土的远近搭配,估计完工日期,计算人工,测算材料,登记所需粮食,向诸侯颁布工役人数。按照情况分配人工及完成地段,记下来交给各国大夫,而在刘子那儿汇总。韩不信任监工,贯彻执行这项命令。

十二月,昭公生病,赏赐随从所有大夫宝物,大夫们不肯接受。赐给子家子一对琥、一只环、一块璧,一套好衣服,子家子接受了。大夫们也就都接受了赏赐。己未,昭公去世。子家子把赏赐的东西归还给府人,说:"我是因为不敢违抗国君的命令才接受的。"大夫们也全都交回赏赐的东西。《春秋》记载说:"昭公在乾侯去世。"是说他死在不该死的地方。

赵简子问史墨说:"季氏赶走了他的国君,而人民对他顺服,诸侯赞成他,国君死在外面,却没有人能向他问罪,这是为什么?"史墨回答说:"事物的存在有的成双,有的成三、成五,有的有副佐。所以天有三辰,地有五行,身体有左右,各有配偶。

天子有公，诸侯有卿，都有副佐。上天生了季氏，作为鲁侯的副佐，时间已经很长了，人民顺服他，不是很应该的吗？鲁国国君世代放纵淫佚，季氏世代勤劳治民，人民已经忘记了他们的国君了，即使死在外面，又有谁会哀怜他？社稷没有固定不变的主祭人，君臣没有固定不变的位子，自古以来就是如此。所以《诗》说：'高高的堤岸变成了深谷，幽深的河谷变成了山陵。'三代帝王的子孙，在今天成了平民，这是您所知道的。在《易》卦象，雷乘《乾》名为《大壮》䷡，这是上天的常道。往昔成季友，是鲁桓公的次子，文姜宠爱的儿子，文姜刚怀孕时占卜，卜人报告说：'生下来有好名声，他的名字叫友，成为公室的辅助。'到生下来，正同卜人所说，在手上有个'友'字，因此就取名为友。后来对鲁国建有大功劳，接受费邑为封地任命为上卿。到了文子、武子，世代增加他们的产业，不堕弃祖先的功绩。鲁文公去世，而东门遂杀死嫡子立庶子，鲁国国君从此就不能掌握国政，政权落到了季氏手中，到了这代国君，已经是第四代了。人民不知国君的尊重，国君怎么能掌握国政？所以作为国君，对宝器与名位一定要慎重，不能假借给别人。"

春秋左传卷二十七　定公上

定公元年

[经]

元年春[1]，王[2]。

三月，晋人执宋仲幾于京师。

夏六月癸亥，公之丧至自乾侯。

戊辰，公即位。

秋七月癸巳，葬我君昭公。

九月，大雩。

立炀宫[3]。

冬十月，陨霜杀菽。

【注释】

〔1〕元年：公元前509年。〔2〕杜注："公之始年而不书'正月'，公即位在六月故。"〔3〕炀宫：炀公之庙。炀公为伯禽子，考公弟，名熙。鲁建炀宫，为申兄终弟及之义，盖定公为昭公之弟。

[传]

元年春，王正月辛巳，晋魏舒合诸侯之大夫于狄泉，将以城成周。魏子莅政[1]。卫彪傒曰："将建天子[2]，而易位以令[3]，非义也。大事奸义，必有大咎。晋不失诸侯，魏子其不免乎！"是行也，魏献子属役于韩简子及原寿过[4]，而田于大陆[5]，焚焉。还，卒于宁[6]。范献子去其柏椁[7]，以其未复命而田也。

【注释】
〔1〕莅政：代天子主持政事。〔2〕建天子：建造天子的居所。〔3〕易位：改自己臣位而居君位。〔4〕原寿过：周大夫。〔5〕大陆：在今河南获嘉县西北。〔6〕宁：在今获嘉县西。〔7〕柏椁：柏木外棺，是大臣所用，范献子去之，以示贬。

孟懿子会城成周。庚寅，栽[1]。宋仲幾不受功[2]，曰："滕、薛、郳，吾役也[3]。"薛宰曰："宋为无道，绝我小国于周，以我适楚。故我常从宋。晋文公为践土之盟，曰：'凡我同盟，各复旧职。'若从践土，若从宋，亦唯命。"仲幾曰："践土固然[4]。"薛宰曰："薛之皇祖奚仲，居薛以为夏车正。奚仲迁于邳[5]，仲虺居薛，以为汤左相。若复旧职，将承王官，何故以役诸侯？"仲幾曰："三代各异物[6]，薛焉得有旧？为宋役，亦其职也。"士弥牟曰："晋之从政者新[7]，子姑受功。归，吾视诸故府[8]。"仲幾曰："纵子忘之，山川鬼神其忘诸乎？"士伯怒，谓韩简子曰："薛征于人，宋征于鬼，宋罪大矣。且己无辞而抑我以神，诬我也。启宠纳侮，其此之谓矣。必以仲幾为戮[9]。"乃执仲幾以归。三月，归诸京师。

【注释】

〔1〕栽:设版筑填土。 〔2〕功:任务。 〔3〕吾役:我们的徒役。〔4〕固然:谓践土之盟所说也是以薛为宋属国。 〔5〕邘:在今江苏邳县。 〔6〕各异物:事不同。 〔7〕新:指韩简子新为卿。 〔8〕故府:存放档案之处。 〔9〕戮:同"辱"。

城三旬而毕,乃归诸侯之戍。

齐高张后,不从诸侯[1]。晋女叔宽曰:"周苌弘、齐高张皆将不免。苌叔违天,高子违人。天之所坏,不可支也。众之所为,不可奸也。"

【注释】

〔1〕杜注:"后期,不及诸侯之役。"

夏,叔孙成子逆公之丧于乾侯[1]。季孙曰:"子家子亟言于我,未尝不中吾志也[2]。吾欲与之从政,子必止之[3],且听命焉[4]。"子家子不见叔孙,易几而哭[5]。叔孙请见子家子,子家子辞,曰:"羁未得见,而从君以出。君不命而薨,羁不敢见。"叔孙使告之曰:"公衍、公为实使群臣不得事君。若公子宋主社稷[6],则群臣之愿也。凡从君出而可以入者,将唯子是听。子家氏未有后,季孙愿与子从政,此皆季孙之愿也,使不敢以告。"对曰:"若立君,则有卿士、大夫与守龟在[7],羁弗敢知。若从君者,则貌而出者[8],入可也。寇而出者[9],行可也。若羁也,则君知其出也,而未知其入也,羁将逃也。"

【注释】

〔1〕叔孙成子：叔孙婼之子，名不敢。　〔2〕中吾志：合吾心。　〔3〕止之：止其出行外国。　〔4〕杜注："众事皆谘问子家子。"　〔5〕几：时。　〔6〕公子宋：昭公弟，继位为定公。　〔7〕守龟：占卜国事的龟壳。　〔8〕貌而出：表面从君出而心未必忠于君者。　〔9〕寇而出：指与季氏为仇而从君出者。

丧及坏隤[1]，公子宋先入，从公者皆自坏隤反。六月癸亥，公之丧至自乾侯。戊辰，公即位。季孙使役如阚公氏[2]，将沟焉[3]。荣驾鹅曰[4]："生不能事，死又离之，以自旌也[5]。纵子忍之，后必或耻之。"乃止。

【注释】

〔1〕坏隤：在今曲阜境内。　〔2〕阚：在曲阜，是鲁国历代国君墓地。阚公氏，管墓大夫。　〔3〕杜注："季孙恶昭公，欲沟绝其兆域，不使与先君同。"　〔4〕荣驾鹅：鲁大夫荣成伯。　〔5〕旌：彰。

季孙问于荣驾鹅曰："吾欲为君谥[1]，使子孙知之。"对曰："生弗能事，死又恶之，以自信也[2]，将焉用之？"乃止。秋七月癸巳，葬昭公于墓道南。孙子之为司寇也，沟而合诸墓[3]。

昭公出故，季平子祷于炀公[4]。九月，立炀宫。

周巩简公弃其子弟[5]，而好用远人[6]。

【注释】

〔1〕谥：指恶谥。　〔2〕信：同申。自信即自我表白。　〔3〕沟而合诸墓：在墓外为沟，扩大墓区，以与墓道北诸公墓相连。　〔4〕炀公：鲁先君，伯禽之子。　〔5〕巩简公：周卿士。　〔6〕远人：异族。此条本与下为一传。

【译文】

[经]

元年春,周历。

三月,晋国人在京师拘禁了宋仲幾。

夏六月癸亥,昭公的灵柩从乾侯运回国。

戊辰,定公即位。

秋七月癸巳,安葬我国国君昭公。

九月,举行大规模求雨的雩祭。

建立炀公庙。

冬十月,降霜杀死豆类。

[传]

元年春,周历正月辛巳,晋魏舒在狄泉会合诸侯的大夫,准备修筑成周的城墙。魏舒代天子主持其事。卫彪傒说:"打算为天子建造居所,却超越本位发号施令,这不合于道义。重大的事情上违背道义,一定会导致大灾难。晋国不失去诸侯的话,魏舒恐怕难以免除祸患了吧!"这次行动,魏舒把事情交代给韩简子与原寿过办,自己去大陆打猎,放火赶逐猎物。回来时,死在宁地。范献子撤除了他的柏木外棺,因为他还没有复命就去打猎。

孟懿子参加修筑成周城的事。庚寅,设版筑填土。宋仲幾不肯接受任务,说:"滕、薛、郳三国,是从属我们的徒役。"薛宰说:"宋国所作无道,使我们小国与周朝断绝来往,带着我们迁向楚国,所以我们通常服从宋国。晋文公召集践土会盟,盟誓说:'凡是我们同盟国家,各自恢复原先的职位。'是服从践土盟誓,还是服从宋国,我们唯命是听。"仲幾说:"践土之盟定的就是让你们从属宋国。"薛宰说:"薛国的始祖奚仲,居住薛地,担任夏朝车正。奚仲迁移到邳地,仲虺居住薛地,任汤的左相。如果恢复原先的职位,应该担任周朝官职,怎么要为诸侯做徒役?"仲幾说:"三代的事各不相同,薛国怎么还有原先的职位?为宋国做徒役,就是你们的职位了。"士弥牟说:"晋国主持这件事的是个新卿,您姑且接受任务,我去查一下故府所存档案。"仲幾说:"即使您忘了这事,山川鬼神难道也会忘记吗?"士弥牟发怒,对韩简子说:"薛国用人来证明,宋国用鬼来证明,宋国犯的罪很大了。再说自己说不出道理却用神来压制我,这是欺侮我。给予他宠信反而受到他的欺侮,说的就是这情况了。一定要使仲幾羞辱。"于是把仲幾抓起来押回国。三月,把仲幾送回京师。

筑城的工作三旬完工,于是遣返诸侯戍守的军队。

齐高张迟到,没有参加诸侯筑城的事。晋女叔宽说:"周苌弘、齐高张都将不能免受祸难。苌叔违背上天,高子违背大众。上天要毁坏谁,谁也不能维护。众人要惩办谁,谁也不能违背。"

夏,叔孙成子到乾侯去迎接昭公的灵柩。季孙说:"子家子多次与我交谈,没有不合我心意的,我想请他一起参与政事,你一定要留住他别让他走,并且听从他的指示。"子家子不肯见叔孙,改变了哭泣的时间。叔孙请拜见子家子,子家子拒绝说:"我没能见到您,就跟随国君一起走了。君王没有命令我见您就去世了,我不敢与您相见。"叔孙派人告诉他说:"公衍、公为使得群臣不能够事奉君王。如果公子宋主持社稷,这是群臣的愿望。凡是跟随君王出走而可以让他回国的,将由您来决定。子家氏没有继承人,季孙愿意让您参与政事,这些都是季孙的愿望,派我前来报告。"子家子回答说:"对于立君一事,有卿士、大夫和守龟在那里,我不敢参与意见。对跟随君王出行的人的处理,那些表面忠君而心中未必忠君的人,可以回去;和季氏为仇而出行的人,可以让他们出逃国外;至于我自己,是国君知道我出行而不知我回去的,我打算逃走。"

灵柩到达坏隤,公子宋先入都,跟随昭公的人都从坏隤往回走。六月癸亥,昭公的灵柩从乾侯回到都中。戊辰,定公即位。季孙派役夫到阚公氏那儿,要在昭公墓道边挖沟,使昭公墓与鲁历代君王墓分隔开。荣驾鹅说:"活着时你不能事奉他,死了又隔离他,你这是在自我表彰罪恶。即使你忍心这样做了,后世必定会有人以此为羞耻。"季孙便停下未做。

季孙征求荣驾鹅意见说:"我打算为国君定恶谥,让子孙都知道他。"荣驾鹅回答说:"他活着时你不能事奉他,死了又给他恶谥,这是自我表白对他的厌恶,干吗要这样做?"季孙就没给昭公定恶谥。秋七月癸巳,把昭公安葬在墓道的南边。孔子任司寇的时候，在昭公墓外挖沟，使昭公墓与鲁其他国君的墓合为一体。

由于昭公出行的缘故，季平子向炀公祈祷。九月，建立炀公庙。

周巩简公疏远他的子弟，而喜欢任用异族的人。

定 公 二 年

[经]

二年春[1],王正月。

夏五月壬辰,雉门及两观灾[2]。

秋,楚人伐吴。

冬十月,新作雉门及两观。

【注释】

〔1〕二年:公元前508年。 〔2〕雉门:宫殿南门。 两观:雉门两旁的土台,上有重屋,可以观望。

[传]

二年夏四月辛酉,巩氏之群子弟贼简公。

桐叛楚[1],吴子使舒鸠氏诱楚人[2],曰:"以师临我,我伐桐,为我使之无忌。"秋,楚囊瓦伐吴,师于豫章。吴人见舟于豫章,而潜师于巢。冬十月,吴军楚师于豫章,败之。遂围巢,克之,获楚公子繁[3]。

邾庄公与夷射姑饮酒,私出[4]。阍乞肉焉,夺之杖以敲之[5]。

【注释】

〔1〕桐：楚属国，地在今安徽桐城县。 〔2〕舒鸠氏：在襄公二十五年因叛楚而被楚灭，居今安徽舒城县。 〔3〕公子繁：守巢大夫。 〔4〕私：小便。 〔5〕此段当与下一年传为一条。

【译文】

[经]

二年春，周历正月。

夏五月壬辰，雉门与两观发生火灾。

秋，楚国人攻打吴国。

冬十月，新建雉门与两观。

[传]

二年夏四月辛酉，巩氏的子弟们刺杀了巩简公。

桐国背叛楚国，吴王派舒鸠氏去诱骗楚国人，说："你们用军队逼近我们，我们去攻打桐国，这样就能使桐国对我们出兵没有猜疑。"秋，楚囊瓦攻打吴国，驻军于豫章。吴国把水军陈列在豫章，而秘密出兵去巢地。冬十月，吴军在豫章对楚军发动攻击，打败了楚军。接着就包围了巢地，攻了下来，擒获楚公子繁。

邾庄公与夷射姑一起饮酒，夷射姑出外去小便。看门人向夷射姑讨肉吃，夷射姑夺过了他的棍子敲打他。

定 公 三 年

[经]

三年春[1]，王正月，公如晋，至河乃复。

二月辛卯，邾子穿卒。

夏四月。

秋，葬邾庄公。

冬，仲孙何忌及邾子盟于拔[2]。

【注释】

〔1〕三年：公元前507年。　〔2〕邾子：邾隐公。　拔：不详。传作郯。或云即今山东郯城县。

[传]

三年春二月辛卯，邾子在门台[1]，临廷[2]。阍以瓶水沃廷。邾子望见之，怒。阍曰："夷射姑旋焉[3]。"命执之。弗得，滋怒，自投于床，废于炉炭[4]，烂，遂卒。先葬以车五乘，殉五人。庄公卞急而好洁，故及是。

【注释】

〔1〕门台：相当于今之门楼。〔2〕廷：外廷。〔3〕旋：便溺。〔4〕废：堕。

秋九月，鲜虞人败晋师于平中[1]，获晋观虎，恃其勇也。

冬，盟于郯，修邾好也。

【注释】

〔1〕平中：具体所在不详，当在今河北唐县附近。

蔡昭侯为两佩与两裘，以如楚，献一佩一裘于昭王。昭王服之，以享蔡侯。蔡侯亦服其一。子常欲之[1]，弗与。三年止之。唐成公如楚[2]，有两肃爽马[3]，子常欲之，弗与，亦三年止之。唐人或相与谋，请代先从者，许之。饮先从者酒，醉之，窃马而献之子常。子常归唐侯。自拘于司败[4]，曰："君以弄马之故[5]，隐君身[6]，弃国家，群臣请相夫人以偿马[7]，必如之。"唐侯曰："寡人之过也，二三子无辱。"皆赏之。蔡人闻之，固请而献佩于子常。子常朝，见蔡侯之徒，命有司曰："蔡君之久也，官不共也[8]。明日，礼不毕，将死。"蔡侯归，及汉，执玉而沉，曰："余所有济汉而南者，有若大川！"蔡侯如晋，以其子元与其大夫之子为质焉，而请伐楚。

【注释】

〔1〕子常：令尹囊瓦。〔2〕唐：楚附庸小国，唐惠侯之后，地在今湖北随县西北。不久为昭王所灭。〔3〕肃爽：良种骏马，即后人所谓"骕骦"。〔4〕自拘：窃马者自拘。司败：即司寇。〔5〕弄：玩。〔6〕隐：讳言拘留。〔7〕相：助。夫人：养马者。〔8〕官：有关官员。不共：谓没备齐送行的礼品。

【译文】

[经]

三年春，周历正月，昭公去晋国，到了黄河边就回来。
二月辛卯，邾庄公穿去世。
夏四月。
秋，安葬邾庄公。
冬，仲孙何忌与邾隐公在拔地结盟。

[传]

三年春二月辛卯，邾庄公在门台上，观看外廷。看门人用瓶子盛水洒在廷上。邾庄公见了，大怒。看门人说："夷射姑在这里小便。"邾庄公命令把夷射姑抓起来。没抓到，邾庄公更加愤怒，自己从床上跳下去，倒在炉子里的炭上，被烫伤溃烂，于是死了。先用五辆车、五个人殉葬。庄公脾气急躁而有洁癖，所以发生了这样的事。

秋九月，鲜虞人在平中打败晋国军队，擒获了晋观虎，这是因为他自恃勇敢的缘故。

冬，在郯地结盟，是为了重修与邾国的友好关系。

蔡昭侯制作了两件玉佩与两件皮衣，带着去楚国，把一件玉佩与一件皮衣送给楚昭王。楚昭王穿着皮衣戴上玉佩，设享礼宴请蔡昭侯。蔡昭侯也穿着另一件皮衣戴着另一玉佩出席宴会。子常想得到皮衣玉佩，蔡昭侯不肯给，子常把蔡昭侯扣留在楚国三年。唐成公去楚国，他有两匹肃爽马，子常问他要，他不肯给，子常也把唐成公扣留在楚国三年。唐国人有人相互商议，请求替代先随成公到楚国的人，成公同意了。这些人到了楚国请先来的人喝酒，把他们灌醉了，偷了马去献给子常，子常把唐成公放归国内。偷马的人们到司败那儿请求把自己拘禁起来，说："君王由于供人玩弄的马的缘故，匿迹消声，抛弃了国家。臣下们请求你把我们拘禁起来，以帮助那个养马人赔偿出肃爽马来，一定要同以前那两匹马一样。"唐成公说："这是寡人的过错，各位请不要自我羞辱。"对他们全都进行赏赐。蔡国人听说了，坚决请求蔡昭侯，把玉佩献给了子常。子常上朝，见到蔡昭侯手下的人，命令有关官员说："蔡国国君所以滞留这里多时，是由于你们这些人没有备齐送行的礼品。到明天，礼物还没准备好，就要处死你们。"蔡昭侯回国，到汉水边，把玉沉进水中，发誓说："我绝不再渡过汉水到南边去，这江水为我作证！"蔡昭侯去晋国，把他的儿子元和大夫的儿子作为人质，请求出兵攻打楚国。

定 公 四 年

[经]

四年春[1],王二月癸巳,陈侯吴卒。

三月,公会刘子、晋侯、宋公、蔡侯、卫侯、陈子、郑伯、许男、曹伯、莒子、邾子、顿子、胡子、滕子、薛伯、杞伯、小邾子、齐国夏于召陵[2],侵楚。

夏四月庚辰,蔡公孙姓帅师灭沈,以沈子嘉归,杀之。

五月,公及诸侯盟于皋鼬[3]。

杞伯成卒于会。

六月,葬陈惠公。

许迁于容城[4]。

秋七月,公至自会。

刘卷卒。

葬杞悼公。

楚人围蔡。

晋士鞅、卫孔圉帅师伐鲜虞[5]。

葬刘文公。

冬十有一月庚午,蔡侯以吴子及楚人战于柏举[6],

楚师败绩。

　　楚囊瓦出奔郑。

　　庚辰，吴入郢。

【注释】

　　〔1〕四年：公元前506年。〔2〕刘子：刘文公盆，亦称刘卷。晋侯：晋定公。宋公：宋景公。蔡侯：蔡昭侯。卫侯：卫灵公。陈子：陈怀公。时守丧，故称"子"。郑伯：郑献公。许男：许斯。曹伯：曹隐公。莒子：莒郊公。邾子：邾隐公。滕子：滕顷公。薛伯：薛襄公。杞伯：杞悼公。小邾子：小邾穆公。国夏：国佐之孙。召陵：在今河南郾城县东。〔3〕皋鼬：在今河南临颍县南。〔4〕容城：在今河南鲁山县。〔5〕士鞅：即范鞅。孔圉：孔羁孙。〔6〕吴子：吴王阖庐。柏举：在今湖北麻城县东北。

[传]

　　四年春三月，刘文公合诸侯于召陵，谋伐楚也。

　　晋荀寅求货于蔡侯，弗得，言于范献子曰："国家方危，诸侯方贰，将以袭敌，不亦难乎？水潦方降，疾疟方起，中山不服[1]，弃盟取怨，无损于楚，而失中山，不如辞蔡侯。吾自方城以来[2]，楚未可以得志，只取勤焉。"乃辞蔡侯。

【注释】

　　〔1〕中山：即鲜虞国。〔2〕杜注："晋败楚，侵方城，在襄公十六年。"

　　晋人假羽旄于郑[1]，郑人与之。明日，或旆以会。晋于是乎失诸侯。将会，卫子行敬子言于灵公曰[2]：

"会同难[3]，啧有烦言[4]，莫之治也。其使祝佗从[5]。"公曰："善。"乃使子鱼。子鱼辞，曰："臣展四体[6]，以率旧职[7]，犹惧不给而烦刑书[8]，若又共二[9]，徼大罪也。且夫祝，社稷之常隶也。社稷不动，祝不出竟，官之制也。君以军行，祓社衅鼓[10]，祝奉以从[11]，于是乎出竟。若嘉好之事[12]，君行师从[13]，卿行旅从[14]，臣无事焉。"公曰："行也。"及皋鼬，将长蔡于卫[15]。卫侯使祝佗私于苌弘曰："闻诸道路，不知信否，若闻蔡将先卫，信乎？"苌弘曰："信。蔡叔，康叔之兄也，先卫，不亦可乎？"

【注释】
〔1〕羽旄：装饰旌旗的羽毛。 〔2〕子行敬子：卫大夫。 〔3〕同难：难以意见一致。 〔4〕啧有烦言：意见不一致而发生争执。啧，至。烦言，忿争。 〔5〕祝佗：太祝名佗，字子鱼。 〔6〕展四体：展布四肢。谓忙于工作。 〔7〕率旧职：继承先人的职务。 〔8〕烦刑书：获罪。 〔9〕共：同"供"。 〔10〕祓社：祭祀社神。 〔11〕奉：奉社主。〔12〕嘉好之事：朝会、聘问。 〔13〕师：二千五百人。 〔14〕旅：五百人。 〔15〕长蔡于卫：让蔡国排列在卫国前面。

子鱼曰："以先王观之，则尚德也。昔武王克商，成王定之，选建明德[1]，以藩屏周。故周公相王室，以尹天下[2]，于周为睦[3]。分鲁公以大路、大旂[4]，夏后氏之璜[5]，封父之繁弱[6]，殷民六族，条氏、徐氏、萧氏、索氏、长勺氏、尾勺氏，使帅其宗氏[7]，辑其分族[8]，将其类丑[9]，以法则周公，用即命于周[10]。是使之职事于鲁，以昭周公之明德。分之土田陪敦[11]，祝、宗、卜、史，备物、典策[12]，官司、彝器[13]。因商奄之民[14]，命以《伯禽》而封于少皞之虚[15]。分康叔以大路、少帛、綪茷、旃旌、大吕[16]，殷民七族，陶氏、施氏、繁氏、锜氏、樊氏、饥氏、终葵氏，封畛土略[17]，自武父以南，及圃田之北竟[18]，取于有阎之土[19]，以共王职。取于相土之东都[20]，以会王之东蒐。聃季授土[21]，陶叔授民[22]，命以《康诰》[23]，而封于殷虚[24]。皆启以商政[25]，疆以周索[26]。分唐叔以大路、密须之鼓[27]，阙巩、沽洗[28]，怀姓九宗，职官五正[29]。命以《唐诰》[30]，而封于夏虚[31]，启以夏政，疆以戎索。三者皆叔也，而有令德，故昭之以分物[32]。不然，文、武、成、康之伯犹多，而不获是分也，唯不尚年也。管蔡启商，惎间王室[33]。王于是乎杀管叔而蔡蔡叔[34]，以车七乘，徒七十人。其子蔡仲，改行帅德[35]，周公举之，以为己卿士，见诸王而命之以蔡，其命书云：'王曰，胡[36]，无若尔考之违王命也。'若之何其使蔡先卫也？武王之母弟八人，周公为大宰，康叔为司寇，聃季为司空，五叔无官[37]，岂尚年哉！曹，文之昭也；晋，武之穆也。曹为伯甸，非尚年也。今将尚之，是反先王也。晋文公为践土之盟，卫成公不在，夷叔，其母弟也，犹先蔡。其载书云：'王若曰：晋重、鲁申、卫武、蔡甲午、郑捷、齐潘、宋王臣、莒期[38]。'藏在周府，可覆视也。吾子欲复文、武之略[39]，而不正其德，将如之何？"苌弘说，告刘子，与范献子谋之，乃长卫侯于盟。

【注释】

〔1〕选建明德：选明德之人，建立国家。 〔2〕尹：治理。 〔3〕睦：亲厚。 〔4〕鲁公：伯禽。 〔5〕璜：半璧，天子之器。 〔6〕封父：古国名，地在今河南封丘县。繁弱：良弓。 〔7〕宗氏：大宗，即嫡长房。 〔8〕辑：集合。分族：其余支族。 〔9〕类丑：奴隶。 〔10〕用：因。 〔11〕土田陪敦：附庸小国。 〔12〕备物：服饰器物。典策：典籍简册。 〔13〕官司：百官。谓让鲁设卿、大夫等官。 〔14〕商奄：古国名，居鲁地。 〔15〕伯禽：指《伯禽之命》，原为《周书》篇名，已佚。少皞之虚：曲阜。 〔16〕少帛：即少白、小白，旗名。綪茷：大红色旗帜。旃旌：皆旗帜。帛制无装饰的为旃，用羽毛装饰的为旌。大吕：钟名。 〔17〕封畛：封疆。土略：定界。 〔18〕武父、圃田：时均为郑地，当为卫与郑之交界。 〔19〕有阎：在今河南洛阳附近。 〔20〕相土：殷商之祖，居商丘。东都：即今河南商丘县。 〔21〕聃季：周公弟，官司空。 〔22〕陶叔：官司徒。 〔23〕康诰：《周书》篇名。 〔24〕殷虚：即朝歌，今河南淇县。 〔25〕启：开。 〔26〕索：法。 〔27〕密须：国名，地在今甘肃灵台县西。 〔28〕阙巩：阙巩所产的皮甲。沽洗：即"姑洗"，钟名。 〔29〕五正：五官之长。 〔30〕唐诰：《周书》篇名，已佚。 〔31〕夏虚：今山西太原。 〔32〕昭：显。 〔33〕憸：谋。间：犯。 〔34〕蔡：放逐。 〔35〕帅：同"率"，遵循。 〔36〕胡：蔡仲名。 〔37〕五叔：管叔鲜、蔡叔度、成叔武、霍叔处、毛叔聃。 〔38〕晋重：晋重耳的省文。 〔39〕略：道。

反自召陵，郑子大叔未至而卒。晋赵简子为之临[1]，甚哀，曰："黄父之会[2]，夫子语我九言，曰：'无始乱，无怙富，无恃宠，无违同，无敖礼，无骄能[3]，无复怒[4]，无谋非德，无犯非义。'"

【注释】

〔1〕临：哭吊。 〔2〕黄父之会：在昭公二十五年。 〔3〕骄能：以能骄人。 〔4〕复：重。

沈人不会于召陵，晋人使蔡伐之。夏，蔡灭沈。

秋，楚为沈故，围蔡。伍员为吴行人以谋楚。

楚之杀郤宛也[1]，伯氏之族出。伯州犁之孙嚭，为吴大宰以谋楚。楚自昭王即位，无岁不有吴师。蔡侯因之[2]，以其子乾与其大夫之子为质于吴。

【注释】

〔1〕杜注："在昭二十七年。"　〔2〕因：依附。

冬，蔡侯、吴子、唐侯伐楚[1]。舍舟于淮汭，自豫章与楚夹汉。左司马戌谓子常曰[2]："子沿汉而与之上下。我悉方城外以毁其舟，还塞大隧、直辕、冥阨[3]，子济汉而伐之，我自后击之，必大败之。"既谋而行。武城黑谓子常曰[4]："吴用木也，我用革也，不可久也，不如速战。"史皇谓子常："楚人恶子而好司马，若司马毁吴舟于淮，塞城口而入，是独克吴也。子必速战，不然不免。"乃济汉而陈，自小别至于大别[5]，三战，子常知不可，欲奔。史皇曰："安求其事，难而逃之，将何所入？子必死之，初罪必尽说[6]。"

【注释】

〔1〕唐侯：唐成公。　〔2〕左司马戌：即沈尹戌。　〔3〕大隧、直辕、冥阨：河南、湖北交界处的九里关、武胜关、平靖关。　〔4〕武城黑：楚武城大夫，名黑。　〔5〕小别、大别：二山名，均在今淮南、汉北之地。　〔6〕说：同"脱"。

十一月庚午，二师陈于柏举。阖庐之弟夫概王，晨请于阖庐曰："楚瓦不仁，其臣莫有死志，先伐之，其卒必奔。而后大师继之，必克。"弗许。夫概王曰："所谓臣义而行，不待命者，其此之谓也。今日我死[1]，楚可入也[2]。"以其属五千，先击子常之卒。子常之卒奔，楚师乱，吴师大败之。子常奔郑。史皇以其乘广死[3]。

【注释】
〔1〕死：拚死。〔2〕楚：指郢都。〔3〕乘广：楚王或主帅所率领的战车。

吴从楚师，及清发[1]，将击之。夫概王曰："困兽犹斗，况人乎？若知不免而致死[2]，必败我。若使先济者知免，后者慕之，蔑有斗心矣[3]。半济而后可击也。"从之。又败之。楚人为食[4]，吴人及之，奔，食而从之。败诸雍澨[5]，五战及郢。己卯，楚子取其妹季芈畀我以出，涉睢[6]。鍼尹固与王同舟，王使执燧象以奔吴师[7]。庚辰，吴入郢，以班处宫[8]。子山处令尹之宫[9]，夫概王欲攻之，惧而去之，夫概王入之。

【注释】
〔1〕清发：水名，在今湖北安陆县。〔2〕致死：拚死作战。〔3〕蔑有：没有。〔4〕为食：做饭。〔5〕雍澨：水名，在今湖北京山县。〔6〕睢：水名，即今之沮水，在今湖北枝江县东北。〔7〕杜注："烧火燧系象尾，使赴吴师惊却之。"燧，火把。〔8〕班：爵位班次。〔9〕子山：吴王之子。

左司马戌及息而还[1]，败吴师于雍澨，伤。初，司马臣阖庐，故耻为禽焉[2]。谓其臣曰："谁能免吾首？"吴句卑曰："臣贱，可乎？"司马曰："我实失子，可哉。"三战皆伤，曰："吾不可用也已。"句卑布裳[3]，刭而裹之，藏其身而以其首免。

【注释】
〔1〕息：在今河南息县。〔2〕禽：同"擒"。〔3〕布：铺。

楚子涉雎，济江，入于云中[1]。王寝，盗攻之，以戈击王。王孙由于以背受之，中肩。王奔郧[2]，钟建负季芈以从[3]，由于徐苏而从。郧公辛之弟怀将弑王[4]，曰："平王杀吾父，我杀其子，不亦可乎！"辛曰："君讨臣，谁敢仇之？君命，天也，若死天命，将谁仇？《诗》曰：'柔亦不茹，刚亦不吐。不侮矜寡，不畏强御[5]。'唯仁者能之。违强陵弱[6]，非勇也。乘人之约[7]，非仁也。灭宗废祀，非孝也。动无令名，非知也。必犯是，余将杀女。"

【注释】
〔1〕云中：云梦泽中。〔2〕郧：在今湖北安陆县。〔3〕钟建：楚大夫。〔4〕郧公辛：即鬬辛，令尹蔓成然的儿子，蔓成然在昭公十四年被楚平王杀死。〔5〕所引诗见《诗·大雅·烝民》。茹，吃。〔6〕违：避。〔7〕约：处于困境。

鬬辛与其弟巢以王奔随。吴人从之，谓随人曰：

"周之子孙在汉川者,楚实尽之[1]。天诱其衷,致罚于楚,而君又窜之[2]。周室何罪?君若顾报周室,施及寡人[3],以奖天衷[4],君之惠也。汉阳之田,君实有之。"楚子在公宫之北,吴人在其南。子期似王[5],逃王,而己为王,曰:"以我与之,王必免。"随人卜与之,不吉。乃辞吴曰:"以随之辟小而密迩于楚,楚实存之,世有盟誓,至于今未改。若难而弃之,何以事君?执事之患,不唯一人。若鸠楚竟[6],敢不听命。"吴人乃退。鑢金初宦于子期氏[7],实与随人要言[8]。王使见,辞,曰:"不敢以约为利。"王割子期之心[9],以与随人盟。

【注释】

〔1〕尽:灭亡。 〔2〕窜:藏匿。 〔3〕施:推及。 〔4〕奖:成。〔5〕子期:公子结,昭王庶兄。 〔6〕鸠:安定。 〔7〕鑢金:公子结臣。 〔8〕要:约。 〔9〕割心:当心口割破皮肤使流血。

初,伍员与申包胥友。其亡也,谓申包胥曰:"我必复楚国[1]。"申包胥曰:"勉之。子能复之,我必能兴之。"及昭王在随,申包胥如秦乞师,曰:"吴为封豕、长蛇[2],以荐食上国[3],虐始于楚。寡君失守社稷,越在草莽,使下臣告急,曰:'夷德无厌,若邻于君,疆场之患也。逮吴之未定,君其取分焉。若楚之遂亡,君之土也。若以君灵抚之,世以事君。'"秦伯使辞焉,曰:"寡人闻命矣,子姑就馆,将图而告。"对曰:"寡君越在草莽,未获所伏[4],下臣何敢即安?"

立，依于庭墙而哭，日夜不绝声，勺饮不入口七日。秦哀公为之赋《无衣》[5]，九顿首而坐，秦师乃出。

【注释】

〔1〕复：倾覆，灭亡。〔2〕封豕、长蛇：尧时曾为害，故以之比吴国。〔3〕荐：数。〔4〕伏：居处。〔5〕杜注："《诗·秦风》。取其'王于兴师，修我戈矛，与子同仇'，'与子偕作'，'与子偕行'。"

【译文】

[经]

四年春，周历二月癸巳，陈惠公吴去世。

三月，定公与刘文公、晋定公、宋景公、蔡昭侯、卫灵公、陈怀公、郑献公、许男斯、曹隐公、莒郊公、邾隐公、顿子、胡子、滕顷公、薛襄公、杞悼公、小邾穆公、齐国夏在召陵相会，侵袭楚国。

夏四月庚辰，蔡公孙姓率领军队灭亡了沈国，把沈子嘉押回国，杀了。

五月，定公与诸侯在皋鼬结盟。

杞悼公成在盟会期间去世。

六月，安葬陈惠公。

许国迁移到容城。

秋七月，定公从盟会回国。

刘卷去世。

安葬杞悼公。

楚国人包围蔡国。

晋士鞅、卫孔圉率领军队攻打鲜虞。

安葬刘文公。

冬十一月庚午，蔡昭侯与吴王阖庐在柏举与楚国人交战，楚军大败。

楚囊瓦出逃到郑国。

庚辰，吴军攻入郢都。

[传]

四年春三月，刘文公在召陵会合诸侯，商议攻打楚国的事。

晋荀寅向蔡昭侯索讨财物，没有得到，就对范献子说："国家正在危急中，诸侯正离心涣散，要在这种情况下攻袭敌人，不是太困难了吗？大雨正下个不停，疟疾正在传播期，中山国不肯臣服，背弃盟约而招致怨仇，对楚国没有损害，而我国却丢失了中山，还不如拒绝蔡昭侯。我国自从方城战役以来，没能在对楚国的战争中得到好处，只不过劳师伤财而已。"晋国于是拒绝了蔡昭侯。

晋国人向郑国借羽旄，郑国人给了他们。第二天，晋国人把羽旄装饰旌旗参加会议。晋国因此而失去了诸侯的拥护。会议即将举行，卫子行敬子对卫灵公说："凡是朝会很少有意见一致的，总是因分歧而争论不休，无法恰到好处。不如让祝佗跟着你。"灵公说："行。"于是让祝佗跟随。祝佗说："臣勤劳忙碌，以继承先人的职务，尚且心中畏惧完不成任务而受到处罚，如果再兼任第二种事，这就会获大罪了。再说太祝，是为社稷神所配备的贱职。社稷不动，太祝不出国境，这是官制所规定的。国君率领军队出征，祭祀社神，用牺牲的血涂鼓，太祝奉社主跟从，这时候才出国境。倘若是参加朝会，国君出去有一师人跟从，卿出去有一旅人跟从，臣没有什么事可做。"灵公说："你还是跟我走吧。"到达皋鼬，晋国打算把蔡国位子排列在卫国前面。卫灵公派祝佗私下去问苌弘说："听路上人传言，不知是否确实，听说蔡国将排位在卫国前面，是真的吗？"苌弘说："不错。蔡叔是卫始封君康叔的哥哥，排位在卫国前面，不是顺理成章的吗？"

祝佗说："用先王的标准来看，崇尚的是德行。往昔武王战胜商朝，成王平定天下，选择德行修明的人分封建国，让他们成为周朝的藩篱屏障。所以周公辅相王室，以治理天下，让诸侯对周亲厚。分赐给鲁公大路、大旂，夏后氏的璜玉，封父的繁弱名弓，还给殷朝的六个家族，即条氏、徐氏、萧氏、索氏、长勺氏、尾勺氏，让他们率领他们的大宗，聚集他们的分族，率领好他们的奴隶，来服从周公的法制，因此而听从周朝的命令。这是让他在鲁国执行职务，以光大周公的美好的德行。分赐给鲁公附庸小国，太祝、宗人、太卜、太史,服饰器物,典籍简策。抚有商奄的人民,用《伯禽》来训诫他而把他封在少皞的故居。分赐给康叔大路、少帛旗、靖茷、旃旌、大吕,以及殷朝的七个家族,即陶氏、施氏、繁氏、锜氏、樊史、饥氏、终葵氏,封疆定界,从武父以南,到圃田的北境,取得了有阎氏的土地,来执行王室任命的职务。取得了相土的东都,以协助天子到东方巡视。聃季授给他土地,陶叔授给他人民,以《康诰》来训诫他,而把他封在殷朝的故都。鲁公与康叔都沿用商朝的政事,而按照周朝的法律来区划土地。分赐给唐叔大路、密须国的鼓、阙巩产的皮甲、沽洗钟,还给怀姓的九个宗族,五正的职官。以《唐诰》来训诫他,而把他封在夏朝的故都,沿用夏朝的政事,而按照戎人的法律来区划土地。这三个人都是天子的弟弟,而有美好的德行,所以通过赏赐他们宝物来显扬他们。不然的话,文王、武王、成王、康王的庶兄还很多,却没有得到这样的赏赐,这就是因为不崇尚年龄的缘故。管、蔡沿用商朝旧政,企图谋害王室。天子因此就杀死了管叔而放逐了蔡叔,给蔡叔七辆车子,七十个徒役。蔡叔的儿子蔡仲,改恶行善,周公举荐他,让他做自己的卿士,把他引见给天子而命令他为蔡侯,他的任命书说:'天子说:胡,你不要像你父亲一样违背天子的命令。'根据什么让蔡国排列在卫国前面呢?武王的同母弟弟八个人,周公为太宰,康叔为司寇,聃季为司空,其他五人没有官职,难道是崇尚年龄吗?曹国,是文王的后代;晋国,是武王的后代。曹国以伯爵做甸服内的诸侯,并不是崇尚年龄。现在准备尊崇他,是违背先王的意思。晋文公召集践土的盟会,卫成公没到会,到会的是他的同母弟夷叔,名位仍然排在蔡国的前面。盟会的誓辞说:'天子说:晋重、鲁申、卫武、蔡甲午、郑捷、齐潘、宋王臣、莒期。'这盟书藏在周朝的府库中,可以拿出来核对。您要想恢复文王、武王的道统,却不端正自己的德行,将会怎么样?"苌弘认为他说的好,告诉了刘子,与范献子商议,于是在结盟时让卫国排位在蔡国之前。

从召陵回国,郑子太叔尚未到达国内就去世了。晋赵简子为他设位哭吊,十分悲伤,说:"黄父那次会议,这位先生对我说了九句话,是:'不要发起动乱,不要凭仗富有,不要依仗受到宠信，不要违背共同的意愿，不要傲视有礼的人，不要以才能骄傲，不要为一件事再次发怒，不要谋划不合道德的事，不要触犯做不合道义的事。"

沈国人不肯参加召陵盟会，晋国人派蔡国攻打沈国。夏，蔡国灭亡了沈国。

秋，楚国因为沈国被灭亡的缘故，包围蔡国。伍员任吴国行人以谋划攻打楚国。

楚国杀死郤宛时，伯氏的族人逃亡在外。伯州犁的孙子伯嚭，任吴国太宰，以谋划攻打楚国。楚国自从昭王即位以来，没有一年不受到吴军攻打。蔡昭侯依附吴国，把他的儿子乾与他的大夫的儿子送到吴国做人质。

冬，蔡昭侯、吴王阖庐、唐成公攻打楚国。在淮水边上离舟登陆，从豫章进发与楚军隔汉水对峙。左司马戌对子常说："您沿着汉水与他们上下周旋。我带领方城外的所有军队去毁坏他们的船只，回兵堵塞大隧、直辕、冥阨，您渡过汉水攻打他们，我从后面夹攻，一定能把他们打得大败。"商议定后，左司马戌就出发了。武城黑对子常说："吴军战车是用木头做的，我军战车是用皮革蒙的，如遇雨不能持久，不如快些决战。"史皇对子常说："楚国人憎恶您而爱戴司马，如果司马在淮水边毁坏了吴国人的船只，堵塞了隘口而回兵，那就成了他独自战胜了吴军。您一定要快些决战，不然的话不能免于罪责。"子常于是渡过汉水立阵，从小别山直到大别山，交战三次，子常知道不能获胜，想要逃走。史皇说："国家平安，您就谋求执掌政权；国家有难，您却逃走，打算逃到哪里去？您一定要拚死作战，过去所犯的罪过一定可以全部免除。"

十一月庚午，双方军队在柏举摆开阵势。阖庐的弟弟夫概王早晨向阖庐请命说："楚囊瓦不仁，他的部下没有拚死作战的决心，先攻打他们，他们的士兵一定会逃窜，随后大部队跟上去，一定能取胜。"阖庐不答应。夫概王说："所谓臣下看到合于道义的事就去做，不必等待命令，说的就是这个吧。今天我拚死作战，楚都能够攻入。"带着他的部下五千人，率先攻击子常的军队。子常的军队逃跑，楚军混乱，吴军大败楚军。子常逃往郑国。史皇乘着子常的战车战死。

吴军追击楚军，到达清发，准备攻击楚军。夫概王说："被困的野兽尚且要争斗，何况是人呢？如果他们知道不能免于一死而拚命抵抗，一定会打败我们。如果让先渡过河去的人知道可以逃脱，后边的人羡慕他们，争先渡河，就没有斗志了。等他们渡过一半后就可以攻击了。"阖庐听从了他的建议。又打败了楚军。楚军做饭，吴军追到，楚军逃跑，吴军吃了楚军做的饭后继续追赶。又在雍澨打败了楚军。接战五次，到达了郢都。己卯，楚昭王带了他的妹妹季芈畀我逃出郢都，渡过睢水。鍼尹固与昭王同乘一条船，昭王令他点燃火把系在象尾上，使象冲入吴军。庚辰，吴军进入郢都，按照爵位班次住入楚君臣的官室。子山住进了令尹子常的家，夫概王打算攻打他，子山害怕，离开了子常家，夫概王住了进去。

左司马戌到达了息地而回兵，在雍澨打败了吴军，自己负了伤。起初，司马曾经做过阖庐的臣下，所以耻于被吴军俘虏，对他的部下说："谁能让吴军不得到我的头？"吴句卑说："下臣地位卑贱，行吗？"司马说："我过去没能了解你，你能行。"又与吴军交战三次，司马每次战斗都负了伤，说："我已经不行了。"句卑铺开裙子，把司马的头割下来包裹好，把他的身子藏起来后带着头逃走了。

楚昭王徒步趟过睢水，渡过长江，进入云梦地区。昭王睡觉，有盗贼攻击他，用戈击打昭王，王孙由于用背挡住戈，被击中肩膀。昭王逃到郧地，钟建背着季芈跟着他，王孙由于慢慢苏醒后也跟了上来。郧公辛的弟弟怀打算杀死昭王，他说："平王杀死我的父亲，我杀死他的儿子，不也是应该的吗？"辛说："君王诛讨臣下，谁敢记他的仇？君王的命令就是上天的命令，如果死于上天的命令，你准备仇恨谁？《诗》说：'不吞吃柔软的，不吐出坚硬的；不欺侮鳏寡，不害怕强暴。'这只有仁德的人能够做到。逃避强者，欺侮弱者，不是勇。乘人之危，不是仁。灭亡宗族，废除祭祀，不是孝。举动得不到好名声，不是智。要是一定要这样做，我就杀死你。"

鬭辛与他的弟弟巢带着楚昭王逃到随国。吴国人追到随国，对随国人说:"在汉川的周朝的子孙,已被楚国消灭干净。上天垂示心意,对楚国降临惩罚,而君王又把楚昭王藏匿起来。周室有什么罪过?君王如果能顾念报答周室,施及于寡人,以完成上天的心意,这是君王的恩惠。汉阳的土地,归君王所有。"楚昭王在公宫的北面,吴国人在他南面。子期长得像昭王,就让昭王逃走,自己妆扮成楚昭王,说:"把我交给他们,君王一定能免于祸难。"随人为交出子期而占卜,不吉利,于是拒绝吴军说:"因为随国是处在偏僻地方的小国又紧挨着楚国,是楚国保存了我们,世代有盟誓,一直到现在没有改变。如果楚国有了危难而抛弃他们,又怎么能事奉君王?执事所担心的不只是楚昭王一人,如果能安定楚国境内,我们岂敢不听从你们的命令。"吴国人就撤退了。鍼尹固起初在子期氏那儿做家臣,曾与随国人有约定不把楚王交出。楚昭王让他进见,他推辞说:"不敢因为君王处在困境而图谋私利。"楚昭王割破子期心口取血与随国人盟誓。

  起初,伍员与申包胥是朋友。伍员出逃时,对申包胥说:"我一定要灭亡楚国。"申包胥说:"你努力吧!你能灭亡它,我一定能复兴它。"到了楚昭王在随国,申包胥去秦国请求出兵,说:"吴国就同大猪、长蛇,多次吞食上国,为害从楚国开始。寡君没能守住社稷,远避荒野,派下臣来告急,说:'夷人的本性是贪得无厌,如果成为君王的邻国,就是边境的祸患。趁吴国还没有安定,君王可以来分割楚国的土地。如果楚国就此灭亡,这里就是君王的土地了。如果以君王的威灵镇抚楚国,楚国将世代事奉君王。'"秦哀公派人辞谢,说:"寡人听到命令了,您姑且在馆舍安顿下来,我们要商量一下然后告诉您。"申包胥回答说:"寡君远避荒野,还没得到安居地,下臣怎么敢到安逸的地方休息?"站在那儿,靠着庭院的墙而哭,日夜哭声不断,七天没有喝过一勺水。秦哀公为他赋《无衣》诗,他叩头九次然后坐下,秦军于是出动。

定 公 五 年

[经]

五年春[1],王三月辛亥朔,日有食之。

夏,归粟于蔡[2]。

於越入吴[3]。

六月丙申,季孙意如卒。

秋七月壬子,叔孙不敢卒。

冬,晋士鞅帅师围鲜虞。

【注释】

〔1〕五年:公元前505年。〔2〕杜注:"蔡为楚所围,饥乏,故鲁归之粟也。"〔3〕於越:即越,於为发声词。

[传]

五年春,王人杀子朝于楚。

夏,归粟于蔡,以周亟[1],矜无资[2]。

越入吴,吴在楚也。

【注释】

〔1〕亟:急,急难。〔2〕资:粮。

六月，季平子行东野[1]，还，未至，丙申，卒于房[2]。阳虎将以玙璠敛[3]，仲梁怀弗与[4]，曰："改步改玉[5]。"阳虎欲逐之，告公山不狃[6]。不狃曰："彼为君也，子何怨焉？"既葬，桓子行东野[7]，及费。子泄为费宰，逆劳于郊，桓子敬之。劳仲梁怀，仲梁怀弗敬。子泄怒，谓阳虎："子行之乎[8]！"

【注释】
〔1〕季平子：季孙意如。行：巡视。东野：季氏邑。 〔2〕房：即"防"，在今曲阜东。 〔3〕玙璠：宝玉。 〔4〕仲梁怀：季氏臣。 〔5〕改步改玉：身份改变，佩玉改变。古人依身份不同，步履亦不同。季平子代君位，祭宗庙，故行君步，佩君所佩的玙璠；今仍为臣，故不得用玙璠。 〔6〕公山不狃：季氏臣，任费宰，字子泄。 〔7〕桓子：季平子之子季孙斯。 〔8〕行：逐。

申包胥以秦师至，秦子蒲、子虎帅车五百乘以救楚。子蒲曰："吾未知吴道[1]。"使楚人先与吴人战，而自稷会之[2]，大败夫概王于沂[3]。吴人获薳射于柏举[4]，其子帅奔徒以从子西[5]，败吴师于军祥[6]。秋七月，子期、子蒲灭唐。九月，夫概王归，自立也，以与王战而败，奔楚，为堂谿氏。

【注释】
〔1〕道：犹法，指作战方法。 〔2〕稷：在今河南桐柏县。 〔3〕沂：在今河南正阳县。 〔4〕薳射：楚大夫。 〔5〕奔徒：逃兵，散兵。 〔6〕军祥：当在湖北随县西南。

吴师败楚师于雍澨，秦师又败吴师。吴师居麇[1]，子期将焚之，子西曰："父兄亲暴骨焉，不能收，又焚之，不可。"子期曰："国亡矣！死者若有知也，可以歆旧祀[2]？岂惮焚之？"焚之，而又战，吴师败。又战于公婿之谿[3]，吴师大败，吴子乃归。囚闉舆罢[4]。闉舆罢请先，遂逃归。叶公诸梁之弟后臧从其母于吴[5]，不待而归。叶公终不正视。

【注释】
〔1〕麇：不详。据下文，吴兵当在此曾打败楚兵，楚兵损失惨重。〔2〕可：何。〔3〕公婿之谿：《楚策》作浊水，高诱注谓近长江之地。〔4〕闉舆罢：楚大夫。〔5〕诸梁：沈尹戌之子，为叶公，字子高。

乙亥，阳虎囚季桓子及公父文伯[1]，而逐仲梁怀。冬十月丁亥，杀公何藐[2]。己丑，盟桓子于稷门之内。庚寅，大诅[3]，逐公父歜及秦遄[4]，皆奔齐。

【注释】
〔1〕公父文伯：季桓子从父兄弟，名歜。〔2〕公何藐：季氏族人。〔3〕诅：祭神而诅咒。〔4〕秦遄：季平子姑婿。

楚子入于郢。初，鬬辛闻吴人之争宫也，曰："吾闻之，不让则不和，不和不可以远征。吴争于楚，必有乱。有乱则必归，焉能定楚？"王之奔随也，将涉于成臼[1]，蓝尹亹涉其帑，不与王舟。及宁[2]，王欲杀之。子西曰："子常唯思旧怨以败，君何效焉？"王曰："善。使复其所，吾以志前恶。"王赏鬬辛、王孙由于、王孙圉、钟建、鬥巢、申包胥、王孙贾、宋木、鬥怀。子西曰:"请舍怀也。"[3]王曰:"大德灭小怨,道也。"申包胥曰:"吾为君也,非为身也。君既定矣,又何求?且吾尤子旗[4],其又为诸?"遂逃赏。王将嫁季芈,季芈辞曰:"所以为女子,远丈夫也。钟建负我矣。"以妻钟建,以为乐尹。

【注释】
〔1〕成臼:即臼水,一名白成河,出湖北京山县,西南入沔。〔2〕宁:安定。〔3〕鬥怀曾想杀楚昭王,见上年传。故子西请求将他除名。〔4〕尤:不满。子旗:蔓成然,拥立平王有功而贪得无厌,终被杀。

王之在随也,子西为王舆服以保路[1],国于脾泄[2]。闻王所在,而后从王。王使由于城麇,复命,子西问高厚焉,弗知。子西曰:"不能,如辞。城不知高厚,小大何知?"对曰:"固辞不能,子使余也。人各有能有不能。王遇盗于云中,余受其戈,其所犹在。"袒而视之背[3],曰:"此余所能也,脾泄之事,余亦弗能也。"
晋士鞅围鲜虞,报观虎之役也。

【注释】
〔1〕保路:保护逃难的人。〔2〕脾泄:当在今湖北江陵县附近。〔3〕视:同"示"。

【译文】
[经]
五年春,周历三月辛亥朔,发生日食。

夏,送粮食给蔡国。
越国攻入吴国。
六月丙申,季孙意如去世。
秋七月壬子,叔孙不敢去世。
冬,晋士鞅率领军队包围鲜虞。

[传]

五年春,周朝人在楚国杀死王子朝。

夏,送粮食给蔡国,用来周济急难,哀怜他们没有粮食。

越国攻入吴国,是因为吴军正在楚国。

六月,季平子巡视东野,回都城,还没到,丙申,在房地去世。阳虎打算用玙璠随葬,仲梁怀不肯给,说:"地位改变了,佩玉也要跟着改变。"阳虎想驱逐他,告诉公山不狃。不狃说:"他是为国君着想,您怨恨什么呢?"安葬了季平子后,桓子巡视东野,到费邑。公山不狃任费宰,到郊外去迎接慰劳,桓子对他表示敬重。慰劳仲梁怀,仲梁怀对不狃不敬重。不狃大怒,对阳虎说:"您赶走他吧!"

申包胥带着秦军到达,秦子蒲、子虎率领五百辆兵车去救援楚国。子蒲说:"我不熟悉吴国人作战的方法。"让楚国人先与吴国人交战,自己率兵从稷地与楚军会师,在沂地大败夫㮣王。吴国人在柏举擒获了薳射,薳射的儿子收拾败兵跟随子西,在军祥打败了吴军。秋七月,子期、子蒲灭亡了唐国。九月夫㮣王回国,自立为王,与吴王阖庐交战被打败,逃到楚国,他的后代就是堂谿氏。

吴军在雍澨打败楚军,秦军又打败吴军。吴军居住在麇邑,子期打算放火焚城,子西说:"父兄亲戚的尸骨暴露在外,不能收拾,又焚烧他们,这样不行。"子期说:"国家要灭亡了!死去的人如果有知觉,到哪里去享受以往的祭祀?哪里还怕被焚烧尸骨?"放火烧城,又接着交战,吴军战败。又在公婿之谿交战,吴军大败,吴王于是回国。俘虏了闉舆罢,闉舆罢请求让他先走,于是乘机逃回楚国。叶公诸梁的弟弟后臧跟随自己的母亲住在吴国,这时抛下了母亲回到楚国。叶公始终对他不屑一顾。

乙亥，阳虎囚禁季桓子与公父文伯，而驱逐仲梁怀。冬十月丁亥，杀死公何藐。己丑，与季桓子在稷门内设立盟誓。庚寅，举行大规模的诅咒，驱逐了公父文伯与秦遄，二人都出奔齐国。

楚昭王进入郢都。起初，鬬辛听说吴国人争抢宫室，说："我听说，不谦让便不和睦，不和睦就不能远出征战。吴国人在楚国争抢，一定会内乱。有了内乱就一定会撤回，怎么能平定楚国？"昭王逃往随国时，将要渡过成白河。蓝尹亹把他的妻小渡过河去，不肯把船让给昭王。战争平定后，楚昭王要杀死蓝尹亹。子西说："子常就是对过去的怨仇耿耿于怀所以导致失败，君王为什么要向他学？"昭王说："不错，让他官复原职。我用这事来记住以往的过错。"昭王赏赐鬬辛、王孙由于、王孙圉、钟建、鬬巢、申包胥、王孙贾、宋木、鬬怀。子西说："不要赏赐鬬怀。"昭王说："大德消除小怨，这是道义。"申包胥说："我这样做是为了君王，不是为自己。君王已经得到了安定，我还求什么？再说我对子旗不满，难道又向他学？"于是就躲起来不接受赏赐。昭王打算让季芈出嫁，季芈拒绝说："作为一个女子，就是要远离男人。然而钟建背过我了。"昭王把她嫁给钟建，任命钟建为乐尹。

昭王在随国时，子西设立了楚王的车子和服饰来保护逃难的人，在脾泄建立国都。后来听说了昭王所在，就去跟从昭王。昭王派王孙由于修筑麇邑城墙，回来汇报，子西问城墙的高度与厚度，他回答不上来。子西说："你不能干这事，就应该推辞。筑城却不知多少高多少厚，又怎么知道范围的大小？"由于回答说："我坚决推辞说不能干，是您派我去的。人们各自有干得了有干不了的事。君王在云梦中碰上盗贼，我用身子挡住盗贼的戈，伤疤还在。"脱下衣服让子西看他的背，说："这是我所能干的，您在脾泄所干的事，我也不能办到。"

晋士鞅包围鲜虞，是为了报复观虎被俘那次战役。

定 公 六 年

[经]

六年春[1],王正月癸亥,郑游速帅师灭许,以许男斯归。

二月,公侵郑。

公至自侵郑。

夏,季孙斯、仲孙何忌如晋。

秋,晋人执宋行人乐祁犁。

冬,城中城[2]。

季孙斯、仲孙忌帅师围郓。

【注释】

〔1〕六年:公元前504年。 〔2〕中城:内城。

[传]

六年春,郑灭许,因楚败也。

二月,公侵郑,取匡[1],为晋讨郑之伐胥靡也[2]。往不假道于卫;及还,阳虎使季、孟自南门入[3],出自东门,舍于豚泽[4]。卫侯怒,使弥子瑕追之。公叔文子老矣[5]，辇而如公，曰："尤人而效之，非礼也。昭公之难，君将以文之舒鼎[6]，成之昭兆[7]，定之鞶鉴[8]，苟可以纳之，择用一焉。公子与二三臣之子，诸侯苟忧之，将以为之质。此群臣之所闻也。今将以小忿蒙旧德，无乃不可乎？大姒之子[9]，唯周公、康叔为相睦也。而效小人以弃之，不亦诬乎！天将多阳虎之罪以毙之，君姑待之，若何？"乃止。

【注释】
〔1〕匡：在今河南长垣县。 〔2〕胥靡：在今河南偃师县东。〔3〕季、孟：季桓子、孟献子。 〔4〕豚泽：卫都东门外之地。 〔5〕公叔文子：公叔发。 〔6〕文之舒鼎：卫文公所得到的鼎。 〔7〕昭兆：宝龟。 〔8〕鞶鉴：镶嵌着铜镜的大带。 〔9〕大姒：周文王妻。

夏，季桓子如晋，献郑俘也。阳虎强使孟懿子往报夫人之币。晋人兼享之。孟孙立于房外，谓范献子曰："阳虎若不能居鲁，而息肩于晋，所不以为中军司马者，有如先君！"献子曰："寡君有官，将使其人[1]，鞅何知焉？"献子谓简子曰："鲁人患阳虎矣，孟孙知其衅[2]，以为必适晋，故强为之请，以取入焉[3]。"

【注释】
〔1〕使其人：杜注："择得其人。" 〔2〕衅：兆，预兆。 〔3〕以取入：让他留下退路，实则逼其走。

四月己丑，吴大子终累败楚舟师[1]，获潘子臣、小惟子及大夫七人[2]。楚国大惕，惧亡。子期又以陵师败于繁扬[3]。令尹子西喜曰:"乃今可为矣[4]。"于是乎迁郢于鄀[5],而改纪其政[6],以定楚国。

【注释】

〔1〕终累:阖庐子,夫差兄。 〔2〕潘子臣、小惟子:楚水军将帅。〔3〕陵师:陆军。 繁扬:在今湖北新蔡县北。 〔4〕杜注:"言知惧而后可治。" 〔5〕鄀:今湖北宜城县东南。 〔6〕纪:治理。

周儋翩率王子朝之徒[1],因郑人将以作乱于周。郑于是乎伐冯、滑、胥靡、负黍、狐人、阙外[2]。六月,晋阎没戍周,且城胥靡。

【注释】

〔1〕儋翩:王子朝余党。 〔2〕以上六邑,均周邑,在今洛阳、偃师、登封一带。

秋八月,宋乐祁言于景公曰:"诸侯唯我事晋,今使不往,晋其憾矣。"乐祁告其宰陈寅。陈寅曰:"必使子往。"他日,公谓乐祁曰:"唯寡人说子之言,子必往。"陈寅曰:"子立后而行,吾室亦不亡[1],唯君亦以我为知难而行也。"见溷而行[2]。赵简子逆,而饮之酒于绵上[3],献杨楯六十于简子。陈寅曰:"昔吾主范氏,今子主赵氏,又有纳焉。以杨楯贾祸,弗可为也已。然子死晋国,子孙必得志于宋。"范献子言于晋侯曰:"以君命越疆而使,未致使而私饮酒,不敬二君[4],不可不讨也。"乃执乐祁。

【注释】

〔1〕杜注："寅知晋政多门，往必有难，故使乐祁立后而行。"〔2〕溷：乐祁之子。〔3〕绵上：在今山西翼城县。〔4〕二君：指晋定公与宋景公。

阳虎又盟公及三桓于周社[1]，盟国人于亳社[2]，诅于五父之衢[3]。

冬，十二月，天王处于姑蕕[4]，辟儋翩之乱也。

【注释】

〔1〕三桓：鲁国季氏、孟孙氏、叔孙氏皆出自桓公，合称三桓。〔2〕亳社：鲁所得为商故地，故除立周社外，又立亳社。〔3〕五父之衢：见襄公十一年传注。〔4〕姑蕕：周地，具体所在不详。

【译文】

[经]

六年春，周历正月癸亥，郑游速率领军队灭亡许国，把许男斯押回国。

二月，定公侵袭郑国。

定公从侵郑战役回国。

夏，季孙斯、仲孙何忌去晋国。

秋，晋国人拘捕宋行人乐祁犁。

冬，修筑中城城墙。

季孙斯、仲孙何忌率领军队包围郓邑。

[传]

六年春，郑国灭亡了许国，是乘楚国战败不能顾及的机会。

二月，定公侵袭郑国，攻下匡地，是代替晋国讨伐郑国攻打胥靡。去时不向卫国借路，到回兵时，阳虎让季桓子、孟献子从卫都城南门进城，从东门出城，住在豚泽。卫灵公发怒，派弥子暇追击鲁军。公叔文子已经告老退休，让人推着车子送他到卫灵公那儿，说："怨恨别人而仿效他，是不合乎礼的。鲁昭公有危难的时候，君王打算拿出文公的舒鼎、成公的宝龟、定公的鼜鉴，如果有谁能让鲁昭公回都复位，就选其中一件作为赏赐。公子和几位臣子的儿子，如果诸侯有为鲁昭公操心的，就愿让他们作为人质。这是臣子们所听到的。现在打算因为小小的愤恨而冲抵掩盖掉过去的恩德，恐怕不应该吧？太姒的儿子，只有周公、康叔互相亲密，却仿效小人而丢弃亲情，不是太傻了吗？上天将增加阳虎的罪让他满贯后杀死他，君王姑且等待一阵，怎么样？"卫灵公因此停止追击。

夏，季桓子去晋国，是向晋国奉献郑国的俘虏。阳虎硬让孟懿子同去，专门向晋国国君夫人奉献礼物。晋国人设享礼一起招待二人。孟懿子站在房外，对范献子说："阳虎如果在鲁国住不下去，想到晋国来轻松轻松，晋国如果不让他担任中军司马，有先君在上！"范献子说："寡君设立官职，将选择合适的人担任，我怎么能决定？"范献子对赵简子说："鲁国人厌恶阳虎了，孟懿子看出了预兆，认为他一定会到晋国来，所以硬为他请命，以便为他留好退路。"

四月己丑，吴太子终累打败楚国水军，俘虏了潘子臣、小惟子与大夫七个人。楚国大为惊恐，害怕灭亡。子期又带着陆军在繁扬打了败仗。令尹子西高兴地说："现在可以做一番事了。"于是把郢都迁到鄀地，而改变治国的方法，以安定楚国。

周儋翩率领王子朝的旧部，依靠郑国人，打算在周发动叛乱。郑国这时便攻打冯、滑、胥靡、负黍、狐人、阙外。六月，晋阎没戍守成周，并修筑胥靡的城墙。

秋八月，宋乐祁对景公说："诸侯中只有我国事奉晋国，如果现在不派使者前往，晋国也许会对我国怀恨。"乐祁把这番话告诉他的家宰陈寅。陈寅说："一定会派您去晋国。"过了几天，宋景公对乐祁说："只有寡人赞成你的意见，你一定得去晋国。"陈寅说："您立好继承人后再去，我们的宗室才不会灭亡，就是国君也可以知道我们是知难而行。"乐祁把儿子乐溷引见给景公后上路。赵简子前来迎接，请他在绵上饮酒，乐祁送给赵简子六十只杨木盾牌。陈寅说:"过去我们投靠范氏,如今您投靠赵氏,又送给他礼物。因为杨木盾牌而招致祸患,没法挽救了。不过您死在晋国,子孙一定会在宋国光大昌盛。"范献子对晋定公说:"受国君命令出使他国,没有完成使命而私下饮酒,不尊敬两国的国君,不能不讨伐他。"于是把乐祁抓了起来。

阳虎又与定公及三桓在周社设盟,与国人在亳社设盟,在五父之衢诅咒。

冬,十二月,周敬王居住在姑莸,是为了逃避儋翩发起的叛乱。

定 公 七 年

[经]

七年春[1],王正月。

夏四月。

秋,齐侯、郑伯盟于鹹[2]。

齐人执卫行人北宫结以侵卫。

齐侯、卫侯盟于沙[3]。

大雩。

齐国夏帅师伐我西鄙[4]。

九月,大雩。

冬十月。

【注释】

〔1〕七年:公元前503年。 〔2〕齐侯:齐景公。郑伯:郑献公。鹹:在今河南濮阳县东南。 〔3〕卫侯:卫灵公。沙:在今河北大名县东。 〔4〕国夏:见定公四年经注。

[传]

七年春二月,周儋翩入于仪栗以叛[1]。

齐人归郓、阳关,阳虎居之以为政。

夏四月，单武公、刘桓公败尹氏于穷谷[2]。

【注释】
〔1〕仪栗：周邑，在洛阳附近。 〔2〕单武公：穆公子。刘桓公：文公子。穷谷：在洛阳市附近。

秋，齐侯、郑伯盟于鹹，征会于卫。卫侯欲叛晋，诸大夫不可。使北宫结如齐，而私于齐侯曰："执结以侵我。"齐侯从之，乃盟于琐[1]。

【注释】
〔1〕琐：即经之"沙"。

齐国夏伐我。阳虎御季桓子，公敛处父御孟懿子[1]，将宵军齐师[2]。齐师闻之，堕[3]，伏而待之。处父曰："虎不图祸，而必死。"苫夷曰："虎陷二子于难，不待有司[4]，余必杀女。"虎惧，乃还，不败。

【注释】
〔1〕公敛处父：孟氏家臣，成宰公敛阳。 〔2〕军：击。 〔3〕堕：毁军营。 〔4〕有司：指掌军法者。

冬十一月戊午，单子、刘子逆王于庆氏[1]。晋籍秦送王。己巳，王入于王城，馆于公族党氏[2]，而后朝于庄宫。

【注释】

〔1〕庆氏：守姑莸大夫，时敬王居姑莸。〔2〕党氏：周大夫。

【译文】

[经]

七年春，周历正月。

夏四月。

秋，齐景公、郑献公在鹹地结盟。

齐国人拘禁卫国行人北宫结，接着侵袭卫国。

齐景公，卫灵公在沙地结盟。

大规模举行求雨的雩祭。

齐国夏率领军队攻打我国西部边境。

九月，大规模举行求雨的雩祭。

冬十月。

[传]

七年春二月，周儋翩进入仪栗发起叛乱。

齐国人归还郓、阳关，阳虎居住在那儿执掌国政。

夏四月，单武公、刘桓公在穷谷打败尹氏。

秋，齐景公、郑献公在鹹地结盟，邀请卫国参加会议。卫灵公想背叛晋国，大夫们认为不妥。卫灵公派北宫结去齐国，私下派人对齐景公说："把北宫结抓起来以侵袭我国。"齐景公听从了，于是在琐地结盟。

齐国夏攻打我国。阳虎为季桓子驾车，公敛处父为孟懿子驾车，准备夜袭齐军。齐军听说后，拆毁军营，埋伏好等着。处父说："阳虎你不考虑到这样做引起的祸患，你一定会死。"苦夷说："阳虎你把二位陷入祸难，我不等有关部门定罪，我一定先杀了你。"阳虎害怕，于是回兵，没有打败仗。

冬十一月戊午，单子、刘子去庆氏那儿迎接周敬王。晋籍秦护送周敬王。己巳，敬王进入王城，住在公族党氏家，然后在庄王庙设朝。

春秋左传卷二十八　定公下

定公八年

[经]

八年春[1]，王正月，公侵齐。

公至自侵齐。

二月，公侵齐。

三月，公至自侵齐。

曹伯露卒。

夏，齐国夏帅师伐我西鄙。

公会晋师于瓦[2]。

公至自瓦。

秋七月戊辰，陈侯柳卒。

晋士鞅帅师侵郑，遂侵卫。

葬曹靖公。

九月，葬陈怀公。

季孙斯、仲孙何忌帅师侵卫。

冬，卫侯、郑伯盟于曲濮[3]。

从祀先公[4]。

盗窃宝玉大弓[5]。

【注释】

〔1〕八年：公元前502年。〔2〕瓦：在今河南滑县南。〔3〕卫侯：卫灵公。　郑伯：郑献公。　曲濮：濮水之曲，在卫国。〔4〕杜注："从，顺也。先公，闵公、僖公。"〔5〕杜注："盗谓阳虎也。家臣贱，名氏不见，故曰盗。宝玉，夏后氏之璜。大弓，封父之繁弱。"

[传]

八年春，王正月，公侵齐，门于阳州[1]，士皆坐列[2]，曰，颜高之弓六钧[3]，皆取而传观之。阳州人出，颜高夺人弱弓，籍丘子鉏击之[4]，与一人俱毙，偃，且射子鉏，中颊，殪。颜息射人中眉，退曰："我无勇，吾志其目也。"师退，冉猛伪伤足而先。其兄会乃呼曰："猛也殿。"

【注释】

〔1〕阳州：在今山东东平县北。〔2〕杜注："言无斗志。"〔3〕六钧：谓拉满要六钧之力。一钧为三十斤。〔4〕籍丘子鉏：齐国人。

二月己丑，单子伐縠城[1]，刘子伐仪栗。辛卯，单子伐简城[2]，刘子伐盂[3]，以定王室。

【注释】

〔1〕縠城：在洛阳市北。〔2〕简城：离洛阳不远。〔3〕盂：在今河南沁阳县西北。

赵鞅言于晋侯曰："诸侯唯宋事晋，好逆其使，犹惧不至。今又执之，是绝诸侯也。"将归乐祁。士鞅曰：

"三年止之，无故而归之，宋必叛晋。"献子私谓子梁曰[1]："寡君惧不得事宋君，是以止子。子姑使溷代子。"子梁以告陈寅。陈寅曰："宋将叛晋，是弃溷也，不如待之[2]。"乐祁归，卒于大行[3]。士鞅曰："宋必叛，不如止其尸以求成焉。"乃止诸州[4]。

【注释】
　　[1]献子：范献子范鞅，亦即士鞅。　子梁：乐祁。　[2]待之：杜注："留待，勿以子自代。"　[3]大行：太行山。　[4]州：在今河南沁阳县东南。

　　公侵齐，攻廪丘之郛[1]。主人焚冲[2]，或濡马褐以救之[3]，遂毁之。主人出，师奔。阳虎伪不见冉猛者，曰："猛在此，必败。"猛逐之，顾而无继，伪颠。虎曰："尽客气也[4]。"

　　苫越生子，将待事而名之。阳州之役获焉，名之曰阳州。

【注释】
　　[1]廪丘：在今山东鄄城县东北。　[2]冲：攻城的冲车。　[3]马褐：粗麻布所制的短衣。　[4]客气：谓虚情假意。

　　夏，齐国夏、高张伐我西鄙。晋士鞅、赵鞅、荀寅救我。公会晋师于瓦。范献子执羔，赵简子、中行文子皆执雁[1]。鲁于是始尚羔。

　　晋师将盟卫侯于鄟泽[2]。赵简子曰："群臣谁敢盟卫君者[3]？"涉佗、成何曰[4]："我能盟之。"卫人请执牛耳[5]。成何曰："卫，吾温、原也，焉得视诸侯？"将歃，涉佗捘卫侯之手[6]，及捥[7]，卫侯怒。王孙贾趋进[8]，曰："盟以信礼也[9]。有如卫君，其敢不唯礼是事，而受此盟也？"

【注释】
　　〔1〕赵简子：赵鞅。中行文子：荀寅。〔2〕邺泽：卫地，具体所在不详。〔3〕杜注："前年卫叛晋属齐，简子意欲摧辱之。"〔4〕涉佗、成何：晋大夫。〔5〕请执牛耳：凡盟，卑者择牛耳，尊者莅之。卫灵公与晋大夫盟，故请晋大夫执牛耳。〔6〕捘：推。〔7〕捥：同"腕"。卫灵公为尊故抢先歃血，涉佗推他，血流及腕。〔8〕王孙贾：卫大夫。〔9〕信：明。

　　卫侯欲叛晋，而患诸大夫。王孙贾使次于郊，大夫问故。公以晋诟语之[1]，且曰："寡人辱社稷，其改卜嗣，寡人从焉[2]。"大夫曰："是卫之祸，岂君之过也？"公曰："又有患焉，谓寡人必以而子与大夫之子为质。"大夫曰："苟有益也，公子则往。群臣之子，敢不皆负羁绁以从？"将行，王孙贾曰："苟卫国有难，工商未尝不为患，使皆行而后可。"公以告大夫，乃皆将行之。行有日，公朝国人，使贾问焉，曰："若卫叛晋，晋五伐我，病何如矣？"皆曰："五伐我，犹可以能战。"贾曰："然则如叛之，病而后质焉，何迟之有？"乃叛晋。晋人请改盟，弗许。

【注释】

〔1〕诟：耻。谓受晋国侮辱。 〔2〕杜注："使改卜他公子以嗣先君，我从大夫所立。"

秋，晋士鞅会成桓公[1]，侵郑，围虫牢[2]，报伊阙也。遂侵卫。

九月，师侵卫，晋故也。

季寤、公鉏极、公山不狃皆不得志于季氏[3]，叔孙辄无宠于叔孙氏[4]，叔仲志不得志于鲁[5]。故五人因阳虎。阳虎欲去三桓，以季寤更季氏，以叔孙辄更叔孙氏，己更孟氏。冬十月，顺祀先公而祈焉。辛卯，禘于僖公。壬辰，将享季氏于蒲圃而杀之[6]，戒都车曰[7]："癸巳至。"成宰公敛处父告孟孙，曰："季氏戒都车，何故？"孟孙曰："吾弗闻。"处父曰："然则乱也，必及于子，先备诸。"与孟孙以壬辰为期[8]。

【注释】

〔1〕成桓公：周卿士。 〔2〕虫牢：在今河南封丘县北。 〔3〕季寤：季桓子之弟，字子言。 公鉏极：公弥曾孙，桓子族子。 〔4〕叔孙辄：叔孙氏之庶子。 〔5〕叔仲志：叔仲带之孙。 〔6〕蒲圃：鲁都城东门外地。 〔7〕都车：都邑的兵车。 〔8〕杜注："处父期以兵救孟氏。壬辰先癸巳一日。"

阳虎前驱，林楚御桓子，虞人以铍盾夹之，阳越殿[1]，将如蒲圃。桓子咋谓林楚曰[2]："而先皆季氏之良也，尔以是继之。"对曰："臣闻命后。阳虎为政，鲁国服焉。违之，征死[3]，死无益于主。"桓子曰：

"何后之有？而能以我适孟氏乎？"对曰："不敢爱死，惧不免主。"桓子曰："往也。"孟氏选圉人之壮者三百人[4]，以为公期筑室于门外[5]。林楚怒马及衢而骋[6]，阳越射之，不中，筑者阖门。有自门间射阳越，杀之。阳虎劫公与武叔[7]，以伐孟氏。公敛处父帅成人，自上东门入[8]，与阳氏战于南门之内，弗胜。又战于棘下[9]，阳氏败。阳虎说甲如公宫，取宝玉、大弓以出，舍于五父之衢，寝而为食。其徒曰："追其将至。"虎曰："鲁人闻余出，喜于征死[10]，何暇追余？"从者曰："嘻！速驾，公敛阳在[11]。"公敛阳请追之，孟孙弗许。阳欲杀桓子，孟孙惧而归之。子言辨舍爵于季氏之庙而出[12]。阳虎入于谨、阳关以叛[13]。

郑驷歂嗣子大叔为政[14]。

【注释】

〔1〕阳越：阳虎从弟。 〔2〕咋：同"乍"，突然。 〔3〕征死：招致死亡。 〔4〕圉人：男仆。 〔5〕公期：孟氏支子。 〔6〕怒马：使马怒，即加快。 〔7〕武叔：叔孙不敢之子州仇。 〔8〕上东门：鲁都东城的北门。 〔9〕棘下：城内地名。 〔10〕征死：此指缓死。 〔11〕公敛阳：即公敛处父。 〔12〕子言：即季寤。 辨，遍。把酒全都洒满爵以置于祖庙神主前，是告出奔之礼。 〔13〕谨：在今山东宁阳县北。阳关：在今山东泰安县东南。 〔14〕驷歂：驷乞子，字子然。

【译文】

[经]

八年春，周历正月，定公侵袭齐国。
定公从侵齐战役回国。
二月，定公侵袭齐国。

三月，定公从侵齐战役回国。
曹靖公露去世。
夏，齐国夏率领军队攻打我国西部边境。
定公在瓦地与晋军会合。
定公从瓦地回国。
秋七月戊辰，陈怀公柳去世。
晋士鞅率领军队侵袭郑国，接着就侵袭卫国。
安葬曹靖公。
九月，安葬陈怀公。
季孙斯、仲孙何忌率领军队侵袭卫国。
冬，卫灵公、郑献公在曲濮结盟。
按即位顺序祭祀闵公、僖公。
盗贼窃取了宝玉、大弓。

[传]

八年春，周历正月，定公侵袭齐国，攻打阳州城门，军士们排列坐着，说，颜高的弓有六钧的力，都拿过他的弓传看。阳州人出城，颜高夺过了别人的软弓，籍丘子鉏击打他，把他与另一人打倒在地，颜高倒在地上向子鉏射了一箭，射中子鉏面颊，子鉏死去。颜息射人射中眉部，退下来说："我太差劲，我想射他的眼睛。"军队后退，冉猛假装伤了脚先走，他的哥哥冉会于是大叫着："冉猛，到后面去断后！"

二月己丑，单子攻打榖城，刘子攻打仪栗。辛卯，单子攻打简城，刘子攻打盂地，以安定王室。

赵鞅对晋定公说："诸侯只有宋国事奉晋国，好好地迎接他们的使者，尚且担心他们不来，现在又拘留使者，这样做是弃绝诸侯。"准备放乐祁回去。士鞅说："拘留了三年，无缘无故又放了他，宋国一定会背叛晋国。"士鞅私下对乐祁说："寡君害怕不能够事奉宋君，所以留下了您。您姑且让儿子溷来替代您。"乐祁告诉了陈寅。陈寅说："宋国将要背叛晋国，这样就是抛弃了溷了，不如等一等。"乐祁回国，死在太行。士鞅说："宋国必然会背叛，不如扣留乐祁的尸体来与宋国讲和。"于是把尸体留在州地。

定公侵袭齐国，攻打廪丘的外城。廪丘人焚烧鲁军的冲车，有人把粗麻布短衣沾湿了灭了火，于是就攻破了外城。廪丘人出战，鲁军奔逃。阳虎假装没看见冉猛，说："如果冉猛在这里，一定能打败他们。"冉猛追逐廪丘人，回头看没有人跟上，就假装从车上摔下来。阳虎说："全都是一派做作。"

苫越生了个儿子，准备等有了大事后以发生的事为儿子取名。阳州战役他俘获了敌人，就给儿子命名为阳州。

夏，齐国夏、高张攻打我国西部边境。晋士鞅、赵鞅、荀寅救援我国。定公在瓦地与晋军会合。士鞅拿羔牛作礼物，赵鞅、荀寅拿雁做礼物。鲁国从此以羔羊为贵。

晋军打算与卫灵公在邺泽结盟。赵鞅说："各位大夫谁敢去与卫国国君订立盟约？"涉佗、成何说："我们能够和他订盟。"卫国人请晋国人执牛耳。成何说："卫国，就同我国的温邑、原邑一样，怎么能等同于诸侯？"将要歃血，涉佗推卫灵公的手，血流到腕上，卫灵公发怒。王孙贾快步走上前去，说："盟誓是用来申明礼义的。像卫君这样做，难道有人胆敢不遵从礼义行事，而接受这盟约？"

卫灵公打算背叛晋国，却担心大夫们不愿意。王孙贾让卫灵公住在郊外，大夫们前往询问原因。卫灵公把晋国人侮辱他的话告诉大家，并且说："寡人使社稷遭到侮辱，不如占卜另外奉立国君，寡人愿意服从。"大夫们说："这是卫国的祸患，怎么算是君王的过失呢？"灵公说："还有令人难堪的事，他们对寡人说一定要把你的儿子与大夫的儿子作为人质。"大夫们说："只要对国家有利，公子就前去，下臣们的儿子岂敢不背着马笼头与马缰绳跟随前往？"准备派遣人质，王孙贾说："如果卫国有难，工匠商人未尝不成为祸患，要让他们也派出人质才行。"灵公告诉大夫们，于是都让他们派出人质前往。动身的日子将到，灵公让国人朝见，让王孙贾询问他们，说："如果卫国背叛晋国，晋国攻打我们五次，国家会危险到什么程度？"国人都说："攻打我们五次，我们还可以再次作战。"王孙贾说："这样说，如果背叛晋国，危急时再派遣人质，也不算晚吧？"于是背叛晋国。晋国请求重新结盟，卫国不答应。

秋，晋士鞅会合成桓公，侵袭郑国，包围虫牢，这是报复伊阙战役。接着就侵袭卫国。

九月，我军侵袭卫国，是为了晋国的缘故。

季寤、公鉏极、公山不狃都不能在季氏那儿满足愿望，叔孙辄得不到叔孙氏宠爱，叔仲志在鲁国不能出头。所以五个人都投靠阳虎。阳虎想灭掉三桓，让季寤代替季氏，让叔孙辄代替叔孙氏，自己代替孟氏。冬十月，依即位顺序祭祀闵公、僖公而祈祷。辛卯，在僖公庙举行禘祭。壬辰，打算在蒲圃设享礼宴请季氏，把季氏杀死，命令都邑的战车说："癸巳日集中。"成宰公敛处父告诉孟孙说："季氏命令都邑的战车，什么缘故？"孟孙说："我没听说。"处父说："这样看是要发生动乱，一定会牵连到你，请预做准备。"与孟孙约定壬辰日会合。

阳虎为前驱，林楚为季桓子驾车，虞人以铍、盾在两边护卫，阳越殿后，将要往蒲圃。季桓子突然对林楚说："你的先人都是季氏家里忠良之士，你应当继承下去。"林楚回答说："下臣听到命令已经晚了。阳虎执掌政事，鲁国服从他。违抗他的命令，是自找死路，死去对主人没有好处。"季桓子说："晚什么？你能带我到孟氏家去吗？"林楚回答说："不敢吝惜一死，只怕不能使主人免于祸难。"桓子说："去吧。"孟氏挑选了三百个强壮的男仆在门外为公期建造房子。林楚叱马冲上大路快速奔驰，阳越射他，没有射中，建房的人关上了大门。有人从门缝里射阳越，把他射死。阳虎劫持了定公与武叔，去攻打孟氏。公敛处父率领成邑人从上东门进城，与阳氏在南门内交战，没战胜。又在棘下交战，阳氏战败。阳虎脱下皮甲去公宫，拿了宝玉、大弓出来，驻扎在五父之衢，他睡下后命手下做饭。他的随从说："追兵恐怕要到了。"阳虎说："鲁国人听说我出城，高兴能免于一死，哪里有工夫追赶我？"随从说："嘻！快套车，公敛处父在那里。"公敛处父请求追击阳虎，孟孙不答应。公敛处父想杀死季桓子，孟孙害怕，把季桓子送回家。季寤在季氏祖庙中对神主逐一斟酒后出逃。阳虎进入讙地、阳关而叛变。

郑驷歂接替子太叔执掌国政。

定 公 九 年

[经]

九年春[1]，王正月。

夏四月戊申，郑伯虿卒。

得宝玉、大弓。

六月，葬郑献公。

秋，齐侯、卫侯次于五氏[2]。

秦伯卒。

冬，葬秦哀公。

【注释】

〔1〕九年：公元前501年。　〔2〕齐侯：齐景公。　卫侯：卫灵公。五氏：在今河北邯郸市西。

[传]

九年春，宋公使乐大心盟于晋，且逆乐祁之尸。辞，伪有疾。乃使向巢如晋盟[1]，且逆子梁之尸。子明谓桐门右师出[2]，曰："吾犹衰绖，而子击钟，何也？"右师曰："丧不在此故也。"既而告人曰："己衰绖而生子，余何故舍钟？"子明闻之，怒，言于公曰："右师将不利戴氏[3]，不肯适晋，将作乱也。不然无疾。"乃逐桐门右师。

【注释】
　　〔1〕向巢：向戌之孙。　〔2〕子明：乐溷。桐门右师：乐大心。〔3〕戴氏：指宋国。

　　郑驷歂杀邓析，而用其竹刑[1]。君子谓："子然于是不忠。苟有可以加于国家者[2]，弃其邪可也[3]。《静女》之三章[4]，取彤管焉。《竿旄》'何以告之'[5]，取其忠也。故用其道，不弃其人。《诗》云：'蔽芾甘棠，勿翦勿伐，召伯所茇[6]。'思其人犹爱其树，况用其道而不恤其人乎？子然无以劝能矣。"

【注释】
　　〔1〕竹刑：邓析所作刑法，书于竹简，故名。　〔2〕加：益。〔3〕弃：不责备，不惩罚。　〔4〕静女：《诗·邶风》篇名。其第二章有"静女其娈，贻我彤管"句。彤管，赤管笔。　〔5〕竿旄：《诗·鄘风》篇名，末云"彼姝者子，何以告之"。　〔6〕所引诗见《诗·周南·甘棠》。茇，舍，休憩。

　　夏，阳虎归宝玉、大弓。书曰"得"，器用也。凡获器用曰得，得用焉曰获。
　　六月，伐阳关。阳虎使焚莱门[1]。师惊，犯之而出，奔齐，请师以伐鲁，曰："三加必取之。"齐侯将许之。鲍文子谏曰："臣尝为隶于施氏矣[2]，鲁未可取也。上下犹和，众庶犹睦，能事大国，而无天灾，若之何取之？阳虎欲勤齐师也[3]，齐师罢，大臣必多死亡，己于是乎奋其诈谋。夫阳虎有宠于季氏，而将杀季孙，以不利鲁国，而求容焉[4]。亲富不亲仁，君焉用之？君富于季氏，而大于鲁国，兹阳虎所欲倾覆也，鲁免其疾[5]，而君又收之，无乃害乎？"

【注释】
〔1〕莱门：阳关城门。 〔2〕施氏：鲁大夫。 〔3〕勤：劳动。〔4〕求容：博取欢心。 〔5〕疾：祸害。

齐侯执阳虎，将东之。阳虎愿东，乃囚诸西鄙。尽借邑人之车，锲其轴，麻约而归之[1]。载葱灵[2]，寝于其中而逃。追而得之，囚于齐。又以葱灵逃，奔宋，遂奔晋，适赵氏。仲尼曰："赵氏其世有乱乎！"

【注释】
〔1〕麻约：以麻束之。 〔2〕葱灵：装载衣物的车子。

秋，齐侯伐晋夷仪[1]。敝无存之父将室之，辞，以与其弟，曰："此役也不死，反，必娶于高、国。"先登，求自门出，死于霤下。东郭书让登[2]，犁弥从之，曰："子让而左，我让而右，使登者绝而后下。"书左，弥先下。书与王猛息。猛曰："我先登。"书敛甲，曰："曩者之难，今又难焉。"猛笑曰："吾从子如骖之靳[3]。"

【注释】

〔1〕夷仪：在今河北邢台市西。 〔2〕让：同"攘"，抢。 〔3〕骖之靳：两旁之马曰骖，中间两马曰服，服背有靳。靳即游环，两旁马之辔由外穿过游环而归拢于驾者之手。故靳的作用是使骖马不致偏行或跑得太快。

晋车千乘在中牟[1]。卫侯将如五氏，卜过之[2]，龟焦。卫侯曰："可也。卫车当其半，寡人当其半，敌矣。"乃过中牟。中牟人欲伐之，卫褚师圃亡在中牟，曰："卫虽小，其君在焉，未可胜也。齐师克城而骄，其帅又贱，遇，必败之，不如从齐。"乃伐齐师，败之。齐侯致禚、媚、杏于卫[3]。齐侯赏犁弥，犁弥辞，曰："有先登者，臣从之。皙帻而衣狸制[4]。"公使视东郭书，曰："乃夫子也，吾贶子。"公赏东郭书，辞，曰："彼，宾旅也[5]。"乃赏犁弥。

【注释】

〔1〕中牟：或谓在今河南汤阴县西，或谓在今河北邯郸与邢台之间。〔2〕过：经过中牟。 〔3〕禚、媚、杏：杜注："三邑皆齐西界，以答谢卫意。" 〔4〕皙帻：牙齿整齐洁白。狸制：狸皮斗篷。 〔5〕宾旅：别国人。

齐师之在夷仪也，齐侯谓夷仪人曰："得敝无存者，以五家免。"乃得其尸。公三襚之[1]，与之犀轩与直盖[2]，而先归之。坐引者[3]，以师哭之，亲推之三。

【注释】

〔1〕襚：为尸体穿衣。 〔2〕犀轩、直盖：均为贵人殉葬品。

〔3〕坐引者：让挽柩车的人跪着挽车。

【译文】

[经]

九年春，周历正月。
夏四月戊申，郑献公虿去世。
得到宝玉、大弓。
六月，安葬郑献公。
秋，齐景公、卫灵公驻扎在五氏。
秦哀公去世。
冬，安葬秦哀公。

[传]

　　九年春，宋景公派乐大心去晋国订盟，并接回乐祁的尸体。乐大心推辞，假装生病。景公于是派向巢去晋国订盟，并接回乐祁的尸体。乐溷叫乐大心出城迎接，说："我还穿着丧服，而你敲钟作乐，是为什么？"乐大心说："因为灵柩不在这里的缘故。"不久后乐大心告诉别人说："自己在服丧期间生了儿子，我为什么不敲钟作乐？"乐溷听说后发怒，对宋景公说："乐大心将要不利于宋国，他不肯去晋国，是准备作乱。不然，他为什么没病装病？"于是驱逐乐大心。

　　郑驷歂杀死邓析，而使用他所作的竹刑。君子说："驷歂在这件事上表现不忠。只要有人对国家有利，不责罚他的邪恶是可以的。《静女》三章诗，赞赏其中送人以彤管。《竿旄》的'用什么来劝告他'，赞赏他的忠诚。所以用了一个人的主张，就不责罚这个人。《诗》说：'棠梨树茂密又高大，不要剪它别砍伐，召伯曾经歇息在树下。'怀念这个人，连带爱护这棵树，何况用了他的主张却不顾惜他的生命呢？驷歂无法勉励有才能的人了。"

　　夏，阳虎归还宝玉、大弓。《春秋》记载说"得"，因为它们是器物用具。凡是得到器物用具叫"得"，用器物用具获得生物叫"获"。

六月，攻打阳关。阳虎让人焚毁莱门。鲁军惊扰，阳虎突围而出，逃往齐国，请出兵攻打鲁国，说："出兵三次一定能取得鲁国。"齐景公打算答应他。鲍文子劝谏说："臣曾经在施氏家做臣子，知道鲁国不能攻取。他们上下尚协调一致，百姓们尚和睦相处，能够事奉大国，而没有天灾，凭什么取得他们？阳虎是想劳动齐军，齐军疲劳，大臣死亡的一定很多，他自己就可在那时施展他的奸诈计谋了。阳虎受到季氏的宠爱，却打算杀死季氏，给鲁国带来不利，而博取别人欢心。亲近富有而不亲近仁义，这样的人君王用他干什么？君王比季氏要富，齐国比鲁国要大，这正是阳虎想要倾覆的对象。鲁国免除了他的病殃，而君王却收纳他，不是自取祸害吗？"

齐景公把阳虎抓起来，打算囚禁在齐国的东部。阳虎有意表示想住在东部，齐景公就把他送往西部边境。阳虎把当地人的车子全都借来，用刀子深深地刻损车轴，包上麻布后归还给主人。他在装衣物的车里装满衣物，自己睡在车里逃走，被齐国人追上抓住，囚禁在齐国都城。阳虎又乘装载衣物的车逃走，逃到宋国，又逃往晋国，投靠了赵氏。孔子说："赵氏恐怕世代不得安宁了吧！"

秋，齐景公攻打晋国的夷仪。敝无存的父亲打算为他娶亲，他推辞，让给他弟弟，说："这次战役如果不战死，回来，一定要娶国氏、高氏的女儿。"攻城时他率先登上城墙，又想从城门里冲出去，死在滴水檐下。东郭书抢先登城，犁弥跟从他，说："你抢上去后往左走，我抢上去后往右走，等大伙儿全登上城后再下来。"东郭书登上城后往左走，犁弥先下了城。战后东郭书与犁弥一起休息，犁弥说："我先登上城。"东郭书收拾皮甲，说："刚才你使我难堪，现在又使我难堪了。"犁弥笑着说："我跟随你就好像骖马被游环约束住一样。"

晋国的战车一千辆在中牟。卫灵公将要去五氏，为经过中牟而占卜，龟甲烤焦了。卫灵公说："行了。卫国的战车相当于他们一半，寡人可相当他们另一半，这就相等了。"于是经过中牟。中牟人想进攻卫军，卫褚师圃逃亡在中牟，说："卫国虽小，他们的国君在那里，不能战胜。齐军攻下了城邑而骄傲，他们的将帅地位又低下,两军相遇,一定能打败他们,不如迎战齐国。"于是进攻齐军,打败了他们。齐景公把禚、媚、杏三地送给卫国。齐景公赏赐犁弥,犁弥推辞,说:"有人先登城,我跟着他。那人牙齿整齐洁白而穿狸皮披风。"齐景公让他看是不是东郭书,犁弥说:"正是这一位。我把赏赐让给你。"齐景公赏赐东郭书,东郭书推辞,说:"他,是别国人。"于是赏赐犁弥。

齐军在夷仪时,齐景公对夷仪人说:"得到敝无存尸体的,赏赐五户,免除劳役。"于是得到敝无存的尸体。景公为尸体穿三次衣服,给他犀皮蒙饰的车子与直柄车盖作殉葬,而且先把尸体送回国内。让拉车人跪着拉,率全军哭吊,亲自推车三次。

定 公 十 年

[经]

十年春^[1],王三月,及齐平。

夏,公会齐侯于夹谷^[2]。

公至自夹谷。

晋赵鞅帅师围卫。

齐人来归郓、讙、龟阴田^[3]。

叔孙州仇、仲孙何忌帅师围郈^[4]。

秋,叔孙州仇、仲孙何忌帅师围郈。

宋乐大心出奔曹。

宋公子地出奔陈^[5]。

冬,齐侯、卫侯、郑游速会于安甫^[6]。

叔孙州仇如齐。

宋公之弟辰暨仲佗、石彄出奔陈^[7]。

【注释】

〔1〕十年:公元前500年。 〔2〕齐侯:齐景公。 夹谷:即今山东莱芜县夹谷峪。 〔3〕杜注:"三邑,皆汶阳田也。" 〔4〕郈:叔孙氏邑,在今山东东平县南。 〔5〕公子地:宋景公庶母弟。 〔6〕卫侯:卫灵公。 安甫:不详。 〔7〕辰:宋景公同母弟。 仲佗:仲幾子,宋卿。

石砫：褚师段子，宋卿。

[传]

十年春，及齐平。

夏，公会齐侯于祝其，实夹谷。孔丘相。犁弥言于齐侯曰："孔丘知礼而无勇，若使莱人以兵劫鲁侯[1]，必得志焉。"齐侯从之。孔丘以公退，曰："士兵之！两君合好，而裔夷之俘[2]，以兵乱之，非齐君所以命诸侯也。裔不谋夏，夷不乱华，俘不干盟[3]，兵不逼好，于神为不祥，于德为愆义，于人为失礼，君必不然。"齐侯闻之，遽辟之。

【注释】

〔1〕莱人：齐国所灭的莱夷。夹谷为莱人流落之地。 〔2〕裔夷：华夏以外地区的人。裔指地，夷指人。 〔3〕干：犯。

将盟，齐人加于载书曰："齐师出竟，而不以甲车三百乘从我者，有如此盟！"孔丘使兹无还揖对[1]，曰："而不反我汶阳之田，吾以共命者，亦如之！"齐侯将享公，孔丘谓梁丘据曰："齐、鲁之故[2]，吾子何不闻焉？事既成矣，而又享之，是勤执事也。且牺、象不出门[3]，嘉乐不野合[4]。飨而既具[5]，是弃礼也。若其不具，用秕稗也[6]。用秕稗，君辱，弃礼，名恶，子盍图之？夫享，所以昭德也。不昭，不如其已也[7]。"乃不果享。

【注释】

〔1〕兹无还:鲁大夫。 〔2〕故:故事,故典。 〔3〕牺、象:酒器,形如牛及象的尊。 〔4〕嘉乐:钟、磬。 〔5〕既:尽。 〔6〕用秕稗:言礼草率,犹如秕谷、稗草。 〔7〕已:止。

齐人来归郓、谨、龟阳之田。

晋赵鞅围卫,报夷仪也。初,卫侯伐邯郸午于寒氏[1],城其西北而守之,宵熸[2]。及晋围卫,午以徒七十人门于卫西门,杀人于门中,曰:"请报寒氏之役。"涉佗曰:"夫子则勇矣,然我往,必不敢启门。"亦以徒七十人,且门焉,步左右,皆至而立,如植。日中不启门,乃退。反役,晋人讨卫之叛故[3],曰:"由涉佗、成何。"于是执涉佗以求成于卫。卫人不许,晋人遂杀涉佗。成何奔燕。君子曰:"此之谓弃礼,必不钧[4]。《诗》曰:'人而无礼,胡不遄死[5]。'涉佗亦遄矣哉。"

【注释】

〔1〕邯郸午:晋邯郸大夫。 寒氏:即五氏,见去年经注。 〔2〕熸(jiān):火灭,引申为溃败。 〔3〕讨:责问,追究。 〔4〕钧:等同。 〔5〕所引诗见《诗·鄘风·相鼠》。遄,快速。

初,叔孙成子欲立武叔,公若藐固谏曰:"不可。"成子立之而卒。公南使贼射之[1],不能杀。公南为马正,使公若为郈宰。武叔既定,使郈马正侯犯杀公若,弗能。其圉人曰[2]:"吾以剑过朝,公若必曰,谁之剑也?吾称子以告,必观之。吾伪固[3],而授之末[4],则可杀也。"使如之。公若曰:"尔欲吴王我乎[5]?"遂杀公若。

【注释】

〔1〕公南:叔孙家臣,武叔之党。 〔2〕圉人:管马的仆人。〔3〕固:固陋,不懂道理。 〔4〕末:剑尖。 〔5〕吴王我:指像鲌设诸杀吴王僚一样对我。

侯犯以郈叛。武叔、懿子围郈,弗克。秋,二子及齐师复围郈,弗克。叔孙谓郈工师驷赤曰:"郈非唯叔孙氏之忧,社稷之患也。将若之何?"对曰:"臣之业,在《扬水》卒章之四言矣。"[1]叔孙稽首。驷赤谓侯犯曰:"居齐、鲁之际,而无事[2],必不可矣。子盍求事于齐以临民?不然,将叛。"侯犯从之。齐使至,驷赤与郈人为之宣言于郈中曰:"侯犯将以郈易于齐[3],齐人将迁郈民。"众凶惧。驷赤谓侯犯曰:"众言异矣[4],子不如易于齐。与其死也,犹是郈也。而得纾焉,何必此?齐人欲以此逼晋,必倍与子地。且盍多舍甲于子之门[5],以备不虞?"侯犯曰:"诺。"乃多舍甲焉。

【注释】

〔1〕扬水:即《扬之水》,《诗·唐风》篇名。卒章之四言,指"我闻有命"四字,所以叔孙表示感谢。 〔2〕无事:无所服事。 〔3〕易:交换。 〔4〕异:与侯犯不同。 〔5〕舍:置。

侯犯请易于齐,齐有司观郈,将至,驷赤使周走呼曰:"齐师至矣!"郈人大骇,介侯犯之门甲[1],以围侯犯。驷赤将射之。侯犯止之,曰:"谋免我。"侯犯请行,许之。驷赤先如宿[2],侯犯殿。每出一门,郈人闭之。及郭门,止之,曰:"子以叔孙氏之甲出,有司若诛之[3],群臣惧死。"驷赤曰:"叔孙氏之甲有物[4],吾未敢以出。"犯谓驷赤曰:"子止而与之数。"驷赤止而纳鲁人。侯犯奔齐,齐人乃致郈[5]。

【注释】
〔1〕介:披上。 〔2〕宿:在今山东东平县东南,离郈不远。〔3〕诛:责罚。 〔4〕物:标志。 〔5〕致郈:送回郈邑的地图、户籍等。

宋公子地嬖蘧富猎,十一分其室,而以其五与之。公子地有白马四,公嬖向魋[1],魋欲之,公取而朱其尾鬣以与之。地怒,使其徒抶魋而夺之。魋惧,将走,公闭门而泣之,目尽肿。母弟辰曰:"子分室以与猎也,而独卑魋,亦有颇焉[2]。子为君礼[3],不过出竟,君必止子。"公子地出奔陈,公弗止。辰为之请,弗听。辰曰:"是我迂吾兄也[4]。吾以国人出,君谁与处?"冬,母弟辰暨仲佗、石彄出奔陈。

【注释】
〔1〕向魋:司马桓魋。 〔2〕颇:偏颇失当。 〔3〕为君礼:依礼避君。 〔4〕迂:诳,欺骗。

武叔聘于齐。齐侯享之,曰:"子叔孙!若使郈在君之他竟，寡人何知焉？属与敝邑际[1]，故敢助君忧之。"对曰："非寡君之望也。所以事君，封疆社稷是以[2]，敢以家隶勤君之执事[3]？夫不令之臣，天下之所恶也，君岂以为寡君赐？"

【注释】
〔1〕际：交界。 〔2〕以：犹"为"。 〔3〕家隶：家臣。

【译文】
[经]
十年春，周历三月，与齐国讲和。
夏，定公与齐景公在夹谷相会。
定公从夹谷回国。
晋赵鞅率领军队包围卫国。
齐国人来我国归还郓、讙、龟阴的土地。
叔孙州仇、仲孙何忌率领军队包围了郈邑。
秋，叔孙州仇、仲孙何忌率领军队包围了郈邑。
宋乐大心出逃到曹国。
宋公子地出逃到陈国。
冬，齐景公、卫灵公、郑游速在安甫相会。
叔孙州仇去齐国。
宋景公的弟弟辰与仲佗、石彄出逃到陈国。

[传]
十年春，与齐国讲和。
夏，定公与齐景公在祝其相会，止于夹谷。孔丘任相礼。犁弥对齐景公说："孔丘懂得礼却缺乏勇，如果派莱人拿着武器劫持鲁定公，一定可以压倒他们。"齐景公听从了。孔丘带着定公退出，说："将士们拿起武器打他们！两国国君合好，而边远夷人俘虏拿着武器来扰乱，这不是齐国国君用来命令诸侯所采取的办法。

边远地区不能图谋中原,夷人不能扰乱华人,俘虏不能侵犯盟会,武器不能用来威逼友好,这样对于神灵是不吉祥,对于道德是丧失义理,对于人是丢掉了礼,君王一定不会同意这样干。"齐景公听说后,赶忙撤走了夷人。

将要盟誓,齐国人在盟书上加上一句话说:"齐军出境,而鲁国不派出三百辆兵车跟随我国,有盟誓为证!"孔丘让兹无还作揖回答说:"你们不归还我国汶阳的土地,让我国恭敬地服从命令,也有盟誓为证!"齐景公打算设享礼招待定公,孔丘对梁丘据说:"齐、鲁过去的惯例,您为什么没听说呢?盟会已经结束,而又设享礼,这是给执事增加劳累。再说牺尊、象尊不出国门,钟磬不在野外合奏。设享礼如果全部具备这些,是抛弃了礼法。如果不具备这些,就如同秕谷稗草草率轻微。过于草率,使君王蒙受耻辱,抛弃礼法,就得不到好名声,您何不考虑一下?享礼,是用来昭明德行的。不能昭明德行,还不如不要举行。"于是最终没有设享礼。

齐国人来我国归还郓、讙、龟阳的土地。

晋赵鞅包围卫国,报复夷仪战役。起初,卫灵公在寒氏攻打邯郸午,攻破城的西北角后派兵戍守,城中人夜间溃散。到晋国包围卫国,邯郸午带领手下七十个人攻打卫西门,杀进门内,说:"就以此报答寒氏战役。"涉佗说:"你算得上勇敢了,不过我去的话,卫国人一定不敢开门。"也带了七十名部下,早晨去攻打城门。在城门左右排列,全都站立,像树木般一动不动。到了中午卫国人还不开门出斗,这才退回。退兵后,晋国人追究卫国背叛的原因,认为是因涉佗、成何造成的,于是把涉佗抓起来,以此向卫国求和。卫人不答应,晋国人就杀死了涉佗。成何逃往燕国。君子说:"这就叫做抛弃了礼,所以处理一定不公平。《诗》说:'人如果没有礼,干吗不去早点死。'涉佗死得算很快了。"

起初,叔孙成子打算立武叔为继承人,公若藐坚持劝谏说:"不行。"成子立了武叔后去世。公南派奸人用箭偷袭公若藐,没能杀死他。公南任马正,派公若藐任郈宰。武叔地位稳定后,派郈邑的马正侯犯杀公若藐,侯犯感到为难。他手下的围人说:"我带着剑过朝廷,公若藐一定会问是谁的剑,我告诉他是你的,他一定会赏玩。我假装不懂规矩，把剑尖一头递给他，就可以杀死他。"让围人照办了。公若藐说："你要把我当吴王吗？"于是就杀死了公若藐。

侯犯占据郈邑背叛。武叔懿子包围郈邑，没能攻下。秋，武叔、公南与齐军再次包围郈邑，没能攻下。叔孙对郈邑工师驷赤说："郈邑不仅仅是叔孙氏所担心的，也是鲁国的祸患，你打算怎么办？"驷赤回答说："我所要做的事，在《扬水》最后一章的四个字里。"叔孙向他行礼。驷赤对侯犯说："处在齐国、鲁国之间，却不依靠一国，一定不能生存下去。您何不请求事奉齐国以统治人民？不然的话，人民将会反叛。"侯犯听从了他的话。齐国的使者到来，驷赤与郈邑人乘机在郈邑中传言说："侯犯打算把郈邑与齐国交换，齐国人准备迁走郈邑居民。"大众吵闹害怕。驷赤对侯犯说："民众的意见与您不同了，您不如把郈邑与齐国交换。与其死，您这样做仍然等于得到郈邑，如果祸患因此能够舒缓，何必一定要待在这里？齐国人想得到这儿以逼迫晋国，一定会加倍给您土地。同时您何不多安置些衣甲在您门口，以预防意外？"侯犯说："对。"于是在门口大量安置衣甲。

侯犯请求把郈邑与齐国交换，齐国有关官员前来郈邑巡视，快要到达，驷赤派人四处奔走大叫："齐军到来了！"郈邑人十分惊怕，披上了侯犯放在门口的衣甲，包围侯犯家。驷赤假意要射他们，侯犯阻止他，说："想个办法使我免于祸难。"侯犯请求出走，众人同意了。驷赤先行前往宿地，侯犯殿后。每出一门，郈邑人就赶紧把门关上。到了城门口，人们拦住他，说："您带着叔孙氏的甲出行，有关官员责怪下来，臣子们害怕因此被杀。"驷赤说："叔孙氏的甲都有标志，我不敢带着出行。"侯犯对驷赤说："您留下来和他们清点。"驷赤留下，而接纳了鲁国人进城。侯犯逃往齐国，齐国人于是送回了郈地的地图户籍。

宋公子地宠爱蘧富猎，把家财分成十一份，把五份给了蘧富猎。公子地有四匹白马，宋景公宠爱向魋，向魋看中了公子地的马，宋景公就把马拿过来，把马尾与鬣毛染成红色后给了向魋。公子地发怒，派他的手下打了向魋一顿而夺回了马。向魋害怕，打算出走，景公关上门对向魋哭泣，眼睛都哭肿了。景公的同母弟辰对公子地说:"你分家财给蘧富猎,却惟独看不起向魋,这样做也不公平。你应该依礼避让国君,最多不过出国,国君一定会挽留你。"公子地出逃往陈国,景公并不挽留。辰为他求情,景公不听。辰说:"这是我欺骗了哥哥啊。我带着国人出走,看国君与谁处在一起?"冬,景公的同母弟辰与仲佗、石彄出逃到陈国。

　　武叔去齐国聘问。齐景公设享礼宴请他,说:"子叔孙!如果邱地在君王其他地区,寡人怎么会关心它?这里正好与敝邑交界,所以大胆帮助君王分忧。"武叔回答说:"这不是寡君所愿望的。我们所以事奉君王,是为了国土与社稷,岂敢以家臣的事劳动君王的执事?不好的臣子,是天下人所共同厌恶的,君王难道以此作为对寡君的恩赐?"

定公十一年

[经]

十有一年春[1]，宋公之弟辰及仲佗、石彄、公子地自陈入于萧以叛[2]。

夏四月。

秋，宋乐大心自曹入于萧。

冬，及郑平。

叔还如郑莅盟[3]。

【注释】

〔1〕十有一年：公元前499年。 〔2〕萧：在今安徽萧县西北。〔3〕叔还：叔诣曾孙。

[传]

十一年春，宋公母弟辰暨仲佗、石彄、公子地入于萧以叛。秋，乐大心从之，大为宋患，宠向魋故也。

冬，及郑平，始叛晋也。

【译文】

[经]

十一年春,宋景公的弟弟辰以及仲佗、石驱、公子地从陈国进入萧地发动叛乱。

夏四月。

秋,宋乐大心从曹国进入萧地。

冬,与郑国讲和。

叔还去郑国参加盟会。

[传]

十一年春,宋景公的同母弟辰以及仲佗、石驱、公子地进入萧地发动叛乱。秋,乐大心跟随叛乱,给宋国带来极大的祸患,这是由于景公宠爱向魋的缘故。

冬,与郑国讲和,开始背叛晋国。

定公十二年

[经]

十有二年春[1]，薛伯定卒。

夏，葬薛襄公。

叔孙州仇帅师堕郈[2]。

卫公孟彄帅师伐曹[3]。

季孙斯、仲孙何忌帅师堕费。

秋，大雩。

冬十月癸亥，公会齐侯[4]，盟于黄[5]。

十有一月丙寅朔，日有食之。

公至自黄。

十有二月，公围成[6]。

公至自围成。

【注释】

〔1〕十有二年：公元前498年。〔2〕堕：毁。〔3〕公孟彄：孟絷子。〔4〕齐侯：齐景公。〔5〕黄：在今山东淄川北。〔6〕成：在今山东宁阳县东北。鲁三桓季孙氏采邑为费，叔孙氏采邑为郈，孟孙氏采邑为成，时皆为家臣控制，反凌辱主人，故堕之。

[传]

十二年夏，卫公孟彄伐曹，克郊[1]。还，滑罗殿[2]。未出[3]，不退于列。其御曰："殿而在列，其为无勇乎？"罗曰："与其素厉[4]，宁为无勇。"

【注释】

〔1〕郊：曹邑，在今山东菏泽县。〔2〕滑罗：卫大夫。〔3〕未出：未出曹境。〔4〕素厉：空受猛烈之名。滑罗知曹国不敢追击，故云。

仲由为季氏宰[1]，将堕三都[2]。于是叔孙氏堕郈。季氏将堕费，公山不狃、叔孙辄帅费人以袭鲁。公与三子入于季氏之宫，登武子之台[3]。费人攻之，弗克。入及公侧[4]。仲尼命申句须、乐颀下，伐之，费人北。国人追之，败诸姑蔑[5]。二子奔齐。遂堕费。将堕成，公敛处父谓孟孙："堕成，齐人必至于北门。且成，孟氏之保障也，无成，是无孟氏也。子伪不知，我将不堕。"

冬十二月，公围成，弗克。

【注释】

〔1〕仲由：字子路，孔子弟子。〔2〕三都：三桓采邑。〔3〕武子之台：在曲阜城东北季氏宅中。〔4〕入：或为"矢"之讹。〔5〕姑蔑：在山东泗水县东。

【译文】

[经]

十二年春，薛襄公定去世。

夏，安葬薛襄公。
叔孙州仇率领军队拆毁郈邑城墙。
卫公孟彄率领军队攻打曹国。
季孙斯、仲孙何忌率领军队拆毁费邑城墙。
秋，大规模举行求雨的雩祭。
冬十月癸亥，定公与齐景公相会，在黄地结盟。
十一月丙寅朔，发生日食。
定公从黄地回国。
十二月，定公包围成邑。
定公从围成战役回来。

[传]
十二月夏，卫公孟彄攻打曹国，攻下郊地。回兵，滑罗为殿后。还没走出曹国国境，滑罗就不领兵走在最后。滑罗的御者说："作为殿后却列队在大军中间，恐怕是缺乏勇气吧！"滑罗说："与其空有勇猛的名声，还不如被人认为缺乏勇气。"

仲由任季氏家宰，打算拆毁三都的城墙，于是叔孙氏拆毁了郈邑城墙。季氏将要拆毁费邑城墙，公山不狃、叔孙辄率领费邑人袭击都城。定公与季孙、叔孙、孟孙三人进入季氏家，登上武子之台。费邑人攻打季氏家，没能攻下。兵士进入季氏家到了定公近侧，仲尼命令申句须、乐颀下台，攻击他们，费邑人战败。国人追击他们，在姑蔑打败他们。公山不狃、叔孙辄逃往齐国。于是就拆毁了费邑的城墙。准备拆毁成邑的城墙，公敛处父对孟孙说："拆毁成邑的城墙，齐国人一定会到达我们北门。再说成邑，是孟孙氏的保障，没有成邑，就是没有孟孙氏。您假装不知道这事，我打算不让他们拆墙。"

冬十二月，定公包围成邑，没能攻下。

定公十三年

[经]

十有三年春[1],齐侯、卫侯次于垂葭[2]。

夏,筑蛇渊囿[3]。

大蒐于比蒲[4]。

卫公孟彄帅师伐曹。

秋,晋赵鞅入于晋阳以叛[5]。

冬,晋荀寅、士吉射入于朝歌以叛[6]。

晋赵鞅归于晋。

薛弑其君比。

【注释】

〔1〕十有三年:公元前497年。 〔2〕齐侯:齐景公。 卫侯:卫灵公。垂葭:在今山东巨野县西南。 〔3〕蛇渊囿:园林名,在今山东肥城县南。 〔4〕比蒲:不详。昭公十一年亦大蒐于此。 〔5〕晋阳:在今山西太原市西南。 〔6〕士吉射:士鞅子。朝歌:在今河南淇县。

[传]

十三年春,齐侯、卫侯次于垂葭,实郹氏。使师伐晋,将济河。诸大夫皆曰:"不可。"邴意兹曰:"可。

锐师伐河内[1],传必数日而后及绛。绛不三月,不能出河,则我既济水矣。"乃伐河内。齐侯皆敛诸大夫之轩,唯邴意兹乘轩。齐侯欲与卫侯乘,与之宴,而驾乘广[2],载甲焉。使告曰:"晋师至矣。"齐侯曰:"比君之驾也,寡人请摄[3]。"乃介而与之乘,驱之。或告曰:"无晋师。"乃止。

【注释】
〔1〕河内:在今河南汲县,本卫都,卫迁楚丘后为晋所占。〔2〕乘广:战车名。〔3〕摄:代。

晋赵鞅谓邯郸午曰:"归我卫贡五百家,吾舍诸晋阳[1]。"午许诺。归,告其父兄,父兄皆曰:"不可。卫是以为邯郸,而置诸晋阳,绝卫之道也[2]。不如侵齐而谋之[3]。"乃如之,而归之于晋阳。赵孟怒,召午,而囚诸晋阳。使其从者说剑而入,涉宾不可[4]。乃使告邯郸人曰:"吾私有讨于午也,二三子唯所欲立。"遂杀午。赵稷、涉宾以邯郸叛[5]。夏六月,上军司马籍秦围邯郸。邯郸午,荀寅之甥也;荀寅,范吉射之姻也[6],而相与睦,故不与围邯郸,将作乱。董安于闻之,告赵孟,曰:"先备诸?"赵孟曰:"晋国有命,始祸者死,为后可也。"安于曰:"与其害于民,宁我独死,请以我说。"赵孟不可。

【注释】
〔1〕杜注:"十年,赵鞅围卫,卫人惧,贡五百家,鞅置之邯郸。

今欲徙晋阳。晋阳，赵鞅邑。"〔2〕绝卫之道：断绝与卫国和好往来之道。〔3〕杜注："侵齐，则齐当来报，欲因惧而徙，则卫与邯郸好不绝。"〔4〕涉宾：邯郸午的家臣。〔5〕赵稷：午之子。按午与赵鞅同宗，为赵夙之后。〔6〕范吉射：即士吉射。

秋七月，范氏、中行氏伐赵氏之宫[1]，赵鞅奔晋阳。晋人围之。范皋夷无宠于范吉射[2]，而欲为乱于范氏。梁婴父嬖于知文子[3]，文子欲以为卿。韩简子与中行文子相恶[4]，魏襄子亦与范昭子相恶[5]。故五子谋，将逐荀寅而以梁婴父代之，逐范吉射而以范皋夷代之。荀跞言于晋侯曰："君命大臣，始祸者死，载书在河。今三臣始祸，而独逐鞅，刑已不钧矣。请皆逐之。"

【注释】
〔1〕范氏：士吉射。中行氏：荀寅。〔2〕范皋夷：范氏侧室子。〔3〕梁婴父：晋大夫。知文子：荀跞。〔4〕韩简子：韩起孙不信。中行文子：即荀寅。〔5〕魏襄子：魏舒孙曼多。范昭子：即范吉射。

冬十一月，荀跞、韩不信、魏曼多奉公以伐范氏、中行氏，弗克。二子将伐公，齐高彊曰[1]："三折肱知为良医。唯伐君为不可，民弗与也，我以伐君在此矣。三家未睦，可尽克也。克之，君将谁与？若先伐君，是使睦也。"弗听，遂伐公。国人助公，二子败，从而伐之[2]。丁未，荀寅、士吉射奔朝歌。韩、魏以赵氏为请。十二月辛未，赵鞅入于绛，盟于公宫。

【注释】

〔1〕高彊：齐子尾之子，昭公十年奔晋。〔2〕从而伐之：三家从而伐荀寅、范吉射。

初，卫公叔文子朝而请享灵公，退，见史䲡而告之[1]。史䲡曰："子必祸矣，子富而君贪，罪其及子乎！"文子曰："然。吾不先告子，是吾罪也。君既许我矣，其若之何？"史䲡曰："无害。子臣[2]，可以免。富而能臣，必免于难，上下同之。戍也骄[3]，其亡乎！富而不骄者鲜，吾唯子之见。骄而不亡者，未之有也。戍必与焉。"及文子卒，卫侯始恶于公叔戍，以其富也。公叔戍又将去夫人之党[4]，夫人诉之曰："戍将为乱。"

【注释】

〔1〕史䲡：即史鱼。〔2〕子臣：杜注："言能执臣礼。"〔3〕戍：公叔戍，文子之子。〔4〕夫人：灵公夫人南子。其党指宋朝之流。

【译文】

[经]

十三年春，齐景公、卫灵公驻扎在垂葭。
夏，修筑蛇渊囿。
在比蒲举行大规模阅兵式。
卫公孟彄率领军队攻打曹国。
秋，晋赵鞅进入晋阳发动叛乱。
冬，晋荀寅、士吉射进入朝歌发动叛乱。
晋赵鞅回到晋都城。
薛国杀死他们的国君比。

[传] 十三年春，齐景公、卫灵公驻扎在垂葭，止于郓氏。派遣军队攻打晋国，打算渡过黄河。大夫们都说："不行。"邴意兹说："行。选精兵攻打河内，驿传一定要好几天才能到达绛都，绛都的军队没有三个月，不能到达黄河，到那时我们已经回兵渡过河了。"于是攻打河内。齐景公把大夫们的车子都收缴了，只留下邴意兹的车以示嘉奖。齐景公想与卫景公同坐一辆车，与他一起宴饮，而驱驾着乘广车，上载皮甲。派人假装报告说："晋军来了。"齐景公说："来不及等君王套车了，寡人请代替你的御者。"于是披上甲与卫景公一起上车，驱车前进。又有人来报告说："没有晋军。"于是停下车子。

晋赵鞅对邯郸午说："归还我卫国进贡的五百户人家，我把他们安顿在晋阳。"邯郸午答应了。他回到邯郸，告诉他的父兄，父兄都说："不行，卫国是因为这些人而帮助邯郸，如果把他们安置到晋阳，这就是断绝与卫国友好往来的媒介。不如侵袭齐国，以此来达到目的。"于是照此行动，然后把这五百户人家送到晋阳。赵鞅因邯郸午做事拖拉而发怒，召见邯郸午，把他囚禁在晋阳。让他的随从解下佩剑入内，涉宾不答应。赵鞅就派人通告邯郸人说："这是我私族对午惩罚，各位任凭你们立谁为继承人。"于是杀了邯郸午。赵稷、涉宾带领邯郸人叛乱。夏六月，上军司马籍秦包围邯郸。邯郸午是荀寅的外甥，荀寅与范吉射是亲家，而相互关系密切，所以不参与包围邯郸，打算发动叛乱。董安于听说了，告诉赵鞅，说："先作准备吧？"赵鞅说："晋国有命令，首先发起祸乱的人处死，我们跟在后面就行了。"安于说："与其危害人民，宁可让我一个人死，请以我塞责。"赵鞅不同意。

秋七月，范吉射、荀寅攻打赵鞅的家，赵鞅逃到晋阳。晋国人包围了晋阳。范皋夷得不到范吉射的宠信，想在范氏族中发起动乱。梁婴父受到荀跞的宠爱，荀跞想让他任卿。韩简子与荀寅关系恶劣，魏襄子也与范吉射关系不好。所以五个人一起策划，打算驱逐荀寅而以梁婴父替代他，驱逐范吉射而以范皋夷替代他。荀跞对晋定公说："君王命令大臣，首先发动祸乱的人处死，盟书沉在黄河里。如今三位大臣首先发动祸乱，而唯独驱逐赵鞅，刑罚已经不公平了，请把他们都赶走。"

冬十一月，荀跞、韩简子、魏襄子事奉晋定公以攻打范吉射、荀寅，没有战胜。范吉射、荀寅打算进攻晋定公，齐高彊说："三次折臂就成了良医。唯独不能进攻国君，因为人民不会支持你，我就是因为进攻国君所以到了这里。三家不相和睦，可以全都打败他们。他们败了，君王还能亲附谁？如果先进攻国君，是促使他们和睦。"二人不听，就进攻晋定公。国人帮助定公，二人战败，三家跟着进攻二人。丁未，荀寅、范吉射逃往朝歌。韩、魏为赵鞅求情。十二月辛未，赵鞅进入绛都，在公宫设立盟誓。

起初，卫公叔文子朝见而请求设享礼宴请灵公，退朝后，见到史䲡，把这事告诉了他。史䲡说："您必然会招致祸患，您富裕而君王贪婪，罪也许会加在您身上了！"文子说："不错。我不先告诉您，是我的过错。但君王已经答应我了，该怎么办？"史䲡说："没关系。您谨守臣礼，可以免除祸患。富裕而能守臣礼，一定能免于祸难，上下都是如此。你的儿子戍骄横，也许会灭亡吧！富裕而不骄横的人很少，我就见到您一个。骄横而不灭亡的，还没有过，戍一定会蒙受祸难。"到了文子去世，卫灵公开始对公叔戍厌恶，因为他富裕。公叔戍又打算除掉灵公夫人的党羽，夫人向卫灵公控诉说："戍将要发动叛乱。"

定公十四年

[经]
十有四年春[1],卫公叔戍来奔。
卫赵阳出奔宋。
二月辛巳,楚公子结、陈公孙佗人帅师灭顿[2],以顿子牂归。
夏,卫北宫结来奔。
五月,於越败吴于檇李[3]。
吴子光卒。
公会齐侯、卫侯于牵[4]。
公至自会。
秋,齐侯、宋公会于洮[5]。
天王使石尚来归脤[6]。
卫世子蒯聩出奔宋。
卫公孟彄出奔郑。
宋公之弟辰自萧来奔。
大蒐于比蒲。
邾子来会公[7]。
城莒父及霄[8]。

【注释】

〔1〕十有四年：公元前496年。〔2〕顿：国名，地在今河南项城县西。〔3〕檇李：在今浙江嘉兴市南。〔4〕齐侯：齐景公。 卫侯：卫灵公。牵：在今河南浚县北。〔5〕宋公：宋景公。 洮：曹地，在今山东濮县南。〔6〕天王：周敬王。脤：祭社之肉。〔7〕邾子：邾隐公。〔8〕莒父、霄：均在今山东莒县境。

[传]

十四年春，卫侯逐公叔戌与其党，故赵阳奔宋，戌来奔。

梁婴父恶董安于，谓知文子曰："不杀安于，使终为政于赵氏，赵氏必得晋国。盍以其先发难也，讨于赵氏？"文子使告于赵孟曰："范、中行氏虽信为乱，安于则发之，是安于与谋乱也。晋国有命，始祸者死。二子既伏其罪矣，敢以告。"赵孟患之。安于曰："我死而晋国宁，赵氏定，将焉用生？人谁不死，吾死莫矣[1]。"乃缢而死。赵孟尸诸市，而告于知氏曰："主命戮罪人，安于既伏其罪矣，敢以告。"知伯从赵孟盟[2]，而后赵氏定，祀安于于庙。

【注释】

〔1〕莫：晚。〔2〕知伯：荀跞。

顿子牂欲事晋，背楚而绝陈好。二月，楚灭顿。

夏，卫北宫结来奔，公叔戌之故也。

吴伐越，越子句践御之，陈于檇李。句践患吴之整也，使死士再禽焉[1]，不动。使罪人三行，属剑于颈，而辞曰："二君有治[2]，臣奸旗鼓[3]，不敏于君之行前，不敢逃刑，敢归死。"遂自刭也。师属之目，越子因而伐之，大败之。灵姑浮以戈击阖庐[4]，阖庐伤将指[5]，取其一屦。还，卒于陉，去檇李七里。夫差使人立于庭[6]，苟出入，必谓己曰："夫差，而忘越王之杀而父乎？"则对曰："唯，不敢忘！"三年，乃报越。

【注释】
〔1〕死士：敢死队，以死报恩的人。禽：同"擒"。 〔2〕治：用兵。〔3〕奸旗鼓：违反军令。 〔4〕灵姑浮：越大夫。 〔5〕将指：足大趾。〔6〕夫差：阖庐嗣子。

晋人围朝歌，公会齐侯、卫侯于脾、上梁之间[1]，谋救范、中行氏。析成鲋、小王桃甲率狄师以袭晋[2]，战于绛中，不克而还，士鲋奔周，小王桃甲入于朝歌。秋，齐侯、宋公会于洮，范氏故也。

【注释】
〔1〕杜注："脾、上梁间即牵。" 〔2〕杜注："二子，晋大夫，范、中行氏之党。"析成鲋，即士鲋，士吉射之族。

卫侯为夫人南子召宋朝[1]，会于洮。大子蒯聩献盂子齐[2]，过宋野。野人歌之曰："既定尔娄猪[3]，盍归吾艾豭[4]。"大子羞之，谓戏阳速曰[5]："从我而朝少君，少君见我，我顾，乃杀之。"速曰："诺。"乃朝夫人。夫人见大子，大子三顾，速不进。夫人见其色，啼而走,曰:"蒯聩将杀余。"公执其手以登台。大子奔宋,尽逐其党,故公孟彄出奔郑,自郑奔齐。大子告人曰:"戏阳速祸余。"戏阳速告人曰:"大子则祸余。大子无道,使余杀其母。余不许,将戕于余。若杀夫人,将以余说。余是故许而弗为,以纾余死。谚曰:'民保于信。'吾以信义也[6]。"

【注释】

〔1〕杜注:"南子,宋女也。朝,宋公子,旧通于南子,在宋呼之。"〔2〕孟:邑名,具体所在不详。〔3〕娄猪:发情的母猪。〔4〕艾豭:公猪。〔5〕戏阳速:太子家臣。〔6〕信义:杜注:"使义可信,不必信言。"

冬十二月,晋人败范、中行氏之师于潞[1],获籍秦、高彊。又败郑师及范氏之师于百泉[2]。

【注释】

〔1〕潞:在今山西潞城县东北。〔2〕百泉:在今河南辉县西北。

【译文】

[经]

十四年春,卫公叔戌逃来我国。
卫赵阳出逃到宋国。
二月辛巳,楚公子结、陈公孙佗人率领军队灭亡顿国,把顿子牂押回国。
夏,卫北宫结逃来我国。
五月,越国在檇李打败吴国。
吴王光去世。

定公与齐景公、卫灵公在牵地相会。
定公从会议回国。
秋,齐景公、宋景公在洮地相会。
周敬王派石尚前来送祭肉。
卫太子蒯聩出逃到宋国。
卫公孟彄出逃到郑国。
宋景公的弟弟辰从萧邑逃来我国。
在比蒲举行大规模阅兵式。
邾隐公前来与定公相会。
修筑莒父与霄地的城墙。

[传]

十四年春,卫灵公驱逐公叔戌与他的同党,所以赵阳逃往宋国,公叔戌逃来我国。

梁婴父厌恶董安于,对知文子说:"不杀安于,让他一直执掌赵氏政事,赵氏一定会得到晋国。何不以他首先发难为由去责备赵氏?"文子派人告诉赵鞅说:"范氏、中行氏虽然确实发动了叛乱,安于是挑起事端的人,这样安于就是共同谋划作乱的人。晋国有命令,首先发起祸难的人处死。范氏、中行氏已经伏罪了,谨此大胆奉告。"赵鞅觉得为难。安于说:"我死而晋国得到安宁,赵氏得到安定,我哪里还用得着活下去?什么人能够不死,我已经死得晚了。"于是上吊死去。赵鞅把他的尸体陈列在市上示众,而告诉知氏说:"您命令杀戮罪人,安于已经伏罪了,谨此大胆奉告。"知伯与赵鞅结盟,然后赵氏得到安定,在宗庙中祭祀安于。

顿子牂打算投靠晋国,背叛楚国而断绝与陈国的友好关系。二月,楚国灭亡顿国。

夏,卫北宫结逃来我国,是为了公叔戌的缘故。

吴国攻打越国,越王句践率兵抵抗,两军在槜李对阵。句践因吴军军阵严整而担心,派敢死队两次冲击吴兵,吴军阵脚不动。又派罪犯排成三行,把剑放在脖子上,而致辞说:"两国国君用兵,下臣违反了军令,在君王的阵前表现出无能,不敢逃避刑罚,谨此自己求得一死。"说完就自杀了。吴军将士都盯着看。越王句践乘机攻打吴军，大败吴军。灵姑浮用戈攻击阖庐，阖庐被打伤了大脚趾，灵姑浮得到了他的一只鞋。吴王撤回，死在陉地，离开槜李七里路。夫差派人站在庭院里，只要出入，一定要让他对自己说："夫差，你忘记了越王杀死你父亲了吗？"自己就回答："不，不敢忘记！"三年，就向越国报了仇。

晋国人包围朝歌，定公与齐景公、卫灵公在脾、上梁之间相会，商议救援范氏、中行氏。析成鲋、小王桃甲率领狄军袭击晋军，在绛中交战，没战胜而回兵，析成鲋逃往周朝，小王桃甲进入朝歌。秋，齐景公、宋景公在洮地相会，是为了救援范氏的缘故。

卫灵公为夫人南子召见宋朝，在洮地相会。太子蒯聩去齐国奉献盂邑，经过宋国郊野。郊野的人唱歌说："已经满足了你们那发情的母猪，为什么不归还我们风流的公猪。"太子听了很羞愧，对戏阳速说："跟着我去朝见夫人，夫人接见我，我朝你看，你就杀了她。"戏阳速说："是。"于是去朝见夫人。夫人接见太子，太子三次朝戏阳速看，戏阳速不上前动手。夫人见他脸色不对，哭着逃走，说："蒯聩要杀我。"卫灵公拉着她的手登上高台躲避。太子逃往宋国，卫灵公把太子的党羽全部赶走，所以公孟驱出逃到郑国，又从郑国逃到齐国。太子告诉别人说："戏阳速使我蒙受祸难。"戏阳速告诉别人说："是太子使我蒙受祸难。太子无道，让我杀害他的母亲。我不答应，他就会杀了我。如果我杀了夫人，他就把我拿出来抵罪。我因此答应了他而没干，以此暂免一死。谚语说：'人民用信用保全自己。'我用道义来作为信用。"

冬十二月，晋国人在潞地打败了范氏、中行氏的军队，擒获籍秦、高彊。又在百泉打败了郑国军队与范氏的军队。

定公十五年

[经]

十有五年春[1],王正月,邾子来朝[2]。

鼷鼠食郊牛,牛死,改卜牛。

二月辛丑,楚子灭胡[3],以胡子豹归。

夏五月辛亥,郊。

壬申,公薨于高寝[4]。

郑罕达帅师伐宋。

齐侯、卫侯次于渠蒢[5]。

邾子来奔丧。

秋七月壬申,姒氏卒[6]。

八月庚辰朔,日有食之。

九月,滕子来会葬[7]。

丁巳,葬我君定公,雨,不克葬。戊午,日下昃[8],乃克葬。

辛巳,葬定姒。

冬,城漆[9]。

【注释】

〔1〕十有五年：公元前495年。〔2〕邾子：邾隐公。〔3〕楚子：楚昭王。〔4〕高寝：正寝。〔5〕齐侯：齐景公。卫侯：卫灵公。渠蒢：不详。〔6〕姒氏：定公夫人。〔7〕滕子：滕顷公。〔8〕日下昃：太阳西偏。〔9〕漆：在今山东邹县北。

[传]

十五年春，邾隐公来朝。子贡观焉。邾子执玉高，其容仰[1]。公受玉卑，其容俯。子贡曰："以礼观之，二君者，皆有死亡焉。夫礼，死生存亡之体也。将左右周旋，进退俯仰，于是乎取之。朝祀丧戎，于是乎观之。今正月相朝，而皆不度[2]，心已亡矣。嘉事不体[3]，何以能久？高仰，骄也；卑俯，替也[4]。骄近乱，替近疾。君为主，其先亡乎！"

【注释】

〔1〕容：脸。〔2〕不度：不合法度。〔3〕体：同"礼"。〔4〕替：废惰，衰颓。

吴之入楚也，胡子尽俘楚邑之近胡者。楚既定，胡子豹又不事楚，曰："存亡有命，事楚何为？多取费焉[1]。"二月，楚灭胡。

夏五月壬申，公薨。仲尼曰："赐不幸言而中[2]，是使赐多言者也。"[3]

【注释】

〔1〕多：只。取费：多花费。谓要进贡财礼。〔2〕赐：端木赐，即

子贡。〔3〕多言者：多嘴多舌的人。这里偏重不吉利的意思，也就是后人所说的"乌鸦嘴"。

郑罕达败宋师于老丘[1]。
齐侯、卫侯次于蘧挐[2]，谋救宋也。
秋七月壬申，姒氏卒。不称夫人，不赴，且不祔也[3]。
葬定公。雨，不克襄事[4]，礼也。
葬定姒。不称小君，不成丧也。
冬，城漆。书，不时告也。

【注释】
〔1〕老丘：在今河南开封市东南。　〔2〕蘧挐：即渠蒢。　〔3〕不祔：没有陪祀祖姑。　〔4〕襄：成。

【译文】
[经]
十五年春，周历正月，邾隐公来我国朝见。
鼷鼠咬食郊祀用的牛，牛死去，另外占卜选定牛。
二月辛丑，楚昭王灭亡了胡国，把胡子豹押回国。
夏五月辛亥，举行郊祀。
壬申，定公在高寝去世。
郑罕达率领军队攻打宋国。
齐景公、卫灵公驻扎在渠蒢。
邾隐公前来吊丧。
秋七月壬申，定姒去世。
八月庚辰朔，发生日食。
九月，滕顷公前来参加葬礼。
丁巳，安葬我国国君定公，天下雨，没能完成。戊午，太阳偏西,于是完成葬事。

辛巳,安葬定姒。

冬,修筑漆地的城墙。

[传]

十五年春,邾隐公来我国朝见。子贡观礼。邾隐公把玉拿得很高,脸向上仰。定公接受玉拿得很低,脸向下俯。子贡说:"用礼来分析这事,二位国君都接近死亡了。礼,是死生存亡的主体。左右、周旋、进退、俯仰,都应该取之于礼。朝会祭祀、丧事战争,都从中得到反映。现在正月里互相朝见,却都不合法度,是心中已经亡失了礼了。朝会不讲礼,怎么能维持长久?高与仰,是骄傲的表现;低与俯,是衰颓的表现。骄傲就接近动乱,衰颓就接近疾病。君王是主人,也许要先死吧!"

吴军攻入楚国时,胡子把靠近胡国的楚国城邑全都俘掠一空。楚国安定后,胡子豹又不事奉楚国,说:"存亡自有天命,为什么要事奉楚国?只不过多花费而已。"二月,楚国灭亡胡国。

夏五月壬申,定公去世。仲尼说:"赐不幸而说中,从这事使他成为多嘴的人了。"

郑罕达在老丘打败宋军。

齐景公、卫灵公驻扎在蘧挐,是商议救援宋国的事。

秋七月壬申,姒氏卒。不称她为夫人,是因为没发讣告,又不陪祀祖姑的缘故。

安葬定公。下雨,没有完成葬事,这是合乎礼的。

安葬定姒。不称她为小君,是因为没按国君夫人的葬礼来安葬她。

冬,修筑漆地城墙。《春秋》记载,是因为没及时祭告祖庙。

春秋左传卷二十九　哀公上

哀 公 元 年

[经]

元年春[1],王正月,公即位。

楚子、陈侯、随侯、许男围蔡[2]。

鼷鼠食郊牛,改卜牛。夏四月辛巳,郊。

秋,齐侯、卫侯伐晋[3]。

冬,仲孙何忌帅师伐邾。

【注释】

〔1〕元年:公元前494年。　〔2〕楚子:楚昭王。陈侯:陈闵公。许男:许元公。　〔3〕齐侯:齐景公。卫侯:卫灵公。

[传]

元年春,楚子围蔡,报柏举也。里而栽[1],广丈,高倍。夫屯昼夜九日[2],如子西之素[3]。蔡人男女以辨[4],使疆于江、汝之间而还。蔡于是乎请迁于吴。

【注释】

〔1〕杜注:"栽,设板筑为围垒,周币去蔡城一里。"　〔2〕夫屯:派兵士屯守。　〔3〕素:计划。　〔4〕杜注:"辨,别也。男女各别,系

累而出降。"

吴王夫差败越于夫椒[1],报槜李也。遂入越。越子以甲楯五千,保于会稽[2]。使大夫种因吴大宰嚭以行成[3],吴子将许之。伍员曰:"不可。臣闻之树德莫如滋,去疾莫如尽。昔有过浇杀斟灌以伐斟鄩,灭夏后相[4]。后缗方娠,逃出自窦,归于有仍,生少康焉,为仍牧正。惎浇[5],能戒之。浇使椒求之,逃奔有虞,为之庖正,以除其害。虞思于是妻之以二姚[6],而邑诸纶[7]。有田一成[8],有众一旅,能布其德,而兆其谋[9],以收夏众,抚其官职。使女艾谍浇[10],使季杼诱豷[11],遂灭过、戈[12],复禹之绩。祀夏配天,不失旧物。今吴不如过,而越大于少康,或将丰之,不亦难乎?句践能亲而务施,施不失人,亲不弃劳,与我同壤而世为仇雠,于是乎克而弗取,将又存之,违天而长寇仇,后虽悔之,不可食已[13]。姬之衰也,日可俟也。介在蛮夷,而长寇仇,以是求伯,必不行矣。"弗听。退而告人曰:"越十年生聚,而十年教训,二十年之外,吴其为沼乎!"三月,越及吴平。吴入越,不书,吴不告庆,越不告败也。

【注释】

〔1〕夫椒:在今浙江绍兴市北。〔2〕会稽:指会稽山,在今绍兴市东南。〔3〕大夫种:文种,字禽。〔4〕"昔有过"二句:参襄公四年传及注。〔5〕惎:毒,恨。〔6〕虞思:有虞酋长,姚姓。二姚:二女,因姓姚,故称二姚。〔7〕纶:在今河南虞城县东南。〔8〕成:方

十里。〔9〕兆：始。〔10〕女艾：少康臣。〔11〕季杼：少康子。豷：浇之弟。〔12〕过、戈：浇国与豷国。〔13〕不可食：无法反悔，无法挽救。

夏四月，齐侯、卫侯救邯郸，围五鹿[1]。

吴之入楚也，使召陈怀公。怀公朝国人而问焉，曰："欲与楚者右，欲与吴者左。陈人从田，无田从党[2]。"逢滑当公而进[3]，曰："臣闻国之兴也以福，其亡也以祸。今吴未有福，楚未有祸。楚未可弃，吴未可从。而晋，盟主也，若以晋辞吴，若何？"公曰："国胜君亡[4]，非祸而何？"对曰："国之有是多矣，何必不复。小国犹复，况大国乎？臣闻国之兴也，视民如伤，是其福也。其亡也，以民为土芥，是其祸也。楚虽无德，亦不艾杀其民[5]。吴日敝于兵，暴骨如莽，而未见德焉。天其或者正训楚也，祸之适吴，其何日之有？"陈侯从之。及夫差克越，乃修先君之怨[6]。秋八月，吴侵陈，修旧怨也。

【注释】
〔1〕五鹿：在今河北大名县东。杜注云："赵稷以邯郸叛，范、中行氏之党也。"〔2〕杜注："都邑之人无田者随党而立。不知所与，故直从所居。田在西者居右，田在东者居左。"〔3〕当公：不左不右，正对陈怀公。〔4〕国胜：国家被征服。〔5〕艾：同"刈"。〔6〕先君之怨：吴召陈者为阖庐。

齐侯、卫侯会于乾侯，救范氏也。师及齐师、卫孔圉、鲜虞人伐晋，取棘蒲[1]。

【注释】

〔1〕棘蒲：在今河北赵县。

吴师在陈，楚大夫皆惧，曰："阖庐惟能用其民，以败我于柏举。今闻其嗣又甚焉，将若之何？"子西曰："二三子恤不相睦，无患吴矣。昔阖庐食不二味，居不重席[1]，室不崇坛[2]，器不彤镂[3]，宫室不观[4]，舟车不饰，衣服财用，择不取费[5]。在国，天有灾疠[6]，亲巡孤寡，而共其乏困。在军，熟食者分，而后敢食。其所尝者[7]，卒乘与焉。勤恤其民而与之劳逸，是以民不罢劳，死知不旷[8]。吾先大夫子常易之，所以败我也。今闻夫差次有台榭陂池焉，宿有妃嫱嫔御焉。一日之行，所欲必成，玩好必从。珍异是聚，观乐是务，视民如仇，而用之日新。夫先自败也已，安能败我？"

冬十一月，晋赵鞅伐朝歌。

【注释】

〔1〕居：坐。 〔2〕坛：古筑宫室先堆土坛，然后在坛上建造宫室。不崇坛，即在平地建房。 〔3〕彤镂：漆红色、加雕刻。 〔4〕观：楼台亭阁一类。 〔5〕杜注："选取坚厚，不尚细靡。" 〔6〕灾疠：天灾与流行病。 〔7〕所尝：珍品，不是平常所吃的东西。 〔8〕不旷：不白死，必有补偿。

【译文】

[经]

元年春，周历正月，哀公即位。

楚昭王、陈闵公、随侯、许元公包围蔡国。

鼹鼠咬食郊祀用的牛，另外占卜选定牛。夏四月辛巳，举行郊祀。

秋，齐景公、卫灵公攻打晋国。

冬，仲孙何忌率领军队攻打邾国。

[传]

元年春，楚昭王包围蔡国，报复柏举那次战役。迫近蔡都一里设版筑为围垒，厚一丈，高加倍。派兵士屯守了九昼夜完成，和子西的预定计划相符。蔡国人把男女分别捆绑排队出降，楚昭王让他们迁移到长江、汝水之间就回国了。蔡国因此向吴国要求迁移到吴国去。

吴王夫差在夫椒打败越军，报复了檇李那次战役。于是就攻入越国。越王带着披甲持盾的军士五千人坚守会稽山，派大夫种通过吴太宰嚭求和，夫差打算同意。伍员说："不行。臣听说树立德行最好能不断增长，铲除毒害最好能彻底干净。往昔有过浇杀死斟灌而攻打斟鄩，灭亡了夏后相。后缗正怀孕，从城墙的小洞里逃了出去，回到有仍，生下少康，为有仍的牧正。少康怨恨浇，能警惕戒备。浇派椒寻找少康，少康逃跑到有虞，做了庖正，避免了受到伤害。虞思因此把两个女儿嫁给他，把他封在纶邑。他拥有十里见方的土地及五百名部下，能够广施恩德，开始实施自己的计谋，以收夏朝旧部，安抚他的官员。少康派女艾到浇那儿做间谍，派季杼去引诱豷，因此而灭亡了过国、戈国，恢复了禹的业绩。奉祀夏朝的祖先同时祭祀上天，保持了原先的规模。现在吴国比不上过，而越国比少康强大，如果与越讲和而使它壮大，不也是对吴国的灾难吗？句践能够亲近别人而致力于施舍。对应该施舍的人不漏掉，对有功劳的人不疏远，与我们同处一块土地而世代为仇敌，在这种情况下战胜了他们而不占有，打算又让他们存在下去，违反天意而滋长仇敌，今后即使后悔，也无法补救了。姬姓的衰亡，可以计日而待了。处在蛮夷之间，却滋长仇敌，用这样的办法来谋求霸主的地位，一定是办不到的。"夫差不肯听从。伍员退出后告诉别人说："越国用十年时间生殖积聚，又用十年时间教育训练，二十年后，吴国也许要变成池沼了吧！"三月，越国与吴国讲和。吴国攻入越国，《春秋》不记载，是因为吴国没来报告胜利,越国也没来报告战败的缘故。

夏四月,齐景公、卫灵公救援邯郸,包围五鹿。

吴国攻入楚国的时候,派人召见陈怀公。怀公召集国人朝见而征求意见,说:"想要依附楚国的站在右边,想要依附吴国的站在左边。都城里的人有田地的按田地所在方向站,没有田地的和亲族站在一起。"逢滑面对怀公而立,上前说:"臣听说国家的兴起是因为福分,国家的灭亡是由于祸难。现在吴国没有福分,楚国没有祸难。楚国不可抛弃,吴国不可相从。而晋国,是盟主,如果以服从晋国作为理由拒绝吴国,怎么样?"陈怀公说:"楚国被人打败国君逃亡,不是祸难是什么?"逢滑回答说:"国家碰到这种情况的很多,为什么一定不能恢复?小国尚且能恢复,何况是大国呢?臣听说国家的兴起,国君对待人民就同对待受伤害的人,这就是它的福分。国家的灭亡,国君对待人民就同泥土草芥,这就是它的祸难。楚国虽然没有德行,但也不斩杀它的人民。吴国因战争不断而疲惫,尸骨暴露多如杂草,却又看不出它有什么德行。上天也许正是在给楚国教训,祸难降临吴国,还会有多少日子?"陈怀公听从了他的话。到了夫差战胜越国,于是重新提起先君留下的怨仇。秋八月,吴国侵袭陈国,这是为了重新结算以前的怨仇。

齐景公、卫灵公在乾侯相会,是为了救援范氏。我国军队与齐军、卫孔圉、鲜虞人攻打晋国,占领棘蒲。

吴军在陈国,楚国的大夫们都感到恐惧,说:"正因为阖庐能够使用他的人民,所以在柏举打败了我们。现在听说他的继承人比他做得还要好,准备如何对付他?"子西说:"各位只应该担心互相不团结,用不着担心吴国。过去阖庐吃饭不用两个菜,坐着不铺两层席子,房屋不建造在高坛上,器物不加颜色雕镂,宫室中不造楼台亭阁,船和车不加装饰,衣服和用具重在实用而不讲究华丽。在国内,发生天灾或流行疾病,亲自探视孤寡而救济他们。在军队中,等士兵们分食了熟食后自己才敢食用。如果有珍肴美味,一定分给自己随从的军士。勤恳地抚恤他的人民而与他们同甘共苦,所以人民不感到疲劳,为他而死知道会获得补偿。我们先大夫子常轻视他,所以他打败了我们。如今听说夫差居住地有楼台水榭、流水池塘，睡觉有妃嫱宫女。即使出外一天，想要的东西也一定要得到，玩赏喜爱的东西一定要随身携带。积聚的是珍宝异物，致力的是游观玩乐，把人民看成是仇敌，使用他们一天也不间隔。这是他自己先使自己失败了，怎么能打败我们？"

冬十一月，晋赵鞅攻打朝歌。

哀 公 二 年

[经]

二年春[1]，王二月，季孙斯、叔孙州仇、仲孙何忌帅师伐邾，取漷东田及沂西田[2]。

癸巳，叔孙州仇、仲孙何忌及邾子盟于句绎[3]。

夏四月丙子，卫侯元卒。

滕子来朝[4]。

晋赵鞅帅师纳卫世子蒯聩于戚[5]。

秋八月甲戌，晋赵鞅帅师及郑罕达帅师战于铁[6]，郑师败绩。

冬十月，葬卫灵公。

十有一月，蔡迁于州来[7]。

蔡杀其大夫公子驷。

【注释】

〔1〕二年：公元前493年。　〔2〕漷东：漷水之东，在今山东滕县。沂西：沂水之西，亦在滕县。　〔3〕邾子：邾隐公。句绎：在今山东邹县东南。　〔4〕滕子：滕顷公。　〔5〕戚：在今河南濮阳县北。　〔6〕铁：在今濮阳县西北。　〔7〕州来：吴地，今安徽凤台县。

[传]

二年春，伐邾，将伐绞[1]。邾人爱其土，故赂以漷、沂之田而受盟。

【注释】

〔1〕绞：邾邑，在今山东滕县北。

初，卫侯游于郊，子南仆[1]。公曰："余无子[2]，将立女。"不对。他日，又谓之。对曰："郢不足以辱社稷，君其改图。君夫人在堂，三揖在下[3]，君命祗辱。"夏，卫灵公卒。夫人曰："命公子郢为大子，君命也。"对曰："郢异于他子[4]。且君没于吾手，若有之，郢必闻之。且亡人之子辄在[5]。"乃立辄。六月乙酉，晋赵鞅纳卫大子于戚。宵迷，阳虎曰："右河而南，必至焉。"使大子纼[6]，八人衰绖，伪自卫逆者。告于门，哭而入，遂居之。

【注释】

〔1〕子南：灵公子，名郢。仆：驾车。 〔2〕无子：指没有争气的嫡子。灵公太子蒯聩出逃在外。 〔3〕三揖：卿、大夫、士。 〔4〕异于他子：谓自己的志向与别人不同，不愿为国君。 〔5〕亡人：太子蒯聩。 〔6〕纼：免冠。

秋八月，齐人输范氏粟，郑子姚、子般送之[1]。士吉射逆之，赵鞅御之，遇于戚。阳虎曰："吾车少，以兵车之旆[2]，与罕、驷兵车先陈。罕、驷自后随而从之,彼见吾貌,必有惧心。于是乎会之[3],必大败之。"从之。卜战,龟焦。乐丁曰[4]:"《诗》曰:'爰始爰谋,爰契我龟[5]。'谋协,以故兆询可也[6]。"简子誓曰:"范氏、中行氏,反易天明[7],斩艾百姓,欲擅晋国而灭其君。寡君恃郑而保焉。今郑为不道,弃君助臣,二三子顺天明,从君命,经德义[8],除诟耻,在此行也。克敌者,上大夫受县,下大夫受郡[9],士田十万,庶人、工、商遂[10],人臣、隶、圉免[11]。志父无罪[12],君实图之。若其有罪,绞缢以戮,桐棺三寸,不设属辟[13],素车朴马[14],无入于兆[15],下卿之罚也。"甲戌,将战,邮无恤御简子[16],卫大子为右。登铁上[17],望见郑师众,大子惧,自投于车下。子良授大子绥而乘之[18],曰:"妇人也。"简子巡列,曰:"毕万[19],匹夫也,七战皆获,有马百乘,死于牖下[20]。群子勉之,死不在寇。"繁羽御赵罗[21],宋勇为右,罗无勇,麇之[22]。吏诘之,御对曰:"痁作而伏[23]。"卫大子祷曰:"曾孙蒯聩敢昭告皇祖文王[24],烈祖康叔[25],文祖襄公[26]:郑胜乱从[27],晋午在难[28],不能治乱,使鞅讨之。蒯聩不敢自佚,备持矛焉。敢告无绝筋,无折骨,无面伤,以集大事[29],无作三祖羞[30]。大命不敢请[31],佩玉不敢爱。"郑人击简子中肩,毙于车中[32],获其蠭旗[33]。大子救之以戈,郑师北,获温大夫赵罗[34]。大子复伐之,郑师大败,获齐粟千车。赵孟喜曰:"可矣。"傅傁曰[35]:"虽克郑,犹有知在,忧未艾也[36]。"

【注释】

〔1〕子姚：罕达。子般：驷弘。〔2〕兵车之斾：主将的旗帜。〔3〕会：交战。〔4〕乐丁：晋大夫。〔5〕所引诗见《诗·大雅·绵》。〔6〕故兆：即始纳卫太子所得吉兆。询：信。〔7〕天明：即天命。〔8〕经：治。〔9〕郡：一县分四郡。〔10〕遂：入仕途。〔11〕人臣、隶、圉：均为奴隶。〔12〕志父：即赵鞅。〔13〕属辟：古天子、诸侯，卿大夫之棺皆有数重，大棺内之大棺为属，近身之棺为椑，亦称辟。卿的大棺八寸厚，属六寸厚。〔14〕素车：不以翣、柳饰车。翣为羽毛伞形物，灵车行时，持之两旁随行。柳为复在柩车上的饰物。朴马：未修剪鬃毛的马。〔15〕兆：兆域，族中墓地。〔16〕邮无恤：王良。即子良。〔17〕铁：丘名，见本年经注。〔18〕绥：上车时拉的绳索。〔19〕毕万：晋臣，见闵公元年传。〔20〕死于牖下：谓得善终。〔21〕赵罗：赵武之子。〔22〕縻：束缚。〔23〕痁：寒战病。〔24〕曾孙：孙之子以下，祭祀先祖皆自称曾孙。〔25〕烈祖：始封君。〔26〕文祖：继业之君。〔27〕郑胜：郑声公。乱从：作乱。〔28〕晋午：晋定公。〔29〕集：成。〔30〕作：为。〔31〕大命：死生之命。〔32〕毙：倒。〔33〕蠭旗：旗名。〔34〕温大夫赵罗：或谓此赵罗与上赵罗非一人。〔35〕傅傁：赵鞅部属。〔36〕艾：止。

初，周人与范氏田，公孙龙税焉[1]，赵氏得而献之。吏请杀之，赵孟曰："为其主也，何罪？"止而与之田。及铁之战，以徒五百人宵攻郑师，取蠭旗于子姚之幕下，献曰："请报主德。"

【注释】

〔1〕公孙龙：范氏家臣。税：为范氏收地税。

追郑师。姚、般、公孙林殿而射，前列多死。赵孟曰："国无小[1]。"既战，简子曰："吾伏弢呕血[2]，鼓音不衰，今日我上也。"大子曰："吾救主于车，退敌于下，我，右之上也。"邮良曰："我两靷将绝[3]，吾能止之，我，御之上也。"驾而乘材[4]，两靷皆绝。

【注释】
〔1〕杜注："言虽小国，犹有善射者。" 〔2〕弢：弓袋。 〔3〕靷：引车前行的革带。 〔4〕材：细木。

吴泄庸如蔡纳聘，而稍纳师。师毕入，众知之[1]，蔡侯告大夫[2]，杀公子驷以说，哭而迁墓。冬，蔡迁于州来。

【注释】
〔1〕杜注："元年，蔡请迁于吴，中悔，故因聘袭之。" 〔2〕蔡侯：蔡昭侯。

【译文】
[经]
二年春，周历二月，季孙斯、叔孙州仇、仲孙何忌率领军队攻打邾国，占领了漷东的土地与沂西的土地。
癸巳，叔孙州仇、仲孙何忌与邾隐公在句绎结盟。
夏四月丙子，卫灵公元去世。
滕顷公来我国朝见。
晋赵鞅率领军队把卫太子蒯聩送到戚邑。
秋八月甲戌，晋赵鞅率领军队与郑罕达率领的军队在铁丘交战，郑军大败。
冬十月，安葬卫灵公。
十一月，蔡国迁移到州来。
蔡国杀死他们的大夫公子驷。

[传]

二年春，攻打邾国，打算攻打绞邑。邾国人爱惜他们都城的土地，所以用漷水、沂水边的田地作为贿赂，而接受盟约。

起初，卫灵公去郊外游玩，子南驾车。灵公说："我没有争气的嫡子，打算立你为继承人。"子南不接口。过了些日子，卫灵公又对子南这样说，子南回答说："我不足以承担国家重任，君王还是改变主意的好。君夫人在上，卿、大夫、士在下，没和他们商量我就听从只能是有辱您的命令。"夏，卫灵公去世。夫人说："命公子郢为太子，这是国君的命令。"子南回答说："我的志向与别人不同。再说我随从君王一直到他去世，如果有这话，我一定会听到。而且还有逃亡的太子的儿子辄在。"于是立了辄。六月乙酉，晋赵鞅送卫太子蒯聩到戚邑。晚上迷了路，阳虎说："往右渡过黄河再往南，一定能到达。"让太子脱掉帽子，派八个人穿着丧服，伪装成从卫都派去迎接太子的人，告诉守门人，号哭着进入戚邑，于是就住在戚邑。

秋八月，齐国人运送粮食给范氏，郑子姚、子般押运。士吉射前往迎接他们，赵鞅抵御他们，在戚地相遇。阳虎说："我们的战车少，把主将的旗帜插在车上，与子姚、子般的兵车先行对阵。子姚、子般从后面赶上来交战，他见了我的面，一定会产生害怕。这时与他们交战，一定会大败他们。"赵鞅听从了他的建议。为作战而占卜，龟甲烤焦了。乐丁说："《诗》说：'开始计划商量，于是占卜刻龟。'谋划的事情相同，服从以往的占卜结果就是了。"赵鞅起誓说："范氏、中行氏，违反天命，斩杀百姓，想要在晋国专权擅政而消灭他们的国君。寡君依仗着郑国保护自己。现在郑国无道，抛弃国君帮助臣子，各位顺合天命，服从国君的命令，施行德义，消除耻辱，就在这次战斗了。战胜敌人的，上大夫得到县为封邑，下大夫奖励一郡，士奖励十万亩田地，庶人、工、商可步入仕途，奴仆、隶役获得自由。我如果能免于罪过，由君王考虑封赏。如果战败获罪，叛处绞刑，用三寸厚的薄桐木棺材敛尸，不用属棺、椑木，用没有装饰的车与没修剪过鬃毛的马送葬，不得葬入族墓，这是按照下卿地位所作的惩罚。"甲戌，将要交战，邮无恤为赵鞅驾车，卫太子蒯聩为车右。登上铁丘，望见郑国军队人数众多，卫太子害怕得从车上摔了下来。邮无恤把绥带递给卫太子让他拉着上了车，说："真像个妇女。"赵鞅巡视队伍，说："毕万，只是个普通人，参加了七次战争，每次战争都有俘获，后来有了四百匹马，安定地死在家里。大伙儿努力吧，不一定会死在敌人手上。"繁羽为赵罗驾车，宋勇任车右，赵罗素来胆怯，人们用绳索把他固定在车上。军吏询问原因，繁羽回答说："他疟疾发作所以站不直。"卫太子祈祷说："曾孙蒯聩谨此求告皇祖文王，烈祖康叔，文祖襄公，郑国的胜作乱，晋国的午正处危难之中，不能平定祸乱，派赵鞅去讨伐。蒯聩不敢自我放佚，充当了他持矛作战的车右。谨此求告不要让我断筋，不要让我折骨，不要让我面部受伤，以成就战事，不给三位祖先带来羞耻。死生的命运不敢请求，佩玉不敢爱惜谨此献上。"郑国人击中了赵鞅的肩膀，他倒在车中，郑国人获得了他的蠭旗。卫太子用戈救援赵鞅，郑军败退，擒获了温大夫赵罗。卫太子再次进攻，郑军大败，缴获了齐国的一千车粮食。赵鞅高兴地说："行了。"傅傁说："虽然打败了郑国，还有知氏在那里，忧患还不能消除呢。"

起初，周朝人给范氏田地，公孙龙前往收税，赵氏的族人捕获他献给赵鞅。军吏建议杀了他，赵鞅说："他是为了他的主人，有什么罪？"制止军吏而给他田地。到了铁丘会战，公孙龙率领步兵五百人夜间攻打郑军，在子姚的幕下夺取了蠭旗，献给赵鞅说："谨以此报答主公的恩德。"

晋军追击郑军。子姚、子般、公孙林断后射箭，晋军前锋部队很多人被射死。赵鞅说："国家不论大小，都有能射的将士。"战争结束，赵鞅说："我伏在弓袋上吐血，但鼓声没有减低，今天的战功，以我最大。"卫太子说："我在车上救了主帅，在车下击退了敌人，我是车右中功劳最大的。"邮无恤说："我的车两边的革带快要断了，我能使它保持不断，我是御者中功劳最大的。"套上马装上些木材，两边的革带就断了。

吴国的泄庸去蔡国送聘礼，而逐渐让军队进入蔡国。军队全数进入，大家知道了，蔡昭侯告诉了大夫们，杀死了公子驷以塞责，哭着把坟墓迁走。冬，蔡国迁移到州来。

哀 公 三 年

[经]

三年春[1],齐国夏、卫石曼姑帅师围戚。

夏四月甲午,地震。

五月辛卯,桓宫、僖宫灾。

季孙斯、叔孙州仇帅师城启阳[2]。

宋乐髡帅师伐曹。

秋七月丙子,季孙斯卒。

蔡人放其大夫公孙猎于吴[3]。

冬十月癸卯,秦伯卒[4]。

叔孙州仇、仲孙何忌帅师围邾。

【注释】

〔1〕三年:公元前492年。 〔2〕启阳:在今山东临沂县北。〔3〕公孙猎:杜注谓公子驷之党。 〔4〕秦伯:秦惠公。

[传]

三年春,齐、卫围戚,求援于中山。

夏五月辛卯,司铎火[1]。火逾公宫,桓、僖灾。救火者皆曰:"顾府[2]。"南宫敬叔至[3],命周人出御书[4],俟于宫,曰:"庀女而不在,死。"子服景伯至[5],命宰人出礼书[6],以待命,命不共,有常刑。校人乘马[7],巾车脂辖[8]。百官官备,府库慎守,官人肃给[9]。济濡帷幕,郁攸从之[10],蒙葺公屋。自大庙始,外内以悛[11],助所不给。有不用命,则有常刑,无赦。公父文伯至,命校人驾乘车[12]。季桓子至,御公立于象魏之外[13]。命救火者伤人则止,财可为也。命藏《象魏》[14],曰:"旧章不可亡也。"富父槐至,曰:"无备而官办者,犹拾瀋也[15]。"于是乎去表之槁[16],道还公宫[17]。孔子在陈,闻火,曰:"其桓、僖乎!"

【注释】

〔1〕司铎:或以为宫名,或以为宫中官署名。〔2〕府:府库,藏财物的地方。〔3〕南宫敬叔:南宫阅,孔子弟子。〔4〕周人:掌管周书与典籍的官。御书:进与国君的书,即国君所读的书。〔5〕子服景伯:子服何,鲁大夫。〔6〕宰人:掌礼法的官。〔7〕校人:掌马的官。〔8〕巾车:掌车的官。〔9〕官人:即馆人,主馆舍的官。〔10〕郁攸:救火用具。〔11〕悛:次序。〔12〕乘车:国君所乘车。〔13〕象魏:宫廷外的阙门。〔14〕象魏:典章。当时法令等悬挂阙门,故此以象魏称典章。〔15〕杜注:"瀋,汁也。言不备而责办,不可得。"〔16〕槁:干枯易燃之物。〔17〕道:隔离道。还:同"环"。

刘氏、范氏世为婚姻,苌弘事刘文公,故周与范氏。赵鞅以为讨,六月癸卯,周人杀苌弘。

秋,季孙有疾,命正常曰[1]:"无死。南孺子之子[2],男也,则以告而立之。女也,则肥也可[3]。"季孙卒，康子即位。既葬，康子在朝，南氏生男，正常载以如朝，告曰："夫子有遗言，命其圉臣曰：'南氏生男，则以告于君与大夫而立之。'今生矣，男也，敢告。"遂奔卫。康子请退[4]。公使共刘视之[5]，则或杀之矣，乃讨之。召正常，正常不反。

【注释】
〔1〕正常：季桓子的宠臣。〔2〕南孺子：季桓子之妻。〔3〕肥：季康子。〔4〕退：退位。〔5〕共刘：鲁大夫。

冬十月，晋赵鞅围朝歌，师于其南。荀寅伐其郛，使其徒自北门入，己犯师而出[1]。癸丑，奔邯郸。十一月，赵鞅杀士皋夷[2]，恶范氏也。

【注释】
〔1〕杜注："荀寅使在外救己之徒击赵氏，围之北门，因外内攻得出。"〔2〕士皋夷：即范皋夷，范氏之族。

【译文】
[经]
三年春，齐国夏、卫石曼姑率领军队包围戚邑。
夏四月甲午，发生地震。
五月辛卯，桓公庙、僖公庙发生火灾。
季孙斯、叔孙州仇率领军队修筑启阳的城墙。
宋乐髡率领军队攻打曹国。
秋七月丙子，季孙斯去世。
蔡国人把他们的大夫公孙猎流放到吴国。
冬十月癸卯，秦惠公去世。

叔孙州仇、仲孙何忌率领军队包围邾国。

[传]

三年春，齐国、卫国的军队包围戚邑，戚邑向中山国求援。

夏五月辛卯，司铎发生火灾。大火蔓延过公宫，桓公庙、僖公庙被烧毁。救火的人都说："去抢救府库。"南宫敬叔到来，命令周人搬出国君所读的书，等在宫中，说："把这交给你们，如果出问题，就处死。"子服景伯到来，命令宰人搬出礼书，等候命令，如果不能完成指令，按常规处罚。校人套上马，巾车给车轴上好油。百官都各守其职，府库慎重防守，官人认真地供应物品。用打湿的帷幕进去，救火器具跟着，把公屋覆盖起来。从太庙开始抢救，从外到内依次施行，随时增援人力物力不足的地方。有谁不出力的，按常规处罚，决不赦免。公父文伯来到，命令校人套上哀公所乘的车。季桓子到来，驾车把哀公送到宫廷阙门外。命令救火的人受了伤就停下来，认为财物日后还能创造。命令把典章收藏好，说："旧的典章不能丢失。"富父槐到来，说："没有准备而叫百官办这办那，就同要捡起泼在地上的汤水。"因此就清除火势蔓延方向的干枯易燃物品，环绕公宫开辟隔火道。孔子在陈国，听说发生火灾，说："莫非是桓公庙、僖公庙吧！"

刘氏、范氏世代结为婚姻，苌弘是刘文公的属官，所以周朝支持范氏。赵鞅因此而讨伐，六月癸卯，周朝人杀死了苌弘。

秋，季孙生病，命令正常说："你一定不要为我而死。南孺子怀孕如果生下个男孩，你就报告国君立他为继承人。如果是个女孩，就立肥。"季孙去世，康子即位。安葬后，康子在朝廷上，南孺子生下男孩，正常把孩子装在车上去朝廷，报告说："季孙斯有遗言，命令他的贱臣说：'南氏生下男孩，就去报告君王、大夫而立他为继承人。'现在孩子已经出生，是个男孩，谨此报告。"说完后就逃往卫国。康子请求退位。哀公派共刘去探视，有人已经把孩子杀死了，于是诛杀杀人凶手。召见正常，正常不肯回国。

冬十月，晋赵鞅包围朝歌，军队驻扎在城南。荀寅攻打朝歌外城的晋军，让他的部下从北门进城，自己突围而出。癸丑，逃往邯郸。十一月，赵鞅杀死士皋夷，是因为憎恶范氏的缘故。

哀 公 四 年

[经]

四年春[1],王二月庚戌,盗杀蔡侯申。

蔡公孙辰出奔吴。

葬秦惠公。

宋人执小邾子。

夏,蔡杀其大夫公孙姓、公孙霍[2]。

晋人执戎蛮子赤,归于楚。

城西郛。

六月辛丑,亳社灾。

秋八月甲寅,滕子结卒。

冬十有二月,葬蔡昭公。

葬滕顷公。

【注释】
〔1〕四年:公元前491年。 〔2〕公孙霍:传作"公孙盱"。

[传]

四年春,蔡昭侯将如吴,诸大夫恐其又迁也,承公孙翩逐而射之[1]，入于家人而卒[2]。以两矢门之，众莫敢进。文之锴后至，曰："如墙而进，多而杀二人。"锴执弓而先，翩射之，中肘。锴遂杀之，故逐公孙辰，而杀公孙姓、公孙盱。

【注释】
〔1〕承：诸家于此字断句及解释各不同，或为"辅佐"之意。〔2〕家人：民居。

夏，楚人既克夷虎[1]，乃谋北方。左司马眅、申公寿余、叶公诸梁致蔡于负函[2]，致方城之外于缯关[3]，曰："吴将泝江入郢，将奔命焉。"为一昔之期[4]，袭梁及霍[5]。单浮余围蛮氏[6]，蛮氏溃。蛮子赤奔晋阴地[7]。司马起丰、析与狄戎[8]，以临上洛[9]。左师军于菟和[10]，右师军于仓野[11]，使谓阴地之命大夫士蔑曰[12]："晋、楚有盟，好恶同之。若将不废，寡君之愿也。不然，将通于少习以听命[13]。"士蔑请诸赵孟。赵孟曰："晋国未宁，安能恶于楚，必速与之。"士蔑乃致九州之戎[14]，将裂田以与蛮子而城之，且将为之卜。蛮子听卜，遂执之，与其五大夫，以畀楚师于三户[15]。司马致邑立宗焉，以诱其遗民，而尽俘以归。

【注释】
〔1〕夷虎：杜注："蛮夷叛楚者。"〔2〕蔡：指蔡国故地。致蔡：聚集蔡故地人民。负函：在今河南信阳市。〔3〕缯关：在今河南方城县。〔4〕昔：同"夕"。〔5〕梁：在今河南临汝县西。霍：在梁西南。〔6〕蛮氏：地在今河南许昌市西南。〔7〕阴地：在今河南卢氏县东北。

〔8〕起：征集。丰：在今河南淅川县。析：今河南淅川与内乡县部分地区。〔9〕上洛：今陕西商县。〔10〕菟和：山名，在商县东。〔11〕仓野：在商县东南。〔12〕命大夫：接受周朝赐命的大夫。〔13〕少习：山名，在今商县东。〔14〕九州之戎：住在阴地、陆浑的戎人。〔15〕三户：在今河南淅川县西南。

秋七月，齐陈乞、弦施、卫宁跪救范氏[1]。庚午，围五鹿。九月，赵鞅围邯郸。冬十一月，邯郸降。荀寅奔鲜虞，赵稷奔临[2]。十二月，弦施逆之，遂堕临。国夏伐晋，取邢、任、栾、鄗、逆畤、阴人、盂、壶口[3]。会鲜虞，纳荀寅于柏人[4]。

【注释】

〔1〕杜注："陈乞，僖子。弦施，弦多。"〔2〕赵稷：见定公十三年注。临：在今河北临城县西南。〔3〕邢：今河北邢台市。任：在今河北任县东南。栾：在今河北栾城县。鄗：今河北高邑县、柏乡县。逆畤：在今河北保定市。阴人：不详。盂：在今山西黎城县。壶口：即今山西长治市东南壶关。〔4〕柏人：在今河北隆尧县西南。

【译文】

[经]

四年春，周历二月庚戌，盗贼杀死蔡昭侯申。

蔡公孙辰出逃到吴国。

安葬秦惠公。

宋国人拘禁小邾子。

夏，蔡国杀死他们的大夫公孙姓、公孙霍。

晋国人拘禁戎蛮子赤，把他送给楚国。

修筑西城外城的城墙。

六月辛丑，亳社发生火灾。

秋八月甲寅，滕顷公结去世。

冬十二月,安葬蔡昭侯。

安葬滕顷公。

[传]

四年春,蔡昭侯将要去吴国,大夫们惟恐他再次迁移,帮着公孙翩追赶他而用箭射他。蔡昭侯中箭后逃入农舍死去。众人围住公孙翩,他拿着两枝箭守在门口,众人不敢接近。文之锴后到,说:"靠墙前进,他最多杀死两个人。"文之锴手拿着弓走在前面,公孙翩射他,射中肘部。文之锴于是把公孙翩杀了,因此赶走公孙辰,而杀死公孙姓、公孙盱。

夏,楚国人攻占了夷虎后,于是谋划侵占北方。左司马眅、申公寿余、叶公诸梁把蔡国故地的居民聚集到负函,把方城之外的居民聚集到缯关,说:"吴国打算溯江而上攻取郢都,准备奔走听命吧。"以一个晚上为期限,却偷袭了梁地与霍地。单浮余包围了蛮氏,蛮氏人民溃散。蛮子赤逃往晋国阴地。司马征集丰地、祈地与狄戎人民参军,逼近上洛。左军驻扎在菟和,右军驻扎在仓野,派人对守阴地的命大夫士蔑说:"晋国、楚国有盟约,好恶彼此相同。如果打算不废除盟约,是寡君的愿望。不然的话,我们准备打通少习山的道路前来听取你们的命令。"士蔑向赵鞅请示,赵鞅说:"晋国没有安定,怎么能惹翻楚国,一定要赶快把蛮子赤交给他们。"士蔑于是聚集九州戎人,假意准备分割田土给蛮子并为他筑城,而且打算为此占卜。蛮子前来听取占卜结果,士蔑就把他抓起来,还抓了他的五大夫,在三户把他们送给楚军。司马假意给蛮子城邑,为他设立宗主,用来引诱蛮氏溃散的人民,然后把他们全都俘虏回国。

秋七月,齐陈乞、弦施、卫宁跪救援范氏。庚午,包围五鹿。九月,赵鞅包围邯郸。冬十一月,邯郸投降。荀寅逃往鲜虞,赵稷逃往临地。十二月,弦施迎接赵稷,于是拆毁了临地的城墙。国夏进攻晋国,占领了邢、任、栾、鄗、逆畤、阴人、盂、壶口。会合鲜虞人,把荀寅送到柏人。

哀 公 五 年

[经]

五年春[1],城毗[2]。

夏,齐侯伐宋[3]。

晋赵鞅帅师伐卫。

秋九月癸酉,齐侯杵臼卒。

冬,叔还如齐。

闰月,葬齐景公。

【注释】

〔1〕五年:公元前490年。 〔2〕毗:《公羊》作"比",地无考。〔3〕齐侯:齐景公。

[传]

五年春,晋围柏人,荀寅、士吉射奔齐。初,范氏之臣王生恶张柳朔,言诸昭子[1],使为柏人[2]。昭子曰:"夫非而仇乎?"对曰:"私仇不及公,好不废过,恶不去善,义之经也,臣敢违之?"及范氏出,张柳朔谓其子:"尔从主,勉之。我将止死,王生授我矣[3],

吾不可以僭之[4]。"遂死于柏人。

【注释】
〔1〕昭子：士吉射。　〔2〕为柏人：为柏人宰。　〔3〕杜注："授我死节。"　〔4〕僭：不信。

夏，赵鞅伐卫，范氏之故也，遂围中牟。

齐燕姬生子[1]，不成而死，诸子鬻姒之子荼嬖[2]。诸大夫恐其为大子也，言于公曰："君之齿长矣，未有大子，若之何？"公曰："二三子间于忧虞[3]，则有疾疢。亦姑谋乐，何忧于无君？"公疾，使国惠子、高昭子立荼[4]，置群公子于莱[5]。秋，齐景公卒。冬十月，公子嘉、公子驹、公子黔奔卫，公子鉏、公子阳生来奔。莱人歌之曰："景公死乎不与埋，三军之事乎不与谋。师乎师乎，何党之乎[6]？"

【注释】
〔1〕燕姬：齐景公嫡夫人。　〔2〕诸子：姬妾。　〔3〕间：参与、处在。　〔4〕国惠子：国夏。高昭子：高张。　〔5〕莱：杜注谓在齐东部边界。　〔6〕杜注："师，众也。党，所也。之，往也。称谥，盖葬后而为此歌，哀群公子失所。"

郑驷秦富而侈，嬖大夫也[1]，而常陈卿之车服于其庭。郑人恶而杀之。子思曰[2]："《诗》曰：'不解于位，民之攸塈[3]。'不守其位，而能久者鲜矣。《商颂》曰：'不僭不滥，不敢怠皇，命以多福[4]。'"

【注释】

〔1〕嬖大夫：下大夫。 〔2〕子思：子产之子国参。 〔3〕所引诗见《诗·大雅·假乐》。解，懈。攸，所。墍，息，安宁。 〔4〕所引诗见《诗·商颂·殷武》，末句为今本无。滥，溢。皇，暇。

【译文】

[经]

五年春，修建毗地的城墙。
夏，齐景公攻打宋国。
晋赵鞅率领军队攻打卫国。
秋九月癸酉，齐景公杵臼去世。
冬，叔还去齐国。
闰月，安葬齐景公。

[传]

五年春，晋军包围柏人，荀寅、士吉射逃往齐国。起初，范氏的家臣王生与张柳朔关系不好，却对士吉射建议，让张柳朔任柏人宰。士吉射说："他不是你的仇人吗？"王生回答说："私人的仇怨不妨碍公家的事业，喜爱而不废弃过错，憎恶而不抹杀善行，这是道义的标准，臣怎敢违背？"到范氏出逃，张柳朔对他的儿子说："你跟随主人，努力吧。我将留下来死去，王生已经为我安排好了，我不能使他的话没有信用。"于是就死在柏人。

夏，赵鞅攻打卫国，是因为卫国帮助范氏的缘故，于是就包围了中牟。

齐燕姬生下儿子，没到成年就死了，妃嫔鬻姒的儿子荼受到景公的宠爱。大夫们恐怕景公立荼为太子，对景公说："君王的年龄大了，没有太子，怎么办？"景公回答说："各位处在忧愁担心中，就会生病。还不如姑且寻欢作乐，哪里用得着担心没有国君？"景公生病，让国惠子、高昭子立荼为太子，把公子们安置在莱地。秋，齐景公去世。冬十月，公子嘉、公子驹、公子黔逃往卫国，公子鉏、公子阳生逃来我国。莱地的人作歌说："景公死了啊不参加埋葬,三军的大事啊不参加商量。公子们啊公子们,你们能够去何方?"

郑驷秦富有而奢侈,他是下大夫,却经常在他的庭院中陈设卿用的车子与服饰。郑国人厌恶他把他杀了。子思说:"《诗》说:'勤于职守不懈怠,人民因此得安宁。'不安于其位的,能够长久维持的人是很少的。《商颂》说:'不敢违礼不放荡,不敢懈怠与偷懒,上天赐福多又广。'"

哀公六年

[经]

六年春[1],城邾瑕[2]。

晋赵鞅帅师伐鲜虞。

吴伐陈。

夏,齐国夏及高张来奔。

叔还会吴于柤[3]。

秋七月庚寅,楚子轸卒[4]。

齐阳生入于齐[5]。

齐陈乞弑其君荼。

冬,仲孙何忌帅师伐邾。

宋向巢帅师伐曹。

【注释】

〔1〕六年:公元前489年。 〔2〕邾瑕:据杜注,在今山东济宁市南。〔3〕柤:本楚地,在今江苏邳州市北。 〔4〕楚子:楚昭王,本名壬。轸,或作"珍"。 〔5〕阳生:齐景公庶子,上年逃于鲁。后即位为悼公。

[传]

六年春,晋伐鲜虞,治范氏之乱也。

吴伐陈，复修旧怨也。楚子曰[1]："吾先君与陈有盟，不可以不救。"乃救陈，师于城父[2]。

【注释】
〔1〕楚子：楚昭王。〔2〕城父：北城父，在今河南宝丰县东。

齐陈乞伪事高、国者，每朝必骖乘焉。所从必言诸大夫[1]，曰："彼皆偃蹇[2]，将弃子之命。皆曰：'高、国得君，必逼我，盍去诸？'固将谋子，子早图之。图之，莫如尽灭之。需[3]，事之下也。"及朝，则曰："彼虎狼也，见我在子之侧，杀我无日矣。请就之位。"又谓诸大夫曰："二子者祸矣！恃得君而欲谋二三子，曰，国之多难，贵宠之由，尽去之而后君定。既成谋矣，盍及其未作也，先诸？作而后悔，亦无及也。"大夫从之。夏六月戊辰，陈乞、鲍牧及诸大夫[4]，以甲入于公宫。昭子闻之，与惠子乘如公，战于庄[5]，败。国人追之。国夏奔莒，遂及高张、晏圉、弦施来奔。

【注释】
〔1〕所从：所往之处。〔2〕偃蹇：骄傲。〔3〕需：犹疑不决。〔4〕鲍牧：鲍圉孙。〔5〕庄：临淄城内大街名。

秋七月，楚子在城父，将救陈，卜战不吉，卜退不吉。王曰："然则死也！再败楚师，不如死。弃盟逃仇，亦不如死。死一也，其死仇乎！"命公子申为王[1]，不可；则命公子结[2]，亦不可；则命公子启[3]，五辞而后许。将战，王有疾。庚寅，昭王攻大冥[4]，卒于城父。子闾退，曰："君王舍其子而让，群臣敢忘君乎？从君之命，顺也。立君之子，亦顺也。二顺不可失也。"与子西、子期谋，潜师闭涂，逆越女之子章，立之而后还。

【注释】
〔1〕公子申：即子西。〔2〕公子结：即子期。〔3〕公子启：即子闾。〔4〕大冥：在今河南项城县。

是岁也，有云如众赤鸟，夹日以飞，三日。楚子使问诸周大史，周大史曰："其当王身乎。若禜之[1]，可移于令尹、司马。"王曰："除腹心之疾，而置诸股肱，何益？不穀不有大过，天其夭诸[2]？有罪受罚，又焉移之？"遂弗禜。

【注释】
〔1〕禜：禳祭。〔2〕夭：昭王幼年即位，在位二十七年，时三十几岁，故云夭折。

初，昭王有疾，卜曰："河为祟。"王弗祭。大夫请祭诸郊。王曰："三代命祀，祭不越望[1]。江、汉、睢、漳，楚之望也。祸福之至，不是过也。不穀虽不德，河非所获罪也。"遂弗祭。孔子曰："楚昭王知大道矣！其不失国也，宜哉！《夏书》曰：'惟彼陶唐，帅彼天常[2]，有此冀方[3]。今失其行，乱其纪纲，乃灭而亡。'又曰:'允出兹在兹。'由己率常,可矣。"

【注释】

〔1〕望:望祭,指祭祀本国山川,遥望而祭,故名。 〔2〕帅:同"率",遵循。天常:上天制予人的常道。 〔3〕冀方:中国。

八月,齐邴意兹来奔。

陈僖子使召公子阳生。阳生驾而见南郭且于[1],曰:"尝献马于季孙,不入于上乘,故又献此,请与子乘之。"出莱门而告之故[2]。阚止知之[3],先待诸外。公子曰:"事来可知,反,与壬也处[4]。"戒之,遂行。逮夜,至于齐,国人知之。僖子使子士之母养之[5],与馈者皆入[6]。冬十月丁卯,立之。将盟[7],鲍子醉而往[8]。其臣差车鲍点曰[9]:"此谁之命也?"陈子曰:"受命于鲍子。"遂诬鲍子曰:"子之命也。"鲍子曰:"女忘君之为孺子牛而折其齿乎[10]?而背之也!"悼公稽首[11],曰:"吾子奉义而行者也,若我可,不必亡一大夫。若我不可,不必亡一公子。义则进,否则退,敢不唯子是从?废兴无以乱,则所愿也。"鲍子曰:"谁非君之子?"乃受盟。使胡姬以安孺子如赖[12]。去鬻姒,杀王甲,拘江说,囚王豹于句窦之丘[13]。公使朱毛告于陈子[14],曰:"微子则不及此。然君异于器,不可以二。器二不匮,君二多难,敢布诸大夫。"僖子不对而泣,曰:"君举不信群臣乎[15]?以齐国之困,困又有忧[16]。少君不可以访,是以求长君,庶亦能容群臣乎！不然，夫孺子何罪？"毛复命，公悔之。毛曰："君大访于陈子，而图其小可也。"使毛迁孺子于骀[17]，不至，杀诸野幕之下，葬诸殳冒淳[18]。

【注释】

〔1〕南郭且于：齐公子钼，居鲁南郊。〔2〕莱门：鲁都城门名。〔3〕阚止：阳生家臣，字子我。〔4〕壬：阳生之子。〔5〕子士之母：陈僖子之妾。〔6〕杜注："陈僖子又令阳生随馈食之人人处公宫。"〔7〕杜注："盟诸大夫。"〔8〕鲍子：鲍牧。〔9〕差车：主车之官。〔10〕孺子：指已立为君的公子荼。〔11〕悼公：阳生即位，为悼公。〔12〕安孺子：即荼，在位不及一年，年幼被杀，无谥，号安孺子。赖：在今山东章丘县。〔13〕杜注："三子，景公嬖臣，荼之党也。"〔14〕朱毛：齐大夫。〔15〕举：皆。〔16〕杜注："内有饥荒之困，又有兵革之忧。"〔17〕骀：在今山东临朐县。〔18〕殳冒淳：地名，具体所在不详。

【译文】

[经]

六年春，修筑邾瑕的城墙。
晋赵鞅率领军队攻打鲜虞国。
吴国攻打陈国。
夏，齐国夏与高张逃来我国。
叔还与吴国人在柤地相会。
秋七月庚寅，楚昭王轸去世。
齐阳生进入齐国。
齐陈乞杀死他的国君荼。
冬，仲孙何忌率领军队攻打邾国。
宋向巢率领军队攻打曹国。

[传]

六年春，晋国攻打鲜虞，是为了惩罚它帮助范氏作乱。

吴国攻打陈国，这是再次清算过去的怨仇。楚昭王说："我们先君与陈国有盟约，不可以不去救援。"于是救援陈国，驻扎在城父。

齐陈乞假意事奉国夏、高张，每次上朝，一定和他们同乘一辆车，站在车右。不管去哪儿，总是谈起大夫们的事，说："那些人都个个骄傲狂妄，打算不服从你们的命令。他们都说：'高氏、国氏得到君王的宠信掌权，一定会逼迫我们，何不把他们赶走？'就是这样打你们的主意，你们及早考虑对策。考虑对策，没有比把他们全杀了的好。犹疑不决，是处理事情的下策。"到了朝廷上，就说："那些人都是虎狼，看见我站在你们旁边，用不了多久就会杀死我。请让我回到他们的班列中去。"又对大夫们说："这两位要发动祸乱了！他们凭仗掌握了国君而想要动各位的脑筋，说，国家之所以多难，是由于贵宠造成的，把这些人都消灭了君王的地位才能安定。已经计划好了，何不乘他们还没有发动，先动手？等到他们发动了再后悔，就来不及了。"大夫们听从了他的建议。夏六月戊辰，陈乞、鲍牧与大夫们率领甲士入公宫。高张听说后，与国夏驾车到齐侯那儿，与大夫们在庄街交战，被打败。国人追击他们。国夏逃往莒国，于是与高张、晏圉、弦施逃来我国。

秋七月，楚昭王在城父，将要救援陈国。为出战占卜，不吉利，为退兵占卜，也不吉利。昭王说："那么就只有死了！再次使楚军失败，不如死。抛弃盟约、逃避仇敌，也不如死。横竖是一死，还是与仇敌战死吧！"命令公子申继位为王，公子申不答应；就命令公子结，公子结也不答应；又命令公子启，公子启推辞了五次后答应了。将要交战，昭王生病。庚寅，昭王攻打大冥，死在城父。公子启退兵，说："君王舍弃他的儿子而让位，臣子们怎敢忘记君王？服从君王的命令，是顺合礼义。拥立君王的儿子，也是顺合礼义。两种情理都不能去掉。"与公子申、公子结商量，秘密移动军队，封闭所经道路，迎接越女所生的儿子章而立为国君，然后回兵。

这一年，天上有云像一群红色的鸟，夹着太阳飘飞了三天。楚昭王派人去向周太史请教，周太史说："恐怕要应验在昭王身上吧！如果禳祭，可以转移到令尹、司马身上。"昭王说："消除腹心的疾病，而移到大腿、胳膊上，有什么好处？鄙人没有重大的过错，上天难道会让我夭折？有罪受到惩罚，又能移到哪里去？"就没有禳祭。

起初，昭王有病，占卜的结果说是黄河神作祟，昭王不肯祭祀。大夫请求在郊外祭祀黄河神，昭王说："三代时规定的祭祀制度，祭祀不超过本国的山川。长江、汉水、睢水、漳水，是楚国应该祭祀的河川。祸福的到来，不会超过这些神祇。鄙人虽然没有德行，黄河神不是我所能得罪的。"就没有祭祀。孔子说："楚昭王明白大道理了！他没有失掉国家，真是应当！《夏书》说：'那位古代国君陶唐，遵循上天的纲常，拥有这中原地方。现在有人胡乱闯，毁坏了治国的法律与大纲，于是就被人灭亡。'又说：'拿出了什么就得到什么。'听凭自己来遵循天道，就可以了。"

八月，齐邴意兹逃来我国。

陈僖子派人召公子阳生回国。阳生驾着车去见南郭且于，说："曾献马给季孙，没能列为他的上等马，所以又献这马，请和你一起坐上试一试。"出了莱门，阳生才告诉他原因。阚止知道了阳生的事，预先等在郊外。阳生说："事情还没有明朗，你回去，和壬住在一起。"告诫了阚止一番，就往齐国。到了晚上，到达齐国，国内的人知道他回来了，陈僖子让子士的母亲服侍他，与送食物的人一起进入宫内。冬十月丁卯，立阳生为国君。将要与大夫们盟誓，鲍牧喝醉了酒前往。鲍子的家臣差车鲍点说："这是谁下的命令？"陈僖子说："接受鲍子的命令。"就硬赖鲍子说："是您下的命令。"鲍子说："你忘记了君王为这小孩子做牛而跌断了牙齿的事了吗？却忍心背叛他！"阳生叩头说："您是持奉道义而行事的人，如果我可以做国君，不必杀掉一个大夫。如果我不能做国君，也不必杀掉一位公子。合乎道义就向前，不合乎道义就退后，岂敢不唯你是从。是废是立都不要引起祸乱，这就是我的愿望。"鲍子说："你们哪一个不是国君的儿子？"于是接受了盟约。派胡姬带着安孺子去了赖地。把鬻姒送往别地，杀死王甲，拘禁江说，把王豹囚禁在句窦之丘。阳生派朱毛告诉陈僖子，说："不是您我到不了现在的地位。然而国君与器具不同，不能有两个。器具有双份免于匮乏,国君有两个就多祸难。谨此向您陈述。"僖子不回答而哭泣,说:"君王对臣子都不信任吗?因为齐国遭饥荒而贫困,贫困中又有战争忧患,年轻的国君无法请示,这才找来年长的做国君,以为也许能容忍臣子们吧!不然的话,那个小孩子又有什么罪?"朱毛向阳生汇报,阳生后悔。朱毛说:"君王遇到大事征询陈子的意见,对小事就自己策划决定就是了。"悼公派朱毛把安孺子迁往骀地,还没到,把他杀死在野外的帐篷里,安葬在殳冒淳。

哀公七年

[经]

七年春[1],宋皇瑗帅师侵郑。

晋魏曼多帅师侵卫。

夏,公会吴于鄫[2]。

秋,公伐邾。

八月己酉,入邾,以邾子益来[3]。

宋人围曹。

冬,郑驷弘帅师救曹。

【注释】

〔1〕七年:公元前488年。 〔2〕鄫:在今山东枣庄市东。 〔3〕邾子益:邾隐公。

[传]

七年春,宋师侵郑,郑叛晋故也。

晋师侵卫,卫不服也。

夏,公会吴于鄫。吴来征百牢,子服景伯对曰[1]:"先王未之有也。"吴人曰:"宋百牢我[2],鲁不可以后宋。且鲁牢晋大夫过十[3]，吴王百牢，不亦可乎？"景伯曰："晋范鞅贪而弃礼，以大国惧敝邑，故敝邑十一牢之。君若以礼命于诸侯，则有数矣。若亦弃礼，则有淫者矣[4]。周之王也，制礼，上物不过十二，以为天之大数也。今弃周礼，而曰必百牢，亦唯执事。"吴人弗听。景伯曰："吴将亡矣，弃天而背本。不与，必弃疾于我[5]。"乃与之。

【注释】
〔1〕子服景伯：见哀公三年注。〔2〕杜注："是时吴过宋，得百牢。"〔3〕过十：昭公二十一年，鲁国给士鞅十一牢。〔4〕有：又。淫：过分。〔5〕弃疾：加害。

大宰嚭召季康子，康子使子贡辞。大宰嚭曰："国君道长，而大夫不出门，此何礼也？"对曰："岂以为礼，畏大国也。大国不以礼命于诸侯，苟不以礼，岂可量也？寡君既共命焉，其老岂敢弃其国？大伯端委以治周礼[1]，仲雍嗣之[2]，断发文身，嬴以为饰，岂礼也哉？有由然也。"反自鄫，以吴为无能为也。

【注释】
〔1〕大伯：吴太伯，吴国先祖。端委：玄端之衣、委貌之冠，均周统一以前的礼服。〔2〕仲雍：吴太伯弟。

季康子欲伐邾，乃飨大夫以谋之。子服景伯曰："小所以事大，信也。大所以保小，仁也。背大国，不信；伐小国，不仁。民保于城，城保于德，失二德者[1]，危，将焉保？"孟孙曰："二三子以为何如？恶贤而逆之[2]。"对曰："禹合诸侯于涂山，执玉帛者万国。今其存者，无数十焉。唯大不字小，小不事大也。知必危，何故不言？鲁德如邾，而以众加之，可乎[3]？"不乐而出。

【注释】
　　[1]二德：仁与信。　[2]恶(wū)：何。　[3]杜注云："孟孙忿答大夫，今鲁德无以胜邾，但欲恃众可乎？言不可。"则以"鲁德"云云为孟孙之语，然《左传》无此接法。

　　秋，伐邾，及范门[1]，犹闻钟声。大夫谏，不听。茅成子请告于吴[2]，不许，曰："鲁击柝闻于邾，吴二千里，不三月不至，何及于我？且国内岂不足[3]？"成子以茅叛[4]。师遂入邾，处其公宫，众师昼掠。邾众保于绎[5]。师宵掠，以邾子益来，献于亳社，囚诸负瑕[6]。负瑕故有绎。邾茅夷鸿以束帛乘韦，自请救于吴，曰："鲁弱晋而远吴，冯恃其众，而背君之盟，辟君之执事[7]，以陵我小国。邾非敢自爱也，惧君威之不立。君威之不立，小国之忧也。若夏盟于鄫衍[8]，秋而背之，成求而不违，四方诸侯，其何以事君？且鲁赋八百乘，君之贰也[9]。邾赋六百乘，君之私也。以师奉贰，唯君图之。"吴子从之。

【注释】

〔1〕范门：邾国城门。〔2〕茅成子：邾大夫茅夷鸿。〔3〕杜注："言足以距鲁。"〔4〕茅：在今山东金乡县西北。〔5〕绎：今山东邹县东南的峄山。〔6〕负瑕：在今山东兖州市西。〔7〕辟：陋，鄙薄。〔8〕鄪衍：即鄪。〔9〕贰：杜注："敌也。"

宋人围曹。郑桓子思曰："宋人有曹，郑之患也。不可以不救。"冬，郑师救曹，侵宋。初，曹人或梦众君子立于社宫[1]，而谋亡曹，曹叔振铎请待公孙彊[2]，许之。旦而求之曹，无之。戒其子曰："我死，尔闻公孙彊为政，必去之。"及曹伯阳即位，好田弋。曹鄙人公孙彊好弋，获白雁，献之。且言田弋之说，说之。因访政事，大说之。有宠，使为司城以听政[3]。梦者之子乃行。彊言霸说于曹伯，曹伯从之，乃背晋而奸宋[4]。宋人伐之，晋人不救。筑五邑于其郊，曰黍丘、揖丘、大城、钟、邘[5]。

【注释】

〔1〕社宫：国社的围墙。〔2〕曹叔振铎：周武王弟。〔3〕司城：即司空。〔4〕奸：侵犯。〔5〕五邑均在曹国郊外，即今山东曹县、菏泽一带。

【译文】

[经]

七年春，宋皇瑗率领军队侵袭郑国。
晋魏曼多率领军队侵袭卫国。
夏，哀公与吴国人在鄫地相会。
秋，哀公攻打邾国。

八月己酉，攻入邾国，把邾隐公益押回国。

宋国人包围曹国。

冬，郑驷弘率领军队救援曹国。

[传]

七年春，宋军侵袭郑国，是因为郑国背叛晋国的缘故。

晋军侵袭卫国，是因为卫国不肯顺服的缘故。

夏，哀公与吴国人在鄫地相会。吴国人前来要求进献牛、羊、猪各一百头，子服景伯回答说："先王没有这样的事。"吴国人说："宋国献给了我们牛、羊、猪各一百头，鲁国不能比宋国少。再说鲁国献给晋国大夫牛、羊、猪各十头以上，献给吴王各百头，不是应当的吗？"景伯说："晋范鞅贪心而抛弃礼，用大国来威吓敝邑，所以敝邑献给他牛、羊、猪各十一头。君王如果用礼来命令诸侯，那么就有规定的数目。如果也抛弃礼，那么就又过分了。周朝统一天下，制订礼，凡上等物品数目不超过十二，因为这是上天的大数。如今抛弃周礼，而说定要各样百头，也惟执事之命是听。"吴国人不听。景伯说："吴国即将灭亡了，抛弃上天而背弃根本。不给他们，一定会加害于我们。"于是给了吴国。

吴太宰嚭召见季康子，季康子派子贡去辞谢。太宰嚭说："国君跋涉长途，而大夫不肯出门，这是什么礼？"子贡回答说："岂敢以此为礼，只是对大国害怕。大国不用礼来命令诸侯，如果不用礼，后果怎能估量？寡君既然已听命前来，他的卿怎么敢离弃他的国家？太伯穿着玄端衣、戴委貌冠来实施周礼，仲雍继承他，割断头发，身上刺花纹，裸体加上装饰，难道是礼吗？这样做是有原因的。"从鄫地回来，认为吴国是无所作为的。

季康子打算攻打邾国，于是设享礼宴请大夫们以商量这事。子服景伯说："小国用来事奉大国的是信，大国用来保护小国的是仁。背弃大国是不信，攻打小国是不仁。人民靠城邑来保护，城邑靠德行来保护，失去了信与仁这两项德行，遇到危难，靠什么来保护？"孟孙说："各位大夫认为怎么样？谁说的有道理我就听谁的。"大夫们回答说："禹在涂山会合诸侯，拿着玉帛的有上万个国家，现在还存在的，不到几十个。这是因为大国不抚恤小国，小国不事奉大国。知道一定有危险，为什么不说？鲁国的德行如同邾国，却以人数众多来压服它，行吗？"宴会不欢而散。

秋，攻打邾国，到达范门，还听见邾国在敲鼓奏乐。大夫们劝谏，季康子不听。茅成子请求向吴国告急，邾隐公不答应，说："鲁国击柝的声音邾国都听得到，吴国隔了二千里，没有三个月到不了，怎么顾得了我们？再说国内的力量难道不足以与他们匹敌？"成子率领茅地叛变。鲁军便进入邾国，住在公宫，各路军队白天抢掠。邾国的民众在峄山防守。鲁军晚上抢掠，把邾隐公益押回国，在亳社举行献俘仪式，将他囚禁在负瑕。负瑕因此有峄人。邾茅成子用五匹帛、四张熟牛皮为礼物，自己去向吴国求救，说："鲁国认为晋国衰弱而吴国遥远，靠着他们人多，而背弃和君王订立的盟约，鄙薄君王的执事，以欺陵我们小国。邾国不敢爱惜自己，只是害怕君王的威信不能树立。君王的威信不能树立，是小国所担心的。像这样夏天在鄫衍订盟，秋天就背弃盟约，得到了所求的却没人干涉，四方诸侯又用什么来事奉君王？再说鲁国战车八百辆是君王的匹敌，邾国兵车六百辆是君王的私属。把自己私属军队去送给与自己匹敌的国家，请君王考虑一下。"吴王听从了。

宋国人包围曹国。郑桓子思说："宋国人占有曹国，是郑国的忧患，不可以不去救援。"冬，郑军救援曹国，侵袭宋国。起初，有个曹国人做梦梦见一群君子站在曹国国社的围墙边，商议灭亡曹国，曹叔振铎请求等公孙彊来办，众人答应了。这个人天亮后在曹国访求，没有公孙彊这个人，他告诫儿子说："我死后，你听到公孙彊执政，一定要离开国家。"到曹伯阳即位，喜欢打猎射鸟。曹国边境上的人公孙彊喜爱射鸟，得到一只白雁，献给曹伯阳，而且向曹伯阳陈述打猎射鸟的技艺，曹伯阳很喜欢他。因此又与他探讨国家政事，曹伯阳听了更喜欢他。公孙彊得到曹伯阳的宠信，被任命为司城，以执掌政事。做梦的人的儿子于是离开了曹国。公孙彊向曹伯称说称霸的策略，曹伯听从了他的话，于是背叛晋国而侵犯宋国。宋国人攻打曹国，晋国人不救援。公孙彊在郊外修筑了五座城邑，名为黍丘、揖丘、大城、钟、邘。

哀公八年

[经]

八年春[1],王正月,宋公入曹[2],以曹伯阳归。

吴伐我。

夏,齐人取谨及阐[3]。

归邾子益于邾[4]。

秋,七月。

冬,十有二月癸亥,杞伯过卒[5]。

齐人归谨及阐。

【注释】

〔1〕八年:公元前487年。〔2〕宋公:宋景公。〔3〕谨:在今山东宁阳县北。阐:在今宁阳县东北。〔4〕邾子益:邾隐公。〔5〕杞伯过:杞僖公。

[传]

八年春,宋公伐曹,将还,褚师子肥殿[1]。曹人诟之,不行。师待之[2]。公闻之,怒,命反之,遂灭曹。执曹伯及司城彊以归,杀之。

【注释】
〔1〕子肥：宋大夫。　〔2〕师：指大军。

吴为邾故，将伐鲁，问于叔孙辄[1]。叔孙辄对曰："鲁有名而无情[2]，伐之，必得志焉。"退而告公山不狃。公山不狃曰："非礼也。君子违[3]，不适仇国。未臣而有伐之[4]，奔命焉，死之可也。所托也则隐[5]。且夫人之行也，不以所恶废乡[6]。今子以小恶而欲覆宗国，不亦难乎？若使子率[7]，子必辞，王将使我。"子张病之[8]。王问于子泄[9]，对曰："鲁虽无与立，必有与毙。诸侯将救之，未可以得志焉。晋与齐、楚辅之，是四仇也。夫鲁，齐、晋之唇，唇亡齿寒，君所知也，不救何为？"三月，吴伐我，子泄率，故道险，从武城[10]。

【注释】
〔1〕叔孙辄：定公十二年，叔孙辄与公山不狃率费人袭鲁，兵败后逃到齐国，又从齐逃到吴国。　〔2〕情：实。　〔3〕违：出行，流亡。　〔4〕未臣：没尽臣礼。有：同"又"。　〔5〕隐：推托，回避。　〔6〕废：危害。　〔7〕率：领先。　〔8〕子张：即叔孙辄。　〔9〕子泄：公山不狃。　〔10〕武城：在今山东费县西南。

初，武城人或有因于吴竟田焉[1]，拘鄫人之沤菅者[2]，曰："何故使吾水滋[3]？"及吴师至，拘者道之，以伐武城，克之。王犯尝为之宰[4]，澹台子羽之父好焉[5]。国人惧。懿子谓景伯[6]："若之何？"对曰："吴师来，斯与之战，何患焉？且召之而至，又何求焉？"

吴师克东阳而进[7]，舍于五梧[8]，明日，舍于蚕室。公宾庚、公甲叔子与战于夷，获叔子与析朱锄[9]，献于王。王曰："此同车，必使能，国未可望也[10]。"明日，舍于庚宗[11]，遂次于泗上[12]。微虎欲宵攻王舍[13]，私属徒七百人，三踊于幕庭，卒三百人[14]，有若与焉[15]。及稷门之内，或谓季孙曰："不足以害吴，而多杀国士[16]，不如已也。"乃止之。吴子闻之，一夕三迁。吴人行成，将盟。景伯曰："楚人围宋，易子而食，析骸而爨，犹无城下之盟。我未及亏，而有城下之盟，是弃国也。吴轻而远，不能久，将归矣。请少待之。"弗从。景伯负载[17]，造于莱门。乃请释子服何于吴[18]，吴人许之，以王子姑曹当之，而后止。吴人盟而还。

【注释】

〔1〕因于吴竟田：杜注："侨田吴界。" 〔2〕沤菅：浸泡菅草。菅为编绳的一种草。 〔3〕滋：浑浊。 〔4〕王犯：为吴大夫，曾逃鲁任武城宰，所以武城人误认为是王犯助吴，因此害怕。 〔5〕澹台子羽：武城人，孔子弟子。 〔6〕懿子：孟懿子。景伯：子服景伯。 〔7〕东阳：在今费县西南。 〔8〕五梧：在东阳西北，与下蚕室、夷均在今平邑县境。 〔9〕获：指杀死而获得尸体。 〔10〕杜注："同车能俱死，是国能使人，故不可望得。" 〔11〕庚宗：在今山东泗水县东。 〔12〕泗上：即今泗水县。 〔13〕微虎：鲁大夫。 〔14〕卒：终。 〔15〕有若：孔子弟子。 〔16〕多：只，仅。 〔17〕载：载书，即盟书。 〔18〕释：舍。指为人质。

齐悼公之来也[1]，季康子以其妹妻之，即位而逆之，季鲂侯通焉[2]。女言其情，弗敢与也。齐侯怒。夏五月，齐鲍牧帅师伐我，取谨及阐。

【注释】
〔1〕齐悼公出逃到鲁国在哀公五年。　〔2〕季鲂侯：季康子叔父。

或谮胡姬于齐侯，曰："安孺子之党也。"六月，齐侯杀胡姬。

齐侯使如吴请师，将以伐我，乃归邾子。邾子又无道，吴子使大宰子余讨之〔1〕，囚诸楼台，栫之以棘〔2〕。使诸大夫奉大子革以为政〔3〕。

【注释】
〔1〕大宰子余：太宰嚭。　〔2〕栫(jiè)：围绕。　〔3〕大子革：即位为桓公。

秋，及齐平。九月，臧宾如如齐莅盟〔1〕。齐闾丘明来莅盟〔2〕，且逆季姬以归，嬖。

鲍牧又谓群公子曰："使女有马千乘乎〔3〕？"公子愬之。公谓鲍子："或谮子，子姑居于潞以察之〔4〕。若有之，则分室以行。若无之，则反子之所。"出门，使以三分之一行。半道，使以二乘。及潞，麇之以入，遂杀之。

冬十二月，齐人归谨及阐，季姬嬖故也。

【注释】
〔1〕臧宾如：臧会之子。　〔2〕闾丘明：闾丘婴之子。　〔3〕有马千乘：即为国君。鲍牧本不欲立公子阳生，所以引诱公子们。　〔4〕潞：在

齐都城外。

【译文】

[经]

八年春，周历正月，宋景公进入曹国，把曹伯阳押回国。

吴国攻打我国。

夏，齐国人占领谨地及阐地。

把邾隐公益送回邾国。

秋，七月。

冬，十二月癸亥，杞僖公过去世。

齐国人归还谨地及阐地。

[传]

八年春，宋景公攻打曹国，打算撤兵，派褚师子肥为断后。曹国人辱骂子肥，他的军队就停下不走。宋大军停下来等候。宋景公听说后发怒，命令军队回头，就灭亡了曹国，抓住曹伯阳及司城彊押回国去，把他们杀了。

吴王为了邾国的缘故，打算攻打鲁国，向叔孙辄询问。叔孙辄说："鲁国有名无实，攻打他们，一定能够取胜。"叔孙辄退出后，告诉公山不狃。公山不狃说："这是不合乎礼的。君子出行，不到与自己国家敌对的国家去。在鲁国没尽臣礼却又攻打祖国，为敌国奔命，还不如死。他们委任你这样的事你应当回避。再说一个人流亡在外，不应该因为怀恨在心而危害乡国。现在您因为小怨恨而想颠覆祖国，岂不是太不应该了吗？如果派您打头阵，您一定要推辞，吴王将会派我去。"叔孙辄为此而懊丧。吴王向公山不狃询问，公山不狃回答说："鲁国虽然没有靠山，却一定有人愿与它共存亡。诸侯会救援鲁国，不能够取得胜利。晋国与齐国、楚国辅助鲁国，您面对的是四个敌国。鲁国，是齐、晋国的嘴唇，唇亡齿寒，这道理君王是明白的，他们怎么会不救？"三月，吴国攻打我国，公山不狃为前锋，有意从险路进军，取道武城。

起初，武城有人借种吴国境内的田地，拘禁了浸泡菅草的鄫国人,说:"你干吗把我们的水弄浑浊?"及至吴军到来,被拘禁过的那人为吴军带路,攻打武城,攻了下来。王犯曾任武城宰,澹台子羽的父亲与他交好。国人因此害怕。孟懿子对子服景伯说:"怎么办?"景伯说:"吴军来,就和他们交战,怕什么?再说是我们召他们来的,还要求什么?"吴军攻下东阳后前进,居住在五梧,第二天,居住在蚕室。公宾庚、公甲叔子与吴军在夷地交战,吴军斩获了公甲叔子与析朱𫓨,把尸体献给吴王。吴王说:"这两个人同乘一辆战车,鲁国一定善用能人,这个国家还不能侥幸得到呢。"第二天,吴军居住在庚宗,接着就驻扎在泗上。微虎想要晚上去攻打吴王住处,私下嘱咐手下七百个人在帐幕外的庭院里各朝上跳三次,最终选了三百个人,有若也在其中。到了稷门内,有人对季孙说:"他们不足造成对吴国的危害,只是白白损失国土,不如阻止他们别去。"季孙就下令他们别去。吴王听说,一晚上搬了三个地方。吴国人求和,将要签订盟约。景伯说:"楚国人包围宋国,宋国人交换儿子来吃,劈开尸骨当柴烧,仍然没有订城下之盟。我们还没有大败,却订城下之盟,这是抛弃国家。吴军轻率而远离本国,不能持久,就要回去了,请稍微等一阵。"鲁君不听。景伯背着盟书,去到莱门。于是请求让子服景伯留在吴国为人质,吴国人同意了,鲁国又要求用王子姑曹到鲁国为人质,最后两国都不派人质。吴国人订盟后回军。

齐悼公来我国时,季康子把自己的妹妹嫁给他。齐悼公即位后派人来接妻子,季鲂侯与她私通,她说出了这件事,所以季康子不敢把她交给齐国人。齐悼公发怒,夏五月,齐鲍牧率领军队攻打我国,占领了讙地及阐地。

有人对齐悼公说胡姬的坏话,说:"她是安孺子的同党。"六月,齐悼公杀死胡姬。

齐悼公派人去吴国请求出兵,打算攻打我国,于是我国送回了邾隐公。邾隐公回国后仍然无道,吴王派太宰嚭讨伐他,把他囚禁在楼台上,用荆棘把四周围起来,派大夫们奉立太子革执政。

秋,与齐国讲和。九月,臧宾如去齐国参加盟会。齐闾丘明来我国参加盟会,同时把季姬接回国,季姬得到齐悼公的宠爱。

鲍牧又对公子们说:"让你们哪一位有可拉一千辆车子的马好

吗?"公子们告诉了齐悼公。齐悼公对鲍牧说："有人说你的坏话，你暂且住在潞地以等候审查。如果有这事，就让你带着一半家财出国；如果没有，就让你恢复原位。"鲍牧出门，齐悼公让他带着三分之一家财前往。走到半路，只让他带着两辆车子。到了潞地，就把他绑起来进城，把他杀了。

　　冬十二月，齐国人归还谨地及阐地，是因为季姬受到宠爱的缘故。

哀 公 九 年

[经]

九年春[1]，王二月，葬杞僖公。

宋皇瑗帅师取郑师于雍丘[2]。

夏，楚人伐陈。

秋，宋公伐郑[3]。

冬，十月。

【注释】

〔1〕九年：公元前486年。〔2〕雍丘：在今河南杞县。〔3〕宋公：宋景公。

[传]

九年春，齐侯使公孟绰辞师于吴。吴子曰[1]："昔岁寡人闻命，今又革之，不知所从，将进受命于君。"

郑武子䐞之嬖许瑕求邑[2]，无以与之。请外取，许之，故围宋雍丘。宋皇瑗围郑师，每日迁舍[3]，垒合，郑师哭。子姚救之，大败。二月甲戌，宋取郑师于雍丘，使有能者无死，以郑张与郑罗归。

【注释】
〔1〕吴子：吴王夫差。 〔2〕武子䐙：即罕达，字子䐙，又字子姚。〔3〕杜注："作垒堑成，辄徙舍合其围。"

　　夏，楚人伐陈，陈即吴故也。
　　宋公伐郑。
　　秋，吴城邗[1]，沟通江、淮。

【注释】
〔1〕邗：在今江苏扬州市北。

　　晋赵鞅卜救郑，遇水适火[1]，占诸史赵、史墨、史龟。史龟曰："是谓沈阳[2]，可以兴兵。利以伐姜[3]，不利子商[4]。伐齐则可，敌宋不吉。"史墨曰："盈，水名也[5]。子，水位也。名位敌，不可干也。炎帝为火师，姜姓其后也。水胜火，伐姜则可。"史赵曰："是谓如川之满，不可游也。郑方有罪，不可救也。救郑则不吉，不知其他。"阳虎以《周易》筮之，遇《泰》䷊之《需》䷄[6]，曰："宋方吉，不可与也。微子启，帝乙之元子也。宋、郑，甥舅也。祉，禄也。若帝乙之元子归妹，而有吉禄，我安得吉焉[7]？"乃止。
　　冬，吴子使来儆师伐齐[8]。

【注释】
〔1〕水适火：当为兆象，具体情况不可知。 〔2〕沈阳：杜注谓"水阳，得水故沉。" 〔3〕姜：指齐国。 〔4〕子商：指宋国。〔5〕盈,水名也：此句与下句，今皆不可解。 〔6〕泰之需：《泰》卦乾

下坤上,第五爻阴变阳即成《需》卦。〔7〕据杜注,《泰》六五曰:"帝乙归妹,以祉,元吉。"故阳虎认为宋祖先微子是帝乙的元子(长子),应卦辞当吉。宋与郑是甥舅国,应"归妹"嫁女之辞,亦吉。
〔8〕儆:告诫,这里是通报之意。

【译文】

[经]

九年春,周历二月,安葬杞僖公。
宋皇瑗率领军队在雍丘歼灭郑军。
夏,楚国人攻打陈国。
秋,宋景公攻打郑国。
冬,十月。

[传]

九年春,齐悼公派公孟绰去吴国取消要吴国出兵的请求。吴王说:"往年寡人听到了你们的命令,现在又取消命令,使我不知该怎么办好,我将前去听从贵国国君的命令。"

郑武子䐠的爱臣许瑕请求给他城邑,武子䐠没有城邑可给他。许瑕请求去占领外国的城邑,武子䐠同意了,所以包围了宋雍丘。宋皇瑗包围郑军,每天建筑壁垒后又转移,使壁垒连成一片。郑军号哭。武子䐠前往救援,大败。二月甲戌,宋国在雍丘歼灭郑军,下令有才能的人免死,带着郑张与郑罗回国。

夏,楚国人攻打陈国,是因为陈国投靠吴国的缘故。

宋景公攻打郑国。

秋,吴国修筑邗城,挖沟接通长江、淮河。

晋赵鞅为是否救援郑国占卜,得到水适火的兆象,请史赵、史墨、史龟断定吉凶。史龟说:"这叫做阳气下沉,可以出兵。有利于攻打姜姓,不利于攻打子商。攻打齐国可行,与宋国交战不吉利。"史墨说:"盈,是水名。子,是水位。名和位不相上下,不能冒犯。炎帝任火师,姜姓是他的后代。水战胜火,攻打姜姓可行。"史赵说:"这叫做如同河中涨满水,不能游。郑国正有罪，不能救。救郑国就不吉利，其他事不知道。"阳虎用《周易》占筮，得到《泰》卦☰☷变成《需》卦☵☰，说："宋国正吉利，不能与他们为敌。微子启，是帝乙的长子。宋国、郑国，是甥舅之国。福祉，是禄命。如果帝乙的长子嫁女儿而得到吉禄，我们又怎能得到吉利？"赵鞅便停息出兵的打算。

冬，吴王派人来通报出兵攻打齐国。

哀 公 十 年

[经]
十年春[1],王二月,邾子益来奔[2]。
公会吴伐齐。
三月戊戌,齐侯阳生卒。
夏,宋人伐郑。
晋赵鞅帅师侵齐。
五月,公至自伐齐。
葬齐悼公。
卫公孟彄自齐归于卫。
薛伯夷卒。
秋,葬薛惠公。
冬,楚公子结帅师伐陈。
吴救陈。

【注释】
〔1〕十年:公元前485年。 〔2〕邾子益:邾隐公。

[传]

十年春,邾隐公来奔,齐甥也,故遂奔齐。

公会吴子、邾子、郯子伐齐南鄙[1],师于鄎[2]。齐人弑悼公,赴于师。吴子三日哭于军门之外[3]。徐承帅舟师[4],将自海入齐,齐人败之,吴师乃还。

【注释】

〔1〕吴子:吴王夫差。邾子:邾桓公。 〔2〕鄎:齐南部边境城邑。〔3〕三日哭于军门之外:是当时诸侯吊丧之礼。 〔4〕徐承:吴大夫。

夏,赵鞅帅师伐齐,大夫请卜之。赵孟曰:"吾卜于此起兵[1],事不再令[2],卜不袭吉[3],行也。"于是乎取犁及辕[4],毁高唐之郭[5],侵及赖而还[6]。

【注释】

〔1〕卜于此起兵:谓去年占卜伐齐吉利,所以出兵伐齐。 〔2〕令:命龟,即占卜。 〔3〕袭:重,再。 〔4〕犁:即犁丘,在今山东临邑县西。辕:在今山东禹城县西北。 〔5〕高唐:在今禹城县西南。〔6〕赖:在今山东章丘县西北。

秋,吴子使来复儆师。

冬,楚子期伐陈。吴延州来季子救陈[1],谓子期曰:"二君不务德,而力争诸侯,民何罪焉?我请退,以为子名,务德而安民。"乃还。

【注释】

〔1〕延州来季子:或谓即季札,时年已九十余。

【译文】

[经]

十年春，周历二月，邾隐公益逃来我国。
哀公会合吴国攻打齐国。
三月戊戌，齐悼公阳生去世。
夏，宋国人攻打郑国。
晋赵鞅率领军队侵袭齐国。
五月，哀公从攻打齐国战役回国。
安葬齐悼公。
卫公孟驱从齐国回到卫国。
薛惠公夷去世。
秋，安葬薛惠公。
冬，楚公子结率领军队攻打陈国。
吴国救援陈国。

[传]

十年春，邾隐公逃来我国，他是齐国的外甥，所以又逃往齐国。

哀公会合吴王、邾桓公、郯子攻打齐国南部边境，驻扎在鄎地。齐国人杀死齐悼公，向军中发出讣告。吴王在军门外哭吊了三天。徐承率领水军打算从海道进入齐国，齐国人打败了他，吴军于是撤回。

夏，赵鞅率领军队攻打齐国，大夫们请求为此占卜。赵鞅说："我就是因占卜结果而出兵，同一件事不占两次卜，卜辞不一定每次都吉利，还是出发吧。"因此占领了犁地与辕地，拆毁了高唐的外城，侵袭到赖地而回兵。

秋，吴王派人来我国再次通告出兵。

冬，楚子期攻打陈国。吴延州来季子救援陈国，对子期说："二国国君不致力修明德行，却以武力争夺诸侯，人民有什么罪？我请求撤退，以成就你的名声，请您致力于修明德行而安抚人民。"于是撤回。

哀公十一年

[经]

十有一年春[1],齐国书帅师伐我。

夏,陈辕颇出奔郑。

五月,公会吴伐齐。

甲戌,齐国书帅师及吴战于艾陵[2],齐师败绩,获齐国书。

秋七月辛酉,滕子虞母卒。

冬十有一月,葬滕隐公。

卫世叔齐出奔宋。

【注释】

〔1〕十有一年:公元前484年。 〔2〕艾陵:或谓在今山东泰安,或谓在今莱芜。

[传]

十一年春,齐为鄎故,国书、高无㔻帅师伐我[1],及清[2]。季孙谓其宰冉求曰[3]:"齐师在清,必鲁故也。若之何?"求曰:"一子守,二子从公御诸竟[4]。"

季孙曰："不能。"求曰："居封疆之间[5]。"季孙告二子，二子不可。求曰："若不可，则君无出。一子帅师，背城而战。不属者，非鲁人也[6]。鲁之群室[7]，众于齐之兵车。一室敌车[8]，优矣，子何患焉？二子之不欲战也宜，政在季氏。当子之身，齐人伐鲁而不能战，子之耻也，大不列于诸侯矣。"季孙使从于朝，俟于党氏之沟[9]。武叔呼而问战焉[10]，对曰："君子有远虑，小人何知？"懿子强问之[11]，对曰："小人虑材而言，量力而共者也。"武叔曰："是谓我不成丈夫也。"退而蒐乘，孟孺子泄帅右师[12]，颜羽御，邴泄为右[13]。冉求帅左师，管周父御，樊迟为右[14]。季孙曰："须也弱。"有子曰[15]："就用命焉。"季氏之甲七千，冉有以武城人三百为己徒卒，老幼守宫，次于雩门之外[16]。五日，右师从之。公叔务人见保者而泣[17]，曰："事充政重[18]，上不能谋，士不能死，何以治民？吾既言之矣，敢不勉乎！"

【注释】
〔1〕高无㔻：高张之子。 〔2〕清：在今山东长清县东。或谓在今山东东阿县。 〔3〕冉求：孔子弟子。 〔4〕一子、二子：指季孙、孟孙、叔孙三人。 〔5〕封疆：杜注："竟内近郊地。" 〔6〕杜注："属，臣属也，言不战为不臣。" 〔7〕群室：指都邑中居民，即士大夫之家。 〔8〕一室：指季氏。 〔9〕党氏之沟：近鲁公宫。 〔10〕武叔：叔孙州仇。 〔11〕懿子：孟孙何忌。 〔12〕孟孺子泄：孟懿子之子，名彘，谥武伯。 〔13〕颜羽、邴泄：孟氏家臣。 〔14〕管周父、樊迟：季氏臣。樊迟名须，孔子弟子。 〔15〕有子：即冉求。 〔16〕雩门：鲁都南门。 〔17〕公叔务人：公为，昭公子。 〔18〕事充：谓徭役烦重。政重：赋税众多。

师及齐师战于郊，齐师自稷曲[1]。师不逾沟[2]。樊迟曰："非不能也，不信子也，请三刻而逾之[3]。"如之，众从之。师入齐军，右师奔，齐人从之，陈瓘、陈庄涉泗[4]。孟之侧后入以为殿[5]，抽矢策其马，曰："马不进也。"林不狃之伍曰[6]："走乎？"不狃曰："谁不如？"曰："然则止乎？"不狃曰："恶贤？"徐步而死。师获甲首八十，齐人不能师。宵，谍曰："齐人遁。"冉有请从之三，季孙弗许。孟孺子语人曰："我不如颜羽，而贤于邴泄。子羽锐敏，我不欲战而能默。泄曰：'驱之。'"公为与其嬖僮汪锜乘，皆死，皆殡。孔子曰："能执干戈以卫社稷，可无殇也[7]。"冉有用矛于齐师，故能入其军。孔子曰："义也。"

【注释】

　　[1]稷曲：鲁郊外地名。[2]师：指鲁军。[3]三刻：谓约束、申令三次。[4]陈瓘、陈庄：齐大夫。一字子玉，陈恒之兄；一即成子之兄弟昭子。[5]孟之侧：孟氏族，字反。[6]林不狃：鲁士。[7]殇：夭折。未成年人葬礼降于成年人，此谓不用以未成年人之礼下葬。

　　夏，陈辕颇出奔郑。初，辕颇为司徒，赋封田以嫁公女[1]。有余，以为己大器[2]。国人逐之，故出。道渴，其族辕咺进稻醴、粱糗、腶脯焉[3]。喜曰："何其给也[4]？"对曰："器成而具。"曰："何不吾谏？"对曰："惧先行。"

【注释】

〔1〕封田：境内所有田地。〔2〕大器：钟鼎之类。〔3〕稻醴：米酒。粱糗：干饭。腶脯：一种干肉。〔4〕给：足。言酒、饭、菜都齐全。

为郊战故，公会吴子伐齐。五月克博[1]，壬申，至于嬴[2]。中军从王。胥门巢将上军，王子姑曹将下军，展如将右军。齐国书将中军，高无㔻将上军，宗楼将下军。陈僖子谓其弟书："尔死，我必得志。"宗子阳与闾丘明相厉也[3]。桑掩胥御国子。公孙夏曰："二子必死。"将战，公孙夏命其徒歌《虞殡》[4]。陈子行命其徒具含玉[5]。公孙挥命其徒曰："人寻约，吴发短[6]。"东郭书曰："三战必死，于此三矣。"使问弦多以琴[7]，曰："吾不复见子矣。"陈书曰："此行也，吾闻鼓而已，不闻金矣[8]。"

【注释】

〔1〕博：在今山东泰安县东。〔2〕嬴：在今山东莱芜县北。〔3〕相厉：互相勉励拚死作战。〔4〕虞殡：送葬的挽歌。〔5〕陈子行：即陈逆。具含玉：示必死。死人含玉入殓。〔6〕杜注："约，绳也。八尺为寻。吴发短，欲以绳贯其首。"古人杀死敌人后砍下头以头发结连，吴人发短，所以要用绳子。〔7〕问：赠送。〔8〕杜注："鼓以进军，金以退军。不闻金，言将死也。"

甲戌，战于艾陵，展如败高子，国子败胥门巢。王卒助之，大败齐师。获国书、公孙夏、闾丘明、陈书、东郭书，革车八百乘，甲首三千，以献于公。将战，吴子呼叔孙，曰："而事何也？"对曰："从司马[1]。"王赐之甲、剑铍，曰："奉尔君事，敬无废命。"叔孙未能对[2]，卫赐进[3]，曰："州仇奉甲从君而拜。"公使大史固归国子之元，置之新箧，裹之以玄纁[4]，加组带焉[5]。置书于其上，曰："天若不识不衷[6]，何以使下国？"

【注释】
〔1〕从司马，谦词，犹言"备位司马"。〔2〕依礼，无赐臣剑之理，赐剑即令其自杀，故叔孙不能对。〔3〕卫赐：即子贡，卫人，孔子弟子。〔4〕裹（wèi）：垫在下面。玄纁：青黑色与浅红色的绢帛。玄为天色，纁为地色，以示庄隆。〔5〕组带：编丝为带。〔6〕衷：正。

吴将伐齐，越子率其众以朝焉[1]，王及列士，皆有馈赂。吴人皆喜，惟子胥惧，曰："是豢吴也夫[2]！"谏曰："越在我，心腹之疾也。壤地同，而有欲于我。夫其柔服，求济其欲也，不如早从事焉。得志于齐，犹获石田也，无所用之。越不为沼，吴其泯矣。使医除疾，而曰'必遗类焉'者[3]，未之有也。《盘庚》之诰曰：'其有颠越不共[4]，则劓殄无遗育[5]，无俾易种于兹邑[6]。'是商所以兴也。今君易之[7]，将以求大，不亦难乎？"弗听。使于齐，属其子于鲍氏，为王孙氏。反役[8]，王闻之，使赐之属镂以死[9]。将死，曰："树吾墓槚，槚可材也，吴其亡乎！三年，其始弱矣。盈必毁，天之道也。"

【注释】

〔1〕越子:越王句践。 〔2〕豢:杜注:"豢,养也。若人养牺牲,非爱之,将杀之。" 〔3〕类:同"颣",病。 〔4〕颠越:狂乱。〔5〕劓:割。殄:绝。 〔6〕易:延。 〔7〕易:违反。 〔8〕反役:从艾陵战役归来。 〔9〕属镂:剑名。

秋,季孙命修守备,曰:"小胜大,祸也。齐至无日矣。"

冬,卫大叔疾出奔宋[1]。初,疾娶于宋子朝,其娣嬖。子朝出,孔文子使疾出其妻而妻之[2]。疾使侍人诱其初妻之娣,寘于犁[3],而为之一宫,如二妻。文子怒,欲攻之,仲尼止之。遂夺其妻。或淫于外州[4],外州人夺之轩以献。耻是二者,故出。卫人立遗[5],使室孔姞[6]。疾臣向魋[7],纳美珠焉,与之城鉏[8]。宋公求珠,魋不与,由是得罪。及桓氏出[9],城鉏人攻大叔疾,卫庄公复之。使处巢[10],死焉,殡于郧,葬于少禘[11]。初,晋悼公子憖亡在卫,使其女仆而田[12]。大叔懿子止而饮之酒[13],遂聘之,生悼子[14]。悼子即位,故夏戊为大夫[15]。悼子亡,卫人翦夏戊[16]。孔文子之将攻大叔也,访于仲尼。仲尼曰:"胡簋之事[17],则尝学之矣。甲兵之事,未之闻也。"退,命驾而行,曰:"鸟则择木,木岂能择鸟?"文子遽止之,曰:"圉岂敢度其私[18],访卫国之难也。"将止,鲁人以币召之,乃归。

【注释】

〔1〕大叔疾：即经所记"世叔齐"。〔2〕孔文子：卫卿孔圉。〔3〕犁：在今河南安阳市。〔4〕外州：卫地，具体所在不详。〔5〕遗：疾之弟。〔6〕孔姞：孔文子女，疾之妻。〔7〕向魋：桓魋，见定公十年传。〔8〕城鉏：在今河南滑县东。〔9〕桓氏出：向魋叛逃，为后哀公十四年事。〔10〕巢：或谓在今河南睢县。〔11〕郧、少禘：均卫邑，所在不详。〔12〕仆而田：驾车打猎。〔13〕大叔懿子：太叔仪之孙。〔14〕悼子：即太叔疾。〔15〕夏戊：太叔疾之甥。〔16〕薾：削其爵邑。〔17〕胡簋之事：指祭祀之事。胡与簋均为食器。〔18〕度：谋。

季孙欲以田赋[1]，使冉有访诸仲尼。仲尼曰："丘不识也。"三发，卒曰："子为国老，待子而行，若之何子之不言也？"仲尼不对，而私于冉有曰："君子之行也[2]，度于礼，施取其厚，事举其中，敛从其薄，如是则以丘亦足矣[3]。若不度于礼，而贪冒无厌，则虽以田赋，将又不足。且子季孙若欲行而法，则周公之典在。若欲苟而行，又何访焉？"弗听。

【注释】

〔1〕田赋：具体内容不详。〔2〕行：杜注："行政事。"〔3〕丘：十六井。方里为井，四井为邑，四邑为丘。

【译文】

[经]

十一年春，齐国书率领军队攻打我国。

夏，陈辕颇出逃到郑国。

五月，哀公会合吴军攻打齐国。

甲戌，齐国书率领军队与吴军在艾陵交战，齐军大败，吴军擒获齐国书。

秋七月辛酉，滕隐公虞母去世。
冬十一月，安葬滕隐公。
卫世叔齐出逃到宋国。

[传]

　　十一年春，齐国因为鄎地战役的缘故，国书、高无㔻率领军队攻打我国，到达清地。季孙对他的家宰冉求说："齐军在清地，一定是为鲁国而来，打算怎么办？"冉求说："三家一家防守国都，二家跟随国君去边境抵御他们。"季孙说："我指挥不动。"冉求说："那就在近郊应战。"季孙告诉了叔孙、孟孙，二人不同意。冉求说："如果办不到，就君王不要出战。您一人率领军队，背城而战。不肯服从命令的，就不能算是鲁国人。鲁国士大夫的总数，要比齐国的兵车要多。就是您一个家族的战车也比齐军前来的车多，您担心什么呢？他们二人不想出战是很正常的，因为是季氏执政。在您在世的时候，齐国人攻打鲁国却不能出战，这是您的耻辱，再也不能自立于诸侯之间了。"季孙让冉求跟他一起上朝，等候在党氏之沟。叔孙州仇招呼冉求问他对出战的看法，冉求回答说："君子有深远的谋虑，小人懂得什么？"孟懿子坚持要他回答，冉求说："小人是根据才能而说话，估量力量而出力的。"叔孙州仇说："这是说我不是大丈夫啊！"回去后就检阅军队，孟孺子泄率领右军，颜羽为他驾车，邴泄任车右。冉求率领左军，管周父为他驾车，樊迟任车右。季孙说："樊迟年龄太轻。"冉求说："他能够胜任使命。"季氏的甲士有七千人，冉求用武城人三百名作为自己的私属，派老的和年幼的士兵守卫宫室，军队驻扎在雩门外。五天后，右军才与他会合。公叔务人见到守城人流下了眼泪，说："徭役繁重，赋税众多，在上的人不能谋划，战士不能忘死，拿什么来治理人民？我已经这么说了，岂敢不努力献身吗？"

　　鲁军与齐军在郊外交战，齐军从稷曲发起进攻。鲁军不肯冲过沟去接战。樊迟说："不是做不到，是不信任您，请申明号令三次然后冲过去。"冉求照他的话做了，大众跟着冲过了沟。左军攻入齐军，右军逃走。齐军追击右军，陈瓘、陈庄渡过了泗水。孟之侧最后退回成为断后，抽出箭来打他的马，说："是马跑不快。"林不狃同伍的兵士们说："逃走吗？"不狃说："我们比不上谁？"兵士们又说："那么停下来抵抗？"不狃说："我们又比谁贤明？"慢步而走，被杀死。左军砍获齐军甲士的脑袋八十颗，齐军无法成军。晚上，间谍报告说："齐国人逃走了。"冉求三次请求追击，季孙不允许。孟孺子对人说："我不如颜羽，却比邴泄贤明。颜羽敏锐，我不想作战而他能保持沉默。邴泄说：'快赶马逃走。'"公叔武人和他的爱童汪锜同坐一辆车，都战死，都加以殡殓。孔子说："汪锜能够手持武器保卫社稷，可以不用未成年人礼安葬他。"冉求令部下用矛与齐军交战，所以能攻入齐军。孔子说："冉求合乎义。"

夏，陈辕颇出逃到郑国。起初，辕颇任司徒，为了国君的女儿出嫁向全国所有的土地征税，有多余，就为自己铸造钟鼎等用具。国人驱逐他，所以出国。在路上口渴，他的族人辕咺献上米酒、干饭、干肉。辕颇高兴地问："怎么准备得这么充足？"辕咺回答说："你造好了钟鼎等用具我就准备好了。"辕颇说："为什么不劝阻我？"辕咺回答说："我害怕先被赶走。"

为了齐攻打鲁郊外的缘故，哀公会同吴王攻打齐国。五月攻克博邑，壬申，到达嬴地。中军跟随吴王。胥门巢率领上军，王子姑曹率领下军，展如率领右军。齐国书率领中军，高无㔻率领上军，宗楼率领下军。陈僖子对他弟弟陈书说："你死，我一定能够得志。"宗楼与闾丘明相互以死勉励。桑掩胥为国书驾车。公孙夏说："这两个人必然会战死。"将要交战，公孙夏命令他的部下唱《虞殡》。陈子行命令他的部下准备好含玉。公孙挥命令他的部下说："每人带好八尺绳子，吴国人头发短。"东郭书说："参加三次战役难免一死，我这次已经是第三次了。"派人送琴给弦多，说："我再也见不到您了。"陈书说："这次战争，我只能听到进攻的鼓声，听不到收兵的金声了。"

甲戌，在艾陵交战，展如打败高无㔻，国书打败胥门巢。吴王的军队救助胥门巢，大败齐军。斩获了国书、公孙夏、闾丘明、陈书、东郭书，以革车八百辆，甲士首级三千颗，献给哀公。将要交战时，吴王召唤叔孙州仇，说："你担任什么职务？"叔孙回答说:"备位司马。"吴王赐给他皮甲、剑铍,说:"认真地奉行你们国君交达的任务,恭敬而不要废弃命令。"叔孙一时答不上来。卫赐上前,说:"州仇敬受皮甲跟随君王,拜受命令。"哀公派太史固归还国书的头,把头放在新的盒子里,下面垫着黑与浅红二色的丝绸,加上绸带,把书信放在上面,写道:"上天如果不明白你们行为不正,为什么会让下国得胜?"

吴国将要攻打齐国,越王率领他的臣子们前去朝见,吴王和大夫们都得到了食物和礼品。吴国人都很高兴,只有伍子胥忧惧,说:"这是在豢养吴国啊!"劝谏说:"越国对于我国,是心腹之患。同住在一个地区,而对我们有所欲望。他们的柔弱驯服,是为了达到他们的欲望,不如早点对他们下手。在齐国得到满足,如同得到一块石头的田地,没有什么用。越国不沦亡为池沼,吴国也许就要灭亡了。派医生去治病,却说'一定要留下病根',是从来没有的事。《盘庚》的诰命说:'如果有狂乱不肯服从的人,就斩尽杀绝不留后代,不要让他延播到这里来。'这是商朝兴盛的原因。如今君王背道而驰,打算以此达到强盛,不是太难了吗?"吴王不听。伍子胥出使齐国,把他的儿子托付给鲍氏,就是王孙氏。从艾陵战役回来,吴王听说了这事,派人赐给伍子胥属镂剑让他自杀。伍子胥死前说:"在我的墓前种上槚树,槚树可以成材,吴国大约就灭亡了!三年后,它就开始衰弱了。满了就一定会毁坏,这是上天的常道。"

秋,季孙下令修缮防卫工事,说:"小国战胜大国,是祸难。齐国不久就会来进攻。"

冬,卫太叔疾出逃到宋国。起初,太叔疾娶宋子朝的女儿为妻,对妻子的妹妹十分宠爱。子朝逃亡出国后,孔文子让太叔疾休了自己的妻子而把女儿嫁给他。太叔疾派随从引诱了他前妻的妹妹,安置在犁地,而为她造了一所宫室,就像有两个妻子一样。孔文子大怒,想攻打太叔疾,孔子劝止了他。孔文子于是强行接回了他的女儿。太叔疾又与外州女子通奸,外州人抢夺了他的车子献上来。太叔疾为这两件事而羞耻,所以离开国家。卫国人立了遗,让他娶孔姞为妻。太叔疾做向魋的臣子,送给向魋名贵的珍珠,向魋给了他城钼邑。宋公索讨珠子,向魋不肯给,因此得罪国君。到了向魋出逃，城钼人进攻太叔疾，卫庄公又让他回国，让他住在巢地，死在那里，棺材停放在郧地，安葬在少禘。起初，晋悼公的儿子慭流亡在卫国，让自己女儿为他驾车打猎。太叔懿子留他喝酒，于是就聘他女儿为妻，生下太叔疾。太叔疾继位，所以夏戍做了大夫。太叔疾逃亡，卫国人削夺了夏戍的爵禄。孔文子打算进攻太叔疾时，向孔子求教。孔子说："祭祀的事，我曾经学过。打仗的事，我没听到过。"退出后，命令套车上路，说："鸟选择树木，树木怎么能选择鸟？"孔文子急忙阻止他，说："我怎么敢为自己个人谋划，我问的是卫国的祸难啊。"孔子打算留下不走，鲁国人用礼物召请他，他于是回国。

季孙想按田亩征税，派冉求征求孔子的意见。孔子说："我不懂这事。"询问三次，最后说："您是国家的老臣，等着您拿出意见后执行，为什么您不发表意见？"孔子不正式回答，而私下对冉求说："君子执行政事，根据礼来考虑。施舍时尽量丰厚，办事时选择适中，赋税尽量轻薄，这样办，依照丘来征收赋税也就足够了。如果不根据礼来考虑，而贪得无厌，那么即使按田亩征赋税，还是得不到满足。再说季孙如果想推行制度合乎法制，那么有周公定的典章在那里。如果想苟且行事，又何必听我的意见？"季孙不听。

哀公十二年

[经]

十有二年春[1],用田赋。

夏五月甲辰,孟子卒[2]。

公会吴于橐皋[3]。

秋,公会卫侯、宋皇瑗于郧[4]。

宋向巢帅师伐郑。

冬十有二月,螽。

【注释】

〔1〕十有二年:公元前483年。〔2〕孟子:昭公夫人。〔3〕橐皋:在今安徽巢县西北。〔4〕卫侯:卫出公。郧:在今江苏如皋县东。或云在今山东莒县。

[传]

十二年春,王正月,用田赋。

夏五月,昭夫人孟子卒。昭公娶于吴,故不书姓[1]。死不赴,故不称夫人。不反哭,故不言葬小君。孔子与吊,适季氏。季氏不绖[2],放绖而拜[3]。

【注释】

〔1〕不书姓：因吴国与鲁国同姓姬，同姓依礼不通婚，所以称"孟子"而不记姓氏。 〔2〕绖：脱帽。此言不行丧夫人之礼。 〔3〕经：葛麻丧服。

公会吴于橐皋。吴子使大宰嚭请寻盟。公不欲，使子贡对曰："盟所以周信也[1]，故心以制之，玉帛以奉之，言以结之，明神以要之。寡君以为苟有盟焉，弗可改也已。若犹可改，日盟何益？今吾子曰，必寻盟。若可寻也，亦可寒也[2]。"乃不寻盟。

【注释】

〔1〕周：巩固。 〔2〕寒：寒凉，冷落。

吴征会于卫。初，卫人杀吴行人且姚而惧，谋于行人子羽[1]。子羽曰："吴方无道，无乃辱吾君，不如止也。"子木曰[2]："吴方无道，国无道，必弃疾于人。吴虽无道，犹足以患卫。往也，长木之毙[3]，无不摽也[4]，国狗之瘈[5]，无不噬也，而况大国乎？"秋，卫侯会吴于郧。公及卫侯、宋皇瑗盟，而卒辞吴盟。吴人藩卫侯之舍[6]。子服景伯谓子贡曰："夫诸侯之会，事既毕矣，侯伯致礼，地主归饩[7]，以相辞也。今吴不行礼于卫，而藩其君舍以难之，子盍见大宰？"乃请束锦以行。语及卫故，大宰嚭曰："寡君愿事卫君，卫君之来也缓，寡君惧，故将止之。"子贡曰："卫君之来，必谋于其众。其众或欲或否，是以缓来。其欲来者，子之党也。其不欲来者，子之仇也。若执卫君，是堕党而崇仇也。夫堕子者得其志矣！且合诸侯而执卫君，谁敢不惧？堕党崇仇，而惧诸侯，或者难以霸乎！"大宰嚭说，乃舍卫侯[8]。卫侯归，效夷言[9]。子之尚幼[10]，曰："君必不免，其死于夷乎！执焉，而又说其言，从之固矣。"

【注释】

〔1〕子羽：卫大夫。〔2〕子木：卫大夫。〔3〕长木：高大的树木。〔4〕摞：击。〔5〕国狗：惊动一国的狗。瘈：狂。〔6〕藩：围。〔7〕归：同"馈"，赠送。〔8〕舍：同"捨"，释放。〔9〕夷言：吴语。〔10〕子之：公孙弥牟，谥文子。

冬十二月，螽。季孙问诸仲尼，仲尼曰："丘闻之，火伏而后蛰者毕[1]。今火犹西流，司历过也。"

【注释】

〔1〕火：大火星，一般夏正十月隐没不见。

宋郑之间有隙地焉[1]，曰弥作、顷丘、玉畅、嵒、戈、锡。子产与宋人为成，曰："勿有是。"及宋平、元之族自萧奔郑，郑人为之城嵒、戈、锡。九月，宋向巢伐郑，取锡，杀元公之孙，遂围嵒。十二月，郑罕达救嵒，丙申，围宋师。

【注释】

〔1〕隙地：未开垦的荒地。以下六地，均在今河南杞县，通许县

一带。

【译文】

[经]

十二年春，推行依田亩征税。

夏五月甲辰，孟子去世。

哀公与吴国人在橐皋相会。

秋，哀公与卫出公、宋皇瑗在郧地相会。

宋向巢率领军队攻打郑国。

冬十二月，发生蝗灾。

[传]

十二年春，周历正月，推行依田亩征税。

夏五月，昭公夫人孟子去世。昭公娶的是吴国女子，所以《春秋》不记载他的姓。孟子死后没发讣告，所以不称她为夫人。安葬后没有到祖庙哭吊，所以不记载安葬小君。孔子参加吊唁，到了季氏家。季氏不脱帽服丧，孔子就脱掉丧服下拜。

哀公与吴国人在橐皋相会。吴王派太宰嚭请求重温旧盟。哀公不愿意，派子贡回答说："盟誓是用来巩固信义的，所以要用内心来制约它，用玉帛来奉献它，用言语来完成它，用神明来约束它。寡君认为只要有了盟约，就不能再改变了。如果还可以改变，每天都结盟又有什么好处？如今您说一定要重温旧盟。如果旧盟可以重温，也就可以冷落。"于是没有重温旧盟。

吴国召集卫国参加会见。起初，卫国人杀死吴国行人且姚后又害怕，就和行人子羽商量。子羽说："吴国正在无道的时候，恐怕会侮辱我们的国君，不如别去。"子木说："吴国正在无道的时候，国家无道，一定会加害别人。吴国虽然无道，仍然足以危害卫国。去吧，高大的树木倒下，旁边的人没有不被击到的。名狗发疯，碰上的没有不被咬伤的，何况是大国呢？"秋，卫出公与吴国人在郧地相会。哀公与卫出公、宋皇瑗结盟，最终拒绝与吴国结盟。吴国人围住了卫出公的居处。子服景伯对子贡说："诸侯相会,仪式已经完成,盟主向来宾致礼,所在国馈送食物,以此互相告辞。如今吴国不向卫国致礼,而包围卫国国君的居处使他难堪,您何不去见见太宰?"子贡就请求带着五匹锦为礼前往。说话间谈到了卫国的事,太宰嚭说:"寡君愿意事奉卫君,卫君来得晚了,寡君害怕,所以打算留下他。"子贡说:"卫君来时一定和他的大夫们商量。他的大夫们有的赞成他来有的反对,所以来晚了。那些赞成来的人,是您的支持者。那些反对来的人,是您的仇敌。如果把卫君抓起来,是毁了支持者而抬高了仇敌。这样,想毁了您的人就得志了!再说会合诸侯却把卫君抓起来,谁胆敢不害怕?毁了支持者而抬高仇敌,而使诸侯害怕,恐怕难以成就霸业了!"太宰嚭赞同他的话,就放了卫出公。卫出公回到国内,模仿夷人说话。这时子之还幼小,说:"国君一定不能免于祸难,也许要死在夷地吧!被夷人抓起来,却又喜欢他们的语言,一定会跟他们在一起了。"

冬十二月,发生蝗灾。季孙向孔子询问,孔子说:"我听说,大火星隐没不见后昆虫也就全都蛰伏。现在大火星仍然经过西方天空,是司历把日子算错了。"

宋国与郑国之间有数片荒地,名叫弥作、顷丘、玉畅、喦、戈、锡。子产与宋国人讲和,约定:"不要去开发这些地方。"到了宋平公、元公的族人从萧邑逃到郑国,郑国人为他们在喦、戈、锡地筑城。九月,宋向巢攻打郑国,占领锡地,杀死宋元公的孙子,接着就包围了喦地。十二月,郑军达救援喦地,丙申,包围了宋军。

哀公十三年

[经]
十有三年春[1],郑罕达帅师取宋师于嵒。
夏,许男成卒。
公会晋侯及吴子于黄池[2]。
楚公子申帅师伐陈。
於越入吴。
秋,公至自会。
晋魏曼多帅师侵卫。
葬许元公。
九月,螽。
冬十有一月,有星孛于东方。
盗杀陈夏区夫[3]。
十有二月,螽。

【注释】
〔1〕十有三年:公元前482年。 〔2〕晋侯:晋定公。吴子:吴王夫差。黄池:或谓在今河南封丘县。 〔3〕盗:杜注:"称盗,非大夫也。"

[传]

十三年春，宋向魋救其师。郑子賸使徇曰[1]："得桓魋者有赏。"魋也逃归，遂取宋师于嵒，获成讙、郜延[2]。以六邑为虚[3]。

夏，公会单平公、晋定公、吴夫差于黄池[4]。

【注释】
〔1〕子賸：即罕达。〔2〕成讙、郜延：均为宋大夫。〔3〕六邑：即弥作、顷丘、玉畅、嵒、戈、锡。虚：杜注："空虚之，各不有。"〔4〕单平公：周卿士。

六月丙子，越子伐吴，为二隧[1]。畴无余、讴阳自南方[2]，先及郊。吴大子友、王子地、王孙弥庸、寿于姚自泓上观之[3]。弥庸见姑蔑之旗[4]，曰："吾父之旗也。不可以见仇而弗杀也。"大子曰："战而不克，将亡国。请待之。"弥庸不可，属徒五千[5]，王子地助之。乙酉，战，弥庸获畴无余，地获讴阳。越子至，王子地守。丙戌，复战，大败吴师。获大子友、王孙弥庸、寿于姚。丁亥，入吴。吴人告败于王，王恶其闻也[6]，自刭七人于幕下。

【注释】
〔1〕隧：队，路。〔2〕畴无余、讴阳：越大夫。〔3〕泓：水名。或谓即越来溪，泓上即今江苏吴县西南横山。〔4〕姑蔑：在今浙江衢县龙游北。杜注："弥庸父为越所获，故姑蔑人得其旌旗。"〔5〕属：聚集。〔6〕杜注："恶诸侯闻之。"

秋七月辛丑，盟，吴、晋争先。吴人曰："于周室，我为长[1]。"晋人曰："于姬姓，我为伯[2]。"赵鞅呼司马寅曰："日旰矣，大事未成，二臣之罪也。建鼓整列，二臣死之，长幼必可知也[3]。"对曰："请姑视之。"反，曰："肉食者无墨[4]。今吴王有墨，国胜乎[5]？大子死乎？且夷德轻，不忍久，请少待之。"乃先晋人。吴人将以公见晋侯，子服景伯对使者曰："王合诸侯，则伯帅侯牧以见于王。伯合诸侯，则侯帅子男以见于伯。自王以下，朝聘玉帛不同。故敝邑之职贡于吴，有丰于晋，无不及焉，以为伯也。今诸侯会，而君将以寡君见晋君，则晋成为伯矣，敝邑将改职贡。鲁赋于吴八百乘。若为子男，则将半邾以属于吴，而如邾以事晋[6]。且执事以伯召诸侯，而以侯终之，何利之有焉？"吴人乃止，既而悔之，将囚景伯。景伯曰："何也立后于鲁矣[7]。将以二乘与六人从，迟速唯命。"遂囚以还。及户牖[8]，谓大宰曰："鲁将以十月上辛，有事于上帝先王，季辛而毕。何世有职焉，自襄以来，未之改也。若不会，祝宗将曰：'吴实然。'且谓鲁不共，而执其贱者七人[9]，何损焉？"大宰嚭言于王曰："无损于鲁，而祇为名[10]，不如归之。"乃归景伯。

【注释】

〔1〕杜注："吴为大伯后，故为长。"〔2〕伯：亦长之意。〔3〕长幼：即先后。〔4〕墨：气色晦暗。〔5〕胜：为敌所胜。〔6〕杜注："如邾，六百乘。"〔7〕何：景伯名。〔8〕户牖：在今河南兰考县东北。〔9〕贱者七人：景伯与从者六人，皆非卿，故自称贱

者。〔10〕名：恶名。

吴申叔仪乞粮于公孙有山氏[1]，曰："佩玉蘂兮[2]，余无所系之。旨酒一盛兮[3]，余与褐之父睨之[4]。"对曰："粱则无矣[5]，粗则有之。若登首山以呼曰[6]，庚癸乎[7]，则诺。"王欲伐宋，杀其丈夫而囚其妇人。大宰嚭曰："可胜也，而弗能居也。"乃归。

冬，吴及越平。

【注释】

〔1〕申叔仪：吴大夫。公孙有山：鲁大夫。 〔2〕蘂(ruǐ)：下垂貌。〔3〕一盛：一杯。 〔4〕褐之父：穿褐衣的贱者中的老人。 〔5〕粱：精米。 〔6〕首山：在今河南襄城县南。 〔7〕庚癸：此以呼庚癸为约。或云货分十等，庚癸为下等。

【译文】

[经]

十三年春，郑罕达率领军队在嵒地歼灭了宋军。
夏，许元公成去世。
哀公与晋定公、吴王在黄池相会。
楚公子申率领军队攻打陈国。
越国攻入吴国。
秋，哀公从会议回国。
晋魏曼多率领军队侵袭卫国。
安葬许元公。
九月，发生蝗灾。
冬十一月，有彗星掠过东方。
盗贼杀死陈夏区夫。
十二月，发生蝗灾。

[传]

十三年春，宋向魋救援本国军队。郑军达派人通告全军说："抓住向魋的人有赏。"向魋逃回国，于是在嵒地歼灭了宋军，擒获了成谨、郜延。让六个城邑重新荒废。

夏，哀公与单平公、晋定公、吴王夫差在黄池相会。

六月丙子，越王攻打吴国，兵分两路。畴无余、讴阳率南路军队，先到达吴国国都郊外。吴太子友、王子地、王孙弥庸、寿于姚在泓水边观察越军形势。弥庸见到姑蔑人的旗帜，说："这是我父亲的旗帜，我不能眼见仇人而不去杀死他们。"太子友说："交战万一失利，将导致亡国。还是等待着吧。"弥庸不听，聚集了部下五千人出战，王子地帮助他。乙酉，两军交战，弥庸擒获畴无余，王子地擒获讴阳。越王到达，王子地守卫城池。丙戌，两军再次交战，越军大败吴军，擒获太子友、王孙弥庸、寿于姚。丁亥，越军攻进吴都。吴国人去向吴王夫差报告战败的消息，吴王恐怕诸侯知道，亲手把七个来报信的人杀死。

秋七月辛丑，结盟，吴国、晋国都争着要先歃血。吴国人说："在周室中，我们是最长的。"晋国人说："在姬姓国中，我们是最大的。"赵鞅召唤司马寅说："天晚了，盟事尚未成功，是我们二个臣子的罪过。击起战鼓整顿队伍，我们俩战死，先后次序就一定能够确定。"司马寅说："请姑且让我去观察一下。"去后回来，说："吃肉的人气色不应该晦暗。现在吴王的气色晦暗，莫不是国家被打败了吗？是太子死了吗？再说夷人秉性轻率，不能长期忍耐，请再等一会儿。"于是吴国人让晋国人先歃血。吴国人打算带着哀公去见晋定公，子服景伯对吴国使者说："周王会合诸侯，就让盟主率领诸侯进见周王。盟主会合诸侯，就让侯率领子、男进见盟主。从周王以下，朝聘时所献的礼物也各不相同。所以敝邑进贡给吴国的财礼，要比晋国丰厚，而没有比不上它的，因为是把吴国当作盟主。现在诸侯相会，而君王打算带领寡君去见晋君，那么晋国就成了盟主了，敝邑将改变进贡的数量。鲁国按有八百辆战车的额度进贡吴国财礼。如果被当作子、男，那就要按郑国战车的半数进贡给吴国，而用同郑国战车数的额度去进贡晋国。再说执事作为盟主召集诸侯，却以侯的身份结束盟会，有什么好处呢?"吴国人于是没那样做,不久又后悔了,打算拘禁景伯。景伯说:"我已经在鲁国立了继承人了,打算带着两辆车与六个人跟你们走,时间早晚听从你们的命令。"吴国人就拘禁了景伯押回国。到达户牖,景伯对太宰嚭说:"鲁国准备在十月的第一个辛日祭祀上帝与先王,最后一个辛日完毕。我世代在祭祀中都有职事,从襄公以来,从没改变。如果我不参加,祝宗将会祝告说:'这是吴国造成的。'而且贵国认为鲁国不恭敬,却只抓了他们七个地位低下的人,对鲁国有什么损害呢?"太宰嚭对吴王说:"对鲁国没有损害,只是给自己带来坏名声,还不如放了他们。"于是放景伯回国。

吴申叔仪向公孙有山乞讨粮食,说:"玉佩下垂啊,我却没有地方系它。甜酒一杯啊,我和老仆人都想得到它。"公孙有山回答说:"细粮没有了,粗粮还有。如果听到有人登上首山叫喊'庚癸啊',你就应答。"吴王想要攻打宋国,杀死宋国男子而拘禁女子。太宰嚭说:"能够战胜宋国,却不能居住在那儿。"于是回国。

冬,吴国与越国讲和。

春秋左传卷三十　哀公下

哀公十四年

[经]

十有四年春[1]，西狩获麟[2]。

小邾射以句绎来奔[3]。

夏四月，齐陈恒执其君[4]，寘于舒州[5]。

庚戌，叔还卒。

五月庚申朔，日有食之。陈宗竖出奔楚。

宋向魋入于曹以叛。

莒子狂卒。

六月，宋向魋自曹出奔卫[6]。

宋向巢来奔。

齐人弑其君壬于舒州[7]。

秋，晋赵鞅帅师伐卫。

八月辛丑，仲孙何忌卒。

冬，陈宗竖自楚复入于陈，陈人杀之。

陈辕买出奔楚。

有星孛。

饥。

【注释】

〔1〕十有四年：公元前481年。〔2〕《公羊》、《穀梁》均到此为止。各家均云孔子伤麟之死，叹"吾道穷矣"，故修《春秋》，绝笔于获麟。〔3〕射：小邾大夫。句绎：在今山东邹县。〔4〕陈恒：即陈成子。〔5〕舒州：或谓在今河北大城县。〔6〕曹：原曹国，宋灭曹后为向魋采邑。〔7〕壬：齐简公。

[传]

十四年春，西狩于大野[1]，叔孙氏之车子鉏商获麟[2]，以为不祥，以赐虞人。仲尼观之，曰："麟也。"然后取之。

【注释】

〔1〕大野：泽名，在今山东巨野一带。〔2〕车：御者。子鉏商：子鉏氏，名商。

小邾射以句绎来奔，曰："使季路要我[1]，吾无盟矣。"使子路，子路辞。季康子使冉有谓之曰："千乘之国[2]，不信其盟，而信子之言，子何辱焉？"对曰："鲁有事于小邾，不敢问故，死其城下可也。彼不臣而济其言[3]，是义之也，由弗能。"

【注释】

〔1〕季路：即子路。要：约言。〔2〕千乘之国：指鲁。〔3〕济：成。

齐简公之在鲁也，阚止有宠焉[1]。及即位，使为政。陈成子惮之，骤顾诸朝。诸御鞅言于公曰[2]：

"陈、阚不可并也，君其择焉。"弗听。子我夕[3]，陈逆杀人[4]，逢之，遂执以入。陈氏方睦，使疾，而遗之潘沐[5]，备酒肉焉，飨守囚者，醉而杀之，而逃。子我盟诸陈于陈宗。

【注释】
〔1〕杜注："简公，悼公阳生子壬也。阚止，子我也。事在六年。"〔2〕鞅：齐大夫。〔3〕夕：暮见。〔4〕陈逆：字子行。〔5〕潘沐：米汁，古人用以洗头。

初，陈豹欲为子我臣[1]，使公孙言己[2]，已有丧而止。既，而言之，曰："有陈豹者，长而上偻，望视[3]，事君子必得志。欲为子臣，吾惮其为人也，故缓以告。"子我曰："何害？是其在我也。"使为臣。他日，与之言政，说，遂有宠。谓之曰："我尽逐陈氏，而立女，若何？"对曰："我远于陈氏矣。且其违者，不过数人，何尽逐焉？"遂告陈氏。子行曰："彼得君，弗先，必祸子。"子行舍于公宫。夏五月壬申，成子兄弟四乘如公。子我在幄，出，逆之。遂入，闭门[4]。侍人御之，子行杀侍人。公与妇人饮酒于檀台[5]，成子迁诸寝。公执戈，将击之。大史子余曰："非不利也，将除害也。"

【注释】
〔1〕陈豹：字子皮，陈文子之孙。〔2〕公孙：齐大夫。〔3〕望视：仰视。〔4〕杜注："成子入，反闭门，不内子我。"〔5〕檀台：在临淄城东北。

成子出舍于库,闻公犹怒,将出,曰:"何所无君?"子行抽剑,曰:"需[1],事之贼也。谁非陈宗?所不杀子者,有如陈宗!"乃止。子我归,属徒,攻闱与大门[2],皆不胜,乃出。陈氏追之,失道于弇中[3],适丰丘[4]。丰丘人执之,以告,杀诸郭关[5]。成子将杀大陆子方[6],陈逆请而免之,以公命取车于道。及耏[7],众知而东之。出雍门[8],陈豹与之车,弗受,曰:"逆为余请,豹与余车,余有私焉。事子我而有私于其仇,何以见鲁、卫之士?"东郭贾奔卫[9]。庚辰,陈恒执公于舒州。公曰:"吾早从鞅之言,不及此。"

【注释】

〔1〕需:迟疑懦弱。〔2〕闱:宫墙小门。〔3〕弇中:在临淄西南。〔4〕丰丘:不详。杜注谓"陈氏邑"。〔5〕郭关:齐都外城门。〔6〕子方:阚止臣,大陆氏。〔7〕耏:即时,在齐与鲁交界处。〔8〕雍门:齐都城门。〔9〕东郭贾:即子方。

宋桓魋之宠害于公[1]。公使夫人骤请享焉,而将讨之。未及,魋先谋公,请以鞌易薄[2],公曰:"不可。薄,宗邑也。"乃益鞌七邑,而请享公焉。以日中为期,家备尽往[3]。公知之,告皇野曰[4]:"余长魋也。今将祸余,请即救。"司马子仲曰:"有臣不顺,神之所恶也,而况人乎?敢不承命。不得左师不可[5],请以君命召之。"左师每食击钟。闻钟声,公曰:"夫子将食。"既食,又奏。公曰:"可矣。"以乘车往,曰:"迹人来告曰[6]:'逢泽有介麇焉[7]。'公曰:'虽魋未来,得左师，吾与之田，若何？'君惮告子。野曰：'尝私焉。'君欲速，故以乘车逆子。"与之乘，至，公告之故，拜，不能起。司马曰："君与之言。"公曰："所难子者，上有天，下有先君。"对曰："魋之不共，宋之祸也。敢不唯命是听。"司马请瑞焉[8]，以命其徒攻桓氏。其父兄故臣曰："不可。"其新臣曰："从吾君之命。"遂攻之。子颀骋而告桓司马[9]。司马欲入，子车止之[10]，曰："不能事君，而又伐国，民不与也，只取死焉。"向魋遂入于曹以叛。

【注释】
　　[1]杜注："恃宠骄盈。"公：宋景公。　[2]鄑、薄：鄑在今山东定陶县，桓魋（即向魋）邑；薄即"亳"，在今河南商丘市南，公邑。[3]家备：私人甲士。　[4]皇野：司马子仲。　[5]左师：桓魋之兄向巢。　[6]迹人：掌管田猎、辨认野兽足迹的官。　[7]逢泽：在今商丘市南。介：孤。　[8]瑞：符节。　[9]子颀：桓魋弟。桓司马：即桓魋。[10]子车：亦桓魋之弟。

　　六月，使左师巢伐之，欲质大夫以入焉[1]。不能，亦入于曹，取质。魋曰："不可。既不能事君，又得罪于民，将若之何？"乃舍之。民遂叛之。向魋奔卫。向巢来奔，宋公使止之，曰："寡人与子有言矣，不可以绝向氏之祀。"辞曰："臣之罪大，尽灭桓氏可也。若以先臣之故，而使有后，君之惠也。若臣则不可以入矣。"司马牛致其邑与珪焉[2]，而适齐。向魋出于卫地，公文氏攻之，求夏后氏之璜焉。与之他玉，而奔齐，陈成子使为次卿。司马牛又致其邑焉，而适吴。吴人恶之，而反[3]。赵简子召之，陈成子亦召之，卒于鲁郭门之外，阮氏葬诸丘舆[4]。

【注释】
〔1〕杜注："巢不能克魋，恐公怒，欲得国内大夫为质还入国。"〔2〕司马牛：桓魋弟。珪：守邑符信。〔3〕反：回宋国。〔4〕阮氏：鲁人。丘舆：在今山东费县西。

甲午，齐陈恒弑其君壬于舒州。孔丘三日齐[1]，而请伐齐三。公曰："鲁为齐弱久矣，子之伐之，将若之何？"对曰："陈恒弑其君，民之不与者半。以鲁之众，加齐之半，可克也。"公曰："子告季孙。"孔子辞，退而告人曰："吾以从大夫之后也[2]，故不敢不言。"

【注释】
〔1〕齐：斋戒。〔2〕杜注："尝为大夫而去，故言后。"

初，孟孺子泄将圉马于成[1]，成宰公孙宿不受，曰："孟孙为成之病[2]，不圉马焉。"孺子怒，袭成。从者不得入，乃反。成有司使，孺子鞭之。秋八月辛丑，孟懿子卒。成人奔丧[3]，弗内。袒免哭于衢，听共，弗许。惧，不归[4]。

【注释】
〔1〕泄：孟懿子之子孟武伯。圉：畜养。〔2〕孟孙：孟懿子。病：人民贫困。〔3〕成人：指成宰。〔4〕此条与下一条原为一条。

【译文】

[经]

十四年春,在西部打猎捉获麒麟。
小邾射带着句绎来投奔我国。
夏四月,齐陈恒拘禁他的国君,安置在舒州。
庚戌,叔还去世。
五月庚申朔,发生日食。陈宗竖出逃到楚国。
宋向魋进入曹邑发起叛乱。
莒子狂去世。
六月,宋向魋从曹邑出逃到卫国。
宋向巢逃来我国。
齐国人在舒州杀死他们的国君壬。
秋,晋赵鞅率领军队攻打卫国。
八月辛丑,仲孙何忌去世。
冬,陈宗竖从楚国再次进入陈国,陈国人把他杀了。
陈辕买出逃到楚国。
出现彗星。
发生饥荒。

[传]

十四年春,在西部大野打猎,叔孙氏的御者子鉏商捉获麒麟,认为不吉祥,把它赐给虞人。孔子去观看,说:"这是麒麟。"然后把它带走。

小邾射带着句绎来投奔我国,说:"派子路来和我口头约定,我不需立盟誓。"派子路去,子路推辞。季康子派冉有对他说:"对千乘之国,不相信他们的盟誓,而相信您的话,对您有什么屈辱呢?"子路回答说:"鲁国对小邾国发动战争,我不敢质询原因,战死在他们城下在所不辞。现在他不守臣道我却让他的话得以实现,这就是认为他的行为合乎义,我办不到。"

齐简公在鲁国时,阚止得到宠爱。到齐简公即位,让阚止执政。陈成子害怕阚止,在朝廷上多次回头看他。御者鞅对齐简公说:"陈氏、阚氏不能并用,君王还是选用其一。"齐简公不听。

阚止晚上去见简公，碰上陈逆杀人，就把他抓起来带进宫去。陈氏家族这时十分和睦，就让陈逆装病，而派人送进洗头的米汤，还备有酒肉，招待看守们，把看守灌醉后杀了，陈逆就逃走了。阚止与陈氏家族在宗主家中设盟。

起初，陈豹谋求做阚止的家臣，让公孙推荐自己，不久因为有丧事，没有办。丧事结束，公孙对阚止谈起，说："有个叫陈豹的，身材高大而有些驼背，眼睛总朝上看，他事奉君子一定能使君子满意。他想做您的家臣，我对他的为人有些担心，所以拖了段时间才告诉您。"阚止说："有什么害处？主动权在我手中。"就让陈豹做家臣。过了些日子，阚止与陈豹讨论政事，阚止对他悦服，于是就对他宠信，对他说："我把陈氏全都赶走，而立你为继承人，怎么样？"陈豹说："我是陈氏的远支。再说对您不满的不过几个人，何必要全把他们赶走？"陈豹接着就把这事告诉了陈氏。陈逆说："他得到君王宠信，不先动手，一定会加害于您。"成子就让陈逆住进公宫。夏五月壬申，陈成子兄弟四人乘一辆车去见齐简公。阚止从帐篷中出来，迎接他们。成子兄弟进内，把阚止关在门外。侍者抵御他们，陈逆把侍者杀了。齐简公与妇人在檀台饮酒，成子把简公迁往寝宫。简公拿起戈，打算击打他们。太史子余说："他们不是要对君王不利，是打算消除祸害。"

成子出外住到仓库里，听说简公怒气未消，打算出国，说："什么地方没有君王？"陈逆拔出剑来，说："迟疑懦弱，是危害大事的根本。谁不能做陈氏宗主？你走我要不杀死你，有陈氏历代宗主作证。"成子便不再出走。阚止回到家，聚集部下，攻打公宫的小门与大门，都没取胜，于是就出逃。陈氏追击他们，阚止在弇中迷了路，去了丰丘。丰丘人把他们抓了起来，向陈氏报告，把阚止杀死在外城门。成子打算杀死大陆子方，陈逆为他求情赦免了他，假托齐简公的命令拦了路上的一辆车给他。子方到达豻地，众人知道了逼他往东走。他出了雍门，陈豹给他车子，他不接受，说："陈逆为我求情，陈豹给我车子，我和他们私下有交情。事奉阚止而与他的仇人私下有交情，怎么去见鲁国、卫国的士？"子方就逃到了卫国。庚辰，陈成子在舒州拘禁了齐简公。齐简公说："我如果早些听从鞅的话，不会到这个地步。"

宋桓魋凭仗受到景公宠爱骄盈自大因而对景公造成危害。景公让夫人数次邀请桓魋参加享礼，计划乘机诛杀他。还没来得及实施，桓魋先行策划对景公动手，要求用鞌地交换薄地。景公说："不行。薄，是宋国的宗邑。"于是就加给鞌地七个城邑，桓魋请求设享礼宴请景公表示感谢。约定好时间在中午，他私家的甲士全都前往。景公知道后，告诉皇野说："是我把桓魋养大的。现在他要加祸于我，请你赶快救救我。"皇野说："有臣子不顺服，是神明所憎恶的，何况是人呢？我怎敢不服从命令。但不得到左师是不行的，请求以国君的名义召见他。"左师每次吃饭都要敲钟。听到了钟声，景公说："他要吃饭了。"吃完饭，又敲钟。景公说："可以去了。"皇野乘上辆车前往，说："迹人来报告说：'逢泽发现离群的麋。'君王说：'虽然桓魋没有来，有左师在，我和他一起去打猎，怎么样？'君王难以向您开口，我说：'我与他试着私下谈谈看。'君王想要快些，所以我乘车前来迎接您。"左师与皇野乘上一辆车，到了宫里，景公把召见他的缘故告诉他。左师下拜，很久站不起来。皇野说："君王与他约言。"景公说："如果把祸难加到您身上，上有天，下有先君！"左师回答说："桓魋不恭敬，是宋国的祸患。岂敢不唯命是听。"皇野请颁发符节，以命令他的部下攻打桓魋。他的父兄及旧臣说"不行"，他的新臣说"服从我们国君的命令"。于是就攻打桓魋。子顾驾车疾驰去报告桓魋，桓魋打算攻进城去，子车阻止了他，说："不能事奉国君，又攻打自己国家，人民不会支持我们，只是自找死路。"桓魋就进入曹邑反叛。

六月，派左师向巢攻打曹邑，没取胜，左师想得到大夫为人质然后回都。没能办到，就进入曹邑，取曹地人为人质。桓魋说："这样不行。既不能事奉国君，又得罪了人民，打算怎么办？"于是放了人质。人民因此就背叛了向巢与桓魋。桓魋逃往卫国。向巢逃来我国，宋景公派人挽留他，说："寡人与你有过约定了，不能够断绝向氏的祭祀。"向巢辞谢说："臣的罪很大，把桓氏全都灭亡也是应该的。如果因为先臣的缘故，让桓氏有继承人，这是君王的恩惠。至于我是不能回国的了。"司马牛交回了他的封邑与玉珪，去了齐国。桓魋在卫地，公文氏进攻他，向他索讨夏后氏的璜玉。桓魋给了公文氏其他玉，出逃到齐国，陈成子让他担任次卿。司马牛又交出齐国人给的封邑，去了吴国。吴国人讨厌他，他就回到了宋国。赵简子召唤他去晋国，陈成子也召唤他，路上死在鲁国都城外城门外，阮氏把他安葬在丘舆。

甲午，齐陈成子在舒州杀死他的国君壬。孔子斋戒三日，三次请求攻打齐国。哀公说："鲁国被齐国削弱为期很久了，您要攻打他们，准备怎么办？"孔子回答说："陈恒杀死他的国君，人民有一半人不支持他。以鲁国的民众，加上齐国的一半人，能战胜他们。"哀公说："您去告诉季孙。"孔子辞谢，退出后告诉别人说："我因为曾经排在大夫们后面，所以不敢不说。"

起初，孟孺子泄打算在成邑养马，成宰公孙宿不肯，说："孟孙因为成邑人民贫困，不在这里养马。"孟孺子发怒，袭击成邑，跟从的人不能攻入，因此就回返。成邑有司使，孟孺子鞭打他。秋八月辛丑，孟懿子去世。成邑宰奔丧，孟孺子不让他进去。成宰脱去上衣、帽子在大路上哭，要求供驱使。孟孺子不答应。成宰害怕，不敢回去。

哀公十五年

[经]

十有五年春[1],王正月,成叛。

夏五月,齐高无㔻出奔北燕。

郑伯伐宋[2]。

秋八月,大雩。

晋赵鞅帅师伐卫。

冬,晋侯伐郑[3]。

及齐平。

卫公孟彄出奔齐。

【注释】

〔1〕十有五年:公元前480年。 〔2〕郑伯:郑声公。 〔3〕晋侯:晋定公。

[传]

十五年春,成叛于齐。武伯伐成[1],不克,遂城输[2]。

夏,楚子西、子期伐吴,及桐汭[3]。陈侯使公孙贞子吊焉[4]，及良而卒[5]，将以尸入。吴子使大宰嚭劳，且辞曰："以水潦之不时，无乃廪然陨大夫之尸[6]，以重寡君之忧。寡君敢辞。"上介芋尹盖对曰[7]："寡君闻楚为不道，荐伐吴国[8]，灭厥民人。寡君使盖备使，吊君之下吏。无禄，使人逢天之戚，大命陨队，绝世于良，废日共积[9]，一日迁次。今君命逆使人曰：'无以尸造于门。'是我寡君之命委于草莽也。且臣闻之曰，事死如生，礼也。于是乎有朝聘而终，以尸将事之礼，又有朝聘而遭丧之礼。若不以尸将命，是遭丧而还也，无乃不可乎！以礼防民，犹或逾之。今大夫曰，死而弃之，是弃礼也，其何以为诸侯主？先民有言曰：'无秽虐士[10]。'备使奉尸将命，苟我寡君之命达于君所，虽陨于深渊，则天命也，非君与涉人之过也[11]。"吴人内之。

【注释】
〔1〕武伯：孟懿子之子泄。　〔2〕输：在成邑附近。　〔3〕桐汭：即桐水。源出安徽广德县，西北入江苏，于高淳县入丹阳湖。　〔4〕陈侯：陈闵公。　〔5〕良：近吴都，具体所在不详。　〔6〕廪然：泛滥。〔7〕上介：副手。　〔8〕荐：屡次。　〔9〕废日共积：杜注："废引道之日，以共具殡殓所积聚之用"，以积释为助殓之积，似与下文"寡君之命"不合。解作"吊焉"的礼物较当。　〔10〕虐士：死者。　〔11〕涉人：津吏。

秋，齐陈瓘如楚[1]。过卫，仲由见之[2]，曰："天或者以陈氏为斧斤，既斫丧公室，而他人有之，不可知也；其使终飨之，亦不可知也。若善鲁以待时，不亦可乎？何必恶焉？"子玉曰："然，吾受命矣，子使告我弟。"

【注释】
〔1〕陈瓘：陈恒之兄，字子玉。 〔2〕仲由：子路。

冬，及齐平。子服景伯如齐，子赣为介，见公孙成[1]，曰："人皆臣人，而有背人之心，况齐人虽为子役，其有不贰乎[2]？子，周公之孙也，多飨大利，犹思不义。利不可得，而丧宗国[3]，将焉用之？"成曰："善哉，吾不早闻命。"陈成子馆客[4]，曰："寡君使恒告曰，寡人愿事君如事卫君。"景伯揖子赣而进之，对曰："寡君之愿也。昔晋人伐卫，齐为卫故，伐晋冠氏[5]，丧车五百，因与卫地，自济以西，禚、媚、杏以南，书社五百[6]。吴人加敝邑以乱，齐因其病，取讙与阐，寡君是以寒心。若得视卫君之事君也，则固所愿也。"成子病之，乃归成。公孙宿以其兵甲入于嬴[7]。

【注释】
〔1〕公孙成：成宰公孙宿。 〔2〕其：同"岂"。 〔3〕宗国：祖国。 〔4〕馆客：在客馆会见客人。 〔5〕冠氏：在今河北冠县。齐伐冠氏为定公九年事。 〔6〕书社：交上社户籍。二十五家为一社。 〔7〕嬴：在今山东莱芜县西北。

卫孔圉取大子蒯聩之姊，生悝。孔氏之竖浑良夫，长而美，孔文子卒，通于内。大子在戚，孔姬使之焉[1]。大子与之言曰:"苟使我入获国,服冕乘轩[2],三死无与。"与之盟。为请于伯姬[3]。闰月,良夫与大子入,舍于孔氏之外圃。昏,二人蒙衣而乘,寺人罗御,如孔氏。孔氏之老栾宁问之,称姻妾以告。遂入,适伯姬氏。既食,孔伯姬杖戈而先,大子与五人介[4],舆豭从之[5]。迫孔悝于厕[6],强盟之,遂劫以登台。栾宁将饮酒,炙未熟,闻乱,使告季子[7];召获驾乘车,行爵食炙,奉卫侯辄来奔。季子将入,遇子羔将出[8],曰:"门已闭矣。"季子曰:"吾姑至焉。"子羔曰:"弗及,不践其难[9]。"季子曰:"食焉,不辟其难。"子羔遂出。子路入,及门,公孙敢门焉,曰:"无入为也。"季子曰:"是公孙也,求利焉而逃其难。由不然,利其禄,必救其患。"有使者出,乃入。曰:"大子焉用孔悝?虽杀之,必或继之。"且曰:"大子无勇,若燔台半,必舍孔叔。"大子闻之,惧,下。石乞、盂黡敌子路,以戈击之,断缨。子路曰:"君子死,冠不免。"结缨而死。孔子闻卫乱,曰:"柴也其来,由也死矣。"孔悝立庄公[10]。庄公害故政[11],欲尽去之。先谓司徒瞒成曰:"寡人离病于外久矣[12],子请亦尝之。"归告褚师比,欲与之伐公,不果。

【注释】
〔1〕使之:杜注:"使良夫诣太子所。" 〔2〕服冕乘轩:指任大夫。冕为大夫服,轩为大夫车。 〔3〕伯姬:即孔姬,孔悝母。 〔4〕介:披甲。 〔5〕舆豭从之:为结盟取血用。 〔6〕厕:侧。 〔7〕季子:子路(仲由)。时为孔悝家邑宰。 〔8〕子羔:卫大夫高柴,孔子弟子。

〔9〕不：勿。　〔10〕庄公：蒯聩。　〔11〕故政：指卫出公的卿、大夫。
〔12〕离：同"罹"。

【译文】

[经]

十五年春，周历正月，成邑叛变。

夏五月，齐高无㔻出逃到北燕。

郑声公攻打宋国。

秋八月，大规模举行求雨的雩祭。

晋赵鞅率领军队攻打卫国。

冬，晋定公攻打郑国。

与齐国讲和。

卫公孟彄出逃到齐国。

[传]

十五年春，成邑叛变投靠齐国。武伯攻打成邑，没能攻下，就在输地筑城。

夏，楚子西、子期攻打吴国，到达桐汭。陈闵公派公孙贞子去吴国慰问，到达良地而去世，随从准备把尸体带着进入吴都。吴王派太宰嚭慰劳陈国人，同时辞谢说："因为大雨降临不合时令，恐怕大水会泛滥毁坏大夫的尸体，加重寡君的忧虑。寡君谨此辞谢。"副使芊尹盖回答说："寡君听说楚国无道，多次攻打吴国，消灭吴国的人民。寡君派盖充当副手，与使臣一起慰问君王的属下官吏。不幸，使臣正碰上上天不快，生命终止，死在良地，我们耗费时间聚敛的财物怕不能及时送到，因而每天抓紧赶路变换住地。现在君王命令迎接使臣的人通知说不要让尸体进门，这就是把我们寡君的命令弃掷在荒林杂草中了。再说臣听说，事奉死人应当像事奉他活着时一样，这是礼。因此就有了在朝聘过程中使臣死了，以尸体完成聘事的礼仪；又有了在朝聘过程中受聘国国君去世的礼仪。如果不带着尸体完成使命，就成了碰到该国国君去世而回国了，这恐怕不行吧！用礼来治理人民，尚且有人违反。现在大夫说,死了就放弃使命,这是丢弃了礼了,将怎么能做诸侯的盟主?先民有句话说:'不要把死者看做污秽。'我奉尸体完成使命,只要我们寡君的命令上达君王那儿,即使是堕入深渊,那也是上天的命令,不是君王与渡口官吏的过错。"吴国人让他们入城。

秋,齐陈瓘去楚国。经过卫国,仲由进见他,说:"上天也许是把陈氏当作斧头,已经砍削了公室,是否使别人得到它,现在不能知道;是否最终让陈氏享有它,也不能知道。如果好好对待鲁国以等待时机,不也是可以的吗?何必把关系搞得这么糟呢?"陈瓘说:"对,我接受你的命令了,你派人去对我弟弟说。"

冬,与齐国讲和。子服景伯去齐国,子赣为副手,见到公孙宿,说:"每个人都是别人的臣子,而有背叛别人的心愿,何况齐国人虽然为你服役,难道有不心怀二意的吗?你是周公的后代,享受到很多很大的利益,尚且想做不义的事。利益得不到,却丢丧了祖国,打算怎么办?"公孙成说:"说得好,我没能及早听到这番话。"陈成子去馆舍拜会鲁国使者,说:"寡君派恒来告诉您说:寡人愿意如同事奉卫君一样事奉君王。"景伯作揖示意子赣上前回答,子赣答道:"这是寡君的愿望。往昔晋国人攻打卫国,齐国为了卫国的原因,攻打晋国的冠氏,丧失了五百辆战车,因此给卫国土地,从济水以西,禚、媚、杏地以南,交上五百社的户籍。吴国人使敝邑发生动乱,齐国趁我国有困难,占领了讙与阐地,寡君所以寒心。如果能够像卫君那样事奉君王,这正是我们所愿望的。"成子因此而不安,就归还了成邑。公孙宿带着他的兵器皮甲进入嬴地。

卫孔圉娶太子蒯聩的姐姐为妻,生下孔悝。孔氏的仆人浑良夫身材高大而美貌,孔圉去世后,与主母私通。太子在戚邑,孔姬派浑良夫去看望他。太子与浑良夫说:"如果能设法让我回去得到国家,让你服冕服乘轩车,免除你三次死罪。"与他盟誓。浑良夫为太子向伯姬求情。闰月,良夫与太子入都,住在孔氏的宅外菜园子里。晚上,浑良夫与太子把衣巾蒙住头坐上车,寺人罗为他们驾车,去孔氏家。孔氏的家宰栾宁盘问他们,谎称是姻亲家的侍妾,于是进了孔氏家,去见伯姬氏。吃完饭,孔伯姬拿着戈走在前面，太子与五个人穿着皮甲抬上猪跟着。把孔悝逼到墙角，强迫他盟誓，然后劫持他登上高台。栾宁正要饮酒，肉还没烤熟，听到变乱，就派人去报告子路；召唤获驾起辆车，边走边喝酒吃肉，奉侍卫出公辄逃来我国。子路正要入城，碰上子羔从城里出来，说："城门已关闭了。"子路说："我姑且去看看。"子羔说："来不及了，不要去遭受祸难。"子路说："得到他的俸禄，不能躲避祸难。"子羔于是离开国家。子路进了城，到孔氏家门口，公孙敢守门，说："不要进去有所行动了。"子路说："这是公孙的声音，你谋求利益却躲避祸难。我不会这样，向他谋求俸禄，一定要救援他的祸难。"有使者从里边出来，子路就进去了。子路说："太子哪里用得着扣留孔悝？即使杀了他，一定有人接替他。"并且说："太子没有勇气，如果放火烧台，烧到一半，他一定会放掉孔悝。"太子听了后害怕，下了台。石乞、盂黡与子路争斗，用戈击打子路，击断了系帽子的带子。子路说："君子死去，不脱帽子。"把帽带结好而被杀死。孔子听说卫国发生动乱，说："子羔会来，子路将死去。"孔悝立了庄公。庄公对原先的卿大夫不信任，想把他们全撤了。他先对司徒瞒成说："寡人在外面遭受苦难很久了，请您也尝一尝。"瞒成回去后告诉褚师比，想和褚师比一起攻打庄公，没付诸实施。

哀公十六年

[经]

十有六年春[1]，王正月己卯，卫世子蒯聩自戚入于卫。

卫侯辄来奔[2]。

二月，卫子还成出奔宋[3]。

夏四月己丑，孔丘卒。

【注释】

〔1〕十有六年：公元前479年。〔2〕卫侯辄：卫出公。〔3〕子还成：即司徒瞒成。

[传]

十六年春，瞒成、褚师比出奔宋。

卫侯使鄢武子告于周[1]，曰："蒯聩得罪于君父君母，逋窜于晋。晋以王室之故，不弃兄弟，置诸河上[2]。天诱其衷，获嗣守封焉。使下臣肸敢告执事。"王使单平公对曰："肸以嘉命来告余一人。往谓叔父，余嘉乃成世[3]，复尔禄次，敬之哉！方天之休[4]，弗敬弗休,悔其可追?"

【注释】
　　〔1〕鄢武子:卫大夫,名肸。　〔2〕河上:指戚邑。　〔3〕成世:杜注:"继父之世。"　〔4〕方:有之。休:赐。

　　夏四月己丑,孔丘卒。公诔之曰:"旻天不吊[1],不慭遗一老[2]。俾屏余一人以在位[3],茕茕余在疚。呜呼哀哉!尼父,无自律[4]。"子赣曰:"君其不没于鲁乎!夫子之言曰:'礼失则昏,名失则愆。'失志为昏,失所为愆。生不能用,死而诔之,非礼也。称一人,非名也。君两失之。"

【注释】
　　〔1〕不吊:不善。　〔2〕慭:暂且。　〔3〕屏:扞蔽。　〔4〕杜注:"律,法也。言丧尼父,无以自为法。"

　　六月,卫侯饮孔悝酒于平阳[1],重酬之,大夫皆有纳焉[2]。醉而送之,夜半而遣之。载伯姬于平阳而行,及西门[3],使贰车反祏于西圃[4]。子伯季子初为孔氏臣,新登于公[5],请追之,遇载祏者,杀而乘其车。许公为反祏,遇之,曰:"与不仁人争,明无不胜[6]。"必使先射,射三发,皆远许为。许为射之,殪。或以其车从,得祏于橐中。孔悝出奔宋。

【注释】
　　〔1〕平阳:在今河南滑县东南。　〔2〕纳:赏赐财物。　〔3〕西门:

平阳西门。〔4〕杜注:"使副车还取庙主。西圃,孔氏庙所在。祐,藏主石函。"〔5〕登于公:为朝臣。〔6〕杜注:"不仁人,谓子伯季子也。明无不胜,言必胜。"

楚大子建之遇谗也,自城父奔宋[1]。又辟华氏之乱于郑[2],郑人甚善之。又适晋,与晋人谋袭郑,乃求复焉。郑人复之如初。晋人使谍于子木[3],请行而期焉。子木暴虐于其私邑,邑人诉之。郑人省之[4],得晋谍焉,遂杀子木。其子曰胜,在吴。子西欲召之。叶公曰[5]:"吾闻胜也诈而乱,无乃害乎?"子西曰:"吾闻胜也信而勇,不为不利,舍诸边竟,使卫藩焉。"叶公曰:"周仁之谓信[6],率义之谓勇[7]。吾闻胜也好复言[8],而求死士,殆有私乎?复言,非信也。期死,非勇也。子必悔之。"弗从。召之使处吴竟,为白公。请伐郑,子西曰:"楚未节也[9]。不然,吾不忘也。"他日,又请,许之,未起师。晋人伐郑,楚救之,与之盟。胜怒,曰:"郑人在此[10],仇不远矣。"胜自厉剑,子期之子平见之,曰:"王孙何自厉也?"曰:"胜以直闻,不告女,庸为直乎?将以杀尔父。"平以告子西。子西曰:"胜如卵,余翼而长之。楚国第[11],我死,令尹、司马,非胜而谁?"胜闻之,曰:"令尹之狂也,得死,乃非我。"子西不悛[12]。胜谓石乞曰[13]:"王与二卿士[14],皆五百人当之[15],则可矣。"乞曰:"不可得也。"曰:"市南有熊宜僚者,若得之,可以当五百人矣。"乃从白公而见之,与之言,说。告之故,辞。

承之以剑，不动。胜曰："不为利诌，不为威惕，不泄人言以求媚者，去之。"

【注释】

〔1〕事在昭公十九年。〔2〕事在昭公二十年。〔3〕子木：即太子建。〔4〕省：调查。〔5〕叶公：沈诸梁，字子高。〔6〕周：密合。〔7〕率：遵循。〔8〕复言：实行诺言。〔9〕节：合乎法度。〔10〕杜注："比子西于郑人。"〔11〕第：用士的次序。〔12〕悛：觉。〔13〕石乞：胜之徒。〔14〕二卿士：子西、子期。〔15〕皆：共。

吴人伐慎[1]，白公败之。请以战备献[2]，许之，遂作乱。秋七月，杀子西、子期于朝，而劫惠王。子西以袂掩面而死。子期曰："昔者吾以力事君，不可以弗终。"抉豫章以杀人而后死[3]。石乞曰："焚库弑王，不然不济。"白公曰："不可。弑王不祥，焚库无聚，将何以守矣？"乞曰："有楚国而治其民，以敬事神，可以得祥，且有聚矣，何患？"弗从。叶公在蔡，方城之外皆曰："可以入矣。"子高曰："吾闻之，以险侥幸者，其求无餍，偏重必离[4]。"闻其杀齐管修也而后入[5]。

【注释】

〔1〕慎：在今安徽颍上县北。〔2〕战备：缴获的武器、盔甲等。〔3〕抉：拔起。豫章：樟木。〔4〕偏重：不公平。〔5〕齐管修：齐管仲之后，楚贤大夫。

白公欲以子闾为王[1]。子闾不可，遂劫以兵。子闾曰："王孙若安靖楚国，匡正王室，而后庇焉，启之愿也，敢不听从。若将专利以倾王室，不顾楚国，有死不能。"遂杀之，而以王如高府[2]，石乞尹门。圉公阳穴宫[3]，负王以如昭夫人之宫。叶公亦至，及北门，或遇之，曰："君胡不胄？国人望君如望慈父母焉。盗贼之矢若伤君，是绝民望也。若之何不胄？"乃胄而进。又遇一人曰："君胡胄？国人望君如望岁焉，日日以几[4]。若见君面，是得艾也[5]。民知不死，其亦夫有奋心。犹将旌君以徇于国[6]，而又掩面以绝民望[7]，不亦甚乎？"乃免胄而进。遇箴尹固，帅其属将与白公。子高曰："微二子者[8]，楚不国矣。弃德从贼，其可保乎？"乃从叶公。使与国人以攻白公。白公奔山而缢，其徒微之[9]。生拘石乞而问白公之死焉[10]，对曰："余知其死所，而长者使余勿言[11]。"曰："不言将烹。"乞曰："此事克则为卿，不克则烹，固其所也，何害？"乃烹石乞。王孙燕奔颁黄氏[12]。沈诸梁兼二事[13]，国宁，乃使宁为令尹[14]，使宽为司马[15]，而老于叶。

【注释】

〔1〕子闾：平王子启。〔2〕杜注："高府，楚别府。"〔3〕圉公阳：楚大夫。〔4〕几：同"冀"。〔5〕艾：安。〔6〕旌：表。〔7〕掩面：头盔两旁将面遮住。〔8〕二子：指子西、子期。〔9〕微：藏匿。〔10〕死：尸体。〔11〕长者：指白公。〔12〕王孙燕：白公胜之弟。颁(kuí)黄氏：吴地，或谓在今安徽宣城县。〔13〕二事：指令尹、司马。〔14〕宁：子西之子子国。〔15〕宽：子期之子。

卫侯占梦，嬖人求酒于大叔僖子[1]，不得，与卜人比而告公曰:"君有大臣在西南隅[2],弗去,惧害。"乃逐大叔遗,遗奔晋。卫侯谓浑良夫曰:"吾继先君而不得其器[3],若之何?"良夫代执火者而言[4],曰:"疾与亡君,皆君之子也。召之而择材焉可也。若不材,器可得也。"竖告大子[5]。大子使五人舆猳从己,劫公而强盟之[6],且请杀良夫。公曰:"其盟免三死。"曰:"请三之后,有罪杀之。"公曰:"诺哉!"

【注释】

〔1〕大叔僖子:太叔遗。〔2〕西南隅:太叔所居地。〔3〕杜注:"国之宝器,辄皆将去。"〔4〕代执火者:因商密事,所以屏除在旁执火烛者,自己代替他。〔5〕大子:太子疾。〔6〕杜注:"盟求必立己。"

【译文】

[经]

十六年春,周历正月己卯,卫太子蒯聩从戚邑进入卫都。

卫出公辄逃来我国。

二月,卫子还成出逃到宋国。

夏四月己丑,孔丘去世。

[传]

十六年春,瞒成、褚师比出逃到宋国。

卫庄公派鄢武子向周朝报告,说:"蒯聩得罪了君父君母,逃窜到晋国。晋国因为王室的缘故,不抛弃兄弟,把我安置在黄河边。上天体谅我的内心,得以继承守卫封地,派下臣肸谨向执事报告。"周敬王派单平公回答说:"肸把好消息来报告我,回去后对叔父说,我赞赏你继承先世,恢复你的禄位,你要恭敬啊!恭敬才能得到上天的赏赐,不恭敬就得不到上天的赏赐,那时后悔怎么来得及?"

夏四月己丑,孔丘去世。哀公作诔文说:"上天不肯发慈悲,不肯暂时留下这国老;让他捍卫保护我牢居君位,使我孤苦伶仃受煎熬。呜呼哀哉尼父啊,失去榜样我愁难消。"子赣说:"君王恐怕不能在鲁国得到善终吧!夫子的话这样说:'失去了礼就昏昧,失去了名就出错。'丧失志气就是昏昧,丧失了名分就是过错。他活着时不能用他,死了作诔文哀悼他,这是不合乎礼的。自称为'一人',这是不合于名的。君王两者都丧失了。"

六月,卫庄公在平阳请孔悝饮酒,重重地酬劳他,大夫们都有所赏赐。把孔悝灌醉了送他走,半夜里就令他上路。孔悝用车载上伯姬从平阳出发,到了西门,派副车回到西圃去取宗庙神主。子伯季子原先是孔氏的家臣,新近被任命为朝臣,请求追击孔悝,路上碰到了运神主的车,杀了驾车人,乘上了那辆车。许公为去迎接装神主的车,遇见子伯季子,说:"与不仁的人争斗,肯定战无不胜。"坚持让子伯季子先射,子伯季子射了三箭,都偏离许公为很远。许公为一箭射去,把子伯季子射死。有人乘上子伯季子的车跟着许公为,在车上的袋子里找到了神主。孔悝出逃到宋国。

楚太子建遭到诬陷时,从城父逃到宋国。又避宋华氏之乱逃到郑国,郑国人很优待他。他又去了晋国,与晋国人同谋袭击郑国,为此要求回到郑国,郑国人如同当初一样对待他。晋国人派间谍到太子建那儿,办完事将回国并且约定袭击郑国的日期。太子建在他的封邑中残暴虐待人民,封邑中的人揭发他,郑国人对他审查,抓住了晋国的间谍,就杀了太子建。太子建的儿子叫胜,在吴国。子西想召他回国。叶公说:"我听说胜狡诈而好作乱,恐怕会有祸害吧?"子西说:"我听说胜讲信用而勇敢,不做没有利的事,让他住在边境上,让他捍卫国境。"叶公说:"密合仁称为信用,遵循义称为勇敢。我听说胜喜欢实践诺言,而寻求不怕死的人,恐怕存有私心吧?只是实践诺言,称不上信用。敢于死,称不上勇敢。你一定会后悔这样做。"子西不肯听从。召胜回国,让他居住在靠近吴国的边境上,任命他为白公。胜请求攻打郑国,子西说:"楚国还没顺合法度,不是这样的话,我是不会忘记的。"过了些日子,胜又请求,子西答应了,尚未发兵。晋国人攻打郑国，楚国援救郑国，与郑国结盟。胜发怒，说："郑国人就在这里，仇人离我不远。"胜自己磨剑，子期的儿子平见到了，说："王孙为什么自己磨剑？"胜说："胜以直爽著名，不告诉你，怎么称得上直爽呢？我准备用这剑杀死你父亲。"平告诉了子西。子西说："胜如同卵，是我用翅膀遮蔽他使他长大。按楚国升官次序，我死了，令尹、司马，不是胜还有谁？"胜听说后，说："令尹太狂妄了，他能善终，我就不是我。"子西仍不觉察。胜对石乞说："王和二位卿士，共有五百个人对付，就行了。"石乞说："没法找到五百个人。"又说："市南有个熊宜僚，如果能得到他，可以相当于五百个人。"石乞就跟着白公去见熊宜僚，与他攀谈，十分投机。石乞把找他的原因告诉熊宜僚，熊宜僚拒绝了。把剑放在他脖子上，他不动心。胜说："不为利所引诱，不为威所屈服，不泄漏别人的话去讨好人，这样的人还是让他走吧。"

吴国人攻打慎地，胜打败了他们。请求入都奉献战利品，楚惠王同意了，他便乘机发起叛乱。秋七月，在朝廷上杀死了子西、子期，而劫持了楚惠王。子西用衣袖遮着脸而死去。子期说："过去我以勇力事奉君王，不可以有始无终。"拔了棵樟树打死了敌人而后被杀死。石乞说："焚烧库房、杀死君王，不然的话事情不会成功。"胜说："不行。杀死君王不吉利，焚烧库房就没有了财物，打算用什么来守国？"石乞说："有了楚国而治理人民，用恭敬来事奉神明，可以得到吉利，同时也会有财物，担心什么？"胜不肯听从。叶公在蔡地，方城之外的人都说："可以进都平乱了。"叶公说："我听说，通过冒险侥幸取胜的人，他的欲望没有满足的时候，办事不公平人民一定会叛离。"听到胜杀了齐管修后就进兵都城。

胜想要让子闾为楚王，子闾不答应，就用武力劫持他。子闾说："王孙如果安定楚国，整顿王室，然后对我加以庇护，这是我的愿望，我怎么敢不听从。如果打算专谋私利来倾覆王室，不顾及楚国，我宁死不从。"胜于是把他杀了，而带着楚惠王去高府，派石乞把守宫门。圉公阳在宫墙上挖了个洞，背着楚惠王去了昭夫人的宫中。叶公也赶到了，到达北门，有人遇见他，说："您为什么不戴头盔？国人盼望你就像盼望慈祥的父母一样。盗贼的箭如果伤害了您,就是断绝了人民的希望了。您为什么不戴头盔?"叶公于是戴上头盔前进。又遇上一个人说:"您为什么戴上头盔?国人盼望您就像盼望有个好年成一样,天天等待着。如果见到您的面,就会安心了。人民知道能够免除死亡,人人就会都有奋战之心,还准备打着您的旗号在国内传示号召,但是您又把脸遮起来以断绝人民的希望,不是太过分了吗?"叶公于是脱下头盔前进。路上碰到了箴尹固,他带着部下准备去帮助胜。叶公说:"如果没有子西、子期二人,楚国就不存在了。抛弃有德行的人而跟随盗贼,难道能得到保障吗?"箴尹固于是跟随叶公。叶公派他与国人一起进攻胜,胜逃到山里上吊自杀,他的手下把他的尸体藏了起来。叶公活捉了石乞向他盘问胜的尸体所在,石乞回答说:"我知道他尸体在哪儿,但是胜让我不要说出去。"叶公说:"不说就把你煮死。"石乞说:"这样的事成功了就做卿,不成功就被煮死,本来就应该得到这样的下场,有什么关系?"于是把石乞煮死。王孙燕逃亡到颁黄氏。叶公便身任令尹、司马二职,国家安定后,就任命宁为令尹,任命宽为司马,自己退休到叶地养老。

卫庄公占梦,他的宠臣向太叔僖子讨酒,太叔僖子不给,他就与卜人串通一气,对卫庄公说:"君王有个住在西南角的大臣,不赶走他,恐怕有危害。"于是驱逐太叔僖子,太叔僖子逃往晋国。卫庄公对浑良夫说:"我继承先君却得不到他的宝器,怎么办?"良夫屏除在旁执火烛的人自己代他举火烛,然后说:"太子疾与逃亡的国君,都是君王的儿子。召逃亡的国君回来,再择才确定继承人,这就行了。如果得不到有才能的人,至少宝器也就得到了。"小仆报告了太子疾。太子派五个人装上公猪跟着自己,劫持了卫庄公强迫他订立盟誓,并且要求杀死浑良夫。庄公说:"和他订的盟誓是免除他三次死罪。"太子说:"请在三次之后,有罪就杀了他。"庄公说:"好吧!"

哀公十七年

[传]

十七年春[1],卫侯为虎幄于藉圃[2],成,求令名者,而与之始食焉。大子请使良夫。良夫乘衷甸两牡[3],紫衣狐裘,至,袒裘,不释剑而食。大子使牵以退,数之以三罪而杀之[4]。

【注释】

〔1〕十七年:公元前478年。〔2〕虎幄:以虎为饰的幄幕。藉圃:园圃名。〔3〕衷甸:一辕车,为卿所乘。〔4〕杜注:"三罪,紫衣、袒裘、带剑。"按紫衣为君王服色。袒裘即解开朝衣、皮裘,露出内衣,为大不敬。近君侧不得带佩剑。

三月,越子伐吴[1]。吴子御之笠泽[2],夹水而陈。越子为左右句卒[3],使夜或左或右,鼓噪而进。吴师分以御之。越子以三军潜涉,当吴中军而鼓之,吴师大乱,遂败之。

【注释】

〔1〕越子:越王句践。〔2〕吴子:吴王夫差。笠泽:即吴淞江,在今上海松江、江苏吴江一带。〔3〕句卒:杜注:"鉤伍相著,别为左

右屯。"

晋赵鞅使告于卫曰:"君之在晋也,志父为主[1]。请君若大子来,以免志父。不然,寡君其曰,志父之为也[2]。"卫侯辞以难。大子又使椓之[3]。夏六月,赵鞅围卫。齐国观、陈瓘救卫[4],得晋人之致师者。子玉使服而见之[5],曰:"国子实执齐柄,而命瓘曰:'无辟晋师。'岂敢废命?子又何辱?"简子曰:"我卜伐卫,未卜与齐战。"乃还。

【注释】

〔1〕志父:即赵鞅。 〔2〕杜注:"恐晋君谓志父教使不来。"〔3〕椓:同"诼",中伤、毁谤。 〔4〕国观:国书之子。 〔5〕子玉:即陈瓘。服:杜注:"释其囚服,服其本服。"

楚白公之乱,陈人恃其聚而侵楚[1]。楚既宁,将取陈麦。楚子问帅于大师子谷与叶公诸梁。子谷曰:"右领差车与左史老,皆相令尹、司马以伐陈,其可使也。"子高曰:"率贱[2],民慢之,惧不用命焉。"子谷曰:"观丁父,鄀俘也,武王以为军率,是以克州、蓼,服随、唐,大启群蛮。彭仲爽,申俘也,文王以为令尹,实县申、息,朝陈、蔡,封畛于汝。唯其任也,何贱之有?"子高曰:"天命不谄[3]。令尹有憾于陈[4],天若亡之,其必令尹之子是与,君盍舍焉?臣惧右领与左史有二俘之贱,而无其令德也。"王卜之,武城尹吉[5]。使帅师取陈麦。陈人御之,败。遂围陈。秋七月己卯,楚公孙朝帅师灭陈。

【注释】
〔1〕聚：积聚。谓粮草充足。 〔2〕率：都。贱：指名声不好。盖二人均曾做过俘虏。 〔3〕谐：疑。 〔4〕杜注："十五年子西伐吴，陈使贞子吊吴，以此有憾。" 〔5〕武城尹：子西子公孙朝。

王与叶公枚卜子良以为令尹[1]。沈尹朱曰："吉，过于其志[2]。"叶公曰："王子而相国，过将何为[3]？"他日，改卜子国而使为令尹[4]。

【注释】
〔1〕枚卜：不祝告而卜。 〔2〕志：望。 〔3〕杜注："过相，将为王也。" 〔4〕子国：即子西之子宁。

卫侯梦于北宫，见人登昆吾之观[1]，被发北面而噪曰："登此昆吾之虚，绵绵生之瓜[2]。余为浑良夫，叫天无辜。"公亲筮之，胥弥赦占之[3]，曰："不害。"与之邑，置之，而逃奔宋。卫侯贞卜[4]，其繇曰："如鱼窥尾[5]，衡流而方羊[6]。裔焉大国[7]，灭之将亡。阖门塞窦，乃自后逾。"

【注释】
〔1〕昆吾之观：据杜注，筑于古昆吾氏之墟，在河南濮阳县。 〔2〕绵绵：不断貌。杜注："良夫言已有以小成大之功，若瓜之初生，谓使卫侯得国。" 〔3〕胥弥赦：卫筮史。 〔4〕贞卜：卜问。 〔5〕赪：同"赪"，浅赤色。 〔6〕衡：同"横"。方羊：同"彷徉"，不安状。 〔7〕裔：边沿。此指贴近。

冬十月，晋复伐卫，入其郛。将入城，简子曰："止。叔向有言曰，怙乱灭国者无后[1]。"卫人出庄公而与晋平，晋立襄公之孙般师而还。十一月，卫侯自鄄入[2]，般师出。

【注释】
〔1〕怙：凭恃。 〔2〕鄄：在卫都濮阳县东。

初，公登城以望，见戎州[1]。问之，以告。公曰："我姬姓也，何戎之有焉？"翦之[2]。公使匠久[3]。公欲逐石圃[4]，未及而难作。辛巳，石圃因匠氏攻公，公阖门而请，弗许。逾于北方而队，折股。戎州人攻之，大子疾、公子青逾从公[5]，戎州人杀之。公入于戎州己氏。初，公自城上见己氏之妻发美，使髡之，以为吕姜髢[6]。既入焉，而示之璧，曰："活我，吾与女璧。"己氏曰："杀女，璧其焉往？"遂杀之而取其璧。卫人复公孙般师而立之。十二月，齐人伐卫，卫人请平。立公子起[7]，执般师以归，舍诸潞[8]。

【注释】
〔1〕戎州：或谓戎人所居之邑。 〔2〕翦：灭。此指毁其地。〔3〕久：不让休息。 〔4〕石圃：卫卿，石恶子。 〔5〕公子青：疾之弟。 〔6〕吕姜：庄公夫人。髢（tí）：假发。 〔7〕公子起：灵公子。〔8〕潞：或云在齐都郊外。

公会齐侯[1]，盟于蒙[2]，孟武伯相。齐侯稽首，公拜。齐人怒，武伯曰："非天子，寡君无所稽首。"武伯问于高柴曰："诸侯盟，谁执牛耳[3]？"季羔曰[4]："鄫衍之役，吴公子姑曹；发阳之役，卫石魋。"武伯曰："然则彘也[5]。"

【注释】
〔1〕齐侯：齐平公。〔2〕蒙：在今山东蒙阴县东。〔3〕执牛耳：牛耳以盛血。凡诸侯盟，大国先歃血，小国之相礼执牛耳。〔4〕季羔：即高柴。〔5〕彘：武伯名。

宋皇瑗之子麇[1]，有友曰田丙，而夺其兄酁般邑以与之[2]。酁般愠而行，告桓司马之臣子仪克[3]。子仪克适宋，告夫人曰："麇将纳桓氏。"公问诸子仲[4]。初，子仲将以杞姒之子非我为子[5]。麇曰："必立伯也，是良材。"子仲怒，弗从。故对曰："右师则老矣，不识麇也。"公执之。皇瑗奔晋，召之[6]。

【注释】
〔1〕皇瑗：宋右师。〔2〕酁（chán）般：麇之兄，封于酁。〔3〕桓司马：桓魋。子仪克：杜注："克在下邑，不与魋之乱，故在。"〔4〕子仲：皇野。〔5〕杞姒：皇野妻。〔6〕此条与下年传文连续。

【译文】

[传]

十七年春，卫庄公在藉圃建造虎幄，落成后，寻求有好名声的人和他在里面吃第一次饭。太子请求让浑良夫充任。浑良夫乘着衷甸车由两匹公马拉车，穿紫衣狐裘，到达后，敞开狐裘，不解下佩剑就饮食。太子派人把他拉下来，数说了他三项死罪后把他杀了。

三月，越王攻打吴国。吴王在笠泽抵御，两军夹水列阵。越王分兵设左右队，让左队与右队在晚上轮番击鼓呐喊进攻。吴军分兵抵御。越王带领三军偷偷渡河，对着吴国中军击鼓进攻，吴军大乱，就打败了吴军。

晋赵鞅派人告诉卫国，说："君王在晋国时，我是主人。请君王或者太子来我国，以免除我的罪责。不然的话，寡君将会说这是我叫你们这样做的。"卫庄公以国内不安定为理由拒绝了，太子又在使者那儿搬弄是非。夏六月，赵鞅包围了卫国。齐国观、陈瓘救援卫国，擒获晋国前来单车挑战的人。陈瓘让他换回原来的衣服而接见他，说："掌握齐国权柄的是国子，他命令我说：'不要避让晋国军队。'我怎么敢不执行这命令？哪里又敢劳动您来赐教呢？"赵鞅说："我为攻打卫国占过卜，没有为与齐国战斗占卜。"于是撤回。

楚白公叛乱的时候，陈国凭仗着粮草充足而侵袭楚国。楚国安定后，打算去割取陈国的麦子。楚惠王向太师子谷与叶公诸梁咨询将帅的人选。子谷说："右领差车与左史老都曾辅佐令尹、司马攻打陈国，也许能够派遣。"叶公说："这两人名声都不好，人民轻视他们，恐怕不会听从他们的命令。"子谷说："观丁父做过鄀国的俘虏，武王让他担任军率，因此战胜了州国、蓼国，使随国、唐国顺服，大大开拓了蛮人们居住的地方。彭仲爽是申国的俘虏，文王让他担任令尹，使申国、息国成为我们的县，使陈国、蔡国前来朝见，疆土拓展到汝水。只要他们能够胜任，做过俘虏名声不好有什么关系？"叶公说："上天的命令不容得怀疑。令尹对陈国有遗恨，上天如果要灭亡陈国，一定会赞助令尹的儿子，君王干吗不用他？臣担心右领与左史有观丁父、彭仲爽的俘虏名声，却没有他俩的良好德行。"楚惠王为此占卜，武城尹公孙朝吉利，便派他去割取陈国的麦子。陈国人抵抗，被打败。于是就包围了陈国。秋七月己卯，楚公孙朝率领军队灭亡了陈国。

楚惠王与叶公为选任子良为令尹占卜。沈尹朱说："吉利，他的愿望超过这。"叶公说："作为王子而辅助国王，超过了这愿望将会做什么？"过了些日子，改为为子国占卜而任命他为令尹。

卫庄公在北宫做梦，见到有人登上昆吾之观，披着头发向北面呼叫说："登上这昆吾的废墟，见到了绵绵不断的瓜蔓。我是浑良夫，向上天控诉我无辜遭殃。"卫庄公亲自卜筮，胥弥赦分析说："没有祸害。"卫庄公赐给他城邑，他放弃了，逃往宋国。庄公又占卜，繇辞说："就如同红尾巴的鱼儿，穿过水流迷忽榜徨。紧密地靠近大国，歼灭它它就灭亡。关上门塞住洞，于是爬过了后墙。"

冬十月，晋国再次攻打卫国，进入卫都外城。将要进内城，赵鞅说："停下来。叔向有句话说：凭恃别人内乱而灭亡他们国家的人没有后代。"卫国人驱逐庄公而与晋国讲和，晋国立了襄公的孙子般师而回国。十一月，卫庄公从鄄地进入国都，般师出走。

起初，卫庄公登上城楼远望，见到戎州，询问左右，左右告诉了他。庄公说："我是姬姓，怎么容许戎人这样？"把戎州摧毁了。庄公役使匠人，很久不让他们休息。庄公打算驱逐石圃，没来得及做而祸难发生。辛巳，石圃组织匠人攻打庄公，庄公关上门请求停战，石圃不答应。庄公爬北墙逃跑，从墙上掉下来，跌断了腿。戎州人进攻庄公，太子疾、公子青越墙跟随庄公，戎州人把他们杀了。庄公进入戎州人己氏家。起初，庄公在城上见到己氏的妻子头发很漂亮，就派人把她头发剪来，给吕姜做假发。这时进入己氏家，给他看玉璧，说："救我命，我给你玉璧。"己氏说："杀死你，玉璧会到哪里去？"于是就杀了卫庄公而取得了他的玉璧。卫国人接公孙般师回来而立他为国君。十二月，齐国人攻打卫国，卫国人请求讲和。齐国人立了公子起，押着般师回国，把他安顿在潞地。

哀公与齐平公相会，在蒙地结盟，孟武伯任相礼。齐平公叩头，哀公弯腰而拜。齐国人发怒，武伯说："不是天子，寡君没有该叩头的。"武伯询问高柴说："诸侯会盟，谁执牛耳？"高柴说："鄫衍那次盟会，吴公子姑曹执牛耳；发阳那次盟会，卫石魋执牛耳。"武伯说："那么这次是我执牛耳了。"

宋皇瑗的儿子麇有个朋友名田丙，麇夺取了他哥哥鄭般的封邑给了田丙。鄭般心中愤愤不平而离开，告诉了桓司马的家臣子仪克。子仪克去了都城，告诉宋景公夫人说："麇打算接纳桓氏。"景公征询子仲意见。起初,子仲打算立杞姒的儿子非我为嫡子,麇说:"一定要立他哥哥,他是个好人才。"子仲发怒,没听从。所以这时回答说:"右师年老了,难以逆料的是麇。"宋景公把麇抓了起来。皇瑗逃往晋国,宋景公召他回国。

哀公十八年

[传]

十八年春[1],宋杀皇瑗。公闻其情,复皇氏之族,使皇缓为右师[2]。

【注释】

〔1〕十八年:公元前477年。 〔2〕皇缓:瑗从子。

巴人伐楚,围鄾[1]。初,右司马子国之卜也,观瞻曰:"如志。"故命之。及巴师至,将卜帅。王曰:"宁如志[2],何卜焉?"使帅师而行,请承[3],王曰:"寝尹、工尹[4],勤先君者也。"三月,楚公孙宁、吴由于、薳固败巴师于鄾,故封子国于析[5]。君子曰:"惠王知志。《夏书》曰:'官占,唯能蔽志,昆命于元龟[6]。'其是之谓乎?志曰:'圣人不烦卜筮。'惠王其有焉!"

【注释】

〔1〕鄾:在今湖北襄樊市。 〔2〕宁:即子国。 〔3〕承:副手。 〔4〕寝尹、工尹:即吴由于、薳固。 〔5〕析:在今河南内乡县。

〔6〕杜注:"逸书也。官占,卜筮之官。蔽,断也。昆,后也。言当先断意后用龟也。"

夏,卫石圃逐其君起,起奔齐。卫侯辄自齐复归,逐石圃,而复石魋与大叔遗[1]。

【注释】
〔1〕杜注:"皆蒯聩所逐。"

【译文】
[传]
十八年春,宋国杀死皇瑗。宋景公了解到他的冤情后,恢复了皇氏家族,任命皇缓为右师。

巴国人攻打楚国,包围鄾地。起初,为立子国为右司马而占卜,观瞻说:"符合意愿。"所以任命子国为右司马。到巴军攻到,准备为选择统兵将帅占卜,楚惠王说:"子国符合意愿,何必再卜?"派他率领军队前往。子国请求任命副手,楚惠王说:"寝尹、工尹,都是为先君勤劳出力的人。"三月,楚公孙宁、吴由于、薳固在鄾地打败巴军,因此把子国封在析地。君子说:"惠王了解意愿。《夏书》说:'占卜的官员只有能够明察人的意愿,然后才能使用龟。'说的就是这情况吧?志书说:'圣人用不着卜筮。'惠王能做到这点了!"

夏,卫石圃驱逐了他的国君起,起逃往齐国。卫出公辄从齐国重新回国,驱逐石圃,让石魋与太叔遗回国恢复原位。

哀公十九年

[传]

十九年春[1],越人侵楚,以误吴也[2]。夏,楚公子庆、公孙宽追越师,至冥[3],不及,乃还。

秋,楚沈诸梁伐东夷,三夷男女及楚师盟于敖[4]。

冬,叔青如京师[5],敬王崩故也。

【注释】

〔1〕十九年:公元前476年。〔2〕误吴:使吴对他不加防备。〔3〕冥:在今安徽广德县东与今浙江长兴县之间。〔4〕三夷:指今浙江宁波、台州、温州三地区。敖:东夷地,具体所在不详。〔5〕叔青:叔还之子。

【译文】

[传]

十九年春,越国人侵袭楚国,是为了麻痹吴国。夏,楚公子庆、公孙宽追赶越军,到达冥地,赶不上,于是回国。

秋,楚沈诸梁攻打东夷,三夷男女与楚军在敖地结盟。

冬,叔青去京师,是因为周敬王去世的缘故。

哀公二十年

[传]
二十年春[1],齐人来征会。夏,会于廪丘[2]。为郑故,谋伐晋。郑人辞诸侯,秋,师还。

【注释】
〔1〕二十年:公元前475年。 〔2〕廪丘:在今山东范县东。

吴公子庆忌骤谏吴子,曰:"不改,必亡。"弗听。出居于艾[1],遂适楚。闻越将伐吴,冬,请归平越,遂归。欲除不忠者以说于越。吴人杀之。

【注释】
〔1〕艾:在今江西修水县西。

十一月,越围吴,赵孟降于丧食[1]。楚隆曰[2]:"三年之丧,亲昵之极也。主又降之,无乃有故乎?"赵孟曰:"黄池之役,先主与吴王有质[3],曰:'好恶同之。'今越围吴,嗣子不废旧业而敌之,非晋之所能及也,吾是以为降。"楚隆曰:"若使吴王知之,若何?"赵孟曰:"可乎?"隆曰:"请尝之。"乃往。先造于越军,曰:"吴犯间上国多矣,闻君亲讨焉,诸夏之人莫不欣喜,唯恐君志之不从。请入视之。"许之。告于吴王曰:"寡君之老无恤,使陪臣隆敢展谢其不共[4]。黄池之役,君之先臣志父得承齐盟[5],曰:'好恶同之。'今君在难,无恤不敢惮劳,非晋国之所能及也,使陪臣敢展布之。"王拜稽首曰:"寡人不佞,不能事越,以为大夫忧,拜命之辱。"与之一箪珠[6],使问赵孟[7],曰:"句践将生忧寡人,寡人死之不得矣。"王曰:"溺人必笑,吾将有问也。史黯何以得为君子[8]?"对曰:"黯也进不见恶,退无谤言。"王曰:"宜哉!"

【注释】

〔1〕赵孟:赵襄子无恤。时其父赵鞅方死。依礼,守丧饮食减少。〔2〕楚隆:襄子家臣。 〔3〕质:盟誓。 〔4〕展谢:陈告谢罪。〔5〕志父:赵鞅。 〔6〕箪:小筥。 〔7〕问:遗,赠送。 〔8〕史黯:即史墨。杜注言史墨曾预言吴国不出四十年当亡,故吴王因感而问。

【译文】

[传]

二十年春,齐国人前来召集会议。夏,在廪丘相会。为了郑国的缘故,商议攻打晋国。郑人辞谢诸侯,秋,军队回国。

吴公子庆忌多次劝谏吴王夫差,说:"不改变政令,一定会灭亡。"吴王不听。他出行居住在艾地,又去了楚国。庆忌听说越国打算攻打吴国,冬,请求回国去与越国讲和,于是回国,想要除掉不忠的人来取悦于越国。吴国人把庆忌杀了。

十一月,越国包围了吴国,赵孟在服丧,把饮食标准比规定又降低一等。楚隆说:"三年的丧礼,是表示对亲人关切的顶点。您又降低,恐怕有别的原因吧?"赵孟说:"黄池会盟,先父与吴王有盟誓,说:'好恶相同。'现在越国包围吴国,继承人想不废弃过去的誓言帮助吴国,却又不是晋国所能办到的,我所以饮食降等。"楚隆说:"如果让吴王知道您的心意,怎么样?"赵孟说:"办得到吗?"楚隆说:"请试试看。"于是前往。先到越军中,说:"吴国冒犯上国已经多次了,听说君王亲自讨伐他,中原国家的人没有不高兴的,唯恐君王的愿望不能实现。请让我进吴国去看看情况。"越军同意了。楚隆进城告诉吴王说:"寡君的卿无恤,派陪臣隆前来,谨此为了不恭敬而陈告谢罪。黄池那次盟会,君王的先臣志父得以参加盟誓,说:'好恶相同。'现在君王有了危难,无恤不敢害怕劳苦,只是因为晋国无法办到,谨派臣前来秉告。"吴王下拜叩头说:"寡人没有才能,不能好好对付越国,因而给大夫造成忧愁,谨此拜谢他的关怀。"给了楚隆一箪珠子,让他送给赵孟,说:"句践打算让我在忧患中生活,寡人得不到善终了。"吴王又说:"快淹死的人必然强作欢容,我还有句话要问你:史黯为什么能成为君子?"楚隆回答说:"史黯在朝廷上做官没人厌恶他,不做官没有人说他坏话。"吴王说:"确实应该啊!"

哀公二十一年

[传]

二十一年夏五月[1]，越人始来。

秋八月，公及齐侯、邾子盟于顾[2]。齐人责稽首，因歌之曰："鲁人之皋[3]，数年不觉，使我高蹈[4]。唯其儒书，以为二国忧。"是行也，公先至于阳谷[5]。齐闾丘息曰："君辱举玉趾，以在寡君之军[6]。群臣将传遽以告寡君[7]，比其复也，君无乃勤。为仆人之未次[8]，请除馆于舟道[9]。"辞曰："敢勤仆人？"

【注释】

〔1〕二十一年：公元前474年。〔2〕齐侯：齐平公。邾子：邾隐公。顾：在今河南范县。〔3〕皋：不恭敬。〔4〕高蹈：发怒貌。〔5〕阳谷：在今山东阳谷县。〔6〕在：存问。〔7〕传遽：驿车。〔8〕次：舍。此作安排解。〔9〕舟道：齐地，具体所在不详。

【译文】

[传]

二十一年夏五月，越国人初次来我国。

秋八月，哀公与齐平公、邾惠公在顾地结盟。齐国人责备鲁哀公上次不肯不拜叩头，因此唱歌说："鲁国人不讲礼貌，过了几年还不知不觉，使我发怒双脚跳。只因为他们过于相信儒家的书，造成了两国忧患难消。"这次参加盟会，哀公先期到达阳谷。齐闰丘息说："劳动君王光顾敝地，来慰劳寡君的军队。臣下们将乘坐驿车去通报寡君，等到他们回来，君王未免太劳累了。因为仆人们还没安排好馆舍，敬请先在舟道安顿。"哀公辞谢说："岂敢劳动贵国的仆人？"

哀公二十二年

[传]

二十二年夏四月[1],邾隐公自齐奔越,曰:"吴为无道,执父立子。"越人归之,大子革奔越。

冬十一月丁卯,越灭吴,请使吴王居甬东[2]。辞曰:"孤老矣,焉能事君?"乃缢。越人以归。

【注释】

〔1〕二十二年:公元前473年。 〔2〕甬东:今浙江定海县东之翁山。

【译文】

[传]

二十二年夏四月,邾隐公从齐国逃到越国,说:"吴国所作无道,拘押父亲而立儿子为君。"越国人送邾隐公回国,邾太子革逃往越国。

冬十一月丁卯,越国灭亡了吴国,请让吴王住到甬东去。吴王拒绝说:"我老了,怎么能事奉君王?"于是上吊自杀。越国人带着他的尸体回国。

哀公二十三年

[传]

二十三年春[1],宋景曹卒[2]。季康子使冉有吊,且送葬,曰:"敝邑有社稷之事,使肥之有职竞焉[3],是以不得助执绋,使求从舆人[4]。曰:'以肥之得备弥甥也[5],有不腆先人之产马,使求荐诸夫人之宰,其可以称旌繁乎?'"[6]

【注释】

[1]二十三年:公元前472年。 [2]宋景曹:元公夫人,谥景,曹姓,小邾女。 [3]肥:季康子名。职竞:事务繁忙。 [4]求:冉有。舆人:仆役。 [5]弥甥:远房外孙。 [6]称:副。旌繁:马饰。

夏六月,晋荀瑶伐齐[1]。高无㔻帅师御之。知伯视齐师,马骇,遂驱之,曰:"齐人知余旗,其谓余畏而反也。"及垒而还。将战,长武子请卜[2]。知伯曰:"君告于天子,而卜之以守龟于宗祧,吉矣,吾又何卜焉?且齐人取我英丘[3],君命瑶,非敢耀武也,治英丘也。以辞伐罪足矣,何必卜?"壬辰,战于犁丘[4]。齐师败绩,知伯亲禽颜庚[5]。

秋八月，叔青如越，始使越也。越诸鞅来聘，报叔青也。

【注释】

〔1〕荀瑶：荀跞之孙，知伯襄子。〔2〕长武子：晋大夫。〔3〕英丘：晋地，今不详所在。〔4〕犁丘：在今山东临邑县西，一名隰。〔5〕颜庚：颜涿聚，齐大夫。

【译文】

[传]

二十三年春，宋景曹去世。季康子派冉有去吊唁，并送葬，说："敝邑有祭祀社稷神的事，使肥事务繁忙，因此不能前来帮助送葬，派冉求来跟随仆役劳作，说：'因为肥是远房外孙，有区区先人的马匹，派求献给夫人的家宰，不知是否配得上夫人的马饰？'"

夏六月，晋荀瑶攻打齐国。高无㔻率领军队抵御。荀瑶观察齐军，马受惊，他就驱马向前，说："齐国人认识我的旗帜，不向前会说我因为害怕而回转。"到了齐军营垒而回。将要交战，长武子请求为此占卜。荀瑶说："国君报告了周天子，而用国家的龟甲在宗庙里占卜，得了吉兆了，我又何必再卜？再说齐国占领了我国的英丘，国君命令我前来，不是胆敢炫耀武力，而是为了收复英丘。用正当的理由讨伐有罪的人完全可以了，何必占卜？"壬辰，在犁丘交战。齐军大败，荀瑶亲自擒获了颜庚。

秋八月，叔青去越国，这是首次派使者去越国。越诸鞅来我国聘问，是回报叔青出使越国。

哀公二十四年

[传]

二十四年夏四月[1],晋侯将伐齐,使来乞师,曰:"昔臧文仲以楚师伐齐,取穀[2]。宣叔以晋师伐齐,取汶阳[3]。寡君欲徼福于周公,愿乞灵于臧氏[4]。"臧石帅师会之[5],取廪丘。军吏令缮[6],将进。莱章曰[7]:"君卑政暴,往岁克敌,今又胜都[8]。天奉多矣,又焉能进?是躗言也[9]。役将班矣!"晋师乃还,饩臧石牛[10]。大史谢之[11],曰:"以寡君之在行,牢礼不度,敢展谢之。"

【注释】

[1]二十四年:公元前471年。 [2]杜注:"在僖二十六年。" [3]杜注:"在成二年。" [4]乞灵:即乞福。乞灵于臧氏,即想请臧氏率领军队。 [5]臧石:臧宾如之子。 [6]缮:修缮皮甲兵器。 [7]莱章:齐大夫。 [8]都:都邑。胜都,指取廪丘。 [9]躗言:大言。 [10]饩:以活畜为食品。 [11]大史:晋太史。

邾子又无道,越人执之以归,而立公子何。何亦无道。

公子荆之母嬖，将以为夫人，使宗人衅夏献其礼。对曰："无之。"公怒曰："女为宗司，立夫人，国之大礼也，何故无之？"对曰："周公及武公娶于薛[1]，孝、惠娶于商[2]，自桓以下娶于齐，此礼也则有。若以妾为夫人，则固无其礼也。"公卒立之，而以荆为大子，国人始恶之。

【注释】

〔1〕武公：指武公敖。 〔2〕孝、惠：孝公称、惠公弗皇。

闰月，公如越，得大子适郢[1]，将妻公，而多与之地。公孙有山使告于季孙。季孙惧，使因大宰嚭而纳赂焉[2]，乃止。

【注释】

〔1〕得：相亲相悦。适郢：越王太子。 〔2〕大宰嚭：杜注："嚭，吴臣也。季孙恐公因越讨己，故惧。"

【译文】

[传]

二十四年夏四月，晋出公准备攻打齐国，派人来我国请求出兵，说："往昔臧文仲带领楚军攻打齐国，占领穀地。宣叔带领晋军攻打齐国，占领汶阳。寡君想向周公求福，希望能托庇于臧氏。"臧石率领军队与晋军会合，占领了廪丘。军吏命令修缮皮甲兵器，打算进军。莱章说："晋国国君没权政令残暴，去年战胜敌人，如今又取得都邑，上天给他们的已经很多了，又怎么能前进？这是在说大话。军队就要回去了！"晋军于是撤回，送给臧石活牛。晋太史道歉说："因为寡君在军队中，使用的牲口不合礼法规定,谨致歉意。"

邾隐公又无道,越国人把他拘捕起来带回国,而立公子何。公子何也无道。

公子荆的母亲受到哀公宠爱,打算立她为夫人,令宗人衅夏献上立夫人的礼仪。衅夏回答说:"没有这礼仪。"哀公大怒说:"你是宗人,立夫人是国家的大礼,为什么说没有?"衅夏回答说:"周公与武公娶薛国女子为妻,孝公、惠公娶宋国女子为妻,从桓公以下娶齐国女子为妻,这礼仪是有的。倘若把妾立为夫人,那么确实是没有这礼仪。"哀公最终还是立了她,而以公子荆为太子,国人从此开始对哀公不满。

闰月,哀公去越国,与太子适郢关系亲密,太子准备把女儿嫁给哀公,而且给他很多土地。公孙有山派人通告季孙,季孙害怕,派人通过太宰嚭纳贿,事情才得以停止。

哀公二十五年

[传]

二十五年夏五月庚辰[1],卫侯出奔宋[2]。卫侯为灵台于藉圃,与诸大夫饮酒焉。褚师声子袜而登席[3]。公怒。辞曰:"臣有疾,异于人。若见之,君将嗀之[4],是以不敢。"公愈怒。大夫辞之,不可。褚师出,公戟其手,曰:"必断而足。"闻之,褚师与司寇亥乘,曰:"今日幸而后亡。"公之入也,夺南氏邑[5],而夺司寇亥政。公使侍人纳公文懿子之车于池[6]。

【注释】

[1]二十五年:公元前470年。[2]卫侯:卫出公辄。[3]褚师声子:褚师比。[4]嗀(xiǎo):呕吐。[5]南氏:子南弥牟,即公孙弥牟。[6]公文懿子:公文要。

初,卫人翦夏丁氏[1],以其帑赐彭封弥子[2]。弥子饮公酒,纳夏戊之女,嬖,以为夫人。其弟期[3],大叔疾之从孙甥也,少畜于公,以为司徒。夫人宠衰,期得罪。公使三匠久。公使优狡盟拳弥[4],而甚近信之。故褚师比、公孙弥牟、公文要、司寇亥、司徒期因三匠与拳弥以作乱,皆执利兵,无者执斤。使拳弥入于公宫,而自大子疾之宫噪以攻公。鄄子士请御之[5]。弥援其手,曰:"子则勇矣,将若君何?不见先君乎?君何所不逞欲?且君尝在外矣,岂必不反。当今不可,众怒难犯,休而易间也[6]。"乃出。将适蒲[7],弥曰:"晋无信,不可。"将适鄄[8],弥曰:"齐、晋争我,不可。"将适泠[9],弥曰:"鲁不足与,请适城鉏以钩越[10],越有君。"乃适城鉏。弥曰:"卫盗不可知也,请速,自我始。"乃载宝以归。

【注释】

〔1〕夏丁氏:即夏戊。事在哀公十一年。 〔2〕彭封弥子:弥子瑕。〔3〕期:夏戊之子。 〔4〕优狡:俳优,名狡。拳弥:卫大夫。杜注:"使俳优盟之,欲耻辱也。" 〔5〕鄄子士:卫大夫。 〔6〕休:定。〔7〕蒲:在今河南长垣县东。 〔8〕鄄:在今山东鄄城县西北。〔9〕泠:杜注:"近鲁邑。" 〔10〕城鉏:在今河南滑县东。钩:连,连结。

公为支离之卒[1],因祝史挥以侵卫。卫人病之。懿子知之,见子之[2],请逐挥。文子曰:"无罪。"懿子曰:"彼好专利而妄[3]。夫见君之入也,将先道焉。若逐之,必出于南门而适君所。夫越新得诸侯,将必请师焉。"挥在朝,使吏遣诸其室。挥出,信[4],弗内。五日,乃馆诸外里[5],遂有宠,使如越请师。

【注释】

〔1〕支离:散阵。 〔2〕子之:公孙弥牟,谥文子。 〔3〕妄:不

法。〔4〕信：再宿。〔5〕外里：卫地，当时卫出公在外里。

六月，公至自越。季康子、孟武伯逆于五梧[1]。郭重仆[2]，见二子，曰："恶言多矣，君请尽之。"公宴于五梧。武伯为祝，恶郭重，曰："何肥也！"季孙曰："请饮彘也[3]。以鲁国之密迩仇雠[4]，臣是以不获从君，克免于大行[5]，又谓重也肥？"公曰："是食言多矣，能无肥乎？"饮酒不乐，公与大夫始有恶。

【注释】

〔1〕五梧：在鲁国南部边境。〔2〕仆：为公仆。〔3〕彘：孟武伯之名。季康子认为孟武伯失言，所以罚他酒。〔4〕仇雠：指齐国。〔5〕大行：远行。

【译文】

[传]

二十五年夏五月庚辰，卫出公逃往宋国。卫出公在藉圃建造灵台，和大夫们一起在台上饮酒。褚师声子穿着袜子入席，卫出公大怒。褚师解释说："臣脚有病，与别人不同。如果见了，君王将会呕吐，所以不敢脱袜子。"出公更加忿怒。大夫们为他辩解，出公怒气不息。褚师退出，出公伸手指着他说："一定要砍了你的脚！"褚师听见了，他与司寇亥同坐一辆车，对司寇亥说："今天的事能逃亡不死是万幸。"出公回国的时候，夺取了南氏的封邑，而夺取了司寇亥的官位。出公让侍人把公文懿子的车扔进池水中。

起初，卫国人翦灭夏丁氏，把夏丁氏的家产赐给彭封弥子。弥子请卫出公饮酒，献上夏戊的女儿，卫出公很宠爱她，立她为夫人。她的弟弟期，是太叔疾的外孙，从小由卫出公养大，被任命为司徒。夫人的宠爱衰减，期也得罪了卫出公。出公使用三种工匠而又很久不让他们休息。出公让优狡与拳弥设盟，却又很亲近喜爱他。所以褚师比、公孙弥牟、公文要、司寇亥、司徒期依靠三种工匠以及拳弥作乱，都拿上锋利的兵器，没有兵器的人就拿着斧头。派拳弥进入公宫，其他人从太子疾的宫中呐喊以攻打卫出公。郢子士请求抵御。拳弥拉着他的手，说："您是很勇敢，但打算怎么保护国君呢？您没见到先君的情况吗？君王到哪里不能满足他的愿望？再说君王也曾经出外过，怎知道不能回来？现在不能拼，众怒难犯，等安定下来就容易钻他们空子了。"卫出公于是出都，打算去蒲地，拳弥说："晋国没有信用，不能去那儿。"卫出公打算去鄄地，拳弥说："齐、鲁在争夺我们，不能去那儿。"打算去泠地，拳弥说："鲁国不足于打交道，请去城钼以便与越国联结，越国有贤明的国君。"于是前往城钼。拳弥说："卫国的盗贼的举动无法预料，请快点走，我打头阵。"于是装上宝器而返回了都城。

　　卫出公把士兵布成散阵，靠着祝史挥为内应侵袭都城。城中人为此担忧。懿子知道了内情，去见文子，请求驱逐祝史挥。文子说："他没有罪。"懿子说："他专权逐利而不法。他见到国君有回国的趋势，将会前去引路。如果赶走他，他一定会出南门而到君王那儿去。越国新近成为诸侯领袖，一定会去请求越国出兵的。"当时挥在朝廷上，文子就派官吏等他回家后遣送他出城。挥出了城，等了两晚，卫国人不让他进城。过了五天，他就住在外里，受到了卫出公的宠爱，派他去越国请求出兵。

　　六月，哀公从越国回来。季康子、孟武伯去五梧迎接哀公。郭重为哀公驾车，见到了他们二人，回来对哀公说："他们坏话说了很多，君王请好好追究他们。"哀公在五梧宴饮，武伯祝酒，憎恶郭重，说："你怎么这么肥胖？"季孙说："请罚虺饮酒。因为鲁国紧靠着敌国，臣下所以没能够跟随国君，得以免除远行，怎么能说辛苦伴随国君的郭重肥胖？"哀公说："这个人自己吃进的话多了，怎么能不肥胖呢？"饮酒不乐，哀公与大夫开始不和。

哀公二十六年

[传]

二十六年夏五月[1],叔孙舒帅师会越皋如、后庸、宋乐茷纳卫侯,文子欲纳之[2]。懿子曰:"君愎而虐,少待之,必毒于民,乃睦于子矣。"师侵外州,大获。出御之,大败。掘褚师定子之墓,焚之于平庄之上[3]。文子使王孙齐私于皋如,曰:"子将大灭卫乎,抑纳君而已乎?"皋如曰:"寡君之命无他,纳卫君而已。"文子致众而问焉,曰:"君以蛮夷伐国,国几亡矣,请纳之。"众曰:"勿纳。"曰:"弥牟亡而有益,请自北门出。"众曰:"勿出。"重赂越人,申开守陴而纳公[4],公不敢入。师还,立悼公[5],南氏相之[6]。以城鉏与越人。公曰:"期则为此[7]。"令苟有怨于夫人者,报之。司徒期聘于越,公攻而夺之币。期告王,王命取之。期以众取之。公怒,杀期之甥之为大子者。遂卒于越。

【注释】

〔1〕二十六年:公元前469年。〔2〕文子:公孙弥牟。〔3〕杜注:"定子,褚师比之父也。平庄,陵名也。"〔4〕申开:大开重门。守陴:守卫城上女墙。〔5〕悼公:蒯聩庶弟公子黔。〔6〕南氏:即文

子。〔7〕期：见上年注。

宋景公无子，取公孙周之子得与启[1]，畜诸公宫，未有立焉。于是皇缓为右师，皇非我为大司马，皇怀为司徒，灵不缓为左师，乐茷为司城，乐朱鉏为大司寇。六卿三族降听政[2]，因大尹以达[3]。大尹常不告，而以其欲称君命以令。国人恶之。司城欲去大尹，左师曰："纵之，使盈其罪。重而无基，能无敝乎[4]？"

【注释】
〔1〕公孙周：元公孙子高。得：后即位为昭公。〔2〕降：共同。〔3〕大尹：近侍官。〔4〕杜注："言势重而无德为基，必败也。"

冬十月，公游于空泽[1]。辛巳，卒于连中[2]。大尹兴空泽之士千甲，奉公自空桐入，如沃宫[3]。使召六子，曰："闻下有师[4]，君请六子画。"六子至，以甲劫之，曰："君有疾病，请二三子盟。"乃盟于少寝之庭[5]，曰："无为公室不利。"大尹立启，奉丧殡于大宫[6]。三日而后国人知之。司城茷使宣言于国曰："大尹惑蛊其君而专其利，今君无疾而死，死又匿之，是无他矣，大尹之罪也。"得梦启北首而寝于卢门之外[7]，己为鸟而集于其上，咮加于南门，尾加于桐门[8]。曰："余梦美，必立。"大尹谋曰："我不在盟，无乃逐我，复盟之乎！"使祝为载书。六子在唐盂[9]，将盟之。祝襄以载书告皇非我，皇非我因子潞、门尹得、左师谋曰[10]："民与我，逐之乎？"皆归授甲，使徇于国曰：

"大尹惑蛊其君,以陵虐公室。与我者,救君者也。"众曰:"与之。"大尹徇曰:"戴氏、皇氏将不利公室[11],与我者,无忧不富。"众曰:"无别[12]。"戴氏、皇氏欲伐公。乐得曰:"不可。彼以陵公有罪,我伐公,则甚焉。"使国人施于大尹[13]。大尹奉启以奔楚,乃立得。司城为上卿,盟曰:"三族共政,无相害也。"

【注释】
〔1〕空泽:即空桐泽,在今河南虞城县南,已湮。〔2〕连中:馆名,在空泽后。〔3〕沃宫:宋都宫名。〔4〕下:下邑。〔5〕少寝:小寝。〔6〕大宫:宋祖庙。〔7〕卢门:宋都东门。杜注:"北首,死象。在门外,失国也。"〔8〕桐门:北门。〔9〕唐盂:当为宋都郊外地名。〔10〕子潞:乐茷。〔11〕戴氏:指乐氏,为宋戴公之后裔。〔12〕杜注:"恶其号令与君无别。"〔13〕施:施罪。

卫出公自城鉏使以弓问子赣[1],且曰:"吾其入乎?"子赣稽首受弓,对曰:"臣不识也。"私于使者曰:"昔成公孙于陈[2],宁武子、孙庄子为宛濮之盟而君入[3];献公孙于齐[4],子鲜、子展为夷仪之盟而君入[5]。今君再在孙矣,内不闻献之亲,外不闻成之卿,则赐不识所由入也。《诗》曰:'无竞惟人,四方其顺之[6]。'若得其人,四方以为主,而国于何有?"

【注释】
〔1〕子赣:即子贡。〔2〕孙:同"逊",避居。〔3〕杜注:"盟在僖二十八年。"〔4〕杜注:"在襄十四年。"〔5〕杜注:"在襄二十六年。"〔6〕所引诗见《诗·周颂·烈文》。竞,强。

【译文】

[传]

二十六年夏五月，叔孙舒率领军队会合越皋如、后庸、宋乐茂送卫出公回都，文子想接纳他。懿子说："君王刚愎而残虐，稍等一会，定然会毒害人民，人民就与您齐心合力了。"诸侯军队侵袭外州，大肆掠夺。卫军出城抵抗，大败。卫出公挖掘了褚师定子的坟墓，把尸骸在平庄上焚化了。文子派王孙齐私下与皋如打交道，说："您打算大举灭亡卫国呢，还是就送卫君回来就算了呢？"皋如说："寡君没有别的命令，只是送回卫君而已。"文子聚集了大众而征询意见，说："国君带着蛮夷来攻打国家，国家差一点就要灭亡了，请接纳他。"大众说："别接纳他。"文子说："如果我出逃对国家有利，我请求从北门走。"大众说："别走。"大大贿赂越国人，大开城门，城墙上守卫森严而接纳卫出公，卫出公不敢进城。越军撤走，卫国人立了悼公，文子辅相他。把城钼割给越国人。卫出公说："这都是期干的。"下令凡是对夫人有怨的，都可报复。司徒期去越国聘问，卫出公攻打他，并抢走了他带的聘礼。司徒期报告越王，越王命令取回来，司徒期带领众人取回聘礼。卫出公发怒，杀死了司徒期的外甥，也就是自己立的太子。卫出公最终死在越国。

宋景公没有儿子，收养了公孙周的儿子得与启在宫内，没有确立谁为继承人。这时候皇缓为右师，皇非我为大司马，皇怀为司徒，灵不缓为左师，乐茂为司城，乐朱钼为大司寇。六卿三族一起听政，通过大尹禀报景公。大尹常常不报告景公，却按照自己的欲望假称国君的命令以传达。国人憎恶他。司城想除掉大尹，左师说："让他去，使他的罪行满盈。权势重而没有根基，能够不败吗？"

冬十月，宋景公游览空泽。辛巳，死在连中。大尹征集了空泽的甲士千名，奉着宋景公的尸体从空桐入都，进入沃宫。派人召唤六卿，说："听说下邑有敌军，国君请六位前来谋划。"六卿到来，大尹用甲士劫持他们，说："国君病重，请各位盟誓。"于是在小寝的庭院中盟誓，誓辞说："不要做对公室不利的事。"大尹立启为国君，奉棺枢安顿在祖庙里。三天后国人才知道国君去世的事。司城乐茷派人在国内宣布说："大尹蛊惑他的国君而专权擅利，现在国君没病而死，死去他又隐匿丧事，这没有别的原因，一定是大尹的罪过。"得做梦梦见启头朝北睡在卢门外，自己化成大乌鸦停在他身上，嘴巴搁在南门上，尾巴搁在桐门上。他醒后认为："我这是个好梦，一定会立为君。"大尹和人商量说："我没有参加盟誓，弄不好他们会驱逐我，还是再和他们盟誓吧！"让太祝准备好盟书。六卿在唐盂，打算与大尹盟誓。祝襄把盟书的内容告诉皇非我，皇非我与乐茷、门尹乐得、左师商议说："人民支持我们，赶走他吧？"都回家发放皮甲，派人在国内到处宣扬说："大尹蛊惑他的国君，以欺陵虐待公室，支持我们的人，就是救援国君的人。"大众说："支持他们。"大尹也到处宣扬说："戴氏、皇氏打算对公室不利，支持我的人，不用担心不富。"大众说："他说话还是和国君口气一样。"戴氏、皇氏想攻打国君，乐得说："不行。他因为欺陵国君而有罪，我们攻打国君，就比他罪更大了。"派国人列出大尹的罪行。大尹事奉着启逃往楚国，于是立得为国君。司城为上卿，盟誓说："三族共同执政，不要相互危害。"

卫出公从城鉏派人带着弓去问候子赣，并说："我有可能回国吗？"子赣叩头接受了弓，回答说："臣不知道。"私下对使者说："往昔成公避居陈国，宁武子、孙庄子为他在宛濮结盟然后让他回国；献公避居在齐国，子鲜、子展为他在夷仪结盟然后让他回国。现在君王已经第二次避居在外了，国内没听说他有像为献公那样打算的亲人，在外没听说有像跟随成公那样的卿，这样我就不明白他根据什么能回国。《诗》说：'强大在于得到贤人，四方将会顺服。'如果能得到贤人，四方会以他为主宰，回国又有什么困难呢？"

哀公二十七年

[传]

二十七年春[1],越子使后庸来聘,且言邾田,封于驷上[2]。二月,盟于平阳[3],三子皆从[4]。康子病之[5],言及子赣,曰:"若在此,吾不及此夫。"武伯曰:"然。何不召?"曰:"固将召之。"文子曰:"他日请念。"

【注释】

[1]二十七年:公元前468年。 [2]驷上:在今山东滕县东南。[3]平阳:在今山东邹县。 [4]三子:季康子、叔孙文子、孟武伯。[5]杜注:"耻从蛮夷盟。"

夏四月己亥,季康子卒。公吊焉,降礼[1]。

晋荀瑶帅师伐郑,次于桐丘[2]。郑驷弘请救于齐[3]。齐师将兴,陈成子属孤子[4],三日朝。设乘车两马,系五邑焉[5]。召颜涿聚之子晋,曰:"隰之役[6],而父死焉。以国之多难,未女恤也。今君命女以是邑也,服车而朝,毋废前劳。"乃救郑。及留舒[7],违穀七里,穀人不知。及濮[8],雨,不涉。子思曰[9]:"大国在敝邑之宇下,是以告急。今师不行,恐无及也。"成子衣制[10],杖戈,立于阪上,马不出者,助之鞭之。知伯闻之,乃还,曰:"我卜伐郑,不卜敌齐。"使谓成子曰:"大夫陈子,陈之自出。陈之不祀,郑之罪也。故寡君使瑶察陈衷焉[11],谓大夫其恤陈乎?若利本之颠[12],瑶何有焉?"成子怒曰:"多陵人者皆不在[13],知伯其能久乎[14]?"中行文子告成子曰[15]:"有自晋师告寅者,将为轻车千乘,以厌齐师之门[16],则可尽也。"成子曰:"寡君命恒曰:'无及寡,无畏众。'虽过千乘,敢辟之乎?将以子之命告寡君。"文子曰:"吾乃今知所以亡。君子之谋也,始衷终皆举之[17],而后入焉。今我三不知而入之,不亦难乎?"

【注释】

〔1〕降礼:礼数不备。 〔2〕桐丘:在今河南扶沟县西。 〔3〕驷弘:驷歂子,字子般。 〔4〕孤子:为国战死者之子。 〔5〕系五邑:邑为"橐"之省文,口袋。谓将册书装在五个口袋中。 〔6〕廪丘之役:在哀公二十三年。 〔7〕留舒:在今山东东阿县。 〔8〕濮:濮水,在今河南滑县,已湮。 〔9〕子思:子产之子国参。 〔10〕制:雨衣。 〔11〕察陈衷:分析陈国灭亡的原因。 〔12〕本:指陈国,陈恒所自出。 〔13〕在:终,好结果。 〔14〕其:同"岂"。 〔15〕中行文子:荀寅。时逃在齐。 〔16〕厌:同"压",迫近。 〔17〕举:谋。

公患三桓之侈也[1],欲以诸侯去之。三桓亦患公之妄也,故君臣多间。公游于陵阪[2],遇孟武伯于孟氏之衢,曰:"请有问于子,余及死乎[3]?"对曰:"臣无由知之。"三问,卒辞不对。公欲以越伐鲁,而去三桓。

秋八月甲戌，公如公孙有陉氏^[4]，因孙于邾，乃遂如越。国人施公孙有山氏。

【注释】

〔1〕佟：威胁。〔2〕陵阪：在曲阜东北。〔3〕杜注："问己可得以寿死不。"〔4〕有陉氏：即有山氏。

悼之四年，晋荀瑶帅师围郑。未至，郑驷弘曰："知伯愎而好胜，早下之，则可行也^[1]。"乃先保南里以待之^[2]。知伯入南里，门于桔柣之门。郑人俘鄾魁垒^[3]，赂之以知政^[4]，闭其口而死。将门，知伯谓赵孟："入之。"对曰："主在此^[5]。"知伯曰："恶而无勇，何以为子^[6]？"对曰："以能忍耻，庶无害赵宗乎！"知伯不悛，赵襄子由是惎知伯^[7]，遂丧之。知伯贪而愎，故韩、魏反而丧之。

【注释】

〔1〕行：退兵。〔2〕南里：在城外。〔3〕鄾魁垒：晋士。〔4〕知政：即卿。〔5〕主：指荀瑶。〔6〕杜注："恶，貌丑也。简子废嫡子伯鲁而立襄子，故知伯言其丑且无勇，何故立以为子。"〔7〕惎：忌。

【译文】

[传]

二十七年春，越王派后庸来我国聘问，并且商议关于邾国田地的事，确定以骀上为两国边界。二月，在平阳结盟，季康子、叔孙文子、孟武伯都跟随后庸前往。季康子为此不快，说到了子赣，说："他如果在这儿，我不会到这个地步。"武伯说："是的。

为什么不召他回来?"季康子说:"我本来就想召他。"文子说:"以后请记住这话。"

夏四月己亥,季康子去世。哀公去吊唁,礼数不周到。

晋荀瑶率领军队攻打郑国,驻扎在桐丘。郑驷弘向齐国求救。齐军将要出发,陈成子召集阵亡将士的儿子,分三天朝见。设置了一辆车两匹马,把册书放在五个口袋里。他召见颜涿聚的儿子晋,说:"隰地战役,你的父亲战死了。因为国家多难,没有抚恤你。现在君王命令你掌管这个城邑,驾上车去朝见,不要废弃你父亲的勋劳。"于是出兵救援郑国。到达留舒,离开榖地七里,榖地人还不知道。到达濮水,天下雨,军队不肯渡河。子思说:"晋国这个大国在敝邑的屋宇底下了,所以告急。现在军队不前进,恐怕来不及了。"陈成子穿着雨衣,拄着戈,站在山坡上,马不肯前进,就拉它或鞭打它。荀瑶听说后,就撤兵,说:"我为攻打郑国占过卜,没有为和齐国交战占卜。"派人对陈成子说:"大夫陈子,是从陈国分出。陈国被灭亡,是郑国的罪过。所以寡君派瑶分析陈国被灭亡的原因,问大夫是否为陈国忧虑?如果您认为您的根本被颠覆是有利的,与瑶又有什么关系呢?"陈成子发怒说:"经常欺陵别人的人都不得好死,荀瑶难道能够长久吗?"中行文子告诉陈成子说:"有人从晋国来告诉我,打算用轻车一千辆,迫近攻击齐军营门,就可全歼齐军了。"陈成子说:"寡君命令我说:'不要欺负人少的,不要害怕人多的。'即使超过一千辆车,我岂敢退避?我将要把你的话报告寡君。"中行文子说:"我到现在才明白自己为什么会流亡。君子策划一件事,开始、中间、结局都考虑周详,然后报告上去。现在我三个环节一无所知就报告了,怎么能令人满意呢?"

哀公担心三桓对他的威胁,想通过诸侯的力量铲除他们。三桓也担心哀公荒谬狂妄,所以君臣之间嫌隙很多。哀公在陵阪游玩,在孟氏之衢碰上了孟武伯,说:"我有件事要向您请教,我能够得到善终吗?"孟武伯回答说:"我无法知道。"问了三次,孟武伯始终拒绝回答。哀公想要请越国攻打鲁国,以此去除三桓。秋八月甲戌,哀公去公孙有山氏,因此避居到邾国,接着就去了越国。国人归罪于公孙有山氏。

悼公四年，晋荀瑶率领军队包围郑国。晋军尚未到，郑驷弘说："荀瑶刚愎而好胜，我们早些表示屈服，他就会退回了。"于是就先在南里设防以等待。荀瑶攻进南里，攻打桔柣之门。郑国人俘获了酅魁垒，用卿的地位诱降他，他不肯，就封住他嘴闷死了他。将要攻打城门，荀瑶对赵孟说："你冲进去。"赵孟回答说："主帅在这里轮不到我。"荀瑶说："你面貌丑陋又没勇气，怎么会立你做继承人的？"赵孟回答说："因为能忍受耻辱，也许对赵氏宗族没有危害吧！"荀瑶不知改悔，赵孟因此怨恨他，荀瑶想要灭亡赵孟。荀瑶贪婪而刚愎，所以韩氏、魏氏反过来灭亡了他。